JN427327

매산집

이 책은 2015 · 2016년도 정부(교육부)의 재원으로 한국고전번역원의 지원을 받아 수행된 '권역별거점연구소협동번역사업'의 결과물임.

This work was supported by Institute for the Translation of Korean Classics-Grant funded by the Korean Government.

한국고전번역원 한국문집번역총서/성신여자대학교 고전연구소·(사)해동경사연구소

매산집 9

梅山集

홍직필 지음
洪直弼

김성은 옮김
이정은
신상후

일러두기

1. 이 책의 번역 대본은 한국고전번역원에서 간행한 한국문집총간 295·296집에 실린 《매산집(梅山集)》으로 하였다. 번역 대본의 원문 텍스트와 원문 이미지는 한국고전종합DB(http://db.itkc.or.kr)에서 확인할 수 있다.
2. 내용이 간단한 역주는 간주(間註)로, 긴 역주는 각주(脚註)로 처리하였다.
3. 한자는 필요한 경우 이해를 돕기 위하여 넣었으며, 운문(韻文)은 원문을 병기하였다.
4. 맞춤법과 띄어쓰기는 한글 맞춤법과 표준어 규정을 따랐다.
5. 이 책에서 사용한 부호는 다음과 같다.
   ( ) : 번역문과 음이 같은 한자를 묶는다.
   〔 〕: 번역문과 뜻은 같으나 음이 다른 한자를 묶는다.
   " " : 대화 등의 인용문을 묶는다.
   ' ' : " " 안의 재인용 또는 강조 문구를 묶는다.
   「 」: ' ' 안의 재인용을 묶는다.
   『 』: 「 」 안의 재인용을 묶는다.
   《 》: 책명 및 각주의 전거(典據)를 묶는다.
   〈 〉: 책의 편명 및 운문·산문의 제목을 묶는다.

차례

매산집 제23권

서書

매산집 제24권

서書

매산집 제25권

서書

매산집

제23권

書 서

한운성[1] 문오 에게 보냄 계유년(1813, 순조13) 섣달그믐

與韓運聖 文五○癸酉歲除日

먼저 그대의 명성을 듣고 이어서 얼굴을 접하였으니, 얼굴을 접함에 명성이 헛되지 않았습니다. 그대가 빨리 돌아감으로 인하여 미처 필묵의 정묘함을 시험하여 용이 날아오르고 표범이 변화하며 범이 웅크리고 교룡이 서려 있는 형세를 보지 못하였으니, 이것이 안타깝습니다. 그간 해가 저물어감에 부모님을 모시는 근황은 더욱 좋으십니까? 삼여(三餘)[2]가 다하였는데 읽은 것은 어떤 책입니까?

사람이 한 기예를 통달하는 것이 진실로 어렵지만 한 기예는 훌륭한 사람이 되기에 부족합니다. 설령 정신이 융합되고 손이 조화로워서 팔체(八體)[3]의 서로 다른 자취를 써내고 두 왕씨(王氏)[4]의 빼어난 형세를 다하더라도 다만 예원(藝苑)의 능사(能事)가 끝났다고 할 수 있을 뿐이니, 어찌 성인(聖人)의 문하에서 칭찬받을 수 있겠습니까. 그대의

1 한운성(韓運聖) : 1802~1863. 자는 문오(文五), 호는 입헌(立軒), 본관은 청주(淸州)다. 홍직필의 제자로 평생 동안 과거를 단념하고 경학(經學) 연구에 힘썼다. 저서로는 《입헌문집》이 있다.

2 삼여(三餘) : 학문을 하는 데 가장 좋은 세 가지 여가(餘暇)로, 한 해의 겨울과 하루의 밤과 흐리고 비오는 날을 말한다. 《三國志 卷63 魏書 王肅傳》

3 팔체(八體) : 여덟 가지 서체로, 대전(大篆), 소전(小篆), 각부(刻符), 충서(蟲書), 모인(摹印), 서서(署書), 수서(殳書), 예서(隸書)를 말한다.

4 두 왕씨(王氏) : 진(晉)나라의 서가(書家)로서 명필로 알려진 왕희지(王羲之)와 왕헌지(王獻之) 부자(父子)를 가리킨다.

훌륭한 재주로 능히 학문에 종사한다면 성인(聖人)의 도(道)에 이를 수 있을 것입니다.

옛날의 배우는 자들은 선비〔士〕가 되는 데에서 시작하여 성인(聖人)에서 마쳤습니다. 선비가 되는 방법을 안다면 성인(聖人)이 되는 방법을 알 것이니, 이것이 바로 사람의 도(道)를 세우는 방법입니다. 그대는 《소학(小學)》을 읽었습니까? 이것은 올바른 사람이 되는 틀입니다. 한훤당(寒暄堂) 김 선생(金先生)은 이 책을 읽고서 노년에도 스스로를 소학동자(小學童子)라고 칭하였으니,[5] 그대가 성인(聖人)을 배우고자 한다면 먼저 한훤당을 배우는 것이 옳습니다. 그대가 하나의 기예에 국한되는 것을 애석히 여겨서 큰 것에 나아가기를 바라기에 시종 이를 말씀드리니, 동자는 이를 도모하십시오.

5 한훤당(寒暄堂)……칭하였으니 : 김굉필(金宏弼, 1454~1504)은 호가 한훤당으로, 김종직(金宗直) 문하에서 《소학(小學)》을 읽고 이에 심취하여 스스로를 '소학동자'라고 칭하였다.

한운성에게 답함 병자년(1816, 순조16) 9월

答韓運聖 丙子九月

내 그대를 보지 못한 지가 지금 일 년이 되었으니, 매번 옥수(玉樹)[6]가 깨끗하고 은구(銀鉤)[7]가 생동감이 넘치는 것을 생각할 때마다 마치 꿈속에서도 나타나는 듯하니, 이른바 저 그리운 사람이 하늘 한 쪽에 있다는 것입니다. 국화와 밝은 달에 더욱 그리운 마음이 간절하였는데, 이에 존부(尊府)[8]께서 왕림하여 소매에서 그대가 쓴 편지를 전해주시니, 은구(銀鉤)에 나아감에 옥수(玉樹)가 이에 있었습니다. 편지를 열어봄에 정신이 맑아져 천리가 먼 줄을 깨닫지 못하였습니다.

부모님을 모시는 근황이 평온하다고 하니, 더욱 듣기에 즐겁습니다. 글씨는 진실로 유예(游藝) 가운데 하나의 일이니[9] 또한 그만둘 수 있는

6 옥수(玉樹) : 우수한 자제(子弟)를 예찬하여 일컫는 말이다. 진(晉)나라의 명사(名士)인 사안(謝安)이 여러 자제들에게 "왜 사람들은 모두 자기의 자제가 출중하기를 바라는가?"라고 묻자, 조카 사현(謝玄)이 "그것은 마치 지란(芝蘭)과 옥수(玉樹)가 집 정원에 자라기를 바라는 것과 같습니다.〔譬如芝蘭玉樹, 欲使其生於階庭耳.〕"라고 한 데서 온 말이다. 《晉書 卷79 謝玄列傳》

7 은구(銀鉤) : 훌륭한 필체의 글씨를 일컫는 말이다. 진(晉)나라 색정(索靖)이 서법(書法)을 논하면서 "멋지게 휘돈 것이 흡사 은 갈고리와 같다.〔婉若銀鉤.〕"라고 초서(草書)를 평한 데서 온 말이다. 《晉書 卷60 索靖列傳》

8 존부(尊府) : 춘부(椿府), 춘장(椿丈)과 같은 뜻으로 상대방의 부친을 높여 부르는 칭호이다.

9 글씨는……일이니 : 《논어》 〈술이(述而)〉에 "도에 뜻을 두고 덕을 굳게 지키며 인

것이 아니지만, 만약 전심치지하여 다시 참으로 마음을 써야하는 것이 있는 줄을 알지 못한다면 하나의 예인(藝人)이 되는 데 불과할 뿐이니, 어찌 글을 잘 쓰는 사람이 도(道)를 안다는 말을 들어본 적이 있겠습니까. 설령 먹의 농담이 중도에 맞고 획의 길고 짧음이 법도에 합치하여 옥호(玉壺)의 얼음을 부수고 요대(瑤臺)의 달을 이지러뜨려서 꽃나무처럼 아름답고 맑은 바람처럼 아름답더라도[10] 몸과 마음에 무슨 유익함이 있겠습니까. 오직 문을 닫고 몸을 삼가서 열심히 책을 읽어 이치를 연구하는 것이 끝까지 추구해야 하는 바가 됩니다.

옛날에 이정지(李挺之)가 소요부(邵堯夫)에게 "그대는 무엇을 배우는가?"라고 물었는데, 소유부가 "과거로 벼슬길에 나아가는 학문을 하고 있습니다."라고 하였습니다. 그러자 이정지가 "과거 외에 의리(義理)의 학문이 있고, 의리 외에 성명(性命)의 학문이 있다."라고 하였는데, 소요부가 가르침을 받기를 원하여 비로소 그 학문을 전하여 마침내 큰 유학자가 되었습니다.[11] 그대는 이 의리를 이해할 수 있겠습니까?

에 의지하고 예에 노닐어야 한다.〔志於道, 據於德, 依於仁, 游於藝.〕"라고 한 데서 온 말이다. 여기서의 예는 예(禮)·악(樂)·사(射)·어(御)·서(書)·수(數)의 육례(六禮)를 가리키는바, 글씨도 그 가운데 속해있다.

10 옥호(玉壺)의……아름답더라도 : 빼어난 서체를 형용한 것이다. 이는 본래 진(晉)나라의 명필이었던 위부인(衛夫人)의 서체(書體)를 형용한 말로, 《서단(書斷)》에 보인다.

11 옛날에……되었습니다 : 이정지는 송(宋)나라 학자 이지재(李之才 ?~1045)로 정지는 그의 자이며, 소요부는 송나라 학자 소옹(邵雍, 1011~1077)으로 요부는 그의 자이다. 이지재는 하남(河南)의 목수(穆脩)에게 나아가 《주역》을 배웠는데, 이를 다시 소옹에게 전하였다. 이지재와 소옹에 대한 위의 내용은 《송명신언행록(宋名臣言行錄)》 전집(前集) 권10에 보인다.

의리와 성명은 두 가지 일이 아니니, 의리의 학문을 하는 것이 성명의 근원을 궁구하는 것입니다. 지금 의리 외에 마치 다시 성명의 학문이 있는 것처럼 말하였으니, 이것은 말의 병폐이지만 말로써 뜻을 해치지 않는 것이 옳습니다.

소요부가 "내가 어렸을 때에 큰 글자를 쓰기를 좋아하였습니다."라고 말했었는데 이정지가 "글씨를 배우는 것은 도(道)를 배우는 데에 방해가 된다. 그러므로 일찍이 시를 짓기를 '떠올려보건대 옛날 처음 큰 글자를 썼을 때에, 술 마시고 시 읊는 것만을 배웠네. 유익한 벗이 금석(金石)을 미루어줌이 없었다면, 사십오 년 동안 하나의 그르친 사람이 되었으리라.〔憶昔初書大字時 學人飮酒與吟詩 若無益友推金石 四十五年成一非〕' 하였다."라고 하였으니,[12] 경계하고 두려워하는 뜻을 여기에서 볼 수 있습니다. 이 일이 바로 그대가 외고 본받기에 좋으므로 그저 받들어 아뢰고, 저는 이공(李公)의 금석의 뜻에 그윽이 제 뜻을 부칩니다.

보여준 과체시(科體詩)는 몇 단계 성장한 것일 뿐만이 아니니 저를 기쁘게 하지만, 그대에게 바라는 바는 실로 여기에 있지 않으니, 반드시 모름지기 위를 찾아가는 것으로 첫 번째의 지극한 도리로 삼아서 일개 공령생(功令生)이 되지 말아야 합니다. 능하지 못한 일을 억지로 하여 상고해 비평해서 보내니, 그대에게 더욱 진보하기를 권하고자 하는 것이 아닙니다. 진현(眞玄 참먹) 한 정을 보내드리니, 남겨두어서

12 소요부가……하였으니 : 이지재(李之才)와 소옹(邵雍)에 대한 위의 내용은《송명신언행록(宋名臣言行錄)》외집(外集) 권5에 보인다. 금석(金石)은 본래 고대의 단약(丹藥)으로, 여기에서는 귀한 가르침이나 권고를 뜻한다.

연참(鉛槧)[13]의 쓰임으로 삼으십시오.

13 연참(鉛槧) : 연(鉛)은 연분필(鉛粉筆), 참(槧)은 나무로 만든 서판(書板)으로, 글을 쓸 때의 도구를 가리킨다.

한운성에게 답함 임오년(1822, 순조22) 윤3월

答韓運聖 壬午閏三月

바로 손수 쓰신 편지를 받으니, 마치 정신으로 만난 듯합니다. 이어서 작별한 뒤에 부모님을 모시는 정황이 좋으심을 알았으니, 경하하는 마음을 형언할 길이 없습니다. 그대와 같은 훌륭한 자질과 높은 재주는 동시대에서 구해보건대 거의 짝할 이가 드무니, 다만 영해(嶺海 영남(嶺南))의 수재가 될 뿐만이 아닙니다. 제가 그대와 손을 잡고서 함께 큰 도(道)에 이르고자 하는 것은 바로 이 때문이니, 어찌 그대에게 사사로운 정이 있어서 그러하겠습니까.

이른바 학문을 한다는 것은 일상생활의 바깥을 벗어나지 않습니다. 몸을 검속하는 데 있어서는 움직이거나 고요하게 있고 말하거나 침묵하는 것과, 집에 거처함에 있어서는 부모님을 봉양하고 선조에게 제사를 올리는 것과, 이치를 궁구함에 있어서는 책을 읽고 의리를 강구하는 것에 있어서 반드시 피차를 분별해야 하는 것일 뿐이니, 현묘하고 특별한 것이 그 사이에 보존되어 있는 것이 아닙니다. 지극히 가깝고 쉬운 것을 논하자면 지금 곧장 힘을 쓸 수 있고, 지극히 급하고 절실한 것을 논하자면 지금 곧장 힘을 써야 하지만, 무엇보다도 뜻을 세움이 어렵습니다. 만일 뜻을 세움이 견고할 수 있다면, 절로 응당 덕을 진전시키고 수업함이 때에 미칠 것이니, 득력(得力)하지 못할 것을 걱정할 것이 없게 될 것입니다.

부자(夫子)께서 15세에 학문에 뜻을 두신 것[14]은 또한 생각하고 생각함이 여기에 있어서 이를 하기를 싫어하지 않으신 것일 뿐입니다. 이정

(二程)께서는 14, 15세에 곧바로 정예롭게 성인(聖人)을 배우고자 하였으니,[15] 바로 학문에 뜻을 둠이 특별히 일렀기 때문에 도(道)를 들음이 몹시 일렀던 것입니다. 만일 성인(聖人)을 배워 그 경지에 이르고자 한다면, 어찌 주재(主宰)하는 마음이 확립되지 못한 채로 할 수 있겠습니까. 천번 만번 면려하여 혹시라도 지체하지 않기를 몹시 바랍니다. 불자(佛者)들이 말하기를, "이 몸이 이번 생에 제도되지 못한다면, 다시 어느 생에 이 몸을 제도하겠는가."라고 하였으니, 이 말이 통절하므로 그대와 함께 힘쓰고자 합니다.

14 부자(夫子)께서……것 : 《논어(論語)》〈위정(爲政)〉에 공자(孔子)가 "나는 15세에 학문에 뜻을 두었다.〔吾十有五而志于學.〕"라고 하였다.

15 이정(二程)께서는……하였으니 : 이정은 송(宋)나라 학자인 정호(程顥)와 정이(程頤) 형제를 말한다. 《근사록(近思錄)》 권14 〈총론성현(總論聖賢)〉에 장재(張載)의 말을 인용하여 "두 정 선생은 14, 15세 때로부터 초연히 성인(聖人)을 배우고자 하였다.〔二程從十四五時, 便脫然欲學聖人.〕"라고 하였다.

한운성에게 보냄 무자년(1828, 순조28) 단오
與韓運聖 戊子天中日

공부는 생각건대 응당 전념하고 있을 터인데, 보내온 편지에 어찌하여 보여주는 바가 없습니까? 그대와 같은 영재는 다만 한 고을의 수재가 될 뿐만이 아니니, 한 도(道)에서 구하더라도 짝할 이가 드물 것입니다. 그러므로 지난번에 첫 번째의 지극한 도리로 권면하였으나, 쌓인 습관에 물들어 다른 사람의 말을 겸허히 받아들이기를 보장하기가 어려웠습니다. 그런데 근간에 듣자하니 진실한 마음으로 학문을 향하여서 발원함이 참되고 간절하여 한 때의 의기가 아니라고 하니, 만일 그렇다면 마땅히 온 영남의 광명이 될 것입니다. 그렇다면 어찌 다만 말한 내가 참여하여 영광스러울 뿐이겠습니까.

이른바 학문은 실로 이상한 별건의 물건이 아닙니다. 다만 남자가 밭 갈고 여자가 길쌈하는 것이 본분을 따르는 것과 같아서 마땅히 해야 하면 즉시 할 뿐입니다. 지금 사람들은 이 뜻을 알지 못하고 자신을 쓸모없는 물건과 같이 여겨서 자포자기하는 것을 달게 여기면서 후회하지 않으니, 이것이 이른바 요순(堯舜)과 함께 거처하더라도 교화되어 그 경지에 들어갈 수 없다는 것[16]입니다. 또 옥을 품고 쥔[17] 선비들이

16 이른바……것 : 《논어》〈양화(陽貨)〉에 "오직 지극히 지혜로운 자와 어리석은 자는 변화시킬 수 없다.〔唯上知與下愚不移.〕"라고 하였는데 이에 대한 주(註)에 정자(程子)가 "이른바 하우(下愚)는 두 종류가 있으니, 자포(自暴)하는 자와 자기(自棄)하는 자이다.……다만 자포(自暴)하는 자는 선(善)을 막아서 믿지 않고, 자기(自棄)하는 자는 선(善)을 끊어 버려 행하지 않으니, 비록 성인(聖人)과 함께 거처하더라도 교화되

모두 공령(功令)에 무너져서 심지(心志)를 잃어 거의 여지가 없게 되었습니다. 세상과 도(道)가 함께 상실됨이 이처럼 지극한 데에 이르렀으니, 만일 진실로 호걸의 인재가 아니라면 어찌 능히 특출하게 우뚝 서고 확고하게 스스로 지켜서 죽음으로써 지켜 도(道)를 잘 행하는 것[18]을 끝까지 추구해야 할 법으로 삼을 수 있겠습니까. 이와 같은 것은 모름지기 강하고 굳세어 단단하게 서야만 성취하는 바가 있을 수 있으니, 인자하고 유약한 사람의 경우에는 끝내 일을 이룰 수 없습니다. 더구나 세상이 쇠하고 도(道)가 미약한 때에는 더욱 마땅히 등뼈를 꼿꼿하게 세워, 굽히고 흔들리는 바가 없어서 훼예와 시비, 영욕과 득실에 있어 일체 동요되지 않아야 하니, 그래야 비로소 꼿꼿이 설 수 있습니다. 그러나 그 공부는 다만 스스로를 돌이켜봄에 항상 정직하여 굽어보고 우러러봄에 부끄러움이 없는 데에 달려 있으니, 절로 이와 같을 수 있는 것이지 다른 곳에서 구하는 데에 달려있지 않습니다.[19]

어 들어갈 수 없다.〔所謂下愚有二焉, 自暴自棄也.……惟自暴者, 拒之以不信, 自棄者, 絶之以不爲, 雖聖人與居, 不能化而入也.〕" 하였다.

17 옥을 품고 권 : 훌륭한 자질을 지녔음을 뜻한다. 《초사(楚辭)》〈구장(九章) 회사(懷沙)〉에 "옥을 품고 옥을 쥐었어도, 고달픈 처지라 보여줄 길 전혀 없네.〔懷瑾握瑜兮, 窮不知所示.〕"라고 하였다.

18 죽음으로써……것 : 《논어》〈태백(泰伯)〉에 "독실하게 믿으면서 배우기를 좋아하고, 죽음으로써 지켜 도를 잘 행해야 한다.〔篤信好學, 守死善道.〕"라고 한 데서 나온 말이다.

19 이와 같은……않습니다 : 이 내용은 《주자어류(朱子語類)》 권52에 보이는데, 그 내용은 다음과 같다. "다만 보건대 공자는 만년에 비로소 증자를 얻었고, 증자는 자사를 얻었고, 자사는 맹자를 얻었으니, 이러한 여러 성현들은 모두 이와 같이 강하고 굳세었기 때문에 비로소 도리를 전할 수 있었다. 만약 인자하고 유약한 사람이라면 끝내 일을

이 의리는 주 선생(朱先生 주희(朱熹))께서 평소 말씀하신 바이니, 참되고 바르게 체득하여 바로 수용할 수 있겠습니까?

도(道)는 아득히 넓어서 진실로 착수하기가 어려우니, 부디 사서(四書)를 가져다가 마음을 비우고 생각을 고요하게 하고서 익숙히 읽고 정미하게 생각한다면, 절로 그 문을 얻어 성인(聖人)의 경지에 들어갈 수 있게 되어서, 비록 멀다 하더라도 어디를 가도 미치지 못함이 없게 될 것입니다. 다만 백리를 가는 자가 길을 반도 가지 못하고 폐하여 끝내 세속의 비웃음과 지적을 당할까 염려될 뿐입니다. 문지(門地)가 빈한하다고 해서 스스로를 하찮게 여기지 말고, 거처가 누추하다고 해서 스스로 저상되지 말고, 말세에 태어났다고 해서 스스로를 한계

이룰 수 없다.……성인의 도를 배우는 사람은 모름지기 담대한 뜻이 있어야 한다. 결연하고 용맹하여 세간의 화복, 이해, 득실이 마음을 동요시킬 수 없어야 비로소 단단하게 설 수 있다. 만약 이와 같지 않다면 전혀 꼿꼿이 설 수 없다. 하물며 세상이 쇠하고 도가 미약한 때를 당해서는 더욱 등뼈를 꼿꼿하게 세워 굽히고 흔들리는 바가 없어야 한다. 그러나 그 공부는 단지 스스로 돌이켜봄에 항상 정직하여, 굽어보고 우러러봄에 부끄러움이 없는 데에 달려 있으니, 저절로 이와 같은 것이지 다른 곳에서 구하는 데에 달려있지 않다.〔只觀孔子晩年方得箇曾子, 曾子得子思, 子思得孟子, 此諸聖賢都是如此剛果決烈, 方能傳得這箇道理. 若慈善柔弱底, 終不濟事.……學聖人之道者, 須是有膽志. 其決烈勇猛, 於世間禍福利害得喪不足以動其心, 方能立得脚住. 若不如此, 都靠不得. 況當世衰道微之時, 尤用硬着脊梁, 無所屈撓方得. 然其工夫只在自反常直, 仰不愧天, 俯不怍人, 則自然如此, 不在他求也.〕" 스스로 돌이켜봄에 항상 정직하다는 것은 《맹자》〈공손추 상(公孫丑上)〉에 "스스로 돌이켜서 정직하다면 비록 수천수만 명이라도 나는 가서 대적할 것이다.〔自反而縮, 雖千萬人, 吾往矣.〕"라고 한 데서 온 말로, 그 주(註)에 축(縮)은 직(直)과 같다고 하였으며, 굽어보고 우러러봄에 부끄러움이 없다는 것은 《맹자》〈진심 상(盡心上)〉에 "하늘을 우러러보아도 부끄러움이 없고, 땅을 굽어보아도 부끄러움이 없는 것이 군자의 두 번째 낙이다.〔仰不愧於天, 俯不怍於人, 二樂也.〕"라고 한 데서 온 말이다.

짓지 말아서, 정신을 갈고 닦고 지기(志氣)를 분발하여 서둘러 중한 책임을 맡고 지극한 경지에 이르기를 도모하십시오. 이 일은 문지나 거처에 관계되지 않고 방소에 관계되지 않고 또한 고금(古今)과 상하(上下)의 다름도 없으며, 다만 천리의 당연함이라 내가 그렇게 하지 않을 수 없는 것일 뿐입니다. 부디 이 뜻을 살펴 금일로부터 시작하여 때에 따라 마음을 일깨우고 곳에 따라 수습하며 물건에 따라 체득해 궁구하고 일에 따라 토론한다면, 날이 쌓이고 달이 거듭됨에 절로 순숙(純熟)해져서 광명이 있게 될 것이니, 부디 그대는 힘쓰십시오.

한운성에게 답함 갑오년(1834, 순조34) 4월

答韓運聖 甲午四月

그대가 방만하고 경솔하며 참람하다는 것으로 자책하니, 아, 이 무슨 말입니까? 그대가 나를 알아준다고 여겼었는데, 어찌 그리도 알아주지 못함이 이러한 지경에 이르렀단 말입니까? 회옹(晦翁)이 오안인(吳安仁)에게 답한 편지[20]를 읽고 "몸에 돌이켜 크게 깨달았으니, 후회스럽고 황송합니다."라고 한 것에 있어서는, 그대에게 무슨 잘못이 오생(吳生)이 말한 바와 같은 점이 있기에 이렇게 말한단 말입니까? 오생은 나이가 몹시 적었는데, 높은 체하고 오만방자하는 것이 마치 노성(老成)한 사람의 행동과 같았습니다. 그러므로 회옹이 그가 광망하고 방종한 데에 빠질까 염려하여 그의 선물을 받지 않고《소학(小學)》의 가르침으로 권면한 것입니다. 그대가 나에게 베푼 것은 오생과는 정반대인데, 무엇 때문에 내가 탐탁지 않게 여기는 가르침[21]을 가한단 말입니까. 일이 억측에 해당되어 쉽게 마음이 얽매이게 된 것이

20 회옹(晦翁)이……편지 : 회옹은 송(宋)나라 유학자 주희(朱熹)로, 오안인에게 보낸 편지는《회암집(晦庵集)》권55〈답안인오생(答安仁吳生)〉을 가리킨다. 주자는 이 편지에서 상대방이 나이가 적은데도 불구하고 보내온 글이 거만하여 마치 노성한 사람과 같음을 꾸짖고, 그가 보내온 종이와 벼루, 먹 등을 받지 않고 돌려보내면서《소학(小學)》의 가르침을 통해 차츰 나아갈 것을 권면하였다.

21 탐탁지……가르침 : 상대방을 탐탁지 않게 여겨 멀리함으로써 그의 마음을 경각(警覺)시키는 가르침을 말한다.《맹자》〈고자 하(告子下)〉에 "사람을 가르치는 데에도 방도가 많으니, 내가 탐탁지 않게 여기는 가르침도 또한 가르침일 뿐이다.〔教亦多術矣, 予不屑之教誨也者, 是亦教誨而已矣.〕"라고 한 데서 온 말이다.

병통인 듯하니, 이는 나의 불선으로 인해서 천리의 밖으로 어긋나게 된 것입니다. 두렵고 부끄러운 마음을 형언할 길이 없습니다.

내 그대를 보지 못한 지가 벌써 십년이 되었으니, 헤어진 후에 덕을 진전시키고 수업한 것이 한 단계 성장한 정도일 뿐만이 아닐 것입니다. 훗날 마주했을 때에 나의 병든 눈을 비비게 할 수 있겠습니까? 반드시 모름지기 뜻을 세워 규모를 정하고, 경(敬)에 거하여 큰 근본을 세우고, 이치를 밝혀 심체(心體)를 다하고, 사욕을 이겨 호연지기를 기르고, 덕을 돈독히 하여 신묘한 조화의 경지에 이르러야 하니, 이 다섯 가지를 필생동안 학업을 보유하는 의체로 삼기를 몹시 바라마지 않습니다. 정백자(程伯子)의 가르침에 "성(性)이 선함을 알고 충신(忠信)으로 근본을 삼는 것, 이것이 먼저 큰 것을 세우는 것이다."라고 하였으니,[22] 이 말씀이 좋습니다. 이는 학문의 처음과 끝의 조리가 되므로 이를 들어 읊어드리니, 심학(心學)의 참된 가르침으로 갖추십시오.

22 정백자(程伯子)의……하였으니 : 정백자는 송(宋)나라 유학자 정호(程顥)로, 정호의 이 말은 《근사록(近思錄)》 권2 〈위학(爲學)〉에 보인다.

한운성에게 보냄 무술년(1838, 헌종4) 5월 10일

與韓運聖 戊戌半夏旬日

가뭄철 무더위가 몹시 심한데, 부모님을 모시는 체후는 탈이 없습니까? 세간에 영재가 진실로 드물어서 재주가 있는 사람이 반드시 뜻이 있지는 못하고, 뜻이 있는 사람은 또 재주가 없음을 걱정합니다. 그런데 재주와 뜻을 모두 갖춘 사람을 그대에게서 보았으니, 이를 능히 개척해 확충한다면 성인(聖人)의 도(道)가 평탄하여서 걸음에 맡겨도 이를 수 있을 것이니, 공력을 베풀기를 어떻게 하느냐에 달려 있을 뿐입니다. 영웅인 군주가 천하를 소유하는 이유는 단지 뜻을 확립하여 정하였기 때문일 뿐이고, 호걸인 선비가 성인(聖人)을 배우는 이유도 또한 뜻을 확립하여 정하였기 때문일 뿐입니다. 만일 뜻을 확립한 것이 견고할 수 있다면, 비록 곧장 성인(聖人)이 되지는 못하더라도 이미 성인과 함께 돌아간 것입니다.

주 선생(朱先生)께서 학문하는 것을 논하면서 "세밀해질수록 광대해지고, 근엄해질수록 고명해진다."라고 하였고, 또 "만일 국량이 협착(狹窄)하다면 광대한 기상에 함영(涵泳)해야 하고, 퇴타(頹惰)하다면 진작하는 기상에 함영해야 한다."라고 하였고, 또 "트여서 넓은 가운데 또 세밀해야 하고, 너그럽고 느슨한 가운데 또 근엄해야 한다."라고 하였으니,[23] 이는 모두 눈에 덮인 막을 걷어내는 금비치개이자 빗장을

23 주 선생(朱先生)께서……하였으니 : 주 선생은 송(宋)나라 유학자 주희(朱熹)로, 이 말들은 모두 《주자어류(朱子語類)》 권8에 보인다.

뽑는 옥 열쇠입니다. 그러므로 이를 들어서 읊어드리니, 힘쓰는 자료로 삼으십시오.

한운성에게 보냄 무술년(1838, 헌종4) 납일
與韓運聖 戊戌臘日

거의 반년이 되어감에 해가 또 제석(除夕)에 가까워졌으니, 부모님을 모시는 기거가 더욱 바르고 길하며 《노경(魯經 논어)》의 긴 공부는 해와 함께 끝마쳐지려 합니까? 이는 삼동(三冬)에 익힌 문사(文史)가 쓰기에 충분한 것[24]과는 다르니, 마땅히 필생의 계획으로 삼아야 하는 것입니다. 천하의 도(道)는 육경(六經)에 모두 들어있고, 육경의 도는 사서(四書)에 모두 들어 있으며, 사서의 도는 《논어》에 근본을 두고 있습니다. 이 책은 중정(中正)하고 순수(純粹)하여 필적할 것이 없어서 마치 해와 달이 하늘을 경영하는 것과 같습니다. 이를 높이면 만세의 태평성대를 열 수 있고, 폐하면 하루도 생활할 수 없으니, 어찌 잠시라도 떨어질 수 있는 것이겠습니까. 부디 이 뜻을 체득하여 집주(集註)를 아울러서 외우고, 외운 후에는 한가롭고 고요한 가운데 반복하여 완색하여서 반드시 무젖고 난 뒤에 비로소 그쳐야 합니다.

지나치게 구하지 말고 공교하게 천착하지 말며, 사방에서 범범하게 찾지 말고 왜곡해 끌어들이지 말아서, 마음을 평온하게 하여 그 귀결을 완색하고 자신에게 절실하게 하여 그 실제 쓰임을 살펴보는 것이 사서(四書)를 읽는 법도가 되는데, 《논어》에 있어서는 더욱 이와 같아야

24 삼동(三冬)에……것 : 한 무제(漢武帝) 때 동방삭(東方朔)이 무제에게 상서하여 말하기를, "나이 13세에 글을 배워서 삼동(三冬)에 익힌 문사가 쓰기에 이미 충분합니다.〔年十三學書, 三冬文史足用〕"라고 했던 데서 온 말이다. 《漢書 卷65 東方朔傳》

합니다. 항상 언외(言外)의 뜻을 구하여 끊임없이 함영(涵泳)하여 몸과 마음에 체득한다면, 종신토록 쓰더라도 매우 많을 뿐만이 아닐 것입니다. 저의 소원하는 바는 공자(孔子)를 배우는 것을 표준으로 삼지 않은 적이 없어서, 망령되이 '한 터럭이라도 미치지 못하면 내 일이 끝마쳐지지 못한 것이다'고 여겼었는데, 지금 노쇠해짐에 이르러 다시는 초심에 부응할 정력이 없으니, 제가 능하지 못한 것을 그대가 해주기를 바랍니다.

보내온 편지에서 '입지(立志)하여 분발함이 굳건하게 정해지지 못하고 독서하여 강의(講義)함이 정밀하지 못하며, 경(敬)을 주장하고 존양(存養)함에 끊김이 있을 때가 많고 성찰하고 응수함에 어긋남이 있을 때가 많으며, 부귀함과 성색(聲色)을 만나면 쉽게 마음이 동요되어 빼앗기고 비방과 칭찬이나 기쁨과 근심에 처하면 쉽게 저상되고 의혹되니, 이는 모두 충신(忠信) 한 관건을 통투하지 못한 데에서 빌미가 된 것이다.'라고 하였으니, 이 말이 진실합니다. 병통을 아는 것이 참되고 절실하지 않다면, 어찌 병통을 말하기를 이와 같이 할 수 있겠습니까. 이는 좌우명으로 삼을 만하니, 함께 힘써서 상유(桑榆)에 공효를 거두기를[25] 바랍니다. "주충신(主忠信)"[26] 세 글자는 《노론(魯論 논어)》의 첫 번째 의리인데, 정백자(程伯子)께서 "성(性)이 선함을 알고 충신

25 상유(桑榆)에 공효를 거두기를 : 초년에 이루지 못한 공효를 말년에 만회함을 말한다. 《후한서(後漢書)》 권17 〈풍이열전(馮異列傳)〉에 "동우에서 잃었으나 상유에 수습한다.〔失之東隅, 收之桑榆.〕"라고 하였는데, 동우(東隅)는 동쪽 해가 뜨는 곳이고 상유(桑榆)는 서방 해가 지는 곳으로, 만년(晚年)을 뜻한다.

26 주충신(主忠信) : 충신(忠信)을 위주로 해야 한다는 뜻으로, 《논어》 〈학이(學而)〉에 보인다.

(忠信)으로 근본을 삼는 것, 이것이 먼저 큰 것을 세우는 것이다."라고 말씀하신 것[27]이 포함하지 않는 바가 없으니, 마땅히 공자(孔子)를 배우는 이들의 화두가 되므로 다시 읊어드립니다.

내가 인생의 일에 있어 백에 하나도 능하지 못하지만, 그 중에서도 가장 능하지 못한 것은 정묘한 서법(書法)입니다. 심상한 여덟 줄의 글[28]을 쓰는 일일지라도 거의 글자를 형상하지 못하여 남에게 비웃음을 받은 지가 오래되었습니다. 그런데 유독 그대가 나쁜 점을 본받으니, 지나치게 취향을 따른 것이 이처럼 지극한 데에 이른 것이 아니겠습니까. 그대는 어린 시절부터 이미 서예에 능통하여 한 고을에 이름이 알려졌는데, 지금 도리어 단맛 나는 복숭아를 버리고 신맛 나는 배를 따는 것[29]은 어째서입니까? 나는 모모(嫫母)가 서자(西子)를 흉내 냈다는 것은 들었으나 서자가 모모를 흉내 냈다는 것은 들어보지 못하였습니다.[30] 지금부터 다시는 이렇게 하지 말아서 곁에서 보는 이들이

27 정백자(程伯子)께서……것 : 정백자는 송(宋)나라 유학자 정호(程顥)로, 정호의 이 말은 《근사록(近思錄)》 권2 〈위학(爲學)〉에 보인다.

28 여덟 줄의 글 : 서간을 말한다. 후한(後漢)의 마융(馬融)이 두장(竇章)에게서 여덟 줄의 서간을 받았던 데에서 유래하였다.

29 단맛……것 : 좋은 것을 버리고 나쁜 것을 취하는 것을 비유한 표현이다. 《주자어류(朱子語類)》 권118 〈주훈문인(朱訓門人)〉에 정자상(鄭子上)이 《좌전(左傳)》에서 의심스러운 부분을 묻자, 주희(朱熹)가 사서(四書)에서 궁구해야지 지엽적인 일에 연연해서 되겠느냐고 나무라면서 "지금 이와 같은 것은 '단맛 나는 복숭아를 버리고 산 근처의 신맛 나는 배를 따는 것이다.'라고 할 수 있다.〔今若此, 可謂是颺了甛桃樹, 沿山摘醋梨也.〕"라고 하였다.

30 나는……못하였습니다 : 모모(嫫母)는 황제(黃帝)의 네 번째 비(妃)로 용모가 못생겼다고 하며, 서자(西子)는 춘추 시대 월(越)나라의 미인 서시(西施)를 가리킨다.

기롱하며 비웃게 하지 말기를 몹시 바라마지 않습니다.

서시가 가슴병을 앓으면서 얼굴을 찡그리는 모습이 더 아름답다고 느낀 추녀가 자기도 이를 흉내 내어 얼굴을 찡그리며 다니자 사람들이 모두 도망쳤다는 이야기가 《장자(莊子)》〈천운(天運)〉에 실려 있다.

한운성에게 답함 경자년(1840, 헌종6) 11월

答韓運聖 庚子復月

은거하는 거처를 봉산(蓬山 장기(長鬐))으로 옮겨 정한 것은 필시 생계로 인하여 그렇게 하였을 것입니다. 또 산은 높은 것을 좋게 여기고 물은 깊은 것을 좋게 여기니, 그렇다면 어찌 한 구석에 땅이 궁벽하다고 말할 것이 있겠습니까. 다만 군자가 되지 못함을 근심할 뿐이지 거처가 누추함은 근심할 것이 없으니, 누추함을 고치는 방도가 어찌 나에게 있지 않겠습니까. 더구나 이 땅은 지난날 우옹(尤翁)께서 기거하셨던 곳으로[31] 산천초목조차도 향기로운 교화를 받았습니다. 생각건대 우옹의 먼 자취를 상상하심에 강한(江漢)과 갱장(羹墻)의 사모하는 마음[32]이 일어날 것입니다. "급류 속의 지주산(砥柱山)이 천 길로

31 이 땅은……곳으로 : 우옹은 우암(尤庵) 송시열(宋時烈, 1607~1689)로, 1674년(현종15) 인선왕후(仁宣王后)의 상에 자의대비(慈懿大妃)의 복제를 대공복(大功服)으로 주장한 일로 이듬해 1월 덕원(德源)으로 유배되었다가 6월에 장기(長鬐)에 위리안치(圍籬安置)된 일이 있다. 《宋子大全 附錄 卷7 年譜6》

32 강한(江漢)과……마음 : 돌아가신 선사(先師)를 사모하는 마음을 말한다. 강한은 공자가 죽은 뒤에 제자들이 유약(有若)의 모습이 공자와 비슷하다는 이유로 공자를 섬기던 예로 그를 섬기려고 하자, 증자(曾子)가 그래서는 안 된다고 하면서, "공자께서는 강한으로 씻는 것과 같으며, 가을볕으로 쪼이는 것과 같아서 깨끗하여 더할 수 없다.〔江漢以濯之, 秋陽以暴之, 皓皓乎不可尙已.〕"라고 한 데서 온 말이다. 《孟子 滕文公上》 갱장은 옛날 요(堯)임금이 붕어한 뒤에, 순(舜)임금이 요임금을 앙모한 지 3년 만에 앉아 있으면 요임금이 담장〔墻〕에서 보이고, 밥 먹을 때는 요임금이 국〔羹〕에서 보였다는 데서 온 말이다. 《後漢書 卷63 李固列傳》

우뚝이 서있다."라고 한 것은 이미 우옹을 참되게 말한 것입니다. 반드시 그 분의 책을 읽고 그 분의 마음을 전하기를 도모해야 할 것이고 한갓 찬탄만 해서는 안 될 것이니, 그렇다면 저 또한 함께 영광이겠습니다. 그대가 여러 남인들이 시끄럽게 떠드는 소리에 구애받지 않고 능히 스스로 수립함이 이와 같으니, 만일 말의 이치를 알고 이치에 밝은 것이 아니라면 어찌 이에 참여할 수 있겠습니까. 공경하여 칭송해 마지않습니다.

보내오신 편지에서 책을 읽고 몸을 검속함이 날로 지리멸렬해진다는 것을 근심하고 두려워하였습니다. 마땅히 근심하고 두려워해야하는 것을 근심하고 두려워한다면 이것이 바로 근심하지 않고 두려워하지 않는 방법이니, 도리어 그대를 위해 다행스럽게 생각합니다. 저와 같은 사람은 실제로 공부한 바가 없으므로 거의 근심하고 두려워할 바를 알지 못하니 그렇다면 올바름을 얻을 수 없을 것입니다. 어찌 가여워할 만하지 않겠습니까.

근래 하늘과 사람이 서로 함께하는 즈음이 지극히 친근하다는 것을 깨달았습니다. 부자(夫子)께서 말씀하시기를 "천지의 성(性) 가운데 사람이 귀하다."라고 하셨고,[33] 또 "사람은 천지의 덕(德)이다."라고 하셨고, 또 "사람은 천지의 마음〔心〕이다."라고 하셨습니다.[34] 천성(天性)은 지극히 성실하고 천심(天心)은 지극히 영험하고 천덕(天德)은 지극히 정미합니다. 오직 사람만이 하늘이 부여한 바를 온전히 받았기

33 부자(夫子)께서……하셨고 : 공자(孔子)의 이 말은《효경(孝經)》〈성치장(聖治章)〉에 보인다.

34 또……하셨습니다 : 이 말은 모두《예기(禮記)》〈예운(禮運)〉에 보인다.

에 부여해준 것의 소중함이 반드시 하늘과 하나가 되어야 하니, 그런 뒤에야 그 이치를 다할 수 있습니다. 아아, 사람이 어찌 천심을 잃고 천성을 멸하여 천덕을 어그러뜨릴 수 있겠습니까. 성인(聖人)께서 타고난 형체를 실천하여[35] 천성을 다하고[36] 신묘한 이치를 궁구하여 조화를 아신 것[37]은 바로 천성을 내려준[38] 하늘을 순히 따른 것입니다.

《노론(魯論)》[39]은 생각건대 이미 공부를 마쳤을 것이니, 그 뒤에 무슨 책을 읽고 있습니까? 반드시 사서(四書)를 가지고 되풀이해 통하여 읽어야 하니, 그렇게 하면 절로 하늘과 같기를 바라는[40] 참된 가르침을

35 타고난 형체를 실천하여 : 하늘로부터 받은 형체의 이치를 잘 실천하는 것을 말한다. 《맹자》 〈진심 상(盡心上)〉에 맹자가 "사람의 형체와 형색은 천성이니, 오직 성인인 뒤에야 형색을 실천할 수 있는 것이다.〔形色, 天性也, 惟聖人然後, 可以踐形.〕"라고 한 말이 보인다.

36 천성을 다하고 : 《중용장구(中庸章句)》 22장에 "오직 천하에 지극히 성실한 사람이어야 능히 그 천성을 다할 수 있다.〔惟天下至誠, 爲能盡其性.〕"라고 하였는데, 이에 대한 주(註)에 "그 성을 다한다는 것은 덕이 성실하지 않음이 없기 때문에 인욕의 사사로움이 없어 자신에게 있는 천명을 살피고 행하여, 크고 작은 것과 정미하고 거친 것을 털끝만큼도 다하지 않음이 없는 것이다."라고 하였다.

37 신묘한……것 : 《주역(周易)》 〈계사전 하(繫辭傳下)〉에 "신묘한 이치를 궁구하고 조화의 이치를 아는 것이 덕의 성대함이다.〔窮神知化, 德之盛也.〕"라고 한 데서 온 말이다.

38 천성을 내려준 : 원문의 "강충(降衷)"은 《서경》 〈상서(商書) 탕고(湯誥)〉에 "위대한 상제께서 아랫사람들에게 충(衷)을 내려주어, 그 타고난 성품을 따르게 하였다.〔惟皇上帝, 降衷于下民, 若有恒性.〕"라고 한 데서 온 말로, 여기서 충(衷)이란 사람이 명(命)을 받을 때에 인·의·예·지·신의 이치를 얻은 것으로 천성(天性)을 가리킨다.

39 노론(魯論) : 《논어》를 말한다. 《논어》에는 본래 제론(齊論)·고론(古論)·노론(魯論)이 있었는데, 노론은 노(魯)나라 사람이 전하던 것으로 후대에 노론을 읽었으므로 《논어》를 가리키는 말이 되었다.

이해하게 될 것입니다.

심(心)과 기질(氣質)의 분변은 지난겨울에 보낸 편지에서 대략 이미 설명하였습니다. 형(形)이 있으면 기(氣)가 있고, 기가 있으면 신(神)이 있고, 신이 있으면 이(理)가 있기 마련입니다. 그러므로 황면재(黃勉齋)가 형(形)・기(氣)・신(神)・이(理) 네 가지로 천지 만물을 포괄한 것입니다.[41] 사람의 몸에서 구하여 초목과 금수에 미루어나간다면 모두 그렇지 않음이 없습니다. 형(形)을 가지고 이(理)에 비교하면 형(形)은 거칠고 기(氣)는 정미하며, 기(氣)를 가지고 신(神)에 비교하면 기(氣)는 거칠고 신(神)은 정미하며, 신(神)을 가지고 이(理)에 비교하면 비록 정미하고 거친 차이가 없더라도 도(道)와 기(器)의 분별이 있으니, 또한 뒤섞여 구분이 없어서는 안 됩니다. 형(形)이라는 것은 형질(形質)이니, 고움과 추함이나 길고 짧음이 한 번 정해져서

40 하늘과 같기를 바라는 : 북송(北宋)의 유학자(儒學者) 주돈이(周敦頤)가 "성인은 하늘과 같기를 바라고, 현인은 성인과 같기 바라며, 선비는 현인과 같기를 바란다.〔聖希天, 賢希聖, 士希賢.〕"라고 한 말이 《통서(通書)》 〈지학(志學)〉에 보인다.

41 형(形)이 있으면……것입니다 : 황면재는 송(宋)나라의 학자인 황간(黃榦, 1152~1221)을 말한다. 《면재집(勉齋集)》 권13 〈복양지인서(復楊志仁書)〉에서 황간이 "이 몸은 단지 형(形)・기(氣)・신(神)・이(理)일 뿐이다. 이(理)는 신(神)보다 정미하고, 신은 기(氣)보다 정미하고, 기는 형(形)보다 정미하다. 형(形)은 일정하고, 기(氣)는 능히 호흡하고 능히 냉온하며, 신(神)은 지각이 있어 능히 운용하고, 이(理)는 지각 운용상의 허다한 도리이다. 그러나 형이 있으면 기가 있고, 기가 있으면 신이 있고, 신이 있으면 이가 있으니, 다만 한 물건에서 나뉘어 나와 허다한 이름이 된 것이다. 이것을 알면 심(心)・성(性)・정(情)의 부류를 모두 알 수 있다.〔此身只是形氣神理. 理精於神, 神精於氣, 氣精於形. 形則一定, 氣能呼吸能冷暖, 神則有知覺能運用, 理則知覺運用上許多道理. 然有形則斯有氣, 有氣斯有神, 有神斯有理, 只是一物分出, 許多名字. 知此則心性情之類, 皆可見矣.〕"라고 하였다.

바뀔 수 없고, 기(氣)라는 것은 기질(氣質)이니, 맑음과 탁함이나 순수함과 잡박함이 만 가지로 갖지 않지만 공력을 쓴다면 변화할 수 있습니다. 신(神)이라는 것은 심(心)이니, 지극히 허령(虛靈)하여 거의 이(理)와 간격이 없고, 이(理)라는 것은 성(性)이니, 순수하게 선(善)하여 망령됨이 없습니다. 그러므로 성(性)은 심(心)에 의뢰하고 심(心)은 성(性)에 배합되어, 기(氣)의 근본이 되고 형(形)의 주인이 됩니다. 이것이 그 대략입니다. 그러나 여기에서 터득한다면 심과 기질의 분변이 절로 마음과 눈에 명료해질 것입니다.

용호(蓉湖) 김덕수(金德叟)[42] 대감이 이미 저세상 사람이 되었습니다. 그의 문학과 지조는 이 세상에 흔히 있는 바가 아니니, 애달프고 안타까운 마음을 형언할 수가 없습니다. 그대도 그 분과 친교가 있었으니, 응당 똑같이 애통해할 것입니다.

42 용호(蓉湖) 김덕수(金德叟) : 김매순(金邁淳, 1776~1840)으로, 자는 덕수, 호는 대산(臺山). 본관은 안동(安東)이다. 1795년(정조19) 정시문과에 병과로 급제하여 검열·사인을 거쳐 초계문신(抄啓文臣)이 되었고, 예조참판을 거쳐 1821년(순조21) 강화부유수를 역임하였다. 당대의 문장가로 홍석주(洪奭周) 등과 함께 명성이 높았으며, 성리설에 일가견을 가지고 있어서 호락논쟁(湖洛論爭)에 이간(李柬)과 낙론(洛論)을 지지하였다. 고종 때 판서에 추증되었고, 시호는 문청(文淸)이다. 저서로는《대산집》·《대산공이점록(臺山公移占錄)》·《주자대전차문목표보(朱子大全箚目問標補)》 등이 있다.

한운성에게 답함 임인년(1842, 헌종8) 3월

答韓運聖 壬寅三月

귀하의 우거하는 곳이 우옹(尤翁)의 사옥(祠屋)에 가까워서[43] 갱장(羹墻)의 사모하는 마음[44]을 붙인다고 말씀하신 것은 말이 듣기에 흡족합니다. 우옹의 학문은 오로지 추(鄒)와 민(閩)[45]으로부터 나왔으므로, 천리와 인욕의 구분과 선과 악의 변별에 있어 모두 한 칼에 두 동강을 내듯 하여 털끝만큼도 망설임이 없었으니, 이 때문에 만 길 높이로 우뚝하게 선 절벽이 된 것입니다. 그대가 한창 맹자(孟子)와 주자(朱子)의 글을 읽고 있기에 우옹에게서 감발이 일어난 것이 이와 같은 것입니까. 부디 풍기(風氣)에 갇히지 말고 여러 남인들에게 비방을 받지 말고서 실심(實心)으로 외고 본받아 한 도(道)의 창도자가 되기를 몹시 바라마지 않습니다.

43 귀하의……가까워서 : 우옹은 우암(尤庵) 송시열(宋時烈, 1607~1689)로, 인선왕후(仁宣王后)의 상에 자의대비(慈懿大妃)의 복제를 대공복(大功服)으로 주장한 일로 1675년(현종16) 경상북도 장기(長鬐)에 위리안치(圍籬安置)된 일이 있다. 당시 한운성이 장기로 이사와 송시열의 사옥과 가까이에 우거하였으므로 이렇게 말한 것이다. 《宋子大全 附錄 卷7 年譜6》

44 갱장(羹墻)의 사모하는 마음 : 돌아가신 선사(先師)를 사모하는 마음을 말한다. 갱장은 옛날 요(堯)임금이 붕어한 뒤에, 순(舜)임금이 요임금을 앙모한 지 3년 만에 앉아 있으면 요임금이 담장〔墻〕에서 보이고, 밥 먹을 때는 요임금이 국〔羹〕에서 보였다는 데서 온 말이다. 《後漢書 卷63 李固列傳》

45 추(鄒)와 민(閩) : 각각 맹자(孟子)와 주희(朱熹)를 뜻한다. 맹자가 살던 곳이 추(鄒), 주희가 살던 곳이 민월(閩越)이다.

학반(學半)[46]의 일은 생각건대 부지런히 힘쓰고 있을 터이니, 재질에 따라 돈독하게 하여서 수고로움을 게을리 하지 않을 수 있겠습니까? 무릇 사람을 가르침에 있어서 반드시 그 사람의 재주를 다하게 하도록 해야 합니다. 나아가게만 하고 배우는 이가 편안히 여기는지는 돌아보지 않고, 배우는 이로 하여금 정성을 말미암지 않게 한다면,[47] 모두 절도를 능범하고 등급을 뛰어넘는 것으로 그 적절한 때에 맞추지 않고서 가르침을 베푸는 것이니, 어찌 사람의 재주를 다하게 할 수 있겠습니까. 성철(聖哲)께서 사람을 가르치실 적에 재주에 따라 가르침을 베풀어 각각 그 적절한 때에 합당하게 하였습니다. 마치 포정(庖丁)이 소를 잡을 때 틈새를 환히 보아서 눈앞에 온전한 소가 없었던 것과 같아야만[48] 비로소 사람의 재주를 다하게 하여 각각 성취함이 있도록 할 수 있을 것입니다. 부디 이 뜻을 체득하여 가리켜 인도하는 한 가지 일에 전심치지하여서 한 지역의 인물을 도야하는 것이 어떻겠습니까? 이는 백년의 끝이 있는 인생으로 천년의 무궁한 근심을 품는 것이니, 어찌 단지 한 몸의 사익(四益)[49]이 될 뿐이겠습니까. 천만번 힘쓰십시오.

46 학반(學半) : 가르치는 일을 말한다. 《서경(書經)》 〈열명 하(說命下)〉에 "사람을 가르침은 배움의 반을 차지한다.〔惟斅學半.〕"라고 하였다.

47 나아가게만……한다면 : 이 내용은 《예기(禮記)》 〈학기(學記)〉에 보인다.

48 마치……같아야만 : 이치에 따라 능숙하게 처리함을 말한다. 포정(庖丁)이 문혜군(文惠君)을 위해 소를 잡는데, 소 잡는 솜씨가 매우 뛰어나 문혜군을 감탄하게 하였다. 포정이 소 잡는 도(道)를 말하면서 "두께가 없는 칼을 두께가 있는 틈새에 넣으니, 널찍하여 칼날을 움직이는 데 있어 반드시 여유가 있습니다.〔以無厚入有間, 恢恢乎其於遊刃, 必有餘地矣.〕"라고 하였다. 《莊子 養生主》

49 사익(四益) : 네 가지 유익함으로 유익한 말, 유익한 일, 유익한 글, 유익한 벗을 말한다. 《小學紺珠 性理類 四益》

한운성에게 답함 병오년(1846, 헌종12) 입춘
答韓運聖 丙午建陽日

삼여(三餘)[50]의 공부가 현재 정자(程子)의 글에 있다고 하니, 저로 하여금 정신을 일깨우게 합니다. 근세의 유학자들이 정자의 글을 버리고 주자(朱子)의 글을 읽어서 자양(紫陽)[51]의 도리가 어디에서 나왔는지를 알지 못하는데, 지금 그대가 도리어 능히 물길을 따라 근원으로 거슬러 올라가니, 먼저 힘써야 할 바를 안다고 할 만합니다. 두 정부자(程夫子)께서 사람과 물건의 오상(五常)을 논함에, 다만 "하나를 차지하면 네 가지를 소유하게 된다."라고 하였을 뿐 아니라[52] "모든 혈기가 있는 부류는 모두 오상(五常)을 갖추고 있지만 다만 확충할 줄을 모를 뿐이다."라고 하였고,[53] 또 "물건은 미루어 넓힐 수 없고 사람은 미루어 넓힐 수 있으니, 비록 미루어 넓힐 수 있더라도 일분(一

50 삼여(三餘) : 학문을 하는 데 가장 좋은 세 가지 여가(餘暇)로, 한 해의 겨울과 하루의 밤과 흐리고 비오는 날을 말한다. 《三國志 卷63 魏書 王肅傳》

51 자양(紫陽) : 송나라 유학자 주희(朱熹)를 말한다. 주희의 부친 주송(朱松)이 자양산(紫陽山)에서 독서하였는데, 후에 주희가 복건(福建) 숭안(崇安)에서 살면서 정사의 이름을 자양서실(紫陽書室)이라 한 것에서 유래한다.

52 두……아니라 : 두 정 부자(程夫子)는 송(宋)나라 유학자인 명도(明道) 정호(程顥)와 이천(伊川) 정이(程頤) 형제를 말한다. 오상은 인(仁)·의(義)·예(禮)·지(智)·신(信)의 오성(五性)을 가리키는데, 인용한 말은 《이정유서(二程遺書)》 권15 〈입관어록(入關語錄)〉에 보인다.

53 모든……하였고 : 이 말은 《이정유서(二程遺書)》 권31 〈부사설후(附師說後)〉에 보인다.

分)이라도 보탤 수 있는 때가 얼마나 되겠으며, 미루어 넓히지 못하더라도 일분이라도 뺄 수 있는 때가 얼마나 되겠는가."라고 하였으니,[54] 이는 사람과 물건이 똑같이 오상(五常)을 품부 받은 증거인데, 이 가르침을 쓸모없게 여기는 사람들은 바로 고집을 부리는 것입니다.

오상(五常)은 별건의 사물이 아니라 바로 오행(五行)의 이치입니다. 오행 중에 하나라도 빠지면 물건을 생겨나게 할 수가 없으니, 어찌 기(氣)를 품부 받고서 이(理)는 품부 받지 못하는 경우가 있겠습니까. 이 때문에 주 선생(朱先生)께서 《중용》에서 "하늘이 명한 성〔天命之性〕"으로부터 "도를 품절해 놓은 교〔修道之敎〕"에 이르기까지 사람과 물건을 통틀어 해석하였으니,[55] 그래야 비로소 아래 글의 "자신의 성을

54 물건은……하였으니 : 이 말은 《이정유서(二程遺書)》 권2 〈원풍기미여여숙동견이선생어(元豐己未呂與叔東見二先生語)〉에 보인다.

55 이 때문에……해석하였으니 : 《중용장구(中庸章句)》 첫 장에 "하늘이 명하신 것을 성(性)이라 하고, 성을 따르는 것을 도(道)라 하고, 도를 품절해 놓은 것을 교(敎)라 한다.〔天命之謂性, 率性之謂道, 修道之謂敎.〕"라고 하였는데, 이에 대해 주희(朱熹)가 "하늘이 음양오행으로 만물을 생성함에 기(氣)로써 형체를 이루고 이(理) 또한 부여하였으니, 이는 마치 명령함과 같다. 이에 사람과 물건이 태어남에, 각기 부여 받은 바의 이(理)를 얻음으로 인하여 건순(健順)과 오상(五常)의 덕을 삼으니, 이른바 성(性)이라는 것이다.……사람과 물건이 각기 그 성(性)의 자연을 따르면 일상생활을 하는 사이에 각기 마땅히 행하여야 할 길이 있지 않음이 없으니, 이것이 이른바 도(道)라는 것이다. 수(修)는 품절함이다. 성(性)과 도(道)가 비록 같으나 기품이 혹 다르기 때문에 과하거나 불급한 차이가 없지 못하므로, 성인이 사람과 물건이 마땅히 행하여야 할 것을 인하여 품절하여 천하에 법이 되게 하셨다. 이것을 일러 교(敎)라고 하니, 예악과 형정과 같은 것이 이것이다.〔天以陰陽五行, 化生萬物, 氣以成形而理亦賦焉, 猶命令也. 於是人物之生, 因各得其所賦之理, 以爲健順五常之德, 所謂性也.……人物各循其性之自然, 則其日用事物之間, 莫不各有當行之路, 是則所謂道也. 修, 品節之也. 性道雖同, 而氣稟或異. 故不能無過不及之差, 聖人因人物之所當行者而品節之, 以爲法於天下, 則

다함〔盡己之性〕”으로부터 “사람과 물건의 성을 다함〔盡人物之性〕”에 이르기까지와[56] 서로 계합됩니다. 그러므로 예악(禮樂)과 형정(刑政)으로 품절(品節)을 해석하였으니,[57] 이 또한 사람과 물건을 통틀어 말한 것입니다. 오직 그대에게만이 이를 말해줄 수 있기에 그저 다시 이렇게 말씀드리니, 알지 못하는 사람에게 세세하게 말해줄 필요는 없습니다.

‘입헌(立軒)’[58] 두 글자를 병을 무릅쓰고 종이에 써서 정성스러운 뜻에 부응하였지만, 고당(高堂)의 큰 현판이 되기에는 부족한 듯합니다. 모름지기 “경(敬)과 의(義)가 확립되면 덕(德)이 외롭지 않다.”[59]라는 것으로 의체(義諦)를 삼아서 천지(天地)와 참여해 서서 사람의 도(道)

謂之敎. 若禮樂刑政之屬是也.〕”라고 해석한 것을 가리킨다.

56 아래 글의……이르기까지와 : 《중용장구(中庸章句)》 제22장에 “오직 천하의 지극한 성(誠)이라야 능히 자신의 성(性)을 다할 수 있으니, 그 성을 다하면 능히 사람의 성을 다할 수 있고, 사람의 성을 다하면 능히 물건의 성을 다할 수 있다.〔惟天下至誠, 爲能盡其性, 能盡其性, 則能盡人之性, 能盡人之性, 則能盡物之性.〕”라고 한 부분을 가리킨다.

57 그러므로……해석하였으니 : 《중용장구(中庸章句)》 첫 장에 “성(性)과 도(道)가 비록 같으나 기품이 혹 다르기 때문에 과하거나 불급한 차이가 없지 못하므로, 성인이 사람과 물건이 마땅히 행하여야 할 것을 인하여 품절하여 천하에 법이 되게 하셨다. 이것을 일러 교(敎)라고 하니, 예악과 형정과 같은 것이 이것이다.〔性道雖同, 而氣稟或異. 故不能無過不及之差, 聖人因人物之所當行者而品節之, 以爲法於天下, 則謂之敎. 若禮樂刑政之屬是也.〕”라고 한 부분을 가리킨다.

58 입헌(立軒) : 한운성(韓運聖)의 호이다.

59 경(敬)과……않다 : 이 말은 《주역(周易)》 〈곤괘(坤卦) 문언전(文言傳)〉에 보인다.

를 다하는 데에 차츰 나아가야 할 것입니다. 그래야 비로소 이에 머무른다고 할 수 있으니, 이는 소장부(少丈夫)가 할 수 있는 것이 아님을 알 것입니다.

한운성에게 보냄 병오년(1846, 헌종12) 동지
與韓運聖 丙午長至日

추위의 기세가 매서운데, 기거가 근래 좋으십니까? 지난겨울에 언실(偃室)에 들어가지 않은 이유로 크게 노여움을 만났다고 들었습니다. 능히 스스로 지조를 지킬 줄 알아서, 자신의 뜻을 굽혀 남을 따르는 사사로움이 없었던 것은 마찬가지인데, 혹은 성사(聖師)에게 아뢰어지고 혹은 유감을 쌓아두고 풀지 않으니, 고인과 금인의 같고 다름이 이처럼 차이가 난단 말입니까.[60] 지금 이후로는 마땅히 고을의 시험을 폐하여야 하겠습니까? 몸가짐을 자우(子羽 담대명멸)로 본보기를 삼는다면 구차하고 천박한 부끄러움이 없을 것이고, 인재를 취하기를 자유(子游)로 본보기를 삼는다면 간사하여 아첨하는 데에 있어서 미혹됨이 없을 것이니, 다시 그대와 그대의 읍재에게 이것을 바랍니다.

삼여(三餘)[61]의 공부는 지금 어느 책을 보고 계십니까? 능히 학반(學半)[62]의 일에 방해받아 뜻을 빼앗기지 않고 계십니까? 공(功)은 인재를

60 지난겨울에……말입니까 : 언실(偃室)은 지방 수령의 거처를 뜻하는 말이다. 《논어》 〈옹야(雍也)〉에 무성(武城)의 읍재(邑宰)가 된 자유(子游)가 스승인 공자에게 담대멸명(澹臺滅明)의 아첨하지 않는 점을 칭찬하여 "한 번도 저 언(偃)의 집에 온 적이 없습니다.〔未嘗至於偃之室也.〕"라고 한 데서 비롯되었다. 읍재를 찾아가 아첨하지 않은 담대명멸의 지조는 자유(子游)에 의해 성사(聖師)인 공자에게 고해졌음에 반해, 지금 상대방은 이 일로 인해 노여움을 얻었기 때문에 이와 같이 말한 것이다.

61 삼여(三餘) : 학문을 하는 데 가장 좋은 세 가지 여가(餘暇)로, 한 해의 겨울과 하루의 밤과 흐리고 비오는 날을 말한다. 《三國志 卷63 魏書 王肅傳》

이루어주는 것보다 큰 것이 없고, 죄(罪)는 인물을 망치는 것보다 무거운 것이 없으니, 서둘러 이 뜻을 체득하여 사익(四益)[63]의 공(功)에 더욱 힘써서 동경(東京 경주(慶州))의 몽매한 선비들로 하여금 추향(趨向)을 잃지 않게 하는 것이 지극히 옳습니다.

62 학반(學半) : 가르치는 일을 말한다. 《서경(書經)》 〈열명 하(說命下)〉에 "사람을 가르침은 배움의 반을 차지한다.〔惟斅學半〕"라고 하였다.

63 사익(四益) : 네 가지 유익함으로 유익한 말, 유익한 일, 유익한 글, 유익한 벗을 말한다. 《小學紺珠 性理 四益》

한운성에게 답함 병오년(1846, 헌종12) 윤월 9일

答韓運聖 丙午閏月少旬

보내오신 편지에서 몽매한 학생들을 깨우치는 데에 시달리느라 목에 열이 나는 지경에 이르렀다고 하니, 고심하면서 힘을 다하고 있다는 것을 알 수 있어, 찬탄하는 마음을 가눌 수 없습니다. 순일하여 아직 계발되지 않은 몽매함으로 바름을 길러 성인(聖人)이 되는 공부를 다 하는 사람[64]은 때를 넘겨서는 안 되고 기회를 놓쳐서는 안 되니, 이것이 군자가 행동을 과단성 있게 하여 덕을 기르는 까닭[65]입니다. 그대가 반드시 스승의 도(道)를 자임하여, 잘하는 것을 키우고 잘못된 것을 바로잡으며[66] 잘하는 이를 가상히 여기고 능하지 못한 이를 불쌍하게 여겨[67] 자신을 이루고 남을 이루어주는[68] 공효를 거두는 것이 어떻겠습

64 순일하여……사람 : 《주역》 〈몽괘(蒙卦) 단전(彖傳)〉에 "어릴 때에 바름을 기름이 성인이 되는 공부이다.〔蒙以養正, 聖功也.〕"라고 하였는데, 이에 대한 정이천(程伊川)의 전(傳)에 "순일하여 계발되지 않은 몽(蒙)으로서 바름을 기름이 바로 성인이 되는 공부이다.〔以純一未發之蒙而養其正, 乃作聖之功也.〕"라고 하였다.

65 군자가……까닭 : 《주역》 〈몽괘(蒙卦) 상전(象傳)〉에 "산 아래에서 샘물이 나옴이 몽(蒙)이니, 군자가 이를 보고서 행실을 과단성 있게 하여 덕을 기른다.〔山下出泉, 蒙, 君子以, 果行育德.〕"라고 하였다.

66 잘하는……바로잡으며 : 《예기》 〈학기(學記)〉에 "가르친다는 것은 잘하는 것을 키우고 잘못된 것을 바로잡아 주는 것이다.〔敎也者, 長善而救其失者也.〕"라고 하였다.

67 잘하는……여겨 : 이 말은 《논어》 〈자장(子張)〉에 보인다.

68 자신을……이루어주는 : 《중용장구》 제25장에 "성(誠)은 스스로 자신을 이룰 뿐 아니라 남을 이루어 주니, 자신을 이룸은 인(仁)이고 남을 이루어 줌은 지(智)이다.

니까?

사설(邪說)을 물리쳐 환히 열어놓아야 한다는 논의로 말하자면 때에 마땅하게 조처하는 것이 아닌 듯하니, "때를 알고 형세를 아는 것이 《주역》을 배우는 큰 방도이다."[69]라고 하지 않았습니까. 공자께서 말씀하시기를 "자신의 악함을 다스리고, 다른 사람의 악함을 다스리지 말아야 한다."[70]라고 하셨습니다. 보통 사람의 정상으로는 남을 책하는 것은 무겁게 하고 자신을 책하는 것은 가볍게 하는 법입니다. 배우는 사람은 마땅히 자신에게 있는 잘못을 다스려서 당장에 스스로 밤낮으로 점검하여 만일 혹 털끝만큼이라도 완전히 선하지 못한 곳이 있으면 겸연하게 스스로 부족하다고 여겨야 하니, 어찌 한가한 공부를 두어서 다른 사람의 과실을 점검하겠습니까. 한 몸과 마음도 이미 근심할만함을 감당치 못하는데, 어찌 편벽되고 방탕하며 사특하고 회피하는 학설들[71]을 근심할 수 있겠습니까.

안으로 국정(國政)을 닦고 밖으로 외적을 물리치는 일은 내면을 곧게 하고 외면을 방정하게 하는 것과 같으니,[72] 만일 안으로 국정을 닦는

이는 성(性)의 덕(德)이니 안팎을 합한 도이다.〔誠者非自成己而已也, 所以成物也, 成己仁也, 成物知也. 性之德也, 合內外之道也.〕"라고 하였다.

69 때를……방도이다 : 이 말은《주역》〈쾌괘(夬卦) 구이(九二)〉 상전(象傳)에 대한 정이천(程伊川)의 전(傳)에 보인다.

70 자신의……한다 : 이 말은《논어》〈안연(顔淵)〉에 보인다.

71 편벽되고……학설들 :《맹자》〈공손추 상(公孫丑上)〉에 공손추가 맹자에게 '지언(知言)'이 무엇인지 묻자, 맹자가 "편벽된 말에서 가려진 바를 알며, 방탕한 말에서 빠져 있는 바를 알며, 사특한 말에서 괴리된 바를 알며, 회피하는 말에서 논리가 궁함을 아는 것이다.〔詖辭知其所蔽, 淫辭知其所陷, 邪辭知其所離, 遁辭知其所窮.〕"라고 한 데서 온 말이다.

데에 전심한다면 밖으로 외적을 물리치기를 기약하지 않더라도 저절로 물리치게 될 것입니다. 그대와 같은 이는 다만 마땅히 충신(忠信)으로 덕(德)을 진전시키는 것을 실제 착수할 곳으로 삼고, 말을 할 때에 성실함을 세우는 것을 실제 수업할 곳으로 삼아야 할 뿐입니다.[73] 세상의 많은 구설은 또한 흐르는 물로 나의 귀를 두른 듯이 대처하여야 할 것입니다.[74]

72 안으로……같으니 : 이 말은 주희(朱熹)의 《회암집(晦庵集)》 권25 〈답장경부서(答張敬夫書)〉에 보인다. 내면을 곧게 하고 외면을 방정하게 함은 《주역》 〈곤괘(坤卦) 문언(文言)〉에 "군자는 경으로써 내면을 곧게 하고, 의로써 외면을 방정하게 하니, 경과 의가 확립되면 덕이 외롭지 않다.〔君子敬以直內, 義以方外, 敬義立而德不孤.〕"라고 한 데서 온 말이다.

73 충신(忠信)으로……뿐입니다 : 《주역》 〈건괘(乾卦) 문언(文言)〉에 "충신이 덕을 진전시키는 것이고, 말을 함에 그 성실함을 세움이 업(業)을 보유하는 것이다.〔忠信, 所以進德, 修辭立其誠, 所以居業也.〕"라고 하였다.

74 세상의……것입니다 : 세상의 구설들을 흐르는 물소리로 귀를 두르고 있는 것처럼 소원하게 여겨야 한다는 뜻으로, 최치원(崔致遠)의 문집인 《고운집(孤雲集)》 권1에 〈제가야산독서당(題伽倻山讀書堂)〉에 "시비하는 소리 귀에 들릴까 저어하여, 짐짓 흐르는 물로 온 산을 두르게 하였네.〔常恐是非聲到耳, 故敎流水盡籠山.〕"라는 시구에서 온 말이다.

한운성에게 보냄 정미년(1847, 헌종13) 8월

與韓運聖 丁未八月

이름이 천거하는 글에 올랐으니 한 고을의 여론을 징험할 수 있지만, 우리들이 스스로 명덕(明德)을 밝히는 분수에 있어서는 또한 족히 중한 것이 못되는지라, 도(道)로 숨어 이름이 없는[75] 고아한 자취에 어긋남이 있을까 염려가 됩니다. 보여주신 많은 말씀에서 몸에 돌이켜 성찰하고 계심을 알았으니, 이 때문에 찬탄합니다. 말속이 도도하여 명예와 행검(行檢)이 땅에 떨어져서 이치와 의리가 마음을 기쁘게 하는 줄을 알지 못하고 한갓 치자와 밀랍으로 용모를 꾸미는 것[76]만을 일삼으니, 화장을 하고 시장 문에 기대어 있는 자[77]와 다른 것이 거의 없습니다. 그런데 그대는 이 폐단을 통렬하게 징계하여 실질을 돈독히 하고 근본에 힘쓰고 있으니, 제가 이 때문에 다른 사람들의 심상한 아낌에 비하지 않는 것입니다.

75 도(道)로……없는 : 이 말은 노자(老子)의 《도덕경(道德經)》 41장에 보인다.

76 치자와……것 : 실상은 없이 가식적으로 겉만 꾸미는 것을 뜻한다. 유종원(柳宗元)의 〈편고(鞭賈)〉에, 어떤 부자가 큰돈을 들여 황색으로 광택이 나는 채찍을 구입하였는데 뒷날 노란색은 치자로 물을 들인 것이고 광택은 밀랍을 칠한 것임을 알게 되었다는 고사가 전한다. 《柳河東集 卷20》

77 화장을……자 : 용모를 꾸미고 문에 기대어 웃음을 파는 창기(娼妓)를 뜻한다. 《사기(史記)》 권129 〈화식열전(貨殖列傳)〉에, "가난한 사람이 부자가 되려면 농업은 공업만 못하고, 공업은 상업만 못하며, 수를 놓는 일은 시장 문에 기대어 있는 것만 못하다.〔夫用貧求富, 農不如工, 工不如商, 刺繡文不如倚市門.〕"라고 하였다.

부디 이 책임을 더욱 짊어져서 한순간도 조금이라도 게을리 하지 말아서, 하나의 말과 하나의 행동일지라도 조금도 구차히 하지 말기를 바랍니다. 이와 같이 한다면 기르는 것이 일상생활을 하는 사이에 확충되어서 자신의 사욕을 이겨서 제거하고 천리를 다시 회복하게 될 것이니, 그렇게 된다면 범인(凡人)의 경지를 넘어 성인(聖人)의 경지에 들어가는 일을 차츰 이루게 될 것입니다. 만일 혹시라도 지식을 지극히 하고서도 힘써 행하지 못하고 보존해 기르고서도 능히 사욕을 억제해 다스리지 못한다면, 평소 궁구한 이치가 거의 안치될 수 없게 되어 잡아 보존하고 함양하는 것도 소용이 없게 될 것이니, 이것이 학자가 새겨서 경계해야 할 바입니다.

문(文)과 질(質)이 서로 필요로 하여 한쪽을 소홀히 하여서는 안 된다는 것은 진실로 보내온 편지의 말씀과 같으니, 반드시 꾸밈을 질박하게 하여 허물이 없어서[78] 황색에 붙어 크게 선하고 길한[79] 뒤에야 비로소 문과 질이 빈빈(彬彬)한 군자[80]가 될 수 있을 것입니다. 그러나 또한 그 실질에 거하여야 하고 그 화려함에 거하여서는 안 되니, 그래

78 꾸밈을……없어서 : 이 말은 《주역》 〈비괘(賁卦) 상구(上九)〉 효사(爻辭)에 보인다.

79 황색에……길한 : 이 말은 《주역》 〈이괘(離卦) 육이(六二)〉 효사(爻辭)에 보이는데, 중도(中道)를 얻었음을 의미한다. 이에 대해 정이천(程伊川)의 전(傳)에 "황(黃)은 중앙의 색이고 문채(文采)가 아름다운 것이니, 문명(文明)하고 중정(中正)함은 아름다움이 성한 것이다.〔黃, 中之色, 文之美也, 文明中正, 美之盛也.〕"라고 하였다.

80 문과……군자 : 바탕과 문채, 즉 내용과 형식이 어느 한 곳으로 치우치지 않고 잘 조화된 군자라는 뜻이다. 《논어(論語)》 〈옹야(雍也)〉에 공자가 "질이 문을 이기면 촌스럽게 되고, 문이 질을 이기면 겉치레에 흐르게 되니, 문과 질이 빈빈한 뒤에야 군자라고 할 수 있다.〔質勝文則野, 文勝質則史, 文質彬彬然後君子.〕"라고 하였다.

야 비로소 "떳떳한 덕이 이에 충족되어 다시 질박함으로 돌아간다."[81]라고 할 수 있을 것입니다. 천번 만번 힘써서 끝내 선진(先進)의 예악(禮樂)[82]을 행하기를 몹시 바라마지 않습니다.

종이 말단에 나를 일컬으면서 혹 이름을 쓰기도 하고 혹 그렇게 하지 않기도 한 것은 다만 붓 가는대로 마땅하게 한 것이니, 굳이 일체의 법으로 삼을 것은 없습니다. 주자(朱子)와 여동래(呂東萊)가 채서산(蔡西山)과 반숙도(潘叔度)에게 베풀었던 것이 모두 붕우로 대한 것이었으니,[83] 내가 어찌 홀로 그렇지 않겠습니까.

81 떳떳한……돌아간다 : 이 말은 노자(老子)의 《도덕경(道德經)》 28장에 보인다.

82 선진(先進)의 예악(禮樂) : 《논어(論語)》 〈선진(先進)〉에 공자가 "선진이 예악에 대해 한 것을 촌스럽다 하고 후배들이 예악에 대해 한 것을 군자 같다고들 하는데, 내가 예악을 쓴다면 나는 선배들을 따르겠다.〔先進於禮樂野人也, 後進於禮樂君子也, 如用之則吾從先進.〕"라고 하였다.

83 주자(朱子)와……것이었으니 : 한운성의 《입헌문집(立軒文集)》 권3 〈상매산선생(上梅山先生)〉 정미년(1847, 헌종13) 7월 편지에 "선생이 제자에게 보내는 편지에서 이름을 일컬은 것은 정자(程子)와 주자(朱子)로부터 본래 이러한 예가 있었습니다. 그러나 반드시 여동래가 반숙헌에게 있어서처럼 나이가 힐항(頡頏)하거나, 주 부자가 채서산에게 있어서처럼 토론하며 상을 마주한 경우였습니다.〔蓋先生之於弟子書尺間稱名, 自程朱固有此例. 然必年紀頡頏如呂東萊之於潘叔憲, 講論對榻如朱夫子之於蔡西山.〕"라고 하였다. 채서산은 주희(朱熹)의 문인이었던 채원정(蔡元定)으로 서산은 그의 호이며, 반숙도는 동래(東萊) 여조겸(呂祖謙)의 문인이었던 반경헌(潘景憲)으로 숙도는 그의 자이다. 《입헌문집》에서 반숙헌(潘叔憲)이라 한 것은 반숙도의 오기로 보인다.

한운성에게 답함 무신년(1848, 헌종14) 2월

答韓運聖 戊申二月

사원(祠院)의 폐단이 끝이 없습니다. 그러므로 삼연(三淵) 김 선생(金先生)의 시에 이르기를, "퇴도(退陶)께서 처음 백운사(白雲祠)를 창립하시니, 나라를 살리고 백성을 새롭게 함이 여기에 있다 하셨네. 술과 고기 풍성하고 글 읽는 소리 끊기니, 도도한 유폐를 후인들이 알리라." 라고 하였습니다.[84] 삼연 옹의 시대에도 오히려 이렇게 말씀하셨는데, 하물며 오늘날에 있어서겠습니까.

우옹(尤翁 송시열(宋時烈))에게 제사를 올리는 곳이 팔도에 두루 퍼져 있는데, 서원의 유생 무리들이 중함을 빙자해서 침범해 능욕하여 마음껏 욕심을 부려 스스로를 쾌하게 하여서 우리 노선생을 욕되게 하는 것이 왕왕 차마 말할 수 없는 점이 있으니, 영양(英陽)의 운곡사(雲谷祠)가 바로 그 한 예입니다.[85] 지금 덕림(德林)의 일도 일이 드러나지

84 그러므로……하였습니다 : 삼연(三淵)은 김창흡(金昌翕, 1653~1722)의 호로, 이 시는 《삼연집(三淵集)》 권14 〈갈역잡영(葛驛雜詠)〉에 보인다. 퇴도는 이황(李滉, 1501~1570)의 호이며, 백운사는 최초 사액서원인 소수서원(紹修書院)으로, 풍기 군수(豐基郡守) 주세붕(周世鵬)이 1543년(중종38) 안향(安珦)을 추향하기 위해 사묘(祠廟)를 설립하였는데, 1548년(명종3) 풍기 군수로 부임한 이황(李滉)이 백운동서원에 대한 사액(賜額)과 국가의 지원을 요청하여 1550년(명종5)에 소수서원이라 사액되었다.

85 영양(英陽)의……예입니다 : 경상도 영양(英陽)에 주희(朱熹)와 송시열(宋時烈)을 배향한 운곡영당(雲谷影堂)이 있었는데, 경상도 관찰사 윤광안(尹光顔)과 영양 현감 조석륜(曺錫倫) 등이 사당을 헐고 영정을 철거하였다 하여 순조8년(1808) 상소문이

않았을 때에 도모하여야 합니다. 진실로 우옹(尤翁)을 존경하고 믿는다면 우옹의 책을 읽고 우옹의 마음을 구하여야 할 것이니 어찌 굳이 제사를 올린 뒤에야 가능하겠습니까. 권경숙(權敬叔)[86]의 편지 가운데 우옹(尤翁)에 대하여 "부모신명(父母神明)"이라 일컬음이 있었으니,[87] 그 말이 겉으로만 사모하는 데에서 나온 것이 아님을 알 수 있습니다.

덕림(德林)의 일에 대해 어찌 그 사이에서 가부를 논할 수 있겠습니까. 안동(安東)의 사우(士友)들이 보낸 편지를 보니, 덕림의 유생들의 논의를 없어서는 안 되는 것이라고 하고, 권경숙이 잘못된 의논에 참여하였다고 하여서, 나로 하여금 통렬히 배척하여 선현에게 부끄러움을 끼치고 취향이 다른 이들에게 비웃음을 당하는 데에 이르지 말게 하라고 하였으니, 이 또한 덕림의 유생들에게 속아서 그렇게 말한 것입니다. 그러나 권경숙의 분수에 있어서는 다만 숨기고 고요하게 하여 스스로 지켜서 다른 사람과 간섭하지 않는 것이 합당한바 이것이 몸을 편안히 하고 명을 세우는 것이니, 어찌 다른 사람의 입에 씹히는 물건이 되어야 옳겠습니까. 이 뜻을 권경숙에게 말해주고, 그대도 마땅히 더욱 면려하여 우리 당(黨)의 선비들로 하여금 과약(寡約)을 지키고 졸렬함으로 수신(修身)하여 평소 행동을 편안히 하게 하여야 할 것이니, 이를 몹시 바라마지 않습니다.

올라와 탄핵을 당하는 등 문제가 되었던 일이 있다.《純祖實錄 8年 3月 2日》

86 권경숙(權敬叔) : 권익(權翌, 1804~1849)으로, 자는 경숙, 호는 원서(源西), 본관은 안동(安東)이다. 한운성(韓運聖)과 교유하고 홍직필의 문하에서 수학하였다.

87 우옹(尤翁)에……있었으니 : 부모나 신명처럼 우암(尤庵)을 믿고 공경한다는 뜻이다. 원(元)나라 학자 허형(許衡)이《소학(小學)》에 대해 "나는 소학을 신명처럼 믿고 부모처럼 공경한다.〔小學之書, 吾信之如神明, 敬之如父母.〕"라고 한 바 있다.

한운성에게 답함 기유년(1849, 헌종15) 섣달 3일
答韓運聖 己酉臘三日

하늘이 무너지고 땅이 갈라짐에 백성들이 부모의 상(喪)을 당한 것처럼 슬퍼함을 애통해하고[88] 성인(聖人)이 나오자 만인이 바라봄에 거듭 빛난 것이 이전 임금에게 부합됨을 경하하니,[89] 대면하여 이 회포를 말할 수 없는 것이 안타깝습니다. 10월에 보내신 편지가 석 달이 지나 도착하였으니, 써서 보낸 지가 오래되었다고 해서 위로되는 바가 적어지는 것은 아닙니다. 인하여 집에 무사히 도착하여 기거가 맑고 넉넉함을 알았습니다. 고생과 어려움이 극도로 이르지 않음이 없는데 능히 흉금의 넓고 온화함을 보존하고 있으니, 정력(定力)의 소치임을 알 수 있습니다. 훌륭한 공부는 아직도 《사전(思傳 중용)》을 바꾸지 않고 읽고 있으니, 반드시 천번 만번 두루 읽는 것을 법도로 삼아 흐르는 냇물과 나뭇잎도 모두 《중용(中庸)》의 글자를 이루어서 여헌(旅軒)으로 하여금 아름다움을 독차지하지 않게 하는 것이 어떻겠습니까?[90]

88 하늘이……애통해하고 : 국상을 당하여 애통해한다는 뜻으로, 이 해인 1849년(헌종15) 6월 6일에 헌종(憲宗)이 승하하였다. 《서경》 〈우서(虞書) 순전(舜典)〉에 "요(堯)임금이 세상을 떠나자 백성이 마치 부모의 상을 당한 것처럼 삼년 복을 입었고, 천하에 음악 소리가 끊어져 조용해졌다.〔帝乃殂落, 百姓如喪考妣三載, 四海遏密八音.〕"라고 하였다.

89 성인(聖人)이……경하하니 : 철종(哲宗)이 즉위한 것을 경하한다는 뜻이다. 《주역》 〈건괘(乾卦) 문언(文言)〉에 "성인이 나옴에 만인이 우러러본다.〔聖人作而萬物覩.〕"라고 하였고, 《서경》 〈우서(虞書) 순전(舜典)〉에 "옛날 순(舜)임금을 상고해 보니 거듭 빛남이 요(堯)임금에 합치하였다.〔曰若稽古帝舜, 曰重華協于帝.〕"라고 하였다.

《중용》 첫 장의 '계구(戒懼)'와 '신독(愼獨)'[91]은 바로 《대학》의 '성의(誠意)'와 '정심(正心)' 공부[92]이니, 마치 격물치지의 뜻이 없는 듯합니다. 그러나 장 첫머리에 분명히 도체(道體)를 가리켜 내었으니,[93] 이는

90 반드시……어떻겠습니까 : 여헌은 장현광(張顯光, 1554~1637)으로, 자는 덕회(德晦), 호는 여헌, 시호는 문강(文康), 본관은 인동(仁同)이다. 장현광이 산에 들어가 《중용》을 만 번 읽어서, 산에서 나올 때에 나뭇잎과 풀잎이 모두 《중용》 글자를 이루었다는 고사가 전한다. 《壽軒集 卷6 書筵講說》

91 중용……신독(愼獨) : 계구(戒懼)와 신독(愼獨)은 계신공구(戒愼恐懼)와 신기독(愼其獨)의 준말이다. 《중용장구》 제1장에 "도라는 것은 잠시도 떠날 수 없는 것이니, 떠날 수 있다고 한다면 그것은 도가 아니다. 그렇기 때문에 군자는 보이지 않아도 조심하는 것이요, 들리지 않아도 두려워하는 것이다. 숨어 있는 것보다 더 잘 드러나는 것이 없으며, 미세한 것보다 더 잘 나타나는 것이 없다. 그러므로 군자는 홀로 있을 때를 삼가는 것이다.〔道也者不可須臾離也, 可離非道也. 是故君子戒愼乎其所不睹, 恐懼乎其所不聞. 莫見乎隱, 莫顯乎微, 故君子愼其獨也.〕"라고 하였다.

92 대학의……공부 : 성의(誠意)와 정심(正心)은《대학》의 덕을 밝히는 여덟 가지 조목 가운데 두 가지로, 성의는 《중용》에서 말한 신독(愼獨)에, 정심은 계구(戒懼)에 해당된다. 《대학장구》 전6장에 "이른바 그 뜻을 성실히 한다는 것은 스스로 속이지 마는 것이니, 악(惡)을 미워하기를 악취(惡臭)를 미워하는 것과 같이 하며, 선(善)을 좋아하기를 호색(好色)을 좋아하는 것과 같이 하여야 하니, 이것을 자겸(自慊)이라 이른다. 그러므로 군자(君子)는 반드시 그 홀로 있을 때를 삼가는 것이다.〔所謂誠其意者, 毋自欺也. 如惡惡臭、如好好色, 此之謂自謙. 故君子必愼其獨也.〕"라고 하였고, 전7장에 "이른바 몸을 닦음이 그 마음을 바르게 함에 있다는 것은 마음에 성내는 바가 있으면 그 바름을 얻지 못하며, 두려워하는 바가 있으면 그 바름을 얻지 못하며, 좋아하는 바가 있으면 그 바름을 얻지 못하며, 근심하는 바가 있으면 그 바름을 얻지 못한다는 것이다.〔所謂修身在正其心者, 身有所忿懥則不得其正, 有所恐懼則不得其正, 有所好樂則不得其正, 有所憂患則不得其正.〕"라고 하였다.

93 장 첫머리에……내었으니 : 여기서 도체는 성(性)으로, 《중용장구》 첫 장에 "하늘이 명하신 것을 성(性)이라 이른다.〔天命之謂性.〕"라고 한 말을 가리킨다.

바로 학자들로 하여금 말이 마치자마자 이해하기를 바란 것인바 비록 '지(知)'를 말하지 않았지만 '지(知)'가 그 가운데에 있는 것입니다. 마지막 장에 다시 초학(初學)이 마음을 세우는 시초를 가지고 말하면서[94] 도리어 '지(知)' 자를 소홀히 할 수 없었기에 "먼 곳이 가까운 곳으로부터 나옴을 알다.〔知遠之近〕"라고 하고 "바람이 나오는 곳을 알다.〔知風之自〕"라고 하고 "은미함이 드러남을 알다.〔知微之顯〕"라고 한 것입니다. '근(近)'·'자(自)'·'미(微)'는 모두 그 근본을 말한 것이니 체(體)이자 성(性)이고,[95] '원(遠)'·'풍(風)'·'현(顯)'은 모두 그 발함을 말한 것이니 용(用)이자 도(道)입니다.[96] 이를 안다면 내외와 본말이 애초에 두 이치가 없음을 알아서 계구(戒懼)와 신독(愼獨)이 바야흐로 힘을

94 마지막……말하면서 : 《중용장구》 제33장에 "《시경》에 이르기를 '비단옷을 입고 홑옷을 덧입는다.' 하였으니, 그 문채가 너무 드러남을 싫어해서이다. 그러므로 군자의 도(道)는 은은하되 날로 드러나고, 소인의 도(道)는 선명하되 날로 없어지는 것이다. 군자의 도는 담박하되 싫지 않으며, 간략하되 문채 나며, 온화하되 조리가 있으니, 먼 곳이 가까운 곳으로부터 나옴을 알며, 바람이 나옴을 알며, 은미함이 드러남을 안다면, 더불어 덕(德)에 들어갈 수 있을 것이다.〔詩曰衣錦尙絅, 惡其文之著也. 故君子之道, 闇然而日章, 小人之道, 的然而日亡. 君子之道, 淡而不厭, 簡而文, 溫而理, 知遠之近, 知風之自, 知微之顯, 可與入德矣.〕"라고 하였는데, 이에 대한 주자(朱子)의 주(註)에 "여기서는 다시 초학이 마음을 세우는 시초로부터 말씀하였다.〔此復自下學立心之始言之.〕"라고 하였다.

95 체(體)이자 성(性)이고 : 여기서 말하는 성(性)이란 《중용장구》 첫 장에 "하늘이 명하신 것을 성(性)이라 이른다.〔天命之謂性.〕"라고 한 데서의 성으로, 도체(道體)를 가리킨다.

96 용(用)이자 도(道)입니다 : 여기서 말하는 도(道)란 《중용장구》 첫 장에 "성(性)을 따름을 도(道)라 이른다.〔率性之謂道.〕"라고 한 데에서의 도를 가리킨다. 만물이 부여받은 성(性)을 따라서 행하는 것을 도(道)라고 하기 때문에 용(用)이라 한 것이다.

씀이 있게 될 것이므로 "더불어 도(道)에 들어갈 수 있다."라고 한 것이니, 《대학》에 이른바 "지식이 지극해진 뒤에 뜻이 성실해지고 마음이 바르게 된다."라고 한 것이 그 이치가 똑같습니다. 나정암(羅整庵)이 이 의리를 말한 것[97]이 참되고 바르기 때문에 그대를 위해 읊어 드립니다. 또 몸과 마음에 친근하고 절실하기로는《중용》이 《대학》보다 나으니, 감히 초학을 위한 곳이 적다고 할 수 없습니다.

신(神)과 이(理)는 오묘하게 합하여 간격이 없지만 본래 도(道)와 기(器)의 구분이 있는데,[98] 김치장(金穉章 김평묵(金平默))이 심(心)과 신(神)을 형이상의 도(道)로 인식한 것은 도(道)와 기(器)의 구별을 분명히 알지 못한 것인 듯합니다. 도(道)는 밝히기는 어렵고 어두워지기는 쉽거늘, 스스로 학문에 뜻을 두었다고 하는 자들이 또 대부분 자신의 견해를 고집하여 빨리 이루는 데에 안주합니다. 그러나 큰 근원의 분수에 터럭만큼이라도 어긋나서는 안 된다는 것에 있어서는 망양(亡羊)[99]이 되는 것이 매한가지입니다. 사우(師友) 간에 강습하여 마음

97 나정암(羅整庵)이……것 : 나정암은 명나라 때의 학자인 나흠순(羅欽順)으로, 정암은 그의 호이다. "중용 첫 장의……이치가 똑같습니다."까지가 나흠순의 말로, 이 내용은《곤지기(困知記)》에 보인다.

98 신(神)과……있는데 :《주역》〈계사전 상(繫辭傳上)〉 5장에, "한 번 음하고 한 번 양하게 함을 도(道)라 이른다.……음(陰)하고 양(陽)하여 측량할 수 없음을 신(神)이라 한다.〔一陰一陽之謂道.……陰陽不測之謂神.〕"라고 하였는바, 음하고 양하게 하는 이치〔理〕를 바로 도(道)라고 한 것이다. 또 12장에 "형이상의 것을 도(道)라 하고, 형이하의 것을 기(器)라고 한다.〔形而上者謂之道, 形而下者謂之器.〕"라고 하였다.

99 망양(亡羊) : 도망친 양을 잡으려고 쫓다가 갈림길이 많아서 마침내 양을 잃어버리고 탄식만 하였다는 고사에서 온 말로, 본업에 전념하지 않으면 낭패하여 까마득히 모든 일을 잊어버리게 된다는 뜻이다.《列子 說符》

을 비우고 유익함을 구하기를 소홀히 해서는 안 됨을 더욱 깨닫겠습니다. 사람의 마음은 불과 같아 나무를 만나면 타고 일을 만나면 응합니다. 인간 세상의 온갖 이치와 모든 좋아하는 것에 있어서 참되고 절실하게 안다면 마음이 또한 자연히 동요되지 않아서 이른바 잡아 지킨다는 것 또한 공력을 얻기가 쉬울 것이지만, 왕왕 먼저 들어온 말에 그르쳐지니, 이것이 경계할 만한 것입니다.

권경숙(權敬叔)은 지기(志氣)가 굳세어서 능히 몸을 빼내어 올바름으로 돌아와 그 취향을 바르게 하였으니 향후의 성취를 거의 헤아릴 수가 없었는데, 금일에 세상을 뜨게 될 줄 어찌 알았겠습니까.[100] 생각하면 마음이 무너져 차마 붓을 적셔 글을 쓸 수가 없습니다. 그 아들이 집안을 이어갈 수 있겠습니까? 그를 위해 일으켜주고 성취시켜 주어서 다른 곳을 향해 내달려가지 않게 하는 것이 바로 그대의 책임이니 힘쓰고 힘쓰십시오.

100 권경숙(權敬叔)은……알았겠습니까 : 권경숙은 권익(權翌, 1804~1849)으로, 자는 경숙, 호는 원서(源西), 본관은 안동(安東)이다. 한운성(韓運聖)과 교유하고 홍직필의 문하에서 수학하였으며, 이 편지를 보낸 해인 1849년(헌종15) 9월 7일에 별세하였다. 《肅齋集 卷23 源西處士權公墓碣銘》

안영집 선응 에게 답함 계묘년(1843, 헌종9) 11월
答安永集 善膺○癸卯至月

서폭에 가득 하신 말씀은 말과 행실이 서로 돌아보아서 독실하여 그치지 않는 뜻[101]을 알 수 있으니, 온 세상에 어떤 사람이 참되고 간절하게 도(道)를 향하기를 이처럼 할 수 있겠습니까. 장차 화평하고 순수하고자 하면 홀연 방탕한 데에 가까워지고, 잡아 지키고자 하면 곧 구속되는 데에서 잘못되며, 때로 열려 트임이 있으면 귀착될 바를 찾기 어렵고, 간혹 마음을 비워 고요하고자 하면 갑자기 혹 창망해진다고 한 말씀은 모두 몸에 돌이켜 실천하고 마음을 비워 이치를 관찰하는 데에서 나온 것으로, 이것을 강하게 하면 저것이 어렵게 되고 동쪽을 부지함에 서쪽으로 거꾸러지는 병통을 모두 말한 것입니다. 이렇게 하는 것이 병통임을 안다면 곧 다시 이렇게 하지 않는 것이 약이니, 만약 다시 어떻게 하면 이와 같을 수 있는지 묻는다면 이는 나귀를 타고 나귀를 찾는 격이어서 다만 한바탕 쓸데없는 말을 이룰 뿐입니다.[102] 이 뜻을 자양노자(紫陽老子 주희(朱熹))께서 말씀하신 것이 진지하고 간절하므로 그대를 위해 이것을 원합니다.

《노론(魯論)》[103]의 공부는 그사이 마치셨습니까? 이는 마땅히 필생

101 말과……뜻 : 《중용장구》 제13장에 "말은 행실을 돌아보며 행실은 말을 돌아보아야 하니 군자가 어찌 독실하지 않겠는가.〔言顧行, 行顧言, 君子胡不慥慥爾?〕"라고 하였다.

102 이렇게 하는……뿐입니다 : 주희(朱熹)의 이 말은 《회암집(晦庵集)》 권64 〈답혹인(答或人)〉에 보인다.

의 계획으로 삼아야 하지, 몇 년 사이에 마쳐서는 안 됩니다. 《성학십도(聖學十圖)》[104]는 멈추지 않고 연찬하고 있습니까? 이는 퇴옹(退翁 이황(李滉))의 참된 가르침이니, 부디 서둘러 유념하여 더욱 다시 완색하고, 한갓 의리(義理)의 명목만을 취하지 않는 것이 어떻겠습니까?

이(理)란 무엇입니까. 천(天)이니, 선(善)하면 상서롭고 선하지 않으면 재앙이 있는 것입니다. 천(天)이란 무엇입니까. 심(心)이니, 선하면 편안하고 선하지 않으면 편안하지 못한 것입니다. 천하에 불선을 행하고서도 편안한 자가 있으니, 이는 변명을 하여 스스로 해명하는 것이 아니면 필시 습관이 오래되어 깨닫지 못하는 것일 것입니다. 군자가 선(善)을 행함은 이치를 따르는 것이고 천도(天道)를 두려워하는 것이며 스스로 마음에 만족스럽기를 구하는 것이니, 자연히 그렇게 되어서 그만둘 수가 없는 것입니다. 그 요점은 오로지 책을 읽고 이치

103 노론(魯論) : 《논어》를 말한다. 《논어》에는 본래 제론(齊論) · 고론(古論) · 노론(魯論)이 있었는데, 노론은 노(魯)나라 사람이 전하던 것으로 후대에 노론을 읽었으므로 《논어》를 가리키는 말이 되었다.

104 성학십도(聖學十圖) : 퇴계(退溪) 이황(李滉)이 유학의 대강을 풀이하여 밝히고 심법(心法)의 요점을 명시하기 위해 여러 유학자들의 학설과 도설(圖說)을 인용하고 자신의 견해를 덧붙여 만든 책으로, 1568년(선조1) 경연(經筵)에서 선조(宣祖)에게 올린 것이다. 십도(十圖)는 첫째 주돈이(周敦頤)의 〈태극도설(太極圖說)〉에 근거한 〈태극도〉, 둘째 장재(張載)의 〈서명(西銘)〉에 근거한 〈서명도〉, 셋째 주희(朱熹)의 《소학(小學)》에 근거한 〈소학도〉, 넷째 《대학(大學)》에 근거한 〈대학도〉, 다섯째 주희의 백록동서원(白鹿洞書院)의 규약에 근거한 〈백록동규도〉, 여섯째 정복심(程復心)의 〈심통성정도(心統性情圖)〉를 수정 보완한 〈심통성정도〉, 일곱째 공자(孔子)의 인(仁)에 근거한 〈인설도(仁說圖)〉, 여덟째 정복심의 〈심학도(心學圖)〉에 근거한 〈심학도〉, 아홉째 주희의 〈경재잠(敬齋箴)〉에 근거한 〈경재잠도〉, 열째 진백(陳柏)의 〈숙흥야매잠(夙興夜寐箴)〉에 근거한 〈숙흥야매잠도〉이다. 《退溪集 卷7 進聖學十圖箚》

를 연구하는 데에 달려있으니, 장구(章句)와 훈고(訓詁)에서 터득함이 있다고 하여 스스로 만족하게 여기지 말고 오직 오래하고 크게 성취하기를 도모하십시오.

안영집에게 답함 갑진년(1844, 헌종10) 11월

答安永集 甲辰復月

모든 복(服)에는 정복(正服)과 강복(降服)의 구별이 있으니, 강복은 정복보다 중하기에 정복은 태복(稅服)[105]하지 않으나 강복은 반드시 태복해야 합니다. 증자(曾子)가 말씀하기를 "소공(小功)을 태복하지 않는다면 이는 멀리 있는 형제가 끝내 복이 없는 것이니 어찌 옳겠는가."[106]라고 하였으니, 이는 정복과 강복을 모두 태복해야 함을 말한 것입니다. 소공(小功)을 태복하였다면 시마(緦麻)를 미루어 알 수 있습니다. 정현(鄭玄)은 "대공(大功) 이상은 태복하고 소공(小功)은 태복하지 않는다."라고 하였으니 이는 이른바 의(義)로써 은혜를 끊는다는 것이고, 증자는 끝내 복(服)이 없는 것을 가지고 의심하였으니,[107]

105 태복(稅服) : 상을 당하였을 때 사정이 있어 복(服)을 입지 못하다가 나중에 상복을 입는 것을 말한다.

106 소공(小功)을……옳겠는가 : 이 말은 《예기(禮記)》 〈단궁 상(檀弓上)〉에 보인다.

107 정현(鄭玄)은……의심하였으니 : 이 내용은 《예기(禮記)》 〈단궁 상(檀弓上)〉에 "소공(小功)을 추복하지 않는다면 이는 멀리 있는 형제가 끝내 복이 없는 것이니 어찌 옳겠는가."라고 한 증자(曾子)의 말에 대한 석림 섭씨(石林葉氏)의 해설에 보인다. 본래 정현의 주에 "시일이 지난 뒤에 비로소 그 죽음을 듣고 복을 입는 것을 태(稅)라고 하니, 대공(大功) 이상은 그렇게 하고 소공(小功)은 가볍기 때문에 태복하지 않는다.〔日月已過, 乃聞喪而服曰稅, 大功以上然, 小功輕不服.〕"라고 하였는바, 이것이 증자(曾子)의 견해와 다르기 때문에 이처럼 해설한 것이다. 석림 섭씨는 송(宋)나라 학자 섭몽득(葉夢得)을 가리킨다. 《禮記集說 卷16 檀弓上》

이는 은혜를 위주로 하여 후한 쪽을 따른 것인바 마땅히 증자의 설을 올바름으로 삼아야 할 것입니다.

《사례편람(四禮便覽)》에서 '환가(還家)'라고 한 말[108]은 바로 다른 곳으로부터 돌아와 장례지내는 것을 가지고 말한 것이지, 영구를 내어 집으로 돌아가는 것을 한 단계의 절차로 삼은 것은 아닙니다. 만약 영구를 내었는데 상여를 멈출 곳이 없다면, 옛 집으로 돌아와 안치하였다가 장례할 기일이 미쳐 새 묘역으로 옮기는 것이 사리에 마땅할 듯합니다. 만약 옛 거처를 지난다고 하여 일부러 머물러 지체한다면 상사(喪事)에는 나아감은 있으나 물러남은 없는 뜻[109]이 아닐 듯합니다.

108 사례편람(四禮便覽)에서……말 : 이재(李縡)가 지은 《사례편람》 권7 〈상례(喪禮) 개장(改葬)〉에 "이제 만약 집으로 돌아왔다면 다른 곳에서 돌아와 장례하는 예를 이용해야 하니, 가는 날에는 조전(朝奠)만 올려 집에 돌아온 뜻을 알리고 장례지내는 날에 조전(祖奠)과 견전(遣奠)을 올리는 것이 옳다.〔今若還家, 則用自他所歸葬例, 行日但設朝奠, 告以還家之意, 至葬時, 乃設祖奠遣奠爲可.〕"라고 한 내용이 보인다.

109 상사(喪事)에는……뜻 : 《춘추곡량전(春秋穀梁傳)》에 "장사치를 날을 이미 잡았으면, 비가 오더라도 중지하지 않는 것이 예이다. 비가 와서 장사를 지내지 못함은 상례를 법대로 치르지 않음이다.〔葬旣有日, 不爲雨止, 禮也. 雨不克葬, 喪不以制也.〕"라고 하였는데, 이에 대한 주(註)에 "상사(喪事)에는 나아감은 있으나 물러남은 없다.〔喪事有進無退.〕"라고 하였다.

안영집에게 답함 무신년(1848, 헌종14) 2월
答安永集 戊申二月

면사(緬事)[110]는 그간 잘 이루어서 효심에 흡족하였습니까? 개장(改葬)은 처음 장례지내는 때에 비해 더욱 지극히 어렵고 조심스럽습니다. 그러므로 매우 부득이한 일이 아니면 의논할 수 없습니다. 삼연(三淵 김창흡(金昌翕))의 시에 "관을 덮고도 알기 어려운 일이 있어서, 자손이 크고 많은데도 파내어 옮겨지네. 살아서는 화려한 집에서 오래도록 몸을 편안히 하였다가, 죽어서는 떠돌아다니니 어찌 슬프지 않겠는가."[111]라고 한 것을 읊을 때마다 두려운 마음을 이길 수 없습니다. 경서(經書)를 연구하고 예서(禮書)를 강론하는 것은 양쪽 수레바퀴와 같아서 그 중 하나를 폐할 수 없지만, 반드시 경(經)을 먼저 하고 예(禮)를 뒤로 하여야만 그 근본을 얻어 의문(儀文)과 도수(度數)의 지엽에 귀결되지 않을 수 있습니다.

110 면사(緬事) : 면례(緬禮)를 지내는 일, 즉 무덤을 옮기고 다시 장사 지내는 일을 말한다.

111 관을……않겠는가 : 이 시는 《삼연집(三淵集)》 권14 〈갈역잡영(葛驛雜詠)〉 제110번째 수에 보인다.

심의덕[112] 군헌 에게 보냄 을미년(1835, 헌종1) 윤월
與沈宜德 君憲○乙未閏月

궁벽한 물가에 칩거하면서 아득하게 세상과 멀어졌었는데, 외람되게도 나를 비천하게 여기지 않아주어서 거듭 몸소 찾아와줌에 맑고 명망 있는 논의가 마음과 눈을 불러 일깨우니, 이것이 어찌 나처럼 입을 막고 그림자를 없앤[113] 사람이 쉽게 얻을 수 있는 것이겠습니까. 한편으로는 감격스럽고 한편으로는 위안이 되는지라 다만 식형(識荊)의 소원[114]을 이루었을 뿐만이 아닙니다. 잠시 개었다가 다시 비가 내려 사람과 곡식이 모두 병들었는데, 요사이 부모님을 모시는 체후가 탈이 없으십니까? 훌륭한 공부는 생각건대 응당 따라가지 못할 듯이 하면서도 행여 때를 잃을까 두려워하여 부지런히 힘써서 독실하지 않으면

112 심의덕(沈宜德) : 1804~? 자는 군헌, 본관은 청송(靑松)이다. 1831년(순조31) 식년시에서 진사시에 합격하였다.

113 입을……없앤 : 세속과 떨어져 은거함을 뜻한다. 《도덕경(道德經)》 52장에 "입을 막고 문을 닫으면 종신토록 수고롭지 않게 된다.〔塞其兌, 閉其門, 終身不勤.〕"라고 하였고, 《장자(莊子)》 〈어부(漁父)〉에 "그늘에서 그림자를 쉬게 하고 조용히 멈추어 발자국을 없앨 줄 몰랐으니 어리석음이 또한 심하다.〔不知處陰以休影, 處靜以息迹, 愚亦甚矣.〕"라고 하였다.

114 식형(識荊)의 소원 : 평소 흠모하던 사람을 만나보고자 하는 소원을 말한다. 이백(李白)이 한조종(韓朝宗)에게 준 편지에, "살아서 만호후(萬戶侯)에 봉해짐은 굳이 원하지 않고 다만 한 번 한형주를 면식하기를 바랄 뿐이다.〔生不用封萬戶侯, 但願一識韓荊州.〕"라고 하였다. 한형주는 한조종으로, 그가 당시 형주장사(荊州長史)로 있었기 때문에 쓴 말이다. 《古文眞寶 卷2 與韓荊州書》

그만두지 않고 있을 것이니, 그대가 회옹(晦翁 주희(朱熹))을 친견했다고 인정받을 수 있겠습니까?

우주의 모든 일과 이치가 주자(朱子)를 기다려 모두 정돈되었습니다. 옛사람이 말하기를 "하늘이 중니(仲尼)를 내지 않으셨다면 만고토록 긴 밤과 같았으리라."[115]라고 하였는데, 저는 이에 덧붙여서 "또 중회(仲晦 주희(朱熹))를 내지 않으셨으면 역시 긴 밤에서 마치고 말았을 것이다."라고 하겠습니다. 지금 현택(賢澤)이 차츰 인멸하여 이단의 말이 정도(正道)를 해쳐서 성로(聖路)가 날로 황폐한 곳으로 무너져가니, 매번 주자(朱子)가 구경(九京)에서 살아 돌아오시기를 바라는 마음을 이길 수가 없습니다.

본조(本朝)의 유학자들이 대부분 고정(考亭 주희(朱熹))을 법으로 삼았지만, 전문(專門)한 공(功)을 논하자면 퇴계(退溪 이황(李滉))와 우옹(尤翁 송시열(宋時烈))이 바로 그분들입니다. 우옹은 한결같이 주자의 법도를 따라 그 명리(名理)를 익숙히 사용하였습니다. 그러므로 당시를 교화하고 후세에 전한 것이 하늘과 땅에 세워지고 해와 별과 함께 높이 걸릴 수 있는 것입니다. 그대가 《주서(朱書)》를 오로지 연구하는 것은 능히 화양(華陽)[116]의 참된 가르침에 계합되니, 필생의 계획으로 삼는다면 종신토록 써도 참으로 많을 뿐만이 아닐 것입니다. 이는 구구한 제가 찬송하는 바입니다.

의(義)와 이(利)의 분변은 바로 유자(儒者)의 첫 번째 의리입니다.

115 하늘이……같았으리라 : 이 말은 《주자어류(朱子語類)》 권93에 보인다.

116 화양(華陽) : 우암(尤庵) 송시열(宋時烈)로, 송시열이 충북 괴산(槐山)의 화양동(華陽洞)에 살았기 때문에 이렇게 일컬은 것이다.

맹자와 주자 두 분께서 이에 있어서 한 칼에 두 동강을 내어서 마치 흑과 백을 분별하듯이 하신 것은 '직(直)' 자가 그 절도가 되니,[117] 천지를 위해 마음을 세우고 생민을 위해 표준을 세운 것은 바로 이 때문입니다. 이는 우옹(尤翁)께서 단전밀부(單傳密付)[118]한 것으로서 받아써도 다하지 않는 것이니, 우리들이 배우기를 바라는 바가 여기에 있지 않겠습니까.

《주서강록간보(朱書講錄刊譜)》[119] 3책을 삼가 올리니 부디 살펴보시기를 바랍니다. 이른바 《강록(講錄)》은 퇴계의 문하에서 나와서 이재(李栽)와 이상정(李象靖) 등 여러 사람이 수정하고 보충한 것입니

117 직(直)자가 그 절도가 되니 : 우암(尤庵) 송시열(宋時烈)이 임종 때에 문인들에게 전수한 진결에 "천지가 만물을 내는 소이(所以)와 성인이 만사를 수응하는 소이는 직(直)일 뿐이다.〔天地之所以生萬物、聖人之所以應萬事, 直而已.〕"라고 하면서, '직(直)' 자야말로 공자・맹자・주자가 전한 동일한 법도라고 하였다. 《논어》〈옹야(雍也)〉에 공자가 "사람이 살아가는 이치는 직(直)한 것이다.〔人之生也直.〕"라고 한 말과, 《맹자》〈공손추 상(公孫丑上)〉에 맹자가 호연지기(浩然之氣)를 설명하면서, "호연지기의 속성은 지극히 크고 지극히 강한 것이다. 따라서 직(直)을 가지고 길러 가면서 해치는 일이 없게 하면, 장차 천지 사이에 가득 차게 될 것이다.〔其爲氣也, 至大至剛. 以直養而無害, 則塞于天地之間.〕"라고 한 말과, 주자가 임종할 때 문인에게 전한 말을 보면 모두 '직(直)' 자를 전수한 것이었다고 하면서 사문(師門)의 가르침은 '직' 자일 뿐이라고 하였다. 《宋子大全 附錄 卷11 年譜10》

118 단전밀부(單傳密付) : 단전이나 밀부는 말이나 문자에 의거하지 않고 한 사람 한 사람 심법(心法)으로 전해 온 도통(道統)을 말한다. 원래 선종(禪宗)의 용어인데, 여기서는 한 스승의 학통으로 전수된 것을 뜻한다.

119 주서강록간보(朱書講錄刊譜) : 이황(李滉)의 문인 이덕홍(李德弘) 등이 스승의 《주자서절요(朱子書節要)》 강의 내용을 기록하여 편찬한 《주자서절요강록(朱子書節要講錄)》을 이재(李栽) 등이 수정하고 증보한 책이다.

다. 영남 유학자의 저술 중에 자못 정미하고 진실하지만《주자서절요(朱子書節要)》에 그친 것이 안타깝습니다. 이재 또한《주자대전(朱子大全)》 전부를 해석하기를 우옹(尤翁)의《주자대전차의(朱子大全箚疑)》의 예(例)와 같이 하였으나 다만 거친 초고일 뿐이니, 단지 미처 완성하지 못한 책이라 말할 수가 없습니다.

《주서(朱書)》를 전공하는 사람은 마땅히 그 오묘한 도(道)와 정미한 뜻을 연구해야지 명물(名物)이나 도수(度數)에 자질구레하게 얽매일 필요가 없습니다. 우옹(尤翁) 이후 차의(箚疑)를 지은 사람은 몇 사람이나 되는지 알지 못하겠습니다. 주석가(註釋家)가 많으면 본지를 잃기 쉬우니, 혹 고증(考證)을 이용하고 다시 은미한 이치는 연구하지 않는다면 말류의 폐단을 일일이 말할 수 없을 것입니다. 또《주서(朱書)》는 이미 육경(六經)의 주각(註脚)인데, 또 다시 주각의 주각에 힘을 쏟는다면 장차 어찌 마음을 씀이 나눠지지 않아 비로소 정신에 응집될 수 있겠습니까. 우리 당(黨)의 선비들이 마땅히 이 뜻을 살펴야 할 것입니다.

심의덕에게 답함 병신년(1836, 헌종2) 5월
答沈宜德 丙申五月

혜강(嵇康)과 왕의(王儀)가 모두 조위(曹魏)의 신하로서 사마소(司馬昭)에게 죽임을 당하였으니,[120] 그 아들인 혜소(嵇紹)[121]와 왕부(王裒)[122]가 진(晉)에서 벼슬하지 않는 것이 바로 천리의 당연한 바입니다. 그런데 왕부는 필생동안 스스로 폐하여 벼슬하지 않았지만 혜소는 출사하여 원수를 섬겼으니, 이는 바로 왕부의 죄인입니다. 온공(溫公)

120 혜강(嵇康)과……당하였으니 : 사마소(司馬昭)는 삼국시대 위(魏)나라 사람으로, 대장군(大將軍)이 되어 국정을 마음대로 단행하였고 진왕(晉王)에까지 봉해졌으며, 후에 그의 아들 사마염(司馬炎)이 결국 위나라를 찬탈하여 진 문제(晉文帝)로 추존되었다. 혜강은 죽림칠현(竹林七賢)의 한 사람으로, 경원(景元) 연간에 종회(鍾會)의 모함을 받아 사마소에게 죽임을 당하였으며, 왕의(王儀)는 사마(司馬)로 있으면서 직간하였다가 사마소에게 억울하게 죽임을 당하였다. 《晉書 卷88 王裒列傳, 卷89 嵇紹列傳》

121 혜소(嵇紹) : 혜소는 혜강(嵇康)의 아들로, 아버지가 참소를 입고 사마소(司馬昭)에 의해 억울하게 죽었는데도 아버지의 친구인 산도(山濤)의 천거를 받아들여 무제(武帝) 때에 비서승(祕書丞)이 되었고, 혜제(惠帝) 때에는 벼슬이 시중(侍中)에 이르렀으며 탕음(蕩陰)의 싸움에 나가 임금을 호위하다가 순절하였다. 《晉書 卷89 嵇紹列傳》

122 왕부(王裒) : 왕부는 왕의(王儀)의 아들로, 아버지가 사마소(司馬昭)에게 억울하게 죽자 이를 애통해한 나머지 조정에서 벼슬을 주겠다고 여러 번 불러도 응하지 않았다. 언제나 아버지의 무덤을 찾아가 절을 하고 무덤가의 잣나무를 부여잡고 울었는데 그 눈물로 인해 나무가 말라 죽었다 한다. 그리고 《시경》을 읽다가 육아편(蓼莪篇)에 이르러서는 언제나 세 번을 반복하여 읽으며 눈물을 흘렸다. 그러자 그의 문인들이 스승의 슬픔을 자아낼까봐 육아편은 폐하고 읽지 않았다 한다. 《晉書 卷88 王裒列傳》

이 말하기를 "만일 탕음(蕩陰)에서의 충성이 없었다면 거의 군자의 비난을 면치 못하였을 것이다." 하였는데,[123] 주 선생(朱先生)께서 이를 비판하여 말하기를 "탕음에서의 충성이 원수를 섬긴 잘못을 갚아줄 수 없으니, 군자의 비난을 애초에 면할 수 없음을 알지 못한 것이다." 하였으니,[124] 이것이 바꿀 수 없는 정론입니다.

죄를 지어 법의 처벌을 받은 곤(鯀)과 같은 경우라면 우(禹)가 순(舜)을 섬긴 것은 마땅합니다.[125] 그렇지만 또한 감히 군주를 원수로 삼지 못하여 벼슬하지 않고 자신의 지조를 지키는 경우가 있으니, 아버지가 죄 없이 죽임을 당하였다면 어찌 차마 그 사람의 조정에 설 수 있겠습니까. 만일 그 군주가 진심으로 후회하여 깊은 원통함을 모두

123 온공(溫公)이……하였는데 : 온공은 송나라의 학자인 사마광(司馬光, 1019~1086)을 말한다. 《자치통감(資治通鑑)》 권80 〈진기2(晉紀二)〉에 "옛날에 순(舜) 임금이 곤(鯀)을 주벌하였는데 곤의 아들인 우(禹)가 순 임금을 섬긴 것은 감히 지극히 공정한 뜻을 폐하지 않은 것이다. 혜강(嵇康)과 왕의(王儀)는 모두 아무런 죄도 없이 죽었으니, 그 두 아들이 진(晉)나라 왕실에 벼슬하지 않는 것이 옳다. 혜강의 아들 혜소(嵇紹)에게 만약 탕음(蕩陰)에서의 충성이 없었더라면 아마 군자의 기롱을 면치 못하였을 것이다.〔昔舜誅鯀而禹事舜, 不敢廢至公也. 嵇康、王儀, 死皆不以其罪, 二子不仕晉室可也. 嵇紹苟無蕩陰之忠, 殆不免於君子之譏乎!〕"라고 하였는데, 이 부분을 가리킨다.

124 주 선생(朱先生)께서 ……하였으니 : 주 선생은 송(宋)나라 유학자 주희(朱熹)로, 이 말은 《주자어류(朱子語類)》 권133 〈본조 7(本朝七) 이적(夷狄)〉에 보인다.

125 죄를……마땅합니다 : 곤(鯀)은 우(禹)의 아버지로 요(堯)에 의해 숭백(崇伯)에 봉해졌으나 홍수를 다스리는 일을 맡아서 실적을 올리지 못했을 뿐만이 아니라 도리어 백성에게 해를 끼쳤으므로, 순 임금에 의해 우산(羽山)에서 복주(伏誅)되었다. 그 후 순 임금이 곤의 아들인 우를 재상으로 삼아 황하를 다스리게 하니 우가 이를 성공시켰다. 《書經集傳 舜典, 禹貢》

씻어주었다면 혹 벼슬길에 나아갈 방도가 있지만, 끝내 올바른 의리는 아닙니다. 사마염(司馬炎)은 나라를 찬탈한 역적이니, 선비가 된 자가 의리상 복종해 섬겨서는 안 될 터인데, 하물며 위(魏)나라의 옛 신하인 경우에 있어서겠습니까. 또 더군다나 혜숙자(嵇叔子 혜강(嵇康))의 자식이 된 자에 있어서겠습니까. 순국한 충성이 원수를 섬긴 죄를 덮어줄 수 없으니, 혜연조(嵇延祖 혜소(嵇紹))가 충(忠)을 얻었으나 효(孝)를 잃은 것이 애석합니다. 이미 효를 잃었다면, 충을 얻었다고 인정하기가 어렵습니다.

왕상(王祥)은 효(孝)가 신명을 통하였으나,[126] 위(魏)의 삼로(三老)로서 진(晉)의 좌명(佐命)이 되어서, 마치 두 성(姓)을 섬기는 것이 실절이 되는 줄을 알지 못하는 것 같았습니다. 이와 같은 경우는 효는 얻었지만 충을 잃은 것이니, 이미 충을 잃었다면 효는 바로 죽은 효입니다. 양숙자(羊叔子)[127]와 두원개(杜元凱)[128]는 진실로 한 시대의 위인

126 왕상(王祥)은……통하였으나 : 왕상은 삼국 시대 위(魏)나라 말엽부터 서진(西晉) 초기까지의 인물로, 효성이 지극하여 어머니가 겨울에 생선을 드시고 싶어 하므로 강에 가서 옷을 벗고 얼음을 깨고 들어가서 고기를 잡으려고 하자, 잉어 두 마리가 얼음 위로 뛰어나왔다고 한다.《晉書 卷33 王祥列傳》

127 양숙자(羊叔子) : 진(晉)나라 양호(羊祜)로, 위(魏)나라 말엽에 종사관(從事官)이 되어 순욱(荀勖)과 같이 나라의 기밀에 관한 일을 관장하였다. 진(晉) 왕조가 들어서자 거평후(鉅平侯)에 봉해졌고 도독형주제군사(都督荊州諸軍事)로 10년간 나가 있었는데, 재임하는 동안에 둔전(屯田)을 실시하여 식량을 비축하면서 오(吳)나라를 정복하는 기획을 짰다. 평일에는 갑옷을 입지 않고 가벼운 갖옷에 허리띠를 느슨히 맨 차림으로 오나라 장수 육항(陸抗)과 사신을 교환하면서 원근을 안심시켜 강한(江漢)과 오나라 사람의 인심을 수습하였다. 그 뒤에 두예(杜預)를 추천하여 자신의 후임으로 삼았다. 그가 죽은 뒤에 남주(南州)의 사람들이 저자를 파하고 통곡하였으며 그가 평생 노닐던 현산(峴山)에 비를 세우고 사당을 건립하였는데, 두예가 그 비를 타루비(墮淚

이지만, 또한 사마염(司馬炎)의 친신(親臣)이 됨을 부끄러워하지 않았으니, 두원개는 스스로 《춘추(春秋)》에 벽(癖)이 있다고 하였는데, 그가 강습한 것이 무슨 의리인지 모르겠습니다. 지난번 보내오신 편지에서 왕부와 혜소 두 사람의 출처에 있어 마치 다르게 보는 듯한 점이 있었기에 삼가 저의 어리석은 견해를 고해드리니, 그대의 뜻은 어떠하십니까?

碑)라고 이름을 붙였다. 《晉書 卷34 羊祜列傳》

128 두원개(杜元凱) : 진(晉)나라 두예(杜預)로, 사마소(司馬昭)의 매부(妹夫)이다. 무제(武帝) 때에 진남대장군(鎭南大將軍)에 제수되어 남방의 주군(州郡)을 항복받았고, 공을 이룬 뒤에 경적(經籍)에 심취하여 박학다식하였으며, 스스로 '좌전벽(左傳癖)'이 있다고 하였다. 저서에 《춘추좌씨전집해(春秋左氏傳集解)》가 있다. 《晉書 卷34 杜預列傳》

심의덕에게 답함 병신년(1836, 헌종2)
答沈宜德 丙申

사마소(司馬昭)가 조위(曹魏)의 솥에 손가락을 담가 삼대 동안 침을 흘리다가 마침내 감히 찬탈하여 극에 달하였습니다.[129] 위(魏)나라의 신민이 된 자들은 마땅히 대의를 내세워 역적을 토벌하기를 관구검(毌丘儉)・문흠(文欽)・제갈탄(諸葛誕)과 같이 하여야 할 것이니,[130] 이는 바로 천도와 인륜에 그만두기를 용납지 않는 것인데, 하물며 왕위원(王偉元)과 혜연조(嵇延祖)처럼 항상 병기를 가지고 다닐 의리가 있는 자[131]들에 있어서겠습니까. 그러나 형세가 가로막혀 힘을 쓸 수

129 사마소(司馬昭)가……달하였습니다 : 사마소는 삼국 시대 위(魏)나라 사람으로, 위나라의 장군이었던 사마의(司馬懿)의 장자인 사마사(司馬師)가 군주인 조방(曹芳)을 폐위한 뒤 이어서 차자인 사마소가 조모(曹髦)를 시해하였으며, 결국 사마소의 아들 사마염(司馬炎)이 위나라를 찬탈하고 진(晉)나라를 건국하였다.

130 위(魏)나라의……것이니 : 관구검・문흠・제갈탄은 모두 삼국 시대 위(魏)나라 사람으로, 관구검은 위 명제(魏明帝) 때 상서랑(尙書郎)과 형주 자사(荊州刺史)가 되었었는데 뒤에 양주 자사(揚州刺史) 문흠(文欽)과 함께 사마씨(司馬氏) 정권에 대항해 반란을 일으켰다가 제거되었고, 제갈탄은 명제 때에 어사중승(御史中丞)과 상서(尙書)에 이르렀다가 명제의 미움을 받아 면직되고 다시 정동장군(征東將軍)으로 기용되었으나, 관구검 등이 죽임을 당하자 역모를 꾸미다가 사마소(司馬昭)에게 토벌당해 죽었다. 《三國志 卷28 魏書 毌丘儉傳, 諸葛誕傳》

131 왕위원(王偉元)과……자 : 아버지가 죽임을 당하여 이를 복수해야 하는 의리를 지닌 사람을 가리킨다. 왕위원은 왕의(王儀)의 아들 왕부(王裒), 혜연조(嵇延祖)는 혜강(嵇康)의 아들 혜소(嵇紹)로, 둘 다 아버지가 사마소(司馬昭)에게 죽임을 당하였는데, 그 자세한 내용은 《진서(晉書)》 권88 〈왕부열전(王裒列傳)〉과 권89 〈혜소열전

없다면 오직 종신토록 벼슬하지 않고 스스로 지조를 지켜서 맹세코 한 하늘을 함께 이지 않을 뿐입니다. 왕위원은 처한 바가 올바름을 얻어 비판할 여지가 없지만,[132] 혜연조와 같이 집안과 나라의 공통된 원수를 잊고서 찬탈하고 시해한 극악한 적을 섬긴 자의 경우에는 진실로 법도와 의리상 주벌을 면하기 어려우니, 국사로 죽었다 하여 속죄할 수 없습니다.[133] 다른 사람에게 있어서는 충(忠)이라 하겠지만 혜소(嵇紹)에게 있어서는 박하게 할 대상에 후하게 하였음을 면치 못한다고 그대가 말한 것은 성대한 말씀으로 다시 고쳐 평할 것이 없습니다.

혜숙야(嵇叔夜)는 비록 승묵(繩墨)의 밖에서 스스로 방종하여 탕왕(湯王)과 무왕(武王)을 비난하고 비루하게 여겼으나, 관구검을 돕고자 한 데에 이르러서는 그 스스로 지조를 세운 것이 확고하다고 할 만한

(嵆紹列傳)〉에 보인다. 《예기》〈곡례 상(曲禮上)〉에 "부친의 원수와는 하늘을 함께 이고서 살지 못하고, 형제의 원수에 대해서는 복수하기 위해 항상 병기를 가지고 다니며, 친구의 원수와는 나라를 같이하여 살지 않는다.〔父之讎, 弗與共戴天, 兄弟之讎, 不反兵, 交遊之讎, 不同國.〕" 하였다.

132 왕위원은……없지만 : 왕부(王裒)는 아버지 왕의(王儀)가 사마소(司馬昭)에게 억울하게 죽자 이를 애통해한 나머지 조정에서 벼슬을 주겠다고 여러 번 불러도 응하지 않았다. 언제나 아버지의 무덤을 찾아가 절을 하고 무덤가의 잣나무를 부여잡고 울었는데 그 눈물로 인해 나무가 말라 죽었다 한다. 그리고 《시경》을 읽다가 육아편(蓼莪篇)에 이르러서는 언제나 세 번을 반복하여 읽으며 눈물을 흘렸다. 그러자 그의 문인들이 스승의 슬픔을 자아낼까봐 육아편은 폐하고 읽지 않았다 한다. 《晉書 卷88 王裒列傳》

133 혜연조와……없습니다 : 혜소(嵇紹)는 아버지 혜강(嵇康)이 참소를 입고 사마소(司馬昭)에 의해 억울하게 죽었는데도 아버지의 친구인 산도(山濤)의 천거를 받아들여 무제(武帝) 때에 비서승(祕書丞)이 되었고, 혜제(惠帝) 때에는 벼슬이 시중(侍中)에 이르렀으며 탕음(蕩陰)의 싸움에 나가 임금을 호위하다가 순절하였다. 《晉書 卷89 嵆紹列傳》

데,[134] 그 아들은 지조를 잃음이 이와 같았으니, 충(忠)과 효(孝)를 요구하는 입장에서 분하고 한스러움을 이길 수 없습니다. 산거원(山巨源)은 조씨(曹氏)의 옛 신하로서 또 혜소를 천거하여 스스로를 그르치고 남을 그르쳐서[135] 삼강(三綱)과 구법(九法)으로 하여금 땅에 쓸려 없어지게 하였으니, 이는 죽림(竹林)의 풍기가 그렇게 만든 것입니다.

양호(羊祜)[136]는 위(魏)에서 벼슬하여 중서시랑(中書侍郎)이 되었었

134 혜숙야(嵇叔夜)는……만한데 : 혜숙야는 혜강(嵇康)을 가리킨다. 산도(山濤)가 선조랑(選曹郎)에 자신의 후임으로 친구인 혜강을 추천하자, 혜강이 그에게 절교하는 편지를 보내면서 혁명을 일으킨 탕왕(湯王)과 무왕(武王)까지도 비난하고 비루하게 여기는 내용을 담았다. 후에 혜강은 관구검(毌丘儉)이 반란을 일으킬 때에 돕고자 하였으나 산도가 이를 막았다는 이야기가 전한다. 《文選 卷43 與山巨源絶交書》《三國志 魏志 卷21 王粲 裴松之注》

135 산거원(山巨源)은……그르쳐서 : 산거원은 산도(山濤)로 거원은 자이며, 죽림칠현(竹林七賢) 가운데 한 사람으로 진(晉)나라에서 벼슬하여 이부 상서(吏部尙書)를 지냈다. 그는 친구인 혜강(嵆康)을 천거하였다가 사마씨(司馬氏) 정권을 싫어하던 혜강에게 거절을 당한 적이 있었는데, 후에 혜강이 종회(鍾會)의 무함에 걸려 죽자 다시 그의 아들 혜소(嵆紹)를 추천하여 비서승(祕書丞)으로 삼게 하였는바, 이 일을 두고 말한 것이다. 《晉書 卷43 山濤列傳》

136 양호(羊祜) : 진(晉)나라 사람으로, 자는 숙자(叔子)이다. 위(魏)나라 말엽에 벼슬하여 중서시랑(中書侍郎), 비서감(秘書監) 등을 지냈다가, 진 무제(晉武帝) 때에 상서우복야(尙書右僕射)를 거쳐 도독형주제군사(都督荊州諸軍事)가 되었는데, 재임하는 동안에 둔전(屯田)을 실시하여 식량을 비축하면서 오(吳)나라를 정복하는 계획을 세워 오나라 장수 육항(陸抗)과 사신을 교환하면서 원근을 안심시켜 인심을 수습하였다. 그 뒤에 두예(杜預)를 추천하여 자신의 후임으로 삼고는 죽었다. 그가 죽자 남주(南州)의 사람들이 저자를 파하고 통곡하였으며 현산(峴山)에 비를 세우고 사당을 건립하였는데, 두예가 그 비를 타루비(墮淚碑)라고 이름을 붙였다. 《晉書 卷34 羊祜列傳》

는데, 고귀향공(高貴鄕公)[137]이 재위하였다 하여 시신(侍臣)이 되기를 원치 않아 보결 관리가 되기를 구하여 외직으로 나갔고, 두예(杜預)[138] 역시 사마소(司馬昭)의 매서(妹壻)가 되어 가충(賈充)과 함께 위(魏)나라의 율령을 재정하였으니, 두 사람은 모두 위(魏)와 진(晉)을 차례로 섬겼으되 다만 성제(成濟) 무리가 시해하고 찬역한 일[139]을 도와 이루지 않았을 뿐입니다. 이른바 조씨(曹氏)의 옛 신하들은 모두 사마염(司馬炎)에게 폐백을 바쳐 신하가 되었으니 진실로 책망할 것도 못 되고, 오직 이 두 사람이 그 사이에서 뛰어났기 때문에 이처럼 완비하기를 요구하는 논의가 있는 것입니다. 공자(孔子)의 《춘추(春秋)》는 난신적자를 주벌하는 데에 사용하였는데, 두원개(杜元凱 두예(杜預))의 《춘추》는 난신적자를 돕는 데에 사용하였으니, 고금의 《춘추》를 잘못 읽는 자가 어찌 다만 두원개 한 사람뿐이겠습니까. 전주(箋註)가 바른 경(經)에 무익하다는 것이 진실로 옳습니다.

137 고귀향공(高貴鄕公) : 삼국(三國) 시대 위(魏)나라 문제(文帝) 조비(曹丕)의 손자인 조모(曹髦)의 봉호이다. 《三國志 卷4 高貴鄕公》

138 두예(杜預) : 진(晉)나라 사람으로, 자는 원개(元凱), 사마소(司馬昭)의 매부(妹夫)이다. 위(魏)나라에서 상서랑(尙書郎)을 지냈고 가충(賈充)이 율령을 제정했을 때 주해(註解)를 달았다. 진 무제(晉武帝) 때에 진남대장군(鎭南大將軍)에 제수되어 남방의 주군(州郡)을 항복받았고, 공을 이룬 뒤에 경적(經籍)에 심취하여 박학다식하였으며, 스스로 '좌전벽(左傳癖)'이 있다고 하였다. 저서에 《춘추좌씨전집해(春秋左氏傳集解)》가 있다. 《晉書 卷34 杜預列傳》

139 성제(成濟)……일 : 위 문제(魏文帝)의 손자인 고귀향공(高貴鄕公) 조모(曹髦)가 사마소(司馬昭)를 치려하였는데, 이때 가충(賈充)이 태자사인(太子舍人)으로 있던 성제(成濟)를 시켜 고귀향공을 죽이게 한 일을 말한다. 《三國志 魏書 卷4 高貴鄕公傳 註》

선비에게는 벼슬에 나아감과 처사로 은둔함이 있을 뿐이니, 벼슬에 나아가면 훌륭한 일을 하고, 처사로 은둔하면 지조를 지켜야 합니다. 필부의 행장(行藏)[140]을 가지고 세교(世敎)의 흥망을 점칠 수 있습니다. 만일 혹시라도 여기에서 차질이 생기면 온 평생을 들어 버리는 것이니, 바로 회옹(晦翁 주희(朱熹))의 이른바 '다만 도(道)가 금일에 행해지지 않을 뿐 아니라 후세에도 가망이 없다'는 것입니다. 그러므로 군주가 신하를 가릴 뿐 아니라 신하 또한 군주를 가리는 것이니, 찬역한 자가 비록 공경을 지극히 하고 예(禮)를 다한다 하더라도 선비 된 이가 어찌 나아가 등용될 수 있겠습니까. 풍도(馮道)가 다섯 성(姓)을 몸소 섬긴 경우[141]는 바로 개나 돼지만 못한 것이니, 비록 풍도와 같이 심한 악(惡)에는 이르지 않는다 하더라도 의리상 옛 군주를 버리고 새 군주를 따라서는 안 됩니다. 다섯 성(姓)을 섬긴 것이나 두 성(姓)을 섬긴 것이나 실절(失節)이 되는 것은 마찬가지입니다.

개국(開國)의 정대함이 양한(兩漢)이나 황명(皇明)과 같은 뒤에야 비로소 때를 기다림을 의논할 수 있되, 반드시 군주의 부름을 기다려 가고 군주의 질문을 기다려 고해야 하니, 도(道)를 가벼이 하여 스스로 팔리기를 왕중엄(王仲淹)처럼 하여서는[142] 안 됩니다. 저 몸을 적시고

140 행장(行藏) : 행(行)은 세상에 나와 도(道)를 행하는 것이며, 장(藏)은 초야에 은둔하는 것으로, 《논어》 〈술이(述而)〉에 "쓰이면 나와 도를 행하고 버려지면 물러나 도를 간직한다.〔用之則行, 舍之則藏.〕"라고 한 데서 유래하였다.

141 풍도(馮道)가……경우 : 풍도는 오대(五代) 시대의 재상(宰相)으로, 일생 동안 당(唐)·진(晉)·거란(契丹)·한(漢)·주(周) 오조(五朝)의 재상을 지내며 여섯 임금을 섬겼으며, 스스로 장락로(長樂老)라 자호(自號)하여 이를 영화롭게 여겼다.

142 도(道)를……하여서는 : 왕중엄(王仲淹)은 수(隋)나라 유학자 왕통(王通)으로,

발을 칠하여 청류(淸流)에서나 탁류(濁流)에서나 잃은 바가 없는 자는 진실로 비길 것이 못되고, 궤 속에 넣어 그릇에 감추어서[143] 준양(遵養)[144]하여 자중하는 선비의 경우에 어찌 이전 조정을 섬긴 적이 없다고 하여 의리에 맞지 않는 혁명의 세상에 나아가 벼슬할 수 있겠습니까. 이와 같은 것은 비록 실절(失節)이 아니더라도 이 또한 실신(失身)이니, 입신(立身)이 한 번 무너지면 만사가 와해되는바, 군자가 삼가야할 바입니다.

사해(四海)가 일가(一家)이고 천하에 군주는 하나이니, 군신의 의리는 피할 바가 없는 듯하지만, 만일 적합한 때가 아니라면 은거하여 자신의 뜻 추구하여 지키는 바를 잃지 말아서 서산(西山)에서 고사리를 캐고[145] 동해(東海)에 뛰어들겠다는[146] 지조를 이루는 것이 바로 면

장안(長安)에 들어가서 수 문제(隋文帝)에게 태평십이책(太平十二策)을 올렸으나 쓰이지 않자, 그 후 황하(黃河)와 분수(汾水) 사이에 은거하면서 후진들을 교수(敎授)하였다.

143 궤……감추어서 : 재주를 품고서 때를 기다리는 것을 말한다. 《논어》 〈자한(子罕)〉에 공자의 제자 자공(子貢)이 "여기에 아름다운 옥이 있다고 할 때, 이것을 궤 속에 넣어서 감추어 두시겠습니까, 아니면 좋은 값을 받고 팔아야 합니까?〔有美玉於斯, 韞櫝而藏諸? 求善賈而沽諸?〕" 하고 묻자, 공자가 "팔아야지, 팔아야지. 그러나 나는 좋은 값을 기다리는 사람이다.〔沽之哉, 沽之哉, 我待賈者也.〕"라고 대답한 말이 보인다.

144 준양(遵養) : 힘을 기르고 때를 기다리는 것이다. 《시경》 〈주송(周頌) 작(酌)〉에 "아 성대한 왕사로, 도리를 따라 힘을 길러 때로 감추고 있다가, 크게 밝아진 뒤에야, 큰 갑옷을 쓰셨다.〔於鑠王師, 遵養時晦, 時純熙矣, 是用大介.〕"라고 한 데서 온 말이다.

145 서산(西山)에서 고사리를 캐고 : 은(殷)나라가 주 무왕(周武王)에게 멸망당하자 백이(伯夷)와 숙제(叔齊) 형제가 주나라 곡식을 먹지 않겠다면서 서산 즉 수양산(首陽山)으로 들어가 〈채미가(采薇歌)〉를 부르며 고사리만 뜯어 먹다가 굶어 죽은 고사가

전의 도리입니다. 후세에는 물러나 스스로 지조를 지키기를 배우지 않고 먼저 때에 따르기를 배우려고 하므로, 혹 순(順)과 역(逆)의 큰 구분과 화(華)와 이(夷)의 큰 한계를 알지 못하고서 구덩이로 타락하는 자가 계속해서 이어지니, 어찌 경계할 만한 것이 아니겠습니까. 한 자를 굽히는 이 중에 여덟 자를 곧게 만들 수 있는 자는 있지 않으니, 끝내 굽히고 말 뿐입니다.[147] 이 때문에 선(善)과 이(利)의 분별[148]은 유학자의 제일의 의리인 것입니다.

전한다.《史記 卷61 伯夷列傳》

146 동해(東海)에 뛰어들겠다는 : 전국 시대 제(齊)나라의 고사(高士)인 노중련(魯仲連)이 조(趙)나라에 가 있을 때 진(秦)나라 군대가 조나라의 수도인 한단(邯鄲)을 포위하였는데, 이때 위나라가 장군 신원연을 보내 진나라 임금을 황제로 섬기면 포위를 풀 것이라고 하였다. 이에 노중련이 "저 진(秦)나라가 방자하게 황제를 자칭하고 죄악으로 천하에 정사를 한다면, 나는 동해에 뛰어들어 죽을 뿐이요, 내 차마 그 백성은 될 수가 없다.〔彼卽肆然而爲帝, 過而爲政於天下, 則連有蹈東海而死耳, 吾不忍爲之民也.〕"라고 하자, 진나라 장군이 이 말을 듣고 군사를 50리 뒤로 물렸다고 한다.《史記 卷83 魯仲連列傳》

147 한 자를……뿐입니다 :《맹자》〈등문공 하(滕文公下)〉에 맹자의 제자인 진대(陳代)가 "한 자를 굽혀 여덟 자를 편다.〔枉尺而直尋.〕"라는 말을 인용하여 맹자에게 한 번 소절(小節)을 굽혀서 제후를 만나보기만 하면 크게는 왕천하(王天下)도 할 수 있을 것이니 만나보는 것이 어떻겠느냐고 말하자, 맹자는 불가하다는 뜻으로 말하기를 "또 한 자를 굽혀 여덟 자를 편다는 것은 이(利)를 가지고 말한 것이니, 만일 이(利)만을 추구하자면 여덟 자를 굽혀서 한 자를 펴는 일이라도 하겠는가.〔且夫枉尺而直尋者, 以利言也, 如以利, 則枉尋直尺而利, 亦可爲與?〕"라고 한 데서 온 말이다.

148 선(善)과 이(利)의 분별 :《맹자》〈진심 상(盡心上)〉에 "새벽에 일어나서 부지런히 선행을 하는 자는 순(舜) 임금의 무리이고 새벽에 일어나서 부지런히 이익을 추구하는 자는 도척(盜跖)의 무리이니, 순 임금과 도척의 분별을 알고자 한다면 다른 것이 없다. 이(利)와 선(善)의 사이일 뿐이다."라고 하였다.

심의덕에게 보냄 갑진년(1844, 헌종10) 10월
與沈宜德 甲辰陽月

공부하는 《주례(周禮)》는 끊임없이 연구하고 있습니까? 이 책은 광대하고 정밀하여 창희(蒼姬)의 제작(制作)[149]이 모두 그 가운데에 있습니다. 주 선생(朱先生 주희(朱熹))께서 제도에 관한 책을 말씀하실 때마다 오직 《주례》와 《의례(儀禮)》를 준신하여 심지어 주공(周公)이 천리(天理)를 익숙히 운용하였다고 하였습니다.[150] 호오봉(胡五峯) 무리의 경우에는 이것이 왕망(王莽)과 유흠(劉歆)이 편찬한 것이라고 하였으니,[151] 어떤 물건의 유흠이 감히 황왕(皇王)에 대하여 포서(鋪敍)

149 창희(蒼姬)의 제작(制作) : 창희는 주(周)나라로, 주나라가 푸른색〔蒼〕을 숭상하고 희씨(姬氏)의 성이었기 때문에 이렇게 일컫는다. 제작은 예법을 제정하고 음악을 짓는다는 뜻의 제례작악(制禮作樂)의 준말로, 《예기》〈명당위(明堂位)〉에 "주공께서 예법을 제정하고 음악을 지으며 도량형을 반포하자 천하가 크게 복종하였다.〔制禮作樂, 頒度量, 而天下大服.〕" 하였다.

150 심지어……하였습니다 : 주희(朱熹)가 《주례(周禮)》에 대하여, "《주관(周官)》은 두루 포섭하면서도 주밀하니, 주공이 천리를 익숙하게 운용하여 만든 책이다.〔周官, 徧布周密, 周公運用天理熟爛之書.〕"라고 한 바 있다. 《주관》은 《주례》의 이칭이다. 《朱子年譜 卷4》

151 호오봉(胡五峯)……하였으니 : 호오봉은 송(宋)나라의 성리학자 호굉(胡宏, 1106~1162)으로, 오봉은 호이며 자는 인중(仁仲)이며 호안국(胡安國)의 막내아들이다. 전한(前漢) 말엽 신(新)나라를 세운 왕망이 집권할 때 그에게 아부하기 위해 유흠이 비부(秘府)에 소장되어 있던 《주관(周官)》을 개찬하고 《주례》로 이름을 고쳐 유가 경전의 하나로 만들었다는 설이 있는데, 주희(朱熹)는 이들 호씨(胡氏) 부자가 《주례》를 왕망과 유흠이 편찬한 것이라고 주장한 데에 반박하면서 주공(周公)의 글임이 분명

하기를 이처럼 한단 말입니까. 성인(聖人)의 마음은 이치는 하나이되 나뉘어져서 다르고, 천하의 일은 만 가지로 다르되 근본은 하나입니다. 그러므로 허다한 의문(儀文)과 도수(度數)가 모두 성인의 마음에서 흘러나왔으니, 이것이 이른바 천리에 의지하여 만든 것이라는 것입니다. 그러니 어찌 유자준(劉子駿 유흠(劉歆))과 같이 글을 제멋대로 취사하는 이가 모의할 수 있는 것이겠습니까.

《설부(說郛)》에 실려 있는 〈소희행례기(紹熙行禮記)〉와 도암(陶庵)이 저술한 〈소희행례기에 대한 발문〉[152]을 삼가 올려 보이니, 부디 유념하여 이해하시길 바랍니다. 도암의 이 논의는 바로 신임의리(辛壬義理)[153]가 구축된 곳이니, 진실로 천지간에 드문 글입니다. 문집의

하다고 밝힌 바 있다. 《朱子五經語類 卷62》

152 설부(說郛)에……발문 : 〈소희행례기〉는 남송(南宋)의 문장가 주밀(周密, 1232~1298)이 지은 것으로, 남송(南宋) 광종(光宗) 소희(紹熙) 연간의 일을 적은 것인데, 《설부》 권51에 실려 있다. 이에 대해 도암(陶庵) 이재(李縡, 1680~1746)가 발문(跋文)을 쓰면서 우리나라의 신축년과 임인년의 일을 대신들이 잘 처리하지 못한 것이 애석하다고 하였다. 이재가 쓴 발문의 전문은 현재 전해지지 않는다. 《英祖實錄 10年 4月 12日》

153 신임의리(辛壬義理) : 신축년(1721, 경종1)과 임인년(1722) 두 해에 걸쳐 노론(老論)과 소론(小論) 간에 뒷날 영조(英祖)가 되는 연잉군(延礽君)의 세제(世弟) 책봉과 대리청정(代理聽政)을 두고 대대적인 인명 살상을 초래한 신임사화(辛壬士禍)가 일어났는데, 이때 노론이 내세운 명분을 말한다. 남인(南人) 역관의 딸인 장희빈(張禧嬪) 소생인 경종은 남인에 동정적이던 소론의 보호를 받아왔는데, 경종이 즉위하자 과거 그의 세자 책봉을 반대했던 노론은 위기를 느껴 그의 병약함과 후사(後嗣)가 없음을 빌미로 연잉군의 세제 책봉을 추진, 이를 관철시키고 나아가 대리청정까지 추진하다가, 소론의 김일경(金一鏡) 등이 목호룡(睦虎龍)을 사주하여 노론의 사대신(四大臣)인 김창집(金昌集), 이이명(李頤命), 이건명(李健命), 조태채(趙泰采)를 역모로 무고

원집(原集)에 편집되어 영원한 공안(公案)이 되지 못하였으니, 이것이 애석합니다. 만약 순국한 여러 현자들이 일찍 대리청정의 명을 받아들였다면 응당 하늘까지 태우는 화염이 없었을 것입니다. 당시의 일에 있어 성패와 길흉을 계산하지 않고 곧장 앞을 향해 마땅히 해야 하는 일을 즉시 하였다면, 어찌 이런 일이 있었겠습니까.

여러 날 정청(廷請)한 것은 화를 염려하기를 너무 지나치게 한 데에서 나와 하늘에 이르는 화를 불러일으킨 것인 듯하니, 조여간(趙餘干)의 논의[154]에 한 수 뒤질 듯합니다. 주 선생(朱先生)은 조자직(趙子直)이 나라를 근심하여 집안을 잊은 것을 탄식하면서 "충신(忠信)이라고 할 수 있지만, 종묘사직의 큰 계책을 가지고 말한다면 또한 옳지 못한 부분이 있으니, 어떻게 지하에서 선제(先帝)를 뵐지 모르겠다." 하였습니다.[155] 그의 충성을 허여한 것은 소희(紹熙) 연간에 예(禮)를 행한 것이 변고에 처하여 바름을 얻었기 때문이고,[156] 옳지 못하다고 말한

케 함으로써 사대신 이하 노론 일파를 극형에 처하게 하였다.

154 조여간(趙餘干)의 논의 : 송(宋)나라의 영종(寧宗) 때의 정승 조여우(趙汝愚, 1140~1196)를 가리키는데, 그가 여간 사람이므로 이렇게 말한 것이다. 자는 자직(子直), 시호는 충정(忠定)이다. 그는 효종(孝宗)이 죽고 광종(光宗)이 병으로 효종의 장례를 집상하지 못하게 되자, 한탁주(韓侂胄)를 헌성태후(獻聖太后)에게 보내어 내선(內禪)할 것을 청하여 영종(寧宗)을 제위에 올렸다가, 나중에 한탁주로부터 '사직(社稷)을 모위(謀危)한다'는 무고를 입고 귀양을 가서 죽었는데, 조여간의 논의란 영종을 곧바로 제위에 올린 일을 두고 말한 것이다.

155 주 선생(朱先生)은……하였습니다 : 주희(朱熹)가 조여우(趙汝愚)에 대해 논하여 한 이 말은 《주자어류(朱子語類)》 권132에 보인다. 자직(子直)은 조여우의 자이다.

156 소희(紹熙)……때문이고 : 송(宋)나라 효종(孝宗, 1127~1194)이 붕어하고 광종(光宗)이 병이 들자, 조여우(趙汝愚)가 헌성태후(獻聖太后)에게 주청하여, 광종의

것은 한탁주(韓侂冑)에게 절도사 한 직함을 빌려주지 않아[157] 스스로 의관(衣冠)의 화[158]를 불러일으켜 거의 조국이 멸망하는 데에 이르게 하였기 때문이니, 이는 바로 어진 이에게 완비하기를 요구한 것입니다. 도암(陶庵) 옹의 입론이 진실로 이치에 밝고 말을 아는 데에서 나와 응당 후세의 본보기가 되니, 우리 당(黨)의 선비들이 마땅히 독실하게 믿어서 잡아 지켜야하는 바입니다.

둘째 아들로 가왕(嘉王)에 봉해진 영종(寧宗)을 받들어 즉위시켰던 일을 가리킨다. 《宋史 卷392 趙汝愚傳》

157 한탁주(韓侂冑)에게……않아 : 송 영종(宋寧宗)이 즉위하고 한탁주(韓侂冑)가 득세하자 주희(朱熹)가 조여우(趙汝愚)에게 편지를 보내 한탁주에게 후한 상을 주어 영종(寧宗)을 옹립하는 데 세운 공로를 갚아주고 정사에는 간여하지 못하도록 할 것을 누차 말하였는데, 조여우가 듣지 않자 한탁주가 이를 알고는 조여우를 배척하고 주희를 쫓아내면서 이학(理學)을 위학(僞學)으로 몰아 '경원당화(慶元黨禍)'를 일으켰다. 《朱子年譜》

158 의관(衣冠)의 화 : 의관을 입은 선비들이 화를 입었다는 뜻으로, 북송(北宋) 말에 휘종(徽宗)과 흠종(欽宗)이 금(金)나라 군대에게 사로잡혀 가자, 고종(高宗)이 변경(汴京)으로부터 남쪽의 양자강(揚子江)을 건너 임안(臨安)으로 천도(遷都)한 일을 이른다.

박종숙[159] 치승 에게 답함 경인년(1830, 순조30) 윤월
答朴宗塾 穉升○庚寅閏月

송(宋)나라의 예(禮)에 시부모의 상(喪)을 삼년복으로 높인 것[160]은 참최복을 두 번 입지 않는 의리에 어긋남이 있으니, 주 선생(朱先生)께서 이를 《가례(家禮)》에 실은 것은 시왕(時王)의 제도였기 때문이지 예(禮)의 올바름을 얻었다고 한 것이 아닙니다. 남편의 본생부모를 위하여 대공복을 입는 것은 두 번 강복하지 않기 때문입니다.[161] 예

159 박종숙(朴宗塾) : 자는 치승(穉升), 본관은 반남(潘南)이다. 1843년(헌종9) 식년시에서 진사시에 합격하였고, 음관으로 벼슬을 하였다.

160 송(宋)나라의……것 : 고례(古禮)에 따르면 며느리가 시부모를 위해 기년복을 입었는데, 송나라 건덕(乾德) 3년(965)에 좌복야(左僕射) 위인포(魏仁浦) 등이 주의(奏議)를 올려, "삼가 《예기》 〈내칙(內則)〉을 살펴보건대 '며느리가 시부모를 섬기는 것은 친부모를 섬기는 것과 같이 한다.'라고 하였으니, 시부모는 친부모와 똑같은 것입니다. 고례의 기년복을 입는다는 설이 의리로 보면 상고할 만하지만, 후당(後唐)의 유악(劉岳)이 지은 《신서의(新書儀)》에 '삼년복을 입어야 한다.'라는 글이 있으니 실로 예법으로 볼 때 마땅한 것입니다.……더구나 삼년상을 마치는 동안에는 궤연(几筵)이 그대로 남아 있으니, 어찌 남편은 거친 참최복을 입고 있는데 아내가 비단옷을 입을 수 있겠습니까.〔謹案內則云婦事舅姑如事父母, 卽舅姑與父母一也. 古禮有期年之說, 雖於義可稽, 書儀著三年之文, 實在禮爲當.……況三年之內, 几筵尙存, 豈可夫衣麤衰, 婦襲紈綺?〕"라고 하였고, 마침내 남편을 따라 삼년복을 입도록 법례로 제정하게 되었다. 《儀禮經傳通解續 卷16下 儀禮喪服圖式》

161 남편의……때문입니다 : 《예기》 〈상복소기(喪服小記)〉에 "다른 사람의 후사가 된 사람은 그 아내가 남편의 본생부모를 위해 대공복을 입는다.〔夫爲人後者, 其妻爲舅姑大功.〕"라고 하였는데, 이에 대한 정현(鄭玄)의 주(註)에 "두 번 강복하지 않기 때문이다.〔以不貳降.〕"라고 하였다.

(禮)에 아내는 남편의 복을 따르되 한 등급을 강등하니, 남편이 본생부모를 위해 기년복을 입는다면 아내는 대공복을 입는 것이 마땅한바, 어찌 높여서 삼년복을 입는 예에 빗대어서 남편을 따라 기년복을 입을 수 있겠습니까. 형제의 자식의 아내가 남편의 백부와 백모, 숙부와 숙모를 위해 대공복을 입었다면, 남편의 본생부모를 위해 복을 입는 것도 이와 같으니, 이는 진실로 서로 기준으로 삼아 복을 제정한 것입니다.[162] 《가례》와 《상례비요(喪禮備要)》에서 한결같이 《의례(儀禮)》를 따랐으니 누가 감히 그 사이에서 높이거나 낮출 수 있겠습니까. 비록 대공복을 입는다 하더라도 제복(除服)한 뒤에 마땅히 심상(心喪) 삼년을 하여야 할 것이니, 이것이 다른 대공과 다름을 보이는 것입니다.

상인(喪人)이라는 호칭은 고례(古禮)에 보이지 않으나, 본생부모의 상에 스스로를 상인(喪人)이라 칭하는 것은 사계(沙溪)의 정론이 있으니,[163] 의논할 여지가 없을 듯합니다. 조장(弔狀)에는 '돈수(頓首)'

162 형제의……것입니다 : 이 말은 《독례통고》 권12 〈상기11(喪期十二) 대공구월(大功九月)〉에 《예기》 〈상복소기(喪服小記)〉의 "다른 사람의 후사가 된 사람은 그 아내가 남편의 본생부모를 위해 대공복을 입는다."라는 내용에 대한 왕완(汪琬)의 해설에 보인다.

163 본생부모의……있으니 : 사계(沙溪)는 김장생(金長生)으로, 사계는 그의 호이다. 《사계전서(沙溪全書)》 권41 〈의례문해(疑禮問解) 상례(喪禮) 서소(書疏)〉에 본생부모의 상을 당하였을 때에 편지에서 스스로를 어떻게 칭해야 하는지에 대한 질문에 김장생이 "다른 사람의 후사가 된 사람은 본생부모의 상을 위해서는 상인(喪人)이라고 칭할 뿐, 고자(孤子)나 애자(哀子)라고 칭해서는 안 된다.〔爲人後者, 爲本生父母喪, 稱喪人而已, 不可稱孤哀也.〕"라고 답한 내용이 보인다.

를 사용하여 '계상(稽顙)'이라는 글을 바꾸는 것이 옳을 듯합니다. 제복(除服)한 뒤에는 '심제인(心制人)'이라 칭해야 할 것이고 '돈수(頓首)' 두 글자는 바꿀 필요가 없을 듯합니다.

박종숙에게 답함 신묘년(1831, 순조31) 3월

答朴宗塾 辛卯三月

잠야(潛冶)[164]의 학문은 오로지 자득함에 힘썼으니 귀로 얻어듣고 눈으로 얻어 본 자에게 비할 만한 것이 아니지만, 질박한 행실의 순후함과 같지는 못합니다. 나라의 예(禮)에 대한 논의[165]는 비록 장총(張璁)

164 잠야(潛冶) : 박지계(朴知誡, 1573~1635)로 자는 인지(仁之), 호는 잠야, 본관은 함양(咸陽)이다. 인조반정 후 사헌부 지평을 제수 받았으며, 한때 조정의 중신들과 예론에 관한 의견이 대립되어 남양(南陽)에 우거하다가 이괄(李适)의 난 때 공주로 내려가 왕을 호종하였다. 수복 후에 김장생(金長生)과 같이 서울로 돌아와서 양민치병(養民治兵)의 계책을 상소하였다. 이이(李珥)와 성혼(成渾)의 문묘종사(文廟從祀)를 수창(首唱)하기도 하였다. 저서로는 《사서근사록의의(四書近思錄疑義)》, 《주역건곤괘설(周易乾坤卦說)》, 《잠야집》 등이 있다. 충청남도 아산의 인산서원(仁山書院)에 배향되었으며, 시호는 문목(文穆)이다.

165 나라의……논의 : 인조(仁祖)의 생부(生父)인 정원군(定遠君)에 대해 어떻게 칭할 것이냐에 대한 문제에 대해 박지계(朴知誡)가 내세웠던 논의를 말한다. 인조가 선조(宣祖)의 다섯째 아들인 정원군의 장남으로서 반정(反正)을 일으켜 왕위에 오른 뒤, 정원군에 대해 인조가 어떻게 호칭할 것이냐 하는 문제가 대두되었다. 이때 조정의 의론은 대략 세 갈래로 나뉘었는데, 박지계(朴知誡)는 정원군을 왕으로 추존하여 인조와는 부자(父子) 관계로써 칭해야 한다는 설을 주장하였고, 김장생(金長生)은 인조는 선조의 뒤를 이은 것이므로 정원군과는 숙질(叔姪) 관계로써 칭해야 한다고 주장하였으며, 정경세는 부자 관계로 칭하되, 일반적인 부자 관계로 칭하는 것은 옳지 않으므로 "고(考)라고 칭하되 현고(顯考)라고는 하지 않으며, 자(子)라고 칭하되 효자(孝子)라고는 칭하지 말아야 한다."라고 주장하였다. 그 뒤 여러 차례의 논의를 거친 뒤에 인조의 뜻에 따라 1632년(인조10)에 정원군을 원종(元宗)으로 추존하고 능호(陵號)를 장릉(章陵)이라고 하였다.

과 계악(桂萼)[166]이 한 것처럼 영합하는 데에서 나온 것은 아니지만, 끝내 소종(小宗)으로써 대종(大宗)을 합하려 하였다는 혐의를 면할 수 없을 듯하니, 예(禮)의 올바름이 아닙니다. 떳떳한 의리를 지키는 논의에 취해지지 못한 것은 거의 이 때문입니다. 문경(文敬 김집(金集)) 선생이 서술한 시장(諡狀)에 다만 예(禮)를 논의한 전말만을 서술하였을 뿐 한 마디도 찬미함이 없었으니, 그렇다면 문집에 실린다고 하더라도 진실로 확론을 이룰 수가 없습니다. 그런데 여러 현자들이 이를 산삭한 것은 진실로 화를 염려한 데에서 나온 것이니, 다만 마땅히 이전대로 두어야 할 것입니다. 보내오신 편지에서 이미 산삭한 뒤에 갑자기 첨입해서는 안 된다고 하신 말씀은 다시 헤아릴 여지가 없을 듯합니다.

166 장총(張璁)과 계악(桂萼) : 장총과 계악은 모두 명(明)나라 세종(世宗)의 신하이다. 무종(武宗)이 후사가 없이 죽자 홍헌왕(興獻王)의 아들을 효종(孝宗)의 양자로 들여 세종이 즉위하게 되었는데, 세종이 황제가 되어 자신의 생부인 홍헌왕(興獻王)을 추숭하려고 하자 장총과 계악이 세종의 뜻에 영합해서 효종(孝宗)을 황백고(皇伯考)로, 홍헌제를 황고(皇考)로 부를 것을 청하고, 이에 반대하는 조정의 수많은 신하들을 죽이거나 유배를 보냈다.《史略 卷9 世宗肅皇帝》

박종숙에게 답함 신묘년(1831, 순조31) 5월
答朴宗塾 辛卯五月

예(禮)에 담제(禫祭)에는 길한 복을 입었다가 담제를 마치면 조금 길한 복을 입는다고 하였습니다.[167] 복(服)에는 고금(古今)의 차이가 있지만 논하는 이들이 이를 뒤섞어서 말하기 때문에 나뉘어서 계합되지 않습니다. 갑(甲)은 말하기를 "칠립(漆笠), 청포(靑袍), 흑대(黑帶)를 입고 담제를 받드는 것이 길한 복이고, 담제를 마치면 칠립, 백포(白袍), 백사대(白絲帶)를 입는 것이 조금 길한 복이다." 하고, 을(乙)은 말하기를 "칠립(漆笠), 백포(白袍), 백대(白帶)를 입고 담제를 받드는 것이 길한 복이고, 담제를 마치면 참포(黲袍), 참립(黲笠), 참대(黲帶)와 백직령(白直領)을 입는 것이 조금 길한 복이다." 하여 두 가지가 예가(禮家)의 결정되지 못한 안건이 되어 따르기가 어렵습니다. 그러나 대상(大祥)의 호관(縞冠)과 담제의 섬관(纖冠)은 바로 예복(禮服)의 대경(大經)이니,[168] 바꿀 수 없는 것입니다. 섬(纖)을 날줄

167 예(禮)에……하였습니다 : 사계(沙溪) 김장생(金長生)의 《가례집람(家禮輯覽)》〈상례(喪禮) 담(禫)〉에, "《예기》의 〈잡기〉와 〈간전〉을 가지고 살펴보건대, 상제에는 조금 길한 복을 입었다가 제사를 마치면 도리어 조금 흉한 복을 착용하며, 담제에는 완전히 길한 복을 입었다가 제사를 마치면 조금 길한 복을 착용한다.〔以雜記、間傳看之, 祥祭著微吉之服, 祭訖反著微凶之服, 禫祭著純吉之服, 祭訖服微吉之服.〕"라고 한 내용이 보인다.

168 대상(大祥)의……대경(大經)이니 : 《예기》〈간전(間傳)〉에 "또다시 기년에 대상제를 지내니 흰 명주 베로 만든 호관(縞冠)을 쓰고 삼베로 만든 심의(深衣)를 입으며, 한 달을 사이하여 담제를 지내니 담제에는 섬관(纖冠)을 쓰고 패물을 차지 않는 것이

을 흑색으로 하고 씨줄을 흰색으로 한 것은 후세에 전하는 것이 없으므로 참색(黲色)으로 이를 해당시켰으니, 어찌 제사를 마친 뒤에 참복(黲服)을 입어서 고례(古禮)를 따르지 않을 수가 있겠습니까. 담제의 섬관의 복색은 《예기》 〈간전(間傳)〉의 주소(註疏)에 보이니, 속수(涑水 사마광(司馬光))와 남계(南溪 박세채(朴世采))가 참복(黲服)을 주장한 것은 모두 〈간전〉에서 비롯된 것인바 어찌 다른 사람의 비방을 근심하겠습니까.

담제를 지내는 달이 중삭(仲朔)을 만났으면 상순에 담제를 행하고 중순이나 하순에 협제(祫祭)를 행하는 것은, 삼년 동안 제사를 폐한 뒤에 정제(正祭)를 급하게 여기기 때문입니다. 《예기》 〈간전〉에 "담제에는 섬관(纖冠)을 쓴다." 하였는데, 소(疏)에 이르기를 "만약 길제가 담제를 지내는 달에 있으면 아직 완전히 길하지 못한 것이다." 하였습니다. 《의례》 〈사우기(士虞記)〉에 이르기를 "이 달에 길제를 지내지만 아직 배위하지는 못한다." 하였는데, 주(註)에 이르기를 "이 달은 담제를 지내는 달이니, 사시(四時)의 제사를 지내는 달을 만났으면 제사를 지내되 아직 아내와 배위하지는 못하니, 담제를 지낸 다음 달에 비로소 평상을 회복할 수 있다." 하였습니다. 이를 근거해보면 비록 협제를 행하더라도 달을 넘겨 완전히 길함에 나아가는 것이 예(禮)에 맞을 듯하니, 이것이 이른바 "한 달만 넘겼더라면 좋았을 것이다."[169]라는

없다.〔又期而大祥, 素縞、麻衣, 中月而禫, 禫而纖, 無所不佩.〕" 하였다.

169 한 달만……것이다 : 《예기》 〈단궁 상(檀弓上)〉에 "어떤 노나라 사람이 아침에 대상을 지내고는 저녁에 노래를 부르자 자로가 너무 빠르다고 비웃었다. 그러자 공자가 말하기를 '유야, 너는 남에게 완전함을 요구하며 꾸짖는 일을 끝내 그만둘 수 없느냐. 삼년상을 제대로 치렀으니, 그것만도 이미 오랜 세월이 지났다고 할 것이다.'라고 하였

것입니다.

협제(祫祭)의 일은 비록 상(喪)을 마치는 제사이지만 길제(吉祭)라고 명명하였으면 마땅히 길례(吉禮)를 따라야 하니, 이는 바로 시제(時祭)의 다른 명칭입니다. 《상례비요(喪禮備要)》에서도 수조(受胙)하는 것을 허락하여 말하기를 "모두 시제(時祭)와 같다."라고 하였으니,[170] 하사(嘏辭)[171]를 어찌 빠뜨릴 수 있겠습니까. 이는 상복을 입는 중에 시제에서 수조(受胙)하지 않는 것과는 그 뜻이 같지 않습니다.

《예기》〈상대기(喪大記)〉에 "대상(大祥)을 지내고 나서는 밖에서 곡함이 없고, 담제(禫祭)를 지내고 나서는 안에서 곡함이 없다."라고 하였는데, 주(註)에 이르기를 "밖에서 곡함이 없는 것은 중문 밖에서 곡하지 않는 것이고, 안에서 곡함이 없는 것은 중문에 들어와서 곡하지 않는 것이다." 하였고, 소(疏)에 이르기를 "연제(練祭)를 지낸 지

다. 그리고는 자로가 나가자 다시 공자가 말하기를 '더 많은 시간을 기다릴 것도 없이, 한 달만 넘겼더라면 좋았을 것이다.' 하였다.〔魯人有朝祥而莫歌者, 子路笑之. 夫子曰: 由! 爾責於人, 終無已夫? 三年之喪, 亦已久矣夫. 子路出, 夫子曰: 又多乎哉? 踰月則其善也.〕"라고 한 것을 가리킨다.

170 상례비요(喪禮備要)에서도……하였으니 : 사계(沙溪) 김장생(金長生)의 《상례비요》〈길제(吉祭)〉에 "아헌(亞獻)을 하고 종헌(終獻)을 하고 유식(侑食)을 하고 합문(闔門)을 하고 계문(啓門)을 하고 수조(受胙)를 하고 사신(辭神)을 한다."라고 한 내용에 대한 주석에 "모두 시제(時祭)와 같다.〔幷如時祭.〕"라고 한 글이 보인다. 수조는 제사 지낸 고기를 받는 의식으로, 제사를 마친 뒤 음복(飮福)하는 절차를 말한다.

171 하사(嘏辭) : 제사 지낼 때, 축(祝)이 제사를 받는 조상을 대신하여 주인(主人)에게 전하는 축복의 말을 가리킨다.

삼일 만에 상차(喪次)에서 한 번 곡하는데, 상차는 중문 밖에 있으니 악실(堊室)[172]을 이른다. 대상에 이르러서는 다시는 중문 밖에서 곡하지 않아서 조문하는 사람이 있으면 들어가 신위에서 곡하니, 이것이 밖에서 곡함이 없는 것이다." 하였으니, 이는 대상을 지낸 후 담제를 지내기 전에 조문을 받는 증거입니다. 아직 담제를 지내지 않았다면 아직 상복을 벗지 못한 것이니, 어찌 조문을 받지 않을 수 있겠습니까. 옛날에는 악실(堊室)이 중문 밖에 있었지만, 지금은 의려(倚廬)[173]를 중문 안에 마련하는데 예(禮)에 대상 후에 의려를 거둔다는 글이 없으니, 여차(廬次)에서 조문을 받기를 대상을 지내기 이전의 예(禮)와 같이 하여야 할 것이고, 담제에 이르러 중문 안에서 곡함이 없어야 비로소 여차를 거둡니다. 의려와 영좌(靈座)는 처소가 본래 다르니, 영좌와 함께 거둘 필요는 없을 듯합니다. 저 역시 담제 이후에 여차를 거두었으니, 행여 고례(古禮)에 어긋남이 없기를 바랍니다.

172 악실(堊室) : 흰 흙으로 벽을 바른 집으로, 상주가 연제(練祭) 이후에 집상(執喪)하는 곳이다.

173 의려(倚廬) : 부모의 상중에 상주가 집상(執喪)하는 여막을 말한다.

박종숙에게 답함 기해년(1839, 헌종5) 3월 초하루
答朴宗塾 己亥三吉

역병을 피하는 방도는 진실로 그만둘 만하여 그만둘 수 있는 것이 아닙니다. 그러나 왕왕 몸을 움직인 자는 역병을 면치 못하고 움직이지 않은 자는 면합니다. 만일 능히 마음으로 하여금 주인이 되어 안정되게 하여서 항상 불러 일깨우기를 해가 한창 떠오르는 것과 같이 한다면 역병의 기운을 이길 수 있을 것이니, 마치 경(敬)이 온갖 사특함을 이기는 것과 같습니다. 모든 화복(禍福)과 길흉(吉凶)에 관계된 것들은 다만 천명(天命)을 따를 뿐입니다. 보내오신 편지에서 뜻을 안정시킴이 이와 같으니 다시 고요하게 아무 일이 없음을 깨닫겠다고 하신 것이 이미 절로 이치에 맞습니다. 요절하거나 장수함에 의심하지 않아 수신(修身)하여 천명(天命)을 기다리는 것[174]이 끝까지 추구해야 할 법이니, 우리들이 함께 힘써야 할 바입니다. 육무관(陸務觀 육유(陸游))의 시에 "만사가 사람의 계교를 용납지 않고, 일생은 모두 천명이 안배하는 것이네.〔萬事不容人計較 一生都是命安排〕"라고 하였으니, 이 말이 이치에 통달하였기에 다시 읊어드립니다.

174 요절하거나……것 : 《맹자》 〈진심 상(盡心上)〉에 맹자가 "자신의 마음을 극진히 하는 자는 자신의 본성을 아는 것이니, 본성을 알면 곧 하늘을 아는 것이다. 자신의 마음을 보존하여 자신의 본성을 관리하는 것은 하늘을 섬기는 일이며, 요절하거나 장수함에 의심하지 않아서 수신하여 기다리는 것은 명을 확립하는 일이다.〔盡其心者, 知其性也, 知其性, 則知天矣. 存其心養其性, 所以事天也, 殀壽不貳, 修身以俟之, 所以立命也.〕"라고 하였다.

《상례비요(喪禮備要)》의 축식(祝式)에 모든 방계친척에 있어서 모두 고하는 사람의 속칭(屬稱)을 적었는데, 유독 형수나 제수에 있어서는 다만 '아무개〔某〕'라고만 하였으니, 속칭을 적지 않았음을 알 수 있습니다. '남편의 형〔夫兄〕'이나 '남편의 아우〔夫弟〕'라는 말이 예(禮)에 나오지 않으므로 다만 이름만을 썼나 봅니다. 현수(顯嫂)라고 칭한다면 형수임을 알 수 있으니, 아우의 처라면 마땅히 '제수 모봉 모씨〔弟婦某封某氏〕'라고 해야 할 것입니다. 《상례비요》에서 처에게 고할 때에 다만 '남편 아무개〔夫某〕'라고만 하고 성(姓)을 쓰지 않았고, 또 선현의 문집 가운데 백모(伯母)와 숙모(叔母)에게 제사를 올리는 글에도 성을 쓰지 않았으니, 부인은 출가한 것이기 때문에 남편의 친족을 같은 성(姓)의 친족으로 동일시하여 자신의 성을 일컫지 않은 것입니다.

박종숙에게 답함 경자년(1840, 헌종6) 초복

答朴宗塾 庚子初伏日

별폭(別幅)에 하신 말씀은 진실로 세교(世敎)를 근심하는 고충에서 나온 것이니, 사람마다 모두 능히 마음을 보존하기를 이와 같이 한다면 어찌 정로(正路)가 황폐해지고 성문(聖門)이 가리어 막히게 됨을 근심할 것이 있겠습니까. 우리 도(道)와 이단은 마치 한(漢)과 적(賊)이 양립할 수 없는 것[175]과 같습니다. 올바른 학문을 밝히고자 한다면 먼저 이단을 분별하여야 하니, 분별하지 않으면 사설(邪說)이 넘쳐흘러 사람의 심술(心術)을 무너뜨림이 홍수와 맹수의 피해보다 심하게 될 것이고,[176] 분별한다면 사설을 종식시키고 인심(人心)을 바르게 할 수 있을 것입니다. 그러니 여기에서 털끝만큼이라도 간파하지 못함이 있어 나쁜 종자를 남겨놓으면 해가 백성에게 미치고 화가 후세에 흘러갈 것입니다. 그러나 더욱 이치에 가까워 진(眞)을 크게 어지럽히며, 몹시 비슷하되 절대 같지 않은 것은 오직 양주(楊朱)와 묵적(墨翟), 노자(老子)와 불가(佛家)였기 때문에 맹자(孟子)와 주자(朱子)께서

175 한(漢)과……것 : 한(漢)은 촉한(蜀漢), 적(賊)은 조조(曹操)를 말한다. 제갈량(諸葛亮)의 〈후출사표(後出師表)〉에 "한(漢)과 적(賊)은 양립(兩立)할 수 없다.〔漢賊不兩立〕"라고 한 데서 온 말이다.

176 사설(邪說)이……것이고 : 《맹자》 〈등문공 하(滕文公下)〉에, "우(禹)임금이 홍수를 막자 천하가 태평해졌고, 주공(周公)이 이적을 겸병하고 맹수를 쫓아내자 백성이 편안해졌다."라고 하였는데, 그 주(註)에 "사설이 횡행하여 인심을 무너뜨림이 홍수와 맹수의 재난보다 심하다.〔蓋邪說橫流, 壞人心術, 甚於洪水猛獸之災.〕"라고 하였다.

눈을 분명하게 뜨고 대담하게 하여 마치 함께 살 수 없듯이 하였으니, 이것이 어찌 우연히 그러한 것이었겠습니까.

이른바 야소(耶蘇)의 학술은 바로 귀신이나 도깨비와 같아 궤휼하고 괴탄하여 물건에 견줄 수가 없고, 봉양하지 않고 제사지내지 않아 위로는 임금과 아버지가 없고 아래로는 남편과 아내가 없어서 음탕하고 혼란함이 이보다 더할 수가 없습니다. 또 환술을 부리고 환약을 던져서 평민을 유인하여 남몰래 부추김이 날로 불어나고 달로 성해져서 장차 사람의 부류를 몰아서 모두 금수가 되게 할 것이니, 이는 이단이 있었던 이래로 들어보지 못한 바입니다. 무엇보다도 남북으로 서로 다른 이들이 합심하여 모여서 당(黨)을 이루어 바다를 넘어 도적을 불러서 문을 열어 나라에 들일 도모를 하고 있으니, 이는 극악한 역적으로서 단지 이단으로만 말할 수 있는 것이 아닙니다. 또 상천(上天)이 존엄하거늘 삿된 무리들이 걸핏하면 하늘을 일컬어 구실로 삼아 사설(邪說)로 사람들을 미혹시키니, 이는 사람마다 모두가 주벌할 만한 것인데, 더군다나 상천을 사칭하여 무함하는, 그 죄가 용서될 수 없는 경우에 있어서겠습니까. 상천을 위하여 난적을 토벌하기를 어찌 소홀히 할 수 있겠습니까.

좌하께서 저로 하여금 글을 저술하여 가르침을 세워서 실낱같은 올바른 도(道)를 부지해서 돌이키고 하늘에 닿은 사설을 배척해 끊어내게 하신 것은 가슴에 가득한 열혈에서 나온 것임을 알겠습니다만, 생각건대 베푼 대상이 적합한 사람이 아닌 듯합니다. 진실로 기백과 역량이 한 나룻배로 만경창파를 항해할 수 있는 이가 아니라면 쉽게 이에 미칠 수 없는데, 더군다나 곧 죽을 사람처럼 하는 일 없이 그림자를 보면서 조석 간에 죽기를 기다리는 저 같은 사람에게 있어서겠습니까. 연초에 반포하신 윤음[177]은 단청처럼 빛나고 부월(斧鉞)처럼 엄하여, 마치 우(禹)임금의 솥이 간악함을 비춤에 형체를 숨길 수 없는 것[178]과 같습니다. 따라서 다시는 남겨진 종자와 싹이 불씨를 전하여 국가의 우환이 되는 일이 없을 듯하니, 어찌 다시 입론하여 군더더기 말을 덧붙이겠습니까.

또 안으로 국정을 닦고 밖으로 이적을 물리침은 내면을 곧게 하고 외면을 방정하게 하는 것과 같으니,[179] 진실로 능히 근원을 맑게 하여 몸과 마음을 정돈하고 책을 읽어 이치를 연구해서 도의(道義)를 창도해 밝힌다면, 서양 오랑캐의 삿된 학술이 어찌 감히 이처럼 창궐하겠습니까. 세상에 도(道)를 지키고 이단을 막는 군자가 없어서 그들을 자유롭게 놓아 두어 이 지경에 이르게 되었으니, 이는 또한 기수(氣數)에 관계된 바이니 어찌하겠습니까. 그러나 참됨은 멸하기가 어렵고 거짓은 제거하기가 쉬운 법이니, 다만 마땅히 우리 도(道)를 힘써 행하여 더욱 광명하게 한다면 저들의 삿된 학설이 눈이 해에 녹듯이 사라질 것입니다. 그러므로 심하게 더불어 변론하고자 하지 않으니, 이것이

177 연초에 반포하신 윤음 : 바로 이전 해인 1839년(헌종5) 10월 18일에 척사윤음(斥邪綸音)을 경외(京外)에 내리라 명해진바 있다. 《憲宗實錄 5年 10月 18日》

178 마치……것 : 우(禹)임금이 구주(九州)의 동(銅)을 모아 9개의 큰 솥을 만들고, 여기에 온갖 물상을 새겨 넣었는데, 그 앞에서는 귀신이나 간사한 정상이 드러나 사람들이 해를 입지 않았다고 한다. 《春秋左氏傳 宣公3年》

179 안으로……같으니 : 이 말은 주희(朱熹)의 《회암집(晦庵集)》 권25 〈답장경부서(答張敬夫書)〉에 보인다. 내면을 곧게 하고 외면을 방정하게 함은 《주역》 〈곤괘(坤卦) 문언(文言)〉에 "군자는 경으로써 내면을 곧게 하고, 의로써 외면을 방정하게 하니, 경과 의가 확립되면 덕이 외롭지 않다.〔君子敬以直內, 義以方外, 敬義立而德不孤.〕"라고 한 데서 온 말이다.

바로 주 선생(朱先生 주희(朱熹))께서 사설(邪說)을 물리친 의체로서, 우리들이 외고 본받아야 하는 것입니다. 무릇 이른바 '변(辨)'이라는 것은 참되고 망령됨 혹은 옳고 그름의 사이에 있어서 무엇을 따라야 하는지에 있어서 미혹되기 때문인데, 야소(耶蘇)와 같은 무리는 다만 마땅히 풀을 베고 금수를 사냥하듯 하여서 진멸되어 남은 부류가 없게 해야 할 뿐이니, 어찌 나의 필설에 누를 끼치겠습니까.

박종숙에게 보냄 신축년(1841, 헌종7) 2월

與朴宗塾 辛丑二月

사적(邪賊) 황사영(黃嗣永)의 백서(帛書)[180]는 지난번 만났던 날에 그대가 한 번 보고자 하였기에 삼가 올려 보여드리니, 보고나면 요괴와 여우같은 허다한 정상을 알 수 있을 것입니다. 남인들이 일찍이 바다를 건너 도적을 부른다는 것으로 우옹(尤翁)을 무함하였었는데,[181] 끝내는 서양의 적을 불러와서 문을 열어 나라에 들이는 것으로 종국이 되니, 어찌 온 우주에 있지 않았던 극도로 패악한 큰 악인이 아니겠습니까. 그들이 전법(傳法)하고 호신(護神)하는 것이 마치 불씨를 전하는 것과 같으니, 장차 몇 개의 황사영이 음밀하게 속일지 알 수 없는바, 이를 생각하면 마음이 무너집니다.

180 사적(邪賊) 황사영(黃嗣永)의 백서(帛書) : 황사영(1775~1801)은 초기 천주교회의 신자이자 순교자로, 처숙 정약종(丁若鍾)에게서 천주교 교리를 배웠고, 주문모(周文謨) 신부의 측근으로 활동하였다. 1801년에 신유박해가 일어나자, 제천 배론〔舟論〕으로 피신하여 북경 주교(主教)에게 국내의 천주교도 박해의 시말과 대책을 호소하는 장문의 편지를 썼는데, 이것이 이른바 '황사영 백서'이다. 이를 황심(黃沁)과 옥천희(玉千禧)로 하여금 10월에 떠나는 동지사(冬至使) 일행에 끼어서 북경의 주교에게 전달하려 하였는데 발각되어 능지처참되었다. 이 백서 속에는 우리나라를 청나라에 소속시켜 청나라의 감독을 받게 할 것과, 배〔船〕 수백 척과 서양 군대 5, 6만으로 전교대(傳教隊)를 조직해 보내어 선교를 돕게 하라는 등의 말들이 쓰여 있었다.

181 남인들이……무함하였었는데 : 우옹은 우암(尤庵) 송시열(宋時烈)을 가리킨다. 숙종5년(1679) 송시열이 거제도 이배되어 있었는데, 채범하(蔡範夏)·이지린(李之麟) 등이 잇달아 상소를 올려 송시열의 죄를 고변하면서, "바다를 건너 도적을 불러들이고 날을 정해 대궐을 범하며 궁성(宮城)에 불을 지를 것입니다."라고 한 일이 있다. 《宋子大全 附錄 卷7 年譜6》

권익[182] 경숙 에게 답함 무신년(1848, 헌종14) 8월

答權翌 敬叔○戊申秉秋

보내오신 편지의 뜻에서 그대가 현인(賢人)을 사모하는 고충을 알 수 있으니 흠모해 찬탄하지 않는 것은 아니지만, 먼저 내 몸이 좋아야 비로소 천하와 국가 또한 좋을 수 있으니,[183] 이를 회옹(晦翁 주희(朱熹)) 또한 말씀하신 적이 있습니다. 만일 능히 밤낮으로 몸에 돌이켜 성찰해서 털끝만큼이라도 미진하다면 곧 마음에 부족하게 느껴질 것이니, 어찌 다른 사람을 점검할 만한 공부가 있을 수 있겠습니까. 괴이한 무리들이 작용(作俑)함은 모두 협잡(挾雜)에서 나온 것이니,[184] 더불어 비교하고 헤아린다면 어찌 부끄러워할 만하지 않겠습니까. 가장 좋은 것은 자신을 욕되지 않게 하는 것이고, 그 다음은 선현을 욕되지 않게 하는 것이니, 부디 우선 조두(俎豆)의 일을 놓아두고, 오직 우옹(尤翁 송시열(宋時烈))의 책을 읽고 우옹의 마음을 구하여 '직(直)' 자의

182 권익(權翌) : 1804~1849. 자는 경숙(敬叔), 호는 원서(源西), 본관은 안동(安東)이다. 조부는 권응일(權應鎰), 아버지는 권상준(權尙濬)이다. 입헌(立軒) 한운성(韓運聖)과 이웃으로 거처하면서 교유하였으며, 홍직필의 문하에서 공부하였다.

183 먼저……있으니 : 주희(朱熹)의 이 말은《주자전서(朱子全書)》권36〈답진동보(答陳同甫)〉에 보인다.

184 괴이한……것이니 : 이에 관해서는《매산집》권23〈답한운성(答韓運聖)〉무신년(1848, 헌종14) 2월 편지 참조. 작용의 용(俑)은 장사(葬事)에 쓰는 나무로 만든 허수아비로, 좋지 못한 선례(先例)를 만듦을 뜻한다.《맹자》〈양혜왕 상(梁惠王上)〉에 "중니(仲尼)께서 말씀하시기를 '처음으로 용을 만든 자는 아마 후손이 없을 것이다.' 하였으니, 이는 사람을 형상하여 장례에 사용하였기 때문이다.〔仲尼曰: 始作俑者, 其無後乎! 爲其象人而用之也.〕"라고 하였다.

진결(眞訣)[185]을 능히 전하시길 바랍니다.

우옹(尤翁)의 학문은 맹자와 주자를 독실하게 믿은 것이었습니다. 승묵(繩墨)의 엄격함이 마치 절벽이 만 길에 선 것과 같아서 자기자신의 이욕(理欲)의 구분과 당세의 숙특(淑慝)의 구별에 있어서 한 칼로 두 동강을 내듯이 하여 다시 털끝만큼도 어긋남이 없어서 아홉 번 죽는 지경에 이르러서도 후회하지 않았습니다. 그대와 같은 이는 풍문을 듣고서 진작되었으니, 마땅히 이 뜻을 이해하여 분발하여서 발돋움해 미치는 바가 있을 것입니다. 잡류(雜類)로서 숭현(崇賢)을 가탁하여서 나라의 금령을 범하는 자는 다만 족히 스스로를 해칠 뿐이니, 어찌 남을 해칠 수 있겠습니까. 대문을 걸어 잠그고 문호를 닫아서 사방을 끊어버리기를[186] 주자(朱子)가 남기신 가르침과 같이 한다면, 비록 수백 수천의 모기와 파리 떼가 시끄럽게 날뛰더라도 또한 나의 일에 무슨 관여함이 있겠습니까.

185 직(直)자의 진결(眞訣) : 우암(尤庵) 송시열(宋時烈)이 임종 때에 문인들에게 전수한 진결에 "천지가 만물을 내는 소이(所以)와 성인이 만사를 수응하는 소이는 직(直)일 뿐이다.〔天地之所以生萬物、聖人之所以應萬事, 直而已.〕"라고 하면서, '직(直)' 자야말로 공자·맹자·주자가 전한 동일한 법도라고 하였다. 《논어》〈옹야(雍也)〉에 공자가 "사람이 살아가는 이치는 직(直)한 것이다.〔人之生也直.〕"라고 한 말과, 《맹자》〈공손추 상(公孫丑上)〉에 맹자가 호연지기(浩然之氣)를 설명하면서, "호연지기의 속성은 지극히 크고 지극히 강한 것이다. 따라서 직(直)을 가지고 길러 가면서 해치는 일이 없게 하면, 장차 천지 사이에 가득 차게 될 것이다.〔其爲氣也, 至大至剛. 以直養而無害, 則塞于天地之間.〕"라고 한 말과, 주자가 임종할 때 문인에게 전한 말을 보면 모두 '직(直)' 자를 전수한 것이었다고 하면서 사문(師門)의 가르침은 '직' 자일 뿐이라고 하였다. 《宋子大全 附錄 卷11 年譜10》

186 대문을……끊어버리기를 : 주희(朱熹)의 이 말은 《주자어류(朱子語類)》 권10에 보인다.

권익에게 답함 기유년(1849, 헌종15)
答權翌 己酉

그대가 이미 과거 공부를 사절하고 오직 "독실하게 믿으면서도 학문을 좋아하며, 선도를 죽음으로써 지켜야 한다.〔篤信好學 守死善道〕"[187]라는 것을 끝까지 추구해야 할 법으로 삼으니, 이는 본성을 다하고 천명을 아는 것〔盡性知命〕[188]이 지극한 것입니다. 밖으로는 병을 막듯이 말을 지키고[189] 안으로는 내가 가서 대적하려는 기운[190]을 지키겠다고 말씀하신 데에 이르러서는 이미 스스로 올바름을 얻었으니, 공부의 절도가 여기에 보존되어 있습니다. 안으로 국정을 닦고 밖으로 외적을 막는 것은 경(敬)으로 안을 곧게 하고 의(義)로서 밖을 바르게 하는

187 독실하게……한다 : 이 말은 《논어》 〈태백(泰伯)〉에 보인다.

188 본성을……것 : 《주역》 〈설괘전(說卦傳)〉에 "이치를 궁구하고 성을 다하여 천명에 이른다.〔窮理盡性, 以至於命.〕" 하였고, 또 《맹자》 〈진심 상(盡心上)〉에 "그 마음을 다하는 자는 성을 알 수 있으니, 성을 알면 천리를 알게 된다.〔盡其心者, 知其性也. 知其性則知天命.〕" 하였다.

189 병을……지키고 : 주희(朱熹)의 〈경재잠(敬齋箴)〉에, "입 조심하기를 병 막듯이 하고, 뜻 억제하기를 성 쌓듯이 하라.〔守口如甁, 防意如城.〕"라고 한 데서 온 말이다.

190 내가……기운 : 《맹자》 〈공손추 상(公孫丑上)〉에 맹자가 부동심(不動心)에 관해 언급하면서, "옛적에 증자가 자양에게 이르기를 '그대는 용맹을 좋아하는가? 내 일찍이 대용(大勇)을 부자(夫子)에게 들었으니, 스스로 돌이켜서 정직하지 못하면 비록 미천한 사람이라도 내 두려워하지 않겠는가. 그러나 스스로 돌이켜서 정직하다면 비록 천만 명이 있더라도 내가 가서 대적할 수 있다.'라고 하셨다.〔昔者曾子謂子襄曰: 子好勇乎? 吾嘗聞大勇於夫子矣, 自反而不縮, 雖褐寬博, 吾不惴焉? 自反而縮, 雖千萬人, 吾往矣.〕"라고 한 데서 온 말이다.

것과 같다는 것[191]을 전현(前賢) 또한 말씀하셨습니다. 만일 안을 기르는 데에 전심한다면 어찌 바깥에서 잠식함을 근심할 것이 있겠습니까. 환난을 생각해 예방하여서 주머니 끈을 묶듯이 하여 허물이 없는 것[192]이 몸을 편안히 하고 천명을 세우는 의체이니, 이는 성인(聖人)께서 과장하지 않고 자랑하지 않아서[193] 온갖 거조가 모두 온전한 까닭입니다. 〈사현부(思玄賦)〉에 이르기를 "밤낮으로 삼가 어긋나지 않음이여, 진실로 시종 지켜야할 바로다. 저녁까지도 위태로운 듯 두려워하며 허물을 돌아봄이여, 내 몸이 신칙하지 못하였음을 두려워하도다." 하였으니, 이 말이 좋습니다. 제가 여러 번 반복함에 음미할 만한 점이 있었기에 다시 그대를 위하여 읊어드립니다.

그대가 화양노자(華陽老子 송시열(宋時烈))에 있어서 참으로 부모와 신명처럼 사모함이 있으니 진실로 흠복하는 바이지만, 반드시 모름지기 먼저 내 자신이 좋아야만 비로소 선현이 좋을 수 있습니다. 만일 일의 기미의 경중을 헤아리지 않고 대번에 장창(臧倉)과 환퇴(桓魋)의 무리[194]를 건드린다면 돌을 안고서 빠진 이를 구하는 것과 무엇이 다르

191 안으로……것 : 이 말은 주희(朱熹)의 《회암집(晦庵集)》 권25 〈답장경부서(答張敬夫書)〉에 보인다.

192 주머니……것 : 《주역(周易)》 〈곤괘(坤卦) 육사(六四)〉에 "주머니 끈을 묶듯이 하면 허물도 없고 칭찬도 없을 것이다.〔括囊无咎无譽.〕"라고 하였다.

193 과장하지……않아서 : 《한시외전(韓詩外傳)》 권3에 "말에 신중한 자는 과장하지 않고, 행동에 신중한 자는 자랑하지 않는다.〔夫愼於言者不譁, 愼於行者不伐.〕"라고 하였다.

194 장창(臧倉)과 환퇴(桓魋)의 무리 : 장창은 노(魯)나라 평공(平公)의 폐신(嬖臣)으로 평공이 맹자(孟子)를 찾아뵈려고 하자, 어버이의 장례를 지나치게 후하게 거행하여 예의를 잃었으므로 어질지 못한 사람이라고 맹자를 비난하면서 이를 저지시킨 사람

겠습니까. 어진 이를 존경하는 실제는 오직 그 분의 책을 읽고 그 분의 마음을 전하는 데에 달려 있으니, 이것이 바로 그대가 마땅히 준칙으로 정해야 하는 바입니다.

이며, 환퇴는 송(宋)나라 대부인 사마 환퇴(司馬桓魋)로 공자(孔子)를 살해하려고 했던 사람이다. 《孟子 梁惠王下》《論語 述而》

박민혁 치삼 에게 보냄 임진년(1832, 순조32)

與朴民赫 穉三○壬辰

그대가 존부장(尊府丈)을 곁에서 뫼시고 있다면, 존부장께서 방에 매화를 놓고서 꽃을 감상하셔서는 안 될 듯하니, 자식이 상제(喪制)를 지키는 뜻을 상하게 할까 염려되기 때문입니다. 아버지가 상복을 입고 있으면 같은 집에 사는 자식이 음악을 가까이 해서는 안 되니,[195] 이 뜻을 미루어보건대 자식이 상복을 입고 있을 때에 같은 방에 있는 아버지가 어찌 꽃을 완상할 수 있겠습니까. 상제를 지키는 사람은 매화의 성긴 그림자와 은은한 향 사이에 있어서는 안 되기 때문입니다. 부디 존부장에게 아뢰어 매화 화분을 저의 처소로 빌려주었다가 그대가 상복을 벗을 때를 기다려 돌려주게 하십시오. 매화를 위한 것이 아니라 그대 부자가 예(禮)를 다하기를 위해서이니, 이해하실 수 있겠는지요?

195 아버지가……되니 : 《예기(禮記)》 〈잡기(雜記)〉에 "아버지가 상복을 입고 있으면 같은 집에 사는 자식이 음악에 참여하지 않는다.〔父有服, 宮中子不與於樂.〕"라고 하였다.

윤석희 경숙 에게 답함 신해년(1851, 철종2)

答尹錫僖 景叔○辛亥

보내오신 편지에서 말씀하신 성(誠)과 신(信)에 대한 말은 반복되어 자세하지만, 글을 쓰는 사이에 살피지 못한 부분이 있는 듯합니다. 성(誠)이라 하고 신(信)이라 하는 것은 명명이 비록 다르지만 실제로는 같은 이치입니다. 만약 성(誠)과 신(信) 두 글자를 천(天)과 인(人)에 나누어 배속한다면 상대가 되는 데에는 해로울 것이 없겠지만, 곧바로 이기(理氣)와 체용(體容)의 설을 가지고 억지로 날합하고자 한다면 이는 본래의 뜻이 아닐 듯합니다. 가르쳐주신 뜻은 이(理)・명(命)・도(道)를 성(誠)에 배속시키고 심(心)・성(性)・덕(德)을 신(信)에 배속시킨 것입니다. 그러나 이 여섯 가지 중에 성(誠)이 포함하지 않는 바가 없으며 신(信)이 있지 않는 바가 없으니, 어찌 한 쪽에 치우쳐 배속할 수 있겠습니까.

또 성(誠)과 신(信)을 자연(自然)과 용력(用力)에 나누어 배속한 것도 온당치 못합니다. 성(誠)은 본래 자연스러운 것이지만 신(信) 또한 오상(五常)의 하나이니, 그렇다면 어찌 자연스러운 것이 아니겠습니까. 말단에 말씀하신바 성(誠)이 내면의 실제라면 신(信)을 무엇으로 명명하겠느냐고 한 것은 본지에 밝지 못한 바가 있기에 이렇게 말한 것인 듯합니다. 그러나 성(誠)이 내면의 실제가 되는 것은 바로 하나의 성(誠)이 혼연함에 온갖 이치가 모두 갖추어졌음을 일컫는 것입니다. 그러므로 합하여 말하면 성(誠)일 뿐이고 나누어서 말하면 오상(五常)일 뿐이니, 어찌 성(誠)이 오상(五常)을 포함하였다고 해서 신(信)의 명명을 의심할 것이 있겠습니까.

윤석희에게 답함 임자년(1852, 철종3) 2월

答尹錫僖 壬子二月

학문은 의지를 지키는 것을 근본으로 삼으니, 의지는 기운을 통솔하는 것입니다.[196] 의지가 능히 기운을 이긴다면 사나운 자가 점차 변하여 온화하고 너그러워질 수 있지만, 만약 의지가 기운을 이기지 못한다면 조급하고 급박한 때에 이르러 사나운 기운이 다시 발동하였다가 일이 지나가면 또다시 후회하고 일을 임하면 예전과 같게 되니, 여기에서 기질을 변화하는 것이 어렵다는 것을 알 수 있습니다. 극기공부는 못을 끊고 철을 자르는 것과 같은 뜻이 있어서 즉시 병통의 근원을 제거하여, 이기기를 좋아하고 공로를 자랑하며 원망하고 탐욕을 부리는 마음을 한 털끝만큼이라도 남겨두지 않습니다.[197] 오직 인자(仁者)만

196 의지는……것입니다 : 《맹자》 〈공손추 상(公孫丑上)〉에 "의지는 기운을 통솔하는 장수이고, 기운은 몸을 채워 주는 것이니, 의지가 첫째이고 기운이 그 다음이다. 그러므로 의지를 견지하면서도 기운이 사납게 되지 않도록 해야 한다고 말하는 것이다.〔夫志, 氣之帥也, 氣, 體之充也. 夫志至焉, 氣次焉. 故曰持其志無暴其氣.〕"라고 하였다.

197 이기기를 좋아하고……않습니다 : 《논어》 〈헌문(憲問)〉에 "이기기를 좋아하고 공로를 자랑하며, 원망하고 탐욕을 부리지 않는다면 인이라고 말할 수 있습니까?〔克伐怨欲, 不行焉, 可以爲仁矣?〕"라는 물음에 공자가 "어렵다고 할 수는 있으나, 인인지는 내 알지 못하겠다.〔可以爲難矣, 仁則吾不知也.〕"라고 하였는데, 이에 대한 집주(集註)에 정자(程子)가 "사람으로서 이기기를 좋아하고 공로를 자랑하며 원망하고 탐욕을 부리는 일이 없는 것은 오직 인자(仁者)만이 이를 능히 할 수 있다."라고 한 내용이 보인다.

이 이를 능히 할 수 있으니, 그대를 위해 이것을 원합니다. 극기공부는 그 요점이 오로지 책을 읽어 이치를 연구하는 데에 있으니, 힘쓰고 힘쓰십시오.

홍대억 숙지 에게 보냄 기해년(1839, 헌종5)

與洪大億 肅之○己亥

그간에 대를 이을 아들을 보셨습니까? 옛날에 황면재(黃勉齋)를 찾아 뵙고서 스스로 운수를 잘 계산한다고 자랑한 사람이 있었는데, 황면재가 말하기를 "나 역시 운수를 잘 계산하는 방법이 있네. 《서경》에 이른바 '도(道)를 따르면 길하고, 역(逆)을 따르면 흉하다.'라는 것과 '선(善)을 행하면 온갖 상서를 내려주고, 불선을 행하면 온갖 재앙을 내려준다.'라는 것과, 《대학장구》 전(傳)에 이른바 '말이 도리에 어긋나게 나간 것은 또한 도리에 어긋나게 들어오고, 재물이 도리에 어긋나게 들어온 것은 또한 도리에 어긋나게 나간다.'라는 것이네. 그 계산이 고금에 어긋나지 않으니, 어찌 그대의 산법보다 낫지 않겠는가." 하였습니다.[198] 이 뜻이 참되고 절실하니, 더욱 자신에게 있는 도(道)를 힘써서 하늘이 명하는 바를 따르는 것이 어떻겠습니까? 인생에는 모두 정해진 분수가 있으니, 다만 구묘(丘墓)를 지키고 전리(田里)를 보존하면서 농사에 힘써 국가에 바치고 몸가짐을 삼가 집안사람들을 가르쳐서 삶을 올바르게 하고 또 죽음을 올바르게 해야 할 것이니, 그대를 위해 이것을 바랍니다.

198 옛날에……하였습니다 : 황면재는 송(宋)나라의 학자인 황간(黃榦, 1152~1221)을 말하는데, 이 내용은《학림옥로(鶴林玉露)》 권9에 보인다. '도(道)를 ……흉하다'라는 말은《서경》〈우서(虞書) 대우모(大禹謨)〉에 보이고, '선(善)을……내려준다'라는 말은《서경》〈상서(商書) 이훈(伊訓)〉에 보이며, '말이 도리에……나간다'라는 말은《대학장구》 전(傳)10장에 보인다.

박이휴[199] 군양 에게 답함 신축년(1841, 헌종7) 2월

答朴頤休 君養○辛丑二月

월봉서원(月峯書院)의 세 선생의 위차(位次)는 고봉(高峯) 선생의 후손이 물어본 일로 인하여, 이미 나이로 차서를 정하는 것을 위주로 하였으면 그대로 두어 고칠 것이 없다는 뜻으로 답하였습니다.[200] 그런데 기대아(奇大雅)가 다시 파산서원(坡山書院)[201]의 빈주(賓主)를 대향(對享)한 사례를 거론하여 물어왔습니다. 그러므로 저 또한 이미 지난 사례가 있다면 나이에 따라 높이고 빈주로 차서를 정하는 것이 함께 행하여도 어긋나지 않고 인정과 예의에 모두 편안하다고 하였고, 또 옛날에 뜰을 나누어 함께 대등하게 한 뜻을 원용하여 답하였습니다.

199 박이휴(朴頤休) : 1806~? 자는 군양(君養), 본관은 고령(高靈)으로, 박상(朴祥)의 후손이다. 음관으로 벼슬을 하였다.

200 월봉서원(月峯書院)의……답하였습니다 : 월봉서원은 전라도 광주(光州)에 있는 서원으로, 1578년(선조11)에 김계휘(金繼輝)의 주도로 기대승(奇大升)의 학문과 덕행을 추모하기 위하여 망천사(望川祠)가 세워 위패를 모셨다가 1654년(효종5)에 사액되었다. 이후 덕산사(德山祠)에 모셔졌던 박상(朴祥)과 박순(朴淳)을 이향(移享)하였으며, 김장생(金長生)과 김집(金集)을 추가로 모셨다. 고봉 기대승의 후손 기문현(奇文鉉)이 홍직필에게 기대승과 박상·박순의 위차에 대해 물어왔는데, 이에 대하여 박상과 박순이 기대승보다 나이가 많으므로 원래대로 박상과 박순을 서쪽에, 기대승을 동쪽에 모시는 것이 낫다고 답한 편지가 《매산집》 권15 〈답기우용(答奇羽用)〉에 보인다.

201 파산서원(坡山書院) : 경기도 파주(坡州)에 있는 서원으로, 1568년(선조1)에 백인걸(白仁傑)과 이이(李珥) 등의 발의로 세워져 성수침(成守琛)을 제향 하였고, 1650년(효종1)에 사액되었으며, 성혼(成渾)·백인걸·성수종(成守琮)을 봉향하였다.

지금 보내오신 편지를 보건대, 사계(沙溪 김장생(金長生)) 선생을 고봉 선생의 동쪽 자리에 함께 제향하고 신독재(愼獨齋 김집(金集)) 선생을 동벽(東壁) 아래 배향하였으니, 비록 주인(主人)의 예(禮)를 써서[202] 고봉을 동서(東序)에서 서향(西向)하는 곳에 자리 잡고자 하지만, 마주해 대등한 자리에 어떻게 두 김 선생을 처하게 하겠습니까. 신독재는 함께 제향 하는 것이 아니라 바로 배향하는 것이니, 그렇다면 사계 옹과 열을 나란히 할 수 없음이 분명합니다. 이 한 절목은 변통할 수 있는 것이 아니니, 여러 노선생들이 이미 정한 위차와 수백 년 동안 행해져온 예(例)를 한결같이 따르는 것이 허물이 적을 것입니다.

제가 사계와 신독재 두 현자의 위차에 있어 미처 자세히 궁구하지 못하였습니다. 그러므로 파산서원의 전례로서 근거할 수 있는 논의에 있어서 다른 말을 할 수가 없었으니, 이는 극히 경솔한 것이지만 또한 어찌 그 사이에 친소를 두었겠습니까. 질문을 따라 응하였으므로 그렇지 않을 수 없었던 것입니다. 그러나 신중하고 어려워서 감히 직언하지 못하고, 항상 '행한 지가 오래되었으니 오래되면 바꾸기 어렵다'는 것으로 의체(義諦)를 삼았습니다. 지금 훌륭하신 말씀을 다시 생각해보니, 사계 옹이 이미 추향되었으면 비록 고봉과 함께 주인(主人)의 위차에 자리하여서는 안 될 것이지만, 신독재가 이미 배향되었다면 사계 옹과 열을 나란히 하여서는 안 되니, 그렇다면 지금 어떻게 바꿀 수 있겠습니까. 이는 이른바 감히 다시 논의할 수 없는 경우인 것입니다. 고봉 집안의 제현들이 선조를 위하는 정성으로 다른 서원의 예(例)를 인용

202 주인(主人)의 예(禮)를 써서 : 월봉서원(月峯書院)이 본래 기대승(奇大升)을 제향하기 위해 창건된 곳이므로, 빈주(賓主)로 보면 기대승이 '주(主)'가 되는 것이다.

하였지만, 만약 견해가 이에 이른다면 또한 기뻐하며 의혹이 풀리게 될 것입니다. 부디 이 뜻을 살펴서 예전대로 하여서 잘못되지 않게 하고, 제 말을 구실로 삼지 마시기를 몹시 바라마지 않습니다.

박이휴에게 답함 경술년(1850, 철종1) 9월

答朴頤休 庚戌九月

이번에 서한이 바람에 나부껴와 떨어지니, 병들어 누웠다가 편지를 받음에 봉영(蓬瀛)[203]의 소식을 들은 것과 같을 뿐만이 아닙니다. 다만 그사이 추원(推遠)의 슬픔[204]을 겪으셨음을 알았으니, 이 때문에 슬픔이 이어집니다. 이미 계절이 바뀌어 가을도 저물었는데, 다시 생각건대 상중(喪中)의 안부가 길하고 삼가며, 토원(菟園)[205]의 한 해 농사가 풍년이 들어 큰 사발에 수제비를 드실 수 있으신지요?

보내오신 편지에서 곡망(牿亡)의 마음과 편벽된 기질이 변화될 계책이 없어서 '부끄럽고 두려운 마음〔愧悚〕'이 끝이 없다고 하였으니, '괴송(愧悚)' 두 글자는 바로 하늘과 땅에 부끄러움이 없는 상태에 이르는 기본입니다. 중유(仲由)는 품부 받은 자질이 강직하고 과감하여 스스로를 다스리는 데에 용감하여 어떤 사람이 잘못을 고하여주면 듣고

203 봉영(蓬瀛) : 신선이 사는 곳으로 알려진 삼신산(三神山) 가운데 봉래(蓬萊)와 영주(瀛洲)를 가리킨다.

204 추원(推遠)의 슬픔 : 제수나 형수의 상(喪)을 말한다. 《예기》 〈단궁 상(檀弓上)〉에 "상복에 있어서 형제의 아들에 대한 복을 자기 아들과 같이 하는 것은 끌어당겨 올린 것이고, 수숙의 사이에 복이 없는 것은 밀어내서 멀리 한 것이다.〔喪服, 兄弟之子猶子也, 蓋引而進之也; 嫂叔之無服也, 蓋推而遠之也.〕"라고 한 데서 나온 말이다.

205 토원(菟園) : 본래 한(漢)나라 양 효왕(梁孝王)이 만들어 노닐면서 손님을 맞이했던 정원으로, 양 효왕이 죽자 경제(景帝)가 백성들로 하여금 그곳에서 경작하게 하고 세금을 거두었다. 전하여 여기에서는 농사짓는 땅이라는 뜻으로 쓰였다.

기뻐하면서 이를 고쳤습니다.[206] 이 때문에 부자(夫子)께서 당(堂)에 올랐다고 인정하셨고,[207] 맹자(孟子)께서 칭찬하면서 순(舜), 우(禹)와 나란히 하여[208] 훌륭한 명성이 무궁합니다. 잘못이 덕(德)을 해치는 것은 마치 병이 몸을 해치는 것과 같아서, 잘못이 있더라도 규간해주는 사람을 얻으면 이를 고칠 수 있으니, 이는 마치 병에 걸렸더라도 의원이 치료해주면 나을 수 있는 것과 같습니다. 그대의 견해가 이에 미치니, 찬탄하는 마음을 이길 수 없습니다.

사암(思庵) 선생의 문집을 중간하려는 일[209]은 진실로 그대의 고혈

206 중유(仲由)는……고쳤습니다 : 중유는 공자의 제자 자로(子路)의 이름이다.《맹자》〈공손추 상(公孫丑上)〉에 "자로는 어떤 사람이 그에게 잘못이 있음을 고하여주면 기뻐하였다.〔子路人告之以有過則喜.〕"라고 하였고, 이에 대한 집주(集註)에 주자(周子)가 "얻어 들어서 고침을 기뻐한 것이니, 스스로를 다스리는 데에 용감함이 이와 같았다."라고 하였다.

207 부자(夫子)께서……인정하셨고 : 부자는 공자(孔子)로,《논어》〈선진(先進)〉에 공자가 자로(子路)의 학문을 평하며 "자로는 당에는 올랐고 아직 실에는 들어가지 못하였다.〔由也升堂矣, 未入室也.〕"라고 한 말이 보이는데, 이는 자로의 학문이 정대하고 고명한 경지에 이르렀으되, 다만 정미한 깊은 곳에 들어가지 못했을 뿐임을 말한 것이다.

208 맹자(孟子)께서……하여 :《맹자》〈공손추 상(公孫丑上)〉에서 맹자가 "자로는 어떤 사람이 그에게 잘못이 있음을 고하여주면 기뻐하였다. 우(禹)는 선한 말을 들으면 절하였다. 대순(大舜)은 이보다도 더 위대함이 있었으니, 선을 남과 함께하여 자신을 버리고 남을 따르시며, 남에게서 취하여 선을 함을 좋아하셨다.〔子路人告之以有過則喜. 禹聞善言則拜. 大舜有大焉, 善與人同, 舍己從人, 樂取於人以爲善.〕"라고 하여, 선(善)을 좋아한 성현으로 자로와 우임금과 순임금을 꼽은 것을 말한다.

209 사암(思庵)……일 : 사암은 박순(朴淳, 1523~1589)으로, 자는 화숙(和叔), 호는 사암, 본관은 충주(忠州), 시호는 문충이다. 박순 사후에 그의 문집인《사암집》이 서필원(徐必遠)에 의해 전주에서 판각된 바 있는데, 이 편지를 보내던 때에 박상(朴祥)

(苦血)에서 나온 것이지만, 형세가 가로막혀 아직도 착수하지 못하고 있으니 근심스러운 마음 절절합니다. 부디 한 도(道)의 사림을 창도해 일으켜서 반드시 힘을 얻기를 도모하여 시작을 잇지 못한다는 탄식이 없도록 하여 주십시오. 벗 유군(兪君)에게도 이 뜻을 말해주어야 할 것입니다. 주자(朱子)께서 말씀하기를 "양기(陽氣)가 발한 곳은 쇠와 돌도 뚫을 수 있으니, 정신이 하나로 모이면 무슨 일인들 이루지 못하리오."[210]라고 하셨으니, 다시 그대를 위해 이를 읊어드립니다.

의 후손인 박이휴(朴頤休)가 박순의 유문과 고사를 모아서 이를 원집과 함께 중간하고자 하였다. 이 해에 홍직필이 지은 발문이 《매산집》 권30 〈사암집발(思庵集跋)〉에 보인다.

210 양기(陽氣)가……못하리오 : 주희(朱熹)의 이 말은 《주자어류(朱子語類)》 권8에 보인다.

유벽주 계옹 에게 답함 경술년(1850, 철종1) 4월

答兪璧柱 季廱○庚戌四月

《사전(思傳 중용)》의 훌륭한 공부는 끊임없이 연찬하고 있습니까? 이 책은 먼저 계구(戒懼)와 신독(愼獨)을 말하고,[211] 그 다음으로 지(知)·인(仁)·용(勇)을 말하고, 성(誠)으로써 끝마쳐서,[212] 천고의 성현들이 사람을 가르치는 의체를 모두 포괄하여 도체(道體)를 발명함에 다시 남은 여지가 없어 이로써 역(易)의 이치를 다하였으니, 이 때문에 하늘과 하나가 된 후에 나의 일을 마칠 수 있는 것입니다. 계구(戒懼)만을 거론하였다면 동(動)과 정(靜)을 통틀어 말한 것이고, 신독

211 먼저……말하고 : 계구(戒懼)와 신독(愼獨)은 계신공구(戒愼恐懼)와 신기독(愼其獨)의 준말이다. 《중용장구》 제1장에 "도라는 것은 잠시도 떠날 수 없는 것이니, 떠날 수 있다고 한다면 그것은 도가 아니다. 그렇기 때문에 군자는 보이지 않아도 조심하는 것이요, 들리지 않아도 두려워하는 것이다. 숨어 있는 것보다 더 잘 드러나는 것이 없으며, 미세한 것보다 더 잘 나타나는 것이 없다. 그러므로 군자는 홀로 있을 때를 삼가는 것이다.〔道也者不可須臾離也, 可離非道也. 是故君子戒愼乎其所不睹, 恐懼乎其所不聞. 莫見乎隱, 莫顯乎微, 故君子愼其獨也.〕"라고 하였다.

212 그……끝마쳐서 : 《중용장구(中庸章句)》 제20장에, "천하의 달도가 다섯 가지인데 이를 행하는 것은 세 가지이다. 군신간·부자간·부부간·형제간·붕우간의 사귐이 다섯 가지는 천하의 달도요, 지·인·용 이 세 가지는 천하의 달덕이니, 이를 행하는 것은 하나이다.〔天下之達道五, 所以行之者三. 曰君臣也、父子也、夫婦也、昆弟也、朋友之敎也五者, 天下之達道也. 智仁勇三者, 天下之達德也. 所以行之者一也.〕"라고 하였는데, 이에 대한 주희(朱熹)의 주에 "하나란 곧 성(誠)일 뿐이다.〔一則誠而已矣.〕"라고 하였다. 그 외에 주희는 〈독중용법(讀中用法)〉에서 제20장부터 26장까지 7장이 모두 성(誠)을 말한 것이라고 하였다.

(愼獨)과 함께 거론하였다면 계구는 정(靜)에, 신독은 동(動)에 속하는 것이니, '치중화(致中和)'의 주(註)에서 상대하여 말한 것[213]에서 또한 알 수 있습니다. 신독(愼獨)의 신(愼)은 계신(戒愼)의 신(愼)에 근본을 둔 것이니, 정(靜)이 동(動)의 근본임을 확인할 수 있습니다. 진실로 능히 존양(存養)하고 성찰(省察)함에서 공을 거둔다면 저절로 동정(動靜)과 체용(體用)의 오묘한 이치에 묵묵히 계합될 것이니, 힘쓰고 힘쓰십시오.

문정장(問政章)의 인(仁)·의(義)·예(禮)·지(智)[214]는 모두 내력

213 치중화(致中和)의……것 : 《중용장구》 제1장에 "중(中)과 화(和)를 지극히 하면 천지가 편안히 제자리를 잡고, 만물이 잘 생육될 것이다.〔致中和, 天地位焉, 萬物育焉.〕"라고 하였는데, 이에 대한 주(註)에 "계구(戒懼)로부터 요약하여 지극히 정(靜)한 가운데에 편벽되고 치우친 바가 없어 그 지킴이 잃지 않는 데 이르면, 그 중(中)을 지극히 하여 천지가 편안히 제자리를 잡을 것이요, 신독(愼獨)으로부터 정미하게 하여 사물을 수응하는 곳에 조금도 잘못됨이 없어 가는 곳마다 그렇지 않음이 없는 데 이르면, 그 화(和)를 지극히 하여 만물이 생육될 것이다. 천지와 만물이 본래 나와 일체이다. 그리하여 나의 마음이 바르면 천지의 마음이 또한 바르고, 나의 기운이 순하면 천지의 기운이 또한 순하다. 그러므로 그 효험이 이와 같음에 이르는 것이니, 이는 학문의 지극한 공효요, 성인(聖人)의 능사인데, 애당초 밖에 기다림이 있지 않고, 수도(修道)의 가르침도 또한 이 안에 들어 있다. 이는 한 체(體)와 한 용(用)이 비록 동(動)과 정(靜)의 다름이 있으나 반드시 그 체(體)가 선 뒤에 용(用)이 행해질 수 있으니, 그렇다면 그 실제는 또한 두 가지 일이 있는 것이 아니다.〔自戒懼而約之, 以至於至靜之中無所偏倚而其守不失, 則極其中而天地位矣; 自謹獨而精之, 以至於應物之處無少差謬而無適不然, 則極其和而萬物育矣. 蓋天地萬物本吾一體. 吾之心正, 則天地之心亦正矣; 吾之氣順, 則天地之氣亦順矣. 故其效驗至於如此, 此學問之極功、聖人之能事, 初非有待於外, 而修道之教亦在其中矣. 是其一體一用, 雖有動靜之殊, 然必其體立而後用有以行, 則其實亦非有兩事也.〕"라고 하였다.

이 있습니다. 인(仁)자는 '수도(修道)'로부터 말한 것이고, 의(義)자는 '인(仁)' 자로부터 말한 것인데,[215] 인(仁)에 의(義)가 있음은 양(陽)에 음(陰)이 있는 것과 같으니,[216] 이는 주자(朱子)의 설이 있어 살펴볼 수 있습니다. 이 두 가지를 절문(節文)하는 것이 예(禮)이므로 예(禮)로써 이를 이었고, 위의 '친친(親親)'과 '존현(尊賢)'의 뜻을 이어서 '지인(知人)' 자를 말했으며, 친친의 강등과 존현의 등급을 말미

214 문정장(問政章)의 인(仁)·의(義)·예(禮)·지(智) : 문정장은 《중용장구》 제20장인 애공문정장(哀公問政章)을 말하는데, 여기에서 "몸을 닦되 도(道)로써 하고, 도(道)를 닦되 인(仁)으로써 해야 한다. 인(仁)은 사람이니, 어버이를 친히 함이 크고, 의(義)는 마땅함이니, 어진 이를 높임이 크다. 친척을 친히 함의 강등함과 어진 이를 높임의 등급이 예(禮)가 생겨난 이유이다. 그러므로 군자는 몸을 닦지 않을 수 없으니, 몸을 닦을 것을 생각한다면 어버이를 섬기지 않을 수 없고, 어버이를 섬길 것을 생각한다면 사람을 알지 않을 수 없고, 사람을 알 것을 생각한다면 하늘의 이치를 알지 않을 수 없다.〔修身以道, 修道以仁. 仁者人也, 親親爲大, 義者宜也, 尊賢爲大. 親親之殺、尊賢之等, 禮所生也. 故君子不可以不修身, 思修身, 不可以不事親, 思事親, 不可以不知人, 思知人, 不可以不知天.〕"라고 하였다.

215 인(仁)자는……것인데 : 《중용장구》 제20장의 주(註)에 "몸을 닦음은 도(道)로써 하고, 도(道)를 닦음은 인(仁)으로써 하기 때문에, 몸을 닦음을 생각한다면 어버이를 섬기지 않을 수 없는 것이고, 어버이를 친히 하는 인(仁)을 다하고자 한다면 반드시 어진 이를 높이는 의(義)를 말미암아야 한다.〔修身以道, 修道以仁, 故思修身, 不可以不事親, 欲盡親親之仁, 必由尊賢之義.〕"라고 하였다.

216 인(仁)에……같으니 : 《주자어류(朱子語類)》 권64 〈중용3(中庸三) 제20장(第二十章)〉에 "인(仁)에 바로 의(義)가 있으니, 이는 마치 양(陽)에 바로 음(陰)이 있는 것과 같다. 어버이를 친히 하고 어진 이를 높이는 것은 모두 인을 행하는 일이다. 친애하고 높이는데 그 가운데 저절로 차등이 있으니, 이것이 바로 의와 예이다.〔仁便有義, 如陽便有陰. 親親尊賢皆仁之事. 親之尊之, 其中自有箇差等, 這便是義與禮.〕"라고 하였다.

암아 또 '지천(知天)'으로써 거듭하여서 인의예지 네 가지가 이에 갖추어졌습니다. 보내오신 편지에서 "'하늘의 이치를 알지 않을 수 없다.〔不可以不知天〕'라는 말은 지(智)를 포함해서 말한 것이다."라고 말씀하신 것이 옳습니다.

김승규 중윤 에게 답함 임자년(1852, 철종3)
答金升奎 仲允○壬子

보내오신 편지에서 일찍 예절을 익히지 못한데다가 또 습속에 어지럽혀져서 예가(禮家)의 기롱을 받을까 걱정스럽다고 하셨습니다. 부모님의 상(喪)을 당하여 반드시 예(禮)를 다하고자 하기를 그대와 같이 하는 사람이 드무니, 이 때문에 흠모합니다. 상(喪)은 슬픔이 부족하고 예(禮)가 유여(有餘)하기보다는 예가 부족하고 슬픔이 유여한 것이 낫습니다. 예(禮)가 사치함에서 잘못되는 것과 상(喪)이 형식만 잘 갖추는 데에서 잘못되는 것은 모두 근본을 돌이키지 못하고 지엽적인 것을 따르기 때문입니다. 이 때문에 성인(聖人)이신 공자께서 임방(林放)의 질문을 훌륭하게 여기신 것입니다.[217] 근본을 돌이키는 방도는 내외간의 구별을 엄격히 하는 데에 달려있으니, 부디 어두운 데에서 일하지 않는[218] 의리를 더욱 삼가기를 몹시 바라마지 않습니다. 천

217 상(喪)은 슬픔이……것입니다 : 《논어(論語)》 〈팔일(八佾)〉에 임방이 예(禮)의 근본을 물으니, 공자가 "훌륭하다, 질문이여! 예(禮)는 사치하기보다 차라리 검소한 편이 낫고, 상(喪)은 형식을 잘 갖추기보다 진정으로 슬퍼하는 편이 낫다.〔大哉, 問! 禮與其奢也, 寧儉; 喪與其易也, 寧戚.〕"라고 하였고, 이에 대한 집주(集註)에 범씨(范氏)가 "상(喪)은 슬픔이 부족하고 예(禮)가 유여(有餘)하기보다는 예가 부족하고 슬픔이 유여한 것이 낫다. 예(禮)가 사치함에서 잘못되는 것과 상(喪)이 형식만 잘 갖추는 데에서 잘못되는 것은 모두 근본을 돌이키지 못하고 지엽적인 것을 따르기 때문이다. 예(禮)는 사치하여 잘 갖추어지는 것보다는 검소하면서 덜 갖추어지는 것이 낫고, 상(喪)은 형식적으로 잘 치러 문채가 나기보다는 슬퍼하면서 덜 문채 나는 것이 낫다."라고 한 말이 보인다.

만번 힘써서 큰 법도를 넘지 않기를 바라고 또 바랍니다. 여기에 있어서 소홀히 한다면 여묘(廬墓)를 하고 거친 음식을 먹더라도 모두 거짓일 뿐입니다. 이는 사람과 귀신이 나뉘는 관문[219]이므로 한번 말하지 않고 거듭 말하는 것입니다.

218 어두운……않는 : 《예기》 〈곡례 상(曲禮上)〉에 "효자가 어두운 데서 일하지 않으며 위태로운 곳에 오르지 않음은 어버이를 욕되게 할까 두려워해서이다.〔孝子不服闇不登危, 懼辱親也.〕"라고 하였다.

219 사람과……관문 : 본래 《대학장구》의 성의(誠意)를 두고 이르는 말인데, 이 성의의 관문을 통과하면 사람이 되고 통과하지 못하면 귀신이 됨을 면하지 못한다는 뜻이다. 《朱子語類 15 大學二經下》

이재경 자선 에게 보냄 정해년(1827, 순조27) 윤월

與李在慶 子善○丁亥閏月

근래 보아하니, 과문(科文)을 익히는 이들이 대부분 머리를 쑥대처럼 풀어헤치고 구레나룻을 뻗치고[220] 옷을 걷고 몸을 드러내고서[221] 종일 희학을 하면서 조금도 검속함이 없습니다. 이와 같은 이들은 굴원(屈原)과 송옥(宋玉)과 함께 달리고 양웅(揚雄)과 사마상여(司馬相如)를 채찍질하여[222] 해와 달과 별의 광채를 교착하고 온갖 변화를 새기더라도 다만 심술(心術)을 무너뜨리고 세교를 해치는 데에 족할 뿐입니다. 이른바 거업(擧業)은 그 일이 비록 작은 것이지만 전심하지 않으면 잘할 수 없으니, 또한 어찌 허랑방탕하게 법도가 없으면서 이룰 수 있는 것이겠습니까. 듣자하니 그대가 비록 백전(白戰)의 장[223]에 있지

220 머리를……뻗치고 : 단정하지 못한 모습을 말한 것으로, 《장자》〈설검(說劍)〉에서 장자가 서인(庶人)의 검술을 형용하면서 "머리를 쑥대처럼 풀어헤치고 구레나룻을 뻗치고 깊게 철모를 눌러썼다.〔蓬頭突鬢垂冠.〕"라고 한 데서 온 말이다.

221 옷을……드러내고서 : 올바르지 못한 행실을 말한 것으로, 《맹자》〈공손추 상(公孫丑上)〉에 유하혜(柳下惠)의 말을 인용하여 "너는 너이고 나는 나이니, 네가 비록 내 곁에서 옷을 걷고 몸을 드러낸들 네가 어찌 나를 더럽힐 수 있겠는가.〔爾爲爾, 我爲我, 雖袒裼裸裎於我側, 爾焉能浼我哉?〕"라고 한 데서 온 말이다.

222 굴원(屈原)과……채찍질하여 : 굴원과 그의 제자 송옥은 전국 시대 초(楚)나라의 사부(辭賦)의 대가로, 양웅과 사마사여는 한(漢)나라의 사부(辭賦)의 대가로 널리 알려진 인물이다.

223 백전(白戰)의 장 : 백전은 시를 지어 솜씨를 겨루는 것을 비유하는 말로, 여기서는 과장(科場)을 가리킨다. 송(宋)나라 구양수(歐陽脩)가 빈객들과 눈〔雪〕에 대한 시

만 능히 의관을 정돈하여 위의(威儀)로써 검속한다고 하니, 진실로 제가 바라던 바를 저버리지 않은 것이라, 가상히 여겨 찬탄하기를 마지않습니다. 그러나 제가 우러러 바라는 것은 다만 여기에 있지 않으니, 지기(志氣)를 분발하고 정신을 갈고닦아 첫 번째의 도리로써 스스로 힘써서, 한갓 마음이 쾌락하여 두려워하는 바가 없는 일개의 훌륭한 거자(擧子)가 되지 않는 것이 어떻겠습니까?

를 지으면서 눈과 관련된 글자들을 쓰지 못하게 했는데, 그 뒤에 소식(蘇軾)이 그 일을 회상하며 시를 지으면서 그 끝 구절에 "당시의 규칙을 그대들은 따르게. 맨손으로 싸워야지 무기를 잡으면 안 되네.〔當時號令君聽取, 白戰不許持寸鐵.〕"라고 한 데서 유래하였다.《蘇東坡詩集 卷34 聚星堂雪》

이재경에게 답함 정해년(1827, 순조27) 8월

答李在慶 丁亥八月

《예기》 〈문상(問喪)〉에 "혹자가 '문(免)[224]은 어째서 하는 것입니까?' 라고 묻자, '관(冠)을 쓰지 않은 자가 입는 것이다. 예(禮)에 「동자(童子)는 시마복을 입지 않으나 집안일을 담당하면 시마복을 입는다.」 하였다. 시마복은 문(免)이니, 집안일을 담당하였으면 문(免)을 하고 상장(喪杖)을 짚는다.' 하였다." 하였는데, 주(註)에 이르기를 "집안일을 담당하면 상장(喪杖)을 짚고 문(免)을 하니, 문(免)과 관(冠)으로 자세히 구별한 것은 집안일을 담당한 동자는 성인에 버금가기 때문이다."라고 하였습니다. 《예기》 〈옥조(玉藻)〉에 "동자가 일을 거들면 마질(麻絰)을 하지 않는다." 하였는데, 손혜울(孫惠蔚)이 말하기를 "일을 거들면 마질(麻絰)을 하지 않으니, 일을 거들지 않으면 마질을 한다는 것을 알 수 있다. 동자에게 본래 마질이 없다면 예(禮)에 요질과 수질이 일을 거들든 거들지 않든 간에 모두 없는 것이니, 오직 마질이 없음만을 거론하면 갖추지 않음을 충분히 밝힐 수 있는바, 어찌 일을 거들면 마질을 하지 않는다고 말할 수 있겠는가. 이로써 말해보면 질(絰)이 있는 것이 분명하다." 하였습니다. 또 질(絰)은 충실(忠實)하다는 뜻이니, 효자에게 충실한 마음이 있음을 밝히는 것인바, 어찌 관(冠)을 한 이와 동자 사이에 구별이 있겠습니까. 효건(孝巾)과

224 문(免) : 상을 당하여 관(冠)을 벗고서 머리털을 묶은 다음 흰 삼베를 일정한 형태로 쓰는 것을 말한다.

굴관(屈冠)은 비록 더해서는 안 되지만, 수질(首絰)은 그만두어서는 안 될 듯합니다. 만약 아직 성복하지 않았다면 사옹(沙翁 김장생(金長生))의 말씀을 따르는 것이 허물을 적게 하는 방도가 됨에 무방할 것이고, 이미 성복하였다면 고례(古禮)를 따라 수질을 더하는 것이 마땅할 듯합니다.

조부모의 상(喪)에 입는 복은 정통의 기년복이니, 정자(程子)와 주자(朱子)가 모두 과거에 응시하는 것을 허락하지 않으셨습니다. 방친(傍親)의 기년복의 경우라면 이미 장례를 지냈으면 과거에 응시할 법하지만, 진(晉)나라 양정(楊旌)이 백모(伯母)에 대한 상복을 벗기 전에 효렴(孝廉)의 천거에 응하자 당시 의론이 분분하였으니,[225] 고인(古人)들이 상복을 입은 중에 과거에 응시하는 것을 이처럼 중히 여겼던 것입니다. 예(禮)에 따르면 대공(大功)의 상에 장사지내기 전에 관례나 혼례를 행해서는 안 되니,[226] 하물며 과거 응시에 있어서겠습니까.

225 진(晉)나라……분분하였으니 : 진 무제(晉武帝) 태시(太始) 연간에 양정이 2월에 백모의 상을 당하고 그 해 11월에 장례 지낸 뒤에 12월에 효렴의 천거에 응하자 조정에서 이에 대해 옳고 그름을 논하는 말이 많았는데, 그 내용이 두우(杜佑)의 《통전(通典)》 권101 〈예61(禮六十一) 주상찰거의(周喪察擧議)〉에 보인다. 효렴은 중국 한 무제(漢武帝) 때부터 생긴 과시(科試)의 일종으로, 지방관(地方官)이 그 지방에 효성 있고 청한한 사람을 중앙에 추천하여 등용하는 제도를 말한다.

226 예(禮)에……되니 : 《주자가례》 권2 〈관례(冠禮)〉 관(冠)조에 "반드시 부모에게 기년 이상의 상이 없어야 관례를 행할 수 있다.〔必父母無期以上喪, 始可行之.〕" 하였는데, 여기에 "대공의 상에 장례를 치르지 않았으면 역시 행할 수 없다.〔大功未葬, 亦不可行.〕"라고 하였으며, 권3 〈혼례(昏禮)〉 의혼(議昏)조에 "자신과 혼사를 주관하는 사람에게 기년 이상의 상이 없어야 성혼할 수 있다.〔身及主昏者, 無期以上喪, 乃可成昏.〕"

대공복이 끝날 무렵에야 비로소 관례와 혼례를 허락하니, 그렇다면 장례를 지낸 뒤에 과거에 응시하는 것이 옳을 듯합니다. 자매에 대한 상복은 기년복을 낮추어서 대공으로 하니, 그렇다면 이는 다른 대공에 비례해서는 안 되는바, 더욱더 장례지내기 전에 과거에 나아가서는 안 됩니다.

하였는데, 여기에 "대공의 상에 장례를 치르지 않았으면 역시 혼사를 주관할 수 없다.〔大功未葬, 亦不可主昏.〕"라고 하였다.

이재경에게 답함
答李在慶

《대학(大學)》은 사람을 위하여 마련한 것이므로 서문(序文)에서 전적으로 사람을 말하여 물건을 말하지 않았고, 《대학혹문(大學或問)》은 조화와 발육의 근원을 미루어 말하였으므로 사람과 물건의 생(生)을 아울러 거론하였으니, 뜻이 각각 해당되는 바가 있습니다. 그런데 남당(南塘)은 서문에서 오로지 생민(生民)을 가지고 말하였다고 해서 "인의예지 본연의 성(性)을 만물이 사람과 똑같이 얻을 수 없다는 것을 또 알 수 있다."라고 하고, 또 "명덕(明德)에 대한 주(註)에 '사람이 하늘에게서 얻은바'라고 하여 다만 사람을 말하고 물건을 말하지 않은 것은 그 뜻이 이와 같다."-남당의 설은 여기까지이다.-라고 하였습니다.[227] 《대학》은 사람의 도(道)이니, 어찌 물건이 여기에 참여할 수 있는 것이겠습니까. 이를 인용하여 물건이 오상(五常)을 갖추지 못하였다는 증거로 삼는 것은 너무 구차하지 않습니까. 진실로 남당의 설과

227 그런데……하였습니다 : 남당(南塘)은 한원진(韓元震, 1682~1751)으로, 자는 덕소(德昭), 호는 남당, 본관은 청주(淸州), 시호는 문순(文純)이다. 한원진의 말은 모두 《경의기문록(經義記聞錄)》에 보인다. 명덕(明德)은 《대학장구》 경1장의 "대학의 도는 명덕을 밝힘에 있으며 백성을 새롭게 함에 있으며 지선에 그침에 있다.〔大學之道, 在明明德, 在親民, 在止於至善.〕"라고 한 데서 나오는 것으로 이에 대한 주(註)에 "명덕은 사람이 하늘에게서 얻은 바, 허령하고 어둡지 않아서 모든 이치를 갖추어 있고 온갖 일에 응하는 것이다.〔明德者, 人之所得乎天而虛靈不昧, 以具衆理而應萬事者也.〕"라고 하였다.

같다면, 《대학혹문》에 이른바 "사람과 물건의 생(生)은 반드시 이 이(理)를 얻은 뒤에 건순오상(健順五常)의 성(性)이 있을 수 있다."라는 것을 장차 어떻게 처리하겠습니까. 똑같이 주자(朱子)에게서 나왔지만, 입주출노(入主出奴)[228]하여 몰고 가서 자신의 견해를 따르니, 이 옹(翁)을 위해 답답하게 여길 따름입니다.

지(知)에는 지각(知覺)과 지식(智識) 두 가지 뜻이 있습니다. 지식은 지각으로부터 나오는데, 입언(立言)한 곳으로 말미암아 허실(虛實)의 차이가 있지만, 두 가지가 있는 것이 아닙니다. 보망장(補亡章) 가운데 여섯 개의 '지(知)' 자[229]는 모두 지식을 말한 것이고, 소주(小註)의

228 입주출노(入主出奴) : 들어가면 주인으로 여기고 나오면 종으로 여긴다는 뜻으로, 한 쪽의 학설을 믿고 따르면 다른 쪽의 학설은 배척하여, 믿고 따르는 학설은 주인으로 여기고 배척하는 학설은 종으로 여김을 뜻한다. 이는 본래 당(唐)나라 문장가 한유(韓愈)의 〈원도(原道)〉에 나오는 말로, 공자(孔子)가 죽은 뒤에 유학(儒學)이 쇠퇴함을 말하면서 "도덕과 인의를 말하는 자가 양주(楊朱)로 들어가지 않으면 묵적(墨翟)으로 들어가고, 노자(老子)로 들어가지 않으면 불가(佛家)로 들어가서 저기로 들어가면 여기에서 나오게 되었다. 그러면서 들어가는 쪽을 주인으로 여기고 나가는 쪽을 종으로 여기며 들어가는 쪽을 따르고 나가는 쪽을 더럽게 여겼다.〔其言道德仁義者, 不入於楊, 則入于墨, 不入於老, 則入于佛, 入于彼, 必出乎此. 入者主之, 出者奴之, 入者附之, 出者汚之.〕"라고 하였다.

229 보망장(補亡章)……지(知)자 : 보망장은 《대학장구》에서 격물치지(格物致知)를 해석한 전(傳) 5장으로 주희(朱熹)가 보충한 것인데, 여기에 "이른바 지(知)를 지극히 함이 사물의 이치를 궁구함에 있다는 것은, 나의 지(知)를 지극히 하고자 한다면 사물에 나아가 그 이치를 궁구함에 있음을 말한 것이다. 인심의 영특함은 지(知)가 있지 않음이 없고, 천하의 사물은 이치가 있지 않음이 없건마는, 다만 이치에 대하여 궁구하지 않음이 있기 때문에 그 지(知)가 다하지 못함이 있는 것이다. 이 때문에 대학에서 처음 가르칠 때에 반드시 배우는 자들로 하여금 모든 천하의 사물에 나아가서

주자(朱子)의 설[230]도 그러하니, 기록이 어긋난 것이 아닙니다. '치지(致知)'는 바로 지식의 지(知)입니다. 그러므로 《대학》에서 말한 모든 '지(知)' 자는 모두 지식의 지(知)로 보아야 합니다.

그 이미 알고〔知〕 있는 이치를 인하여 더욱 궁구해서 그 극에 이름을 구하지 않음이 없게 하는 것이다. 그리하여 힘쓰기를 오래해서 하루아침에 활연히 관통함에 이르면, 모든 사물의 표리와 정조(精粗)가 이르지 않음이 없을 것이요, 내 마음의 전체와 대용(大用)이 밝지 않음이 없을 것이니, 이것을 격물(格物)이라 이르며, 이것을 지(知)의 지극함이라 이른다.〔所謂致知在格物者, 言欲致吾之知, 在卽物而窮其理也. 蓋人心之靈, 莫不有知, 而天下之物, 莫不有理, 惟於理有未窮, 故其知有不盡也. 是以大學始敎, 必使學者卽凡天下之物, 莫不因其已知之理而益窮之, 以求至乎其極, 至於用力之久而一旦豁然貫通焉, 則衆物之表裏精粗, 無不到, 而吾心之全體大用, 無不明矣, 此謂物格, 此謂知之至也.〕"라고 하여 지(知)자가 여섯 번 나온다.

230 소주(小註)의 주자(朱子)의 설 : 《대학장구대전(大學章句大典)》의 보망장(補亡章)의 소주(小註)에 "격물은 단지 한 물건에 나아가 한 물건의 이치를 모두 궁구하는 것이고, 치지는 곧 단지 물건의 이치를 모두 궁구하는 것이다. 그러나 나의 지식 또한 다하지 않는 곳이 없다.〔格物, 只是就一物上, 窮盡一物之理, 致知, 便只是窮得物理盡. 然我之知識, 亦無不盡處.〕"라고 한 말이 보인다.

이재경에게 답함 정해년(1827, 순조27) 10월

答李在慶 丁亥十月

보내오신 편지에서 본원을 함양하는 공부가 끊어짐을 면치 못한다는 것을 근심하였으니, 먼저 힘써야 할 바를 아는 것이라 할 만합니다. 예로부터 성현들이 모두 마음을 근본으로 삼았으니, 마음이 안정되지 못하고서 학문을 진전시킬 수 있는 자는 있지 않습니다. 그러므로 "만약 존양(存養)하지 않으면 다만 말일 뿐인 것이다."[231]라고 하셨으니, 이는 학자가 마땅히 마음을 써야할 바입니다. '진작시켜 일깨우고 성찰하면 다시 어지러운 상태를 이루게 된다'고 그대가 말씀하신 것과 같은 경우는 또한 사람들의 공통된 우환이니, 이는 마음이 활물(活物)이어서 억지로 잡을 수가 없기 때문입니다. 그러므로 선현께서 "마음을 화평하게 갖고 간략하게 수습하라."[232]라는 것을 마음을 잡아 보존하는 법도로 삼았으니, 늘 이를 법칙으로 삼아서 잊음도 조장함도 없어서[233] 미발(未發)일 때에 혼매해지지 않고 이발(已發)일 때에 방종

231 만약……것이다 : 이 말은 명도(明道) 정호(程顥)의 말로, 《근사록(近思錄)》 권4 〈존양(存養)〉에 보인다.

232 마음을……수습하라 : 이는 퇴계(退溪) 이황(李滉)의 말로, 심병(心病)을 다스리는 방법을 논하면서 "마음을 화평하게 갖고 간략하게 수습한 곳에서 계속 공부하여 순숙한 경지에 이르면 자연 심지가 텅 비고 밝아져서 사물에 얽매이지 않게 되어, 의식하여 내려놓지 않더라도 저절로 놓아질 것이다.〔平平存在, 略略收拾處, 能接續用工, 至於純熟, 則自然心地虛明, 不累於事物, 非有意放下, 而自放下矣.〕"라고 한 데서 온 말이다. 《退溪集 卷24 答鄭子中》

해지지 않는다면, 경(敬)을 계속해 밝혀서 공경하여 그쳐서[234] 자연히 그렇게 되는 경지에 점차 이를 수 있을 것입니다. 마음을 보존하지 못하면 이치를 궁구할 수 없고, 이치를 궁구하지 못하면 마음을 다할 수 없습니다.[235] 두 가지가 서로 필요로 하고 서로 구해주어 하나를 빠뜨리면 덕이 이루어지지 못하고 도(道)가 응집되지 못하니, 그대는 힘쓰십시오.

233 잊음도 조장함도 없어서 : 《맹자(孟子)》 〈공손추 상(公孫丑上)〉에 "반드시 종사함이 있고 효과를 미리 기대하지 말고서 마음으로 잊지도 말고 조장하지도 말아야 한다.〔必有事焉而勿正, 心勿忘勿助長也.〕" 하였다. 본래는 호연지기를 기르는 방법으로 언급한 것인데, 여기서는 마음을 보존하는 방법을 뜻한다.

234 경(敬)을……그쳐서 : 《대학장구》 전(傳) 3장에 《시경》 〈대아(大雅) 문왕(文王)〉을 인용하여 "거룩하신 문왕이여, 경을 계속해 밝혀 공경해 그치셨다.〔穆穆文王於緝熙敬止〕"라고 한 데서 온 말이다.

235 마음을 보존하지……없습니다 : 이 말은 《주자어류(朱子語類)》 권9에 보인다.

이재경에게 답함 무자년(1828, 순조28) 6월

答李在慶 戊子六月

《예기》〈왕제(王制)〉에 "대부(大夫)・사(士)・서인(庶人)은 죽은 지 3일에 빈(殯)하여 3개월에 장례한다."라고 하였는데, 주(註)에 이르기를 "대부(大夫)는 3개월만에 장사 지내니 같은 지위에 있는 관원이 오고, 사(士)는 달을 넘겨 장사 지내니 인척이 온다."라고 하였고, 소(疏)에 이르기를 "《좌전》에서 대부(大夫)는 3개월이라고 말하고 사(士)는 달을 넘긴다고 말하였는데, 여기에서 총괄하여 '3개월에 장례한다.'라고 한 것은 기록한 이가 2개월을 줄이는 것을 차서로 삼았기 때문에 총괄하여 '3개월'이라고 한 것이다. 《좌전》에서는 그 구별을 자세히 말하였기 때문에 '대부(大夫)는 3개월 만에 장사 지내고 사(士)는 달을 넘겨 장사지낸다.'라고 하였으니, 실제로는 대부(大夫)는 죽은 달을 제하여 3개월이라고 하고 사(士)는 죽은 달을 계산하여 3개월이라고 한 것이니, 바로 한 달을 넘긴다는 것이므로 '달을 넘긴다.'라고 한 것이다." 하였습니다.

이를 근거해보면, 이른바 "사(士)는 달을 넘겨 장례 지낸다."라는 것은 죽은 달을 계산하면 3개월이 되는데 한 달을 건너뛰는 것이기 때문에 "달을 넘긴다."라고 한 것입니다. 그런데 지금 사람들이 이 뜻을 알지 못하고 죽은 다음 달에 달을 넘겼다 하여 장례를 지내니, 이는 3개월의 상(喪)은 한 철에 해당한다는 의리[236]에 어긋날까 염려됩니다.

236 3개월의……의리 : 《예기》〈상복소기(喪服小記)〉에 "재기의 상은 3년이고, 기년

《의례》〈사우기(士虞記)〉와《예기》〈단궁(檀弓)〉,《주자가례(朱子家禮)》,《상례비요(喪禮備要)》에 모두 대부(大夫)와 사(士)의 구별이 없어서 모두 3개월만에 장례 지내니, 3개월을 채우지 못한 경우는 부장(報葬)[237]입니다. 지금 달이 바뀌자마자 장례를 지낸다면, 갈장(渴葬)[238]이라는 혐의가 없을 수 없지 않겠습니까. 사세에 얽매여 정상(停喪)하기가 어렵다면, 우선 묘소에 빈소를 내어서 예(禮)에 맞는 달을 기다리는 것이 정도(正道)에 맞을 것입니다.

의 상은 2년이고, 9개월과 7개월의 상은 세 철이고, 5개월의 상은 두 철이고, 3개월의 상은 한 철이다.〔再期之喪三年也, 期之喪二年也, 九月、七月之喪三時也, 五月之喪二時也, 三月之喪一時也.〕"라고 하였다. 한 철은 곧 한 계절을 뜻한다.

237 부장(報葬):《예기》〈상복소기(喪服小記)〉에 "부장을 하는 경우에는 우제(虞祭)도 빨리 지낸다. 그러나 3개월 뒤에 졸곡제를 지낸다.〔報葬者, 報虞, 三月而後卒哭.〕" 하였다. 부장이란 가난이나 기타의 사정으로 인하여 빨리 지내는 장사를 말한다. 본디 사(士)는 죽은 뒤 3개월이 지나서 매장하고, 매장한 뒤 곧바로 우제를 지내며, 우제를 지낸 뒤 곧바로 졸곡제를 지내는 것이 예(禮)인데, 다른 사정이 있을 때에는 부장으로 치른다.

238 갈장(渴葬): 장사를 지낼 기일이 되기 전에 미리 장사를 지내 매장하는 것을 말한다.《春秋公羊傳 隱公三年》

이재경에게 답함

答李在慶

부인의 비녀는 바로 남자의 관(冠)에 해당됩니다. 그러므로 《예기》 〈상복소기(喪服小記)〉에 "남자는 문(免)을 하고 여자는 좌(髽)를 한다."[239]라고 하였으니, 이는 남자가 관을 벗고 문(免)을 하면 부인은 비녀를 벗고 좌(髽)를 함을 말한 것입니다. 자최(齊衰) 이하로 처음 상을 당하였을 때에 비녀를 벗지 않는 사람은 소렴(小殮)에 이르러 이를 벗습니다. 《서의(書儀)》에서는 《예기》 〈단궁(檀弓)〉의 "개암나무로 비녀를 만든다."라는 글을 인용하여 소렴에 좌(髽)를 하고 비녀를 꽂는 증거로 삼았습니다.[240] 그러나 《의례》 〈상복(喪服)〉의 경문(經文)과 주(註)를 근거해보건대 자최 이상으로는 부인의 좌(髽)를 성복할 때에 이르러 비녀를 꽂고서도 바꾸지 않았으니, 〈단궁〉의 좌

239 남자는……한다 : 문(免)은 상을 당하여 관(冠)을 벗고서 머리털을 묶은 다음 흰 삼베를 일정한 형태로 쓰는 것을 말한다. 좌(髽)는 북상투로, 부인이 상중에 머리털을 풀어 묶기만 하고 싸개를 하지 않는 것을 말한다.

240 서의(書儀)에서는……삼았습니다 : 《예기》 〈단궁 상(檀弓上)〉에 "남궁도의 아내가 시어머니의 상을 당하자 부자께서 그에게 좌(髽)를 하라고 가르치시면서 '너는 좌(髽)를 너무 높게 하지 말며 너무 넓게 하지도 말라. 개암나무로 비녀를 만들되 길이는 1척으로 하고, 상투는 8촌으로 하라.' 하였다.〔南宮縚之妻之姑之喪, 夫子誨之髽曰: 爾毋從從爾, 爾毋扈扈爾. 蓋榛以爲笄, 長尺而總八寸.〕"라고 하였는데, 사마광(司馬光)의 《서의》 권5 〈상의(喪儀)〉 소렴(小殮)조의 주(註)에서 이를 인용하면서 소렴에 부인은 좌(髽)를 하고 또 금비녀〔鏃釵〕나 죽목(竹木) 혹은 골각(骨角)으로 된 비녀〔簪〕를 꽂아야 한다고 하였다.

(髽)와 비녀는 성복한 뒤를 근거하여 말한 것입니다. 《가례》는 《서의》를 인습하였기에 이렇게 말한 것이니,[241] 마땅히 고례(古禮)를 따라야 합니다.

선현들께서 족제(族弟)와 족질(族姪)의 상(喪)에 절하지 않았으니, 죽은 이에게 베풀지 않은 것을 산 사람에게 베풀 수 있겠습니까. 친척으로 항렬이 낮고 어린 사람의 조문을 받은 이는 곡만 할 뿐입니다.

음식은 정신과 접하는 것이지만, 관창(灌鬯)할 때에 쓰는 술[242]이 가장 중요한 것은 기미(氣味)가 감동하여 절로 형용하기 어려운 묘함이 있기 때문입니다. 초(醋)라는 것은 술의 일종이지만, 그 기미(氣味)가 감응해 이르는 것이 술보다 더한 점이 있습니다. 그러므로 옛 사람이 제사에 반드시 초(醋)를 사용하여 《가례(家禮)》와 《상례비요(喪禮備要)》에도 함께 이를 실었으니, 따라서 사용함에 의심할 여지가 없습니다.

속세의 올바르지 않은 기휘(忌諱)는 군자가 말하지 않는 바입니다. 오직 부인의 말만을 듣고서 제사를 폐하는 데에 이르는 것이 예(禮)에 비추어 볼 때 어떠하겠습니까. 천연두는 창종(瘡腫)이기에 불결함을

241 가례는……것이니 : 《주자가례》 권4 〈상례(喪禮)〉 소렴(小殮)조에 "괄발할 삼, 문할 베, 좌(髽)할 삼을 갖춘다.〔具括髮麻, 免布, 髽麻.〕"라고 하였는데 이에 대한 주(註)에 "죽목으로 비녀를 만든다.〔竹木爲簪也.〕"라고 하였다.

242 관창(灌鬯)할……술 : 제사 때 강신(降神)을 청하는 데 쓰는 울창주(鬱鬯酒)를 말한다.

염려하여 제수를 올리는 것을 멈추는 경우가 있으니, 이는 그럴 듯합니다. 그렇지만 심지어는 살아계실 때를 본떠서 음식을 올리는 일을 빠뜨리고, 혹 행하고서도 분향(焚香)하지 않고 거애(擧哀)하지 않으니, 두신(痘神)의 입장에서 보면 지극하지만 유독 선인의 영령이 혁혁히 임할 것을 생각지 않는단 말입니까? 이른바 두신(痘神)이 강림해 벌을 내린다는 것은 부엌의 늙은 여종의 말이니, 천연두에 어찌 신이 있겠습니까. 있다고 하더라도 아프고 고달픔에 마땅히 부모를 부르면서 신의 도움을 바라야 할 터이니, 어찌 차마 바깥 신에게 아부하고 선조의 영령을 소홀히 할 수 있겠습니까. 이암(頤庵)이 탄식한바 근원에서 잘못 구하고서 말단에 극진히 한다는 것[243]이 어찌 진실로 그렇지 않겠습니까.

무릇 태복(稅服)은 시일이 이미 지나서야 상(喪)을 듣고서 상복을 입는 것이니, 만약 기한 내에 상(喪)을 들었다면 온전한 달수로 추복합니다. 지금 다른 사람의 후사가 된 자식은 후사가 된 아버지의 생부(生父)를 위하여 마땅히 대공복을 추복하여야 하지만, 출계하기 전에 이미 본복(本服)으로 시마복(緦麻服)을 입어서 시마복이 이미 끝났다면 어찌 다시 대공복을 입을 수 있겠습니까. 선현의 정론에 남은 달만 복을 입는 제도가 없으니, 태복하여서는 안 될 듯합니다.

《예기(禮記)》〈옥조(玉藻)〉에 "호관(縞冠)에 흰 명주로 선을 두름은

243 이암(頤庵)이……것 : 이암은 송인(宋寅, 1517~1584)으로 자는 명중(明仲), 호는 이암, 본관은 여산(礪山)이다. 송인이 탄식한 말은 《이암집(頤庵集)》 권9에 보인다.

대상(大祥)을 마친 관이다."라고 하였고, 〈간전(間傳)〉에 "대상(大祥)에 흰 명주 베로 만든 호관(縞冠)을 쓰고 삼베로 만든 심의(深衣)를 입는다."라고 하였는데, 이를 해석한 이가 호(縞)를 흰 색이라고 하였습니다. 그런데 유독 《시경(詩經)》의 호관(縞冠)에 대한 주(註)에서 〈간전〉의 주(註)를 잘못 인용하여 "검은 날줄에 흰 씨줄이 있는 것을 호(縞)라 한다."라고 하였습니다.[244] 주 선생(朱先生)께서 미처 살펴 검토하지 못하여서 《시경집전(詩經集傳)》에 실었으니, 《가례(家禮)》에서 참색(黲色)을 대상(大祥)에 입는 복이라고 한 것은 이에서 나온 것인 듯합니다. 율곡(栗谷)과 사계(沙溪) 두 선생께서 모두 흑백이 섞인 색을 대상에 입는 복이라고 한 것[245]은 바로 한 글자에 분명하지 못하여 해가 된 것입니다. 임녹문(任鹿門)이 저술해 말한 것[246]이 분명하니, 검은 날줄에 흰 씨줄을 한 것은 섬(纖)이지 호(縞)가 아님을

244 그런데……하였습니다 : 《시경》 〈회풍(檜風) 소관(素冠)〉에, "행여 흰 관을 쓴 극인의 수척함을 볼 수 있을까.〔庶見素冠兮, 棘人欒欒兮.〕" 하였는데, 이에 대한 주(註)에 "호관에 흰 명주로 선을 두름은 대상을 마친 관이다. 검은 날줄에 흰 씨줄이 있는 것을 호(縞)라 하고, 가장자리에 선 두르는 것을 비(紕)라 한다.〔縞冠素紕, 旣祥之冠也. 黑經白緯曰縞, 緣邊曰紕.〕"라고 하였다.

245 율곡(栗谷)과……것 : 율곡은 이이(李珥)로, 이이의 《격몽요결(擊蒙要訣)》 〈제의초(祭儀鈔) 기제의(忌祭儀)〉에 "호(縞)는 흰 색과 검은 색이 섞인 색이다.〔縞, 白黑雜色也.〕"라고 한 주(註)가 실려 있고, 사계(沙溪)는 김장생(金長生)으로, 김장생의 《상례비요(喪禮備要)》 〈대상(大祥)〉에 "검은 날줄에 흰 씨줄이 있는 것을 호(縞)라 한다.〔黑經白緯曰縞.〕"라고 한 주(註)가 실려 있다.

246 임녹문(任鹿門)이……것 : 임녹문은 임성주(任聖周, 1711~1788)로, 자는 중사(仲思), 호는 녹문, 본관은 풍천(豐川), 이재(李縡)의 문인이다. 대상(大祥) 때 입는 복식에서 '호(縞)'의 뜻에 대해 임성주가 저술한 내용은 《녹문집(鹿門集)》 권21 〈상복설(祥服說)〉에 보인다.

알 수 있습니다. 호(縞)가 대상(大祥)에 입는 복인 것이 바로 고례(古禮)라면, 《가례》와 《상례비요(喪禮備要)》에 어긋난다고 해서 따르지 않아서는 안 됩니다. 하물며 《국조오례의(國朝五禮儀)》와 《가례의절(家禮儀節)》과 같이 예(禮)의 올바름을 얻은 것이 있음에 있어서겠습니까.[247]

남계(南溪)가 비록 '중림(中林)'과 '중규(中逵)'에서의 중(中)을 인용하여 대상(大祥)을 지내는 달에 담제(禫祭)를 행하는 증거로 삼았지만,[248] 어째서 유독 《예기(禮記)》 〈상복소기(喪服小記)〉의 "한 대(代)

247 하물며……있어서겠습니까 : 《국조오례의》는 조선 세종(世宗) 때 편찬에 착수해 성종(成宗) 때에 완성된 예서(禮書)이며, 《가례의절》은 명(明)나라 구준(丘濬)이 지은 예서(禮書)이다. 김장생(金長生)의 《상례비요(喪禮備要)》 〈대상(大祥)〉에 따르면, 《국조오례의》에서는 대상(大祥)에 백립(白笠)과 백의(白衣)와 백화(白靴)를 쓴다고 하였으며, 《가례의절》에서는 백포(白布)로 된 옷을 입는다고 하였는바, 이를 가리킨다.

248 남계(南溪)가……삼았지만 : 남계는 박세채(朴世采, 1631~1695)의 호이다. 《남계집(南溪集)》 권38 〈답성자장문(答成子章問)〉에, 《가례(家禮)》 〈상례(喪禮)〉의 담(禫)조에 나오는 "대상 후 중월에 담제한다.〔大祥之後, 中月而禫.〕"에 대해, 박세채가 "중(中)자는 본래 《시경》에서 말한 중림(中林), 중규(中逵)가 모두 숲 속, 길 안을 말한 것과 같으니, 이 또한 그 달의 가운데라고 한 것과 같다.〔中字本如詩之中林、中逵, 皆謂林之中、逵之中, 此亦猶言其月之中也.〕"라고 하였다. 중림과 중규는 《시경》 〈소아(小雅) 정월(正月)〉에 "저 중림을 보건대 굵은 나무 섶과 잔 너무 섶이 있도다.〔瞻彼中林, 侯薪侯蒸.〕"라고 한 것과 〈국풍(國風) 토저(兎罝)〉에 "정돈된 토끼그물이여 중규에 쳤도다.〔肅肅兎罝, 施于中逵.〕"라고 한 것에서 온 말이다. 본래 《의례(儀禮)》 〈사우례(士虞禮)〉에 "또 1년이 지나 대상이 되면 '이 상사에 제물을 올립니다.'라고 하며, 중월에 담제를 지낸다.〔又朞而大祥, 曰薦此祥事, 中月而禫.〕"라고 하였는데, 이 때 중월(中月)에 대해 정현은 "중은 사이를 띄운다는 것과 같다.〔中猶間也.〕"라고 하여 한 달을 건너뛰어 담제를 지내는 것이라 하였고, 왕숙(王肅)은 "중월은 월중이니, 대상을 지낸 달

를 띄워 위로 올라가서 부묘(祔廟)한다.〔中一而祔〕"라는 글과 〈학기(學記)〉의 "한 해를 띄워서 고교(考校)한다.〔中年考校〕"라는 글의 '중(中)' 자가 모두 중(中)을 '사이를 띄우다〔間〕'라고 뜻으로 쓴 것임을 생각지 않는단 말입니까? "정강성(鄭康成)이 27개월에 담제를 지낸다고 한 것은 《예기》〈잡기(雜記)〉에 아버지가 살아계실 때 어머니와 아내를 위해서 13개월에 대상(大祥)을 지내고 15개월에 담제(禫祭)를 지낸다고 하였으니, 어찌 삼년상에 오히려 대상과 담제를 같은 달에 지낼 수 있겠는가 해서이다."[249]라고 하였으니, 이 말이 명백하여 왕숙(王肅)의 설들의 잘못을 격파할 만합니다. 담제가 중삭(仲朔)을 만난다면 《의례(儀禮)》〈사우례(士虞禮)〉기(記)의 "이 달에 길제를 지낸다."라는 글을 따라서 상순에 담제를 행하고 중순이나 하순에 협제를 거행하되 아직 아내와 배위하지는 않으니, 더구나 대상과 담제를 같은 달에 행할 수 있겠습니까.

가운데이다.〔中月, 月中也, 是祥月之中也.〕"라고 하여 같은 달에 지내는 것이라고 하여 의견이 달랐기에 박세채가 이와 같이 말한 것이다. 《欽定儀禮義疏 卷33 士虞禮》

249 정강성(鄭康成)이……해서이다 : 정강성은 《의례(儀禮)》에 주(註)를 단 정현(鄭玄)을 말하는데, 이 말은 《의례집편(儀禮集編)》 권33 〈사우례(士虞禮)〉에 실린 공영달(孔穎達)의 소(疏)에 보인다. 《예기(禮記)》〈잡기(雜記)〉에 "기년의 상은 11개월에 소상제를 지내고 13개월에 대상제를 지내고 15개월에 담제를 지낸다.〔期之喪, 十一月而練, 十三月而祥, 十五月而禫.〕"라고 하였는데, 이에 대한 정현의 주(註)에 "이는 아버지가 살아계실 때 어머니를 위하여 상복을 입는 경우를 말한다.〔此爲父在爲母.〕"라고 하였다.

이재경에게 답함 경인년(1830, 순조30) 8월
答李在慶 庚寅八月

보내오신 편지에서 누누이 하신 말씀에서 도(道)를 향한 고충을 우러러 알았습니다. 심지어 마음의 근원을 씻어내어 경(敬)을 지키고 이치를 보는 데에 종사하여 한결같이 횡거(橫渠)의 사위(四爲)의 말씀[250]으로 표준을 삼고자 하니, 진실로 능히 이로써 뜻을 세운다면 맡은 바가 지극히 커서 작은 성취에 안주하지 않고 보존한 바가 지극히 공정하여 단시간의 효과에 얽매이지 않을 것이니,[251] 덕(德)을 진전시키고 업(業)을 보유함에 무슨 어려움이 있겠습니까. 그러나 말하기는 쉽고 실제 행하기는 어려우니, 진실로 발강강의(發强剛毅)[252]하여 일에 미치지 못할까 염려하는 자가 아니라면 누가 여기에 참여할 수 있

250 횡거(橫渠)의 사위(四爲)의 말씀 : 횡거는 송(宋) 나라 유학자 장재(張載)로, 사위의 말씀은 《근사록(近思錄)》 권2 〈위학(爲學)〉에 장재가 이르기를 "천지를 위하여 마음을 정립하고, 생민을 위하여 도를 정립하며, 옛 성인을 위하여 끊어진 학문을 잇고, 만세를 위하여 태평 시대를 열어야 한다.〔爲天地立心, 爲生民立道, 爲去聖繼絶學, 爲萬世開太平.〕"라고 한 말을 가리킨다.

251 이로써……것이니 : 이 내용은 《근사록(近思錄)》 권2 〈위학(爲學)〉에 장재(張載)의 "천지를 위하여 마음을 정립하고, 생민을 위하여 도를 정립하며, 옛 성인을 위하여 끊어진 학문을 잇고, 만세를 위하여 태평 시대를 열어야 한다."라고 한 말에 대한 주희(朱熹)의 주(註)에 보인다.

252 발강강의(發强剛毅) : 《중용장구(中庸章句)》 제31장에 나오는 말로, 큰 뜻을 굳게 지키면서 결단성 있게 행하여 나가는 것을 말한다. 집주(集註)에서는 이를 인(仁)·의(義)·예(禮)·지(智) 가운데 의(義)에 속하는 일이라고 하였다.

겠습니까.

예전에 정암(貞庵 민우수(閔遇洙))이 한천(寒泉 이재(李縡))을 뵙고 인사드렸는데, 한천 옹께서 배우는 이로 하여금 정암의 처소에 가서 횡거의 사위(四爲)의 말씀을 큰 소리로 외게 하였으니, 이는 뜻을 세움이 크지 못함을 염려하여 간곡하게 일깨워 가르치시기를 이처럼 한 것입니다. 애시(哀侍)[253]께서 이러한 발원을 세운 것은 아마도 이 뜻을 들으셨기 때문이 아니겠습니까. 부디 더욱 책임을 맡아서 사문(斯文)을 자신의 책임으로 삼아 오도(吾道)의 전해짐이 끊어지는 데에 이르지 않게 하는 것이 그대에게 바라는 바입니다.

사위(四爲)에 있어서 공효를 거두고자 한다면 마땅히 육유(六有)[254]에 힘을 써야 하니, 표준을 먼저 세우면 높은 것을 좋아하여 등급을 건너뛰는 병통을 이루기 쉽습니다. 이것이 안자(顔子 안연(顔淵))가 고견첨홀(高堅瞻忽)[255]을 힘쓰지 않고, 반드시 박문약례(博文約禮)[256]에

253 애시(哀侍) : 거상(居喪) 중에 있으면서 홀아버지나 홀어머니를 모시는 사람을 말한다.

254 육유(六有) : 장재(張載)의 《정몽(正蒙)》 〈유덕(有德)〉에 "언어에는 가르침이 있고, 행동에는 법도가 있게 하며, 낮에는 공부함이 있고, 밤에는 깨달아짐이 있으며, 숨 한 번 쉬는데도 함양하고, 눈 깜짝하는 순간에도 마음을 간직하라.〔言有教, 動有法, 晝有爲, 宵有得, 息有養, 瞬有存.〕"라고 한 것을 가리킨다. 이 말은 《근사록(近思錄)》 권2 〈위학(爲學)〉에도 보인다.

255 고견첨홀(高堅瞻忽) : 《논어》 〈자한(子罕)〉에 공자의 제자 안연(顔淵)이 공자의 한없이 깊고 큰 도(道)에 감탄하여 크게 탄식하며, "부자(夫子)의 도(道)는 우러러 볼수록 더욱 높고, 뚫을수록 더욱 견고하며, 바라봄에 앞에 있더니 홀연히 뒤에 있도다.〔仰之彌高, 鑽之彌堅, 瞻之在前, 忽焉在後.〕"라고 한 말을 가리킨다.

256 박문약례(博文約禮) : 널리 학문을 닦고 예(禮)로써 이를 요약한다는 뜻으로,

나아가 진보하였던 까닭입니다. 장자(張子 장재(張載))의 사위(四爲)의 말씀은 진실로 배우는 이들이 마땅히 자임해야 할 바이지만, 혹 지나치게 스스로 표방한다면 뜻은 크고 마음은 수고로우며 힘은 작고 책임은 무거워서 일을 이루지 못하여 끝내 소득이 없게 되기 쉬울까 염려가 됩니다. 부족한 덕(德)을 힘쓰고 남아 있는 말을 참는다면[257] 한쪽으로 치우치는 병통이 없게 될 것이니, 이것이 증세에 따라 약을 쓰는 것입니다.

증조부와 조부의 상(喪)에 승중복(承重服)을 한꺼번에 입는 사람은 장례지내기 전에는 마땅히 조부의 상에 해당되는 참최복(斬衰服)을 입어야 하니, 이는 바로 참최의 상에 장례지내기 전에 감히 상복을 바꿀 수 없다는 뜻[258]입니다. 이미 장례를 지냈다면 마땅히 증조부의

《논어》〈자한(子罕)〉에 안연(顔淵)이 공자의 덕을 감탄하면서 "선생께서 질서 있게 사람을 잘 지도하시되, 글로써 나를 넓혀 주시고 예로써 나를 요약하셨다.〔夫子循循然善誘人, 博我以文, 約我以禮.〕"라고 하였다.

257 부족한……참는다면 : 《중용장구(中庸章句)》 제13장에 "떳떳한 덕을 행하고 떳떳한 말을 신중히 하여, 행실에 부족한 점이 있으면 감히 힘쓰지 않음이 없고, 말이 남아 있어도 감히 다하지 아니하여, 말은 행실을 돌아보며 행실은 말을 돌아보아야 하니, 이렇게 하면 군자가 어찌 독실해지지 않겠는가.〔庸德之行, 庸言之謹, 有所不足, 不敢不勉, 有餘, 不敢盡, 言顧行, 行顧言, 君子胡不慥慥爾?〕"라고 하였다.

258 참최의……뜻 : 《예기(禮記)》〈상복소기(喪服小記)〉에 "부모의 상을 한꺼번에 만났으면 먼저 장례하는 어머니를 우제와 부제를 하지 않고 아버지 장례를 기다려서 하니, 어머니를 장례할 때에 참최복을 입는다.〔父母之喪偕, 先葬者, 不虞祔, 待後事, 其葬服斬衰.〕"라고 하였는데, 이에 대한 진호(陳澔)의 주에 "어머니를 장례할 때에도 참최복을 입는 것은 중함을 따른 것이니, 아버지를 아직 장례지내지 않아서 감히 상복을 바꿀 수 없기 때문이다.〔其葬母亦服斬衰者, 從重也, 以父未葬, 不敢變服也.〕"라고 하였

상에 해당되는 연제(練祭)의 최복(衰服)을 입어야 하니, 이는 이른바 항상 중복(重服)을 견지한다는 것[259]인바, 이 또한 높은 이에게 통솔되는 의리입니다.

다.《禮記集說 喪服小記》

259 항상……것 : 여기서 중복이란, 조부와 증조부 가운데 증조부에 대한 복이 이에 해당된다.《예기》〈대전(大傳)〉에 "인(仁)을 따져서 어버이를 따라 차등하여 올라가서 조(祖)에 이르는 것을 경(輕)이라 하고, 의(義)를 따져서 조(祖)를 따라 순차적으로 내려와서 어버이에게 이르는 것을 중(重)이라 한다.〔自仁率親, 等而上之, 至于祖, 名曰輕; 自義率祖, 順而下之, 至于禰, 名曰重.〕"라고 하였다.

이재경에게 답함 임진년(1832, 순조32) 정월

答李在慶 壬辰元月

화이(華夷)의 구분은 마치 건곤이 정해지고 귀천이 자리한 것[260]과 같습니다. 그러므로 중국에 들어가 주인이 되어 천하를 뒤섞어 통일한 원(元)나라와 청(淸)나라의 경우라도 정통(正統)을 허여하여서는 안 되니, 샷됨과 바름으로 기준을 삼으면 샷됨일 뿐이고 치우침과 바름으로 기준을 삼으면 치우침일 뿐이어서 정(正)이라는 글자를 놓을 수가 없습니다. 이는 그들이 사람과 금수의 사이에 처하여서 진(秦)·진(晉)·수(隋)·당(唐)과는 비교할 수가 없기 때문입니다. 비록 부견(苻堅)과 덕광(德光)처럼 강성할지라도 중국의 예(禮)를 허여해서는 안 된다고 하였으니,[261] 방손지(方遜志 방효유(方孝孺))의 말에 다시 평할 것이 없습니다. 방손지와 구경산(丘瓊山 구준(丘濬))이 모두 몽고의

260 건곤이……것 : 《주역》 〈계사전 상(繫辭傳上)〉에 "하늘은 높고 땅은 낮으니 건(乾)·곤(坤)이 정해지고, 낮은 것과 높은 것이 진열되니 귀(貴)·천(賤)이 자리한다.〔天尊地卑, 乾坤定矣, 卑高以陳, 貴賤位矣.〕"라고 한 데서 온 말이다.

261 비록……하였으니 : 이 말은 명(明)나라 학자 방효유(方孝孺, 1357~1402)의 《손지재집(遜志齋集)》 권2 〈후정통론(後正統論)〉에 보인다. 부견(苻堅)은 오호십육국(五胡十六國) 때 전진(前秦)의 임금이다. 박학다식하고 재주도 많아 대진천왕(大秦天王)이라고 참칭하면서 많은 전쟁에서 이겼고 내정(內政)도 잘 다스려서 당시에 오호십육국 중에서 가장 강성하였다. 덕광(德光)은 야율덕광(耶律德光)으로, 요(遼)나라의 태종(太宗)이다. 즉위 후에 석경당(石敬瑭)을 도와 후당(後唐)을 멸망시키고, 연운16주(燕雲十六州)를 획득한 뒤 나라 명칭을 거란국(契丹國)에서 요(遼)로 바꾸었다. 《晉書 卷113 苻堅載記上》《新五代史 卷72 四夷附錄 契丹》

변고를 징계하여서 천하와 백성들을 위해 근심하였으니, 만세토록 바꿀 수 없는 것입니다.

사필(史筆)을 잡은 사람은 마땅히 '정통이 없음〔無統〕'에 해당시켜서 모년(某年)의 아래에 옆으로 주(註)를 달고 나누어 써야 하는바, 모든 써야하는 것들이 모두 중국의 정통과 비교할 수 없으니, 이것이 정도(正道)에 맞는 것입니다. 또한 이적으로 하여금 《춘추》의 의리와 정통의 엄격함을 알아서 요행을 바라 엿보는 마음을 없애도록 하여야 비로소 세도를 근심하였다고 할 수 있을 것이니, 어찌 천하를 통일하였다고 하여 정통을 허여할 수 있겠습니까.

회옹(晦翁 주희(朱熹))께서 "다만 천하가 통일이 되어 제후가 조회하고 송사를 다투는 이들이 모두 귀의한다면 곧 정통이다."[262]라고 하신 것은 바로 진(秦)·진(晉)·수(隋)·당(唐)을 가지고 말씀한 것이지 이적을 가리킨 것이 아닙니다. 진(秦)·진(晉)·수(隋)·당(唐)은 비록 삿됨과 바름에서의 바름은 아니지만, 그래도 치우침과 바름에서의 바름은 됩니다. 그러나 원(元)과 청(淸)의 두 오랑캐는 신주(神州)[263]를 도둑질하여 점거할 곳이 아닌 곳을 점거하여 천하 사람들의 머리를 깎게 하고 천하 사람들의 옷깃을 왼쪽으로 하게 하여[264] 요순(堯舜)과

262 다만……정통이다 : 이 말은 《주자어류(朱子語類)》 권105에 보인다.

263 신주(神州) : 신성한 고을이라는 뜻으로 중국의 별칭이다. 전국 시대 제(齊)나라 사람 추연(鄒衍)이 중원의 땅을 '적현신주(赤縣神州)'라고 칭한 데에서 유래하였다. 《史記 卷74 孟子荀卿列傳》

264 천하 사람들의 머리를……하여 : 오랑캐로 전락하게 됨을 말한다. 《논어》〈헌문(憲問)〉에, "관중(管仲)이 없었다면 우리는 머리를 풀고 옷깃을 왼쪽으로 하였을 것이다.〔微管仲, 吾其被髮左衽矣.〕"라고 하였는데, 주희(朱熹)의 주에, "머리를 풀고 옷깃

삼대(三代)의 백성들을 비린내와 누린내가 나는 가운데로 몰아갔으니, 이는 천지가 용납하지 않는 바이고 신과 사람이 함께 주벌할 바입니다. 그러니 어찌 중국에 나아갔다고 해서 중국이라고 할 수 있겠습니까. 이전의 유자(儒者)가 말하기를 "천하를 이끌어 이적으로 돌아가는 사람은 허형(許衡)이고, 만세를 이끌어 이적으로 돌아가는 사람은 허형을 높이는 사람이다."라고 하였으니,[265] 허형이 지조를 잃은 것을 벌하면서도 오히려 이렇게 말하였는데 하물며 정통(正統)에 있어서겠습니까. 이는 연옹(淵翁)의 정견(正見)의 흠이니,[266] 따라서는 안 될

을 왼쪽으로 하는 것은 이적(夷狄)의 풍속이다."라고 하였다.

265 이전의……하였으니 : 인용한 말은 남당(南塘) 한원진(韓元震)의 말로, 《남당집(南塘集)》 권6 〈졸수재설변(拙修齋說辨)〉에 보인다. 허형(許衡, 1209~1281)은 자는 중평(仲平), 호는 노재(魯齋)로, 정주학(程朱學)을 깊이 연구하였으나 남송(南宋)의 진사(進士)로서 원(元)나라에서 벼슬하였기 때문에 그의 출처를 두고서 논란이 많았다.

266 이는……흠이니 : 연옹은 삼연(三淵) 김창흡(金昌翕)을 가리킨다. 《삼연집(三淵集)》 권35 〈만록(漫錄)〉에 "자고로 정통을 논한 것이 분분하게 뒤섞여서 지금까지도 하나로 귀결되지 못하고 있지만, 주자(朱子)의 설을 가지고 절충한다면 아직 정해지지 못한 것을 정할 수 있다.《주자어류》 중에 '……다만 천하가 통일이 되어 제후가 조회하고 송사를 다투는 이들이 모두 귀의한다면 곧 정통이다.'라고 하였으니 이것이 올바른 말씀이고, 《자치통감강목》의 범례를 참고해보면 역시 이 뜻을 따라서 진(秦)·진(晉)·수(隋)와 같이 천하를 뒤섞어 통일한 모든 나라는 모두 정통을 허여하였으니, 그렇다면 정통의 '정(正)' 자는 삿됨과 바름에서의 바름이 아니고 바로 치우침과 바름에서의 바름이니, 지역의 넓고 좁음을 가지고 말한 것일 뿐이다.……그렇다면 선악(善惡)의 구분도 없고 화이(華夷)의 구분도 없이 단지 천하를 통일한 자는 곧 정통인 것이니, 이론의 여지가 없다. 방손지와 구경산이 원(元)은 정통을 허여할 수 없다는 논의를 만들었으니, 이적을 물리치는 의리에 강개함이 없는 것이 아니지만, 《어류》의 뜻과 《강목》의 범례에 어긋남이 없을 수 있겠는가.〔自古論正統者紛然淆亂, 至今未歸一, 而

듯합니다.

정(靜) 가운데 온갖 이치가 모두 갖추어져 있으니, 이른바 "충막(冲漠)하여 조짐이 없다."라는 것은 고요하여 동(動)하지 않는 상태를 형용한 것으로, 그렇다면 이를 일러 오로지 정(靜)에 속한다고 해도 가할 것입니다. 정(靜)이 동(動)을 포함하고 체(體)는 곧 용(用)을 보존하고 있으므로 "응하지 않았을 때가 먼저가 아니고, 이미 응했을 때가 뒤가 아니다."라고 하였습니다. 그렇다면 이를 일러 동정(動靜)을 통틀었다고 하여도 가할 것이니, 이는 이른바 "체(體)와 용(用)이 근원이 같다."라는 것입니다. 위의 두 구절은 체(體)를 위주로 하였고, 아래의 두 구절은 체(體)와 용(用)을 겸하였으니, 모두 정자(程子)의 뜻에서 어긋나지 않습니다.[267]

折之以朱子之說, 則可定其未定矣. 語類中, ……只天下爲一, 諸侯朝覲, 獄訟皆歸, 便是得正統, 此是雅言, 而參以綱目凡例, 亦用此意, 如秦、晉、隋諸國凡混一區宇者, 皆與之正統. 据此論之, 則所謂正統之正, 非邪正之正, 卽偏正之正, 以區域闊狹而言耳.……然則無善無惡, 無華無夷, 只天下爲一者, 便是正統, 無容異議. 方遜志、丘瓊山創爲元不可與正統之論, 其於攘夷之義, 非不慷慨, 而得無乖於語類旨意與綱目凡例乎?〕"라고 하였다.

267 정(靜) 가운데……않습니다 : 《근사록(近思錄)》 권1 〈도체(道體)〉에 정이(程頤)가 "충막(冲漠)하여 조짐이 없을 적에 만상(萬象)이 삼연(森然)히 이미 갖추어져 있으니 응하지 않았을 때가 먼저가 아니고 이미 응했을 때가 뒤가 아니다.〔冲漠無眹, 萬象森然已具, 未應不是先, 已應不是後.〕"라고 한 내용이 보이는데, 이 부분을 가리켜 논한 것이다. "체(體)와 용(用)이 근원이 같다."라는 말은 정이(程頤)의 〈역전서(易傳序)〉에 보인다.

"단맛이 비록 토(土)에 속하지만"에 대한 설[268]은 궁촌(窮村) 정공(鄭公)이 오성(五性)이 심(心)에 통합되어 갖추어져있음을 알지 못하여 반드시 오장(五臟)에 나누어 배속하고자 하였기 때문에, 우옹(尤翁)이 그 설이 국한되어 막혀있음을 변론하신 것이니,[269] 반드시 이것으로

268 단맛이……설 : 윤봉구(尹鳳九)가 우암(尤庵) 송시열(宋時烈)의 말을 인용하여서, 《병계집(屛溪集)》 권46 〈제우암송선생천장문(祭尤庵宋先生遷葬文)〉에 "단맛이 비록 토에 속하지만 꿀이 어찌 신(信)의 성(性)을 갖추었겠는가. 이는 본연지성이지 기질지성이 아니네.〔甘雖屬土, 蜜豈性信? 此其本然, 非氣質性.〕"라고 하였고, 권47 〈화양서원묘정비명(華陽書院廟庭碑銘)〉에 "단맛이 비록 토에 속하지만 꿀이 어찌 신(信)의 성(性)을 갖추었겠는가. 종류마다 판가름하면서 명철하게 관통하였네.〔甘雖屬土, 蜜豈性信? 逐類刃解, 玲瓏穿貫.〕"라고 한 내용이 보인다.

269 궁촌(窮村)……것이니 : 우옹은 우암(尤庵) 송시열(宋時烈)을 가리킨다. 궁촌 정공은 정찬휘(鄭纘輝, 1652~1723)로, 자는 경유(景由), 호는 궁촌, 본관은 영일(迎日)이다. 송시열의 문하에 있으면서 스승으로부터 신임을 받았다. 《송자대전(宋子大全)》 권101 〈답정경유(答鄭景由)〉의 별지에, 정찬휘가 《대학장구》 경(經) 1장 명덕(明德)의 소주에 주희(朱熹)가 "심은 화에 속한다.〔心屬火〕"라고 한 것에 대해서 "오성(五性)은 오행(五行)의 이(理)이고 오행이 오장(五臟)에 속하니, 그렇다면 당연히 오장이 각기 하나의 성(性)을 통섭할 것입니다. 그런데 지금 오성을 모두 심(心)에 통섭시킨 것은 무엇 때문입니까?〔五性是五行之理, 五行屬乎五臟, 則宜乎五臟各統一性, 而今以五性皆統乎心者何耶?〕"라고 묻자, 송시열이 "천하의 만물은 오행에 배속되지 않은 것이 없네. 오행의 이(理)가 사람에게 부여되어 오성이 되었다고 이르면 괜찮지만, 그대로 모든 오행에 배속된 것들이 모두 인·의·예·지·신의 성(性)을 가지고 있다고 하면 결코 불가하네. 대체로 오행에 배속되는 것은 혹은 기(氣), 혹은 형(形), 혹은 맛, 혹은 냄새로 하는데, 지금 맛 가운데 단맛은 모두 토(土)에 속한다 하여 마침내 꿀을 가지고 신(信)의 성(性)을 갖추었다고 하면 되겠는가. 이런 곳은 절대로 꽉 막히게 보면 안 되네.〔天下萬物, 無不配屬於五行者. 謂五行之理賦於人而爲五性則可也, 因以謂凡配五行者皆有仁義禮智信之性則大不可. 大凡配屬五行者, 或以氣或以形或以味或以臭, 今味之甘者, 皆屬於土, 遂以蜜爲具信之性可乎? 此等處切不可滯泥看也.〕"라고 대답한 내용이 보인다.

인물과 오상(五常)의 같고 다름의 분변으로 삼을 필요는 없습니다. 그런데 남당(南塘)이 매번 이를 인용하여 물건이 오상을 품부 받지 못한 증거로 삼았고,[270] 병계(屛溪 윤봉구(尹鳳九))는 또 화양묘비(華陽廟碑)에 이를 기재하였으니, 우옹의 본지에서 어긋나는 듯합니다. 어떻게 생각하시는지요?

270 남당(南塘)이……삼았고 : 남당은 한원진(韓元震, 1682~1751)으로, 예컨대 《남당집(南塘集)》 권12 〈여송신보(與宋信甫)〉에 송시열(宋時烈)의 〈답정경유(答鄭景由)〉에 적힌 글을 인용하면서 "이는 오성(五性)의 일단(一端)을 얻지 못한 물건도 있음을 말한 것이니, 하물며 전덕(全德)에 있어서랴.〔此言五性之一端, 物亦有不得者, 則況其全德乎?〕"라고 한 내용이 보이는바, 이를 가리킨다.

조중식[271] 시중 에게 보냄 무자년(1828, 순조28) 9월

與趙中植 時仲○戊子九月

지난번에 가르쳐주신 《논어》의 "신종추원(愼終追遠)"[272]의 뜻은 농암(農巖 김창협(金昌協))이 김도이(金道以)에게 답한 편지를 살펴보니, "집주(集註)는 보통사람을 위주로 하여 말한 것이니, 부모의 상(喪)에 애통해하는 마음이 누구인들 없겠는가마는, 다만 평소에 이치를 살핌이 정밀하지 못하면 사(死)와 생(生), 존(存)과 망(亡)을 혹 두 가지로 보지 않을 수 없는 것은 또한 보통사람이 면치 못하는 것이니, 반드시 극악하여 불효한 뒤에야 그러한 것은 아니다."[273] -농암의 설은 여기까지

271 조중식(趙中植) : 1808~? 자는 시중(時仲), 본관은 함안(咸安)이다. 음관으로 벼슬을 하여 태인 현감(泰仁縣監), 배천 군수(白川郡守) 등을 지냈다.

272 신종추원(愼終追遠) : 《논어집주》 〈학이(學而)〉에 증자(曾子)가 "종(終)을 신중히 행하고 먼 조상들을 추모하면 백성들의 덕(德)이 돈후한 데로 돌아갈 것이다.〔愼終追遠, 民德歸厚矣.〕"라고 하였는데, 이에 대한 주희(朱熹)의 주(註)에 "신종(愼終)이란 초상(初喪)에 그 예(禮)를 다하는 것이요, 추원(追遠)이란 제사(祭祀)에 그 성(誠)을 다하는 것이다. 백성의 덕(德)이 후한 데로 돌아간다는 것은 아래 백성들이 교화되어서 그 덕이 또한 후한 데로 돌아감을 말한다. 종(終)이란 사람들이 소홀히 하기 쉬운 것인데 이것을 삼가고, 멀리 돌아가신 분은 사람들이 잊기 쉬운 것인데 능히 추모한다면 후하게 하는 방법이다. 그러므로 이것을 자신이 하면 자신의 덕이 후해지고, 아래 백성들이 교화되면 그 덕이 또한 후한 데로 돌아가는 것이다.〔愼終者, 喪盡其禮; 追遠者, 祭盡其誠. 民德歸厚, 謂下民化之, 其德亦歸於厚. 蓋終者, 人之所易忽也, 而能謹之, 遠者, 人之所易忘也, 而能追之, 厚之道也. 故以此自爲, 則己之德厚, 下民化之, 則其德亦歸於厚也.〕"라고 하였다.

273 집주(集註)는……아니다 : 이 내용은 《농암집(農巖集)》 권19 〈답도이(答道以)〉

다.-라고 하였습니다. 이는 또한 상사(喪事)를 위주로 하여 말하여서 《집주》에서 말하지 않은 뜻을 말한 것이니, 혹자가 이 말을 상(喪)을 가리켜 말한 것이 아니라고 한 것은 자세히 연구하지 않은 것인 듯합니다.

이천(伊川)이 '신종추원(愼終追遠)'을 "다만 상제(喪祭)만을 말한 것이 아니다."라고 한 것은 추론하여 말한 것입니다.[274] 증자(曾子)의 본의는 오직 상례와 제례를 위주로 하였으므로 주자(朱子)께서 다만 상례와 제례로써 풀이하셨습니다. 마땅히 '예(禮)'와 '성(誠)' 두 글자를 따라 소홀히 해서는 안 되고 잊어서는 안 되는 뜻을 보아서 일상생활에 미루어간다면, 어디를 간들 성(誠)과 예(禮)를 다하지 않겠습니까. 그러나 농암(農巖)의 설을 추론해 말한 것이라고 여겨서는 안 되니, 의견이 어떠하십니까?

유저암(兪著庵)[275]의 문장은 사마천(司馬遷)과 한유(韓愈)를 전적으로 배워 번쩍번쩍 광채가 있으니 근세에 이러한 글이 없습니다. 이옹(翁)께서 평소 《자저(自著)》 한 책을 어루만지면서 말씀하시기를

에 보인다.

274 이천(伊川)이……것입니다 : 이천은 정이(程頤)를 말한다. 《주자어류(朱子語類)》 권22 〈논어 사(論語四)〉의 신종추원(愼終追遠)장에서 "'신종추원'에 대해 이천께서 '다만 상제(喪祭)만을 이른 것은 아니다.'라고 하였는데, 추론하면 이와 같지만, 본의는 다만 상제를 말한 것이다.〔愼終追遠, 伊川云: 不止爲喪祭. 推之是如此, 但本意只是爲喪祭.〕"라고 하였다.

275 유저암(兪著庵) : 유한준(兪漢雋, 1732~1811)으로, 자는 만청(曼倩), 여성(汝成), 호는 저암, 창애(蒼厓), 본관은 기계(杞溪)이며 조선 후기 문장가로 이름이 높았다. 저서로 《자저(自著)》가 있다.

"이것은 내 평생의 정력(精力)이 들어있는 것이다."라고 하여, 노사숙유(老士宿儒) 중에 전수할 사람이 없어 한밤중에도 통곡하였으니, 매번 이 때문에 서글퍼집니다. 통원(通園)[276] 공은 학문과 문장을 갈고 닦아 실력을 쌓았으나 수명이 짧은 데에 국한되어 조금도 대략을 드러내지 못하였으니, 이것이 지사(志士)들의 한이 됩니다. 부스러기 금과 한 조각 깃털처럼 보배로운 것의 남겨진 일부분을 더욱 전하지 않을 수 없습니다. 지금 두 세대의 남겨진 책이 부탁할 곳을 얻은 것이 마치 태사공(太史公)의 책이 양자유(楊子幼)에게서 조술(祖述)되어 배포된 것[277]과 같은지라, 옛 사람으로 하여금 아름다움을 독차지 하지 않게 할 것이니, 이것이 그대의 책임입니다.

276 통원(通園) : 유만주(兪晚柱, 1755～1788)로, 자는 백취(伯翠), 호는 통원, 흠고당(欽古堂), 본관은 기계(杞溪)이며 유한준(兪漢雋)의 아들이다. 저서로 《흠영(欽英)》, 《통원시고(通園詩稿)》가 있다.

277 태사공(太史公)의 ……것 : 태사공은 사마천(司馬遷)을 가리킨 것으로, 태사공의 책이란 《사기(史記)》를 말한다. 양자유는 사마천의 외손(外孫)인 양운(楊惲)으로, 그가 사마천의 《사기》를 후세에 전하였다.

조중식에게 답함 기축년(1829, 순조29) 3월
答趙中植 己丑三月

《노론(魯論) 논어》은 멈추지 않고 가르치면서 《주서(朱書)》는 이로 인해 참고하여 보고 있습니까? 그대는 김하서(金河西) 선생의 시를 들어본 적이 있습니까? "천지 가운데 두 사람이 있으니, 중니(仲尼)는 원기(元氣)요 자양(紫陽)은 진(眞)일세."라고 하였습니다.[278] 그대가 한창 공자(孔子)와 주자(朱子)의 책을 읽고 공자와 주자의 도(道)를 배우고 있으니, '진(眞)' 자의 뜻을 이해할 수 있겠습니까?

진(眞)은 '무극지진(無極之眞)'[279]의 진입니다. 삼연(三淵) 선생이 이 진(眞)자를 찬탄하여 말하기를, "세상의 방형과 원형, 가로와 세로가 모두 제자리로 돌아가고 물색(物色)의 흑과 백, 붉은색과 자주색이 뒤섞임이 없어서 온갖 허위가 그쳐서 하나의 진실이 가득해졌으니, 이와 같은 것을 일컬어 '공자 이후 한 사람이다.'라고 한다면 지나치지 않을 것이다."라고 하였습니다.[280]

278 그대는……하였습니다 : 김하서(金河西)는 김인후(金麟厚, 1510~1560)로, 하서는 그의 호이다. 이 구절은 《하서전집(河西全集)》 권7 〈시문인(示門人)〉에 보인다. 중니(仲尼)는 공자(孔子)의 자이고, 자양은 송나라 유학자 주희(朱熹)를 말한다. 주희의 부친 주송(朱松)이 자양산(紫陽山)에서 독서하였는데, 후에 주희가 복건(福建) 숭안(崇安)에서 살면서 정사의 이름을 자양서실(紫陽書室)이라 한 것에서 유래한다.

279 무극지진(無極之眞) : 주돈이(周敦頤)의 〈태극도설(太極圖說)〉에, "무극의 진과 이오(二五)의 정이 묘하게 합하고 엉겨서, 건도는 남자를 이루고 곤도는 여자를 이룬다.〔無極之眞、二五之精, 妙合而凝, 乾道成男, 坤道成女.〕"라고 한 데서 온 말이다.

주자께서 주자가 된 까닭은 진(眞)일 뿐이니, 그대가 마음의 참된 실질을 힘쓰고 문로(門路)의 참된 바름으로 나아가기를 바랍니다. 그렇게 한다면 공자와 주자를 배워서 그 경지에 이를 수 있을 것이니, 이르고 이르지 못하는 것은 참된가, 참되지 않은가에 달려있을 뿐입니다. 훌륭한 자질은 얻기 쉬우나 지극한 도(道)는 듣기 어려우니, 부디 천번 만번 더욱 힘써서 책임은 무겁고 갈 길은 멀어서,[281] 이 늙은이의 참된 사랑에 부응하는 것이 어떻겠습니까.

계배(繼配)가 전배(前配)의 제사를 지내는 것은 예(禮)에 보이는 바가 없습니다. 양자를 세우기 전에 개제(改題)해서는 안 되니, 그렇다면 말할 수 있는 속칭(屬稱)이 없습니다. 그러니 다만 마땅히 단헌(單獻)만 하고 독축(讀祝)은 하지 않아서 기일(忌日)에 제수를 올리는 일을 빠뜨리지 말아야 할 것입니다.

《논어(論語)》 한 책은 요순(堯舜)의 기상과 같고 《맹자(孟子)》 한 책은 탕(湯)과 무(武)의 기상과 같으니, 이 뜻을 이해할 수 있겠습니까? 서강(西江)의 풍랑[282]이 그대의 일신을 위하여 계책을 세워줌이

280 삼연(三淵)……하였습니다 : 삼연은 김창흡(金昌翕, 1653~1722)으로, 삼연은 그의 호이다. 이 내용은 《삼연집(三淵集)》 권18 〈답신유(答申愈)〉에 보인다.

281 책임은……멀어서 : 《논어》 〈태백(泰伯)〉에 증자(曾子)가 말하기를 "선비는 도량이 넓고 뜻이 굳세지 않으면 안 되니 책임이 무겁고 길이 멀기 때문이다. 인(仁)으로 자기의 책임을 삼으니 또한 막중하지 않은가. 죽은 뒤에야 끝나는 것이니 또한 멀지 않은가.〔士不可以不弘毅, 任重而道遠. 仁以爲己任, 不亦重乎? 死而後已, 不亦遠乎?〕"라고 하였다.

없으니, 뜻을 세우기를 더욱 견고하게 하고 다리를 세우기를 더욱 단단하게 하여 널리 배우면서도 요약됨이 있고 예(禮)로 행실을 요약되게 하면서도 외롭지 않으며, 높으면서도 헛되고 미혹된 데에 빠지지 않고 낮으면서도 보고 들은 데에 빠지지 않아서, 이 하나의 큰 사업을 마치는 것이 어떻겠습니까?

282 서강(西江)의 풍랑 : 《회암집(晦庵集)》 별집 권1 〈임저백(林井伯)〉에서 주희(朱熹)가 황정견(黃庭堅)의 〈훼벽(毁壁)〉에서 "돌아가 편히 쉬시게나. 서강의 풍파 어느 때나 잠들까.〔歸來兮逍遙, 西江波浪何時平?〕"라는 구절에 감흥을 일으켜, 당고(黨錮)에 몰려 유배 가서 죽은 조여우(趙汝愚)를 애도하였는바, 서강의 풍랑이란 평탄하지 못한 인간세상을 뜻한다.

조중식에게 답함 경인년(1830, 순조30) 2월
答趙中植 庚寅二月

보여주신 시편(詩篇)은 훈지(壎篪)가 번갈아 창화하여[283] 궁상(宮商)이 서로 펼쳐지니, 동당(同堂)의 화락함을 알 수 있습니다. 여러 번 읊어봄에 절로 저도 모르는 새에 치아와 빰에서 향기가 생겨나 묵은 병이 깨끗이 씻겼습니다. "문장은 하나의 작은 기예이니 도(道)에 비한다면 높일 것이 못 되네."라는 것을 두자미(杜子美) 또한 말하였고,[284] 시는 또 작은 기예 중에 작은 기예이니 마음을 쓸 만한 것이 아닙니다. 주 선생(朱先生 주희(朱熹))께서도 말씀하시기를 "시를 지어서 이따금 몇 구절로 마음에 맞게 하는 것은 해롭지 않지만 많이 지을 것이 없으니, 곧 거기에 함닉되어버리기 때문이다."[285]라고 하였으니, 그대와 같이 전심하여 도(道)를 구하는 이가 어찌 혹시라도 이와 같겠는가마는 또한 마땅히 일에 앞선 염려로 삼아야 할 것입니다. 노주(老洲 오희상(吳熙常)) 함장께서는 평생 시를 짓지 않으셨으니, 이는 바로 정숙자(程叔子 정이(程頤))께서 쓸데없는 말을 짓지 않은 뜻입니다. 어

283 훈지(壎篪)가 번갈아 창화하여 : 형제 사이의 화목과 조화를 비유할 때 쓰는 표현으로, 훈은 질나발, 지는 젓대를 말한다. 《시경(詩經)》〈소아(小雅) 하인사(何人斯)〉의 "맏형은 훈을 불고 둘째형은 지를 분다.〔伯氏吹壎 仲氏吹篪〕"라고 한 데서 온 말이다.

284 문장은……말하였고 : 두자미는 당(唐)나라 시인 두보(杜甫)로, 자미는 그의 자이다. 이 말은 두보의 시(詩) 〈이화양유소부(貽華陽柳少府)〉에 보인다. 《杜少陵詩集 卷15》

285 시를……때문이다 : 이 말은 《주자어류(朱子語類)》 권140에 보인다.

찌 그대가 스승으로 삼아 본받을 것 가운데 하나의 일이 아니겠습니까. 그러나 또한 종신토록 시를 폐하여서는 안 됩니다. 참된 뜻이 넘쳐 나와서 성령(性靈)을 쏟아내는 것과 같은 경우에는, 심상하게 수염을 문지르며 글짓기에 고심하는 자와는 같지 않으니, 이는 오직 때와 처지에 따라 재량하여 대처하는 데에 달려있을 뿐입니다.

옛날에 부형(父兄)이 적소에 있는데 자제가 과거에 나아간 것은 송강(松江)[286]이 강계(江界)에 위리안치 되었지만 기암(畸庵)[287]이 과거에 급제하여 크게 드러난 것이 그 예입니다. 혹 자손의 과명(科名)으로 인해 부조(父祖)가 방면되게 된 일이 왕왕 있었으나, 지금은 해서는 안 됩니다. 자제가 작은 허물로 잠시 찬배(竄配)된 경우에는 그의 부형(父兄)된 자가 과거를 폐해야 하는 의리는 없으니, 죄명이 가벼운 자는 부형에게 누를 끼치지 않기 때문입니다.

286 송강(松江) : 정철(鄭澈, 1536~1593)로 자는 계함(季涵), 호는 송강, 시호는 문청(文淸), 본관은 연일(延日)이다. 정여립(鄭汝立)의 모반 사건이 일어나자 우의정에 발탁되어 서인의 영수로서 최영경(崔永慶) 등을 다스리고 동인들을 추방하였으며, 좌의정에 올랐다. 1591년(선조24) 영의정 이산해(李山海)와 함께 광해군(光海君)의 세자 책봉을 건의하기로 했다가 선조의 노여움을 사고 파직되었고, 이윽고 강계(江界)로 유배되었다. 임진왜란에 사면된 이후 강화(江華)의 송정촌(松亭村)에 우거하다가 58세에 죽었다. 《松江別集 卷3 附錄 年譜》

287 기암(畸庵) : 정철의 아들 정홍명(鄭弘溟, 1582~1650)으로 자는 자용(子容), 호는 기암 혹은 삼치(三癡), 시호는 문정(文貞)이다. 1616년(광해군8) 문과에 급제하여 승문원에 보임되었으나 반대당들의 질시로 삭방(削榜)되었다가, 훗날 벼슬에 올라 교리로서 중형(仲兄) 정종명(鄭宗溟)과 함께 부친 정철의 신원을 상소하여 관작이 회복되도록 한 바 있다. 후에 대제학을 지냈다. 《畸庵集 附錄 司憲府大司憲畸庵鄭公墓誌銘》

이응신[288] 효선 에게 답함

答李膺信 孝善

신민(臣民)이 저군(儲君)의 상(喪)에 대처하는 것은 비록 대상(大喪)과는 차이가 있지만, 졸곡 전에 예를 갖추어 제사를 행해서는 안 될듯합니다. 공제(公除)[289] 이후에, 기제(忌祭)와 묘제(墓祭)는 간략히 진설하고, 삭망의 참알(參謁)과 속절(俗節)은 기제에 비하면 길하니 이는 마땅히 폐하였다가 졸곡이 마치기를 기다려 함께 거행하는 것이 옳을 듯합니다.

무명옷과 베옷은 소박하므로 사(士)와 서인(庶人)이 방상(方喪)[290]에 입어서는 안 될 의리가 없는 듯합니다. 더군다나 겨울의 무명옷과 여름의 베옷은 철에 따르는 마땅한 것임에 있어서겠습니까.

288 이응신(李膺信) : 1776~? 자는 효선(孝善), 본관은 덕수(德水)이다. 1819년(순조19) 식년시 병과에서 문과에 급제하였고, 홍문관부수찬(弘文館副修撰)·고부재자관(告訃齎咨官)·사간원헌납(司諫院獻納) 등을 역임하였다.

289 공제(公除) : 국상(國喪)을 당하여 조의를 표하는 뜻으로 일정 기간 공무를 보지 않다가 그 기간이 지나 상복을 벗는 일을 말한다.

290 방상(方喪) : 부모의 상(喪)에 비견하여 임금의 상에 삼년복을 입는 것을 말한다. 《예기》〈단궁 상(檀弓上)〉에 "신하가 임금을 위해 방상 3년을 입는다.〔方喪三年.〕"라고 하였는데, 이에 대해 유씨(劉氏)가 "방상은 부모의 상에 견주어 의(義)로써 은혜를 아우르는 것이다.〔方喪, 比方於親喪而以義竝恩也.〕"라고 하였다.《禮記集說 檀弓上》

적자를 계승한 계후(繼後)한 자의 아내는 마땅히 시할아버지의 원배(元配)에게 부(祔)하여야 합니다. 시아버지가 비록 계모에게서 자라 양육의 정이 있을지라도, 다른 사람의 후사가 된 자는 본래 의리를 위주로 하니, 의리상 마땅히 정(情)을 빼앗아야 하기 때문입니다. 주자(朱子)는 어떤 사람의 질문에 답하여 말씀하시기를 "적부(適婦) -적자를 계승한 사람의 아내- 를 첩조고(妾祖姑)에게 부(祔)하는 것은 진실로 온당치 않은 듯하지만, 이를 놔두고 두찬(杜撰)하여서는 안 된다."라고 하였습니다.[291] 이미 적자를 계승하였다면 생모(生母)의 복을 입기를 서모(庶母)에 대한 복으로써 해야 하니, 서모가 비록 친한 사람이지만 어찌 감히 부(祔)하는 자리에 처할 수 있겠습니까. 주자의 말씀은 따르기 어려울 듯하니, 다만 마땅히 적조고(嫡祖姑)에게 합부하되 또한 원배(元配)로써 해야 합니다.

291 주자(朱子)는……하였습니다 : 《주자대전(朱子大全)》 권51 〈답만정순(答萬正淳)〉에, "《예기》 〈상복소기(喪服小記)〉에 '며느리를 조고에게 부(祔)할 때에, 조고가 세 사람이 있으면 가장 근친(近親)한 사람에게 부한다.'라고 한 것은 또한 졸곡의 부제(祔祭)인 듯합니다. 만일 근친한 사람은 첩조고이고 며느리는 도리어 적부일 경우, 첩조고의 제사는 손자에게서 그치지만 며느리는 전중하여 사당에 들어온 자인데 어찌 저 첩조고와 뒤섞을 수 있겠습니까.〔喪小記云婦祔於祖姑, 祖姑有三人, 則祔於親者, 恐亦是卒哭之祔. 若親者是妾祖姑, 婦却是適婦, 妾祖姑祭於孫止, 婦乃傳重入廟者, 豈可以混於彼乎?〕"라는 만정순의 질문에 대해 주희(朱熹)가 "적부를 첩조고에게 부(祔)하는 것은 진실로 온당치 않은 듯하다. 그러나 상고할 것이 없다면 부득이 우선 '근친한 사람에게 부한다.'라는 문구를 따를 것이니, 이를 놔두고 두찬해서는 안 되기 때문이다.〔嫡婦祔於妾祖姑, 誠似未安. 然未有考, 則不得已且從祔於親者之文, 蓋捨此杜撰不得也.〕"라고 답한 내용이 보인다. 두찬이란 근거가 없이 마음대로 기술하는 것을 말한다.

계후(繼後)한 사람이 출입할 때에 쓰는 폐양자(蔽陽子)는 방립(方笠)과 구별하기 위한 것입니다. 그런데 근래 습속에는 혹 방립을 섞어 쓰기도 하니, 이것이 어찌 혐의를 구별하고 은미함을 밝히는 의리[292]이겠습니까.

무릇 사사로운 은혜로 상복을 입는 경우에는 자신이 직접 은혜를 받은 사람이 아니라면 입지 않으니, 처자식에게 추급할 의리가 없습니다. 그렇다면 남편을 거두어 길러준 사람과 부모를 거두어 길러준 사람을 위해서는 마땅히 복이 없어야 할 듯합니다. 이초려(李草廬 이유태(李惟泰))가 "스승을 위해서는 남편은 삼년복을 입지만 처에게는 복이 없으니, 또한 어찌 이와 다르겠는가."라고 한 것이 정미한 의리를 얻은 듯합니다. 사옹(沙翁)께서 남편의 복을 따라 입는 것을 허락하신 것[293]은 이복(施服)을 끊는 의리[294]에 문제가 있을 듯하니, 따르기 어려울

292 혐의를……의리 : 《예기》 〈예운(禮運)〉에 "예(禮)라는 것은 임금에게 치국의 중요한 수단이 되니, 임금은 예를 통해서 일의 혐의를 변별하고 일의 은미함을 밝힌다.〔禮者, 君之大柄也, 所以別嫌明微.〕"라고 한 데서 온 말이다.

293 사옹(沙翁)께서……것 : 사옹은 사계(沙溪) 김장생(金長生)을 가리킨다. 《사계전서(沙溪全書)》 권37 〈의례문해(疑禮問解) 상례(喪禮)〉자최(齊衰)조에 "아내가 남편의 계모, 적모, 양모, 자모를 위해 입는 복은 남편의 복을 따라 입는다.〔妻爲夫之繼母、嫡母、養母、慈母, 從夫服.〕"라고 하였는데, 이에 대해 문인이 "아내가 남편의 계모, 적모, 양모, 자모를 위해서와 남편이 아내의 적모 등을 위해서 입는 복에 대해서 예경(禮經)에는 분명한 글이 없습니다.〔妻爲夫之繼母嫡母養母慈母、夫爲妻之嫡母等服, 禮無明文.〕"라고 묻자, 김장생이 "계모와 적모는 생모와 차이가 없으므로 별도로 말해 놓지 않은 것이고, 양모와 자모 역시 남편을 따라서 복을 입는 것임에 의심의 여지가 없다.〔繼母、嫡母, 與生母無異, 故不別言之, 養母、慈母, 亦從夫服無疑也.〕"라고 답한 내용이 보인다.

듯합니다. 만약 전혀 아무 일이 없는 것을 편안치 못하게 여긴다면 우옹(尤翁)의 말씀을 따라 동찬(同爨)의 시마복을 입는 것[295]이 정도(正道)에 맞을 듯합니다.

예(禮)에는 복(服)을 두 번 강복한다는 글이 없고, 오직 두 아들이 각각 다른 사람의 후사가 되었거나 두 딸이 각각 출가한 경우에 두 번 강복하지 않을 뿐입니다. 형제자매는 한 몸과 같으니 차마 그 복이 가벼워서 박한 데에 나아갈 수 없으므로 두 번 강복하지 않는 것입니다. 출계한 사람이 진실로 이미 강복하였는데, 강복한 사람이 또 출계하여, 강복하고서 또 강복한다면, 복이 없는 데에 가깝게 됩니다. 그러므로 우옹(尤翁 송시열(宋時烈))께서 "출계한 자손이 다시 출계한다면

294 이복(施服)을 끊는 의리 : 《의례(儀禮)》 〈상복(喪服)〉 전(傳)에 "절족에게는 이복이 없다.〔絶族無施服.〕"라고 하였는데, 이에 대한 정현(鄭玄)의 주에 "곁에서 뻗어가 미치는 것을 이(施)라고 한다.〔在旁而及曰施.〕"라고 하였는바, 족(族)이 끊어지면 복이 없음을 말한다. 예컨대 아들이 출모(出母)에 대해 기년복을 입지만, 외조부모를 위해서는 복이 없음을 가리킨 것이다.

295 우옹(尤翁)의 ……것 : 우옹은 우암(尤庵) 송시열(宋時烈)을 말한다. 《송자대전(宋子大全)》 권65 〈답박화숙(答朴和叔)〉에 "만약 남편이 다른 성(姓)에게 거두어 길러졌으면 그 처는 끝내 복을 입을 것이 없으니, 이는 편안치 못하기는 하나, 동찬(同爨)의 시마복을 입는다면 어찌 전혀 아무 일도 없는 지경에 이르겠는가.〔若夫爲異姓之收養, 則其妻終無所服, 此爲未安, 然以同爨服緦, 亦豈至全然無事乎?〕"라고 하였다. 동찬의 시마복이란 본래 한집에서 한솥밥을 먹고 살던 사람을 위해 입는 시마복을 말하는데, 《예기(禮記)》 〈단궁 상(檀弓上)〉에 "이모의 남편과 외삼촌의 아내가 이 두 사람이 서로를 위하여 복을 입는 것에 대해 군자가 말하지 않았는데, 혹자는 한솥밥을 지어먹으면 시마복을 입는다고 하였다.〔從母之夫、舅之妻二夫人相爲服, 君子未之言也, 或曰同爨緦.〕"라고 한 데서 온 말이다.

아버지의 생가(生家)를 위하여 두 번 강복하지 않는다."[296]라고 하였으니, 이는 후한 쪽을 따르는 논의로 두 종통(宗統)을 둔다는 혐의에 관계됨이 없으니 마땅히 따라야함에 의심의 여지가 없습니다.

아내는 남편의 복을 따르되 남편보다 한 등급 강복한다는 것에 이르러서는, 이는 다만 총론(總論)일 뿐입니다. 남편의 백부와 백모, 숙부와 숙모를 위하여 대공복을 입는 것은 바로 본복(本服)이니, 출계한다면 마땅히 소공복을 입어야 하는바 이는 바로 한 번 강복하는 것이지 두 번 강복하는 것이 아닙니다. 남편이 이미 대공복을 입었는데 그 처가 똑같이 대공복을 입는다면, 남편보다 한 등급 강복한다는 것이 어디에 있겠습니까.

《의례(儀禮)》에 가벼운 복이라 하더라도 부판(負版)과 최(衰)와 벽령(辟領)[297]을 제거한다는 글이 없고, 정현(鄭玄)의 주(註)에 비록 "최(衰)와 부판(負版)과 벽령(辟領)은 효자가 슬퍼하는 마음이다."라고 한 말이 있지만[298] 이는 다만 그 중한 것을 든 것일 뿐입니다. 《의

296 출계한……않는다 : 이 말은 《송자대전(宋子大全)》 권129 〈답원석(答元錫)〉에 보인다.

297 부판(負版)과 최(衰)와 벽령(辟領) : 부판은 어깨와 등에 걸쳐 입는 거친 삼베 조각이고, 최는 거친 마포(麻布)로써 만들어 앞가슴에 입는 것이며, 벽령은 부판의 양쪽 옆 깃 아래에 댄 베 조각으로 적(適)이라고도 한다.

298 정현(鄭玄)의……있지만 : 《의례주소》 〈상복(喪服)〉의 기(記)에 "최복은 길이 6치, 너비 4치이다.〔衰長六寸博四寸.〕"이라 하였는데 이에 대한 정현의 주에 "앞에는 최가 있고 뒤에는 부판이 있고 좌우에는 벽령이 있으니, 효자의 슬픈 마음이 있지 않는 곳이 없음이다.〔前有衰, 後有負版, 左右有辟領, 孝子哀戚, 無所不在.〕"라고 하였다.

례》〈상복(喪服)〉 기(記)에서 '모든 최복〔凡衰〕'으로 시작한 것[299]은 오복(五服)을 총괄하여 말한 것이니, 부(負)·적(適)·최(衰)는 오복에 모두 있음을 알 수 있습니다. 더군다나 최(衰)는 참최를 통틀어 명명하여서 석최(錫衰)와 의최(疑衰)[300]에 이르는 것이니, 어찌 이를 제거할 수 있겠습니까. 이를 미루어보면 부(負)와 적(適)을 알 수 있습니다. 《속통해(續通解)》에서는 방친(傍親)에게는 사용하지 않는다고 의심하였고,[301] 《가례부주(家禮附註)》에서는 양씨(楊氏)가 "주자(朱子)가 후년에 정한 논의"라고 하였습니다.[302] 그렇지만 마땅히 〈상

299 의례……것 : 《의례》〈상복(喪服)〉 기(記)에 "모든 최복은 삭폭을 밖으로 하고, 치마는 삭폭을 안으로 한다.〔凡衰外削幅, 裳內削幅.〕"라고 하여 '범최(凡衰)'라는 말이 보이는바, 이를 가리킨다.

300 석최(錫衰)와 의최(疑衰) : 《주례(周禮)》〈춘관(春官) 사복(司服)〉에 이르기를, "무릇 상에 있어서 왕이 삼공과 육경을 위해서는 석최(錫衰)를 입고, 제후를 위해서는 시최(緦衰)를 입고, 대부와 사를 위해서는 의최(疑衰)를 입는다."라고 하였다.

301 속통해(續通解)에서는……의심하였고 : 속통해는 《의례경전통해속(儀禮經傳通解續)》을 말한다. 《의례경전통해》는 송나라 때 주희(朱熹)가 편찬한 책으로, 주희가 이를 완성하지 못하고 죽자 제자인 황간(黃榦)과 양복(楊復)이 누락된 상례(喪禮)와 제례(祭禮) 부분을 보충하여 《의례경전통해속》을 편찬하였다. 여기에 실린 〈의례상복도식(儀禮喪服圖式)〉의 성복최상제(成服衰裳制)조에 "최(衰)는 효자가 애통해하는 뜻이 있는 것이고, 부(負)는 슬픔을 다는 것이며, 적(適)은 부모에게 향하여 가서 다른 일은 생각하지 못하는 것이다. 그렇다면 이 네 가지는 오직 자식이 부모를 위해서만 사용하는 것이니, 방친에게는 모두 사용하지 않는단 말인가?〔衰者, 孝子有哀摧之志. 負者, 負其悲哀. 適者, 指適緣於父母, 不念餘事. 若然則此四者, 唯子爲父母用之, 旁親皆不用歟?〕"라고 한 말이 보인다.

302 가례부주(家禮附註)에서는……하였습니다 : 《가례부주》의 〈상례(喪禮) 성복(成服)〉에 "셋째는 대공 구월이다.〔三曰大功九月.〕"라고 하고 그 주에 "부판과 최와 벽령은 없다.〔無負版、衰、辟領.〕"라고 하였는데, 이에 대해 양복(楊復)이 "《가례》에

복〉 기(記)로써 결단하여야 할 듯합니다. 자최에는 삼년과 장기와 부장기의 구별이 있지만 총괄하여 자최라고 하여서 구별하는 바가 없고, 《가례》에서는 대공(大功)조에 이르러서야 비로소 "부판(負版)과 최(衰)와 벽령(辟領)이 없다."라고 하였으니, 기년복에는 부판(負版)과 최(衰)와 벽령(辟領)을 제거하지 않는다는 것을 알 수 있습니다. 단지 기년복만이 아니라 고조(高祖)에 대한 삼월복과 증조(曾祖)에 대한 오월복도 똑같이 자최이므로 제거하지 않습니다. 다만 《가례》를 바른 것으로 여겨야 할 것이니, 양씨(楊氏)의 설은 따라서는 안 될 듯합니다.

《의례》〈상복(喪服)〉 부장기(不杖期)조에 "중자(衆子)를 위해 입는다."라고 하였는데, 주(註)에 이르기를 "첩의 아들 및 딸로서 집에 있는 자도 이와 같다."라고 하였습니다. 그러므로 《상례비요(喪禮備要)》의 〈오복도(五服圖)〉[303]에서도 남녀를 구별하지 않고 중자(衆子) 가운데 통틀어 거론하고서 오복도 위의 네모난 도식에서 말하기를 "고모와 자매와 딸 및 손녀로서 집에 있거나 혹 출가했다가 쫓겨나서 돌아온

서 대공에 이르러서야 비로소 부판과 최와 벽령이 없는 것은 《가례》가 바로 초년본이기 때문이다. 후에 선생의 집안에서 행했던 예(禮)를 보면 방친에게는 모두 최와 부판과 벽령이 없었다. 이와 같은 것은 후년에 정한 논의를 올바름으로 삼아야 한다.〔家禮至大功乃無負版、衰、辟領者, 蓋家禮乃初年本也. 後先生之家所行之禮, 旁親皆無衰、負版、辟領. 若此之類, 蓋從後來議論之定者爲正.〕"라고 하였다.

303 상례비요(喪禮備要)의 오복도(五服圖) : 김장생(金長生)의 《상례비요》에 실린 〈본종오복지도(本宗五服之圖)〉로, 다섯 등급의 상복을 예(禮)에 맞게 적용하는 복제를 나타낸 도식이다.

경우라면 복(服)이 모두 남자와 같다."라고 하였으니, 본래는 기년복이었는데 출가하여 강등했던 것임을 알 수 있습니다.

《의례》〈상복〉에 형제의 자식은 자신의 자식과 똑같이 기년복을 입는다고 하였는데,[304] 《예기(禮記)》〈단궁(檀弓)〉에 "상복을 입을 때에 형제의 자식을 자신의 자식과 똑같이 하는 것은 이끌어서 나오게 함이다." 하였으니, 이른바 "이끌어서 나오게 한다."라는 것은 이끌어서 나오게 하여 자신의 자식과 같게 하는 것입니다. 옛 사람들이 형제의 자식에 있어서 곧바로 부자(父子)라고 칭하였으니, 예컨대 소광(疏廣)과 채옹(蔡邕)이 그렇게 말하였습니다.[305] 진(晉)나라 이래로 비로소 숙질이라는 칭호가 있게 되었으나, 복은 여전히 동일한 기년복입니다. 아내는 남편의 복을 따르되 남편보다 한 등급을 강등하지만, 남편

304 의례……하였는데 : 《의례》〈상복〉 부장기(不杖期)조에 "형제의 자식을 위해 입는다.〔昆弟之子.〕"라고 하였다.

305 옛……말하였습니다 : 《독례통고(讀禮通考)》 권9 〈상기9(喪期九)〉의 자최부장기(齊衰不杖期)조에 고미(顧湄)가 "옛 사람들이 형제의 자식에 있어서 곧바로 부자(父子)라고 칭하였다. 한(漢)나라 소광(疏廣)은 형의 아들인 수(受)에게 '벼슬과 명성을 이룸에 후회가 있기를 두려워하느니 부자가 함께 관문을 나가는 것이 낫지 않겠는가.'라고 하였고, 채옹(蔡邕)은 숙부 질(質)과 정황(程璜)의 모함을 입었는데 채옹 스스로 진술하기를 '만일 신 부자가 중상모해하려 하였다면'이라고 하였다.〔古人於兄弟之子, 直稱父子. 漢疏廣謂兄子受曰: 宦成名立, 懼有後悔, 豈如父子相隨出關? 蔡邕與叔父質, 爲程璜所陷, 邕自陳曰: 如臣父子欲相傷陷.〕"라고 한 내용이 보인다. 소광은 한 선제(漢宣帝) 때 태자태부(太子太傅)를 지낸 인물로 조카 태자소부(太子少傅) 소수(疏受)와 함께 벼슬로 고향으로 돌아갔는바, 인용한 내용은 《한서(漢書)》〈소광전(疏廣傳)〉에 보이며, 채옹은 후한 말기의 문인으로 중상시(中常侍) 정황의 모함을 받아 삭방(朔方)으로 쫓겨난 적이 있는바, 인용한 내용은 《후한서(後漢書)》〈채옹전(蔡邕傳)〉에 보인다.

의 형제의 자녀와 손자와 증손자를 위해서는 강등함이 없으니, 이는 서로 보답하는 것으로서 또한 이끌어서 자신의 자식과 동일하게 하는 의리입니다.

같은 집안내의 상(喪)에는 비록 제사를 폐하지만, 신알(晨謁)[306]은 폐할 만한 의리가 없습니다. 이는 제사와는 다르므로 애당초 재계함이 없기 때문입니다. 비록 기년복이나 대공(大功)·소공(小功)의 상(喪)이더라도 성복한 뒤에는 마땅히 행해야 함에 의심할 여지가 없습니다.

306 신알(晨謁) : 새벽에 사당에 배알(拜謁)하는 일을 말한다. 《朱子家禮 卷1 通禮》

노용규[307] 찬겸 에게 답함 기유년(1849, 헌종15)
答盧龍奎 粲兼○己酉

뜻을 성실하게 한〔誠意〕 뒤에는 비록 큰 병통은 없으나 오히려 편벽되는 병통이 있으니, 큰 병통은 드러나서 다스리기가 쉽고 편벽되는 병통은 은미하여 다스리기가 어렵습니다. 그러므로 주 부자(朱夫子)께서 성의(誠意)를 해석할 때에 반드시 "뜻이 성실하지 않으면 전체가 사사로운 뜻이다."라고 하였고,[308] 정심(正心)과 수신(修身)을 논하면서는 "대체로 잘못된 곳이다."라고 하였으니,[309] 이는 긴요하게 말씀하

307 노용규(盧龍奎) : 1808~1872. 자는 찬겸(粲兼), 호는 소심재(小心齋)로, 홍직필의 문인이다. 저서로는 《소심재집》이 있다.

308 주 부자(朱夫子)께서……하였고 : 주희(朱熹)의 《주자어류(朱子語類)》 권16에 "뜻이 성실하지 않으면 전체가 사사로운 뜻이니, 다시 어떻게 정심(正心)을 이해하겠는가. 그러나 뜻이 비록 성실할지라도 또한 그 마음을 바르게 하지 않을 수 없다. 뜻의 성실함과 성실하지 않음은 바로 공과 사의 분별, 군자와 소인의 구분에 있다. 뜻이 만약 성실하지 않다면 비록 겉으로 선을 행하더라도 그 뜻은 실제로 그렇지 않으니, 어떻게 다시 그 마음의 바름과 바르지 않음을 묻겠는가.〔意未誠, 則全體是私意, 更理會甚正心? 然意雖誠了, 又不可不正其心. 意之誠不誠, 直是有公私之辨、君子小人之分. 意若不誠, 則雖外面爲善, 其意實不然, 如何更問他心之正不正?〕"라고 한 내용이 보인다.

309 정심(正心)과 ……하였으니 : 《주자어류(朱子語類)》 권16에 "정심과 수신은, 이제 살펴보니 이 단락의 대체로 잘못된 곳은 모두 인간의 욕구에 있는 것이 아니다. 이것은 모두 사람이 마땅히 지니고 있는 것인데, 모두 이렇게 어긋나 착오를 일으킨 것이다. 하물며 방탕함과 사치를 더한다면 분명 이는 큰길에서 길을 잘못 든 것이다.〔正心、修身, 今看此段大概差錯處, 皆未在人欲上. 這箇皆是人合有底事, 皆恁地差錯了.

신 것입니다. 뜻이 성실해지면 절로 악을 행하는 일이 없게 되지만, 뜻은 성실하더라도 마음은 본디 허령하기 때문에 악한 생각이 물러났더라도 반드시 헛된 생각이 없을 수는 없고, 헛된 생각이 제거되었더라도 반드시 편벽되는 병통이 없을 수는 없습니다. 그러니 마음이 물건과 접할 때에 인정을 억제하기 어려운 것이 네 가지가 있고,[310] 몸이 일과 접할 때에 인정이 편벽되기 쉬운 것이 다섯 가지가 있습니다.[311] 정자(程子)와 주자(朱子)의 성력(誠力)으로도, 전주(澶州)의 다리를 보고서 마음이 방일해지는 것을 경계하였고,[312] 동안현(同安縣)의 종

況加之以放辟邪侈, 分明是官街上錯了路!〕"라고 한 내용이 보인다.

310 그러니……있고 : 인정을 억제하기 어려운 네 가지란 마음의 평정을 잃게 하는 네 가지 요인으로, 노여움, 두려움, 좋아함, 근심함을 말한다. 《대학장구》 전(傳) 7장에 "이른바 수신(修身)이 그 마음을 올바로 하는 데에 있다는 것은, 마음에 노여움이 있으면 그 올바름을 얻지 못하고, 두려움이 있으면 그 올바름을 얻지 못하고, 좋아함이 있으면 그 올바름을 얻지 못하고, 근심이 있으면 그 올바름을 얻지 못한다는 것이다.〔所謂修身在正其心者, 心有所忿懥則不得其正, 有所恐懼則不得其正, 有所好樂則不得其正, 有所憂患則不得其正.〕"라고 하였다.

311 몸이……있습니다 : 편벽되기 쉬운 다섯 가지란 《대학장구》 전(傳) 8장에 "이른바 그 집안을 가지런히 함이 몸을 닦음에 있다는 것은 사람들이 친애하는 바에 편벽되며, 천히 여기고 미워하는 바에 편벽되며, 두려워하고 존경하는 바에 편벽되며, 가엽게 여기고 불쌍히 여기는 바에 편벽되며, 거만하고 태만히 하는 바에 편벽된다. 그러므로 좋아하면서도 그의 나쁨을 알며, 미워하면서도 그의 아름다움을 아는 자가 천하에 적은 것이다.〔所謂齊其家在修其身者, 人之其所親愛而辟焉, 之其所賤惡而辟焉, 之其所畏敬而辟焉, 之其所哀矜而辟焉, 之其所敖惰而辟焉. 故好而知其惡, 惡而知其美者, 天下鮮矣.〕"라고 한 데서 보인다.

312 전주(澶州)의……경계하였고 : 명도(明道) 정호(程顥)가 전주(澶州)에서 교량(橋梁)을 보수할 때에 큰 들보 하나가 부족하여 민간에서 널리 구하였었는데, 그 후 숲을 지나다가 훌륭한 재목을 보게 되면 반드시 길이를 헤아려보고는 하였다. 이에

소리를 듣고서 마음이 방일해짐을 탄식하였으니,[313] 어찌 성의(誠意) 공부를 믿어서 사유(四有)와 오벽(五辟)의 병통[314]을 살피지 않을 수 있겠습니까.

격물치지(格物致知)는 지(知)에 속하고 성의(誠意)는 행(行)에 속하여 지와 행을 분별하였으므로 성의를 위로 치지에 연결시키지 않았고, 성의 공부는 공용(功用)이 광대하여 다만 정심(正心)의 요점일 뿐만이 아니기 때문에 아래로 정심에 속하게 하지 않은 것이라는 데에 있어서는,[315] 선유(先儒)의 말씀에 이미 정론이 있습니다.

정호는 배우는 자들을 경계하면서 "마음에는 한 가지 일도 두어서는 안 된다."라고 하였다.《近思錄 卷4 存養》

313 동안현(同安縣)의……탄식하였으니 : 주희(朱熹)가 동안현의 주부(主簿)로 있으면서 밤에 종소리를 들은 일에 대해 말하기를 "오늘날 배우는 자들이 크게 진전하지 못하는 이유는 다만 마음이 여기에 있지 않기 때문이다. 소년시절 동안현에 있으면서 밤에 종소리를 들었는데, 한 종소리를 들어서 채 끝나기도 전에 마음이 이미 스스로 달려가곤 하였다. 이로 인하여 경계하고 살폈으니, 학문을 함은 모름지기 뜻을 지극히 해야 함을 비로소 알게 되었다."라고 하였다.《心經 卷3》

314 사유(四有)와 오벽(五辟)의 병통 : 앞에서 말한 '인정을 억제하기 어려운 것이 네 가지'와 '인정이 편벽되기 쉬운 것이 다섯 가지'를 가리킨다.

315 격물치지(格物致知)는……있어서는 : 《대학장구대전(大學章句大全)》 전(傳) 6장에서 성의(誠意)를 해석한 것에 대해 소주(小註)에서 쌍봉 요씨(雙峯饒氏)가 "전(傳)의 여러 장에서 여덟 가지 팔조목의 일을 해석할 때에, 매 장마다 모두 두 가지 일을 연결하여 말하였는데, 유독 이 장에서는 성의만을 들었다. 이는 지식이 지극해지는 것과 뜻이 성실해지는 것이 진실로 서로 인하는 것이지만, 치지(致知)는 지(知)에 속하고 성의는 행(行)에 속하는바 지와 행은 필경 두 가지 일로 마땅히 각자 힘을 써야 하기에, 알면 자연히 행할 수 있다고 할 수가 없는 것이다. 성의 장을 치지에 연결하여 말하지 않은 것은 이 때문이다. 정심(正心)과 성의가 비록 모두 행에 속하지만 성의는 단지 정심의 요점일 뿐 아니라, 수신(修身)으로부터 평천하(平天下)에 이르기까지 모

역(易)에 태극(太極)이 있으니 이것이 양의(兩儀)를 낳고, 양의가 사상(四象)을 낳고, 사상이 팔괘(八卦)를 낳습니다.[316] 태극은 단지 하나의 이치이지만, 양의를 낳으면 이 태극이 양의에 있고, 사상을 낳으면 이 태극이 사상에 있습니다. 이를 온갖 일에 미루어보면 모두 그렇지 않음이 없으니, 바로 이른바 만수(萬殊)가 하나의 근본에 근원하고, 하나의 근본이 만수에 퍼져 있다는 것[317]입니다. 자공(子貢)은 총명하여 지식으로부터 도(道)에 들어갔고, 증자(曾子)는 순박하고 성실하여 천리(踐履)로부터 도에 들어갔으니, 각각 그 재주를 따라서 가르침 역시 방법이 많았던 것입니다. 그렇다면 성인의 일관(一貫)은 본래 지(知)와 행(行)으로 나눌 수 없지만, 다만 그 사람이 알기 쉬운 곳을 향해 알려주어서 각각 일정한 규칙이 있는 것입니다.[318]

두 이를 요점으로 삼는다.……만약 단지 정심에 연결하여 말한다면 그 뜻이 국한되어 공용의 광대함이 이와 같음을 볼 수 없게 된다.〔傳之諸章釋八事, 每章皆連兩事而言, 獨此章單擧誠意. 蓋知至、意誠固是相因, 然致知屬知, 誠意屬行, 知行畢竟是二事, 當各自用力, 不可謂知了便自然能行, 所以誠意章不連致知說者爲此. 正心、誠意, 雖皆屬行, 然誠意不特爲正心之要, 自修身至平天下, 皆以此爲要.……若只連正心說, 則其意促狹, 無以見其功用之廣大如此也.〕"라고 한 내용이 보인다. 매 장마다 두 가지 일을 연결하여 말하였다는 것은 팔조목의 일을 설명할 때에 두 조목씩을 연결하여 논하였다는 뜻이다.

316 역(易)에……낳습니다 : 이 말은 《주역》 〈계사전 상(繫辭傳上)〉에 보인다.

317 이른바……것 : 이는 나흠순(羅欽順)의 말로, 《곤지기(困知記)》에 "역(易)에 태극(太極)이 있다고 한 것은 온갖 다름이 한 근본에 근원함을 밝힌 것이다. 이를 인하여 생생(生生)의 차서를 추론한 것은 한 근본이 흩어져 온갖 다름이 됨을 밝힌 것이다.〔云易有太極, 明萬殊之原於一本也. 因而推其生生之序, 明一本之散爲萬殊也.〕"라고 하였다.

318 자공(子貢)은……것입니다 : 공자가 자공(子貢)과 증자(曾子)에게 각각 "하나의 이치가 모든 사물을 꿰뚫는다.〔一以貫之.〕"라고 말한 적이 있는데, 자공의 경우에는

'특(慝)'이라는 글자는 '심(心)'을 따르고 '닉(匿)'을 따랐으니, 악(惡)이 마음에 숨어 있는 것입니다. 사람이 악을 행하는 것이 행동에 드러나면 쉽게 볼 수 있지만, 마음에 있으면 알기 어렵습니다. 그런데 '간특함을 다스림〔修慝〕'이라는 말 한 마디를 번지(樊遲)가 홀로 물었으니, 그렇다면 자신을 위하여 도(道)를 구하는 공부를 더욱 절실하게 한 것이라, '덕을 높임〔崇德〕'만을 물은 것과는 절로 구별됩니다. 그러니 어찌 "좋다!"라는 칭찬이 없을 수 있겠습니까.[319]

하늘과 땅은 작위가 없이 조화를 이루고, 사람의 일은 작위가 있고서 공(功)을 이룹니다. 수시(授時)의 정사[320]는 사람의 일을 위주로 하기 때문에 한 해의 처음은 오직 인통(人統)[321]이 가장 중정(中正)을 얻은

그의 학문이 많이 배우고 잘 기억하였기에 그에게 그 근본이 되는 바를 알게 하고자 한 것이었고, 증자는 그 용(用)의 부분에 있어서는 이미 일을 따라 정밀히 살피고 힘써 행하였으되 그 체(體)가 하나임을 알지 못하였기에 이와 같이 말해주었던 것이다. 《論語集註 里仁, 衛靈公》

319 특(慝)이라는……있겠습니까 : 《논어》 〈안연(顔淵)〉에 번지가 공자에게 "감히 덕(德)을 높이며, 간특함을 다스리며, 의혹을 분별함을 묻겠습니다.〔敢問崇德、修慝、辨惑.〕"라고 하였는데, 공자가 "좋다! 네 질문이여.〔善哉, 問!〕"라고 칭찬하였다. 한편 자장(子張)은 그 중에 두 조목인 덕을 높이며 의혹을 분별함만을 물었는데, 이에 공자가 "충신을 주장하며 의에 옮김에 덕을 높이는 것이다.〔主忠信徙義, 崇德也.〕"라고 대답한 바 있다. "특(慝)이라는 글자는……것입니다"라는 말은 집주(集註)의 호씨(胡氏)의 말에 보인다. 《論語集註 顔淵》

320 수시(授時)의 정사 : 백성에게 책력을 반포하여 농사철을 알려주는 것을 말한다. 《서경(書經)》 〈우서(虞書) 요전(堯典)〉에 "이에 희씨와 화씨에게 명하여 호천을 공경히 따라서 해와 달과 성신을 역상(曆象)하여 인시(人時)를 공경히 주게 하셨다.〔乃命羲和, 欽若昊天, 曆象日月星辰, 敬授人時.〕"라고 한 데서 온 말이다.

것입니다.

사람은 살아있을 때에는 형체에 다름이 있어서 감히 설만하게 할 수 없기 때문에 내외를 엄격히 나누어 분별함이 있고, 죽은 뒤에는 정기(精氣)가 간격이 없어서 합하는 바가 있기 때문에 합장하고 궤를 함께 하는 것입니다. 이 뜻이 이미 《예기(禮記)》〈제통(祭統)〉의 "자리를 펴고 궤를 함께 하다."라고 한 부분의 소(疏)에 보입니다.[322]

321 인통(人統) : 하(夏)·상(商)·주(周) 삼대의 정삭(正朔)을 삼통(三統)이라 하는데, 하(夏)는 인월(寅月)인 1월로 세수(歲首)를 삼아 인통(人統)이 되고, 은(殷)은 축월(丑月)인 12월로 세수를 삼아 지통(地統)이 되며, 주(周)는 자월(子月)인 11월로 세수를 삼아 천통(天統)이 된다. 지금 쓰는 음력은 하력(夏曆)에 근거한 것이다.

322 이 뜻이 ……보입니다 : 《예기》〈제통〉에서 귀신을 섬기는 도리를 말하면서 "자리를 깔고 궤를 함께 진설하는 것은 귀신을 여기에 의지하게 하려는 것이다.〔鋪筵設同几, 爲依神也.〕"라고 하였는데, 이에 대해 진호(陳澔)가 "사람이 살았을 때에는 형체가 다르기 때문에 부부의 윤리가 분별이 있는 데에 있고, 죽으면 정기가 간격이 없으므로 함께 한 궤를 진설하는 것이다.〔人生則形體異, 故夫婦之倫在於有別, 死則精氣無間, 共設一几.〕"라고 하였는바, 이를 가리킨다. 《禮記集說 祭統》

엄성무 시중 에게 답함 무신년(1848, 헌종14) 2월
答嚴星茂 時中○戊申二月

《대학장구》 경(經) 1장은 바로 공자의 말씀입니다. 그러므로 앞의 세 구절[323]은 《논어》 첫 장의 세 구절[324]과 뜻이 같습니다. '배우고 때로 익힘'은 명명덕(明明德)의 일이고, '벗이 먼 지방으로부터 옴'은 신민(新民)의 일이고, '사람들이 알아주지 않더라도 서운해 하지 않음'은 지지선(止至善)인데, 성의(誠意)·정심(正心)·수신(修身)·제가(齊家)[325]가 모두 그 가운데 있으니, 어찌 굳이 성의와 정심을 증자삼성(曾子三省)[326]의 아래에 나누어 배속할 것이 있겠습니까. '남을 위해 도모함〔爲人謀〕'에서의 인(人)은 친소를 통틀어서 말한 것이고, '널리

323 앞의 세 구절 : 《대학장구》 경(經) 1장에 "대학의 도는 명덕을 밝힘에 있으며 백성을 새롭게 함에 있으며 지선에 그침에 있다.〔大學之道, 在明明德, 在親民, 在止於至善.〕"라고 한 부분을 가리킨다.

324 논어……구절 : 《논어》 〈학이(學而)〉 첫 장에 "배우고 그것을 때로 익히면 기쁘지 않겠는가. 벗이 먼 지방으로부터 찾아온다면 즐겁지 않겠는가. 사람들이 알아주지 않더라도 서운해 하지 않는다면 군자가 아니겠는가.〔學而時習之, 不亦說乎? 有朋自遠方來, 不亦樂乎? 人不知而不慍, 不亦君子乎?〕"라고 한 부분을 가리킨다.

325 성의(誠意)·정심(正心)·수신(修身)·제가(齊家) : 《대학장구》 경(經) 1장에 나오는 팔조목(八條目) 중 네 가지를 말한다.

326 증자삼성(曾子三省) : 《논어》 〈학이(學而)〉 첫 장에 "증자가 말하기를, '나는 날마다 세 가지로 내 몸을 살피나니, 남을 위하여 일을 도모해 줌에 충성스럽지 못한가, 붕우와 더불어 사귐에 성실하지 못한가, 전수받은 것을 복습하지 않는가이다.'라고 하였다.〔曾子曰: 吾日三省吾身, 爲人謀而不忠乎? 與朋友交而不信乎? 傳不習乎?〕"라고 한 부분을 가리킨다.

사람들을 사랑하되 인(仁)한 이를 친히 함〔汎愛衆而親仁〕'[327]은 또한 친애하는 이로부터 시작해야 합니다. 범범하게 말하여 '인(人)'이라고 하고, 친애하는 이를 말하여 '붕우(朋友)'라고 한 것이니, '붕우(朋友)'와 '인(人)'은 두 가지가 아닙니다.

방상(方喪)[328]에 흰 상복을 입은 중에 어떻게 검은 건(巾)을 착용할 수 있겠습니까. 베를 사용하여 흰 관을 만들기를 염계관(濂溪冠)이나 정자관(程子冠)의 부류와 같게 하는 것이 옳을 듯합니다. 관직이 있는 사람이 말총으로 만든 탕건을 쓰는 것은 예(禮)가 아니니, 어찌 취하여 법으로 삼을 수 있겠습니까. 국상의 소상(小祥)과 대상(大祥)인 날에는 마땅히 고기를 먹지 말아야 하고, 대상 이후로는 기일을 만날 때마다 또한 소식(素食)을 행해야 합니다.

327 널리……함 : 이 말은 《논어》 〈학이(學而)〉 제6장에 보인다.

328 방상(方喪) : 부모의 상(喪)에 비견하여 임금의 상에 삼년복을 입는 것을 말한다. 《예기》 〈단궁 상(檀弓上)〉에 "신하가 임금을 위해 방상 3년을 입는다.〔方喪三年.〕"라고 하였는데, 이에 대해 유씨(劉氏)가 "방상은 부모의 상에 견주어 의(義)로써 은혜를 아우르는 것이다.〔方喪, 比方於親喪而以義竝恩也.〕"라고 하였다. 《禮記集說 檀弓上》

박정진[329] 경옥 에게 답함 계사년(1833, 순조33) 10월
答朴鼎鎭 景玉○癸巳陽月

거상(居喪)하는 실제는 수척하여 병을 앓아 몸과 마음이 야위고 고달픈 데에 있지 않습니다. 오직 형체를 따라 행동하여 부모를 닮아서 편안함에 이르는 것[330]이 지극한 효이며, 예서(禮書)를 읽고 경전을 연구하는 것이 그 절도입니다. 슬퍼하며 소박하게 지내는 중에 다른 외부의 이끌림이 없다면 생각건대 응당 공부에 전심치지하고 있을 것이니, 본디 좋아하던 필기구를 잠시 놓아두고 서둘러 먼저 그 큰일을 수립할 것을 생각하는 것이 크게 옳고 크게 옳습니다.

수척하게 상복을 입은 사람은 과거 공부를 하여서는 안 되니, 영화를 꾀하는 데에 가까운 혐의가 있기 때문입니다. 저의 스승이신 근재(近齋) 박 선생(朴先生 박윤원(朴胤源))께서는 상처(喪妻)하셨을 때에 아들에게 거업(擧業)을 익히지 않도록 하였습니다. 어떤 이가 "시(詩)나 부(賦)는 진실로 상중에 있는 사람이 지을 것이 아니지만, 과체(科體)

329 박정진(朴鼎鎭) : 1811~? 자는 경옥(景玉), 본관은 순천(順天)으로, 조선 중기의 학자 겸재(謙齋) 박성원(朴聖源, 1697~1767)의 현손이다. 음관으로 벼슬을 하였다.

330 형체를……것 : 장재(張載)의 〈서명(西銘)〉에 "어기는 것을 패덕(悖德)이라 하고, 인(仁)을 해치는 것을 적(賊)이라 하며, 악한 일을 하는 자는 못난 사람이요, 형체가 생긴 대로 올바르게 행동하는 자가 오로지 부모를 닮은 자이다.……살아서는 내 하늘에 순응하고 죽어서는 편안하리라.〔違曰悖德, 害仁曰賊, 濟惡者不才, 其踐形惟肖者也.……存吾順事, 沒吾寧也.〕"라고 하였다. 《古文眞寶 後集 卷10》

나 사서삼경의 의심나는 부분은 때로 익히는 것이 어찌 해롭겠습니까." 라고 하자, 선생께서는 끝내 허락하지 않으시면서 말씀하시기를 "상중에 있는 사람이 어찌 과문(科文)을 지을 수 있겠는가."라고 하셨으니, 이는 떳떳한 도리를 지키는 말씀으로 바꿀 수 없는 것입니다.

그대 집안에는 본래 올바른 학문의 연원이 있으니, 그 서업을 이어서 대대로 이어온 것을 진작하는 것이 애시(哀侍)[331]의 무거운 책임이 아니겠습니까. 재주와 기백이 애시처럼 뛰어난 사람은 세상에 늘 있는 것이 아니기 때문에 기대하는 바가 더욱 중한 것입니다. 부디 이 뜻을 알아서 더욱 선대의 뜻과 사업을 잇는 데에 힘써서 수립한 바가 우뚝하게 되기를 바라니, 그렇다면 그대의 선조이신 문헌(文獻)[332] 선생께서 "나에게 훌륭한 후손이 있다."라고 하시지 않겠습니까.

보내오신 편지에서 죄인으로 거상하며 칩거하는 중에 학문에 나아가는 것을 선배들이 이룬 법이라 하고, 그럭저럭 세월을 보내어 독실한 공부를 하지 못하는 것으로 죄에 죄를 더한다고 하였습니다. 그 말이 참되고 절실하니, 구차히 그러한 것이 아닙니다. 만약 그 병통을 알아서 제거하고자 한다면, 바로 이 제거하고자 하는 마음이 곧 능히 제거할 수 있는 약이 되니, 이를 회옹(晦翁)께서도 말씀하셨습니다.[333] 다른

331 애시(哀侍) : 거상(居喪) 중에 있으면서 홀아버지나 홀어머니를 모시는 사람을 말한다.

332 문헌(文獻) : 박성원(朴聖源, 1697~1767)으로, 자는 사수(士洙), 호는 겸재(謙齋), 문헌은 시호이다. 이재(李縡)의 문인으로, 사헌부감찰(司憲府監察)・지평(持平)・세손강서원유선(世孫講書院諭善) 등을 역임하였다. 저서로는 《돈효록(敦孝錄)》・《예의유집(禮疑類輯)》・《보민록(保民錄)》・《돈녕록(敦寧錄)》・《겸재집》 등이 있다.

사람에게 의지하지 말고 훗날을 기다리지 말아서 마땅히 해야 할 일을 즉시 행하는 것으로 끝까지 추구해야 할 법을 삼아 지금 곧장 해나가서 결단하여 의심하지 말아야 합니다. 망설이는 것은 일을 해치는 적이니,[334] 부디 애시께서는 공경히 유념하십시오.

333 만약 그……말씀하셨습니다 : 회옹은 주희(朱熹)로, 주희의 이 말은《회암집(晦庵集)》권59〈답이처겸(答李處謙)〉에 보인다.

334 망설이는……적이니 : 이 말은《춘추좌씨전(春秋左氏傳)》애공(哀公) 14년 조에 보인다.

박정진에게 보냄 갑오년(1834, 순조34) 4월
與朴鼎鎭 甲午四月

《돈효록(敦孝錄)》과 《예의유집(禮疑類輯)》[335] 두 책은 서로 표리(表裏)가 되니, 바로 세교(世敎)를 유지하는 척도로서, 단지 그대 집안의 청전(靑氈)[336]일 뿐만이 아닙니다. 그러나 문헌공(文獻公)[337]의 후손이 된 자는 더욱 이를 외고 본받아야 할 것이니, 이는 사람이 되는 근본이기 때문입니다. 여기에서 이를 구한다면 본심의 온전한 덕을 얻을 수 있을 것이니, 단지 상(喪)을 치르면서 슬픔을 지극히 할 뿐만이 아닌 것입니다. 애시(哀侍)[338]께서는 힘쓰십시오. 궤전(饋奠)하는 여가에

335 돈효록(敦孝錄)과 예의유집(禮疑類輯) : 둘 다 박정진(朴鼎鎭)의 4대조인 박성원(朴聖源)의 저서이다. 《돈효록》은 《효경(孝經)》과 《서명(西銘)》 등 여러 문헌 가운데 효에 관한 교훈과 고사를 가려내어 편집한 책이며, 《예의유집》은 우리나라 제현(諸賢)의 예설(禮說)을 종류별로 모아 편집한 책이다.

336 청전(靑氈) : 청전은 푸른 모포로 선대로부터 내려온 오랜 가업을 이른다. 진(晉)나라 왕헌지(王獻之)가 누워 있는 방에 도둑이 들어와서 물건을 모두 훔쳐 가려 하자 "도둑이여, 그 푸른 모포는 우리 집안의 유물이니, 그것만은 놓고 가라.〔偸兒! 靑氈我家舊物, 可特置之.〕"라고 하였는바, 이로부터 선대로부터 전해오는 귀한 유물이나 가업을 가리키는 말로 쓰이게 되었다. 《晉書 卷80 王羲之列傳 王獻之》

337 문헌공(文獻公) : 박성원(朴聖源, 1697~1767)은 자는 사수(士洙), 호는 겸재(謙齋), 시호는 문헌, 본관은 밀양(密陽)이다. 이재(李縡)의 문인으로, 사헌부 감찰(司憲府監察)·사헌부 지평(司憲府持平)·세손강서원유선(世孫講書院諭善) 등을 역임하였다. 저서에 힘써서, 《돈효록(敦孝錄)》과 《예의유집(禮疑類輯)》 이외에도 《보민록(保民錄)》·《돈녕록(敦寧錄)》·《겸재집(謙齋集)》 등이 전해진다.

338 애시(哀侍) : 거상(居喪) 중에 있으면서 홀아버지나 홀어머니를 모시는 사람을

응당 멈추지 않고 독서하고 있을 터이니, 항상 부족한 듯이 여겨서 깊은 곳에 임하였다고 자만하지 않을 수 있으시겠습니까?[339] 속수옹(涑水翁)이 말하기를 "도(道)는 산과 같아 깊을수록 높아지고, 도(道)는 길과 같아 갈수록 멀어지니, 배우는 자는 또한 힘을 다할 뿐이다."라고 하였으니,[340] 이 말이 좋습니다. 애시(哀侍)도 여러 번 반복해보고서 감회를 일으키실 것입니다.

말한다.

339 깊은……있겠습니까 : 《예기(禮記)》 〈유행(儒行)〉에 유자(儒者)의 행실을 말하면서 "깊은 곳에 임하여 높은 체하지 않고 적은 것을 더하여 많은 체하지 않는다.〔不臨深而爲高, 不加少而爲多.〕"라고 하였다.

340 속수옹(涑水翁)이……하였으니 : 속수는 송(宋)나라 사마광(司馬光, 1019~1086)의 별호다. 사마광의 이 말은 《성리대전(性理大全)》 권43에 보인다.

박형구 원길 에게 답함 경술년(1850, 철종1)
答朴亨求 元吉○庚戌

훌륭한 공부가 《사전(思傳 중용)》을 날줄로 삼고 《주서(朱書)》를 씨줄로 삼아서 듣기에 흡족하니, 찬탄하는 마음을 이길 수 없습니다. 진실로 능히 명리(名理)를 연구하여 몸과 마음에 체득해 붙인다면, 어찌 보내오신 편지에서 말하신 것처럼 모색(茅塞)하여 곡망(牿亡)할 것[341]을 걱정할 것이 있겠습니까. 태산(泰山)이 높으나 한 삼태기의 흙을 포개면 이를 수 있고[342] 북해(北海)가 넓으나 갈대 하나를 띄우면 건널 수 있습니다.[343] 성문(聖門)이 멀지만 한 걸음을 쌓아나가면 이를 수

341 모색(茅塞)하여 곡망(牿亡)할 것 : 사욕이나 물욕이 생겨나 본심(本心)을 잃는 것을 말한다. 모색은 풀이 자라 길을 막듯이 선심을 잃는 것으로, 《맹자(孟子)》 〈진심 하(盡心下)〉에서 맹자가 고자(高子)에게 이르기를 "산 중의 작은 길이 사람이 다니면 금방 길을 이루었다가 한동안 사용하지 않으면 풀이 자라 길을 막나니, 지금 풀이 그대의 마음을 꽉 막고 있구나.〔山徑之蹊間, 介然用之而成路, 爲間不用, 則茅塞之矣, 今茅塞子之心矣.〕"라고 한 데서 온 말이고, 곡망은 외물과 접촉하여 양심이 짓눌러 없어지게 되는 것으로, 〈고자 상(告子上)〉에서 맹자가 "낮 동안 저지르는 이욕에 찬 행위가 양심(良心)을 짓눌러 없애니, 짓눌러 없애기를 반복하면 야기(夜氣)가 보존될 수 없다. 야기가 보존될 수 없으면 금수와 거리가 멀지 않게 된다.〔旦晝之所爲, 有梏亡之矣, 梏之反覆, 則其夜氣不足以存. 夜氣不足以存, 則其違禽獸不遠矣.〕"라고 한 데서 온 말이다.

342 태산(泰山)이……있고 : 《논어》 〈자한(子罕)〉에 공자(孔子)가 "학문은 비유하면 산을 쌓는 것과 같으니, 한 삼태기의 흙을 붓지 않아 못 이루고서 그만두었다 해도 내가 그만둔 것이며, 또 비유하면 평지에 한 삼태기의 흙을 붓는다 하더라도 진전된 것은 내가 나아간 것이다.〔譬如爲山, 未成一簣, 止吾止也. 譬如平地, 雖覆一簣, 進吾往也.〕"라고 하였다.

있으니, 힘쓰기를 어떻게 하느냐에 달려있을 뿐입니다.

학문을 밝히기 어렵게 된 지가 오래되었습니다. 그 효용은 천지에 이르지만 그 단서는 움직이고 고요하며 말하고 침묵하는 사이를 벗어나지 않으니, 그 단서를 안다면 큰 체(體)를 구할 수 있을 것이고 그 체(體)를 밝게 안다면 오묘한 효용을 채울 수 있을 것이지만, 식견이 여기에 미치는 자가 거의 없습니다. 그런데 현자께서 마침내 무궁한 소원을 지닌 채, 정직하지 않으면서도 생존하는 것[344]이 몹시 부끄럽다고 능히 스스로 말하여서, 자나 깨나 한 생각으로 덕을 진전시키고 업을 닦는 데에 부지런히 힘쓰니, 이는 참으로 한 때의 의기가 아닙니다. 장차 지업(志業)을 채우고 밝히는 것은 그 요점이 공자(孔子)와 주자(朱子)의 책 가운데 있으니, 어찌 굳이 천하고 누추한 저에게 구할 것이 있겠습니까. 성철(聖哲)께서 세우신 가르침이 명백하고 절실하여, 곧장 천하 만세의 사람들이 모두 지선(至善)의 경지에 들어가도록 하였습니다. 내가 항상 이 뜻을 다른 사람에게 말해주었기에 다시 그대를 위해 이것을 바랍니다. 더욱 충신(忠信)을 위주로 하여 근본을 높이고 실제에 힘써서 비근한 것을 소홀히 하지 말고 세미한 것을 빠뜨리지 말아서 세밀하게 잡아 지키고 오랫동안 기른다면, 성인을 배워서 그 경지에 이를 수 있을 것이니, 힘쓰고 힘쓰기를 바랍니다.

343 북해(北海)가……있습니다 : 《시경(詩經)》 〈국풍(國風) 하광(河廣)〉에 "누가 하수(河水)가 넓다 이르는고. 한 갈대로 건널 수 있도다.〔誰謂河廣? 一葦杭之.〕"라고 하였다.

344 정직하지……것 : 《논어(論語)》 〈옹야(雍也)〉 "사람이 살아가는 이치는 정직함이니, 정직하지 않으면서도 생존하는 것은 요행으로 죽음을 면한 것이다.〔人之生也直, 罔之生也, 幸而免.〕"라고 하였다.

홍상빈 문보 에게 답함 경술년(1850, 철종1)

答洪尙贇 文甫○庚戌

보내오신 편지에서 공부가 소루하여 진전하지 못함을 근심하였으니, 마땅히 근심해야 할 바를 근심하기를 우리 문보(文甫)와 같이 하는 사람이 능히 다시 몇 사람이나 되겠습니까. 이른바 학문의 방도는 다만 눈앞의 일상생활의 도리에 있으니, 성철(聖哲)은 이 당연한 도리를 다한 것에 불과할 뿐, 깊고 그윽하며 현묘한 것으로서 말할 만한 것이 따로 없습니다. 학문에는 무궁한 공부가 있지만 '심(心)' 한 글자가 바로 큰 총괄이고, 심(心)에는 무궁한 공부가 있지만 '경(敬)' 한 글자가 바로 큰 총괄입니다. 그러나 이치를 밝게 알지 못한다면 어찌하여 총괄이 되는지를 알지 못할 것입니다. 부디 《소학(小學)》과 《논어(論語)》를 가져다가 더욱더 익히고 연구하십시오. 그러면 절로 묵묵히 알고 마음으로 통하는 것이 있게 될 것이니, 어찌 본분에 의하여 선인(善人)이 되지 못함을 근심할 것이 있겠습니까. 천번 만번 힘쓰기를 바랍니다.

박흥종 기재 에게 답함 기유년(1849, 헌종15)

答朴興宗 起哉○己酉

향음주례(鄕飮酒禮)와 양로례(養老禮) 이 두 가지 예(禮)는 하루만 행하더라도 사방을 진작시킬 수 있는 것인데도 근세에는 행하는 이가 거의 없습니다. 그런데 그대가 사는 도(道)의 관찰사가 홀로 남들이 하지 않는 바를 행하여 월(越)과 촉(蜀)의 개들이 괴이한 것을 보고 짖는 일[345]을 초래하는 것도 거리끼지 않으니, 이 때문에 찬송합니다. 그대가 걸출하게 준찬(僎贊)[346]이 되었으니, 이는 또한 여러 선비들의 신망이 추대하는 바를 확인할 수 있습니다. 부디 더욱 명실상부하기를 힘써서 항상 "사람은 몸을 감추어야 정신이 안에서 살찌는 법이네."[347]라는 것을 법도로 삼는 것이 어떻겠습니까?

345 월(越)과……일 : 다른 사람들이 괴이하게 생각되는 것을 보고 비난하는 것을 뜻한다. 당(唐)나라 유종원(柳宗元)의 〈답위중립논사도서(答韋中立論師道書)〉에 따르면, 촉(蜀) 땅에는 해가 나는 날이 드물기 때문에 개들이 해를 보면 괴이하다고 짖고 월(越) 땅에는 눈이 오는 날이 드물기 때문에 개들이 눈을 보면 괴이하다고 짖는다 하였으니, 여기에서 온 말이다.《柳宗元集 卷24 答韋中立論師道書》

346 준찬(僎贊) : 예식(禮式)에서 행사를 도와 주선하는 사람을 말한다.

347 사람은……법이네 : 이 말은 유자휘(劉子翬)가 주희(朱熹)의 관례(冠禮)에 준 글에 보인다. 유자휘는 자는 언충(彦沖), 호는 병산(屛山)이며 주희의 부친인 주송(朱松)의 친구로, 주송이 죽은 뒤에 주희를 가르쳤다.《병산집(屛山集)》 권6 〈자주희축사(字朱熹祝詞)〉에 "나무는 뿌리를 감추어야 봄에 잎이 성하게 피고, 사람은 몸을 감추어야 정신이 안에서 살찌는 것이다.〔木晦於根, 春容燁敷, 人晦於身, 神明內腴.〕"라고 하였다.

민주현[348] 치교 에게 답함 무신년(1848, 헌종14)

答閔冑顯 穉敎○戊申

보내오신 편지에서 먼 지역에서 뒤늦게 태어나 홀로 거처하며 들은 바가 없어서 소인으로 귀결될까 두려워하였으니, 진실로 몸에 돌이켜 성찰하지 않았다면 어찌 능히 이와 같이 말할 수 있겠습니까. 이 때문에 찬탄합니다. 성인(聖人)의 문하에서 사람에게 가르친 것은 단지 문(文)·행(行)·충(忠)·신(信)이니, 충(忠)과 신(信)은 문(文)과 행(行)의 근본입니다.[349] 충신(忠信)과 독경(篤敬)을 행한다면[350] 동(動)하든 정(靜)하든 마음이 절로 보존되고 이치가 절로 분명해질 것이니, 부디 이 뜻을 체득하여 근본을 돈독히 하고 실제를 힘써서 마음

348 민주현(閔冑顯) : 1808~1882. 자는 치교(穉敎), 호는 사애(沙厓), 본관은 여흥(驪興이다. 송치규(宋穉圭)·안수록(安壽祿)·장헌주(張憲周)·기정진(奇正鎭)·홍직필·임헌회(任憲晦) 등을 두루 사사하였다. 1836년(헌종2) 향시(鄕試)에 합격한 뒤, 44세로 경과정시(慶科庭試)에 병과로 급제하여 성균관 전적(成均館典籍)·사헌부 집의(司憲府執義)·동지춘추관사(同知春秋館事)·병조참판(兵曹參判)·좌승지(左承旨) 등을 지냈다. 저서로는 《사애문집》이 있다.

349 성인(聖人)의……근본입니다 : 《논어(論語)》〈술이(述而)〉에서 "공자는 네 가지로 가르쳤으니, 문(文)·행(行)·충(忠)·신(信)이었다.〔子以四敎, 文行忠信.〕" 하였는데, 집주(集註)에 정자(程子)가 "사람을 가르치되 글을 배우고, 행실(行實)을 닦으며 충신(忠信)을 마음에 간직하게 한 것이니, 이중에 충신(忠信)이 근본이다.〔敎人以學文修行而存忠信也, 忠信本也.〕"라고 하였다. 《論語集註 述而》

350 충신(忠信)과 독경(篤敬)을 행한다면 : 《논어(論語)》〈위령공(衛靈公)〉에 공자(孔子)가 "말이 충신(忠信)하고 행실이 독경(篤敬)하면, 비록 오랑캐 나라라 하더라도 제대로 행해질 수 있다.〔言忠信, 行篤敬, 雖蠻貊之邦, 行矣.〕"라고 하였다.

을 진실하게 하고 행실을 진실하게 하는 데에 부지런히 힘쓰기를 바랍니다. 정자(程子)께서 말씀하기를 "게으른 뜻이 한번 생겨나면 이것이 곧 자포자기인 것이다." 하였고,[351] 주자(朱子)께서 말씀하기를 "조금이라도 유유(悠悠)하게 지내면 곧 뜻이 확립되지 못한다."라고 하였습니다.[352] 충신(忠信)을 위주로 하는 것이 그 기본이 되니 힘쓰고 힘쓰십시오.

보내주신 빗은 지극한 뜻에서 나온 것임을 알겠습니다. 머리의 때는 제거할 수 있지만 마음의 때는 제거하지 못하니, 어찌 본원을 함양하는 방도를 보여주지 않으시는지요? 소합원(蘇合元)[353]을 드리니, 부디 약의 수요에 대비하시기를 바랍니다.

351 정자(程子)께서……하였고 : 송(宋)나라 유학자 정호(程顥)의 말로, 《근사록(近思錄)》 권2 〈위학(爲學)〉에 보인다.

352 주자(朱子)께서……하였습니다 : 주희(朱熹)의 이 말은 《주자어류(朱子語類)》 권8에 보인다.

353 소합원(蘇合元) : 위장을 맑게 하고 정신을 상쾌하게 하는 환약으로, 일명 소합환(蘇合丸)이라고도 하는데, 그 크기는 보통 콩알만 하다.

민주현에게 답함 경술년(1850, 철종1)
答閔胄顯 庚戌

보내오신 편지에서 어두움 속에서 길을 더듬는다는[354] 탄식과 벗들과 떨어져 홀로 지내는[355] 회포를 말씀하셨으니, 지극한 뜻이 보존한 바를 우러러 알겠습니다. 상복(喪服)을 입고 있는 중에 예서(禮書)만 읽을 뿐 아니라 경서(經書)도 연구하여야 하니, 경서가 먼저이고 예서가 다음이어야 차서를 잃지 않을 수 있습니다. 신중하게 생각하고 밝게 분변함이[356] 가장 급선무이니, 소견이 조금 어긋나면 유폐(流弊)가 무궁하게 됩니다. 부디 이 뜻을 체득하여 더욱 이치를 밝게 알고 말을 아는 데에 부지런히 힘써서 행할 바를 의심하지 않는다면 거상(居喪)의 도리를 다할 수 있을 것입니다.

354 어두움……더듬는다는 : 맹인(盲人)이 지팡이로 땅을 짚으면서 암중모색하는 것을 말하는데, 학문의 길을 모르는 것을 가리킨다. 양웅(揚雄)의 《법언(法言)》〈수신(修身)〉에, "맹인이 지팡이로 땅을 짚으면서 길을 찾아 어두움 속에서 다니는 것과 같을 뿐이다.〔素擿埴索塗, 冥行而已.〕"라고 하였다.

355 벗들과……지내는 : 《예기(禮記)》〈단궁 상(檀弓上)〉에 자하(子夏)가 아들이 죽고 상심하여 실명을 하였을 때 하늘이 죄 없는 자신에게 불행을 주었다고 원망을 하였는데, 조문을 왔던 증자(曾子)가 그의 잘못을 꾸짖자 자하가 "내가 잘못하였다. 내가 잘못하였다. 내가 벗들을 떠나 홀로 지낸 지 너무 오래되었기 때문에 이렇게 되었다.〔吾過矣吾過矣. 吾離群而索居, 亦已久矣.〕"라고 뉘우쳤다고 한다.

356 신중하게……분변함이 : 《중용장구(中庸章句)》 제20장에 "널리 배우며 자세히 물으며 신중하게 생각하며 밝게 분변하며 독실하게 행해야 한다.〔博學之, 審問之, 愼思之, 明辨之, 篤行之.〕"라고 한 데서 온 말이다.

이(理)는 회합이 있고 유통이 있으니,[357] 회합하면 하나가 되고 유통하면 만 가지가 되어 작은 것까지도 분석하여 각각 마땅한 바가 있는 바, 그런 뒤에 이른바 일이관지(一以貫之)[358]라는 것이 혼돈 속에 억측하는 것이 아니게 됩니다. 이는 학문이 궁리(窮理)를 귀하게 여기는 까닭인데, 거경(居敬)은 궁리의 근본이 됩니다. 그러므로 "이(理)가 밝아지면 그 앎을 정미하게 할 수 있고, 경(敬)이 확립되면 그 앎을 머물게 할 수 있다."[359]라고 하였으니, 이에 종사하여 함영하기를 그치지 않는다면 가슴이 트이고 넉넉해져서 얻는 바가 날로 새로워질 것입니다. 천번 만번 힘쓰기를 바랍니다.

357 이(理)는……있으니 : 《주역(周易)》 〈계사전 상(繫辭傳上)〉에 "성인이 천하의 동태를 살펴보고 회합과 유통의 상태를 관찰하여, 이에 맞게 제도와 의례를 행하게 하였다.〔聖人有以見天下之動, 而觀其會通, 以行其典禮.〕"라고 한 말이 보인다.

358 일이관지(一以貫之) : 온갖 일이 하나의 이치로 관통된다는 뜻이다. 《논어(論語)》 〈이인(里仁)〉에 공자가 증자(曾子)에게 "우리 도는 하나로써 모든 것을 꿴다.〔吾道一以貫之.〕"라고 한 데서 온 말이다.

359 이(理)가……있다 : 이 말은 송(宋)나라 학자인 장식(張栻)의 말로, 그의 문집인 《남헌집(南軒集)》 권11 〈확재기(擴齋記)〉에 보인다.

매산집

제24권

書서

임헌회[1] 명로 에게 답함 기해년(1839, 헌종5) 10월

答任憲晦 明老○己亥十月

한 번 초시(初試)에 합격함은 현자(賢者)에게 있어서 굳이 말할 만한 것이 못 되나 방목(榜目) 위의 높은 이름이 절로 우러러보게 만드니 이는 또한 인지상정상 어쩔 수 없는 것입니다. 이왕 시작함이 있다면 유종의 미를 거두기를 원하니, 조리(條理)를 시작하고 끝내는 것[2]은 실로 덕(德)을 진전시키고 학업을 닦는 데[3]에 달려있습니다. 부디 이

1 임헌회(任憲晦) : 1811~1876. 자는 명로(明老), 호는 고산(鼓山)·전재(全齋)·희양재(希陽齋), 본관은 풍천(豐川)이다. 송치규(宋穉圭), 홍직필(洪直弼) 등의 문하에서 수학하였다. 1858년(철종9) 천거에 의해 효릉 참봉(孝陵參奉)에 제수되었으나 나아가지 않았고, 이후에 전라 도사, 군자감 정, 사헌부 집의, 장악원 정, 호조 참의, 경연관, 대사헌 등에 제수되었으나 모두 사직하고 나아가지 않았다. 경학과 성리학에 조예가 깊어 낙론(洛論)의 대가로서 이이(李珥)·송시열(宋時烈)의 학통을 계승하여 제자 전우(田愚)에게 전수하였다. 1902년(고종39)에 내부대신(內部大臣)에 추증되었으며, 연기(燕岐)의 숭덕사(崇德祠)에 배향되었다. 저서로는 《고산집(鼓山集)》이 있으며, 시호는 문경(文敬)이다.

2 조리(條理)를……것 : 이는 《맹자(孟子)》 〈만장 하(萬章下)〉에 보이는 내용으로, 맹자가 말하기를, "공자를 일러 집대성한 분이라고 하니, 집대성이란 음악을 연주할 때에 쇠북으로 소리를 퍼지게 하고 옥경(玉磬)으로 거두는 것과 같은 것이다. 쇠북으로 소리를 퍼지게 한다는 것은 조리를 시작하는 것이고 옥경으로 거둔다는 것은 조리를 끝내는 것이니, 조리를 시작하는 것은 지(智)의 일이고 조리를 끝내는 것은 성(聖)의 일이다.〔孔子之謂集大成, 集大成也者, 金聲而玉振之也. 金聲也者, 始條理也; 玉振之也者, 終條理也. 始條理者, 智之事也; 終條理者, 聖之事也.〕"라고 하였다. '조리'란 '맥락(脈絡)'의 의미로, '조리를 시작하고 끝낸다'는 것은 곧 하나의 맥락으로 시작과 끝을 관통하여 여러 소성(小成)을 합해 대성(大成)을 이루는 것을 뜻한다.

뜻을 체행하여 곧바로 시종(始終)의 작은 것을 통하여 미루어 가서 시종의 큰 것까지 지극히 하기를 바랍니다. 알아 나가는 것이 앞에 있고 지켜 나가는 것이 뒤에 있으니 점점 성철(聖哲)의 경지에 도달하는 것은 오직 힘쓰기를 어떻게 하느냐에 달려있습니다. "학문을 말할 때에는 도(道)에 뜻을 두어야 하고 인물을 말할 때에는 성인(聖人)에 뜻을 두어야 한다."[4]라는 것은 하남노자(河南老子)[5]께서 진실한 마음을 다하여 사람들에게 말씀해 주신 것입니다. 고명(高明)께서 외우고 본받아야 할 바가 어찌 여기에 있지 않겠습니까.

삼가 살펴보건대, 고아한 풍모가 절로 도(道)에 가까우니 진실로 위를 향하여 나아간다면 또한 어떠한 원대한 일인들 이루지 못하겠습니까. 항상 스스로 분발하여 반드시 제일등(第一等)의 가장 중요한

3 덕(德)을……데 : '덕(德)을 진전시키고 학업을 닦는다〔進德居業〕'는 것은 본래 《주역(周易)》〈건괘(乾卦) 문언(文言)〉에 보이는 말로, "군자는 덕을 진전시키고 학업을 닦나니 충(忠)과 신(信)은 덕을 진전시키는 것이고 말을 다듬어 가고 그 성(誠)을 세움은 학업을 닦는 것이다.〔君子進德修業, 忠信, 所以進德也; 修辭立其誠, 所以居業也.〕"라고 하였다.

4 학문을……한다 : 이 말은《근사록(近思錄)》권2〈위학(爲學)〉에 보이는데, "성인(聖人)이 되는 제일등의 일을 사양하여 다른 사람에게 주고 우선 현인(賢人)이 되는 제이등의 일을 하겠다고 말하지 말라. 조금이라도 이와 같이 말한다면 곧 스스로 포기하는 것이니, 비록 '인(仁)에 거하고 의(義)를 행함'을 하지 못하는 자와는 차등이 있어서 똑같지 않지만 스스로 작게 여기는 점에 있어서는 똑같다. 학문을 말할 때에는 곧 도(道)에 뜻을 두어야 하고 인물을 말할 때에는 곧 성인(聖人)에 뜻을 두어야 한다.〔莫說道將第一等, 讓與別人, 且做第二等. 才如此說, 便是自棄, 雖與不能居仁由義者差等不同, 其自小一也. 言學, 便以道爲志; 言人, 便以聖爲志.〕"라고 하였다.

5 하남노자(河南老子) : 중국 하남 지역에 살았던 정호(程顥)와 정이(程頤) 형제를 가리키는데, 여기에서는 정이를 가리킨다.

도리에 종사하고 구구한 과명(科名)을 최고의 법칙으로 삼지 말기를 몹시 바라 마지않습니다.

임헌회에게 답함 경자년(1840, 헌종6) 7월
答任憲晦 庚子七月

반함(飯含)[6]은 주인이 하는 일입니다. 상(喪)의 존비(尊卑)를 막론하고 오직 상(喪)을 주관하는 자만 왼쪽 소매를 벗습니다. 왼쪽 소매를 벗는 것은 편리함을 취한 것이니 다른 사람은 소매를 벗을 만한 의리가 없습니다. 다만 주인이 늙고 병들어 직접 반함을 할 수가 없어서 자손이 대신 행한다면, 대신 행하는 자가 왼쪽 소매를 벗어야 합니다.

《의례(儀禮)》〈사상례(士喪禮)〉에서 "주인이 반드시 왼손으로 쌀을 뜬다.〔主人必左扱米〕"라고 한 것[7]으로 말하면, 시신이 이때에 남쪽으로 머리를 두고 있으면 주인은 시신의 발 쪽으로부터 서쪽으로 와서 상 위에 앉아 동쪽을 보게 되고 재(宰)는 주인을 따라 상의 서쪽에 서서 주인의 오른쪽에 있게 됩니다. 이렇게 되면 왼손은 사용하기에 불편한데 그럼에도 불구하고 왼손을 사용하는 까닭은 시신의 얼굴 아래쪽에서 반함하는 것이 순리이기 때문입니다. 주인이 동쪽을 보고 앉아서 오른손을 사용하게 되면 반드시 반함하는 숟가락을 반대 방향으로 사용하게 되고 또 망자(亡者)의 얼굴에 손을 얹게 되니 이는 효도

6 반함(飯含) : 소렴(小殮)할 때 망자(亡者)의 입에 쌀과 구슬을 물리는 것을 이른다.

7 의례(儀禮)……것 : 《의례》〈사상례(士喪禮)〉에서 반함(飯含)의 방법을 설명하여 말하기를, "주인은 왼손으로 쌀을 떠서 시신의 입 오른쪽을 세 번 채우고 패(貝) 하나를 채운다. 왼쪽과 가운데도 역시 똑같이 한다. 또 쌀을 채우되 가득하게 한다.〔主人左扱米, 實于右三, 實一貝. 左中亦如之. 又實米, 唯盈.〕"라고 하였다.

하고 공경하는 도리가 아닙니다. 그러므로 하지 않는 것입니다. 혹자는 "수건을 오른손으로 들고 있기 때문에 어쩔 수 없이 왼손으로 쌀을 뜨는 것이다."라고 하였으니 이 말도 통합니다. '흡(扱)'은 거두어 취하는 것입니다.

《의례(儀禮)》〈사상례(士喪禮)〉에는 "재(宰)가 사(柶)를 씻어서 쌀에 꽂는다.〔宰洗柶建于米〕"라고 하였는데 《가례(家禮)》에는 "시(匙)를 쌀 대접에 꽂는다.〔插匙于米盌〕"라고 하였으니, '사(柶)'가 '시(匙)'로 바뀌고 '시(匙)'가 '유시(柳匙)'로 바뀐 것입니다. 지금 세속에서 유시를 사용하는 것은 어디에 근거한 것인지 알 수 없으나 세속을 따르는 것이 또한 마땅합니다.

도(韜)[8]를 꿰맬 적에 합하여 꿰매면서 끝을 남겨두고 꿰매지 않는 것은 신주의 받침대까지 함께 감싸고자 해서입니다. 이 뜻을 사계(沙溪 김장생(金長生))께서 《가례집람(家禮輯覽)》[9]에 실어 놓았으니 지금의 사람들이 간혹 신주의 받침대 위까지만 닿게 하고 받침대까지 함께 감싸도록 하지 않는 것은 잘못입니다. 근래의 세속에 혹 받침대까지 함께 감싸는 경우가 있으니 이것이 정도(正道)에 부합합니다.

8 도(韜) : 물건을 싼다는 뜻으로, 주독(主櫝), 즉 신주를 넣어두는 함을 덮어씌우도록 만든 자루인데, 흔히 비단을 겹으로 포개어 붙여서 만들었다.

9 가례집람(家禮輯覽) : 1599년(선조32)에 사계(沙溪) 김장생(金長生)이 주희(朱熹)의 《가례(家禮)》를 바탕으로 예설(禮說)을 집대성하여 엮은 책이다. 아들 김집(金集)이 교정을 보았고 1685년(숙종11) 서문중(徐文重)·이사명(李師命)이 목판본으로 간행하였다.

《예기(禮記)》〈교특생(郊特牲)〉에 이르기를, "피와 날고기와 데친 고기로 제사함이 생기(生氣)를 사용하는 것이다."[10]라고 하였고, 또 이르기를, "크게 썬 고기와 잘게 썬 고기, 데친 고기와 익힌 고기로 제사하니 어찌 신(神)이 흠향하는 바를 알아서 그런 것이겠는가."[11]라고 하였습니다. 이 뜻을 미루어 본다면 어물과 육류를 날것으로 사용함과 익혀서 사용함이 모두 불가할 것이 없으나 《가례(家禮)》에는 날것을 말하지 않았으니 익혀서 사용함을 알 수 있습니다. 그러나 《주자어류(朱子語類)》에 이르기를, "제사에 피와 날고기를 사용하는 것은 생기를 빌리고자 하는 것이다."[12]라고 하였으니 이는 고례(古禮)의 "제사할 적에 생기를 사용함을 숭상하였다."[13]라는 것에서 나온 것입니다. 날것과 익은 것을 섞어서 사용해야 마땅한데, 날것을 사용할 때에는 회(膾)로 만들어 쓰는 것이 옳을 듯합니다.

10 피와……것이다 : 《예기(禮記)》〈교특생(郊特牲)〉에 "하우씨(夏禹氏)가 제사할 적에는 생기(生氣)를 사용하는 것을 숭상하였으니 피와 날고기와 데친 고기로 제사함이 생기(生氣)를 사용하는 것이다.〔有虞氏之祭也, 尙用氣, 血腥爓祭, 用氣也.〕"라고 하였는데, 진호(陳澔)의 주(註)에 "처음에는 실(室)에서 피로 신을 부르고 다음에는 당(堂)에서 날고기를 올리며 데친 고기는 날고기 다음에 역시 당(堂)에 올린다. 모두 익히지 않은 것이기 때문에 '생기를 사용한다'고 한 것이다.〔初以血詔神於室, 次薦腥肉於堂, 爓次腥亦薦於堂, 皆未熟, 故云用氣.〕"라고 하였다.

11 크게……것이겠는가 : 《예기(禮記)》〈교특생(郊特牲)〉에 "크게 썬 고기와 잘게 썬 고기, 데친 고기와 익힌 고기로 제사하니 어찌 신(神)이 흠향하는 바를 알아서 그런 것이겠는가. 주인이 스스로 그 공경을 다하는 것일 뿐이다.〔腥肆爓腍祭, 豈知神之所饗也? 主人自盡其敬而已.〕"라고 하였다.

12 제사에……것이다 : 이 말은 《주자어류(朱子語類)》 권87 〈예사(禮四) 소대례(小戴禮) 제의(祭義)〉에 보인다.

13 제사할……숭상하였다 : 위의 주10 참조.

《의례(儀禮)》〈사상례(士喪禮)〉 기(記)에 이르기를, "모든 곡물가루〔糗〕는 기름에 지지지 않는다."라고 하였는데, 주(註)에 이르기를, "기름으로 지지면 설만해지니 공경하는 것이 아니다."라고 하였고, 소(疏)에 이르기를, "모든 곡물가루〔糗〕는 그냥 가루로만 사용할 뿐이고 기름을 사용해서 지지거나 섞지 않는다."라고 하고 또 "오직 장례의 전(奠)에만 곡물가루〔糗〕가 있다."라고 하였습니다. 여기에 근거해 보면 다만 장례의 전(奠)에만 사용해야 하고 우제(虞祭) 이후로는 사용해서는 안 될 듯합니다. 그러나 삼대(三代 하(夏)·은(殷)·주(周))의 때에는 제사에 있어 냄새를 숭상하였으니 냄새는 신(神)을 강림하게 하는 것입니다. 그렇다면 이른바 '모든 곡물가루〔糗〕'라는 것은 다만 쌀로 만든 음식을 가리키는 것이니 어물과 육류까지 기름에 지져서는 안 된다고 말한 것이 아닙니다. 유밀과(油蜜果)로 말하면 바로 곡물가루〔糗〕를 지진 것으로, 우리나라의 풍속에서 부처에게 공양하는 것입니다. 이를 사가(私家)의 제사에 사용하는 것은 또한 나라에서 금하는 바이니 예(禮)로 보나 법으로 보나 모두 사용해서는 안 됩니다.

그러나 신(神)에게 올린 지가 이미 오래되었으니 오래되면 바꾸기가 어렵습니다. 이 때문에 신재(愼齋 김집(金集))와 우옹(尤翁 송시열(宋時烈))이 모두 제사에 진설하지 않음을 허락하지 않았던 것입니다. 또 선조가 좋아하던 것이 유밀과라면 "그 좋아하던 바를 생각한다."[14]라는

14 그……생각한다 : 이는 《예기(禮記)》〈제의(祭義)〉에 보이는 말로, "안에서 치재하고 밖에서 산재하니 재계하는 날에는 제사 올릴 분에 대하여 그 거처를 생각하고 그 웃음과 말소리를 생각하고 그 뜻하던 바를 생각하고 그 즐거워하던 바를 생각하고 그 좋아하던 바를 생각한다. 이렇게 하면 재계한 지 사흘 만에 그 재계하는 대상이 보이는 듯하게 된다.〔致齊於內, 散齊於外. 齊之日, 思其居處, 思其笑語, 思其志意, 思

의리로 볼 때, 해당하는 신위의 기제(忌祭)에만 올리는 것이 마땅할 듯합니다. 유밀과를 사용하지 않는 것은 예(禮)에 맞는 것이고 사용하는 것은 세속을 따르는 것입니다. 세속을 따르더라도 이치에 그다지 해롭지 않다면 굳이 국한하여 정할 필요가 없을 듯합니다.

갱(羹)을 올리는 것과 다(茶)를 올리는 것은 두 가지의 일이어서 서로 상관이 없으니 갱(羹)을 치우고 다(茶)를 올리는 것이 아닙니다. 갱(羹)과 다(茶)의 자리를 바꾸는 것도 근거할 만한 것이 없으니 이 때문에 《상례비요(喪禮備要)》[15]에 갱(羹)을 치운다는 글이 없는 것입니다. 갱(羹)을 놓는 자리가 매우 좁으면 그릇을 이리저리 옮겨 자리를 만들어서 다(茶)를 놓아야 하니 저희 집에서 행하는 바가 바로 이러합니다.

《예기(禮記)》 〈교특생(郊特牲)〉에 축관(祝官)이 받되 간종(肝從)과 번종(燔從)에 있어서는 조(俎) 위에 놓아둔다고만 하였고[16] 《의례(儀禮)》 〈사우례(士虞禮)〉에 "주부(主婦)가 시동(尸童)에게 아헌(亞獻)

其所樂, 思其所嗜. 齊三日, 乃見其所爲齊者.]"라고 하였다.

15 상례비요(喪禮備要) : 주희(朱熹)의 《가례(家禮)》를 위주로 하고 그 밖의 고금 제가(諸家)의 예설(禮說)을 참고로 하여 초상(初喪)에서 장제(葬祭)까지의 의식을 기록한 상례 지침서이다. 신의경(申義慶)이 지은 것을 김장생(金長生)이 교정하여 증보하였고, 다시 김집(金集)이 교정하여 1648년(인조26)에 간행하였다.

16 예기(禮記)……하였고 : 《예기》 〈교특생(郊特牲)〉에는 이러한 내용이 보이지 않고 《의례(儀禮)》 〈특생궤사례(特牲饋食禮)〉에 비슷한 내용이 보인다. 간종(肝從)은 내장 종류의 제물, 번종(燔從)은 구운 고기의 제물로, 제사에 술을 올릴 때마다 안주로 따라서 올린다는 의미에서 이렇게 이른다.

을 하기를 주인의 의식과 같이 한다."라고 하고 또 "빈(賓)이 번종을 올리기를 초헌(初獻)과 같이 한다."라고 하였으니, 초헌과 같이 한다면 번종도 조(俎) 위에 놓아둠을 미루어 알 수 있습니다. 《가례(家禮)》의 시제(時祭) 부분에는 초헌 후에 술과 간(肝)을 치우고 술잔을 제자리에 둔다고 하였습니다. 그러므로 도암(陶菴 이재(李縡))이 '어물과 육류는 함께 담지 않는다'는 말씀을 하신 것입니다. 그러나 지금 세속에서는 초헌과 아헌 뒤에 술잔만 치우고 적(炙)은 치우지 않고서 매번 술잔을 올릴 때마다 적(炙)을 더 올리니, 이는 바로 고례(古禮)로, 바꿔서는 안 되는 것입니다.

《예기(禮記)》〈옥조(玉藻)〉에 "재차 두르므로 4촌이다."[17]라고 하였는데, 주(註)에 "사(士)의 연대(練帶)만 넓이가 2촌인데 재차 허리를 두르면 또한 4촌이 된다."라고 하였습니다. 우옹(尤翁 송시열(宋時烈)) 또한 "이는 재차 허리를 두른다는 뜻으로, 그 아래의 두 귀를 만드는 것과는 본래 별도의 일이 된다."[18]라고 하였습니다. 그리고 남당(南塘

17 재차 두르므로 4촌이다 : 《예기(禮記)》〈옥조(玉藻)〉에 "대부의 대대(大帶)는 넓이가 4촌이다. 잡대(雜帶)는 군주는 주록(朱綠), 대부는 현화(玄華)이며, 사(士)는 치벽(緇辟)인데 넓이가 2촌이고 재차 두르므로 4촌이다.〔大夫大帶四寸. 雜帶, 君朱綠, 大夫玄華, 士緇辟二寸, 再繚四寸.〕"라고 하였다.

18 이는……된다 : 이는 송시열(宋時烈)이 《가례(家禮)》에 보이는 대대(大帶)의 제도를 두고 말한 것이다. 《가례》 권1 〈통례(通禮) 심의제도(深衣制度)〉의 "대대(大帶)"의 주(註)에 "대(帶)는 백증(白繒)을 사용하며 너비는 4촌인데 접어서 꿰맨다. 그 길이는 허리를 둘러 앞에서 묶고 재차 둘러 두 귀를 만들며 그 남은 부분을 드리워서 신(紳)을 삼아 아래로 상(裳)과 나란히 하고 검은 깁으로 그 신을 꾸민다.〔帶用白繒, 廣四寸, 夾縫之. 其長圍腰而結於前, 再繚之爲兩耳, 乃垂其餘爲紳, 下與裳齊, 以黑繒飾.〕"라고

한원진(韓元震))은 "'허리를 두른다〔圍腰〕', '앞에서 묶는다〔結於前〕'라는 두 말과 '재차 두른다〔再繚〕', '두 귀를 만든다〔爲兩耳〕'라는 두 말은 위아래가 서로 보완해 주는 글이 된다. 위에서 '허리를 두른다〔圍腰〕'라고 범범하게 말하고 아래에서 '재차 두른다〔再繚〕'라고 말하여, 허리를 두를 적에는 반드시 재차 두르는 것임을 거듭 밝혔다. 또 위에서 '앞에서 묶는다〔結於前〕'라고 범범하게 말하고 아래에서 '두 귀를 만든다〔爲兩耳〕'라고 말하여, 앞에서 묶을 적에는 반드시 두 귀를 만드는 것임을 거듭 밝혔다."[19]라고 하였습니다. 두 현인의 말씀이 바른 뜻을 얻은 듯하니 마땅히 이를 따라야 합니다.

하였는데, 여기에서 말한 '재차 두른다는 것〔再繚〕'은 '허리를 재차 두른다'는 뜻이어서 아래의 '두 귀를 만드는 것〔爲兩耳〕'과는 별도의 일이 됨을 말한 것이다. '재차 두른다는 것〔再繚〕'은 《예기(禮記)》 〈옥조(玉藻)〉에 '허리를 재차 두른다'는 뜻으로 나오기는 하지만 대(帶)를 '앞에서 묶는다〔結於前〕'라고 하고 다시 '재차 허리를 두른다'라고 하는 것은 이치에 합당하지 않은 점이 있으므로 이를 〈옥조〉의 뜻으로 보지 않고 뒤의 말과 연결하여 '두 번 묶어서 두 귀를 만드는' 것이라고 보는 사람들이 있었다. 이에 대하여 송시열(宋時烈)은 〈옥조〉의 뜻과 같이 '허리를 재차 두른다'는 뜻으로 보아야 한다고 한 것이다. 《宋子大全 卷105 答沈明仲, 卷116 答朴受汝》

19 허리를 두른다……밝혔다 : 이 말은 한원진(韓元震)의 문집인 《남당집(南塘集)》 권24 〈가례소의부첨(家禮疏義付籤)〉에 보인다. '허리를 두른다〔圍腰〕', '앞에서 묶는다〔結於前〕' 등은 《가례(家禮)》에 보이는 내용으로, 위의 주18 참조.

임헌회에게 답함 경자년(1840, 헌종6) 7월

答任憲晦 庚子七月

존선조(尊先祖) 서재(西齋)[20] 공의 '덕을 기록한 글〔狀德之文〕'[21]로 말하면, 서까래처럼 큰 붓[22]을 휘둘러 일월(日月)과 광채를 다투는 빼어난 지절(志節)을 다 드러내지 못한 것을 부끄럽게 여기고 있었는데, 도리어 칭찬의 말씀이 다분히 실제보다 지나치니 송구함을 이루 말할 수 없습니다. 별지(別紙)에 일러준 말씀은 하나하나 그대로 따라서 다시 답을 올리니 즉시 원본에 수정을 가하기를 바랍니다. 어떠하신

20 서재(西齋) : 임징하(任徵夏, 1687~1730)로, 자는 성능(聖能), 호는 서재, 본관은 풍천(豐川)이다. 1713년(숙종39) 진사시에 합격하고 이듬해 증광문과에 병과로 급제하였다. 1726년(영조2) 2월에 사헌부 장령으로 있으면서 탕평책에 반대하고 소론(少論)을 제거할 것을 주장하는 상소문을 올렸다가 소론 측 인사들의 탄핵을 받아 유배되었는데, 1730년 6월에 사헌부의 요청에 의해 다시 의금부에서 국문을 받다가 수차례의 형문 끝에 옥사하였다. 1776년(정조 즉위년)에 아들의 상언으로 인하여 복관되었고 이조 참판에 추증되었다. 저서로는 《서재집(西齋集)》이 있으며, 시호는 충헌(忠憲)이다.

21 덕을 기록한 글 : 행장(行狀)을 이른다. 홍직필(洪直弼)은 임징하(任徵夏)의 행장을 지었는데, 이 글은 《매산집(梅山集)》 권46에 〈사헌부장령증이조참판임공행장(司憲府掌令贈吏曹參判任公行狀)〉이라는 제목으로 실려 있다.

22 서까래처럼 큰 붓 : 뛰어난 문장력을 비유하는 말로, 진(晉)나라의 문장가인 왕순(王珣)의 꿈에 어떤 사람이 '서까래처럼 큰 붓〔大筆如椽〕'을 건네주자 꿈을 깨고 나서 "이는 내가 글재주를 크게 발휘할 일이 있는 것이다.〔當有大手筆事〕"라고 하였는데, 과연 얼마 뒤에 황제가 죽어 애책문(哀冊文)과 시의(諡議) 등을 모두 왕순이 도맡아 짓게 되었다는 고사가 있다. 《晉書 卷65 王珣列傳》

지요?

마지막에 말씀한 것은 진실로 그대의 뜻이 어디에 있는지를 잘 알겠습니다만, 글을 읽는 자들이 저절로 은연중에 알 수 있을 것이니 굳이 성명을 노출할 필요가 있겠습니까. 존문(尊門)은 저쪽의 사람들과 죄다 원수지간인데 또다시 이 집안과 틈을 벌인다면 이 집안의 사람들은 저쪽의 사람들과 합심하여 뜻을 함께할 것입니다. 어찌 배척하고 끊어버려서 같은 집안에서 서로 창을 잡고 공격하는 일을 초래하겠습니까. 존문은 다만 홀로 세혐(世嫌)을 보존하면 될 뿐이니 이를 글에 드러내어 원수를 더할 필요가 없습니다. 이해(利害)를 따져서 이렇게 말하는 것이 아니니 속히 양찰해 주기를 바랍니다.

임헌회에게 답함 경자년(1840, 헌종6) 8월
答任憲晦 庚子八月

마지막에 말씀하신 것은 그대의 마음이 어디에 있는지를 진실로 잘 알겠으니 어찌 당장에 말씀대로 따르고 싶지 않겠습니까. 그러나 저는 저 집안의 후손들과 정의(情誼)가 돈독하여 그저 종친 간의 우의가 있을 뿐만이 아니니 저의 글에 드러내기가 어려운 점이 있습니다. 이 때문에 은근하게 말한 것입니다. 하지만 이 글을 보는 자가 응당 말하지 않아도 절로 알게 될 것입니다. 굳이 당사자를 글에 드러내야 할 필요가 있겠습니까. 옛사람이 "또 하나의 진(秦)나라를 만들어 내는 것이다."라고 한 경계[23]를 생각하지 않으면 안 될 듯합니다. 감히 현자(賢者)에게 세혐(世嫌)을 깨뜨리도록 권하여 편의를 추구하려는 것이 아니니 부디 이 마음을 잘 헤아려 주시기를 바랍니다.

대산(臺山) 김장(金丈)[24]께서 이미 구천(九泉)의 사람이 되어 버려

23 옛사람이……경계 : 또 다른 강적을 만들면 안 된다는 경계이다. 《사기(史記)》 권89 〈진여열전(陳餘列傳)〉에, 진왕(陳王)의 상국(相國) 방군(房君)이 무신(武臣) 등의 집안을 멸하여 조왕(趙王)을 공격하려고 하는 진왕을 설득하여 말하기를, "진(秦)나라가 아직 망하지 않은 상태에서 무신 등의 집안을 주벌한다면, 이는 또 하나의 진(秦)나라를 만들어 내는 것입니다.〔秦未亡而誅武臣等家, 此又生一秦也.〕"라고 한 내용이 보인다.

24 대산(臺山) 김장(金丈) : 김매순(金邁淳, 1776~1840)으로, 자는 덕수(德叟), 호는 대산(臺山), 본관은 안동(安東)이다. 1795년(정조19) 정시문과에 병과로 급제하여 검열, 사인을 거쳐 초계문신(抄啓文臣)이 되었고, 그 뒤 예조 참판을 거쳐 1821년(순조21) 강화부 유수(江華府留守)를 역임하였다. 당대의 문장가로서 홍석주(洪奭

인간 세상이 텅 빈 듯이 허전하니 비단 매옥(埋玉)[25]을 슬퍼할 뿐만이 아닙니다. 장문(狀文)에 대한 발문(跋文)을 이미 완성한 것[26]은 실로 작은 다행이 아니지만 다시 헤아려 봐야 하는 부분은 상고할 길이 없게 되었으니 짐작건대 슬피 탄식하는 마음이 더욱 크실 것입니다.

존선조(尊先祖) 지중추부사 공[27]의 명의(名義)와 풍절(風節)은 진실

周) 등과 함께 명성이 높았으며, 여한십대가(麗韓十大家)의 한 사람으로 꼽혔다. 또한 성리설에 관하여 일가견을 가지고 있어서 인물성동이론(人物性同異論)을 둘러싼 호락논쟁(湖洛論爭)에 이간(李柬)과 함께 낙론(洛論)을 지지하였다. 고종 때 판서에 추증되었고, 시호는 문청(文淸)이다. 저서로는 《대산집(臺山集)》, 《대산공이점록(臺山公移占錄)》, 《주자대전차문목표보(朱子大全箚目問標補)》, 《궐여산필(闕餘散筆)》, 《열양세시기(洌陽歲時記)》 등이 있다.

25 매옥(埋玉) : '옥수(玉樹)를 땅속에 묻는다'는 뜻으로 재주 있는 사람의 죽음을 비유하는 말이다. 진(晉)나라 유량(庾亮)이 죽어서 땅에 묻힐 적에 하충(何充)이 "옥수를 땅속에 묻으니, 사람의 슬픈 정을 어찌 억누를 수 있으리오.〔埋玉樹箸土中, 使人情何能已已?〕"라고 한 고사에서 나온 말이다. 《世說新語 傷逝》

26 장문(狀文)에……것 : 대산(臺山) 김매순(金邁淳)이 서재(西齋) 임징하(任徵夏)의 가장(家狀)에 발문(跋文)을 지은 것을 말한다. 이 글은 김매순의 문집인 《대산집(臺山集)》 권8에 〈서서재임공가장후(書西齋任公家狀後)〉라는 제목으로 실려 있다.

27 존선조(尊先祖) 지중추부사 공 : 임홍망(任弘望, 1635~1715)으로, 자는 덕장(德章), 호는 죽실거사(竹室居士), 본관은 풍천(豐川)이며, 임헌회(任憲晦)의 7대조이다. 1657년(효종8) 생원시에 합격하고 1666년(현종7) 별시문과에 을과로 급제하여 도원찰방(桃源察訪), 성균관 전적 등을 지냈다. 숙종 때 사간원 정언으로서 송시열(宋時烈)의 예론(禮論) 사건에 대하여 적극 옹호하다가 경성 판관(鏡城判官)으로 좌천되었고, 다시 울산 부사(蔚山府使)가 되어 송시열의 적소(謫所)에 자주 왕래하였다. 뒤에 병조참지, 승지, 예조 참의, 황해도 관찰사 등을 역임하고 진위사(陳慰使)로 청(淸)나라에 다녀와서 승지가 되었으나 정치가 날로 어지러워짐을 보고 벼슬에서 떠나 고향으로 돌아갔다. 1689년(숙종15) 다시 경주 부윤(慶州府尹)이 되어 재임하던 중에 이이(李珥)와 성혼(成渾)이 문묘에서 출향된다는 소식을 듣고 사직소를 올렸으나 윤허 받지

로 제가 칭송하고 사모하는 바이니 어찌 혹시라도 글을 짓는 일을 형식적으로 사양하겠습니까. 그러나 시장(諡狀)은 행장(行狀)과는 조금 다르니 반드시 명망과 지위가 있는 자의 필력을 빌려야 합니다. 저로 말하면 그저 하잘것없는 관리요, 늙은 음관일 뿐이니 어찌 감히 유현(儒賢)이라는 칭호를 감당하여 함부로 문장을 논하겠습니까. 현자께서 서울에 오신 뒤에 널리 묻고 상의해야 할 것이니 그 이후에 처리하더라도 늦지 않을 것입니다.

심상(心喪)은 본래 정식의 복(服)이 아니지만 일반 사람과 똑같이 할 수는 없습니다. 그러므로 특별히 삼년상의 담복참제(禫服黲制)[28]를 빌려와 관(冠)과 대(帶)의 제도로 삼으니, 부재모상(父在母喪)[29]의 담제(禫祭) 뒤와 본생부모 상(喪)의 복(服)을 벗은 뒤는 동일한 복색입니

못하였고, 인현왕후(仁顯王后)가 폐위되자 벼슬을 버리고 돌아갔다. 뒤에 형조 참의, 도승지를 거쳐 지중추부사가 되었고 기로소(耆老所)에 들어갔다. 저서로는 《죽실집(竹室集)》이 있으며, 시호는 효정(孝貞)이다.

28 담복참제(禫服黲制) : 담복은 상중(喪中)에 있는 사람이 담제(禫祭) 이후부터 길제(吉祭)를 지낼 때까지 입는 옷이고, 참제는 이때에 입는 옷을 참색(黲色), 즉 검푸른 색의 옷감으로 만들어 입는 제도를 의미한다. 《가례(家禮)》 권4 〈상례(喪禮) 대상(大祥)〉의 "막차를 설치하고 담복을 진설한다.〔設次陳禫服〕" 조목의 주(註)에 "장부는 참색의 깁으로 다리가 드리워지도록 만든 복두(幞頭)에 참색의 포(布)로 만든 저고리와 포(布)로 감싼 각대(角帶)를 착용하니, 아직 대상을 치르지 않았을 적에 임시로 입고 나가서 배알하는 것이다.〔丈夫垂脚黲紗幞頭、黲布衫、布裹角帶, 未大祥間, 假以出謁者.〕"라고 하였다.

29 부재모상(父在母喪) : 아버지가 살아계시고 어머니가 돌아가신 상(喪)을 말한다. 본래 자식은 어머니의 상(喪)에 자최(齊衰) 삼년복을 입어야 하지만 이 경우에는 기년만에 복(服)을 벗고 나머지 상기(喪期)에는 심상(心喪)을 한다.

다. 심상 중에 다른 상(喪)을 만나면 마땅히 각각의 상(喪)에 따른 복(服)을 입어야 합니다. 기년복(朞年服)과 대공복(大功服)뿐만 아니라 시마복(緦麻服)과 소공복(小功服)이라고 하더라도 또한 마땅히 참색(黲色)의 대(帶)를 놔두고 최복(衰服)의 대(帶)를 착용해야 하며, 비록 심상의 궤연(几筵)에 들어가더라도 또한 굳이 복(服)을 바꾸어서 참색의 대(帶)를 착용할 필요가 없습니다. 상복뿐만 아니라 심상 중에 기제(忌祭)를 행하는 경우에도 마땅히 흑색을 백색으로 바꾸어야 하니 이는 정식의 복(服)이 아닌 참색의 복(服) 때문에 마땅히 입어야 할 흰색의 복(服)을 폐할 수 없기 때문입니다. 상복을 벗은 뒤에는 이어서 다시 참색의 대(帶)를 착용하는 것이 마땅할 듯합니다.

심상(心喪)이 아직 끝나지 않았을 때에 성묘할 경우에는 마땅히 곡(哭)을 해야 합니다. 묘소는 가묘(家廟)와 다르니 혐의할 만한 것이 없을 듯합니다.

신주를 이미 조부의 감실(龕室)에 부(祔)하였으면 비록 담제(禫祭)의 전이라고 하더라도 마땅히 사당 안의 예(例)를 따라서 명절과 초하루와 보름에 부(祔)한 대상의 신위(神位)와 함께 참례(參禮)를 행해야 하니, 어찌 부(祔)한 신위만 정침(正寢)으로 꺼내서 따로 진설할 수 있겠습니까. 만약 가난하여 예(禮)를 제대로 행할 수 없다면 새로 부(祔)한 신위와 예전부터 있던 신위에게 모두 행하지 않아야 비로소 마음에 흡족할 것입니다.

임헌회에게 답함 신축년(1841, 헌종7) 동짓날
答任憲晦 辛丑陽復日

귀문(貴門)의 종인(宗人)이신 강개옹(慷慨翁)[30]이 올린 신사년(1701, 숙종27)의 일에 관한 한 상소문[31]은 천지를 지탱할 수 있으니 저는 삼가 "인현성모(仁顯聖母)의 충신은 오직 이 한 분뿐이다."라고 하겠습니다. 당시에 역적들을 토죄하여 복수하자는 내용의 여러 상소문이 거의 모두 눈치를 살피거나 이해를 계산하여 애매모호하고 불분명함을 면치 못하였습니다. 그러나 유독 이 어른만은 돌아보고 두려워하는 바가 없어서 통렬히 말씀하고 지극히 논의하기를 분명하고도 시원스럽게 하였으니 백대(百代)의 공안(公案)이 될 만합니다. 항상 그 이름이 인멸되어 일컬어지지 못할까 염려했었는데 현자(賢者)께서 드러내

30 강개옹(慷慨翁) : 임창(任敞, 1652~1723)으로, 자는 회이(晦而), 호는 강개옹, 본관은 풍천(豐川)이다. 1702년(숙종28) 유학(幼學)으로서 상소하여, 인현왕후(仁顯王后)의 죽음은 희빈(禧嬪) 장씨(張氏)가 중궁을 시해한 큰 변고이므로 이러한 죄목으로 희빈 장씨를 처단한 것을 종묘에 고하고 백성들에게 반시(頒示)해야 한다고 아뢰었다가 숙종의 노여움을 사서 나주(羅州)에 유배되었다. 경종이 즉위한 뒤에 희빈 장씨를 옹호하는 소론(少論) 세력이 정권을 잡아서 신임사화(辛壬士禍)를 일으켰는데, 그 여파로 임창 역시 다시 서울로 압송되어 73세의 나이로 참형되었다. 1725년(영조1) 영조가 왕위에 오름에 따라 신원되었다가 1727년 정미환국(丁未換局)으로 다시 관작이 추탈되었고 1801년(순조1) 다시 신원되었다. 시호는 충정(忠定)이다.

31 신사년의……상소문 : '신사년의 일'은 1701년(숙종27) 8월에 인현왕후(仁顯王后)가 승하하자 이해 10월에 인현왕후를 저주해서 죽였다는 죄목으로 희빈(禧嬪) 장씨(張氏)를 사사한 것을 가리킨다. 이 상소문에 대한 자세한 내용은 위의 주30 참조.

어 칭송한 덕분에 영원한 후세에 전할 수 있게 되었으니 참으로 다행입니다. 저는 평소 그 의기(義氣)를 칭송해 마지않아서 한 편의 글을 지어 그 괴로운 심정을 지문(誌文)과 행장(行狀) 속에 풀어내려고 하였으니 응당 현자의 말씀을 따르겠습니다.

지난번에 부탁하신 지중추부사 공[32]의 시장(諡狀)은, 전일에 있어서는 진실로 제가 지어서는 안 되었으니 이는 근거할 만한 것이 없었기 때문이었습니다. 그러나 오늘에 있어서는 또한 감히 사양할 수 없으니 전례(前例)가 있기 때문입니다. 저는 글을 지어 달라는 부탁을 받음에 있어서 평소에 지어 주기를 주저하는 편이었습니다. 그러나 유독 존문(尊門)에 있어서는 이 일을 하기를 즐거워하니, 이는 명의(名義)와 풍절(風節)을 지닌 인물들이 한 집안에 다 모여 있는데 모두 아직 은미한 것을 드러내고 숨겨진 것을 밝히지[33] 못했기 때문입니다. 삼가 〈증민(烝民)〉 수장(首章)의 뜻[34]을 부쳐서 글을 지었으니 짐작건대 응당

32 지중추부사 공 : 임홍망(任弘望, 1635~1715)으로, 자는 덕장(德章), 호는 죽실거사(竹室居士), 본관은 풍천(豐川)이며, 임헌회(任憲晦)의 7대조이다. 자세한 설명은 208쪽 주27 참조.

33 은미한……밝히지 : '은미한 것을 드러내고 숨겨진 것을 밝힌다〔微顯闡幽〕'는 것은 본래 《주역(周易)》 〈계사전 하(繫辭傳下)〉에 "역은 지난 것을 드러내고 올 것을 보여 주며, 은미한 것을 드러내고 숨겨진 것을 밝혀 준다.〔夫易, 彰往而察來, 而微顯闡幽.〕"라고 한 데에서 유래한 말이다. '미현(微顯)'에 대해서는 '드러난 것을 은미하게 한다'라고 해석하기도 하고 '은미한 것을 드러나게 한다', '드러난 것을 세미하게 기록한다'라고 해석하기도 하는데, 여기에서는 후자의 해석을 취하여 번역하였다.

34 증민(烝民) 수장(首章)의 뜻 : 〈증민〉은 《시경(詩經)》 대아(大雅)의 〈증민〉 시로, 그 수장에 "하늘이 여러 백성을 내시니, 사물이 있음에 법(法)이 있도다. 백성이 떳떳한 성품을 갖고 있는지라 이 아름다운 덕(德)을 좋아하도다.〔天生烝民, 有物有則.

마음속으로 이해하실 것입니다.

시상처사(柴桑處士)의 〈조풍규림(阻風規林)〉 시는 주자(朱子)를 통해서 그 뜻이 분명하게 드러났는데[35] 또 현자께서 매우 좋아하여서 저에게 칭술해 줄 것을 청하기까지 하였으니,[36] 그 출처(出處)와 행장

民之秉彝, 好是懿德.〕"라고 하였다.

35 시상처사(柴桑處士)의……드러났는데 : '시상처사'는 동진(東晉)의 은자(隱者) 도연명(陶淵明)을 가리킨다. '시상'은 도연명이 팽택령(彭澤令)을 그만두고 돌아와서 거주했던 곳으로, 강서성(江西省) 구강현(九江縣) 서남쪽에 있다. 〈조풍규림(阻風規林)〉의 원래 제목은 〈경자년 오월에 도성으로부터 돌아오다가 규림에서 풍랑에 막히다〔庚子歲五月中從都還阻風於規林〕〉로, 총 2수(首)이다. 경자년은 진 안제(晉安帝) 융안(隆安) 4년(400)으로, 이때 도연명은 환현(桓玄)의 명을 받아 수도 건강(建康)에서 형주(荊州)로 돌아오다가 규림이라는 나루에서 풍랑을 만나 장강을 건너지 못하였다. 《陶淵明集 卷3 詩五言》 '주자를 통해서 그 뜻이 분명하게 드러났다'는 것은 《주자어류(朱子語類)》 권107에 있는 오수창(吳壽昌)의 기록에 자세히 보이는데, 이 글에 다음과 같이 말하였다. "어떤 거자(擧子)가 또한 기회를 틈타서 글씨를 청하자 선생께서 말씀하셨다. '그대는 이미 거업(擧業)을 닦았으니 여기에 무슨 볼일이 있겠는가.' 그러나 그 사람이 청하기를 그치지 않자 또한 그에게 도연명의 〈조풍어규림(阻風於規林)〉 둘째 수를 써주시고 한편으로 다음과 같이 말씀하셨다. '다만 이 한 수의 시를 투철하게 참구할 수 있으면 그대의 오늘날 이른바 거업과 훗날 이른바 공명부귀란 것을 모두 반드시 마음에 담아 두지는 않게 될 것이다.'〔有擧子亦乘便請之, 先生曰: 公旣習擧業, 何事於此? 請之不已, 亦爲作淵明阻風於規林第二首, 且云: 但能參得此一詩透, 則公今日所謂擧業與夫他日所謂功名富貴者, 皆不必經心可也.〕"

36 현자께서……하였으니 : 임헌회(任憲晦)의 《고산집(鼓山集)》 권3 〈상매산홍선생(上梅山洪先生)〉에 다음과 같은 내용이 보인다. "제가 일찍이 《주자어류》를 보았는데 어떤 한 거자가 주자께 취묵을 청하자 주자께서 도연명의 〈조풍규림〉 둘째 수를 써서 주었습니다. 이 일은 마치 저를 위해 준비된 것인 듯합니다. 이에 도연명의 시와 종이를 올리니 만약 직접 붓으로 써주시고 인하여 몇 마디 말씀을 적어서 경계하고 가르치는 지극한 뜻을 보여주신다면 얼마나 다행스러운 일이겠습니까.〔嘗見語類, 有一

(行藏)에 대해 감회를 일으키는 것이 크다고 하겠습니다. 병을 무릅쓰고 글을 써서 드립니다만, 눈이 어둡고 손이 떨려서 거의 글자를 이루지 못하여 다만 아름다운 임천(林泉)을 더럽힐 뿐이니 어찌 벽에 걸어놓고 감상하며 성찰하는 자료가 될 수 있겠습니까. 발문(跋文)의 글은 또한 정밀한 뜻을 다 말하지는 못하였으나, 부디 아끼고 돕고자 하는 저의 고심을 살펴주셔서 바둑 한 판을 두고 그만두는 것처럼 하지는 않는 것이 어떻겠습니까?

《주례(周禮)》〈천관(天官) 구빈(九嬪)〉에 이르기를, "구빈[37]은 부인이 익혀야 할 법을 관장하여서 구어(九御)[38]를 가르치니, 곧 부인의 덕행〔婦德〕, 부인의 언사〔婦言〕, 부인의 용모〔婦容〕, 부인의 기능〔婦工〕이다."라고 하였고, 진자앙(陳子昻)이 또한 말하기를, "종묘에서 슬퍼하고 공경하는 것은 인(仁)과 효(孝)이고, 동서 간에 공경하고 화목한 것은 겸손과 공순이고, 술과 밥을 정갈하게 장만하는 것은 부녀자의 의절(儀節)이고, 현황(玄黃)의 비단에 보불(黼黻)의 무늬를 수놓는 것은 부녀자의 일이다. 이 네 가지 덕을 넓히고서 육친(六親)에 대해 힘쓴다면 모의(母儀)에 모범이 되어서 곤칙(壼則)을 밝게 펼 수 있다."[39]라고 하였으니, 이는 '사덕(四德)'이라는 두 글자가 유래한

擧子, 請先生醉墨, 先生書贈淵明阻風規林第二詩. 此事有若爲憲晦準備者. 玆以原詩及紙地仰呈, 倘蒙揮染, 因題數語, 以示警誨之至意, 則何幸何幸?〕"

37 구빈 : 궁중(宮中)의 여관(女官)으로, 또한 제왕의 비(妃)이기도 하다.

38 구어(九御) : 바로 여어(女御)이다. 부녀자의 일과 시어(侍御)를 관장하는데, 모두 81명으로 아홉 명씩 조를 이루어 시어를 담당하기 때문에 이렇게 칭한 것이다. 이는 또한 제왕의 첩(妾)이기도 하다.

바입니다.

39 종묘에서……있다 : 이 내용은 진자앙(陳子昂)의 문집인 《진습유집(陳拾遺集)》 권6 〈당진주완구현령 고부군부인 하남우문씨 묘지명(唐陳州宛丘縣令高府君夫人河南宇文氏墓誌銘)〉에 보인다.

임헌회에게 답함 임인년(1842, 헌종8) 3월

答任憲晦 壬寅三月

선존장(先尊丈)께서 임종하실 적에 천하고 누추한 이 사람에게 말씀해주시면서, 어진 아드님한테 제게 의귀하라고 당부하기까지 하셨습니다. 이것은 옛날의 도(道)로서, 그 뜻이 참되고 간절하여 이승과 저승에 모두 통하니, 절로 감격하여 흐르는 눈물을 주체할 수가 없습니다. 돌아보건대 제가 덕(德)으로 이어갈 수 없지만 또한 어찌 감히 스스로를 외면해서 고충(苦衷)을 저버리겠습니까. 허여해 주시는 후의(厚意)를 입은 것이 이처럼 지극하니, 진실한 마음으로 서로 권면하여 평안함과 험난함을 겪으면서도 더욱 견고하게 지켜 나가서 지선(至善)의 경지로 함께 달려 나아가고자 합니다. 그러나 서산(西山)의 짧은 햇빛이 뉘엿뉘엿 날이 저물기를 재촉하여 끝내 이택(麗澤)[40]의 유익함을 누리지 못하게 될까 염려될 뿐입니다.

고례(古禮)에 공(公)이 하사하는 것을 '검은색 비단과 옅은 붉은색 비단의 속백〔玄纁束〕'이라고 하고 주인이 올리는 것을 '제폐 검은색 비단과 옅은 붉은색 비단의 속백〔制幣玄纁束〕'이라고 하였습니다.[41]

40 이택(麗澤) : 붙어 있는 두 개의 못이 서로 물을 윤택하게 한다는 뜻으로, 벗끼리 서로 도와 학문과 덕행을 닦는 일을 비유하는 말이다. 《주역(周易)》 〈태괘(兌卦) 상(象)〉에 "두 개의 못이 붙어 있는 것이 태(兌)이니, 군자가 이를 보고서 붕우들과 강습한다.〔麗澤兌, 君子以朋友講習.〕"라고 한 말에서 유래하였다.

41 고례(古禮)에……하였습니다 : 《의례(儀禮)》 〈기석례(旣夕禮)〉에 "상여가 방문

'검은색 비단과 옅은 붉은색 비단〔玄纁〕'은 바로 속백(束帛)이니 어찌 속백이 없을 수 있겠습니까. 《가례(家禮)》에서 속백을 말하지 않은 것은 본래 속백이기 때문에 말할 필요가 없어서입니다. 근래의 세속에서 붉은색을 사용하여 '검은색 비단〔玄〕'을 묶고 푸른색을 사용하여 '옅은 붉은색 비단〔纁〕'을 묶으니 이는 화려함을 취한 듯합니다. 그러나 검은색을 사용하고 붉은 색을 사용하여 각각의 색깔에 맞추어 묶는 것도 또한 불가할 것이 없습니다.

《상례비요(喪禮備要)》[42] 〈제찬도(祭饌圖)〉에서 말한 '해(醢)'는 식혜(食醯)인 듯하나 식혜는 예(禮)에 보이지 않습니다. 그러므로 우옹(尤翁 송시열(宋時烈))이 또한 말씀하기를, "식혜를 사용하는 것은 우리나라만의 풍속이고 예가(禮家)에서 말하는 '해(醢)'는 바로 해물을 소금에 절인 것이니 두 가지를 함께 사용해도 무방할 듯하다."[43]라고 하였습니

(邦門)에 도착하면 공(公)이 재부(宰夫)를 시켜 검은색 비단과 옅은 붉은색 비단의 속백(束帛)을 하사한다.〔至于邦門, 公使宰夫贈玄纁束.〕"라고 하고 또 "이어서 하관하면 주인이 곡하고 발을 구르기를 한정 없이 하며 왼쪽 소매를 다시 입고 제폐(制幣) 검은색 비단과 옅은 붉은색 비단의 속백을 올린다.〔乃窆, 主人哭踊無算, 襲贈用制幣玄纁束.〕"라고 하였다. '공(公)'은 국군(國君)을 이르고, '속백'은 비단 5필의 묶음을 이른다. '제폐'는 길이가 1장 8척인 비단을 이른다.

42 상례비요(喪禮備要) : 주희(朱熹)의 《가례(家禮)》를 위주로 하고 그 밖의 고금 제가(諸家)의 예설(禮說)을 참고로 하여 초상(初喪)에서 장제(葬祭)까지의 의식을 기록한 상례 지침서이다. 신의경(申義慶)이 지은 것을 김장생(金長生)이 교정하여 증보하였고, 다시 김집(金集)이 교정하여 1648년(인조26)에 간행하였다.

43 식혜를……듯하다 : 이 말은 송시열(宋時烈)의 문집인 《송자대전(宋子大全)》 권78 〈답한여석(答韓汝碩)〉에 보인다.

다. 저희 집에서도 두 가지를 함께 사용하고 있습니다.

구의(柩衣)[44]는 바로 《의례(儀禮)》 〈기석례(旣夕禮)〉에서 말한 "이금(夷衾)을 사용하여 덮는다."[45]라는 것이니 본래 영구(靈柩)가 보이는 때를 위한 것입니다. 그러므로 소렴(小斂)할 때에 펼쳐 놓았다가 빈(殯)할 때에 거두며 계빈(啓殯)할 때에 다시 펼쳐 놓으니 하관할 때에는 본디 사용할 일이 없습니다. 이 때문에 농암(農巖 김창협(金昌協))과 미호(渼湖 김원행(金元行))께서 모두 사용하지 않았으니 오직 헤아려 선택하기를 어떻게 하느냐에 달려있을 뿐입니다. 소(疏)에 이르기를, "이금은 본래 영구를 덮는 것이므로 거둔다는 글이 없으니 마땅히 영구를 따라 광중(壙中)으로 들어가야 한다."라고 하였는데, 《개원례(開元禮)》[46] 이후로 모두 소(疏)의 설을 따라서 사용하니 예(禮)에 위배되지 않을 듯합니다. 구의는 마땅히 이금을 본떠서 위쪽은 검고 아래쪽은 붉게 만들어야 하지만 가난한 자는 굳이 비단을 사용할 필요 없이 면포(綿布)로 대신하면 되니 이는 "집안의 재물이 있고 없음에 따라

44 구의(柩衣) : 영구(靈柩)를 덮는 홑겹으로 된 이불을 말한다.

45 이금(夷衾)을 사용하여 덮는다 : 《의례(儀禮)》 〈기석례(旣夕禮)〉에 "상축(商祝)이 공포(功布)를 사용하여 영구(靈柩)를 털고 이금을 사용하여 덮는다.〔商祝拂柩用功布, 幠用夷衾.〕"라고 하였다. '이금(夷衾)'의 '이(夷)'는 '이(侇)'와 통용되는 글자로, 시신과 영구를 덮는 홑겹으로 된 이불을 이른다.

46 개원례(開元禮) : 당(唐)나라 현종(玄宗) 개원(開元) 연간에 칙명에 의해 서견(徐堅), 소숭(蕭崇) 등이 150권으로 편찬한 《대당개원례(大唐開元禮)》를 말한다. 길례(吉禮), 빈례(賓禮), 가례(嘉禮), 군례(軍禮), 흉례(凶禮)의 다섯 가지로 분류되어 있다.

알맞게 한다."[47]라는 것입니다.

《예기(禮記)》〈상대기(喪大記)〉의 주(註)에 "삽(翣)[48]은 길에 있을 때에는 상여를 가리고 곽(槨)에 넣을 때에는 영구(靈柩)를 가린다."라고 하였는데 광(壙)을 덮을 때에는 죽은 시신을 드러내는 것을 꺼릴 의의가 없습니다. 그러므로 《서의(書儀)》[49]로부터 《가례(家禮)》에 이르기까지 영구를 옮길 때까지만 사용하고 광중(壙中)에는 들이지 않는다고 하였으니 이것이 따를 만합니다.

조조(朝祖)[50]는 같은 집에 사는 사람의 예(禮)이니 다른 집에 사는

47 집안의……한다 : 이 말은 《예기(禮記)》〈단궁 상(檀弓上)〉에 보이는 것으로, 자유(子遊)가 상구(喪具)에 대해 묻자 공자(孔子)가 "집안의 재물이 있고 없음에 따라 알맞게 한다.〔稱家之有無〕"라고 답하였다.

48 삽(翣) : 너비가 3자, 높이가 2자 4치 되는 나무 광(匡)에 화포(畫布)를 입히고, 5자 되는 자루를 달아 깃털로 장식한 제구(祭具)로, 그 모양이 부채와 같다. 상여가 나갈 때에는 수레를 가리고 곽(槨)에 넣을 때에는 널을 가리는 것이다. 《禮記 檀弓上》

49 서의(書儀) : 송(宋)나라의 학자 사마광(司馬光)이 고례(古禮)를 근본으로 하고 당시의 행할 만한 것을 참작하여 만든 책이다. 표주(表奏)·공문(公文)·사서(私書)·가서(家書)의 서식(書式) 1권, 관의(冠儀) 1권, 혼의(婚儀) 2권, 상의(喪儀) 6권 등 도합 10권이다. 주희(朱熹)의 《가례(家禮)》는 《서의》를 바탕으로 만들어졌다.

50 조조(朝祖) : 발인(發靷)하기 하루 전에 영구(靈柩)를 모시고 사당으로 가서 조상을 뵙는 의절이다. 이는 생전에 외출하려면 반드시 어른에게 고했던 것을 본뜬 것인데, 후세에는 가묘(家廟)가 협소한 관계로 혼백(魂帛)으로 대신하였다. 《가례(家禮)》 권4 〈상례(喪禮)〉에 "발인 하루 전날에 조전(朝奠)을 올리면서 영구를 옮길 것을 고유한다. 영구를 받들어 조묘에 알현시킨다.〔發引前一日, 因朝奠以遷柩告, 奉柩朝於祖.〕"라고 한 의절이 보인다.

지자(支子)의 상(喪)에는 행할 수가 없을 듯합니다. 그러나 발인(發靷)하는 길이 만약 종가(宗家)의 대문 앞을 지나게 되면 영구(靈柩)를 돌려서 종가를 향하게 하여 조조의 뜻을 부칩니다. 동춘(同春 송준길(宋浚吉))께서도 말씀하기를, "애통하고 서글퍼하는 뜻이 있으니 비록 예(禮)에는 없으나 또한 어찌 해로울 것이 있겠는가."[51]라고 하였으니 이 말씀이 따를 만합니다.

미호(渼湖 김원행(金元行))의 부인(夫人)의 상례(喪禮)에 혼백(魂帛)은 속백(束帛)의 제도를 사용하고 평소에는 덮개를 덮지 않고 수건을 덮지 않았으니[52] 이는 또한 따를 만합니다. 다만 신도(神道)는 그윽함을 숭상하니 덮개를 덮고 수건을 덮는 것이 이치에 해롭지는 않을 듯합니다. 혼백을 받들고서 영상(靈床)에 들일 적에 다만 금침(衾枕) 위에 두는 것[53]은 정례(正禮)에 부합합니다.

행자(行者)[54]와 곡비(哭婢)[55]는 마땅히 남녀가 곡하며 따를 적에 양열

51 애통하고……있겠는가 : 이 말은 송준길(宋浚吉)의 문집인 《동춘당집(同春堂集)》 별집(別集) 권6 〈답이복초택지(答李復初擇之)〉에 보인다.

52 혼백(魂帛)은……않았으니 : 이 내용은 김원행(金元行)의 문집인 《미호집(渼湖集)》 권14 〈정해내상기(丁亥內喪記)〉에 보인다. 혼백은 흰 명주를 접어 만들어서 왼쪽에 죽은 사람의 생년월일시(生年月日時)를, 오른쪽에는 졸년월일시(卒年月日時)를 써 놓는 것으로, 신주를 만들기 전에 신주를 대신하기 위하여 만드는 것이다.

53 혼백을……것 : 이 내용은 김원행(金元行)의 문집인 《미호집(渼湖集)》 권14 〈정해내상기(丁亥內喪記)〉에 보인다.

54 행자(行者) : 장례 때에 상제(喪制)를 모시고 따라가는 남자 하인을 말한다.

55 곡비(哭婢) : 장례 때에 주인을 대신하여 곡하던 계집종을 말한다.

을 가리는 흰 장막[56] 밖에서 따라가야 하는데 근래에는 상여의 앞에 있어서 마치 길을 인도하는 것처럼 합니다. 그러나 이렇게 행한 지가 이미 오래되었으니 오래되면 변하기가 어렵습니다. 이러한 부분은 또한 세속을 따르는 것이 어찌 해롭다고 하겠습니까.

《가례(家禮)》에서 모든 제사는 다 계단 아래에 자리하는데 오직 우제(虞祭), 졸곡(卒哭), 소상(小祥), 대상(大祥), 담제(禫祭)는 당(堂) 위에 차례로 섭니다. 이는 바로《의례(儀禮)》〈사우례(士虞禮)〉의 "당(堂)에 나아가 자리한다."[57]라는 것에 근본을 둔 것으로, 상중(喪中)의 제사이기 때문일 것입니다. 부제(祔祭)는 종자(宗子)가 주관하고 또 부제하는 대상을 위하여 지내는 것이므로 계단 아래의 자리를 따릅니다.

대통력(大統曆)[58]에는 '초(初)' 자[59]를 쓰지 않았습니다. 그러므로 익묘

56 남녀가……장막 :《가례(家禮)》권4〈상례(喪禮) 발인(發引)〉에 "주인 이하의 남녀는 곡하며 걸어서 따라간다.〔主人以下男女哭步從〕"라고 하였고, 그 주(註)에 "문을 나가면 흰 장막으로 양옆을 가린다.〔出門, 則以白幕夾障之.〕"라고 하였다.

57 당(堂)에 나아가 자리한다 :《의례(儀禮)》〈사우례(士虞禮)〉에 "주인이 당(堂)에 나아가 자리하면 중주인(衆主人)과 형제들과 빈(賓)이 반곡의 위치와 같이 서쪽에 나아가 자리한다.〔主人卽位于堂, 衆主人及兄弟賓卽位于西方如反哭位.〕"라고 하였다.

58 대통력(大統曆) : 명(明)나라 태조(太祖) 홍무(洪武) 17년(1384)을 역원(曆元)으로 한 명(明)나라의 역법(曆法)이다. 명(明)나라 말기까지 260여 년 동안 사용되었으며, 우리나라에는 고려 후기에 전해져서 1653년(효종4)에 시헌력(時憲曆)을 사용하기 전까지 널리 사용되었다.

59 초(初) 자 : 한 달 중 상순일(上旬日)에 붙이는 '초(初)' 자를 말한다.

(翼廟)[60]가 대리청정하실 때에 풍천(風泉)의 감회[61]가 일어나서 황단(皇壇)[62]에 올리는 제향의 축문에 '초(初)' 자를 삭제하도록 명하셨으니 사대부로서 예(禮)를 좋아하는 자들도 또한 '초(初)' 자를 쓰지 않게 되었습니다. 이는 또한 존주(尊周)의 의리[63]에서 나온 것이니 한결같이 황조(皇朝 명(明)나라) 대통력의 구법(舊法)을 따르는 것이 마땅할 듯합니다.

축문 가운데 '효자(孝子)'와 '효손(孝孫)'의 호칭은 고례(古禮)에서 비롯된 것으로, 정자(程子)와 주자(朱子) 등의 여러 현인을 거치면서도

60 익묘(翼廟) : 익종(翼宗, 1809~1830)으로, 순조와 순원왕후(純元王后) 김씨(金氏)의 소생이다. 1812년(순조12) 왕세자에 책봉되었으며 1819년 영돈녕부사 조만영(趙萬永)의 딸을 세자빈으로 맞아들여 가례를 올렸다. 1827년 부왕인 순조의 명령으로 대리청정을 시작하였는데 수행한 지 4년 만에 홍서하였다. 아들 헌종이 즉위한 뒤에 익종으로 추존되었다. 묘호는 문호(文祜), 능은 수릉(綏陵)이며, 시호는 효명(孝明)이다.

61 풍천(風泉)의 감회 : 나라가 쇠미하거나 망한 것에 대한 슬픈 감회를 말하는 것으로, 여기에서는 망한 명(明)나라를 두고 말한 것이다. 《시경(詩經)》〈회풍(檜風) 비풍(匪風)〉의 주제는 주(周)나라 왕실이 쇠미한 것에 대하여 현인이 이를 근심하고 탄식하는 내용이고, 〈조풍(曹風) 하천(下泉)〉의 주제는 왕실이 무너지자 소국이 곤폐(困弊)하여 주나라 서울을 생각하는 것인데, '풍천'은 이 두 시의 편명을 합한 말이다.

62 황단(皇壇) : 임진왜란(壬辰倭亂) 때에 원군을 보낸 명(明)나라 신종(神宗)의 은혜를 기리기 위해 1704년(숙종30)에 창덕궁(昌德宮) 안에 설치한 제단인 대보단(大報壇)을 가리킨다. 1749년(영조25)에는 명(明)나라 태조(太祖)와 의종(毅宗)까지 합사(合祀)하였다.

63 존주(尊周)의 의리 : 《춘추(春秋)》의 기본 의리로, 천자의 나라인 주(周)나라를 높이고 오랑캐를 배격하는 것이다. 여기에서는 과거 천자의 나라였던 명(明)나라를 종주국으로서 높이는 의리를 이른다.

혹 바뀐 적이 없으니 선철들이 어찌 모두 자신을 순효(純孝)로 자처하여 그런 것이겠습니까. 예서(禮書)의 주(註)에 '효(孝)' 자는 곧 '노(老)' 자의 뜻이라고 하였는데 '노(老)'는 바로 '장(長)'의 뜻이니 장자(長子)이기 때문에 '효자'라고 하는 것입니다. 그렇다면 자신을 '효자'라고 칭하는 것이 또한 무슨 혐의할 것이 있겠습니까. 제가 일찍이 선사(先師)께 가르침을 받은 것이 이와 같으므로 이를 들어 말씀드립니다. 부디 이 뜻을 잘 알아서 그 행하는 바를 의심하지 말기를 바랍니다. '효(孝)' 자를 '사(嗣)' 자로 바꾸는 것은 근거할 바가 없을 듯합니다. 옛사람이 대처한 바도 또한 경솔함에서 나온 것이니 어찌 취하여 법으로 삼을 수 있겠습니까.

장자(長子)가 폐질(廢疾)이 있어서 종묘(宗廟)를 주관할 수 없으면 비록 정체(正體)[64]라고 하더라도 또한 전중(傳重)[65]할 수가 없으니 이는《예기(禮記)》〈상복소기(常服小記)〉의 소(疏)에서 말한 바입니다. 그러나 폐질에도 차등이 있습니다. 만약 생식능력이 있어서 부인을 얻고 자식을 낳을 수 있다면 폐질이 있다고 하여 전중하지 않아서는 안 됩니다. 또 자식이 없이 죽었다고 하더라도 마땅히 그를 위하여 후사를 세워 주어서 종묘의 제사를 받들게 해야 합니다. 하지만 만약에 태어나면서부터 총명하지 못하여 사람 구실을 할 수 없다면 다만

64 정체(正體) : 종통(宗統)을 계승하는 적장자(嫡長子)를 이른다.

65 전중(傳重) : 상제(喪祭)나 종묘(宗廟)의 중한 책임을 적장(嫡長)에게 전하는 것이다. 옛날에는 종법(宗法)에 있어서 적서(嫡庶)의 구별이 아주 엄하여 적자(嫡子)가 죽었을 경우 다른 서자에게 종통을 전하지 않고 바로 손자에게 전하였는데, 이를 할아버지의 입장에서는 '전중'이라 하고, 손자의 입장에서는 '승중(承重)'이라고 한다.

차자(次子)에게 전중해야 할 뿐입니다. 이른바 '차양(次養)'[66]으로 말하면 예(禮)에 근거가 없으니 예가(禮家)에서 알 바가 아닙니다.

조부모의 상(喪)에 제문을 지은 것은 선현의 문집 가운데에 보이지 않으며, 농암(農巖 김창협(金昌協))과 삼연(三淵 김창흡(金昌翕)) 두 선생도 조고 동지중추부사 공[67]에 대하여 또한 제문을 짓지 않았습니다. 이는 아마도 '지극한 슬픔에는 꾸밈이 없다'는 것이 부모의 상(喪)과 차이가 없기 때문이 아니겠습니까. 비록 제문을 지어 제사하지 않더라도 전(奠)을 올리는 것은 빠뜨릴 수 없을 듯합니다.

작설(綽楔)[68]을 반드시 종가(宗家)의 문려(門閭)에 세우는 것은 바로 사판(祠版 신주)이 있는 곳이기 때문입니다. 그러나 사판을 이미 체천(遞遷)하여 매안(埋安)했다고 하더라도 단문(丹門 홍살문)은 그대로 두니 이는 백대에 풍교(風敎)를 세우는 것이 사판을 따라 없어질 수 없기 때문입니다. 문려가 너무 좁으면 간혹 묘소 아래에 세우기도 하

66 차양(次養) : 죽은 맏아들의 양자가 될 만한 사람이 없을 경우에 맏아들과 같은 항렬의 사람을 그의 아들을 낳을 때까지 양자로 삼는 것을 말한다.

67 동지중추부사 공 : 김광찬(金光燦, 1597~1668)으로, 자는 사회(思晦), 본관은 안동(安東)이다. 1627년(인조5) 생원시에 합격하였고 음서(蔭敍)로 세마(洗馬)가 되었으며, 병자호란(丙子胡亂) 때에 부친 김상헌(金尙憲)을 따라 남한산성으로 인조를 호종하였다. 통진(通津)·교하(交河)의 현감 등 지방관을 역임하던 중에 아들 김수흥(壽興)·김수항(壽恒)이 출세함에 따라 1661년(현종2)에 공조 참의에 특별히 제수되었다. 뒤에 청풍 군수(淸風郡守), 파주 목사(坡州牧使)를 거쳐 동지중추부사에 제수되었다.

68 작설(綽楔) : 정문(旌門)과 같은 뜻으로, 효자(孝子)나 충신(忠臣) 등을 정표(旌表)하기 위하여 문 옆에 세우는 대(臺)를 이른다.

고 또 집이 무너졌으면 간혹 유허(遺墟)에 세우기도 하니 이는 통행하는 준례입니다.

심의(深衣)는 《가례(家禮)》의 본주(本註)에 다만 "포(布)를 사용한다."라고 말하고 면포(綿布)와 마포(麻布)를 구분하지 않았습니다. 그러므로 우경선(禹景善)은 "마포를 사용해야 한다."라고 하고 김이정(金而精)은 "면포를 사용해야 한다."라고 하여 퇴계(退溪 이황(李滉))에게 질정하였는데 퇴계가 답하기를, "어느 포(布)인지는 알 수는 없다. 그러나 면포가 질기니 좋지 않겠는가."라고 하셨습니다. 지금 세속에서는 모두 세마포(細麻布)를 사용하지만 면포를 통용하는 것도 매우 편리하니 가난한 자도 쉽게 마련할 수 있기 때문입니다. 색깔을 반드시 백색으로 사용하는 것은, 상하(上下)와 길흉(吉凶)에 통용하는 옷이므로 통용하는 색깔을 취한 것입니다. 주자(朱子)의 심의가 면포인지, 마포인지는 우선 상고할 수 없으나 또한 '면포는 주자가 입었던 것이 아니다'라고는 말할 수 없습니다.

장자(長子)의 상(喪)에 입는 참최(斬衰)는 비록 부친의 상(喪)에 입는 참최와는 차이가 있으나 '참최의 상(喪)으로서 장례하기 이전'에 해당됨은 똑같으니 어찌 지자(支子) 집안의 부제(祔祭)를 주관할 수 있겠습니까. 또 종자(宗子)가 있는 이상 지자가 또한 어찌 감히 스스로 부제를 주관할 수 있겠습니까. 형편상 종자의 장례가 끝나기를 기다려야 하는데, 만약 시기가 지나서 졸곡(卒哭)한 뒤에 바로 부제를 지낼 수가 없다면 은(殷)나라의 예(禮)[69]를 따라서 소상(小祥)을 지내고 부제를 지내는 것이 마땅할 듯합니다.

제사는 모름지기 종자법(宗子法)을 따라야 하지만 종가(宗家)의 세사(歲事 시제(時祭))에 예(禮)를 제대로 갖출 수가 없으면 지자(支子) 중 부장(祔葬)한 자가 마땅히 종가를 위하여 제사를 도와서 성대한 전(奠)을 올리도록 해야 합니다. 이 경우에 증조와 고조 이상의 제위(諸位)에게 함께 제사를 올리지 않는다면, 차별을 두어서 풍녜(豐昵)의 경계[70]를 범하게 되므로 이렇게 하기는 어려울 듯합니다. 제위의 묘소가 비록 다른 곳에 있다고 하더라도 차이를 두어서는 안 될 것입니다. 그러나 지자가 만약 묘역을 따로 차지하고 있다면 굳이 종자에 견주어 예(禮)를 행할 필요는 없을 듯합니다.

69 은(殷)나라의 예(禮) : 일반적으로 부제(祔祭)는 졸곡(卒哭)의 이튿날에 지내는데, 은(殷)나라의 예(禮)는 소상(小祥)을 지낸 뒤에 부제를 지낸다. 《가례(家禮)》 권4 〈상례(喪禮) 부(祔)〉에 "〈단궁(檀弓)〉에 '상(商)나라 때에는 소상을 지내고 부제를 지냈으며, 주(周)나라 때에는 졸곡을 지내고 부제를 지냈는데, 공자는 상(商)나라의 예가 좋다고 하였다.'라고 하고, 그 주에 '1년 만에 귀신으로 여기는 것은 인정이다.'라고 하였다. 그러나 상(商)나라의 예(禮)는 이미 없어져 그 본말을 상고할 수 없다. 지금은 삼우(三虞)와 졸곡에 모두 주(周)나라의 예(禮)의 순서를 쓰고 있으니, 이것이 부제만 상(商)나라의 예(禮)를 따를 수 없는 이유이다.〔檀弓曰: 商旣練而祔, 周卒哭而祔, 孔子善商. 注曰: 期而神之, 人情. 然商禮旣亡, 其本末不可考. 今三虞卒哭, 皆用周禮第, 則此不得獨從商禮.〕"라고 한 내용이 보인다. 상(商)나라는 곧 은(殷)나라이다.

70 풍녜(豐昵)의 경계 : 다른 선조들은 염두에 두지 않고 자기 부친만 위하여 존숭함을 경계하는 것을 말한다. '昵'은 '禰'와 통용되는 글자로, 아버지의 사당을 뜻한다. 《서경(書經)》 〈상서(商書) 고종융일(高宗肜日)〉에 "제사를 거행함에 있어 오직 아버지의 사당에만 풍성하게 하지 마소서.〔典祀無豐于昵〕"라고 한 데에서 나온 말이다.

임헌회에게 답함 임인년(1842, 헌종8) 8월

答任憲晦 壬寅八月

조묘(朝墓)[71]는 비록 예(禮)에 보이지는 않지만 선영을 떠나는 이상 차마 모른 척하며 그냥 지나갈 수는 없으니 영구(靈柩)를 모시고 선영에 하직하는 것은 그만둘 수 있는 일이 아닐 듯합니다. 그러나 언덕이 높고 비탈이 험하여 오르내리기가 어렵다면 《상례비요(喪禮備要)》[72]의 '혼백(魂帛)으로 조조(朝祖)하는 예(禮)'[73]를 따라서 혼백으로 대신하는 것이 마땅할 듯합니다. 하지만 혼백을 이미 매안(埋安)하였다면 상여를 들어 떠날 때에 선조의 묘를 향하여 영구를 멈추어서 이로써 묘에 하직함을 대신하는 것이 또한 마땅할 것입니다. 영구나 혼백으로 뵙게 하지 않고 다만 명정(銘旌)으로 뵙게 하는 것은 근거할 바가 없는 듯합니다.

71 조묘(朝墓) : 묘를 다른 곳으로 이장할 때에 관(棺)을 모시고 선영(先塋)으로 가서 선조의 묘에 하직인사하게 하는 것을 말한다.

72 상례비요(喪禮備要) : 주희(朱熹)의 《가례(家禮)》를 위주로 하고 그 밖의 고금 제가(諸家)의 예설(禮說)을 참고로 하여 초상(初喪)에서 장제(葬祭)까지의 의식을 기록한 상례 지침서이다. 신의경(申義慶)이 지은 것을 김장생(金長生)이 교정하여 증보하였고, 다시 김집(金集)이 교정하여 1648년(인조26)에 간행하였다.

73 혼백(魂帛)으로 조조(朝祖)하는 예(禮) : 혼백은 초상을 당하여 신주를 만들기 전에 명주를 접어서 임시로 만든 신위(神位)이고, 조조는 발인하기 하루 전에 영구(靈柩)를 모시고 사당에 가서 마지막으로 조상을 뵙게 하는 의식이다. 조조는 본래 영구를 사당까지 모시고 가서 직접 뵙게 해야 하지만 사당이 협소하여 운반하기가 어려운 경우에는 혼백을 가져가서 대신 뵙게 한다.

남계(南溪 박세채(朴世采))가 말씀하기를, "개장(改葬)하기 위해 꺼낸 영구(靈柩)를 집안으로 받들고 들어오는 것은 '상사(喪事)는 먼 곳으로 나아간다'는 뜻이 아니다."[74]라고 하였으니 이 말씀이 정도(正道)에 부합합니다. 그러나 상여를 운반할 적에 만약 예전에 살던 집을 지나게 된다면 영구를 멈추지 않을 수가 없으니 이는 신도(神道)와 인정(人情)에 있어 그만둘 수 없는 바입니다. 견축(遣祝)에 실린 '신택(新宅)'[75]이라는 말은 바로 유택(幽宅)을 가지고 말한 것이니 고택(古宅)에서 상여를 멈췄다고 하여 고유하는 말을 바꿔서는 안 됩니다. 또 조전(祖奠)과 견전(遣奠)은 선유(先儒)께서 "개장할 때에 시행할 수 있는 것이 아니다."라고 하였으니[76] 마땅히 사마온공(司馬溫公)의 '영

74 개장(改葬)하기……아니다 : 이 말은 박세채(朴世采)의 문집인 《남계집(南[illegible]集)》 속집 권14 〈답이진사문(答李進士問)〉에 보인다. '상사(喪事)는 먼 곳으로 나아[illegible]다'는 것은 《예기(禮記)》 〈단궁 상(檀弓上)〉에 보이는 내용으로, 공자(孔子)의 제[illegible]인 자유(子游)가 이르기를, "초상에 북쪽 창문 아래에서 반함을 하고 문 안에서 소[illegible]을 하고 동쪽 섬돌에서 대렴을 하고 손님의 자리에 빈소를 설치하고 뜰에서 조전을 [illegible]고 묘에 장례하니 이는 먼 곳으로 나아가는 것이다. 이 때문에 상사는 앞으로 나아[illegible]만 있고 뒤로 물러남은 없는 것이다.〔飯於牖下, 小斂於戶內, 大斂於阼, 殯於客位, 祖[illegible]庭, 葬於墓, 所以卽遠也. 故喪事有進而無退.〕"라고 하였다.

75 신택(新宅) : '새 유택'이라는 의미로, 개장(改葬) 시 영구(靈柩)를 운반할[illegible]적에 전(奠)을 차리고 축관(祝官)이 "상여에 멍에를 얹었으니 가시면 곧 새 유택입니[illegible].〔靈輀載駕, 往卽新宅.〕"라고 고한다. 《常變通考 卷21 喪禮 改葬》

76 조전(祖奠)과……하였으니 : 노주(老洲) 오희상(吳熙常)이 홍직필(洪直弼[illegible]에게 답한 편지에 "조전과 견전은 초상의 예(禮)이니 개장할 때에 시행할 수 있는 것[illegible] 아니다.〔祖、遣奠, 始喪之禮, 非可施於改葬者.〕"라고 한 것이 보인다. 《老洲集 卷11 [illegible]洪伯應》 조전은 발인하기 하루 전날 저녁에 영결(永訣)을 고하며 지내는 제사로, 일[illegible]제(日晡祭)라고도 한다. 견전은 발인할 때 문 앞에서 지내는 제사로, 노전(路奠), [illegible]제(路

구가 다른 곳에서 돌아올 경우'를 말한 설[77]을 따라서 조전(朝奠)만 진설하고 발인하는 것이 옳을 듯합니다.

《상례비요(喪禮備要)》에 따르면, 초상 때에 반곡(反哭)[78]하여 우제(虞祭)[79]를 지내는 것이 봉분(封墳)하는 일 뒤에 있으니 그렇다면 개장(改葬)하는 경우에도 마땅히 이와 같이 해야 합니다. 특히 우제를 지내지 않고 묘에 전(奠)만 올리는 경우에는 더욱 마땅히 봉분이 끝나기를 기다려야 하니 비록 하루를 넘기게 되더라도 반드시 봉분하는 일을 끝마치기를 기다리는 것이 옳을 듯합니다.

옛날에 거상(居喪)할 때에는 여러 사람과 떼 지어 다니지 않고 무리들과 어울려 앉지 않았으며 여막(廬幕)에서 지내면서 말을 하지 않았습

祭)라고도 한다.

77 사마온공(司馬溫公)의……설 : 사마온공은 송(宋)나라의 학자이자 정치가인 사마광(司馬光)으로, 온공은 봉호(封號)이다. 사마광이 지은 《서의(書儀)》 권8 〈견전(遣奠)〉의 주(註)에 "만약 영구가 다른 곳에서 돌아와 고향 땅에 장사되는 것이라면 다만 술과 과일이나 포와 젓갈만 진설하여 조곡만 행하고 떠났다가, 장사하는 날 아침에 이르러서야 견전과 독부(讀賻)의 예를 행한다.〔若柩自他所將歸葬鄕里, 則但設酒果或脯醢, 朝哭而行, 至葬日之朝乃行遣奠及讀賻禮.〕"라고 한 것을 말한다.

78 반곡(反哭) : 장지(葬地)로부터 집에 돌아와 신주와 혼백(魂帛) 상자를 영좌(靈座)에 모시고 정침(正寢)에서 곡하는 것이다.

79 우제(虞祭) : 장사한 뒤에 망자의 혼백을 평안하게 하기 위하여 지내는 제사로, 초우(初虞), 재우(再虞), 삼우(三虞) 세 차례에 걸쳐 지낸다. 초우는 장사한 당일에 지내고, 재우는 유일(柔日)인 을일(乙日)·정일(丁日)·기일(己日)·신일(辛日)·계일(癸日) 중에 지내고, 삼우는 강일(强日)인 갑일(甲日)·병일(丙日)·무일(戊日)·경일(庚日)·임일(壬日) 중에 지낸다.

니다. 그러므로 산 사람으로서 해야 할 일을 모두 중단하더라도 유감이 없을 수 있었습니다. 그러나 지금은 모든 일에 있어 거의 중단함이 없으니 유독 조부의 묘소에 성묘하는 일만 거행하지 않아서야 되겠습니까. 세배를 올리는 것과 제사를 받드는 것이 모두 이치에 해롭지 않으니 묘소와 사당에 구별이 없을 듯합니다. 그러나 이는 장례한 이후를 가지고 말했을 뿐이니 바로 '장사한 뒤에는 다른 사람과 나란히 서 있을 수 있다'[80]는 뜻입니다.

《의례(儀禮)》〈기석례(旣夕禮)〉에 중(重)[81]을 조묘(祖廟)의 문밖 동쪽에 매안(埋安)한다고 하였는데, 중(重)이 변하여 혼백(魂帛)이 된 것입니다. 또 구준(丘濬)의 《가례의절(家禮儀節)》[82]에는 삼우(三虞)를 지낸 뒤에 집에 이르러서 혼백을 묻는다고 하였습니다. 여기에 근거하면 혼백은 반드시 묘소에 묻는 것은 아닙니다. 지금 세속에서 초우제를 지낸 뒤에 묘소 아래에 그대로 혼백을 묻는 것은 '혼백을 장자

80 장사한……있다 : 《예기(禮記)》〈상대기(喪大記)〉에 "장사한 뒤에는 다른 사람과 나란히 서 있을 수 있되, 군주는 왕사만 말하고 국사는 말하지 않으며, 대부와 사(士)는 공사만 말하고 가사는 말하지 않는다.〔旣葬與人立, 君言王事, 不言國事; 大夫士言公事, 不言家事.〕"라고 하였다.

81 중(重) : 고례(古禮)에 사람이 죽으면 나무를 깎아 만들어서 신(神)이 의지할 수 있게 하였던 것으로, 일종의 임시 신주이다. 우제(虞祭)를 지내고 신주를 만들기 전까지 사용하였다. 후대에는 나무를 깎아서 만들지 않고 명주를 접어서 사용하였는데, 이를 혼백(魂帛)이라고 한다.

82 가례의절(家禮儀節) : 명(明)나라 때의 학자 구준(丘濬)이 편찬한 책으로 주희(朱熹)의 《가례(家禮)》를 당시의 제도에 맞게 가감하고 매 장(章)의 끝에 주를 달고 고증을 붙여 놓았다. 총 8권이다.

안에 넣어 수레에 올라서 신주 뒤에 둔다'는 정밀한 뜻[83]을 훼손할 듯합니다. 처음 장사할 때에 묘소 왼쪽에 묻어 두었던 것이 만일 썩은 토양 속에서도 없어지지 않았다면 마땅히 새 묘소에 따라 묻어야 하고 만일 이미 다 썩어 없어졌다면 그대로 두는 것이 마땅할 듯합니다.

83 혼백을……뜻 : 《가례(家禮)》 권5 〈상례(喪禮) 발인(發引)〉에 "축관(祝官)이 신주를 받들고 수레에 오른다.〔祝奉神主升車〕"라고 하였는데, 그 주(註)에 "혼백이 든 상자를 그 뒤에 둔다.〔魂帛箱在其後〕"라고 하였다. 곧 봉분(封墳)을 마친 뒤에 축관이 신주를 써서 이를 받들고 수레에 올라 집으로 돌아올 적에 혼백이 든 상자를 신주 뒤에 실어서 함께 가지고 돌아오는 것이다.

임헌회에게 답함 계묘년(1843, 헌종9) 2월

答任憲晦 癸卯二月

주서(朱書)의 오랜 과업(課業)은 멈추지 않고 계속 연찬(硏鑽)하고 있습니까? '부모와 신명처럼 사랑하고 공경한다'는 말은 본래 허형(許衡)이 《소학(小學)》을 찬미한 말인데,[84] 애시(哀侍)[85]가 이 책을 두고 또한 이렇게 말하였으니 매우 독실하게 좋아하는 바가 있음을 알 수 있습니다. 수많은 성인(聖人)의 심법(心法)과 만 가지 이치의 핵심이 모두 이 책 가운데에 있으니 《주자대전(朱子大全)》과 《주자어류(朱子語類)》 두 책을 가져다가 보아서 마음을 비우고 그 속에 푹 빠져들어 자기의 몸에 절실하게 체인하여 이로써 종신토록 완수해야 할 과업으로 삼는다면 다른 책은 자세히 공부하지 않더라도 또한 괜찮습니다.

우리나라의 여러 유현들 가운데 어느 누가 이 책을 읽지 않았겠습니까마는, 이 책을 전문으로 연구한 분으로는 퇴계(退溪 이황(李滉))와 우암(尤菴 송시열(宋時烈)) 만한 분이 없습니다. 특히 우암은 그 명리(名

84 부모와……말인데 : 허형(許衡, 1209~1281)은 원(元)나라의 경학자로, 자는 중평(仲平), 호는 노재(魯齋), 시호는 문정(文正)이며, 하남성(河南省) 심양(沁陽) 사람이다. 요추(姚樞)에게서 정주학(程朱學)을 접한 뒤로 여기에 전념하여 북방에 정주학을 일으켰다. 일찍이 "《소학(小學)》 책은 내가 신명처럼 믿고 부모처럼 공경한다.〔小學之書, 吾信之如神明, 敬之如父母.〕"라고 말한 일이 있다.

85 애시(哀侍) : 우리나라의 서간에서 주로 쓰이는 용어로, 상대방이 양친 중 한 분의 상을 당했을 경우에 그 삼년상을 치르는 동안 상대방을 호칭하는 말이다. 이 편지의 수신자인 임헌회(任憲晦)는 1842년(헌종8) 2월에 부친상을 당하였다.

理)를 아주 익숙하게 적용하여 시사(時事)와 출처(出處)에 드러난 것이 전후가 모두 일관되니, 주자(朱子)를 제대로 배운 분은 천고에 이분한 분뿐입니다. 정묘조(正廟朝 정조조)에 편찬한 《양현전심록(兩賢傳心錄)》[86]은 응당 천지간의 공안(公案)이 됩니다.

선비들이 학문을 함에 있어서 원하는 바가 바로 공자(孔子)를 배우는 것인데, 공자를 배우려면 마땅히 주자를 통해야 하고 주자를 배우려면 마땅히 우암을 통해야 합니다. 그러나 우암도 쉽게 배울 수는 없으니 우암이 종사했던 주서를 외우고 읽는다면 일거에 세 성현을 모두 배울 수 있습니다. 부디 힘써 노력하여 더욱 책임을 맡아서 하늘이 내려준 충(衷)과 사람이 부여받은 중(中)에 부응하기를 몹시 바라 마지않습니다.

"성복(成服)하는 날에 들어와 자리에 나아간 뒤에 조곡(朝哭)을 한다."[87] 라는 글을 가지고 미루어 보면 우제(虞祭), 졸곡(卒哭), 부제(祔祭), 소상(小祥)에 입곡(入哭)[88]하는 것은 바로 조곡을 겸하여 말한 것이니

86 양현전심록(兩賢傳心錄) : 정조의 명으로 주희(朱熹)와 송시열(宋時烈)의 문집 속에서 심법(心法)에 관한 내용을 뽑아 엮은 책이다. 1774년(영조50) 정조가 동궁으로 있으면서 이시원(李始源) 등에게 명하여 편찬하도록 하였으며, 1795년(정조19) 간행되었다. 책머리에 정조의 어제(御製) 서문과 이시원의 봉교서(奉敎書)가 있다.

87 성복(成服)하는……한다 : 《가례(家禮)》 권4 〈상례(喪禮) 성복(成服)〉에 "오복에 해당되는 사람들이 각각 자기의 복을 입고 들어와 자리에 나아간 뒤에 조곡(朝哭)을 한다.〔五服之人, 各服其服, 入就位, 然後朝哭.〕"라고 하였다. 조곡은 거상 중에 있는 사람이 소상(小祥) 때까지 이른 아침마다 궤연(几筵) 앞에서 곡(哭)하는 일을 이른다.

88 입곡(入哭) : 우제(虞祭), 졸곡(卒哭), 소상(小祥), 대상(大祥) 등의 제사를 지내기 전에 먼저 신주 앞에서 슬프게 곡하는 것을 이른다.

밖에서 조곡을 하고 다시 안에서 입곡하는 것이 아닙니다.

《가례(家禮)》의 우제(虞祭) 조항에 "삭전(朔奠)과 같이 한다."라고 말하였는데 술을 올리고 뒤이어 안주를 올림이 없이 그대로 소상(小祥), 대상(大祥), 담제(禫祭)에 이르니 이는 궐문(闕文)인 듯합니다. 구준(丘濬)의 《가례의절(家禮儀節)》[89]에는 적(炙)을 갖추어 병설(幷設)하여 진찬(進饌)하는데 술을 올리면서 안주를 뒤이어 올리지 않으니 그 의절이 잘못된 듯합니다. 《의례(儀禮)》《사우례(士虞禮)》의 기(記)를 따라서 간육(肝肉)을 갖추어 매번 술을 올릴 때마다 안주를 뒤이어 올리기를 시제(時祭)와 같이 해야 합니다. 이렇게 하는 것이 정도(正道)에 맞을 듯하니, 한결같이 고례(古禮)를 따르는 것이 바로 주자(朱子)의 뜻입니다.

《가례(家禮)》의 "주인 이하가 입곡(入哭)한다."의 주(註)에 "존장(尊長)은 앉고 비유(卑幼)는 선다."라고 하였으니[90] 이 말에 근거하면 앉

89 가례의절(家禮儀節) : 명(明)나라 때의 학자 구준(丘濬)이 편찬한 책으로, 주희(朱熹)의 《가례(家禮)》를 당시의 제도에 맞게 가감하고 매 장(章)의 끝에 주석과 고증을 붙여 놓았다. 총 8권이다.

90 가례(家禮)의……하였으니 : 《가례》 권4 〈상례(喪禮) 우제(虞祭)〉에 "축관이 영좌(靈座)에서 신주를 내오면 주인 이하가 모두 입곡한다.〔祝出神主于座, 主人以下皆入哭.〕"라고 하였는데, 그 주(註)에 "주인과 형제는 실(室) 밖에 상장(喪杖)을 기대어 놓고 제사에 참석한 사람들과 함께 모두 영좌의 앞에서 입곡한다. 그 자리는 모두 북향하되 상복에 따라 줄을 지어 서는데, 무거운 복을 입은 자는 앞줄에 서고 가벼운 복을 입은 자는 뒷줄에 서며, 존장은 앉고 비유는 선다.……〔主人兄弟倚杖於室外, 及與祭者皆入哭於靈座前. 其位皆北面, 以服爲列, 重者居前, 輕者居後; 尊長坐, 卑幼立.……〕"

아서 곡하고 서서 곡하는 것이 각각 차서(次序)가 있습니다. 그런데 "초헌(初獻)"의 주(註)에 "주인이 무릎을 꿇으면 이하가 모두 무릎을 꿇는다."라고 하였는데 '주인과 이하가 엎드렸다가 일어난다'는 글은 없습니다. 그렇다면 서서 곡하는 자는 마땅히 엎드려 곡하다가 곡이 그치면 자리로 돌아가고 사신(辭神)[91]할 때에는 마땅히 서서 곡해야 합니다. 그리고 축관은 일어나서 축판(祝版)을 내려놓은 뒤에 엎드려 곡하는 것이 또한 불가할 것이 없으니 근래의 준례가 이와 같습니다. 주자(朱子)의 글에도 또한 "엎드려 곡한다."라고 말씀하였으니 거상(居喪)하는 자는 엎드려 곡하는 것이 또한 마땅합니다.

《가례(家禮)》에 이미 "곡하며 재배(再拜)하고 자리로 돌아가 곡을 그친다."[92]라고 하였으니 곡하면서 절하는 것임을 알 수 있습니다. 곡하면서 절하는 것은 본래 《개원례(開元禮)》[93]에서부터 시작되었는데, 《개원례》에는 술잔을 한 번만 올리고 바로 문을 닫으므로 이때에 남녀

라고 하였다.

91 사신(辭神) : 제례(祭禮)가 끝난 다음 신주에게 절하여 하직하는 의식을 이른다.

92 곡하며……그친다 : 이는 《가례(家禮)》 권4 〈상례(喪禮) 우제(虞祭)〉의 초헌(初獻) 조목의 주(註)에 보이는 말로, "축관이 축판을 들고 주인의 오른쪽으로 가서 서향하여 꿇어앉아 읽는다.……축관이 일어나면 주인은 곡하며 재배하고 자리로 돌아가 곡을 그친다.〔祝執版, 出於主人之右, 西向跪讀之.……祝興, 主人哭再拜, 復位哭止.〕"라고 하였다.

93 개원례(開元禮) : 당(唐)나라 현종(玄宗) 개원(開元) 연간에 칙명에 의해 서견(徐堅), 소숭(蕭崇) 등이 150권으로 편찬한 《대당개원례(大唐開元禮)》를 말한다. 길례(吉禮), 빈례(賓禮), 가례(嘉禮), 군례(軍禮), 흉례(凶禮)의 다섯 가지로 분류되어 있다.

가 모두 곡하는 것으로 되어 있습니다. 《서의(書儀)》[94]의 경우에는 삼헌(三獻)을 하여 시동(尸童)을 섬기는 고례(古禮)를 따랐고 술잔을 올릴 때에는 반드시 곡하되 다른 사람들은 곡하지 않는 것으로 되어 있습니다. 《가례》의 아헌(亞獻) 조목에 "예(禮)는 초헌(初獻)과 똑같이 하되 다만 축문을 읽지 않고 사배(四拜)한다."라고 하였으니, 이미 '초헌과 똑같이 한다'라고 말하고서 특별히 '축문을 읽지 않는 것'과 '사배하는 것'을 드러내었다면 곡하는 것은 또한 '초헌과 똑같이 한다'는 말 속에 들어 있는 것입니다. 또 담제(禫祭) 부분에서 특별히 "삼헌에 모두 곡하지 않는다."라고 말한 것을 가지고 미루어 보면 또한 우제(虞祭)로부터 대상(大祥)에 이르기까지 아헌과 종헌(終獻)을 하는 사람은 모두 초우(初虞)와 똑같이 곡한다는 것을 알 수 있습니다. 이러한 뜻은 고인(古人)이 이미 말씀하였습니다.

고이성(告利成)[95] 때에 축관과 주인이 서로 절하는 것은 예서(禮書)에서 말하지 않았을 뿐만 아니라 또한 의의가 없습니다. 서울의 예(禮)를 아는 자들은 다만 서로를 향하여 읍(揖)만 할 뿐입니다.

94 서의(書儀) : 송(宋)나라의 학자 사마광(司馬光)이 고례(古禮)를 근본으로 하고 당시의 행할 만한 것을 참작하여 만든 책이다. 표주(表奏)·공문(公文)·사서(私書)·가서(家書)의 서식(書式) 1권, 관의(冠儀) 1권, 혼의(婚儀) 2권, 상의(喪儀) 6권 등 도합 10권이다. 주희(朱熹)의 《가례(家禮)》는 《서의》를 바탕으로 만들어졌다.

95 고이성(告利成) : 공양(供養)의 예(禮)가 이루어졌음을 고하는 절차로, 제사의 마지막에 신에게 제사를 잘 마쳤다고 고하는 의식이다. 《예기집설(禮記集說)》 〈증자문(曾子問)〉의 주(註)에서 '고이성'을 설명하여 말하기를, "이(利)는 양(養)과 같으니 공양하는 예가 이미 이루어졌음을 이르는 것이다.〔利猶養也, 謂共養之禮已成也.〕"라고 하였다.

부제(祔祭)의 축문(祝文)에서 "손자〔孫〕"라고만 일컫는 것[96]은 자식이 부친의 이름을 휘(諱)하기 때문에 그런 것입니다. 만약 종자(宗子)가 부제를 주관한다면 마땅히 "손자 모〔孫某〕"라고 일컬어야 합니다. 더구나 종자가 조고에게 고할 때에 어찌 방친(傍親)의 이름을 휘할 것이 있겠습니까.

《의례(儀禮)》〈사우례(士虞禮)〉의 기(記)에는 부제(祔祭)에 한 시동(尸童)을 이어서 사용하여 하나의 축문(祝文)으로 두 번 고유하는 것으로 되어 있으니[97] 이는 동일한 궤석(几席)과 찬(饌)을 사용하는 것으로, 그 뜻이 매우 정밀하였습니다. 그러다가 《개원례(開元禮)》에 이르러서 조고(祖考)와 망자(亡者)의 신위에 각각 따로 진설하였고 또 《서의(書儀)》에 이르러서는 처음으로 축문을 따로 사용하였으니 《가례(家禮)》와 《상례비요(喪禮備要)》[98]가 이를 그대로 따랐습니다.

96 부제(祔祭)의……것 : 부제는 망자(亡者)의 신주를 사당으로 모시고 가서 망자의 조고의 신주 옆에 부(祔)하며 지내는 제사인데, 이때 망자의 조고에게 고하는 축문에서 망자를 지칭할 적에, 이름을 넣어 '손자 모〔孫某〕'라고 일컫지 않고 '손자〔孫〕'라고만 일컬음을 말한 것이다.

97 의례(儀禮)……있으니 : 《의례》〈사우례(士虞禮)〉 기(記)에 다음과 같이 보인다. "졸곡(卒哭)한 다음날에 그 소목(昭穆)의 차서에 따라 부제를 지낸다.……한 시동(尸童)을 이어서 사용하고 축문에서 다음과 같이 말한다. '……당신의 황조 모보에게 가서 당신의 손자 모보를 제부하오니 흠향하소서.'〔明日以其班祔.……用嗣尸, 曰:……適爾皇祖某甫, 以隮祔爾孫某甫, 尙饗.〕" '당신의 황조 모보에게 간다'는 것은 망자(亡者)에게 고하는 것이고, '당신의 손자 모보를 제부한다'는 것은 부(祔)하는 대상인 망자의 조고에게 고하는 것이다.

98 상례비요(喪禮備要) : 주희(朱熹)의 《가례(家禮)》를 위주로 하고 그 밖의 고금

《가례》의 부제(祔祭) 초헌(初獻)의 조목에 '술을 따라 올릴 적에 먼저 조고와 조비(祖妣) 앞에 나아가서 축문을 읽은 뒤에 다음으로 망자 앞에 나아간다'고 하였으니 부(祔)하는 대상의 신위에 술을 올리는 것과 축문을 읽는 것을 모두 부(祔)하는 신위보다 먼저 하고 이어서 재배(再拜)를 행함을 알 수 있습니다. 재배함을 특별히 말하지 않은 것은 "모두 졸곡(卒哭)과 똑같이 한다."라는 말 속에 포함되어 있기 때문입니다.

삼년상 안에 지내는 묘제(墓祭)는 율옹(栗翁)의 말씀에 따라 단헌(單獻)만 하는 것이 근거가 없지는 않으나[99] 또한 삼헌(三獻)을 해서는 안 된다는 의리는 없습니다. 《가례(家禮)》와 《상례비요(喪禮備要)》에 "묘소에 나아간다.〔詣墓所〕"라고 한 것은 이 가운데에 참신(參神)이 포함되어 있지 않다고 어찌 장담할 수 있겠습니까. 남당(南塘 한원진(韓元震))이 말씀하기를, "묘제에 진찬(進饌)을 강신(降神)보다 먼저 하는 것은 들판에서 행하는 예(禮)라서 간략함을 따른 것이다. 이왕 진찬을 먼저 한다면 또 제관(祭官)들이 그냥 선 채로 보고 있을 수가

제가(諸家)의 예설(禮說)을 참고로 하여 초상(初喪)에서 장제(葬祭)까지의 의식을 기록한 상례 지침서이다. 신의경(申義慶)이 지은 것을 김장생(金長生)이 교정하여 증보하였고, 다시 김집(金集)이 교정하여 1648년(인조26)에 간행하였다.

99 삼년상……않으나 : 율옹(栗翁)은 율곡(栗谷) 이이(李珥)이다. 《율곡전서(栗谷全書)》 권27 〈제의초(祭儀鈔) 상복중행제의(喪服中行祭儀)〉에, 장례 전에는 예(禮)에 따라 제사를 중단하였다가 졸곡(卒哭) 후에는 사시(四時)의 절사(節祀)와 기제(忌祭), 묘제(墓祭)에 복(服)이 가벼운 자로 하여금 음식을 올리게 하되 찬품(饌品)을 평소보다 줄이고 일헌(一獻)만 행하며 축문(祝文)은 읽지 않고 수조(受胙)하지 않는 것이 옳다고 하였다.

없으므로 먼저 참신을 하고 뒤에 강신(降神)을 하는 것이며, 유식(侑食)을 생략하는 것은 간략함을 따른 것이다. 구준(丘濬)의 《가례의절(家禮儀節)》에서 진찬과 유식을 보충해 넣은 것과 《격몽요결(擊蒙要訣)》에서 강신을 먼저하고 참신을 뒤에 한다고 한 것이 모두 온당치 못하다."라고 하였습니다. 이 말씀이 예(禮)의 뜻에 맞을 듯하니 따를 만합니다.

임헌회에게 답함 계묘년(1843, 헌종9) 2월
答任憲晦 癸卯二月

서울의 집은 우거하는 곳이고 고향의 집은 돌아가는 곳입니다. 영구(靈柩)가 고향의 집으로 돌아가느라 한 달이 넘은 뒤에나 장례하게 된다면 조전(祖奠)과 견전(遣奠)은 미리 행해서도 안 되고 또 중복해서 지내서도 안 됩니다. 발인(發靷) 전날에 석전(夕奠)을 올릴 때에 이튿날 고향으로 내려간다는 뜻을 궤연(几筵)에 고하고 이튿날 새벽에 상여를 출발하여 고향으로 돌아갑니다. 그리고 장례를 바로 앞두고서 조조(朝祖)를 행하고 그날 저녁에 조전을 행하며 장례를 위해 산을 오를 때에 견전을 행합니다. 이렇게 하는 것이 예(禮)에 맞을 듯합니다. 서울에서 발인할 때에 조조와 조전과 견전을 행하는 것은 의의가 없을 듯합니다. 이것은 바로 정암(貞菴)의 말씀이니[100] 따를 만합니다. 고사(告辭)는 마땅히 "이튿날에 발인하여 아산(牙山)의 고향집으로 향해 가서 장례할 때를 기다리겠습니다. 삼가 고합니다."라고 해야 합니다.

감(龕)은 바로 운서(韻書)에 "탑 아래의 방"이라고 하였으니[101] 《가례

100 이것은……말씀이니 : 정암(貞菴)은 민우수(閔遇洙, 1694~1756)로, 자는 사원(士元), 호는 정암. 본관은 여흥(驪興)이다. 1714년(숙종40)에 생원시에 합격하였고 대사헌, 성균관 좨주, 세자시강원 찬선, 원손 보양관 등을 역임하였다. 저서로는 《정암집(貞菴集)》이 있으며, 시호는 문간(文簡)이다. 앞에서 말한 내용은 《정암집》 권7 〈답한사점(答韓士漸)〉에 보인다.

(家禮)》에서 그 이름을 빌려 신주를 봉안하는 장소로 삼은 것입니다. 《주자어류(朱子語類)》에 이르기를, "오가(五架)를 세우고자 하여, 뒤에 있는 하나의 가(架)를 이용해 긴 감당(龕堂)을 만들고 판자로 막아서 네 개의 감당을 만들었다."[102]라고 하였는데, '오가'의 뜻은 자세하지 않으나 아마도 우리나라에서 말하는 오량(五梁)일 것입니다. 《가례》에는 모든 감실(龕室) 안에 탁자 하나를 두어서 감실 안에서는 항상 이 탁자 위에 신주를 모시다가 정침(正寢)에서 제사 지내게 되면 신주를 의자-세속에서는 교의(交椅)라고 한다.- 위에 모시고 별도로 탁자-세속에서는 제상(祭床)이라고 한다.-를 사용하여 제수를 진설한다고 되어 있습니다. 남계(南溪 박세채(朴世采))가 말씀하신 "아래쪽에는 판자를 사용하지 않는다."[103]라는 것은 탁자를 감실 가운데에 두기 때문일 것입니다.

101 감(龕)은……하였으니 : 《광운(廣韻)》에서 '감(龕)' 자를 두고 "탑 아래의 방이다.〔塔下室〕"라고 하였다.

102 오가(五架)를……만들었다 : 이 말은 《주자어류(朱子語類)》 권90 〈예칠(禮七) 제(祭)〉에 보이는데, "가묘(家廟) 하나를 세우고자 하여, 작은 오가(五架)의 옥(屋)에서 뒤에 있는 가(架)를 이용해 하나의 긴 감당(龕堂)을 만들고 판자로 막아서 네 개의 감당을 만들었다. 당(堂)에 위패를 모셔 두고 당 밖에는 발을 드리웠다. 작은 제사를 지낼 때에는 또한 그곳에 나아가 지내고, 큰 제사를 지낼 때에는 위패를 밖으로 내가기를 청하니 당(堂)이나 청(廳)에서 지내는 것이 모두 괜찮다.〔欲立一家廟, 小五架屋, 以後架作一長龕堂, 以板隔截作四龕堂, 堂置位牌, 堂外用簾子. 小小祭祀時, 亦可只就其處, 大祭祀則請出, 或堂或廳上皆可.〕"라고 하였다.

103 아래쪽에는……않는다 : 이는 박세채(朴世采)가 정상박(鄭尙樸)의 질문에 답한 편지에 보이는 내용으로, 이 편지에 "감실(龕室)은 우리나라에서 공사(公私) 간에 사용하는 것이 모두 벽장의 제도여서 벽장 밖에 별도로 탁자를 두어 제사를 지냅니다. 그러므로 부위(祔位)와 제수를 모두 수용하지 못하는 것이 참으로 말씀하신 뜻과 같습니다. 근세 호중(湖中)의 여러 공들이 상고한 바에 따르면, 북쪽 가까이 있는 일가(一

우옹(尤翁 송시열(宋時烈))이 말씀하신 "별도로 탁자가 있는 것이 아니다."[104]라는 것은 감실 안의 아래쪽 판자를 탁자로 만들어서 북쪽 끝에 신주를 모시고 나머지 공간에 술과 과일을 진설하기를 《상례비요(喪禮備要)》[105]의 그림과 같이 하는 것입니다. 요즘에는 감실이 매우 좁아서 겨우 신주만 모실 수 있으므로 감실 밖에 탁자를 두어 명절과 삭망(朔望)의 제수를 진설하니 이는 세속의 제도입니다. 그러나 같은 탁자에 신주도 모시고 제수도 올리는 것은 체모를 갖추지 못하는 듯하니 마땅히 뒤에 나온 설을 정례(正禮)로 삼아야 합니다. 요즘 세속에서는 감실 앞에 발을 드리우기도 하고 창(窓)을 내기도 하는데 모두 불가할

架)의 세 칸 안에 벽장을 만들지 말고 다만 본판으로 막아서 네 개의 감실을 만들되 위쪽에는 판자로 덮고 아래쪽에는 판자를 사용하지 않으며, 또 각 감실에 탁자를 두어서 신주와 제수를 진설하여 행한다고 하였으니 이 설이 옳을 듯합니다.〔龕, 我國公私所用, 皆爲壁藏之制, 壁藏外別置卓子以祭之, 故祔位及祭物皆難容如示意固也. 近世湖中諸公考據, 以爲當就近北一架三間內, 不爲壁藏, 只以木板隔作四龕, 而上則以板覆之, 下則不用板, 又就各龕中置卓, 設主及饌而行之云, 此說恐是.〕"라고 하였다.《南溪集 卷42 答鄭眞卿問》

104 별도로……아니다 : 이는 송시열(宋時烈)이 김수증(金壽增)에게 답한 편지에 보이는 내용으로, 이 편지에 "《가례(家禮)》에 보이는 감실(龕室)의 제도는 매우 생략되어 있습니다. 감실 안에 탁자 하나를 두어서 이 탁자의 북쪽 끝에 신주를 모시고 그 앞의 빈 공간에 술과 과일을 진설하니 별도로 탁자가 있는 것이 아닙니다.〔家禮龕室之制, 極其簡省, 龕內置一卓, 於此卓北端安神主, 而其前空處設酒果, 非別有卓子也.〕"라고 하였다.《宋子大全 卷51 答金延之》

105 상례비요(喪禮備要) : 주희(朱熹)의 《가례(家禮)》를 위주로 하고 그 밖의 고금 제가(諸家)의 예설(禮說)을 참고로 하여 초상(初喪)에서 장제(葬祭)까지의 의식을 기록한 상례 지침서이다. 신의경(申義慶)이 지은 것을 김장생(金長生)이 교정하여 증보하였고, 다시 김집(金集)이 교정하여 1648년(인조26)에 간행하였다.

것이 없으나 두 가지를 함께 설치해서는 안 됩니다. 감실의 제도는 또한 상황에 따라 합당하게 정해야 하니 반드시 국한하여 정할 필요는 없을 듯합니다.

어버이의 상중(喪中)에는 말을 할 때에 문채 나게 하지 않습니다.[106] 그러므로 선철들이 거상(居喪)할 때에 가장(家狀)을 짓거나 남의 물음에 답하는 등 만부득이한 경우를 제외하고는 일찍이 글을 지은 적이 없었던 것입니다. 제문(祭文)은 비록 한만(閑漫)한 글과는 다르지만 또한 지어서는 안 됩니다. 지친 간이라고 하더라도 마땅히 길복(吉服)을 입을 때까지 기다려야 합니다. 상중에 다른 사람의 상(喪)에 조문하지 않는 것은 자기의 슬픔을 잊게 되기 때문입니다. 제문을 지어 술잔을 올리지 않는 것도 바로 이러한 뜻입니다. 운자(韻字)를 사용하지 않더라도 지어서는 안 될 듯하니, 주 선생(朱先生 주희(朱熹))이 말씀한 "옛사람은 전혀 조문하여 제사하지 않았다."[107]라는 것은 바로 이 때문입니다.

106 어버이의……않습니다 : 《효경(孝經)》 〈상친장(喪親章)〉에 "효자가 어버이의 상(喪)을 당해서는 곡을 할 때에 길게 늘이지 않고, 예(禮)를 행할 때에 용모를 꾸미지 않으며, 말을 할 때에 문채 나게 하지 않는다.〔孝子之喪親也, 哭不偯, 禮無容, 言不文.〕"라고 하였다.

107 옛사람은……않았다 : 주희(朱熹)에게 "삼년상을 지내는 중에 제문을 지어 친구를 제사하면 안 됩니까?〔三年喪中, 得做祭文祭故舊否?〕"라고 물었는데 답하기를, "옛사람은 전혀 조문하여 제사하지 않았으나 지금은 어찌할 수 없다. 호적계(胡籍溪)는 '단지 산구(散句)로 짓고 운자(韻字)를 쓰지 않는다.'라고 하였다.〔古人全不弔祭, 今不奈何. 胡籍溪言只散句做, 不押韻.〕"라고 하였다. 호적계는 송(宋)나라의 학자 호헌(胡憲)으로, 호안국(胡安國)의 조카이자 주희의 스승 중 한 명이다. 《朱子語類 卷89 禮6 喪》

임헌회에게 답함 계묘년(1843, 헌종9) 5월
答任憲晦 癸卯五月

존왕고(尊王考)[108]에 대하여 작설(綽楔)[109]의 명(命)이 내리니 장차 검은 머리와 붉은 다리의 홍살문이 여리(閭里)에서 찬란하게 빛나는 모습을 통하여 '하늘이 덕선(德善)을 베푸는 자에게 보답을 내림'과 '신(神)의 이치는 어긋남이 없음'을 보게 될 것입니다. 이를 한 마디로 말하자면 모두 존선장(尊先丈)의 지극한 효도로 말미암아 얻게 된 것이라고 하겠습니다. 우러러 생각건대 슬피 사모하는 마음이 끝이 없어서 가슴 속의 회포를 이루 다 말로 표현하지 못할 것입니다. 보내준 편지에 사우(士友)들의 글을 얻어서 이 일을 더욱 빛내고자 한다고 하니 감춰진 것을 드러내어 밝히려는 효자(孝子)와 순손(順孫)의 고충(苦衷)을 우러러 알 수 있습니다. 그러나 주 선생(朱先生 주희(朱熹))이 평소에 말씀하시기를, "천하의 일은 그 실제만 있으면 충분하니 다시 타인에게 말을 아름답게 꾸며 칭찬하게 해서 그 글이 수백 자, 수천 자에 이른들 또한 그 실제에 무슨 보탬이 되겠는가."[110]라고 하였

108 존왕고(尊王考) : 임태춘(任泰春, 1751~1811)으로, 자는 자인(子仁), 호는 농옹(聾翁), 본관은 풍천(豐川)이다. 효성이 지극하여 부모가 병이 들자 손가락을 끊어 피를 권하였으며, 61세의 나이에 병든 몸으로 조비(祖妣)의 묘소를 이장하는 일을 주관하였다가 병이 악화되어 이장을 마친 지 3일 만에 죽었다. 1843년(헌종9)에 정문(旌門)이 세워졌다. 저서로는 《농옹유고(聾翁遺稿)》가 있다.

109 작설(綽楔) : 정문(旌門)과 같은 뜻으로, 효자나 충신 등을 정표(旌表)하기 위하여 문 옆에 세운 대(臺)를 이른다.

습니다. 주 선생이 사람들에게 실제에 힘쓰도록 권면한 것이 이와 같으니 이것이 현자(賢者)가 기억하고 경계해야 할 바입니다.

옛날의 무민(無悶)[111]하였던 선비들은 오히려 산림에 깊이 들어가지 못할까 두려워하여 그 행적을 보이는 일이 전혀 없었습니다. 그러나 못난 이 사람은 은둔하는 곳을 제대로 가리지 못하여 좁은 길에서 궁색한 걸음을 하였으니 평소 다짐한 뜻에 부끄러워서 거의 얼굴을 들고 남을 대할 수가 없습니다. 이번의 일[112]은 수암(遂菴 권상하(權尙夏)), 병계(屛溪 윤봉구(尹鳳九)), 지암(止菴 이철보(李喆輔)) 등 여러 현인의 고사(故事)를 따라서 신하로서의 분의(分義)를 폈던 것일 뿐이니 계옥(啓沃)[113]하여 보좌한 공은 논할 수가 없습니다. 그런데 보내준

110 천하의……되겠는가 : 이 말은 주희(朱熹)의 문집인 《회암집(晦菴集)》 권83 〈발설후행실(跋卨侯行實)〉에 보인다.

111 무민(無悶) : 은둔해 살면서도 걱정함이 없음을 뜻한다. 《주역(周易)》 〈건괘(乾卦) 초구(初九)〉에 "초구는 잠겨 있는 용이니 쓰지 말아야 한다.〔初九, 潛龍, 勿用.〕"라고 한 것에 대하여, 〈문언(文言)〉에서 부연하여 이르기를, "용의 덕을 지니고 숨은 자이니, 세상에 따라 뜻을 바꾸지 않고 이름을 이루지 않아서, 세상을 피해 숨어 살아도 걱정함이 없고 남에게 알아줌을 받지 못해도 걱정함이 없어서, 즐거우면 행하고 근심스러우면 피하여, 결단코 그의 뜻을 흔들 수 없는 것이 바로 잠겨 있는 용이다.〔龍德而隱者也. 不易乎世, 不成乎名, 遯世無悶, 不見是而無悶, 樂則行之, 憂則違之, 確乎其不可拔, 潛龍也.〕"라고 하였는데, 여기에서 나온 말이다.

112 이번의 일 : 1843년(헌종9) 3월에 홍직필(洪直弼)이 용양봉저정(龍驤鳳翥亭)에서 헌종을 알현한 일을 이른다. 이때 홍직필의 집이 노량(鷺梁)에 있었는데 헌종이 건릉(健陵)에 거둥하면서 그 근처를 지나게 되자 용양봉저정에 잠시 머물며 수차례 사관(史官)을 보내어 홍직필에게 등대(登對)하도록 명하였다. 이에 홍직필은 간곡한 부름에 못 이겨 나아가서 헌종을 알현하고 학문하는 도(道)에 대하여 요체를 아뢰었다. 《梅山集 卷53 年譜》

편지에서 이를 두고 주자(朱子)와 똑같다고 말씀하시니, 사람을 비교할 때에는 비슷한 부류끼리 해야 한다는 원칙을 저버린 듯합니다. 악차(幄次)에서 등대(登對)하여 아뢴 말씀을 삼가 등사하여 올립니다. 나아가고 물러남이 너무 갑작스러워서 정성스러운 마음을 다 펴지 못하였으니 군주의 마음을 바로잡아서 사람들의 기대에 부응하지는 못할 듯합니다.

담제(禫祭) 후의 입(笠)과 대(帶)에 이미 참색(黲色 옅은 청흑색)을 사용한다면 건(巾)만 어찌 백색(白色)을 사용하겠습니까. 이는 효건(孝巾)과는 다르니 세속에서 말하는 '감투'라는 것입니다. 대상(大祥) 후와 담제 후에 착용하는 건(巾)은 다만 입(笠)과 대(帶)의 색깔을 따라서 각각 백색과 참색을 사용해야 합니다.

거상(居喪) 중인 자는 진실로 편리함을 추구해서는 안 되지만 부채질을 하지 않는 것으로 말하면 너무 지나치지 않겠습니까. 무더위에 최복(衰服)과 수질(首絰) 및 요질(腰絰)을 벗지 않고 있으면서 또 바람까지 쐬지 않는다면 틀림없이 더위를 먹고 말 것이니 얼마 안 되어 병 위에 또 병을 더하지 않겠습니까. 이는 상사(喪事)와 관련된 것이 아니니 굳이 이와 같이 고집할 필요가 없을 듯합니다.

113 계옥(啓沃) : 신하가 자기의 생각을 충심으로 임금에게 진언하여 선도(善導)하는 것을 가리킨다. 은 고종(殷高宗)인 무정(武丁)이 명재상인 부열(傅說)에게 "네 마음을 열어서 내 마음에 쏟아 달라.〔啓乃心, 沃朕心.〕"라고 한 데서 유래하였다. 《書經 尙書 說命上》

"형제의 상(喪)이 아니면 비록 이웃이라고 하더라도 가서 조문하지 않는다."[114]라는 것은 바꿀 수 없는 상경(常經)입니다. "저 사람을 위해 슬퍼하면 어버이에 대한 슬픔이 전일하지 못하게 되고 어버이를 위해 슬퍼하면 이는 거짓으로 조문하는 것이 된다."[115]라는 것은 실로 정밀한 뜻이 있으니 비록 가까이 살아서 정의가 두텁다고 하더라도 또한 법도를 넘어서는 안 됩니다. 증자(曾子)가 상중(喪中)에 자장(子張)을 조문한 일이 비록 《예기(禮記)》 〈단궁(檀弓)〉에 실려 있으나[116] 공자(孔子)께서 말씀한 "삼년상 중에 남을 조문하여 곡하는 것은 또한 거짓된 것이 아니겠는가."[117]라는 글에 위배될 듯하니 감히 그대로 믿

114 형제의……않는다 : 이는 《예기(禮記)》 〈단궁 상(檀弓上)〉에 보이는 말로, "빈소를 모시고 있는 사람이 먼 형제의 상(喪)을 들으면 비록 시마복을 입는 사이라고 하더라도 반드시 가서 조문하며, 형제의 상(喪)이 아니면 비록 이웃이라고 하더라도 가서 조문하지 않는다.〔有殯, 聞遠兄弟之喪, 雖緦, 必往, 非兄弟, 雖鄰, 不往.〕"라고 하였다.

115 저 사람을……된다 : 《예기(禮記)》 〈증자문(曾子問)〉에 "증자가 '삼년상 중에도 남을 조문합니까?'라고 물었는데 공자가 '삼년상에는 소상(小祥)을 지내고도 여러 사람과 함께 서거나 여러 사람과 함께 다니지 않는다. 군자는 예(禮)로써 정(情)을 꾸미니 삼년상 중에 남을 조문하여 곡하는 것은 또한 거짓된 것이 아니겠는가.'라고 하였다.〔曾子問曰: 三年之喪弔乎? 孔子曰: 三年之喪, 練不群立, 不旅行. 君子禮以飾情, 三年之喪而弔哭, 不亦虛乎?〕"라고 하였는데, 이에 대한 정현(鄭玄)의 주(註)에 보이는 말이다.

116 증자(曾子)가……있으나 : 《예기(禮記)》 〈단궁 하(檀弓下)〉에 "자장이 죽자 증자가 모친의 상중에 있으면서 자최복을 입고 가서 곡하였다. 어떤 이가 '자최복을 입을 때에는 남을 조문하지 않는다.'라고 하자 증자가 말하기를, '내가 조문한 것인가?'라고 하였다.〔子張死, 曾子有母之喪, 齊衰而往哭之. 或曰: 齊衰不以弔. 曾子曰: 我弔也與哉?〕"라고 한 내용이 보인다.

117 삼년상……아니겠는가 : 위의 주115 참조.

을 수 없습니다.

어물, 과일, 오이, 버섯 등의 종류는 삭망(朔望)과 속절(俗節)을 기다렸다가 올리기가 어려우니 마땅히 신알(晨謁)할 때에 단헌(單獻)을 하며 올려야 하고, 한 종류만 올린다면 날것을 사용해야 할 듯합니다. 날것을 올리는 것은 태묘(太廟)에서도 행하고 있고 예(禮)에서도 허용하였으니 어물과 육류의 날 것은 구애할 바가 아닌 듯합니다.

묘소에서 제사하는 예(禮)는 가묘(家廟)에서 제사하는 예(禮)보다 줄어듭니다. 그러므로 《가례(家禮)》에서 다른 제사처럼 채소와 과일을 진설하고 진찬(進饌)하는 때를 나누어 말하지 않았으니 모든 음식을 한꺼번에 진설함을 알 수 있습니다. 선유(先儒)께서도 또한 일찍이 이렇게 말씀하셨습니다. 그러나 만약 세 꼬치의 적(炙)을 장만할 수 있다면 집안에서 제사하는 의식처럼 삼헌(三獻)을 올릴 때마다 각각의 적(炙)을 올리는 것이 근거가 없지 않습니다. 그리고 유식(侑食)[118]을 하지 않는 이상 초헌(初獻)할 때에 숟가락을 꽂고 젓가락을 바로 놓는 것이 또한 마땅합니다.

강개옹(慷慨翁)[119]의 행장(行狀)[120]에 띠를 붙여 지적한 것은 하나하나

118 유식(侑食) : 제사 지낼 때에 제주(祭主)가 잔에 술을 따르고 또 제삿밥에 숟가락을 꽂고 젓가락을 대접 위에 올려놓은 다음 제관(祭官)들이 문 밖에 나와 문을 닫고 귀신이 와서 음식을 들도록 10분 정도 기다리는 의식을 말하는데, 묘제(墓祭)의 경우에는 유식의 절차가 없다.

119 강개옹(慷慨翁) : 임창(任敞, 1652~1723)으로, 자는 회이(晦而), 호는 강개옹,

가 모두 맞는 말씀이니 응당 정본(淨本)을 써서 드리겠습니다. 벽혈(碧血)의 흔적을 보관하였던 고사(高士)[121]는 저도 누구인지 자세히 알지 못하였는데 보내준 편지에서 시직 조태만(趙泰萬)[122]으로 알고 있다고 하시니 진실로 그러하다면 더욱더 뛰어난 일입니다. 이 노인은 뜻이 빼어나고 기개가 드높은 선비입니다. 조태억(趙泰億)[123]을 동생으로 두었으면서도 그 말과 행실이 모두 동생과 상반되었으니 바로 남포(南褒),[124] 심의(沈義),[125] 임억령(林億齡)[126]과 같은 무리입니다.

본관은 풍천(豐川)이다. 자세한 내용은 211쪽 주30 참조.

120 행장(行狀) : 홍직필(洪直弼)이 임창(任敞)의 행장을 지었는데, 이 글은《매산집(梅山集)》 권46에 〈증지평강개옹임공행장(贈持平慷慨翁任公行狀)〉이라는 제목으로 실려 있다.

121 벽혈(碧血)의……고사(高士) : 홍직필(洪直弼)이 지은 임창(任敞)의 행장(行狀)에 "공이 죽은 뒤에 어떤 고사가 피로 물든 주머니를 간직하고 있었는데 다른 사람이 그 까닭을 묻자 답하기를, '이것은 의사(義士) 임창의 피이다.'라고 하였다. 사람들이 공에게 열복한 것이 이와 같았다.〔公死後, 有高士於鞶囊有染血, 人問其故, 答曰: 此是義士任敞之血. 其爲人所悅服者如此.〕"라는 내용이 보인다.《梅山集 卷46 贈持平慷慨翁任公行狀》

122 조태만(趙泰萬) : 1672~1727. 자는 제박(濟博), 호는 고박재(古朴齋), 본관은 양주(楊州)이다. 권상하(權尙夏)의 문인이며 조태구(趙泰耉)·조태채(趙泰采)의 종제이다. 학행으로 천거되어 돈령부 참봉, 세자익위사 시직 등에 제수되었는데, 1724년(경종4) 정언 박사제(朴師悌)에게 탄핵을 받아 체직된 이후로 다시 벼슬하지 않았다.

123 조태억(趙泰億) : 1675~1728. 자는 대년(大年), 호는 겸재(謙齋)·태록당(胎祿堂), 본관은 양주(楊州)이다. 최석정(崔錫鼎)의 문인이며 조태구(趙泰耉)·조태채(趙泰采)의 종제이다. 1702년(숙종28) 식년문과에 을과로 급제하고 1707년 문과중시에 병과로 급제하였으며, 대제학, 형조·공조·예조·병조 판서, 우의정, 좌의정 등을 지냈다. 소론(少論) 온건파에 속하여 조태구, 최석항(崔錫恒), 이광좌(李光佐) 등과 의견을 같이하였다. 저서로는《겸재집(謙齋集)》이 있으며, 시호는 문충(文忠)이다.

저는 항상 조공(趙公)을 위하여 전(傳)을 지을 것을 생각하고 있었으니 부디 그 전해 들은 사적을 수집하여 보여 주기를 바랍니다.

전중(傳重)[127]하는 장자(長子)를 위하여 참최(斬衰) 삼년복을 입는 경

124 남포(南褒) : 1489~1570. 자는 사미(士美), 호는 지지당(知止堂), 본관은 의령(宜寧)이다. 중종 때에 기묘사화(己卯士禍)를 일으켜 조광조(趙光祖) 등의 신진 사림을 제거하는 데에 앞장섰던 남곤(南袞)의 형이다. 1489년(성종20) 진사시에 합격하고 1502년(연산군8) 별시문과에 병과로 급제하여 공조 낭관, 홍문관 직제학, 소격서 영 등을 지냈다. 중종반정 이후로 나라의 일이 잘못되는 것을 보고는 벼슬을 버리고 적성(積城) 감악산(紺岳山)에 가서 은둔하였다.

125 심의(沈義) : 1475~? 자는 의지(義之), 호는 대관재(大觀齋), 본관은 풍산(豐山)이다. 중종 때에 기묘사화(己卯士禍)를 일으켜 조광조(趙光祖) 등의 신진 사림을 제거하는 데에 앞장섰던 심정(沈貞)의 아우이다. 1495년(연산군1) 생원·진사시에 합격하고 1507년(중종2) 증광문과에 병과로 급제하여 예문관 검열, 사헌부 감찰, 공조 좌랑 등을 지냈다. 서경덕(徐敬德), 성세창(成世昌) 등과 교유하였다.

126 임억령(林億齡) : 1496~1568. 자는 대수(大樹), 호는 석천(石川), 본관은 선산(善山)이다. 박상(朴祥)의 문인이며, 명종 때에 소윤(小尹) 윤원형(尹元衡)과 모의하여 을사사화(乙巳士禍)를 일으켜 대윤(大尹) 윤임(尹任) 일파를 숙청하였던 임백령(林百齡)의 형이다. 1516년(중종11) 진사시에 합격하고 1525년 식년문과에 병과로 급제하여 사헌부 지평, 홍문관 교리, 세자시강원 설서 등을 지냈다. 1545년(명종 즉위년) 아우 임백령이 을사사화를 일으켜 대윤 일파의 선비들을 탄압하는 것을 보고는 자책을 느껴 벼슬을 사퇴하고 해남(海南)에 은거하였다. 뒤에 다시 등용되어 동부승지, 병조 참지, 강원도 관찰사, 담양 부사(潭陽府使) 등을 지냈다. 전라남도 동복(東福)의 도원서원(道源書院), 해남의 석천사(石川祠)에 제향되었다. 저서로는 《석천시집(石川詩集)》이 있다.

127 전중(傳重) : 상제(喪祭)나 종묘(宗廟)의 중한 책임을 적장(嫡長)에게 전하는 것이다. 옛날에는 종법(宗法)에 있어서 적서(嫡庶)의 구별이 아주 엄하여 적자(嫡子)가 죽었을 경우 다른 서자에게 종통을 전하지 않고 바로 손자에게 전하였는데, 이를

우라면 삼년상 중에 어찌 예(禮)를 갖추어 제사를 지낼 수 있겠습니까. 기제(忌祭)와 묘제(墓祭)는 마땅히 단헌(單獻)을 올리고 축문이 없어야 하며 시제(時祭)는 마땅히 중지해야 합니다. 그러나 기년복만 입을 때에는 마땅히 석담(石潭 이이(李珥))의 정론(定論)을 따라서 장례 후에는 예(禮)를 갖추어 기제와 묘제 두 제사를 거행하되 시제는 정지해야 하니 이는 다른 기년복과는 똑같지 않기 때문입니다. 주 선생(朱先生)이 장자를 위하여 참최복을 입었으므로 성제(盛祭)를 거행하지 않았던 것이고,[128] 기제와 묘제에 삼헌을 올렸는지의 여부는 상고할 수가 없으나 정제(正祭)를 거행하지 않는 의절로 미루어 보면 기제와 묘제 또한 틀림없이 간략히 진설하여 예(禮)를 갖추지 않았을 것입니다.

왼쪽에 포(脯)를 놓고 오른쪽에 해(醢 젓갈)를 놓는 것은 산 사람의 예(禮)입니다. 장례 이전의 궤전(饋奠)[129]은 마땅히 살아 있을 때를 그대로 형상해야 하는데 《상례비요(喪禮備要)》[130]의 습도(襲圖)에는

할아버지의 입장에서는 '전중'이라 하고, 손자의 입장에서는 '승중(承重)'이라고 한다.

128 주 선생(朱先生)이……것이고 : 주 선생은 주희(朱熹)를 말한다. 《주자어류(朱子語類)》 권89 〈예육(禮六) 상(喪)〉에 "선생은 아들의 상(喪) 때문에 성제(盛祭)를 거행하지 않고 영당 앞에 나아가서 천(薦)만 올렸는데, 심의와 복건을 착용하였고 천(薦)을 마친 뒤에는 상복으로 갈아입었다.〔先生以子喪, 不擧盛祭, 就影堂前致薦, 用深衣幅巾, 薦畢反喪服.〕"라는 내용이 보인다.

129 궤전(饋奠) : 상중(喪中)에 아침저녁으로 올리는 상식(上食)을 말한다.

130 상례비요(喪禮備要) : 주희(朱熹)의 《가례(家禮)》를 위주로 하고 그 밖의 고금 제가(諸家)의 예설(禮說)을 참고로 하여 초상(初喪)에서 장제(葬祭)까지의 의식을 기록한 상례 지침서이다. 신의경(申義慶)이 지은 것을 김장생(金長生)이 교정하여 증보하였고, 다시 김집(金集)이 교정하여 1648년(인조26)에 간행하였다.

오른쪽에 포(脯)를 놓고 왼쪽에 해(醢)를 놓는 것으로 되어 있으니 제대로 살피지 못한 것인 듯합니다. 천습도(遷襲圖)는 왼쪽과 오른쪽에 놓는 것이 정례(正禮)에 맞게 되어 있습니다. 우제(虞祭) 때부터 망자(亡者)를 신(神)으로 섬기니 우제 이후로는 마땅히 오른쪽에 포(脃)를 놓고 왼쪽에 해(醢)를 놓아야 합니다. 포(脃)는 양(陽)에 속하고 해(醢)는 음(陰)에 속하므로 살아 있을 때와 죽었을 때의 찬(饌)의 좌우가 이와 같은 것입니다.

괄발(括髮)과 좌(髽)와 문(免)[131]은 주소(註疏)의 여러 설들이 번잡하여 이해하기가 어렵고 오직 《서의(書儀)》[132]의 주(註)가 그나마 자상합니다.

조부의 사당에 부(祔)하지 않으면 하루 전날에 사당에 고유하는 일이 없으나 망자(亡者)의 궤연(几筵)에 고유하지 않는 것은 모른 체하고 지나가는 데에 해당될 듯합니다. 대상(大祥) 하루 전날에 상식(上食)을 통하여 고유하기를, “명일 대상을 지낸 뒤에 예(禮)에 있어 마땅히 조부의 사당으로 모셔 들여야 하지만 조부의 사당이 멀리 떨어져 있어

131 괄발(括髮)과 좌(髽)와 문(免) : 괄발은 남자가 풀었던 머리를 묶는 것이고, 좌(髽)는 부인이 풀었던 머리를 묶는 것이며, 문(免)은 관을 벗고 머리를 묶는 것으로 흰 천을 일정한 모양으로 머리에 감는 것이다.

132 서의(書儀) : 송(宋)나라의 학자 사마광(司馬光)이 고례(古禮)를 근본으로 하고 당시의 행할 만한 것을 참작하여 만든 책이다. 표주(表奏)·공문(公文)·사서(私書)·가서(家書)의 서식(書式) 1권, 관의(冠儀) 1권, 혼의(婚儀) 2권, 상의(喪儀) 6권 등 도합 10권이다. 주희(朱熹)의 《가례(家禮)》는 《서의》를 바탕으로 만들어졌다.

서 모시고 가서 부묘(祔廟)하기가 어려울 듯합니다. 지자(支子)로서 다른 집에 살면 따로 예(禮)를 행하는 법이니 형편상 새 사당에 모셔 들여서 곧바로 정감(正龕)으로 올리겠습니다. 삼가 고합니다."라고 합니다.

기제(忌祭)에 입는 복(服)의 색깔은 여러 현인들이 논한 것을 진실로 따라야 하겠지만 옛날과 지금은 마땅한 바가 다릅니다. 그러므로 흑립(黑笠)과 백포(白布)로 만든 포(袍)와 대(帶)를 착용하되 조부와 증조 이상에게는 백사(白絲)로 만든 대(帶)를 착용합니다.

임헌회에게 답함 계묘년(1843, 헌종9) 가평 보름
答任憲晦 癸卯嘉平之望

애시(哀侍)[133]는 조 사문(趙斯文) 병덕(秉悳)[134]이라는 사람을 아십니까? 그의 고아한 지조와 바른 행적, 높은 식견과 원대한 안목은 비견할 만한 사람이 드뭅니다. 천한 이 몸의 병세가 더 심해졌다는 말을 듣고는 남전(藍田 남포(藍浦))의 산중에서 반년 동안 두 번이나 찾아와 주었으니 그 돈독한 정의(情誼)는 고금에 드물게 들었던 바입니다. 설이 가까워 와서 돌아갈 것을 고하므로 지나는 길에 애시의 집에 들르도록 하였으니 짐작건대 응당 일산을 기울여 잠깐 이야기를 나누어도 오래 사귄 듯이 친숙하게 느껴지고[135] 이어서 세한(歲寒)의 교분[136]을 맺게

133 애시(哀侍) : 우리나라의 서간에서 주로 쓰이는 용어로, 상대방이 양친 중 한 분의 상을 당했을 경우에 그 삼년상을 치르는 동안 상대방을 호칭하는 말이다. 이 편지의 수신자인 임헌회(任憲晦)는 1842년(헌종8) 2월에 부친상을 당하였다.

134 조 사문(趙斯文) 병덕(秉悳) : 조병덕(趙秉悳, 1800~1870)으로, 자는 유문(孺文), 호는 숙재(肅齋), 본관은 양주(楊州)이다. 홍직필(洪直弼)과 오희상(吳熙常)의 문하에서 수학하였다. 1852년(철종3) 음보(蔭補)로 지평에 제수되고 이후에 이조 참의, 호조 참판 등에 제수되었으나 사직하고 나아가지 않았다. 한말(韓末)의 거유로, 동문인 임헌회(任憲晦) 등과 병칭되었으며, 성리학자로 이름이 높았다. 저서로는 《숙재집(肅齋集)》이 있으며, 시호는 문경(文敬)이다.

135 일산을……느껴지고 : 처음 만나보자마자 서로 뜻이 부합하여 지기(知己)로 받아들임을 뜻한다. 《사기(史記)》 권83 〈추양열전(鄒陽列傳)〉에 "속담에 '백발이 되도록 오래 사귀어도 처음 사귄 듯이 생소하고, 일산을 기울여 잠깐 이야기를 나누어도 오래 사귄 듯이 친숙하다.'라고 하였으니 그 까닭은 무엇인가. 서로를 잘 아느냐, 모르냐에 달려있다.〔諺曰: 有白頭如新, 傾蓋如故. 何則? 知與不知也.〕"라는 말이 나온다.

될 것입니다.

자최(齊衰) 이하의 포대(布帶)로 말하면 곱고 거친 정도는 각각 그 관(冠)의 곱고 거친 정도에 맞추는데, 넓이는 상고할 만한 글이 없습니다. 구준(丘濬)의 《가례의절(家禮儀節)》[137]에서는 4촌으로 보았는데 4촌은 대대(大帶)의 넓이이니 혁대(革帶)를 본뜬 포대가 이를 기준으로 삼는 것은 몹시 온당치 못한 점이 있습니다. 《가례집고(家禮集考)》[138]에 이르기를, "차라리 참최(斬衰)의 효대(絞帶)를 요질(腰絰)의 크기의 반으로 하는 뜻을 따라서 차례로 차등을 삼는 것이 낫다."라고 하였으니 포대와 효대도 오히려 그러한데 하물며 대상(大祥) 이후의 포대에 어찌 정해진 제도가 있겠습니까. 넓이는 마땅히 세속을 따라야 할 듯하고 두 가닥을 쌍으로 드리우는 것도 또한 마땅히 조대(絛帶), 혁대와 같이 해야 할 것입니다.

효건(孝巾)은 구준(丘濬)의 《가례의절(家禮儀節)》에 처음 보이니 바

136 세한(歲寒)의 교분 : 곤궁한 처지나 난세(亂世)에도 변함이 없는 사귐을 뜻하는 것으로, "날씨가 추워진 뒤에야 송백이 늦게 시듦을 알 수 있다.〔歲寒然後, 知松柏之後凋也.〕"라는 공자(孔子)의 말에서 나온 것이다. 《論語 子罕》

137 가례의절(家禮儀節) : 명(明)나라 때의 학자 구준(丘濬)이 편찬한 책으로, 주희(朱熹)의 《가례(家禮)》를 당시의 제도에 맞게 가감하고 매 장(章)의 끝에 주석과 고증을 붙여 놓았다. 총 8권이다.

138 가례집고(家禮集考) : 조선 후기의 학자 김종후(金鍾厚, 1721~1780)가 엮은 책으로, 주희(朱熹)의 《가례(家禮)》를 본문으로 삼고, 《의례(儀禮)》·《주례(周禮)》·《예기(禮記)》와 그 밖의 경전(經傳) 등에서 《가례》의 예절과 관계되는 사항을 두루 모아놓은 것이다.

로 상관(喪冠)에 받쳐 쓰는 것입니다. 대상(大祥)이 되어 복(服)을 벗으면 효건도 마땅히 관(冠)과 함께 벗어야 하니 어찌 대상 이후까지 그대로 착용할 수 있겠습니까. 응당 세속을 따라서 포모(布帽 삼베로 만든 모자)를 착용해야 하는데, 포모는 머리가 뾰족하여 이것만 착용하고 빈객을 만나볼 수는 없습니다만 한가롭게 집에 있을 때에는 포모로 효건을 대신하는 것을 그만둘 수 없을 듯합니다.

장방(長房)이 체천(遞遷)한 신주를 받드는 것은 비록 종가와는 다르지만 상기(喪期)가 끝나기도 전에 갑자기 옮겨가는 것은 온당치 못한 점이 있을 듯하니 협제(祫祭)를 지낸 뒤에 차장방(次長房)의 집으로 체천하는 것이 옳을 듯합니다. 장방의 졸곡(卒哭) 이후에 차장방으로 옮겨간다는 설(說)은 이윤(尼尹 윤증(尹拯))에게서 나와서 우옹(尤翁 송시열(宋時烈))이 취한 바가 되었으니 온 세속에서 통행하는 바입니다. 그러나 예(禮)를 좋아하는 자는 또한 이를 구차히 따르지 않습니다. 만약 세속을 따라서 졸곡 이후에 체천한다면 고유(告由)가 없을 수 없습니다.

부친의 신위(神位)만 받드는 소종(小宗)은 길제(吉祭)에 또한 수조(受胙)[139]를 해야 합니다. 하사(嘏辭)[140]는 바로 제주(祭主)를 권면하

139 수조(受胙) : 제사를 마친 다음 그 제사의 주제자(主祭者)가 축관(祝官)의 인도에 따라 음복(飮福)하는 것을 말한다.

140 하사(嘏辭) : 제사를 지내고 축관(祝官)이 제사를 받는 조상을 대신하여 주인에게 전하는 축원의 말을 이른다.

는 뜻이니 어찌 손자와 증손에게만 베풀고 자식에게는 베풀 수 없겠습니까. 수조를 했으면 마땅히 준(餕)[141]을 해야 합니다. 국상(國喪)의 졸곡(卒哭) 이후와 상복(喪服)을 입는 중에 시제(時祭)를 행하는 경우에는 이 한 가지 절차를 생략하는 것이 옳을 듯합니다.

"왼쪽 소매에 넣고 새끼손가락을 건다."라는 글은 《의례(儀禮)》〈특생궤사례(特牲饋食禮)〉에서 나온 것인데[142] 그 소(疏)에 이르기를, "새끼손가락을 소매에 거는 것은 졸각(卒角)에 편리하게 하는 것이다. 다만 왼손으로 각(角)을 잡고 오른손 새끼손가락으로 소매에 거는 것이니 왼손의 손가락으로 거는 것이 아니다. '졸각에 편리하게 하는 것이다.'라는 것은 술을 마실 때에 흘릴까 염려하는 것이다. 그러므로 '졸각에 편리하게 하는 것이다.'라고 한 것이다."라고 하였습니다. '졸각'은 술을 마신다는 말과 같으니 '각(角)'은 바로 술잔의 종류입니다.

141 준(餕) : 제사를 마친 뒤에 주인이 제육(祭肉) 등을 친우(親友)들에게 보내고 그 제사에 참여한 남녀가 자리를 따로 하여 각각 축관의 인도에 따라 함께 음복하는 것을 말한다.

142 왼쪽……것인데 : 《가례(家禮)》 권5 〈제례(祭禮) 사시제(四時祭)〉의 수조(受胙) 조목의 주(註)에 "주인이 홀(笏)을 꽂고 꿇어앉아 밥을 받아 맛본 뒤에 왼쪽 소매에 넣고 소매에 새끼손가락을 건다.〔搢笏, 跪受飯嘗之, 實于左袂, 掛袂于季指.〕"라는 말이 있는데, 《의례(儀禮)》〈특생궤사례(特牲饋食禮)〉에 "주인이 왼손으로 술잔〔角〕을 잡고서 재배하고 머리를 조아려 술잔〔角〕을 받고는 제자리로 돌아간다. 이를 받들어 가슴에 품어서 왼쪽 소매에 넣고 새끼손가락을 걸어 술잔의 술을 다 마시고 절한다.〔主人左執角, 再拜稽首受, 復位. 詩懷之, 實于左袂, 挂于季指, 卒角, 拜.〕"라는 말이 보인다.

임헌회에게 답함 갑진년(1844, 헌종10) 경칩 후 3일
答任憲晦 甲辰驚蟄後三日

옛사람들은 거상(居喪)할 적에 진실로 쓸데없이 출입함을 허락하지 않았으나 혹여 상사(喪事) 및 부득이한 일 때문일 경우에는 또한 박마(樸馬)를 타고 삼베로 안장을 싼다는 설(說)이 있습니다.[143] 주 선생(朱先生 주희(朱熹))의 경우에는 부친을 장례하기 전에 또한 스승을 찾아뵈었으니 스승과 제자 간에 종유하는 것은 일반 사람과 왕래하는 것에 견줄 바가 아니기 때문입니다. 춘옹(春翁 송준길(宋浚吉))도 부친의 대상(大祥)이 지나자마자 스승의 문하를 찾아가 배알하였으니 이 일들이 모두 따를 만합니다. 그러나 현자(賢者)께서 이 일들을 끌어다가 천루(賤陋)한 이 사람을 방문할 증거로 삼는 것은 제가 감히 감당할 수 있는 바가 아닙니다. 만약 찾아와 준다면 반드시 《서재집(西齋集)》[144]의 정본(淨本)을 가지고 와서 보여 주는 것이 어떻겠습니까? 이를

143 혹여……있습니다 : 《가례(家禮)》 권4 〈상례(喪禮) 성복(成服)〉에 "성복하는 날에 주인과 형제는 비로소 죽을 먹는다.〔成服之日, 主人及兄弟始食粥.〕"라고 하였는데, 그 주(註)에 "이때부터 상사 및 부득이한 일로 출입하면 박마(樸馬)를 타고 삼베로 안장을 싸거나 소교(素轎)를 타고 삼베로 주렴을 싼다.〔若以喪事及不得已而出入, 則乘樸馬布鞍, 素轎布簾.〕"라고 하였다. 박마는 갈기를 다듬지 않은 말이고, 소교는 거친 포로 휘장을 친 수레이다. 유해손(劉垓孫)의 보주(補註)에 "박마를 타고 삼베로 안장을 싸며 출입하는 것은 남자를 이르고, 소교를 타고 삼베로 주렴을 싸며 출입하는 것은 여자를 이른다."라고 하였다.

144 서재집(西齋集) : 임징하(任徵夏, 1687～1730)의 문집이다. 임징하는 자가 성능(聖能), 호가 서재, 본관이 풍천(豐川)으로, 자세한 설명은 205쪽 주20 참조.

읽어 본 뒤에 서문(序文)에 대하여 논의해야 할 것이니 서문을 짓는 일을 어찌 하루라도 마음속에서 잊은 적이 있겠습니까. 모든 일은 진실로 늘어지고 지체됨을 경계해야 하지만 또한 서두르고 실수함을 염려해야 합니다. 다시 교정을 가하여 되도록 깨끗이 정돈해서 결점으로 후회하는 일이 생기게 하지 말기를 거듭 바라 마지않습니다.

임헌회에게 답함 갑진년(1844, 헌종10) 3월

答任憲晦 甲辰三月

존선조(尊先祖)의 《서재집(西齋集)》[145]은 간인된 종이 한 장을 가지고 일이 잘 완수되었음을 알 수 있으니 이것이 이른바 "뜻이 있는 자는 일을 끝내 이룬다."[146]라는 것입니다. 진실로 현자(賢者)의 가슴 속 가득한 혈성(血誠)이 아니었다면 어떻게 이것을 이룰 수 있었겠습니까.

보내준 편지를 보건대 문집을 간행하는 일 때문에 독서하는 공부를 중단하는 것을 걱정하였으나 진실로 마음을 잡아 보존함이 더욱 견고하고 마음과 뜻이 더욱 안정될 수 있다면 어디를 가든지 주일(主一)[147] 공부가 아님이 없을 것입니다. 굳이 책상을 마주하고 글을 읽어야만 가능한 것이겠습니까. 우주 안의 일은 모두 나의 직분 안의 일이니

145 서재집(西齋集) : 임징하(任徵夏, 1687~1730)의 문집이다. 임징하는 자가 성능(聖能), 호가 서재, 본관이 풍천(豐川)으로, 자세한 설명은 205쪽 주20 참조.

146 뜻이……이룬다 : 이는 후한(後漢) 광무제(光武帝)가 한 말로, 대장군(大將軍) 경엄(耿弇)이 축아(祝阿)를 공격하여 성공을 거두자 광무제가 이를 치하하여 말하기를, "장군이 앞서 남양에서 이 대책을 세웠을 적에 허술하여 성공하기 어려울 것이라고 항상 여겼었는데, 뜻이 있는 자는 일을 끝내 이루는구나.〔將軍前在南陽建此大策, 常以爲落落難合, 有志者事竟成也.〕"라고 하였다. 《後漢書 卷19 耿弇列傳》

147 주일(主一) : 하나를 주장한다는 뜻으로, 정이(程頤)가 성학(聖學)의 요체인 '경(敬)'을 설명한 말이다. 《이정수언(二程粹言)》 권 상(上)에 "하나를 주장함을 '경'이라 하고, 마음이 다른 곳으로 감이 없는 것을 '일'이라 한다.〔主一之謂敬, 無適之謂一.〕"라고 하였다.

싫어하거나 귀찮아하여 끊어버릴 수가 없습니다. 이 때문에 사람의 일이 아무리 많더라도 모두 사람이 마땅히 해야 할 바인 것이니 다만 이치에 합당한지, 이치에 합당하지 않은지를 살펴봐야 할 뿐입니다. 그러므로 말씀하기를, "사람의 일을 사람을 시켜서 하게 하지 않으면 다시 누구를 시켜서 하게 하겠는가."[148]라고 한 것입니다. 부디 이 뜻을 체득하여 일을 만나서는 그것에만 주력하여 다른 것에 신경 쓰지 말고 처한 바에 따라 정성을 다해서 혹시라도 고생함을 싫어하지 않는 것이 어떻겠습니까? 정(靜)을 좋아하고 동(動)을 싫어함은 또한 유자(儒者)들의 병통이니 항상 동(動)과 정(靜)을 함께 기르고 경(敬)과 의(義)를 아울러 지키는 것으로 일상에서 늘 행하는 절도를 삼기를 몹시 바라 마지않습니다.

하루에 두 번 제사하지 않는다는 것은 바로 은사(殷事)[149]를 가지고 말한 것이니 이는 번독함을 혐의하여 그런 것입니다. 그러나 삭참(朔參)과 망참(望參) 및 일이 있어 고유할 때에 술과 과일만 진설하는 경우라면 비록 기제(忌祭)와 같은 날에 지내더라도 이른바 "예(禮)는 번거로우면 혼란스럽다."[150]라는 것이 아닙니다. 시제(時祭)는 여러 신

148 사람의……하겠는가 : 이는 정이(程頤)가 한 말로, "사람들이 일이 많은 것을 싫어하니 내가 이를 몹시 안타까워한다. 세상의 일이 비록 많지만 모두 사람의 일이니 사람의 일을 사람을 시켜서 하게 하지 않으면 다시 누구를 시켜서 하게 하겠는가.〔人惡多事, 吾甚憫之. 世事雖多, 盡是人事, 人事不敎人做, 更責誰做?〕"라고 하였다. 《近思錄 卷10 政事》

149 은사(殷事) : 은(殷)은 풍성하다는 뜻으로, 초하루나 보름에 제수를 특별히 풍성하게 장만하여 지내는 제사를 말한다.

주에게 모두 거행하니 굳이 참례(參禮)를 중복하여 행할 필요가 없을 듯합니다. 대상(大祥)과 담제(禫祭)는 비록 시제와 다르지만 만약 초하루를 만났으면 또한 참례를 생략해야 할 듯합니다. 여러 대(代)를 모신 사당이라면 새 신위(神位) 때문에 기존의 신위에 올리는 제사를 생략해서는 안 되고 또한 어느 신위에는 행하고 어느 신위에는 행하지 않아서는 안 되니 새 신위와 기존의 신위에 모두 거행하는 것이 옳을 듯합니다.

《가례(家禮)》와 《상례비요(喪禮備要)》[151]에 "보름에는 술을 진설하지 않고 신주를 내오지 않는다."라고 하였으니 신주를 내오지 않는 것은 술과 과일을 올림이 없어서 초하루보다 예(禮)를 생략함을 보이는 것입니다. 저는 《주자어류(朱子語類)》에 실려 있는 주 선생(朱先生 주희(朱熹))이 행하신 바를 따라서 보름에는 다(茶)를 진설하고 신주를 내오지 않으며 예(禮)에 따라 참신(參神)과 사신(辭神)을 행하니, 선비는 월반전(月半奠)[152]이 없으므로 감히 삭참(朔參)처럼 술과 과일을

150 예(禮)는 번거로우면 혼란스럽다 : 이는 《서경(書經)》 〈상서(尙書) 열명 중(說命中)〉에 보이는 부열(傅說)의 말로, "제사를 자주 지내는 것, 이를 일러 공경하지 않는다고 하니 예(禮)는 번거로우면 혼란스럽게 되어 신(神)을 섬기기가 어렵다.〔黷于祭祀, 時謂弗欽, 禮煩則亂, 事神則難.〕"라고 하였다.

151 상례비요(喪禮備要) : 주희(朱熹)의 《가례(家禮)》를 위주로 하고 그 밖의 고금 제가(諸家)의 예설(禮說)을 참고로 하여 초상(初喪)에서 장제(葬祭)까지의 의식을 기록한 상례 지침서이다. 신의경(申義慶)이 지은 것을 김장생(金長生)이 교정하여 증보하였고, 다시 김집(金集)이 교정하여 1648년(인조26)에 간행하였다.

152 월반전(月半奠) : 월반은 한 달의 가운데인 보름으로, 곧 보름에 올리는 전(奠)을 이른다.

올리지 못하는 것입니다. 다(茶)는 생강(生薑), 맥아(麥芽), 작설(雀舌) 등의 종류를 사용하니 장만하기 어려운 것이 아닐 듯합니다.

기년복의 상(喪)일 경우에 묘소에서 곡하는 것은 마땅히 복(服)을 벗는 것을 기준으로 그만두어야 하지만, 한 해가 지나 풀이 묵었다고 하여 곡을 하지 않는 것[153]은 어려울 듯합니다. 영좌(靈座)를 철거하기 전에는 마땅히 궤연(几筵)에서 곡해야 하는데 궤연에서 곡하는 자는 마땅히 묘소에서도 곡해야 하니 이는 정(情)이 지나친 데에서 나온 것이지만 또한 그만둘 수 있는 것이 아닙니다. 대상(大祥)을 지내고 부묘(祔廟)한 뒤에는 마땅히 곡을 하지 않아야 할 듯합니다. 대상 이후에 곡을 하지 않는 것은 효자가 어버이의 상(喪)에 있어서도 이와 같이 하는데 더구나 기년복의 상(喪)은 어떠하겠습니까. 시마복(緦麻服)과 소공복(小功服)인 경우에는 복(服)을 벗은 이후로는 묘소에 찾아가더라도 곡하지 않는 것이 옳을 듯합니다.

면례(緬禮)[154]하여 출구(出柩)할 때에는 마땅히 초상(初喪)의 예(禮)를 따라서 묘소와 사당의 제사를 모두 중지해야 하고 아들의 대상(大祥)도 또한 거행해서는 안 되니 대상은 개장(改葬)을 마치고 사당에 고한 이후로 물려 행하는 것이 마땅할 듯합니다. 또 다른 집에 사는

153 한 해가……것 : 《예기(禮記)》 〈단궁 상(檀弓上)〉에 "붕우의 묘소에는 장례한 지 한 해가 지나 풀이 묵으면 곡하지 않는다.〔朋友之墓, 有宿草而不哭焉.〕"라는 말이 보인다.

154 면례(緬禮) : 무덤을 옮겨 다시 장례를 지내는 일로, 곧 이장(移葬)을 말한다.

조부의 상(喪)은 빈(殯)한 뒤에 대상은 행할 수 있지만 담제(禫祭)는 행할 수 없으니 이는 진실로 선유(先儒)의 말씀이 있습니다. 그러나 개장하여 출구하는 것은 초상 때와는 다르고 다른 집에 살면서 제사를 지내는 것은 또한 같은 집에 살면서 제사를 지내는 것과는 다릅니다. 또 승중(承重)[155]으로서 면례의 복(服)을 입는 자가 아니라면 빈(殯)한 뒤에 담제를 행하는 것이 이치에 해롭지 않을 듯합니다. 하지만 담제는 길사(吉事)에 속하는 것으로, 소상(小祥)과 대상 등의 상중(喪中)의 제사와는 똑같지 않으니 조부를 개장한 뒤에 날짜를 점쳐서 친상(親喪)의 담제를 행하는 것이 정(情)과 예(禮)에 부합할 듯합니다. 그리고 삭망(朔望)의 작은 제사는 중지하지 말아야 할 듯합니다.

고례(古禮)에는 사당에서 제사하였고, 《개원례(開元禮)》[156]에는 사당이 없는 의식을 드러내었습니다. 한 위공(韓魏公)[157]의 제식(祭式)에

155 승중(承重) : 적자(嫡子)가 질병이 있거나 사망했을 경우에 적손(嫡孫)이 바로 조부를 계승하는 것으로, 조부 입장에서 말하면 전중(傳重)이라고 하고 손자 입장에서 말하면 승중이라고 한다.

156 개원례(開元禮) : 당(唐)나라 현종(玄宗) 개원(開元) 연간에 칙명에 의해 서견(徐堅), 소숭(蕭崇) 등이 150권으로 편찬한 《대당개원례(大唐開元禮)》를 말한다. 길례(吉禮), 빈례(賓禮), 가례(嘉禮), 군례(軍禮), 흉례(凶禮)의 다섯 가지로 분류되어 있다.

157 한 위공(韓魏公) : 송(宋)나라 인종(仁宗)·영종(英宗)·신종(神宗) 때의 명재상 한기(韓琦)로, 위공은 그의 봉호(封號)인 위국공(魏國公)의 약칭이다. 자는 치규(稚圭), 호는 공수(贛叟)·안양용수(安陽舂叟), 시호는 충헌(忠獻)이다. 약관(弱冠)의 나이에 진사시(進士試)에 급제하였고, 가우(嘉祐) 연간에 정승에 제수되었다. 덕량(德量)과 문장(文章), 정사(政事)와 공업(功業)에 있어서 송나라 제일의 정승으로 칭

는 정침(正寢)으로 묘실(廟室)을 대신하였고, 《서의(書儀)》[158]의 주(註)에는 영당(影堂)이 좁으면 청당(廳堂)의 넓고 깨끗한 곳을 택하여 제사 지내는 장소로 삼는다고 하였습니다. 《가례(家禮)》에는 한 위공의 제식을 따랐고, 《격몽요결(擊蒙要訣)》에는 시제(時祭)도 사당에서 행한다고 하였으니 이는 《오례의(五禮儀)》에 근거하여 이렇게 말한 것입니다. 신독재(愼獨齋 김집(金集))가 말씀하기를, "사당에 한 신위(神位)만 모시는 경우에는 그대로 모신 자리에서 제사하되 고유하는 글은 마땅히 '전당(前堂)으로 내어 모시겠습니다.'라고 해야 한다."[159]라고 하였습니다. 비단 아버지만 모신 사당뿐 아니라 고조, 증조, 조고를 함께 모신 사당이라고 하더라도 감실(龕室) 밖에서 제사를 행하는 것이 옳을 듯하며, 아버지의 신위만 모시는 경우에도 마땅히 감실 밖에서 기제(忌祭)를 올려야 합니다. 이는 신도(神道)는 고요함을 숭상하여, 신주를 움직여서 옮기는 것을 꼭 예(禮)로 여기지는 않

해진다.

158 서의(書儀) : 송(宋)나라의 학자 사마광(司馬光)이 고례(古禮)를 근본으로 하고 당시의 행할 만한 것을 참작하여 만든 책이다. 표주(表奏)·공문(公文)·사서(私書)·가서(家書)의 서식(書式) 1권, 관의(冠儀) 1권, 혼의(婚儀) 2권, 상의(喪儀) 6권 등 도합 10권이다. 주희(朱熹)의 《가례(家禮)》는 《서의》를 바탕으로 만들어졌다.

159 사당에……한다 : 이 내용은 《의례문해속(疑禮問解續)》 〈제례(祭禮) 기제(忌祭)〉에 보이는 것으로, "기제 때에 정침으로 내어 모시는 것은 곁에 다른 신위가 있기 때문이다. 사당에 한 신위만 모시는 경우에는 그대로 모신 자리에서 제사하되 고유하는 글은 마땅히 '전당(前堂)으로 내어 모시겠습니다.'라고 하는 것이 옳다.〔忌祭出就正寢者, 爲有佗位故也. 只奉一位者, 則仍祭於其所, 而告辭曰請出就前堂, 可也.〕"라고 하였다. 《의례문해속》은 김집(金集)이 부친 김장생(金長生)의 《의례문해》에서 다루지 못한 문제를 속편에서 보충하여 질의문답형식으로 만든 책이다.

기 때문입니다.

고례(古禮)에 "아버지가 돌아가시고 형제가 같이 살면 각각 그 상(喪)을 주관한다."라고 하였는데, 주(註)에 이르기를, "각각 처자(妻子)의 상(喪)을 주관하니 같이 사는 경우에도 오히려 이와 같다면 다른 집에 사는 경우는 어떠하겠는가."라고 하였습니다.[160] 그대의 계씨(季氏)는 다른 집에 살고 또 최복(衰服)으로 싸서 안는[161] 사자(嗣子)가 있으니 응당 사자의 이름으로 신주를 써서 삼년상을 행한다면 다소의 문제들이 없을 수 있을 것입니다. 어린 아들이 스스로 상(喪)을 주관하지 못하는 이상 여러 축문에는 마땅히 "백부에게 맡겨서 감히 밝게 고합니다.……" 라고 해야 합니다. 그리고 "세월이 멈추지 않아서〔日月不居〕" 이하의 몇 구의 말은 어린 아이가 할 만한 말은 아니지만 실제의 이치는 그러하니, 아들이 아버지에게 고하는 글을 한결같이 따르는 것이 옳을 듯하고 백부가 섭행(攝行)한다고 하여 그 말을 바꿔서는 안 될 듯합니다.

160 고례(古禮)에……하였습니다 : 《예기(禮記)》〈치의(緇衣)〉에 "모든 상(喪)은 아버지가 살아계시면 아버지가 주관하고, 아버지가 돌아가시고 형제가 같이 살면 각각 그 상을 주관한다.〔凡喪, 父在, 父爲主, 父沒, 兄弟同居, 各主其喪.〕"라고 하였는데, 진호(陳澔)의 《예기집설(禮記集說)》의 주(註)에 "아버지가 살아계실 때에 아들의 처자의 상(喪)이 있게 되면 아버지가 이를 주관하니 높은 자에게 통솔되기 때문이다. 아버지가 돌아가신 뒤에는 형제가 비록 같이 살더라도 각각 처자의 상(喪)을 주관한다. 같은 집에 사는 경우에도 오히려 이와 같다면 다른 집에 사는 경우를 따라서 알 수 있다.〔此言父在而子有妻子之喪, 則父主之, 統於尊也. 父沒之後, 兄弟雖同居, 各主妻子之喪矣. 同宮猶然, 則異宮從可知也.〕"라고 하였다.

161 최복(衰服)으로 싸서 안는 : '최복으로 싸서 안는다'는 것은 본래 《예기(禮記)》〈상대기(喪大記)〉에 보이는 말로, "자식이 어리면 최복으로 싸서 안고, 다른 사람이 어린 자식 대신 빈객에게 절한다.〔子幼, 則以衰抱之, 人爲之拜.〕"라고 하였다.

《예기(禮記)》에서 말한 "제관이 갖추어지면 제물이 갖추어진다."[162]라는 것은 부부가 직접 행함을 가지고 말한 것입니다. 또 중자(衆子)와 중부(衆婦)가 종자(宗子)와 종부(宗婦)를 돕는 것을 '내외(內外)의 제관을 갖춘다'라고 한 것이지만 만약 제사를 도울 만한 자가 없다면 오직 부부가 직접 행할 뿐입니다. 상배(喪配)한 경우라도 내관(內官)이 없다고 하여 성제(盛祭)를 폐해서는 안 되니 반드시 친지와 빈객, 집사에게 부탁하여 그 의식을 빠뜨리지 않는 것이 예(禮)에 맞습니다. 기년복이나 대공복(大功服), 소공복(小功服)의 친척이 없다고 하여 수조(受胙)와 준(餕)[163] 등의 절차를 생략하는 것이 어찌 옳겠습니까. 고이성(告利成)[164]으로 말하면 비록 축관(祝官)이 없더라도 주인이 또한 홀로 행해서는 안 된다는 의리는 없습니다.

162 제관이……갖추어진다 : 이는 《예기(禮記)》 〈제통(祭統)〉에 보이는 말로, "무릇 제사는 반드시 부부가 직접 행하니 내외의 제관을 갖추는 이유이다. 제관이 갖추어지면 제물이 갖추어진다.〔夫祭也者, 必夫婦親之, 所以備外內之官也. 官備則具備.〕"라고 하였다.

163 수조(受胙)와 준(餕) : 모든 제사를 끝마치고 나서 행하는 두 가지의 의식으로, '수조'는 제사를 마친 다음 그 제사의 주제자(主祭者)가 축관(祝官)의 인도에 따라 음복(飮福)하는 것을 말하고, '준'은 제사를 마친 다음 주인이 제육(祭肉) 등을 친우(親友)들에게 보내고 그 제사에 참여한 남녀가 자리를 따로 하여 각각 축관의 인도에 따라 함께 음복하는 것을 말한다.

164 고이성(告利成) : 공양(供養)의 예(禮)가 이루어졌음을 고하는 절차로, 제사의 마지막에 신에게 제사를 잘 마쳤다고 고하는 의식이다. 《예기집설(禮記集說)》 〈증자문(曾子問)〉의 주(註)에서 '고이성'을 설명하여 말하기를, "이(利)는 양(養)과 같으니 공양하는 예가 이미 이루어졌음을 이르는 것이다.〔利猶養也, 謂共養之禮已成也.〕"라고 하였다.

임헌회에게 답함 을사년(1845, 헌종11) 5월
答任憲晦 乙巳五月

수숙(嫂叔) 간은 비록 밀어내어 멀리하는 의리가 있으나[165] 이미 형수의 제사를 주관하게 되었다면 출주(出主)할 때의 축문(祝文) 가운데 "원휘지신(遠諱之辰)"이라는 네 글자는 굳이 바꿀 필요가 없을 듯합니다. "추모(追慕)"라는 두 글자는 조부와 부친에게는 사용할 수 있으나 방친(傍親)의 존속(尊屬)에게는 사용할 수 없으니 "공신추모(恭伸追慕)"라는 네 글자는 빼는 것이 옳을 듯합니다. 원래 축문 가운데 "휘일부림(諱日復臨)"은 마땅히 "원휘지신(遠諱之辰)"을 말한 것과 같이 해야 하며, "추원(追遠)" 이하의 여덟 글자는 삭제하고 다만 "불승감창(不勝感愴)"이라고 하는 것이 옳을 듯하니 이는 방친의 예(禮)를 적용한 것입니다.

165 수숙(嫂叔)……있으나 : 《예기(禮記)》 〈단궁 상(檀弓上)〉에 "상복에 있어서 형제의 아들에 대한 복(服)을 나의 아들과 똑같이 입는 것은 끌어당겨 올린 것이고, 수숙 간에 복(服)이 없는 것은 밀어내어 멀리한 것이며, 고모와 자매에 대한 복(服)이 박한 것은 나를 대신하여 후하게 입어줄 사람이 있어서이다.〔喪服, 兄弟之子猶子也, 蓋引而進之也; 嫂叔之無服也, 蓋推而遠之也; 姑姊妹之薄也, 蓋有受我而厚之者也.〕"라고 하였다. 곧 형수·제수와 시숙의 사이에는 서로 멀리해야 할 혐의가 있으므로 비록 같은 집에 산다고 하더라도 서로의 상(喪)에 대하여 복(服)을 입지 않음을 말한 것이다.

임헌회에게 답함 병오년(1846, 헌종12) 9월
答任憲晦 丙午九月

《예기(禮記)》〈내칙(內則)〉에 "자식이 태어난 지 3개월 끝 무렵에 처(妻)가 자식을 데리고 가서 아버지를 뵙는다."라고 하였으니, 아버지를 뵌 뒤에는 마땅히 사당을 뵈어야 합니다. 그런데 《가례(家禮)》에 "달이 찬 뒤에 사당을 뵙는다."[166]라고 하였고 이에 대해 우재(尤齋 송시열(宋時烈))께서 "자식을 낳은 일수가 한 달이 차는 것이다."[167]라고 말씀하였으니 마땅히 《가례》의 설을 따라야 할 것입니다. 그러나 근세의 선유(先儒)가 "3개월을 기다리다가 시제(時祭)를 만나게 되면 그때 사당에 고한다."라고 하였으니, 사당에 고하기만 하고 뵙지는 않는 것이 편의에 맞을 듯합니다. 이 두 가지 중에 선택하여서 행하는 것이 어떻겠습니까?

부인이 아들을 안고 절하는 것[168]은 본래 정밀한 뜻이 있습니다. 아들

166 달이……뵙는다 : 《가례(家禮)》 권1 〈통례(通禮) 사당(祠堂)〉의 "일이 있으면 고유한다.〔有事則告〕" 조문의 주(註)에 "주인이 적장자를 낳았을 경우 한 달이 찬 뒤에 사당을 뵙게 하되, 위의 의식과 같이 하고 다만 축문은 쓰지 않는다.〔主人生嫡長子, 則滿月而見, 如上儀, 但不用祝.〕"라고 하였다.

167 자식을……것이다 : 이는 송시열(宋時烈)의 문집인 《송자대전(宋子大全)》 권128 〈답회석(答晦錫)〉에 보이는 말로, "《가례(家禮)》의 '일이 있으면 고유한다' 조문의 '만월'은 자식을 낳은 일수가 한 달이 차는 것을 이른 것이다.〔告事條滿月, 謂生子日數滿一月也.〕"라고 하였다.

을 안을 때에는 머리가 왼쪽으로 가게 해야 하니 머리는 양(陽)이기 때문입니다. 부인이 절할 때에는 반드시 사배(四拜)를 하지만 재배(再拜)를 하는 것은 아들이 절하는 것이기 때문입니다.

'응만(應萬)'이 이미 선존장(先尊丈)께서 처음 지어주신 이름으로서 꿈에서 나온 것이라면[169] 소자(小字 어릴 때의 이름)를 '응만'으로 정하고

168 부인이……것 : 적장자가 태어나서 사당을 뵙게 할 때에 부인이 그 아들을 안은 채로 절하는 것을 이른다. 《가례(家禮)》 권1 〈통례(通禮) 사당(祠堂)〉의 "일이 있으면 고유한다.〔有事則告〕" 조문의 주(註)에 "주인이 적장자를 낳았을 경우 한 달이 찬 뒤에 사당을 뵙게 하되, 위의 의식과 같이 하고 다만 축문은 쓰지 않는다. 주인이 향탁 앞에 서서 고유하기를, '모(某)의 며느리 모씨(某氏)가 모월(某月) 모일(某日)에 아들 모(某)를 낳았습니다. 감히 뵈옵니다.'라고 한다. 고유가 끝나면 향탁 동남쪽에 서서 서쪽을 향한다. 주부가 아들을 안고 양쪽 계단 사이에 나아가 뵙게 하고 재배하면 주인이 이에 내려와 제 위치로 돌아온다.〔主人生嫡長子, 則滿月而見, 如上儀, 但不用祝. 主人立於香卓之前, 告曰: 某之婦某氏, 以某月某日生子名某, 敢見. 告畢, 立於香卓東南西向, 主婦抱子進見於兩階之間, 再拜, 主人乃降復位.〕"라는 내용이 보인다.

169 응만(應萬)이……것이라면 : '응만'은 임헌회(任憲晦)의 아들 임만교(任萬敎)의 자(字)이다. 임헌회가 지은 〈망아만교장록(亡兒萬敎狀錄)〉에 다음과 같은 내용이 보인다. "죽은 아이 만교의 자는 응만이고 어미는 윤씨(尹氏)이다. 숭정 네 번째 병오년 8월 4일에 아산(牙山) 신양리(新陽里)에서 태어났다. 이에 앞서 내가 늦은 나이에도 후사를 두지 못하고 있었는데 어느 날 꿈에 선고께서 나타나 명하시기를, '네가 아들을 낳을 것이니 이름을 응만으로 지어라.'라고 하셨다. 당시는 내가 선고의 상(喪)을 당하고 4년이 지난 후였는데 과연 아들이 태어나므로 소자(小字)를 '응만'으로 지어 주었다. 매산(梅山) 선생께서 이를 듣고는 기이하게 여겨서 '만교'라는 이름을 지어 주시고 소자는 그대로 자(字)로 사용하도록 하셨다. 그리고 말씀하기를, '이는 또한 유명의 이치를 통하게 하는 것이다.'라고 하였다.〔亡兒萬敎, 字應萬, 母尹氏. 以崇禎四丙午八月四日, 生于牙山之新陽里. 先是, 余晩而無嗣, 一日夢先考有冥詔曰: 汝當生男, 名以應萬. 時余居外憂後四年, 果生兒, 以應萬爲小字. 梅山先生聞而異之, 錫名萬敎, 仍小字爲字, 曰:

이어서 이로써 사당에 고유하였다가 삼가례(三加禮)[170]를 행할 때에 '만교(萬教)'로 이름을 지어 주면 되니 이는 또한 유명(幽明)의 이치를 통하게 하는 것입니다.

是亦通幽明之故也.〕"《鼓山集 卷18 亡兒萬教狀錄》

170 삼가례(三加禮) : 관례(冠禮) 때에 세 번 관(冠)을 갈아 씌우는 의식으로, 곧 관례를 말한다. 삼가례는 초가(初加), 재가(再加), 삼가(三加)로 나누어서 진행하는데 초가에는 치포관(緇布冠)을 씌우고 재가에는 피변(皮弁)을 씌우고 삼가에는 작변(爵弁)을 씌운다.

임헌회에게 답함 정미년(1847, 헌종13) 4월
答任憲晦 丁未四月

호운봉(胡雲峯)[171]과 심파양(沈番陽)[172]은 도(道)와 기(器)[173]의 차이를 보지 못하였습니다. 그러므로 마음의 지각(知覺)을 지(智)로 인식하여 이(理)로써 이(理)를 묘하게 하고 이(理)로써 이(理)를 포함하는 잘못을 면치 못하였습니다.[174] 농암(農巖)의 논변[175]이 정심(精深)

171 호운봉(胡雲峯) : 원(元)나라의 학자 호병문(胡炳文, 1250~1333)으로, 자는 중호(仲虎), 호는 운봉이며, 휘주(徽州) 무원(婺源) 고천(考川) 사람이다. 저서로《주역본의통석(周易本義通釋)》,《사서통(四書通)》,《운봉집(雲峯集)》이 있다.

172 심파양(沈番陽) : 남송(南宋)의 학자 심귀보(沈貴珤, ?~?)로, 자는 성숙(誠叔), 호는 의재(毅齋)이며, 덕흥(德興) 사람이다. 개헌(介軒) 동몽정(董夢程)의 고제(高弟)이며 파양(番陽) 일대에서 활동하였다. 대표적인 저술로는《정몽의해(正蒙疑解)》가 있다.

173 도(道)와 기(器) : 도(道)는 이(理), 기(器)는 기(氣)이다. 이는《주역(周易)》〈계사전 상(繫辭傳上)〉에 "형(形)으로부터 그 이상을 도(道)라 이르고 형(形)으로부터 그 이하를 기(器)라 이른다.〔形而上者謂之道, 形而下者謂之器.〕"라고 한 데에서 유래하였다.

174 마음의……못하였습니다 :《대학장구(大學章句)》의 서문에 "하늘이 생민을 내림으로부터 이미 인의예지의 성을 부여하지 않음이 없다.〔蓋自天降生民, 則旣莫不與之以仁義禮智之性矣.〕"라고 하였는데 이 대목의 소주에서 호병문(胡炳文)은 주희(朱熹)의 설을 취하여 "지(智)는 마음의 신명(神明)이니 중리(衆理)를 묘하게 하고 만물을 주재하는 것이다.〔智則心之神明, 所以妙衆理而宰萬物者也.〕"라고 하였고, 심귀보(沈貴珤)는 "지(智)라는 것은 천리의 동정의 기틀을 포함하고 인사의 시비에 대한 감식을 갖춘 것이다.〔智者, 涵天理動靜之機, 具人事是非之鑑.〕"라고 하였다. 이 두 사람의 설을 두고 김창협(金昌協)이 차기(箚記)를 지어서 비판하였는데, 이 글에 "이 두 설은

하고 치밀하여 털끝만큼도 잘못되지 않았는데 후세의 여러 학자들이 이를 반신반의하니 비단 민언휘(閔彦暉)[176]만 의혹을 품은 것이 아닙니다. 삼연(三淵 김창흡(金昌翕))은 또 〈논지자설(論智字說)〉[177]을 지어서 농암의 미진한 뜻을 드러내어 밝혔는데, 그 내용이 통창하고 비범하여 이전 사람들의 말을 답습하지 않았습니다. 저는 두 선생의 주장에 대해 일찍부터 독실하게 믿어서 한마디도 덧붙일 수가 없습니다.

맹자(孟子)는 "옳고 그름을 분별하는 마음은 지(智)의 단서이다."[178]라

단지 심(心)의 지각(知覺)만 말한 것으로, '지(智)' 자와는 전혀 상관이 없다.〔兩說, 只說得心之知覺, 與智字不相干涉.〕"라고 하였다. 그리고 "또 지(智)는 이(理)인데 '중리를 묘하게 한다'느니 '천리를 포함한다'느니 말한다면, 이는 이(理)로써 이(理)를 묘하게 하고 이(理)로써 이(理)를 포함하는 꼴이니 더더욱 온당치 못한 듯하다.〔且智則理也, 而謂之妙衆理, 謂之涵天理, 則是以理妙理, 以理涵理, 恐尤未安也.〕"라고 하였다. 이는 지(智)가 성(性)인 이상 '성즉리(性卽理)'에 입각하여 볼 때 지(智)는 곧 이(理)인 것인데, 호병문은 "중리를 묘하게 한다."라고 하고 심귀보는 "천리를 포함한다."라고 하여 이(理)가 다시 이(理)를 행위의 대상으로 삼는 논리상 오류를 범하고 있음을 지적한 것이다. 《農巖集 卷14 答閔彦暉·卷36 附錄, 別集 卷3 語錄》

175 농암(農巖)의 논변 : 농암은 김창협(金昌協)의 호로, 김창협이 정축년(1697, 숙종 23)에 민이승(閔以升)에게 답한 편지에서 논변한 것을 말한다. 《農巖集 卷14 答閔彦暉》

176 민언휘(閔彦暉) : 민이승(閔以升, 1649~1698)으로, 자는 언휘, 호는 성재(誠齋), 본관은 여흥(驪興)이다. 어려서부터 과거에 뜻을 두지 않고 사서(四書)와 육경(六經)을 통독하였다. 윤증(尹拯)의 문하에 들어갔고, 김창협(金昌協)과 교류하였다. 천거에 의해 창릉(昌陵)·영릉(英陵)·효릉(孝陵)의 참봉, 좌랑, 위솔, 종부시 주부 등에 제수되었으나 대체로 사직하고 나아가지 않았다.

177 논지자설(論智字說) : 이 글은 김창흡(金昌翕)의 문집인 《삼연집(三淵集)》 권25에 실려 있다.

178 옳고……단서이다 : 이 말은 《맹자(孟子)》 〈공손추 상(公孫丑上)〉에 보인다.

고 말씀하였습니다. 주자(朱子)는 "지(智)는 분별하는 이치인데 발(發)하여 옳고 그름을 분별하는 마음이 된다."[179]라고 말씀하였고, 또 "지(智)라는 것은 옳고 그름을 분별하는 도리이다."[180]라고 말씀하였습니다. 그리고 〈반겸지(潘謙之 반병(潘柄))에게 답한 편지〉에서 "마음의 지각(知覺)은 바로 이 이치를 갖추어서 이 정(情)을 행하는 것이다. 지(智)를 가지고 말하면, 옳고 그름을 분별하는 이치를 아는 것은 지(智)이니 성(性)이고, 무엇이 옳고 무엇이 그른지를 알아서 옳다 그르다 하는 것은 정(情)이고, 이 이치를 갖추어서 이것이 옳은 것이 되는지 그른 것이 되는지를 깨닫는 것은 마음이다."[181]라고 하였습니다. 농암(農巖 김창협(金昌協))은 여기에 대해서 진실하게 보고 바르게 말씀하여 비슷한 부류로 미루어 헤아리고 사방으로 널리 통달해서 모든 조리(條理)가 자연스럽게 이어져 의심스러운 것들이 마치 봄에 얼음이 풀리듯이 해소되게 하였습니다. "지(智)가 또한 네 가지를 포함할 수 있다."[182]라는 것은 인(仁)과 지(智)가 교제해서 시작을 이루고 끝

179 지(智)는……된다 : 이 말은 《사서혹문(四書或問)》 권6 〈논어(論語) 학이제일(學而第一)〉에 보이는 것으로, "수신(水神)을 지(智)라고 하니, 이는 분별하는 이치인데 발하여 옳고 그름을 분별하는 마음이 된다.〔水神曰智, 則別之理也, 而其發爲是非.〕"라고 하였다. '수신'은 오행(五行) 중 수(水)를 가리키는 것으로 인(仁)·의(義)·예(禮)·지(智)·신(信)의 오상(五常) 중에 지(智)에 해당한다.

180 지(智)라는……도리이다 : 이 말은 주희(朱熹)의 문집인 《회암집(晦菴集)》 권74 〈옥산강의(玉山講義)〉에 보인다.

181 마음의……마음이다 : 이 말은 주희(朱熹)의 문집인 《회암집(晦菴集)》 권55 〈답반겸지(答潘謙之)〉에 보인다.

182 지(智)가……있다 : 이 말은 《주자어류(朱子語類)》 권20 〈논어 이(論語二) 학이편 상(學而篇上)〉에 실린 만인걸(萬人傑)의 기록에 보이는 것으로, "또 말씀하였다.

을 이루기 때문에 이렇게 말한 것이니, '지각이 지(智)가 된다'는 증거로 삼을 수 있는 것이 아닙니다.

치재(致齋)는 마음을 오로지하여 제사의 대상이 되는 분을 생각하는 것이니 그렇다면 손님을 맞이하여 접대하고 전송해서는 안 되는 것이 옳을 듯합니다. 한강(寒岡 정구(鄭逑))은 재계하는 날에 '불견객(不見客)'이라고 적은 패(牌)를 세웠으니, 이는 진실로 정도(正道)에 부합하는 것입니다. 그러나 만약 손님이 먼 곳으로부터 와서 사절하여 돌려보낼 수도 없고 또 머물게 하기도 어렵다면, 잠시 서로 만나보고 헤어지는 것이 또한 담연순일(湛然純一)의 뜻[183]에 있어 무슨 문제가 되겠습니까.

주 선생(朱先生 주희(朱熹))의 〈주순필(周舜弼)에게 답한 편지〉[184]에서 "혈구(絜矩)[185]의 글 뜻은 구(矩 곱자)를 가지고 헤아려서 그 방정함을

'지(智)가 또한 네 가지를 포함할 수 있으니, 이는 앎이 먼저 있기 때문이다.'〔又云:智亦可以包四者, 知之在先故也.〕"라고 하였다. '네 가지〔四者〕'는 인의예지로, 인(仁)이 이 네 가지를 다 포함하는 것처럼 지(智) 역시 그렇게 할 수 있음을 말한 것이다.

183 담연순일(湛然純一)의 뜻 : '담연순일'은 곧 재계(齋戒)를 뜻하는 것으로, 《주자어류(朱子語類)》 권97 〈정자지서 삼(程子之書三)〉에 "담연히 순일하게 하는 것을 '재(齋)'라고 하고 엄숙히 경계하고 두려워하는 것을 '계(戒)'라고 한다.〔湛然純一之謂齋, 肅然警惕之謂戒.〕"라고 하였다.

184 주순필(周舜弼)에게 답한 편지 : 주순필은 주희(朱熹)의 제자 주모(周謨)로, 순필은 그의 자(字)이다. 이 편지는 《회암집(晦菴集)》 권50에 실려 있다.

185 혈구(絜矩) : 《대학장구(大學章句)》 전 10장에 나오는 말로, "군자는 혈구(絜矩)의 도(道)가 있다. 윗사람에게서 싫었던 점을 가지고 아랫사람을 부리지 말며, 아랫사

취하는 것을 이른다."라고 하였는데, 이것은 《대학장구(大學章句)》의 설[186]과 부합하니 마땅히 정론(正論)으로 삼아야 할 것입니다. 〈강덕공(江德功)에게 답한 편지〉에서 "혈구라는 것은 물건을 헤아려서 그 방정함을 취하는 것이다."라고 한 것[187]은 마땅히 초년(初年)의 설로 보아야 할 것입니다. 마음이 바로 구(矩)이니, 자기의 마음으로 준칙을 삼은 뒤에야 헤아려서 똑같지 않음이 없게 할 수 있습니다. 만약 범범하게 물건을 헤아려서 그 방정함을 얻는 것을 혈구라고 한다면, 이른바 '구(矩)'라는 것의 의미가 너무 긴요하지 않으니 장차 어떻게 모두 똑같게 할 수 있겠습니까. 그러므로 이 '구(矩)' 자는 마땅히 명덕

람에게서 싫었던 점을 가지고 윗사람을 섬기지 말며, 앞사람에게서 싫었던 점을 가지고 뒷사람에게 가하지 말며, 뒷사람에게서 싫었던 점을 가지고 앞사람을 따르지 말며, 오른쪽 사람에게서 싫었던 점을 가지고 왼쪽 사람과 사귀지 말며, 왼쪽 사람에게서 싫었던 점을 가지고 오른쪽 사람과 사귀지 말 것이니, 이것을 일러 혈구의 도(道)라고 하는 것이다.〔君子有絜矩之道也. 所惡於上, 毋以使下, 所惡於下, 毋以事上; 所惡於前, 毋以先後, 所惡於後, 毋以從前; 所惡於右, 毋以交於左, 所惡於左, 毋以交於右, 此之謂絜矩之道.〕"라고 하였는데, 주희(朱熹)의 주(註)에 이르기를, "혈(絜)은 헤아림이다. 구(矩)는 네모진 것을 만드는 기구이다.〔絜, 度也. 矩, 所以爲方也.〕"라고 하였다.

186 대학장구(大學章句)의 설 : 위의 주185 참조.

187 강덕공(江德功)에게……것 : 강덕공은 주희(朱熹)의 제자 강묵(江默)으로, 덕공은 그의 자(字)이다. 〈강덕공에게 답한 편지〉는 《회암집(晦菴集)》 권44에 실려 있는데, 여기에서는 '혈구(絜矩)'를 '구(矩)로써 헤아린다'의 뜻이 아니라, '헤아려서 구(矩)를 얻는다'의 뜻으로 보고 있다. 이 편지에 이르기를, "혈구(絜矩)란 물건을 헤아려서 그 방정함을 얻는 것이니, 아래의 글에서 뜻을 찾아보면 알 수 있다. 지금 '구(矩)로써 물건을 헤아린다.'라고 말하려면 '구혈(矩絜)'이라고 해야만 그 뜻에 맞을 것이다.〔絜矩者, 度物而得其方也, 以下文求之可見. 今曰度物以矩, 則當爲矩絜, 乃得其義矣.〕"라고 하였다.

(明德)으로 보아야 하니, 이렇게 해야 수미(首尾)를 관통하여 중간의 팔조목(八條目)의 공부가 절절마다 명덕을 위주로 하는 묘함을 볼 수 있습니다. 어리석은 제가 노주(老洲) 오장(吳丈 오희상(吳熙常))과 서로 강론하여 정한 것이 곧 이와 같으니 마땅히 바른 뜻으로 삼아야 할 듯합니다.

마음이라는 것은 한 몸을 주재해서 지극히 신령하고 지극히 묘합니다. 그러므로 이 마음으로 이치를 갖추고 일에 응할 수 있는 것이니[188] 요순(堯舜)이 되어서 천지와 함께 나란히 서는 것[189]은 다만 성선(性善) 때문일 뿐만이 아닙니다. 진실로 이 마음의 허령(虛靈)하고 통철(洞徹)함이 분수(分數)가 없고 우열(優劣)이 없어서 이 이치의 선(善)

188 이 마음으로……것이니 : '이치를 갖추고 일에 응한다〔具理應事〕'는 것은 《맹자집주(孟子集註)》 〈진심 상(盡心上)〉의 주희(朱熹)의 주 가운데 "마음은 사람의 신명(神明)이니, 모든 이치를 갖추어 있고, 만사에 응하는 것이다.〔心者, 人之神明, 所以具衆理而應萬事者也.〕"라고 한 데에서 유래한 말이다.

189 요순(堯舜)이……것 : '요순이 된다〔爲堯舜〕'는 것은 《맹자(孟子)》 〈고자 하(告子下)〉에 보이는 말로, "조교가 물었다. '사람은 다 요순이 될 수 있다 하니, 그러한 것이 있습니까?' 맹자께서 말씀하였다. '그러하다.'〔曹交問曰: 人皆可以爲堯舜, 有諸? 孟子曰: 然.〕"라고 하였다. '천지와 함께 나란히 선다〔參天地〕'는 것은 《중용장구(中庸章句)》 제22장에 보이는 말로, "오직 천하에 지극히 성(誠)한 분이라야 그 성(性)을 다할 수 있다. 그 성(性)을 다하면 사람의 성(性)을 다할 수 있고, 사람의 성(性)을 다하면 사물의 성(性)을 다할 수 있고, 사물의 성(性)을 다하면 천지(天地)의 화육(化育)을 도울 수 있고, 천지(天地)의 화육(化育)을 도우면 천지(天地)와 함께 나란히 설 수 있게 된다.〔惟天下至誠, 爲能盡其性, 能盡其性, 則能盡人之性, 能盡人之性, 則能盡物之性, 能盡物之性이, 則可以贊天地之化育, 可以贊天地之化育, 則可以與天地參矣.〕"라고 하였다.

을 막지 않는 데에서 연유한 것입니다. '기질(氣質)'의 '질(質)'은 또한 형체가 있는 것이 아니니 '자(資)' 자와 그 뜻이 서로 비슷합니다. 만약 기질이라고 칭한다면 바로 기(氣)의 질(質)이고, 성질(性質)이라고 칭한다면 바로 성(性)의 질(質)이고 재질(才質)이라고 칭한다면 바로 재(才)의 질(質)이니 더더욱 형용(形容 모습)으로 말할 수가 없습니다. 기혈(氣血)과 혈육(血肉)은 진실로 형질(形質)이지만 그 기혈과 혈육을 행하는 기운은 마땅히 기질이라고 칭해야 하니, 이른바 '혈기(血氣)의 강용(强勇)'[190]이라는 것은 마땅히 기질로 보아야 할 것입니다. 모두 종합한 자리는 바로 마음일 뿐입니다. 성인(聖人)은 기질이 깨끗하고 지극히 순수하므로 절로 총명예지(聰明睿智)[191]할 수 있는 것이지만, 총명예지는 오로지 기질에만 소속시켜서는 안 되고 마땅히 마음의 선(善)에 근본을 두어야 할 것입니다. 마음과 기질은 한 기(氣)이지만 본(本 마음)과 말(末 기질)의 분별이 있으니 다만 당체(當體 바로 그 본체(本體))에서 본(本)과 말(末)을 나누어서 이(理)와 기(氣)가 서로 떨어지지 않고 서로 뒤섞이지 않는 묘함[192]을 보아야 할 뿐입니

190 혈기(血氣)의 강용(强勇) : 《논어(論語)》 〈헌문(憲問)〉에 "인자(仁者)는 반드시 용기가 있지만 용자(勇者)는 반드시 인(仁)이 있는 것은 아니다.〔仁者必有勇, 勇者不必有仁.〕"라고 하였는데, 《집주(集註)》의 주희(朱熹)의 주(註)에 "인자는 마음에 사루(私累)가 없어서 의(義)를 보면 반드시 행하지만 용자는 간혹 혈기(血氣)의 강함뿐일 수 있다.〔仁者, 心無私累, 見義必爲. 勇者, 或血氣之强而已.〕"라고 하였다.

191 총명예지(聰明睿智) : 《중용장구(中庸章句)》 제31장에 "오직 천하의 지극한 성인(聖人)이어야 능히 총명예지가 족히 아래에 임할 수 있다.〔唯天下至聖, 爲能聰明睿知足以有臨也.〕"라고 하였는데, 주희(朱熹)는 이에 대해 "총명예지는 생이지지(生而知之)의 자질이다.〔聰明睿智, 生知之質.〕"라고 해설하였다.

192 이(理)와……묘함 : '이(理)와 기(氣)가 서로 떨어지지 않고 서로 뒤섞이지 않는

다. 이런 명리(名理)는 요컨대 모름지기 묵묵히 알고 마음으로 통달해야 하니 붓이나 혀로 다 말하기가 어렵습니다.

상상(殤喪)[193]에는 성인(成人)의 예(禮)를 사용해서는 안 됩니다. 그러므로 고례(古禮)에는 우제(虞祭)와 졸곡(卒哭)이 없었습니다. 그러다가 《개원례(開元禮)》[194]에 이르러서 처음으로 우제를 행하였는데 또한 신주는 세우지 않았습니다. 정자(程子)와 주자(朱子)에 이르러서 처음으로 신주를 세운다고 말씀하였지만 또한 졸곡과 부제(祔祭)를 행한다는 글은 없었습니다. 상상은 후사가 없는 이의 상(喪)과 더불어 반부(班祔)[195]하니 조부의 사당에 부식(祔食)하는 이상 부제는 당연히 이 가운데에 들어있다고 여길 수도 있습니다. 그러나 《개원례》에 근거

다〔不離不雜〕'는 것은 주희(朱熹)가 "생(生)의 본능을 성(性)이라 한다.〔生之謂性〕"라고 한 고자(告子)의 말을 설명하는 과정에서 한 말이다. 주희는 성(性)을 이(理)로 보았으며, 이(理)와 기(氣)의 관계를 '서로 떨어질 수 없는 관계〔不相離〕'이면서 '서로 섞일 수 없는 관계〔不相雜〕'로 보았다. 《孟子 告子上》《近思錄 卷1 道體》

193 상상(殤喪) : 성인(成人)이 되기 전에 일찍 죽은 이의 상(喪)으로, 16세부터 19세 사이에 죽은 경우에는 장상(長殤)이라고 하고, 12세부터 15세 사이에 죽은 경우에는 중상(中殤)이라고 하고, 8세부터 11세 사이에 죽은 경우에는 하상(下殤)이라고 한다. 이 삼상(三殤)에 따라서 각각 상복과 상기가 달라지며, 8세 이전에 죽은 사람에 대해서는 복을 입지 않는다. 《儀禮 喪服傳》

194 개원례(開元禮) : 당(唐)나라 현종(玄宗) 개원(開元) 연간에 칙명에 의해 서견(徐堅), 소숭(蕭崇) 등이 150권으로 편찬한 《대당개원례(大唐開元禮)》를 말한다. 길례(吉禮), 빈례(賓禮), 가례(嘉禮), 군례(軍禮), 흉례(凶禮)의 다섯 가지로 분류되어 있다.

195 반부(班祔) : 방친(傍親)으로 후사가 없는 사람 등을 종가의 사당에 반차(班次)에 따라 합부(合祔)하는 것을 말한다.

해 보면 우제를 지내고서 영좌(靈座)를 철거한다고 하고 졸곡의 절차는 없으니 이른바 "졸곡 다음날에 부(祔)한다"는 것을 어디에 베풀겠습니까. '우(虞)'라는 것은 신(神)을 편안히 하는 것입니다. 고례를 따라서 신주를 만들지 않는다면 우제를 지내지 않고, 《가례(家禮)》를 따라서 신주를 만든다면 우제를 지내야 하되, 우제는 또한 한 번만 지내는 데에 그치고 졸곡은 결단코 행해서는 안 됩니다. 이미 우제를 지내고 영좌를 철거하지 못한다면 상(喪)을 주관하는 자의 복(服)이 다하는 때를 상(喪)이 끝나는 시기로 삼아야 하니 어찌 소상(小祥)과 대상(大祥)을 말할 것이 있겠습니까. 죽은 지 기년(期年)이 되는 때부터 기제(忌祭)의 예(禮)를 적용하는 것이 마땅할 듯합니다. 우제와 기제에는 마땅히 삼헌(三獻)을 올리고 축문이 있어야 하니 삼헌을 올리지 않으면 제사를 이루지 못하기 때문입니다.

"대공복(大功服)의 끝"[196]을 졸곡(卒哭)으로 봐야 하는 것은 《예기(禮記)》 〈잡기(雜記)〉의 주(註)에 "변제(變除)하고 졸곡한 뒤에 관례(冠禮)를 행한다."[197]라고 한 것이 바로 증거가 됩니다. 강복(降服)하여

196 대공복(大功服)의 끝 : 《예기(禮記)》 〈잡기(雜記)〉에 보이는 말로, "대공복의 끝에는 자식의 관례를 행할 수 있고 자식을 시집보낼 수 있다. 아버지가 소공복의 끝이면 자식의 관례를 행할 수 있고 자식을 시집보낼 수 있고 며느리를 들일 수 있다. 자기가 비록 소공복이라도 이미 졸곡을 지냈으면 관례를 행하고 장가들 수 있으나 하상(下殤)의 소공복에는 불가하다.〔大功之末, 可以冠子, 可以嫁子; 父小功之末, 可以冠子, 可以嫁子, 可以取婦. 己雖小功, 旣卒哭, 可以冠取妻, 下殤之小功, 則不可.〕"라고 하였다.

197 변제(變除)하고……행한다 : 《예기(禮記)》 〈잡기(雜記)〉에 "상중에 관례를 행하는 것은 비록 삼년상 중이라도 가능하다.〔以喪冠者, 雖三年之喪, 可也.〕"라고 하였는데, 이에 대한 정현(鄭玄)의 주(註)에 "상(喪)을 당한 때가 관례를 행하는 달에 있다면

대공복을 입는 경우는 정(情)과 예(禮)가 다소 다르긴 하지만 자식의 관례를 행함에 있어서는 다른 대공복과 똑같이 볼 뿐입니다.

관례(冠禮)를 행하기 전에 사당에 고유하는 것[198]은 관례를 행하는 자의 가묘(家廟)를 두고 말한 것입니다. 고조를 계승한 종자(宗子)가 관례를 주관하더라도 다른 집에 산다면 굳이 먼저 사당에 고유할 필요가 없습니다. 관례가 끝난 뒤에는 마땅히 사당을 먼저 뵙고 다음에 존장(尊長)을 뵈어야 하지만, 종가의 사당이 멀리 떨어져 있다면 응당 편의에 따라 대처해야 하니 선후가 도치되었다고 말할 수 없습니다.

《예기(禮記)》〈왕제(王制)〉에 이르기를, "대부(大夫)는 제기(祭器)를 남에게 빌리지 않으니 제기를 아직 갖추지 못했으면 일상에 사용하는 그릇을 만들지 않는다."라고 하였는데, 소(疏)에 이르기를, "이는 채지(采地)를 소유한 대부를 이른 것이다."라고 하였습니다. 《예기》〈곡례(曲禮)〉에 이르기를, "무릇 집안에서 기물을 장만할 때에는 제기가 우선이다."라고 하고 또 말하기를, "전록(田祿)이 없는 자는 제기를

상복을 입은 채로 관례를 행하고, 관례를 행하는 달이 아니라면 변제하고 졸곡한 뒤에 관례를 행한다.〔始遭喪, 以其冠月, 則喪服因冠矣; 非其冠月, 待變除卒哭而冠.〕"라고 하였다.

198 관례(冠禮)를……것 : 《가례(家禮)》 권2 〈관례(冠禮) 관(冠)〉에 "관례를 행하기 3일 전에 주인이 사당에 고한다.〔前期三日, 主人告於祠堂.〕"라는 내용이 보인다. 또 그 주(註)에 "'주인'은 관례를 행하는 자의 조부로서 자신이 고조를 계승한 종자가 되는 자를 말한다. 만약 종자가 아니라면 반드시 고조를 계승한 종자가 주관한다.〔主人, 謂冠者之祖父, 自爲繼高祖之宗子者. 若非宗子, 則必繼高祖之宗子主之.〕"라고 하였다.

마련하지 않는다."라고 하였습니다. 《가례(家禮)》에서 제기를 말한 것은 일상에 사용하는 그릇과 똑같으므로 모두 갖출 수 있다고 말한 듯합니다. 《주자어류(朱子語類)》[199]에 말하기를, "변두(籩豆)와 보궤(簠簋)는 바로 고인(古人)이 사용하던 것이므로 제향에 모두 사용한다. 지금 일상에 사용하는 그릇으로 제기를 대신하고 평상시에 먹는 음식으로 조육(俎肉)을 대신함은 또한 평소에 사용하던 것이기 때문이니 이는 마땅함을 따르는 것이다."라고 하였습니다. 여기에 근거해 보면 또한 대부와 사(士)의 구별이 있는 것이니 마땅히 재력을 헤아려서 대처해야 하고 국한하여 정해서는 안 됩니다. 〈곡례〉에 이르기를, "제기가 낡아지면 땅에 묻는다."라고 하였으니 이를 통해 제기와 일상에 사용하는 그릇을 통용할 수 없음을 증명할 수 있습니다. 만약 재력이 된다면 다만 별도로 장만하여 상자 안에 보관하기를 《가례》에서 말한 대로 하는 것이 정도(正道)에 맞을 듯합니다.

이불의 종류는 《예기(禮記)》 〈단궁(檀弓)〉에서 자류(子柳)가 부의(賻儀)로 들어온 삼베 중에 쓰고 남은 것을 형제들 가운데 가난한 자에게 나누어 준 일[200]을 따를 만하니 선유(先儒)도 일찍이 이렇게 말씀하

199 주자어류(朱子語類) : 아래에서 인용한 말은 《주자어류》에 보이지 않는바, 《주자어류》라고 한 것은 오류인 듯하다. 참고로 아래에서 인용한 말은 《성리대전서(性理大全書)》 권21 〈가례(家禮) 상례(喪禮) 묘제(墓祭)〉의 주(註)와 《대학연의보(大學衍義補)》 권52 〈치국평천하지요(治國平天下之要) 명예악(明禮樂) 가향지례(家鄉之禮)〉 등에 보인다.

200 예기(禮記)……일 : 《예기》 〈단궁 상(檀弓上)〉에 "자류(子柳)의 어머니가 죽은 뒤에 아우인 자석(子碩)이 상구(喪具)를 청하였는데 자류가 '어떻게 마련하겠는가.'라

였습니다. 자손으로서 부친이나 조부의 영상(靈牀)에 있던 이불을 사용하는 것이 무슨 설만할 것이 있겠습니까. 이것은 《예기》 〈곡례(曲禮)〉의 "제복(祭服)이 낡아지면 불태운다."[201]라는 뜻과는 같지 않고, 또 "아버지가 읽던 책을 읽지 못하고 어머니가 사용하던 잔으로 마시지 못한다."[202]라는 것과도 다릅니다. 마땅히 낡아져서 못 쓸 때까지 종신토록 사용해야 할 것입니다.

고 하자 자석이 '서제(庶弟)의 어미를 팔기를 청합니다.'라고 하였다. 그러자 자류가 말하기를, '어떻게 남의 어머니를 팔아서 자기의 어머니를 장례할 수 있겠는가. 불가하다.'라고 하였다. 이미 장례한 뒤에 자석이 부의(賻儀)로 들어온 삼베 중에 쓰고 남은 것으로 제기를 마련하려고 하자 자류가 말하기를, '불가하다. 내가 듣건대 군자는 상사(喪事)로 인하여 집안의 이득을 도모하지 않는다고 하였다. 형제들 가운데 가난한 자에게 나누어 주도록 하라.'라고 하였다.〔子柳之母死, 子碩請具, 子柳曰: 何以哉? 子碩曰: 請粥庶弟之母. 子柳曰: 如之何其粥人之母以葬其母也? 不可. 旣葬, 子碩欲以賻布之餘具祭之, 子柳曰: 不可. 吾聞之也, 君子不家於喪, 請班諸兄弟之貧者.〕"라고 하였다.

201 제복(祭服)이 낡아지면 불태운다 : 《예기(禮記)》 〈곡례 상(曲禮上)〉에 "제복이 낡아지면 불태우고, 제기가 낡아지면 땅에 묻고, 귀갑(龜甲)과 시초(蓍草)가 낡아지면 땅에 묻고, 희생이 죽으면 땅에 묻는다.〔祭服敝則焚之, 祭器敝則埋之, 龜筴敝則埋之, 牲死則埋之.〕"라고 하였다.

202 아버지가……못한다 : 《예기(禮記)》 〈옥조(玉藻)〉에 "아버지가 돌아가신 뒤에 아버지가 읽던 책을 읽지 못하는 것은 수택이 남아 있기 때문이고, 어머니가 돌아가신 뒤에 어머니가 사용하던 잔으로 마시지 못하는 것은 구택의 기운이 남아 있기 때문이다.〔父沒而不能讀父之書, 手澤存焉爾; 母沒而杯圈不能飮焉, 口澤之氣存焉爾.〕"라고 하였다.

임헌회에게 답함 기유년(1849, 헌종15) 6월
答任憲晦 己酉六月

지방의 사민(士民)이 본읍(本邑)의 빈관(賓館 객사)에서 곡하는 것은 도성의 백성이 궐문(闕門)에서 곡하는 것과 그 의의가 똑같으니 고을의 수령이 있고 없음과 무슨 상관이 있겠습니까. 주 선생(朱先生 주희(朱熹))이 대궐을 바라보고 사은(謝恩)한 준례를 따라서 사차(私次 사가(私家))에서 곡을 행하는 것이 근거가 없지는 않습니다. 그러나 휘일(諱日)에 곡하는 것은 사은과는 똑같지 않으니 빈관 밖에서 부곡(赴哭)하는 것이 마땅할 듯합니다.

퇴옹(退翁 이황(李滉))께서 만사(輓詞)를 짓지 않은 것과 율옹(栗翁 이이(李珥))께서 장례에 참여하지 않은 것은 자신의 슬픔을 잊지 않으려는 뜻인 듯한데 이는 모두 국상의 장례 이전을 가지고 말한 것입니다.

졸곡(卒哭) 전에는 종묘(宗廟)와 능침(陵寢)의 삭망(朔望)에 분향만 행합니다. 그러므로 향교와 서원 및 개인의 사당에서도 분향을 중단하지 않는 것입니다. 천신(薦新)[203]의 경우에는 국가에서 중단하지 않는 것이므로 사가(私家)에서도 행합니다. 다만 오곡과 생선은 날것으로 올릴 뿐이고 또한 술은 진설하지 않아서 평상시와 다름을 보여야

203 천신(薦新) : 계절에 따라 새로 나온 곡식이나 과일을 먼저 사당에 올리는 것을 말한다.

합니다. 무릇 천신할 때에는 신주를 내오지 않고 다만 감실(龕室)만 엽니다.

개인의 상(喪)에 장례 지내기 전은 국상(國喪)의 졸곡(卒哭) 전과 사체가 크게 다르니, 영구(靈柩)가 집안에 있는데 어찌 사당에 제사하는 일을 논할 수 있겠습니까. 모든 장례 이전의 고묘(告廟)에는 또한 술과 과일을 사용하지 않는데 하물며 천신(薦新)을 행하겠습니까. 비록 날것으로 올린다고 하더라도 또한 행해서는 안 됩니다.

우리나라의 풍속에는 금수(錦繡)를 입는 자가 없고 명주와 모시가 화려한 차림이 되니 이를 국상(國喪) 중에 입어서는 안 될 듯합니다. 그러나 가난하여 삼베를 장만할 수 없으면 혹 모시옷에 황토 색깔을 물들여서 삼베옷을 대체하기도 하니 이는 온 세속에 통행하는 방법입니다. 삼베로 만드는 대(帶)는 생포(生布)나 숙포(熟布)를 사용하는 것이 모두 불가하지 않으나 처음 호복(縞服 상복)을 입는 경우라면 마땅히 생포를 사용해야 할 듯합니다. 계령(戒令)[204]에 생원과 진사는 삼베옷을 입고 서인(庶人)은 흰옷을 입도록 되어 있으니 이는 구분을 지어 놓은 것인데, 선비 된 자가 어찌 서인으로 자처하여 삼베옷을 입지 않을 수 있겠습니까.

204 계령(戒令) : 국상(國喪)을 당해서 관청과 백성이 지키고 행하여야 할 일에 관한 규칙을 이른다.

임헌회에게 답함 경술년(1850, 철종1) 8월
答任憲晦 庚戌八月

본생부모(本生父母)를 백부모(伯父母)·숙부모(叔父母)라고 칭하는 것은 본래 정자(程子)와 주자(朱子)의 정론(定論)이 있습니다. 그러므로 우옹(尤翁 송시열(宋時烈))께서도 말씀하기를, "이 아들은 부친의 생부를 종조(從祖)라고 해야 한다."[205]라고 하였으니 고조와 증조도 미루어 알 수 있습니다. "본생(本生)의 조부는 방친(傍親)이 아니니 종조라고 칭해서는 안 되고 조부라고만 칭해야 한다."라는 남당(南塘 한원진(韓元震))의 말씀은 근거한 바가 없는 듯합니다. 본생부모에게 백부모·숙부모의 복을 입는다면 마땅히 방친의 준례를 따라서 본생의 조부에게도 강복(降服)하여 대공복(大功服)을 입어야 하니 어찌 종조라고 칭하지 않을 수 있겠습니까. 예(禮)에는 두 명의 부친이 없으니 어찌 두 명의 조부가 있겠습니까. 평소에 주고받는 서독(書牘)에서 조부라고 칭하고 손자라고 칭하는 것은 혹 정(情)이 지나친 데에서 나온 것입니다. 그러나 세상의 법식이 될 만한 공적인 글과 사적인 글로 말하면 그 속칭(屬稱)[206]을 바로잡는 것을 엄격히 하지 않을 수

205 이 아들은……한다 : 이 말은 송시열(宋時烈)이 민유중(閔維重)에게 답한 편지의 별지(別紙)에 보이는데, 이 글에 "지금 이 아들은 부친의 양부와 생부가 친형제간이 된다. 그러므로 이 아들은 부친의 생부를 종조라고 해야 한다.〔今此子則其父之所後父與所生父爲同産兄弟, 故此子謂其所生祖爲從祖也.〕"라고 하였다. 《宋子大全 卷63 答閔持叔》

206 속칭(屬稱) : 선조(先祖)에 대한 칭호를 말한다. '속(屬)'은 고조(高祖), 증조(曾

없으니, 이는 근본을 둘로 만듦을 혐의하는 뜻을 밝히는 것입니다.

자식이 어머니의 상(喪)에 있어서 상기(喪期)를 줄여 기년복을 입더라도 심상(心喪)은 그대로 삼 년을 합니다. 그러므로 아버지가 비록 아내의 상(喪)에 기년 만에 복(服)을 벗더라도 반드시 삼 년이 지나서야 장가드는 것은 자식이 심상하는 뜻을 이루어 주고자 하기 때문입니다.[207] 아내가 자식이 없이 죽은 경우에는 열다섯 달 만에 담제(禫祭)를 지내고 길함으로 나아간 뒤에 장가드니 이것이 예(禮)에 맞습니다. 선유(先儒)가 말씀하기를, "아내의 상(喪)에 반드시 삼 년이 지나서야 장가드는 것은 예(禮)에 있어 당연한 것이니 비단 자식이 심상하는 뜻을 이루어 주기 위한 것일 뿐만 아니라 반합(牉合)[208]의 의리를 잘 마치고자 하는 것이다. 만약 오직 자식의 뜻을 이루어 주는 데에 중점이 있다고 한다면 자식이 없이 죽은 아내의 경우에는 그 남편이 삼 년을 기다리지 않고 장가들어도 되겠는가."라고 하였습니다. 이 말씀이 근엄하기는 하지만 《의례(儀禮)》〈상복(喪服)〉 전(傳)의 글의 바

祖), 조(祖), 고(考) 등과 같은 친속 관계의 호칭이고, '칭(稱)'은 관직이나 호(號) 등이다.

207 자식이 어머니의……때문입니다 : 이 내용은 《의례(儀禮)》〈상복(喪服)〉 전(傳)에 "아버지가 반드시 삼 년이 지난 뒤에야 장가드는 것은 아들의 뜻을 통하게 하려는 것이다.〔父必三年然後娶, 達子之志也.〕"라고 한 것에 대한 가공언(賈公彦)의 소(疏)에 보인다.

208 반합(牉合) : 반쪽과 반쪽이 합한다는 뜻으로, 곧 남녀가 혼인하는 것을 이른다. 《의례(儀禮)》〈상복(喪服)〉 전(傳)에 "남편과 아내는 반쪽이 합한 것이다.〔夫妻, 牉合也.〕"라고 보인다.

른 뜻에 위배될 듯하니 또한 행할 수 없는 점이 있습니다. 지금 세속에서는 자식이 있든 없든 따지지 않고 대부분 졸곡(卒哭)이 지나면 장가드니 풍속을 해치고 무너뜨림이 이보다 더 큰 것이 있겠습니까. 자녀가 있으면 마땅히 삼 년을 기다려야 하고 자녀가 없으면 담제(禫祭)까지 기다릴 뿐입니다. 우옹(尤翁 송시열(宋時烈))의 장손인 은석(殷錫) 씨는 삼대가 홀아비로 있어서 삼 년까지 기다리기가 어렵다는 이유로 예조에 글을 올려서 담제가 지난 후에 복(服)을 벗고 장가들었습니다. 그러나 이는 부득이한 이유가 있어서 그런 것이니 후인의 법이 되기는 어려울 듯합니다.

손부(孫婦)가 시조부모를 뵐 적에 폐백을 올리는 것은 비록 고례(古禮)에는 보이지 않으나 《가례(家禮)》에 이르기를, "시부모보다 높은 분에게는 시부모를 뵙는 의식과 똑같이 한다."[209]라고 하였으니, 마땅히 폐백이 있어야 하고 단지 사배(四拜)만을 행해서는 안 될 듯합니다. 이미 시부모를 뵈었으면 시부모가 그 며느리를 데리고 시조부모의 방으로 가서 뵙게 하되 폐백을 올리는 것은 시부모와 똑같이 해야 하니 집안일은 어른에게 맡기는 뜻을 따르는 것입니다.

수숙(嫂叔) 간은 골육(骨肉)의 친족도 아니고 존비(尊卑)가 다르지도

209 시부모보다……한다 : 《가례(家禮)》 권3 〈혼례(昏禮) 부현구고(婦見舅姑)〉에 "며느리가 여러 존장을 뵙는다.〔婦見於諸尊長〕"라고 하였는데, 그 주(註)에 "같이 사는 분 중에 시부모보다 높은 분이 계시면 시부모가 며느리를 데리고 그 방으로 가서 뵙게 하기를 시부모를 뵙는 예(禮)와 똑같이 한다.〔同居有尊於舅姑者, 則舅姑以婦見於其室如見舅姑之禮.〕"라고 하였다.

않으니 뒤섞여서 사귀는 잘못이 있을까 염려해서 밀어내어 복(服)이 없게 한 것입니다.[210] 그러므로 "수숙 간에 복(服)이 없는 것은 밀어내어 멀리하는 뜻이다."[211]라고 한 것이니 이것이 바른 예(禮)가 됩니다. 그런데 당 태종(唐太宗)이 "한솥밥을 먹었으면 시마복(緦麻服)을 입는다."[212]라는 예문(禮文)을 인용하여 "수숙 간에 복(服)이 없는 것은 옳지 못하다."라고 하니 위징(魏徵)이 헌의(獻議)하여 아뢰기를, "만약 밀어내어 멀리하는 것이 옳다면 살아 있을 때에도 한 집에서 함께 살아서는 안 되고, 살아 있을 때에 한 집에서 함께 사는 것이 옳다면 죽었을 때에도 길에서 스치는 사람처럼 여겨서는 안 될 것입니다. 살아 있을 때에는 중하게 여기고 죽었을 때에는 가볍게 여기며 처음에는 후하게 대하고 끝에 가서는 박하게 대한다면, 정(情)에 걸맞게 예문(禮文)을 제정한다는 뜻이 어디에 있겠습니까. 소공복(小功服)을 입

210 수숙(嫂叔)……것입니다 : 《예기(禮記)》 〈단궁 상(檀弓上)〉에 "상복에 있어서 형제의 아들에 대한 복(服)을 나의 아들과 똑같이 입는 것은 끌어당겨 올린 것이고, 수숙 간에 복(服)이 없는 것은 밀어내어 멀리한 것이다.〔喪服, 兄弟之子猶子也, 蓋引而進之也; 嫂叔之無服也, 蓋推而遠之也.〕"라고 하였는데, 이를 부연한 하안(何晏)의 말에 "남녀가 서로 복(服)을 입는 경우는 골육의 친족 관계인 것이 아니면 존비가 다를 때이다. 수숙 간은 골육의 친족도 아니고 존비가 다르지도 않으니 뒤섞여서 사귀는 잘못이 있을까 염려해서 밀어내어 복(服)이 없게 한 것이다.〔男女相爲服, 不有骨肉之親, 則有尊卑之異也. 嫂叔, 親非骨肉, 不異尊卑, 恐有混交之失, 推使無服也.〕"라고 하였다.

211 수숙 간에……뜻이다 : 위의 주210 참조.

212 한솥밥을……입는다 : 이는 《예기(禮記)》 〈단궁 상(檀弓上)〉에 보이는 말로, "이모의 남편과 외숙의 처 두 사람이 서로 복(服)을 입는 것에 대하여 군자가 말한 적이 없다. 혹자는 '한솥밥을 먹었으면 시마복을 입는다.'라고 하였다.〔從母之夫、舅之妻二夫人相爲服, 君子未之言也. 或曰: 同爨緦.〕"라고 하였다.

을 것을 청합니다."라고 하였으니 이는 정(情)이 지나친 데에서 나온 것입니다. 정자(程子)께서 말씀하기를, "수숙 간에 복(服)이 없는 것은 선왕의 권도(權道)이니 후세의 성인(聖人)이 나온다면 다시 복(服)을 제정하더라도 괜찮을 것이다."라고 하였고, 주자(朱子)께서도 말씀하기를, "밀어내어 멀리한다고 한 것을 보면 원래는 응당 복(服)이 있어야 하는데 다만 안배할 수가 없으므로 밀어내어 멀리한 것이다. 만약 자신을 길러준 은의(恩義)가 있다면 마음에 절로 그만둘 수 없을 것이니 어찌 복(服)을 입지 않을 수 있겠는가."라고 하였습니다. 정자와 주자의 논의가 모두 후한 쪽을 따르고 있으니 정관(貞觀)의 군신(君臣)[213]이 의기(義起)[214]한 것이라고 하여 갑자기 고례(古禮)를 따라서는 안 됩니다. 예(禮)라는 것은 고금(古今)을 참작하여 정(情)에 따라 마땅한 바를 제정하는 것입니다. 그러므로 《가례(家禮)》에서도 소공복을 입는다고 한 것이니 이를 바꿀 수 없을 듯합니다.

본생부모(本生父母)의 상(喪)에 입는 복(服)은 비록 다른 백부모(伯父母)·숙부모(叔父母)의 복(服)과는 똑같지 않지만 기년복인 것은 똑같으니 기년복을 입는 중에 어찌 담제(禫祭)와 길제(吉祭)를 거행

213 정관(貞觀)의 군신(君臣) : 앞에서 말한 당 태종(唐太宗)과 위징(魏徵)을 말한다. 정관은 당 태종의 연호이다.

214 의기(義起) : 예문(禮文)에 없더라도 의리를 참작하여 새로운 예(禮)를 만들어 낸다는 뜻이다. 《예기(禮記)》〈예운(禮運)〉에 "예(禮)라는 것은 의(義)의 실질이니, 의(義)에 맞추어서 맞으면 예(禮)는 비록 선왕(先王) 때에 없는 것일지라도 의로써 새로 만들 수 있다.〔禮也者, 義之實也, 協諸義而協, 則禮雖先王未之有, 可以義起.〕"라고 한 데에서 나온 말이다.

하지 않을 수 있겠습니까. 담제와 길제는 상복을 벗는 과정에서 중대한 것이고 길제는 체천(遞遷)하고 신주를 다시 쓰는 절차가 있어서 관계된 바가 더욱 중하니 어찌 사친(私親)의 복(服) 때문에 중단하여 행하지 않을 수 있겠습니까. 이는 도암(陶菴)의 정론(定論)으로, 복(服)의 색깔도 임시로 길복(吉服)을 입는 것을 허락하고 있으니[215] 바꿀 수 없을 듯합니다. 담제와 길제의 시기가 만약 본생부모의 장례 전에 있으면 마땅히 졸곡(卒哭) 이후로 미루어야 할 듯한데 담제는 때를 넘기면 다시 제사 지내지 않습니다.

《예기(禮記)》〈상복소기(喪服小記)〉에 이르기를, "장부가 관례를 올리면 상(殤)[216]이 되지 않고 여자가 계례(笄禮)를 올리면 상(殤)이 되지 않는다."라고 하였는데, 《가례(家禮)》에는 남자가 이미 장가든 것과 여자가 시집감을 허락받은 것을 기준으로 삼았습니다.[217] 이는 《개원례(開元禮)》[218]를 인습한 것으로, 후세에는 관례는 장성하기를 기다

215 이는……있으니 : 도암(陶菴)은 이재(李縡)의 호이다. 이 내용은 이재의 문집인 《도암집(陶菴集)》 권9 〈답윤계형문목(答尹季亨問目)〉에 보인다.

216 상(殤) : 성인이 되기 전에 일찍 죽는 것으로, 16세부터 19세 사이에 죽은 경우에는 장상(長殤)이라고 하고, 12세부터 15세 사이에 죽은 경우에는 중상(中殤)이라고 하고, 8세부터 11세 사이에 죽은 경우에는 하상(下殤)이라고 한다. 이 삼상(三殤)에 따라서 각각 상복과 상기가 달라지며, 8세 이전에 죽은 사람에 대해서는 복을 입지 않는다. 《儀禮 喪服傳》

217 가례(家禮)에는……삼았습니다 : 《가례》 권4 〈상례(喪禮) 성복(成服)〉에 "무릇 상(殤)을 위한 상복은 차례로 한 등급 강복한다.〔凡爲殤服, 以次降一等.〕"라고 하였는데, 그 주(註)에 "남자가 이미 장가들고 여자가 시집감을 허락받았으면 모두 상(殤)이 되지 않는다.〔男子已娶, 女子許嫁, 皆不爲殤.〕"라고 하였다.

리지 않고 행하고 계례는 없어졌기 때문인 듯합니다. 관례를 올려 이미 성인이 되었으면 장가들 때까지 기다리는 것을 중하게 여길 필요가 없습니다. 여자는 비록 시집감을 허락받았더라도 계례를 올리지 않았다면 어떻게 성인이 될 수 있겠습니까. 다만 〈상복소기〉를 따라야 하되 계례를 올리지 못한 자는 국전(國典)을 따라서 시집가는 것을 기준으로 삼아야 합니다. 이 의리는 《가례집고(家禮集考)》[219]에서 말한 것이 정도(正道)에 부합하니 바꿔서는 안 될 듯합니다.

습전(襲奠)은 바로 영좌(靈座)의 탁상 위에 진설하는 것으로, 소렴(小斂)하기를 기다려서 치우고 다시 술과 과일을 진설합니다. 습(襲)과 소렴은 같은 날에 하지 않으니 하루에 두 번 전(奠)을 올리는 것이 아닙니다. 혹 때를 넘겨 습(襲)하는 경우에 곧장 소렴을 행한다면 같은 날에 두 번 전(奠)을 올리는 것을 또한 그만둘 수 없습니다. 이는 '하루에 두 번 제사하지 않는다'는 것과는 그 의리가 똑같지 않습니다.

숙부의 상(喪)에 삼년복을 입어야 하는 자가 없으면 종자(從子)가 된

218 개원례(開元禮) : 당(唐)나라 현종(玄宗) 개원(開元) 연간에 칙명에 의해 서견(徐堅), 소숭(蕭崇) 등이 150권으로 편찬한 《대당개원례(大唐開元禮)》를 말한다. 길례(吉禮), 빈례(賓禮), 가례(嘉禮), 군례(軍禮), 흉례(凶禮)의 다섯 가지로 분류되어 있다.

219 가례집고(家禮集考) : 조선 후기의 학자 김종후(金鍾厚, 1721~1780)가 엮은 책으로, 주희(朱熹)의 《가례(家禮)》를 본문으로 삼고, 《의례(儀禮)》·《주례(周禮)》·《예기(禮記)》와 그 밖의 경전(經傳) 등에서 《가례》의 예절과 관계되는 사항을 두루 모아놓은 것이다.

자가 상(喪)을 주관하여 기년 만에 복(服)을 벗고 이어서 영좌(靈座)를 철거해야 하니 이는 애초에 소상(小祥)과 대상(大祥)을 말할 것이 없기 때문입니다. 기년이 되는 날에 마땅히 기제(忌祭)와 같이 제사를 행해야 하는데 만약 국상(國喪)의 장례 이전을 만났으면 이날에 복(服)을 벗고 전헌(奠獻)을 진설하여 슬픈 마음을 쏟아내고 이어서 사당에 들어가 반부(班祔)[220]하는 것이 예(禮)에 맞을 듯합니다. 소상이 아닌 이상 예(禮)를 갖추어 물려 행하는 의리가 없습니다.

국상(國喪)을 개인의 사당에 고하는 것은 예(禮)에 해당 조문이 없으나 인산(因山 국상(國喪))의 졸곡(卒哭) 이전에는 개인의 사당에서 마땅히 계령(戒令)[221]에 따라서 제사를 중지해야 하니 제사를 중지하는 이유를 먼저 사당에 고해야 합니다. 고유하는 글은 "나라에 대상(大喪)이 있어서 졸곡 이전에 크고 작은 제사를 중지하고 사가(私家)에서도 또한 천헌(薦獻)을 중지하므로 감히 아룁니다."라고 해야 합니다. 국상의 장례 이전에 사당에 고할 때에는 술과 과일을 진설하지 않으니 이는 제사를 중지하기 때문입니다.

본생부모(本生父母)는 비록 다른 백부모(伯父母)·숙부모(叔父母)와는 다르지만 위장(慰狀)은 한결같이 백부모·숙부모의 준례를 따르는

220 반부(班祔) : 방친(傍親)으로 후사가 없는 사람을 종가의 사당에 반차(班次)에 따라 합부(合祔)하는 것을 말한다.

221 계령(戒令) : 국상(國喪)을 당해서 관청과 백성이 지키고 행하여야 할 일에 관한 규칙을 이른다.

것이 정례(正禮)에 부합하니 우암(尤菴 송시열(宋時烈))과 도암(陶菴 이재(李縡)) 두 현인의 말씀을 바꿀 수 없습니다. 그러나 세속의 사람들이 예(禮)의 뜻을 알지 못하고 다만 '본생(本生)'이라는 두 글자를 '대효(大孝)'와 '지효(至孝)'[222] 위에 더할 뿐이니 이것이 어찌 근본을 둘로 만듦을 혐의하는 뜻을 밝힐 수 있겠습니까. 근재(近齋 박윤원(朴胤源)) 선생이 본생부모의 상(喪)을 당한 자에게 위장(慰狀)을 쓴 것이 있는데 정(情)과 예(禮)를 참작하여 잘 재량하였기에 제가 이를 그대로 따릅니다. 그러므로 이렇게 등사하여 올리니 그 행하는 바를 의심하지 않는 것이 어떻겠습니까?

222 대효(大孝)와 지효(至孝) : 부모의 상(喪)을 당한 사람을 위로하는 편지는 "모성(某姓) 모(某)가 편지를 써서 모관(某官) 대효(大孝)의 점전(苫前)에 올립니다.〔姓某疏上某官大孝苫前〕"라는 말로 끝맺는데, 상대가 부친상을 당한 경우에는 '대효', 모친상을 당한 경우에는 '지효'라고 쓴다.《家禮 卷4 喪禮 慰人父母亡疏》

임헌회에게 답함 신해년(1851, 철종2) 3월
答任憲晦 辛亥三月

보내 준 편지에서 책 읽는 일과를 폐하여 계속 이어가며 집중하지 못한다고 하면서 혹시라도 간단(間斷)함에 이르게 될까 염려하였으니, 진실하고 간절하게 공부하는 자가 아니라면 어찌 이와 같을 수 있겠습니까. 주 선생(朱先生 주희(朱熹))께서 《통서(通書)》[223]의 "힘쓰고 힘써서 성실함을 그치지 않는다."[224]라는 말을 풀이하여 말씀하기를, "힘쓰고 힘써서 그치지 않는 것은 체(體)이고 악(惡)을 제거하고 선(善)으로 나아가는 것은 용(用)이니, 체(體)가 없으면 용(用)이 행해질 수 없고 용(用)이 없으면 체(體)가 시행될 곳이 없다."라고 하였습니다. 부디 이 뜻을 체득하여 굳세고 또 굳세어서 스스로 힘쓰고 쉬지 아니하여 무망(无妄)의 성(誠)[225]을 보존하시기를 바랍니다. 그 요점은 오로지

223 통서(通書) : 송(宋)나라의 학자 주돈이(周敦頤)가 지은 책으로, 처음에는 《역통(易通)》으로 이름을 붙였다가 나중에 바꾸었다. 〈태극도설(大極圖說)〉과 서로 표리가 되는 글로서, 〈태극도설〉은 이론에 대해 설명하였고 《통서》는 응용에 대하여 설명하였다.

224 힘쓰고……않는다 : 이는 《통서(通書)》 〈건손익동 제삼십일(乾損益動第三十一)〉에 보이는 말로, "군자는 힘쓰고 힘써서 성실함을 그치지 않으나 반드시 분노를 참고 욕심을 막으며 선(善)으로 옮겨가고 잘못을 고친 뒤에야 여기에 이를 수 있다. 건(乾)의 쓰임은 이것이 가장 좋은 것이며 손(損)과 익(益)이 큰 것은 이것보다 더한 것이 없니 성인의 뜻이 깊다.〔君子乾乾不息於誠, 然必懲忿窒慾, 遷善改過, 而後至. 乾之用, 其善是, 損益之大, 莫是過, 聖人之旨深哉!〕"라고 하였다.

225 무망(无妄)의 성(誠) : '무망'은 '망령됨이 없다'는 뜻으로, 《주역(周易)》의 괘명

책을 열심히 읽고 이치를 연구하는 데에 달려있습니다.

옛날에 보한경(輔漢卿)[226]이 주자(朱子)가 사람을 가르쳤던 방법을 모아서 여섯 개의 조목으로 정리하였으니 바로 '경(敬)에 거하여 뜻을 지키는 것', '차례에 따라 점점 나아가는 것', '익숙히 읽고 정밀히 생각하는 것', '마음을 비우고 함양하는 것', '자신에게 절실하게 살피는 것', '긴요한 곳에 힘을 쓰는 것'입니다. 이는 모두 현자(賢者)가 중요하게 여기는 바이지만 다시 이를 일러주는 까닭은 마치 새로이 가르침을 받드는 것처럼 통렬히 스스로 경계하고 채찍질해서 점차 성(誠)이 확립되고 밝음이 통하는 경지[227]에 이르기를 바라기 때문입니다.

(卦名)인데, 무망 괘의 괘사(卦辭)에 대한 정이(程頤)의 전(傳)에 "무망은 지극히 성실함이니 지극히 성실함은 하늘의 도(道)이다.〔无妄者, 至誠也. 至誠者, 天之道也.〕"라고 하였다.

226 보한경(輔漢卿) : 남송(南宋)의 성리학자 보광(輔廣)으로, 자는 한경, 호는 잠암(潛菴)·전이(傳貽)이다. 하남성(河南省) 경원(慶源) 출신으로, 경원 보씨(慶源輔氏)로 일컬어졌다. 여조겸(呂祖謙)과 주희(朱熹)에게 수학하였다. 저서로는《시동자문(詩童子問)》 등이 있다.

227 성(誠)이……경지 : '성(誠)이 확립되고 밝음이 통한다〔誠立明通〕'는 것은 본래 주돈이(周敦頤)의 〈양심정설(養心亭說)〉에 보이는 말로, 성현(聖賢)의 경지를 이른다. 이 글에 이르기를, "맹자가 말씀하기를, '마음을 기름은 욕심을 적게 하는 것보다 더 좋은 것이 없으니, 사람됨이 욕심이 적으면 비록 선한 본심을 보존하지 못함이 있더라도 그 보존하지 못함이 적을 것이고 사람됨이 욕심이 많으면 비록 선한 본심을 보존함이 있더라도 그 보존함이 적을 것이다.'라고 하였는데, 내가 생각건대, 마음을 기름은 욕심을 적게 하여 욕심이 남아 있는 데에 그쳐서는 안 되고 욕심을 적게 하여 욕심이 없는 데에까지 이르러야 하니, 욕심이 없으면 성(誠)이 확립되고 밝음이 통한다. 성(誠)이 확립됨은 현인(賢人)이고 밝음이 통함은 성인(聖人)이니, 이는 성현이란 천성에서 나온 것이 아니고 반드시 마음을 길러서 이르는 것이다. 마음을 기름이 보다 중대하기가 이와 같으니 그 사람에게 달려있을 뿐이다.〔孟子曰: 養心, 莫善於寡欲, 其爲人

선철(先哲)이 말씀하기를, "'안으로 살펴보아 잘못이 없다.〔內省不疚〕'라는 말에서 '내(內)' 자가 매우 중요하다. 밖으로 살펴보아 잘못이 없음은 남에게 부끄러움이 없는 것에 불과할 뿐이니 안으로 살펴보아 잘못이 없어야 비로소 마음에 부끄러움이 없을 수 있다. 남에게 부끄러움이 없는 자는 그저 일개 향원(鄕原)이 될 뿐이니, 마음에 부끄러움이 없는 자라야 비로소 진짜 군자가 될 수 있다."[228]라고 하였는데, 현자께서 이렇게 하시기를 다시 원합니다.

也寡欲, 雖有不存焉者, 寡矣; 其爲人也多欲, 雖有存焉者, 寡矣. 予謂: 養心, 不止於寡而存耳, 蓋寡焉, 以至於無, 無則誠立明通. 誠立, 賢也; 明通, 聖也. 是聖賢非性生, 必養心而至之. 養心之善有大焉如此, 存乎其人而已.〕"라고 하였다.

228 안으로……있다 : 이는 명(明)나라의 학자 풍종오(馮從吾)가 한 말로, 풍종오의 문집인 《소허집(少墟集)》 권2 〈의사록 이(疑思錄二) 독중용(讀中庸)〉에 보인다. '안으로 살펴보아 잘못이 없다'는 것은 《중용(中庸)》에 보이는 말로, "《시경(詩經)》에 '물고기가 물에 잠겨서 숨어 있으나 또한 환하게 보이네.'라고 하였다. 그러므로 군자는 안으로 살펴보아 잘못이 없어서 마음에 부끄러움이 없으니, 군자에게 미칠 수 없는 점은 바로 사람들이 보지 못하는 바에 있는 것이다.〔詩云: 潛雖伏矣, 亦孔之昭. 故君子內省不疚, 無惡於志, 君子之所不可及者, 其唯人之所不見乎!〕"라고 하였다. '향원(鄕原)'은 자기 속마음을 감추고 시류에 영합하면서 근후(謹厚)한 척하는 사람으로, 《논어(論語)》 〈양화(陽貨)〉에 보이는 공자(孔子)의 말에 "향원은 덕(德)을 해치는 사람이다.〔鄕原, 德之賊也.〕"라고 하였는데, 주희(朱熹)의 《집주(集註)》에 "향원은 향리의 사람 중에 근후해 보이는 자이다. 유속(流俗)에 뇌동하고 더러움에 영합하여 세상 사람들에게 잘 보이려고 하기 때문에 향리의 사람들 가운데 홀로 근후하다고 칭송을 받는 것이다. 공자는 그가 덕(德)과 비슷해 보이지만 덕(德)이 아니고 도리어 덕(德)을 어지럽힌다는 이유로 '덕(德)을 해치는 자'라고 하여 몹시 미워하신 것이다.〔鄕原, 鄕人之愿者也. 蓋其同流合汚, 以媚於世, 故在鄕人之中, 獨以愿稱. 夫子以其似德非德而反亂乎德, 故以爲德之賊而深之.〕"라고 하였다.

《예기(禮記)》〈곡례(曲禮)〉에 "길에서 선생을 만나면 종종걸음으로 나아가 바르게 서서 공수(拱手)한다."라고 하여 '바르게 서서 공수한다'라고만 하고 절한다고는 하지 않았습니다. 이는 아마도 야외에서 행하는 예(禮)는 응당 생략하는 바가 있기 때문일 것입니다. 그러나 옛날과 지금은 마땅한 바가 다르니 길 위라고 하여 절하지 않아서는 안 됩니다. 또 붕우 간에 서로 만났을 때에도 어찌 모른 체하여 아무 인사도 없을 수 있겠습니까. 또한 서로 읍(揖)하여 공경을 표해야 하니 예(禮)는 잠시라도 몸을 떠나게 해서는 안 됩니다.

배움을 좋아하고 예(禮)를 높임에 어찌 귀천의 차이가 있겠습니까. 서인(庶人)으로서 사대부의 행실을 따르는 것은 더욱 가상히 여길 만합니다. 국법에 서인은 고비(考妣)에게만 제사하도록 허락하고 있으니 고비의 사당에서 사시(四時)의 정제(正祭)를 행하는 것은 참람하다고 할 수 없을 듯합니다.

예(禮)라는 것은 '체(體)'이고 '이(履)'이니, 마음에서 통솔하는 것을 '체(體)'라고 하고 실천하여 행하는 것을 '이(履)'라고 합니다. 이 때문에 옛날의 성왕(聖王)들이 이를 가지고 하늘의 도(道)를 받들고 사람의 정(情)을 다스려서, 이를 제대로 행하지 못한 자는 죽고 이를 제대로 행한 자는 살았습니다. 이것이 어찌 존귀한 자에게만 시행하고 비천한 자에게는 시행하지 않는 것이겠습니까. 예(禮)에서 말한 '민인(民人)의 서열을 정하고 상하(上下)의 구분을 엄격히 한다'는 것은 바로 채우거나 덜어내어 절충하는 것을 가지고 말했을 뿐입니다. 서인(庶人) 또한 천명을 부여받아 성(性)으로 삼고 예(禮)를 회복하여 인

(仁)을 행하니 어찌 장경공검(莊敬恭儉)의 가르침[229]을 홀로 외면할 수 있겠습니까. "예(禮)는 서인에게까지 내려가 적용되지 않는다."[230]라는 것은 그 존비(尊卑)가 정해지지 않아서 혐의하는 것이 밝게 드러나지 못할까 염려한 것입니다. 만약 서인들이 '예(禮)는 우리를 위하여 만든 것이 아니다.'라고 여겨서 멋대로 날뛰고 방종하여 거리끼는 바가 없다면, 이것이 어찌 천하의 이치를 터득함에 천지의 가운데에 자리를 잡는 것이겠습니까.[231] 오랑캐라고 하더라도 중원으로 나아오면 중원의 나라로 여기는 것입니다. 만약 서인 중에 참으로 예(禮)를 좋아하는 자가 있다면 그를 서인으로만 대해서는 안 됩니다.

국법에 사대부는 증조 이하만 제사하도록 허락하고 있습니다. 그러나 고조는 유복지친(有服之親)이 되기 때문에 사대부의 집안에서도 국법에 구애하지 않고 고조를 함께 제사합니다. 이러한 의리를 미루어 보면, 서인(庶人)은 비록 고비(考妣)만 제사하도록 허락하고 있으나 조부모를 함께 제사하는 것도 참람하다고 할 수는 없을 듯합니다.

229 장경공검(莊敬恭儉)의 가르침 : 《예기(禮記)》 〈경해(經解)〉에 육경(六經)의 교화적 성격을 특징적인 말로 요약한 내용이 보이는데, 《예기》에 대해서는 "공검장경(恭儉莊敬)은 예의 가르침이다.〔恭儉莊敬, 禮教也.〕"라고 하였다.

230 예(禮)는……않는다 : 이는 《예기(禮記)》 〈곡례 상(曲禮上)〉에 보이는 말이다.

231 천하의……것이겠습니까 : 이는 《주역(周易)》 〈계사전 상(繫辭傳上)〉에 보이는 말로, "쉽고 간략하여 천하의 이치를 터득할 수 있으니 천하의 이치를 터득함에 천지의 가운데에 자리를 잡는 것이다.〔易簡而天下之理得矣, 天下之理得而成位乎其中矣.〕"라고 하였다.

신주를 체천(遞遷)하는 것은 서인(庶人)에게는 적용할 수 없습니다. 신주를 매안(埋安)한 뒤에 묘소에서 일 년에 한 번 제사를 올리는 것은 귀천의 구분이 없습니다.

방백(方伯 관찰사)과 수의(繡衣 어사)는 모두 임금의 신하 중에 존귀한 자들이니 마땅히 섬돌을 내려가서 맞이하고 당(堂)에 올라와서 절해야 합니다. 절하는 것은 바로 자신을 낮춤으로써 자처하는 것[232]이니 어찌 혹시라도 '벼슬이 높으면 아첨에 가깝다'[233]는 것을 혐의할 것이 있겠습니까. 초야의 선비들은 예(禮)에 가까운 공손함[234]을 소홀히 여깁니다. 그러므로 주 선생(朱先生 주희(朱熹))께서도 "산림이 사람을

232 자신을……것 : 이는 본래 《주역(周易)》 〈겸괘(謙卦) 초육(初六) 상(象)〉에 보이는 말로, "지극히 겸손한 군자는 자신을 낮춤으로써 자처한다.〔謙謙君子, 卑以自牧.〕"라고 하였다.

233 벼슬이……가깝다 : 이는 본래 당(唐)나라 문장가 한유(韓愈)가 지은 〈사설(師說)〉에 보이는 말로, 이 글에 다음과 같이 말하였다. "무당과 의원, 악사와 백공 부류의 사람들은 서로 스승으로 삼는 것을 부끄러워하지 않는데, 사대부의 부류는 스승이라고 일컫고 제자라고 일컬으면 여럿이 모여서 비웃는다. 그 이유를 물으면 '이 사람과 저 사람은 나이가 서로 비슷하고 학덕이 서로 비슷하다. 지위가 낮은데 스승으로 삼으면 부끄러울 만하고 벼슬이 높은데 스승으로 삼으면 아첨에 가깝게 된다.'라고 하니 아, 사도(師道)가 회복되지 못함을 알 수 있겠다.〔巫醫樂師百工之人, 不恥相師. 士大夫之族, 曰師曰弟子云者, 則群聚而笑之, 問之, 則曰: 彼與彼年相若也, 道相似也, 位卑則足羞, 官盛則近諛. 嗚呼! 師道之不復, 可知矣.〕"

234 예(禮)에 가까운 공손함 : 《논어(論語)》 〈학이(學而)〉에 보이는 유자(有子)의 말에 "약속을 의(義)에 가깝게 하면 그 약속한 말을 실천할 수 있으며 공손함을 예(禮)에 가깝게 하면 치욕을 멀리할 수 있다.〔信近於義, 言可復也; 恭近於禮, 遠恥辱也.〕"라고 하였다.

오만하게 만든다.〔山林使人傲〕"[235]라는 말씀으로 경계하셨습니다. 오만함은 악덕(惡德)이니 자라게 해서는 안 되는 것입니다.[236] 어떤 이들은 자신을 굽혀서 남에게 낮추는 것을 치욕으로 여겨서 우쭐대며 스스로를 과시하고 함부로 교만방자하게 굽니다. 그러다가 점점 자기를 망치고 집안을 전복시키는 데에 이르니 왕왕 차마 말로 다할 수 없는 점이 있습니다. 옛날에 깊은 산중에 은거하던 이들은 비록 높은 하늘처럼 뜻을 고상하게 갖더라도 사람들을 대할 때에는 온화하고 공손하여 스스로 마음을 겸허히 해서 몸을 굽혀 예(禮)를 갖추었습니다. 이것이 우리가 따라야 할 바입니다.

《의례(儀禮)》〈사상례(士喪禮)〉의 소(疏)에 "죽은 자는 관(冠)을 쓰지 않는다."라고 하였는데,[237] 이는 항상 누워있기 때문에 관(冠)을 쓸 수 없는 것입니다. 관(冠)은 머리 위에 이는 것으로서 몹시 높고 중한 물건이니 잠잘 때에 착용할 수 있는 것이 아닙니다. 생전과 사후에 예(禮)를 달리해서는 안 됩니다.

235 산림이……만든다 : 이는 주희(朱熹)의 〈송오무실(送吳茂實)〉 시에 보이는 말로, "조시는 사람을 혼매하게 만들고, 산림은 사람을 오만하게 만든다.〔朝市令人昏, 山林使人傲.〕"라고 하였다.

236 오만함은……것입니다 : 《예기(禮記)》〈곡례 상(曲禮上)〉에 "오만함은 자라게 해서는 안 되고, 욕심은 그대로 좇아서는 안 되며, 뜻은 가득 채워서는 안 되고, 즐거움은 끝까지 추구해서는 안 된다.〔敖不可長, 欲不可從, 志不可滿, 樂不可極.〕"라고 하였다.

237 의례(儀禮)……하였는데 : "죽은 자는 관(冠)을 쓰지 않는다.〔死者不冠〕"라는 말은 《의례》〈사상례(士喪禮)〉의 "작변복의 순의〔爵弁服純衣〕"라고 한 조문에 대한 정현(鄭玄)의 주(注)에 보인다. 여기에서 '소(疏)'라고 한 것은 착오인 듯하다.

임헌회에게 답함 임자년(1852, 철종3) 5월

答任憲晦 壬子五月

삼십 일 동안 내린 장맛비에 물이 하늘까지 가득 찼습니다. 매번 현자(賢者)의 가옥이 위로는 비가 새고 아래로는 습기가 올라와서 병에 걸릴 것이 아닌데도 병에 걸린 형편을 생각하면 곧바로 밥을 싸가지고 가서 먹이고 싶습니다. 그러나 그리할 수가 없으니 자여(子輿)[238]에게 몹시 부끄러울 뿐입니다. 지금 이러한 가운데 편지를 보내오니 마치 감통함이 있는 듯합니다. 다만 어버이의 병환이 천화(天和 원기(元氣))가 쇠하심을 알게 되니 이 때문에 염려됩니다.

존선조의 영역(塋域)에 석물(石物)이 장차 갖추어지게 되었다고 하니 효자의 지극한 정성이 아니라면 어찌 무(無)에서 유(有)를 만들어 내어 이와 같이 장만할 수 있었겠습니까. 옛날 자상백자(子桑伯子)가 노래를 부르는 듯, 곡을 하는 듯하면서 거문고를 연주하며 말하기를, "아버지와 어머니가 어찌 내가 빈궁하기를 바라셨겠는가. 하늘과 땅이 어찌 사심으로 나를 빈궁하게 하였겠는가. 이렇게 만든 자를 아무리 찾아보아도 찾을 수가 없다."라고 하였습니다.[239] 그런데 현자는 해낼

238 자여(子輿) : 《장자(莊子)》 〈대종사(大宗師)〉에 나오는 인물로, "자여와 자상(子桑)은 서로 친하였는데 장맛비가 열흘이나 계속되자 자여는 '자상이 거의 병이 들었겠구나.'라고 하고 밥을 싸가지고 가서 그를 먹였다.〔子輿與子桑友, 而霖雨十日, 子輿曰: 子桑殆病矣. 裹飯而往食之.〕"라고 하였다.

239 옛날……하였습니다 : 자상백자(子桑伯子)는 곧 자상(子桑)으로, 자여(子輿)가 계속되는 장맛비에 자상이 염려되어 찾아가자 자상이 노래를 부르는 듯, 곡을 하는

수 없는 가운데에서 이를 해내었으니 만약 자상이 구천에서 다시 살아 나온다면 또한 응당 부끄러워하며 사죄할 것입니다.

그러나 피로가 쌓여 병을 이룬 것으로 말하면 너무 지나치지 않습니까. "고심하고 힘을 다 쏟는 기상만 있고 너그럽고 온후한 기상이 없다."라는 것은 이천(伊川)이 횡거(橫渠)에게 경계하신 말씀으로,[240] 그 뜻이 정성스럽고 간절합니다. 부디 이 뜻을 체득하여 사려를 완전하게 기르고 의리에 무젖어들어서 점차 지극한 덕(德)으로 도(道)를 이룸[241]

듯하면서 거문고를 연주하며 말하기를, "아버지인가, 어머니인가? 하늘인가, 사람인가?〔父邪母邪? 天乎人乎?〕"라고 하였다. 이에 자여가 안으로 들어가서 "그대의 노래가 어찌하여 이렇게 서글픈가?〔子之歌詩何故若是〕"라고 하니, 자상이 말하기를, "나는 나를 이렇게 빈궁한 지경에 이르도록 만든 자를 아무리 생각해 보아도 알 수가 없다. 아버지와 어머니가 어찌 내가 빈궁하기를 바라셨겠는가. 하늘은 사심으로 비호해 줌이 없고 땅은 사심으로 붙들어 줌이 없으니 하늘과 땅이 어찌 사심으로 나를 빈궁하게 하였겠는가. 이렇게 만든 자를 아무리 찾아보아도 찾을 수가 없다. 그러나 이러한 지경에 이른 것은 운명일 것이다.〔吾思夫使我至此極者, 而弗得也. 父母豈欲吾貧哉? 天無私覆, 地無私載, 天地豈私貧我哉? 求其爲之者, 而不得也. 然而至此極者, 命也夫!〕"라고 하였다. 《莊子 大宗師》

240 고심하고……말씀으로 : 이천(伊川)과 횡거(橫渠)는 송(宋)나라 때의 학자인 정이(程頤)와 장재(張載)이다. 정이가 장재에게 답한 편지에 이르기를, "논한 바를 대략 기상으로 말하면 고심하고 힘을 다 쏟는 기상만 있고 너그럽고 온후한 기상이 없으니, 밝은 지혜로 비춘 것이 아니고 상고하고 찾아서 여기에 이른 것입니다. 이 때문에 뜻이 자주 편벽되고 말이 많이 막혀서 다소의 출입이 때로 있는 것입니다. 다시 사려를 완전하게 기르고 의리에 함영하기를 바라니, 이렇게 하면 후일에 저절로 조리가 있어 통창하게 될 것입니다.〔所論以大概氣象言之, 則有苦心極力之象, 而無寬裕溫厚之氣, 非明睿所照, 而考索至此. 故意屢偏而言多窒, 小出入時有之. 更願完養思慮, 涵泳義理, 他日自當條暢.〕"라고 하였다. 《二程文集 卷10 伊川文集 答橫渠先生書》

241 지극한……이룸 : 지극한 덕(德)이 있는 사람이 지극한 도(道)를 이루는 것으로,

에 이르기를 바랍니다. 이렇게 하시는 것이 어떻겠습니까?

정신이 혼미하여 흐트러짐은 현자가 스스로를 두고 말한 것이므로 이렇게 말한 것입니다. 항상 경계하고 책려하여 형신(形神)을 환기시켜 깨어 있게 해서 고요한 밤에 종소리를 듣는 것처럼 하십시오. "경(敬)이 온갖 사특함을 이긴다.〔敬勝百邪〕"라는 것은 이미 존양(存養)의 의체(義諦)를 얻었으니 "경(敬)하지 않음이 없으면 상제를 대할 수 있다.〔毋不敬可以對越上帝〕"라는 한 구를 가지고 구자부(九字符)로 삼기를 거듭 바라고 거듭 바랍니다.[242]

《중용장구(中庸章句)》 제27장에 "진실로 지극한 덕(德)이 있는 사람이 아니면 지극한 도(道)가 이루어지지 않는다.〔苟不至德, 至道不凝焉.〕"라고 하였다.

242 경(敬)이……바랍니다 : "경(敬)이 온갖 사특함을 이긴다.〔敬勝百邪〕"라는 말과 "경(敬)하지 않음이 없으면 상제를 대할 수 있다.〔毋不敬, 可以對越上帝.〕"라는 말은 송(宋)나라 학자 정호(程顥)의 말로, 《이정유서(二程遺書)》 권11 〈사훈(師訓)〉 및 《근사록(近思錄)》 권4 〈존양(存養)〉 등에 보인다.

이인귀[243] 장여 에게 답함 신축년(1841, 헌종7) 9월
答李寅龜 長汝○辛丑九月

개장(改葬)할 때에 시마복(緦麻服)을 입는 것은 시구(尸柩)를 직접 보기 때문이고, 반드시 세 달이 지난 뒤에 복(服)을 벗는 것은 또한 천도(天道)의 한 계절을 본뜬 것이기 때문입니다.[244] 시구를 꺼낼 때에 이미 복(服)을 입기 시작하였는데, 시구를 꺼낸 뒤에 새로 이장할 산에 변고가 생겼으면 반드시 임시로 매장해야 합니다. 그 후로 세 달이 지나면 시마복을 벗어야 하고, 완폄(完窆)할 때에 이르러 또다시 시구를 보게 되면 다시 시마복을 입어서 세 달을 지속해야 합니다. 아직 복(服)을 벗기 전에 완폄하게 되더라도 또한 그대로 계속 복(服)을 입어야 하니 후한 쪽을 따르는 것이 무방합니다. 장례를 마치고 복(服)

243 이인귀(李寅龜) : 1809~1896. 자는 장여(長汝), 호는 완이(莞爾), 본관은 전주(全州)이다. 화서(華西) 이항로(李恒老)와 매산(梅山) 홍직필(洪直弼)의 문하에서 수학하였다. 1881년(고종18) 경학으로 천거되어 충청도 도사(忠淸道都事)에 임명되었고, 1888년 공조 참판에 임명되었으나 망국의 소식을 듣고 단양으로 물러나 은거하여 격치(格致)를 주로 공부하였다. 저서로는 《완이만록(莞爾漫錄)》이 있다.

244 개장(改葬)할……때문입니다 : 《의례(儀禮)》 〈상복(喪服) 기(記)〉에 "개장할 때에 시마복을 입는다.〔改葬緦〕"라고 하였는데, 이에 대한 정현(鄭玄)의 주(注)에 "반드시 시마복을 입는 것은 시구를 직접 보기 때문에 복(服)을 입지 않을 수 없는 것이니 시마복은 세 달이 지난 뒤에 벗는다.〔必服緦者, 親見尸柩, 不可以無服, 緦三月而除之.〕"라고 하였고, 또 가공언(賈公彦)의 소(疏)에 "세 달이 지난 뒤에 벗는다는 것은 장례할 때에 복(服)을 입음을 이르니 복(服)을 벗음은 또한 천도의 한 계절을 본뜬 것이다. 그러므로 또한 세 달이 지난 뒤에 벗는 것이다.〔云三月而除者, 謂葬時服之, 及其除也, 亦法天道一時, 故亦三月除也.〕"라고 하였다.

을 벗는 것은 비록 자사(子思)의 설(說)이 있기는 하지만[245] 정현(鄭玄)부터 회옹(晦翁 주희(朱熹))에 이르기까지 모두 이를 따르지 않았으니, 형세상 다시 그 월수(月數)를 채워야 할 듯합니다. 시구를 보는 것이 중하기 때문에 비록 예전의 묘에 그대로 복토(復土)[246]하더라도 마땅히 월수를 채워야 하니, 더구나 다시 시구를 꺼내는 경우에는 어떠하겠습니까. 영폄(永窆)의 전후에 세 달 동안 복(服)을 입는 것은 비록 길게 끄는 듯하지만 다시 시구를 보기 때문에 다시 복(服)을 입는 것이니, 정(情)이 지나치다고 하여 그만두어서는 안 될 듯합니다.

245 장례를……하지만 : 위(衛)나라 사도(司徒) 문자(文子)가 자신의 숙부의 묘를 개장(改葬)할 적에 자사(子思)에게 복(服)에 대하여 물었는데, 자사가 말하기를, "예(禮)에 부모의 묘를 개장할 때에는 시마복을 입어서 장례를 마치고 복(服)을 벗으니 지친을 복(服)이 없이 보낼 수 없기 때문이다. 부모가 아니면 복(服)이 없으니, 복(服)이 없으면 조복(弔服)을 입고 가마한다.〔禮, 父母改葬緦, 旣葬而除, 不忍無服送至親也. 非父母, 無服, 無服, 則弔而加麻.〕"라고 하였다. 《孔叢子 卷上 抗志》

246 복토(復土) : 하관(下棺)한 후에 파낸 흙으로 덮고 봉분을 만드는 일을 말한다.

이인귀에게 답함 정미년(1847, 헌종13) 정월
答李寅龜 丁未元月

보내준 편지에 《자양전서(紫陽全書 주자전서(朱子全書))》를 가지고 필생(畢生)의 과업으로 삼아서 그저 삼여(三餘)의 공부[247]를 할 뿐만이 아니라고 하시니, 이 말을 들음에 형신(形神)이 초연해져 마치 푸른 물과 붉은 산 속에서 명리(名理)를 듣는 것 같습니다. 천지 사이의 온갖 일과 온갖 이치가 모두 이 책에 실려 있습니다. 수사(洙泗)와 염락(濂洛)의 학문[248]을 계승하여 밝혀서 이를 깊이 연구하고 널리 드러내어 후인들에게 그 학통이 참됨을 알게 하고 그 진량(津梁)이 바름을 알게 하니, 도(道)가 이 책보다 큰 것이 없고 공(功)이 이 책보다 높은 것이 없습니다. 우옹(尤翁 송시열(宋時烈))이 이 책을 전문으로 연구해서 도(道)가 마침내 크게 통달하여 우뚝하게 우리나라의 주자(朱子)가 되셨는데, 이 책을 읽는 자들은 간혹 그 대경(大經)과 대의(大義)를 소홀히 하고 명물도수(名物度數)에만 급급해하여 거의가 《차의(箚疑)》[249]

247 삼여(三餘)의 공부 : 한가로운 틈에 하는 공부를 이른다. '삼여'는 독서하기에 좋은 세 가지 여가로, 삼국 시대 위(魏)나라 동우(董遇)가 "겨울은 한 해의 여가〔歲之餘〕이고 밤은 하루의 여가〔日之餘〕이고 장마철은 한 철의 여가〔時之餘〕이므로 독서를 하기에 아주 좋다."라고 하였는데, 여기에서 온 말이다. 《三國志 卷63 魏書 王肅傳》

248 수사(洙泗)와 염락(濂洛)의 학문 : '수사'는 노(魯)나라 곡부(曲阜)에 있는 '수수(洙水)'와 '사수(泗水)'를 함께 일컫는 말로, 공자(孔子)가 이 지역에서 강학 활동을 한 데에서 유학을 뜻하게 되었다. '염락'은 '염계(濂溪)'와 '낙양(洛陽)'을 함께 일컫는 말로, 송(宋)나라의 성리학자인 주돈이(周敦頤)와 정호(程顥)·정이(程頤)가 거주하던 곳인데, 성리학을 뜻하는 말로 쓰이게 되었다.

를 자세히 보는 것을 급선무로 여깁니다. 이것이 삼년상은 제대로 행하지 못하면서 시마(緦麻)와 소공(小功)은 자세히 살피는 것[250]과 무엇이 다르겠습니까. 이러한 병폐를 엄중하게 경계하여 지엽적이고 자질구레한 것은 털어버리고 먼저 큰 것을 세우도록 도모하는 것이 어떻겠습니까? 이것이 바로 화양노자(華陽老子 송시열)가 이루어 놓은 법입니다.

《차의》 인본(印本)은 바로 우옹이 거제(巨濟)에 유배되었을 적에 쓴 초본(草本)입니다. 멀고 궁벽한 바닷가에 근거할 만한 서적이 없었으므로 "마땅히 상고해야 한다."라고 하거나 "자세하지 않다."라고 한 것이 태반인데, 간인할 때에 이를 미처 걸러 내어 정리하지 못했습니다. 이 때문에 간혹 뜻을 달리하는 자들에게 지적을 당하고 비웃음을 사니 이는 천고에 남을 한입니다. 뒤에 나온 것이 이루 다 세기 어려울 정도로 많지만 저는 평소에 《차의》에 대한 흥미가 적어 자질구레한

249 차의(箚疑) : 우암(尤菴) 송시열(宋時烈)이 저술한 《주자대전차의(朱子大全箚疑)》로, 《주자대전》 중에서 난해한 문자나 고사, 의문점 등을 뽑아 주석을 붙여 엮은 책이다. 송시열이 김수흥(金壽興)·김수항(金壽恒) 등과 함께 편찬하였으나 완성하지 못하였는데, 그의 제자인 권상하(權尙夏)와 김수항의 아들인 김창협(金昌協) 등이 정리하여 정유자(丁酉字)로 간행하였다.

250 삼년상은……것 : 시마(緦麻)는 3개월 동안 입는 상복(喪服)으로, 오복(五服) 중에 가장 낮으며, 소공(小功)은 5개월 동안 입는 상복으로, 시마 다음으로 낮다. 이는 일의 본말과 선후를 알지 못하여 근본은 제쳐 두고 지엽만을 따지는 것을 비유한 말로, 《맹자(孟子)》 〈진심 상(盡心上)〉에, "삼년상은 제대로 행하지 못하면서 시마와 소공은 자세히 살피며, 밥을 크게 뜨고 국을 길게 들이키면서 마른 고기를 이빨로 끊지 말도록 따지는 것, 이것을 일러 급선무를 모른다고 하는 것이다.〔不能三年之喪而緦小功之察, 放飯流歠而問無齒決, 是之謂不知務.〕"라고 하였다.

것들을 수습하는 데에 몰두하고 싶지 않습니다. 좌하(座下)는 반드시 안목을 높이고 심흉을 넓혀서 한갓 훈고(訓詁)에 구애되지 않기를 바랍니다. 저는 항상 주염계(周濂溪)가 염계(濂溪)에서 갓끈을 씻었던 것[251]과 소 강절(邵康節)이 백원산(百原山)에서 옷깃을 정돈했던 것[252]을 좋아하니 이것이 도학(道學)의 진면목입니다. 책을 읽고 이치를 연구하는 가운데 고명한 것에 마음을 두어서 주염계와 소 강절 두 분의 학문을 따르는 것이 어떻겠습니까? 오래된 책 더미 속에서 평생을 파묻혀 사는 자는 이러한 경지가 있는 줄을 알지 못하니 어찌 가엾지 않겠습니까.

한번 만나자는 약속을 괴황(槐黃)[253]의 시기로 정하였는데 끝내 소식이 없었습니다. 그러다가 조경눌(趙景訥)[254]의 방문을 통하여 상여(喪

251 주염계(周濂溪)가……것 : 주염계는 송(宋)나라의 학자 주돈이(周敦頤)로, 주돈이가 염계 가에서 갓끈을 씻으면서 산수를 즐겼던 것을 말한다. 염계는 중국 여산(廬山) 연화봉(蓮華峰) 아래에 흐르는 시내로, 주돈이가 만년에 그 곁에 터를 잡고 살면서 이를 자신의 호로 삼았다. 《性理大全書 卷39 諸儒1 周子》

252 소 강절(邵康節)이……것 : 소 강절은 송(宋)나라의 학자 소옹(邵雍)으로, 소옹이 백원산(百原山) 속에 서재를 마련하여 혼자 살면서 깊은 밤중에도 등불 아래에서 옷깃을 바로한 채 꼿꼿이 앉아 수양했던 것을 말한다. 《朱子語類 卷100 邵子之書》

253 괴황(槐黃) : 회화나무 꽃이 노랗게 피는 때라는 뜻으로, 옛날에 과거 시험을 시행하는 시기가 회화나무에 노란 꽃이 피는 음력 7월 즈음과 겹쳤던 데에서 과거 시험 철을 뜻하는 말로 쓰이게 되었다.

254 조경눌(趙景訥) : 조민식(趙敏植, 1803～?)으로, 자는 경눌, 본관은 함안(咸安)이며, 거주지는 단양(丹陽)이다. 1855년(철종6)에 진사시에 합격하고 중부 도사 등을 지냈다.

餘)[255]와 때가 겹쳐서 과거에 응시하지 않았음을 들을 수 있었습니다. 응시하지 않는 것이 정도(正道)에 맞는 이상 어찌 만나지 못한 것을 서글퍼할 것이 있겠습니까. 예(禮)에는 "종신토록 근심한다."라는 글이 있고[256] 옛사람은 또한 기일(忌日)에 조문을 받은 일이 있으니, 기일에는 차길(借吉)[257]하여 영화를 구해서는 안 됩니다. 그러나 지금 세상 사람들이 거의 다 이 날에 함부로 과거에 응시하니 풍속을 무너뜨림을 이루 다 말할 수 없습니다. 그런데 좌하(座下)께서 홀로 이처럼 예를 따르고 정도를 지키셨으니 이는 천하의 본보기가 될 수 있습니다. 찬탄하는 마음을 이루 말로 형용할 수 없습니다.

상(喪)을 당한 두 사람이 서로 위로하고 답하는 편지를 보내는 경우에 대하여 우암(尤菴) 선생은 "각각 해당하는 서식을 사용한다."라는 말씀을 하셨고,[258] 자신의 상중에 부모 상(喪)을 당한 다른 사람을 위로

255 상여(喪餘) : 거상(居喪)을 마치고 난 나머지라는 뜻으로, 삼년상을 넘기고 지내는 기제(忌祭)를 이르는 말이다.

256 예(禮)에는……있고 : '종신토록 근심한다'는 것은 부모가 돌아가시면 삼년상이 끝나도 종신토록 그 서글픈 마음을 잊지 못함을 말한 것이다. 《예기(禮記)》 〈단궁 상(檀弓上)〉에, "상(喪)은 삼년이 되면 끝나니 돌아가시면 잊을 수 없다. 그러므로 군자는 종신토록 근심할 일은 있어도 하루아침의 근심거리는 있지 않다. 이 때문에 기일에는 즐거워하지 않는 것이다.〔喪三年以爲極, 亡則弗之忘矣. 故君子有終身之憂, 而無一朝之患. 故忌日不樂.〕"라는 말이 있다.

257 차길(借吉) : 상중(喪中)에 길례(吉禮)를 행하기 위하여 임시로 상복을 벗고 길복(吉服)을 입는 것을 이른다.

258 상(喪)을……하셨고 : 우암(尤菴) 송시열(宋時烈)이 이담(李憺)에게 답한 을묘년(1675, 숙종1) 9월 29일의 편지에, "상(喪)을 당한 두 사람이 서로 위로하고 답하는

하는 소(疏)에서는 '계상(稽顙)'이라고 말하지 않고 '돈수(頓首)'라고 말합니다.[259] 이러한 뜻을 미루어보면 자신의 상중에 기년(朞年) 혹은 대공(大功)·소공(小功)의 상(喪)을 당한 다른 사람을 위로하는 편지는 마땅히 '소(疏)'라고 칭하지 않고 '장(狀)'이라고 칭해야 할 듯합니다. 소(疏)와 장(狀)이 만약 평상시와 같지 않다면 선철들이 또한 말씀하였을 것인데 말씀한 바가 조금도 보이지 않으니 평상시의 서식을 그대로 따라야 할 듯합니다. '내하(奈何)'라는 두 글자[260]는 만약 상인(喪人)으로서 자신의 슬픔을 누그러뜨리게 된다는 혐의가 있다면 '여하(如何)'로 바꾸고 또 '역사소미(役事所縻)'라는 네 글자[261]는 '최마재신(衰麻在身)'으로 바꾸는 것이 또한 옳을 것입니다.

편지를 하는 경우에는 두 통의 편지로써 각각 해당하는 서식을 사용하니, 근래의 사대부들을 보건대 대부분 이와 같이 한다.〔兩喪家相慰答, 則用兩件書, 各用其式, 近見士大夫多如此矣.〕"라는 내용이 보인다.《宋子大全 卷115 答李士靜》

259 자신의……말합니다 : '돈수(頓首)'는 부모 상(喪)을 당한 사람을 위로하는 편지에서 사용하는 표현으로, "아무개가 돈수하고 재배하고 말씀드립니다.〔某頓首再拜言〕"라고 하고, '계상(稽顙)'은 부모 상(喪)을 당한 사람이 남의 위장(慰狀)에 답장하는 편지에서 사용하는 표현으로, "아무개가 계상하고 재배하고 말씀드립니다.〔某稽顙再拜言.〕"라고 한다.《家禮 卷4 喪禮 慰人父母亡疏, 父母亡答人疏》

260 내하(奈何)라는 두 글자 : 부모 상(喪)을 당한 사람을 위로하는 편지에, "시일이 빠르게 흘러 벌써 순삭이 지났으니 애통함이 어떠하십니까? 망극함이 어떠하십니까?〔日月流邁, 遽踰旬朔, 哀痛奈何? 罔極奈何?〕"라고 하는 부분의 '내하(奈何)'를 가리킨다.《家禮 卷4 喪禮 慰人父母亡疏》

261 역사소미(役事所縻)라는 네 글자 : 부모 상(喪)을 당한 사람을 위로하는 편지에, "아무개는 일에 매여 달려가 위로할 길이 없으니 걱정과 그리움에 마음을 가눌 수가 없습니다.〔某役事所縻, 未由奔慰, 其於憂戀無任下誠.〕"라고 하는 부분의 '역사소미(役事所縻)'를 가리킨다.《家禮 卷4 喪禮 慰人父母亡疏》

이인귀에게 답함 경술년(1850, 철종1) 8월

答李寅龜 庚戌秉秋

사서(史書)를 열람하는 공부는 그치지 않고 계십니까? 우리나라 사람들은 중국(中國)의 역사가 있는 것만 알고 우리나라의 역사가 있는 것은 알지 못하여 왕왕 노무(鹵莽)하고 고루해집니다. 그러니 무슨 수로 행적을 상고하여 그 쓰임을 관찰하고 말을 살펴 그 마음을 구해서 알아 터득하여 자신의 덕을 쌓아 이룰 수 있겠습니까.[262] 현자(賢者)께서 《연려실기술(燃藜室記述)》[263] 한 부를 가지고 과업(課業)으

262 행적을……있겠습니까 : 이 내용은《주역(周易)》〈대축(大畜) 상(象)〉에 대한 정이(程頤)의 전(傳)에 보이는 것으로, 옛 사람들의 행적과 말을 상고하여 이로써 자신의 덕을 길러야 함을 말한 것이다. 〈대축 상(象)〉에 "하늘이 산속에 있는 것이 대축이니, 군자가 이를 보고서 옛 성현들의 말씀과 행적들을 많이 알아 자신의 덕을 쌓는다.〔天在山中, 大畜. 君子以多識前言往行, 以畜其德.〕"라고 하였는데, 정이의 전(傳)에 "하늘은 지극히 큰 것인데 산속에 있음은 쌓인 바가 지극히 큰 상(象)이니, 군자가 이 상(象)을 보고서 온축하기를 크게 한다. 사람의 온축함은 학문으로 말미암아 커지니, 이는 옛 성현의 말씀과 행적을 많이 들어서 행적을 상고하여 그 쓰임을 관찰하고 말을 살펴 그 마음을 구해서 알아 터득하여 자신의 덕을 쌓아 이룸에 달려있다. 이것이 바로 대축의 뜻이다.〔天爲至大, 而在山之中, 所畜至大之象. 君子觀象, 以大其蘊畜. 人之蘊畜, 由學而大, 在多聞前古聖賢之言與行, 考跡以觀其用, 察言以求其心, 識而得之, 以畜成其德, 乃大畜之義也.〕"라고 하였다.

263 연려실기술(燃藜室記述) : 이긍익(李肯翊, 1736~1806)이 지은 조선시대 사서(史書)로, 원집(原集) 33권, 속집(續集) 7권, 별집(別集) 19권 등 3편으로 되어 있다. 원집은 기사본말체(紀事本末體)의 형식으로 태조부터 현종까지 각 왕대의 주요한 사건을 기술하였고 각 왕대의 기사 끝에는 상신(相臣)·문신(文臣)·명신(名臣)의 전기(傳記)를 덧붙였다. 속집은 같은 형식으로 숙종 대의 사건을 기술하였다. 별집은 조선

로 삼는 것은 그만두어서는 안 될 듯합니다. 우리나라의 야사(野史)는 모두 완성도가 높은 책이 없는데 《연려실기술》은 기사본말(紀事本末)의 예(例)를 사용하여 다소 체재를 갖추고 있으니 또한 저술한 자의 재능을 볼 수 있습니다. 예로부터 사서를 저술하는 자들은 진실로 대공지정(大公至正)한 사람이 아니면 아끼거나 미워하는 것과 취하거나 버리는 것에 있어 참됨을 잃는 자가 많습니다. 유인(劉因)[264]의 시에 이르기를, "분분한 기록들이 이미 참됨을 잃었으니 말의 경중이 사관(史官)에게 달려있네. 만약 글자마다 그 마음을 알아내려 한다면 억울함을 당한 사람이 무수히 많을까 두렵네.〔紀錄紛紛已失眞 語言輕重在詞臣 若將字字求心術 恐有無邊受屈人〕"[265]라고 하였으니, 이 말이 사서를 저술하는 병폐를 곡진히 다 말하고 있습니다. 중국도 오히려 이러한데 하물며 당화(黨禍) 이후의 우리나라는 어떠하겠습니까. 자신에게 있는 권도(權度)가 정밀하고 간절하여 어긋나지 않게 해야 할 뿐입니다.[266]

시대의 역대관직을 비롯하여 각종 전례(典禮)·문예·천문·지리·변위(邊圍)·역대고전 등을 항목별로 기술하였다.

264 유인(劉因) : 1249~1293. 원(元)나라 초기의 학자로, 자는 몽길(夢吉), 호는 정수(靜修)이다. 원 세조(元世祖) 때 벼슬이 우찬선대부(右贊善大夫)에 이르렀으나 모친의 병으로 사직하고 향리로 돌아왔으며, 그 뒤로 재차 조정의 부름을 받았으나 병을 핑계로 끝내 나아가지 않았다. 저서로는 《정수집(靜修集)》, 《사서집의정요(四書集義精要)》 등이 있다.

265 분분한……두렵네 : 이 시는 유인(劉因)의 문집인 《정수집(靜修集)》 권5에 〈독사평(讀史評)〉이라는 제목으로 실려 있다.

266 자신에게……뿐입니다 : 이 말은 본래 《중용장구(中庸章句)》 제6장에 대한 주희(朱熹)의 주(註)에 보이는 것으로, '순(舜)임금이 양단을 잡아서 그 중(中)을 백성에게

《가례집고(家禮集考)》[267] 여덟 권은 저의 아들이 현자를 위하여 사서 보내는 것이니 이는 바로 옛 도(道)입니다. 이 책은 경례(經禮)와 곡례(曲禮)를 모두 갖추고 있어서 진실로 예가(禮家)의 규준이 되니, 예(禮)를 배우는 자가 공부하지 않을 수 없는 것입니다. 다만 지나치게 옛날에 집착하고 있다는 점만은 몰라서는 안 됩니다.

처상(妻喪) 중의 기제(忌祭)와 묘제(墓祭)는 축문(祝文) 없이 단헌(單獻)을 하는 것이 바로 통행하는 예(禮)인데, 이미 영좌(靈座)를 철거하였습니다. 장자(長子)의 상(喪)에 기년복을 입는 자는 또 연제(練祭 소상(小祥))가 지난 뒤에 상복을 벗으니, 궤연(几筵)이 정침(正寢)에 있다고 하여 선조의 제사를 폐할 수가 없습니다. 예(禮)를 갖추어 제사를 행하는 것이 중도(中道)에 맞을 듯합니다. 사시(四時)의 정제(正祭)는 장자의 상(喪) 27개월의 기간이 끝나기를 기다리는 것이 옳을 듯합니다. 그러나 만약 장자의 상(喪)에 참최복(斬衰服)을 입는다면 기제와 묘제도 상기(喪期)가 끝날 때까지 기다려야 합니다.

썼다〔執其兩端 用其中於民〕'는 것에 대하여 이르기를, "선(善)의 가운데에 또 그 양단을 잡고서 헤아려 중(中)을 취한 뒤에 쓴다면, 택함이 분명하고 행함이 지극한 것이다. 그러나 자신에게 있는 권도가 정밀하고 간절하여 어긋나지 않는 자가 아니면 어찌 여기에 참여할 수 있겠는가.〔於善之中, 又執其兩端, 而量度以取中, 然後用之, 則其擇之審而行之至矣. 然非在我之權度精切不差, 何以與此?〕"라고 하였다.

267 가례집고(家禮集考) : 영조 때 김종후(金鍾厚, 1721~1780)가 엮은 책으로, 《가례(家禮)》를 본문으로 삼고 《의례(儀禮)》·《주례(周禮)》·《예기(禮記)》 및 고금의 경전(經傳), 유학사상 계열의 고전, 패림소설류(稗林小說類) 등에서 《가례》의 내용과 관계되는 사항을 두루 모아 편찬한 것을 김종후의 제자 임육(任焴)이 간행하였다.

권달선 성겸 에게 답함 갑오년(1834, 순조34) 4월

答權達善 聖兼○甲午四月

상중(喪中)에 천신(薦新)하는 것은 마땅히 상식(上食)할 때에 함께 진설해야 할 듯한데, 《가례(家禮)》〈상례(喪禮)〉에 "새로운 음식이 있으면 올린다."라고 하였는데 그 주(註)에 "상식의 의식과 같이 한다."라고 하였고 《상례비요(喪禮備要)》[268]의 주(註)에 "큰 소반에 담아서 영좌(靈座) 앞의 탁자에 진설한다."라고 하였으니 따로 진설하는 것임을 알 수 있습니다. 그러나 사당에 천신하는 것은 진실로 삭망(朔望)을 기다리기가 어려우니 새로운 음식이 있으면 바로 올리고, 궤연(几筵)에는 하루에 두 번의 제사가 있으니 굳이 따로 진설할 필요가 없을 듯합니다. 만약 따로 진설한다면 마땅히 상식 때와 같이 곡을 해야 합니다.

4월 8일은 이른바 '욕불일(浴佛日)'[269]이라는 것입니다. 우리나라 풍속에 등(燈)을 다는 것은 승국(勝國 고려) 때에 불교를 숭상하던 여습에

268 상례비요(喪禮備要) : 주희(朱熹)의 《가례(家禮)》를 위주로 하고 그 밖의 고금 제가(諸家)의 예설(禮說)을 참고로 하여 초상(初喪)에서 장제(葬祭)까지의 의식을 기록한 상례 지침서이다. 신의경(申義慶)이 지은 것을 김장생(金長生)이 교정하여 증보하였고, 다시 김집(金集)이 교정하여 1648년(인조26)에 간행하였다.

269 욕불일(浴佛日) : 석가모니가 태어난 것을 기념하는 날로, '초파일'을 달리 이르는 말이다. 석가모니가 태어났을 때 제석천이 하늘에서 내려와 향수로 목욕시켰다는 이야기에 따라, 초파일에 꽃으로 장식한 법당 가운데 탄생불의 상을 안치하고 향수 따위를 정수리에 뿌리므로 이렇게 이른다.

서 비롯된 것이니 식자(識者)는 마땅히 등을 다는 풍습을 폐해야 합니다. 어찌 즐겁게 노는 것을 인해서 선조의 영령에 음식을 올릴 수 있겠습니까. 무릇 새로운 음식을 올릴 적에는 또한 침묘(寢廟)를 먼저 하고 궤연(几筵)을 뒤에 해야 하는데, 더구나 침묘에 거행할 수 없는 것을 영좌에만 홀로 거행할 수 있겠습니까. 살아있을 때를 본떠서 망자(亡者)를 받든다고 하여 예(禮)가 아닌 예(禮)를 행해서는 안 됩니다. 다른 사람이 이미 행하는 예(例)라는 것은 굳이 말할 것이 못 됩니다.

거상(居喪) 중인 자는 모든 긴요하지 않은 인사(人事)는 진실로 뒤로 미루어야 마땅하지만, 나라의 부역에 응하는 일로 말하면 응당 일반 사람과 똑같이 해야 합니다. 백성의 수를 헤아리고 부세(賦稅)를 계산함은 오로지 호적에 달려있으니 이는 바로 백성의 수가 불어남을 조사하고 줄어듦을 변별하기 위한 것입니다. 그러므로 이르기를, "백성의 큰 기강이고 나라의 다스리는 단서이다."라고 하였으니 어찌 거상 중에 있다고 하여 호적에 수를 적는 일을 빠뜨릴 수 있겠습니까. 만약 애시(哀侍)[270]께서 고향에 거주하신다면 조용조(租庸調) 세 가지를 준납(準納)하셔야 할 것이니 호적을 조사함에 응하는 것은 바로 이 세 가지의 총목(摠目)입니다. 이를 어찌 그만둘 수 있겠습니까.

상중(喪中)의 기제(忌祭)에 유식(侑食)하는 것을 두고 사계(沙溪 김장생(金長生))는 "행해서는 안 된다."라고 하였고 우옹(尤翁 송시열(宋時

270 애시(哀侍) : 우리나라의 서간에서 주로 쓰이는 용어로, 상대방이 양친 중 한 분의 상을 당했을 경우에 그 삼년상을 치르는 동안 상대방을 호칭하는 말이다.

烈))은 "행해야 한다."라고 하였습니다. 남당(南塘 한원진(韓元震))이 이를 단정하여 말씀하기를, "유식은 예(禮)를 더한 것이고 일헌(一獻)은 예(禮)를 줄인 것이니, 예(禮)를 줄이는 것은 더한 것부터 시작해야 한다. 원야(原野)에서 행하는 예(禮)는 사당에서 행하는 것보다 줄어든다. 그러므로 묘제(墓祭)에도 유식이 없는 것이니 어찌 정례(正禮)보다 줄이면서 도리어 예(禮)를 더한 것을 남겨둘 수 있겠는가."[271]라고 하였습니다. 이 말씀은 고례(古禮)의 "세 번 숟가락을 뜨고 유식하지 않는다."[272]라는 뜻에 부합니다. 사계의 설을 따라야 하니 단헌(單獻)한 뒤에 숟가락을 밥에 꽂고 젓가락을 바로 놓을 뿐입니다.

제사가 초하루에 든 경우에는 주 선생(朱先生 주희(朱熹))이 치사(致仕)할 때에 사당에 고유한 글[273]을 원용해서 '모삭(某朔)'이라고만 칭하고 날짜를 뒤에 쓰지 않는 것이 옳을 듯합니다.

271 유식은……있겠는가 : 이 내용은 한원진(韓元震)이 김교행(金敎行)에게 답한 임술년(1742, 영조18) 9월의 편지에 보인다. 《南塘集 卷20 答金伯三》

272 세 번……않는다 : 이 말은 《예기(禮記)》 〈증자문(曾子問)〉에 보인다.

273 치사(致仕)할……글 : 이 글은 주희(朱熹)의 문집인 《회암집(晦菴集)》 권86에 〈치사고가묘문(致仕告家廟文)〉이라는 제목으로 실려 있다.

권달선에게 답함 임진년(1832, 순조32) 4월
答權達善 壬辰四月

어제 찾아와 주셨을 때에 급하게 헤어지느라 회포를 다 풀지 못하였는데 지금 보내 준 편지를 통하여 아쉬운 마음을 모두 털어 낼 수 있었습니다. 더구나 선방(禪房)에서 어버이를 모시는 즐거움이 더욱 다복하심을 알게 됨에 있어서이겠습니까. 강에 배를 띄워 돛을 다는 일이 머지않아 있으리라고 생각되니 장풍을 타고 물결을 헤치며 나아감에 얼마나 정신이 깨이시겠습니까? 틀림없이 현재 공부하는 《추경(鄒經 맹자)》을 가지고 가서 뱃머리 위에서 풍송할 것이니 강한(江漢)과 그 쾌활함을 함께할 것입니다. 천류(川流)가 쉬지 않고 흘러감을 보고서 도체(道體)가 무궁함을 깨닫는 것은 근본이 있는 자도 이와 같기 때문입니다.[274] 속히 이 뜻을 체득하여 접하는 사물마다 그 상(象)을 이해하신다면 가는 곳마다 도(道)가 아님이 없을 것이니 정신과 마음으로 체험하여 한갓 경치에만 마음을 빼앗기지 말아야 할 것입니다. 도리(道理)는 어느 물건이든 존재하지 않는 것이 없고 어느 때이든 그렇지 않은 것이 없습니다. 반드시 마음과 생각을 도리에 두어서 한 일도

274 근본이……때문입니다 : '근본이 있는 자도 이와 같다'는 것은 본래 《맹자(孟子)》 〈이루 하(離婁下)〉에 보이는 말로, 맹자의 제자 서자(徐子)가, 공자(孔子)가 물의 덕을 칭찬한 이유를 물어 보자 맹자가 이르기를, "근원이 있는 샘물이 콸콸 솟아 나와서 밤낮을 쉬지 않고 흘러 구덩이를 채운 다음에야 나아가서 사해에 이르나니, 근본이 있는 자도 이와 같은 것이다. 이것을 취하신 것이다.〔原泉混混, 不舍晝夜, 盈科而後進, 放乎四海, 有本者如是, 是之取爾.〕"라고 하였다.

배우지 않음이 없고 한 때도 배우지 않음이 없고 한 곳도 배우지 않음이 없어야 비로소 한 순간도 간단(間斷)함이 없게 될 것입니다. 성겸(聖兼)이 여기에 힘쓰기를 바랍니다.

권달선에게 답함 임진년(1832, 순조32) 8월

答權達善 壬辰八月

찾으신 근재(近齋 박윤원(朴胤源))의 정통론(正統論)은 원 문집을 살펴보건대 애초에 실려 있는 것이 없습니다. 다만 잡저(雜著)에 실려 있는 내용 중에 이르기를, "혹자가 '사해구주(四海九州) 안을 모두 어루만져 소유하면 정통이 되니 지금의 청(淸)나라에게 정통을 부여할 수 있겠는가?'라고 하기에 내가 다음과 같이 말하였다. '나는 알지 못하겠다. 그러나 오직 송 선생(宋先生 송시열(宋時烈))은 믿을 수 있으니 만약 송 선생이 사서(史書)를 지었다면 틀림없이 청(淸)나라에 정통을 부여하지 않았을 것이다.'"라고 하였습니다. 또 이르기를, "방손지(方遜志)가 '변정통(變正統)'을 논하였으나[275] '정통'의 위에 '변(變)' 자 하나를 더하였을 뿐이니 오히려 준엄함이 부족하다."라고 하였습니다. 또 이르기를, "삼연(三淵 김창흡(金昌翕))이 정통을 논한 것은 비록 주자(朱

275 방손지(方遜志)가 변정통(變正統)을 논하였으나 : 방손지는 명(明)나라 초기의 학자 방효유(方孝孺, 1357~1402)로, 자는 희직(希直)・희고(希古), 호는 손지・정학(正學)이다. '변정통'은 곧 '변통(變統)'으로, 방효유는 〈석통(釋統)〉이라는 글에서 '정통(正統)'에 대비하여 '변통(變通)'이라는 개념을 논하였다. 주희(朱熹)가 《자치통감강목(資治通鑑綱目)》에서 주(周)・진(秦)・한(漢)・진(晉)・수(隋)・당(唐) 등의 나라에 대해, 천하를 통일하여 온전하게 소유했다는 점에서 모두 '정통'으로 인정하였는데, 방효유는 이를 반박하여 '정통'의 '정(正)'을 '사(邪)'와 대비되는 개념으로 보아서 '정(正)'에 부합하는 주(周)・한(漢)・당(唐)・송(宋) 등의 나라는 '정통'으로 규정하고 '정(正)'에 부합하지 않는 진(秦)・진(晉)・수(隋) 등의 나라는 '변통'으로 규정하였다. 《遜志齋集 卷2 雜著 釋統 上, 釋統 中, 釋統 下》

子)의 남조(南朝)와 북조(北朝)의 논의를 인용하기는 하였으나 끝내 의심스러운 듯하다."라고 하였습니다. 또 이르기를, "남당(南塘)이 일찍이 원사(元史)를 강론할 적에 원(元)나라에게 정통을 부여할 수 없음을 논하여 사서(史書)의 기록에도 갑자(甲子)만 크게 쓰고 그 아래에 주(註)를 달아 '원주(元主) 모(某) 원(元) 모년(某年)'이라고 써야 한다고 하였다.[276] 이 논의가 정도(正道)에 부합한다."라고 하였습니다. 이 네 가지 말씀은 모두 바꿀 수 없는 정론(定論)이니 만약 별도로 글을 지으셨더라도 이러한 뜻에서 벗어나지 않았을 듯합니다.

276 남당(南塘)이……하였다 : 남당은 한원진(韓元震, 1682~1751)의 호(號)이다. 이 내용은 한원진의 문집인 《남당집(南塘集)》 권6 〈경연설(經筵說) 하(下)〉와 《승정원일기(承政院日記)》 영조 2년 10월 4일 기사에 보인다.

권달선에게 답함 임진년(1832, 순조32) 10월
答權達善 壬辰十月

찾으신 《연평문답(延平問答)》[277]을 삼가 이번에 보내드립니다. 인본(印本)은 바로 퇴계(退溪 이황(李滉)) 선생의 수필(手筆)이니 진실로 이미 귀하게 여길 만한데, 겉의 제목은 또 화양부자(華陽夫子 송시열(宋時烈))의 심획(心畫)입니다. 이는 바로 이른바 '두 가지 아름다움이 반드시 합쳐진다'라는 것으로서 세상에 드문 진귀한 보배가 됩니다. 항상 책상 위에 소중히 보관하여 감히 문밖으로 내돌리지 않았는데, 우리 성겸(聖兼)이기 때문에 아끼지 않고 빌려 주어 보이는 것입니다. 바라건대 이 뜻을 잘 알아서 전일하고 정밀하게 완미하고 연구하여 이 어른의 '빙호추월(氷壺秋月)처럼 한 점의 티가 없이 맑고 깨끗한'[278] 흉금을 깨닫는 것이 어떻겠습니까?

277 연평문답(延平問答) : 송(宋)나라 학자 주희(朱熹)가 스승 이통(李侗)과 유가(儒家) 경전(經典)의 내용에 관하여 문답한 것을 모아서 편찬한 책이다. 이통은 자가 원중(愿中), 호가 연평(延平)으로, 검남(劍南) 사람이다. 정호(程顥)·정이(程頤)의 학문이 양시(楊時)와 나종언(羅從彦)을 거쳐 이통에게 전수되었으므로 양시·나종언과 함께 '검남 삼선생(劍南三先生)'으로 불렸으며, 정호·정이의 학문이 주희에게 이어지는 교량적 역할을 하였다.

278 빙호추월(氷壺秋月)처럼……깨끗한 : 송(宋)나라의 등적(鄧迪)이 이통(李侗)의 사람됨을 주송(朱松)에게 평하여 말하기를, "원중(愿中)은 마치 빙호추월과 같아서 한 점의 티가 없이 맑고 깨끗하니, 우리들이 미칠 수 있는 바가 아니다.〔愿中如氷壺秋月, 瑩徹無瑕, 非吾曹所及.〕"라고 하였다. 《宋史 卷428 李侗列傳》 주송은 주희(朱熹)의 부친이고, 원중은 이통의 자이다.

이 어른의 평생의 공부는 오로지 '묵묵히 앉아서 마음을 깨끗이 하여 천리(天理)를 체인함'[279]과 '온종일 단정하게 앉아서 희로애락(喜怒哀樂)이 발하기 전의 기상(氣象)을 징험함'[280]에 있었습니다. 이것이 큰 근본을 세우는 것이니 주자(朱子)의 문정(門庭)을 열어 놓을 수 있었던 까닭입니다. 후세에는 그저 말과 글을 가지고 인물을 평가하기 때문에 이 어른이 공자(孔子)와 안자(顏子)의 심학(心學)의 정맥(正脈)을 이어받았음을 아는 자가 적습니다. 또 주 선생(朱先生)이 육경(六經)을 손질하여 만리(萬理)를 정돈한 것이 모두 이 어른에서 발단하였으니 참으로 주자의 스승입니다. 이 책이 사문(斯文)에 공을 세운 것이 어찌 쓸데없는 췌언(贅言)을 저술한 것에 비할 바이겠습니까. 이러한 뜻을 이해하실 수 있겠습니까?

279 묵묵히……체인함 : 이 말은 본래 이통(李侗)이 유평(劉玶)에게 보낸 편지에 보이는 말로, 이르기를, "학문의 도는 말을 많이 하는 데에 있지 않으니, 다만 묵묵히 앉아서 마음을 깨끗이 하여 천리를 체인해야 한다.〔學問之道, 不在於多言. 但默坐澄心, 體認天理.〕"라고 하였다. 《延平問答》

280 온종일……징험함 : 이 말은 본래 주희(朱熹)가 지은 이통(李侗)의 행장에 보이는 말이다. 《晦菴集 卷97 延平先生李公行狀》

나명집 명헌 에게 답함 경술년(1850, 철종1) 11월

答羅明集 明憲○庚戌復月

보내 주신 편지에서 뜻이 견고하지 못하여 평생을 허송세월한 것을 안타까워 하셨는데, 만일 자신에게 돌이켜 성찰하여 통렬하게 스스로를 경계하고 채찍질하지 않았다면 어떻게 이러한 말씀을 하실 수 있겠습니까. 성인(聖人)이 말씀을 하지 않고자 하는 가르침을 펴서 배우는 자들에게 보여주셨으니,[281] 마땅히 일신의 동정(動靜)과 일을 처리하고 사물을 접하는 가운데에서 성인의 가르침을 찾아야 하고 오로지 말과 글 속에서만 성인의 도(道)를 찾아서는 안 될 것입니다. 부디 이 뜻을 체득하여 정자(程子 정호(程顥))께서 말씀하신 "성선을 알고 충신을 근본으로 삼으면 이것이 먼저 그 큰 것을 확립하는 것이다.〔知性善 以忠信爲本 此先立其大者〕"라는 세 구의 말씀을 필생(畢生)의 의체(義諦)로 삼기를 바라니, 이렇게 하신다면 응당 행하는 바에 혼미함이 없을 것입니다. 힘쓰고 힘쓰시기를 바랍니다.

281 성인(聖人)이……보여주셨으니 : 성인은 공자(孔子)를 가리킨다. 공자가 "나는 말을 하지 않고자 한다.〔予欲無言〕"라고 하였는데, 자공(子貢)이 "선생님께서 말씀하지 않으시면 저희들이 어떻게 도(道)를 전해 받겠습니까.〔子如不言, 則小子何述焉?〕"라고 하자, 공자가 "하늘이 언제 말을 하였던가. 사시가 운행되고 온갖 만물이 생장하나니, 하늘이 언제 말을 하였던가.〔天何言哉? 四時行焉, 百物生焉, 天何言哉?〕"라고 하였다.《論語 陽貨》

심문택 성도 에게 답함 무술년(1838, 헌종4) 5월

答沈雯澤 聖道○戊戌五月

인자(仁者)와 지자(知者)가 인(仁)에 있어서 '편안히 여김〔安〕'과 '이롭게 여김〔利〕'의 차이가 있는 것[282]은 나아간 경지의 깊고 얕음을 가지고 말하였기 때문입니다. 그러므로 선철들이 대체로 '안(安)' 자를 가지고 '자연스러운 것〔自然〕'에 소속시키고 '이(利)' 자를 가지고 '억지로 힘쓰는 것〔勉强〕'에 소속시켰습니다. 그렇다면 인자가 인(仁)을 편안히 여김은 바로 천성으로 타고나서 자연스럽게 하는 것이고, 지자가 인(仁)을 이롭게 여김은 바로 배워서 알아서 억지로 힘쓰는 것입니다.

《중용장구(中庸章句)》는 지(知)・인(仁)・용(勇)의 삼달덕(三達德)을 가지고 세 층위로 나누어 말씀한 것입니다.[283] 그러므로 '태어나

282 인자(仁者)와……것 : 《논어(論語)》 〈이인(里仁)〉에 "인(仁)하지 못한 자는 오랫동안 곤궁함에 처할 수 없으며 장구하게 즐거움에 처할 수 없으니, 인자는 인(仁)을 편안히 여기고 지자는 인(仁)을 이롭게 여긴다.〔不仁者, 不可以久處約, 不可以長處樂. 仁者安仁, 知者利仁.〕"라고 하였다.

283 중용장구(中庸章句)는……것입니다 : 《중용장구》 제20장에 "지(知)・인(仁)・용(勇) 이 세 가지는 천하의 달덕이다.〔知、仁、勇三者, 天下之達德也.〕"라고 하고, 또 그 아래에 "어떤 이는 태어나면서부터 알고 어떤 이는 배워서 알고 어떤 이는 애를 쓴 뒤에 아는데, 그 앎에 이르러서는 똑같다. 어떤 이는 편안히 행하고 어떤 이는 이롭게 여겨 행하고 어떤 이는 억지로 힘써 행하는데, 그 성공함에 이르러서는 똑같다.〔或生而知之, 或學而知之, 或困而知之, 及其知之一也. 或安而行之, 或利而行之, 或勉强而行之, 及其成功一也.〕"라고 하였는데, 이에 대한 주희(朱熹)의 주(註)에 "그 구분을 가지고 말하면, 알게 하는 것은 지(知)이고 행하게 하는 것은 인(仁)이고 알고 성공함에 이르러서 똑같게 하는 것은 용(勇)이다. 그 등급을 가지고 말하면, '태어나면서부터

면서부터 앎〔生知〕'과 '편안히 행함〔安行〕'을 말할 때에는 '순(舜)임금의 대지(大知)'를 해당시켰고, '배워서 앎〔學知〕'과 '이롭게 여겨 행함〔利行〕'을 말할 때에는 '안자(顔子)의 극기복례(克己復禮)'를 해당시켰습니다.[284] 이것이 이른바 '그 등급을 가지고 말하였다'는 것입니다. 순임금의 대지는 본래 '인을 편안히 여김〔安仁〕'에 능한 것이고, 안자의 이롭게 여겨 행함은 또한 '배워서 앎〔學知〕'에서 말미암은 것이니, '앎〔知〕'에 차등이 있기 때문에 '편안히 여김'과 '이롭게 여김'이 또한 같지 않은 것입니다. 이 뜻을 미루어 본다면 《논어》와 《중용》 두 장의 뜻이 서로 발명한다고 하더라도 괜찮을 것입니다.

혈기(血氣)와 지기(志氣)의 구분은 범씨(范氏)의 설(說)이 이미 절로 명백하여 미진한 점이 없습니다.[285] 본문을 가지고 해석해 보면, 여색

앎'과 '편안히 행함'은 지(知)이고 '배워서 앎'과 '이롭게 여겨 행함'은 인(仁)이고 '애를 쓴 뒤에 앎'과 '억지로 힘써 행함'은 용(勇)이다.〔以其分而言, 則所以知者, 知也; 所以行者, 仁也; 所以至於知之成功而一者, 勇也. 以其等而言, 則生知、安行者, 知也; 學知、利行者, 仁也; 困知、勉行者, 勇也.〕"라고 하였다.

284 태어나면서부터……해당시켰습니다 : 《중용장구(中庸章句)》 제6장에서는 순(舜)임금을 들어 말하고 제8장에서는 안자(顔子), 곧 안회(顔回)를 들어 말하고 제10장에서는 자로(子路)를 들어 말하였는데, 제11장 끝에 보이는 주희(朱熹)의 주(註)에 "이 책의 대지(大旨)는 지(智)·인(仁)·용(勇)의 삼달덕(三達德)을 도(道)에 들어가는 문(門)으로 삼았다. 그러므로 책머리에 곧 대순(大舜)·안연(顔淵)·자로(子路)의 일로써 밝히셨으니, 순(舜)은 지(智)요, 안연(顔淵)은 인(仁)이요, 자로(子路)는 용(勇)이니, 이 세 가지 중에 한 가지라도 없으면 도(道)에 나아가 덕(德)을 이루지 못한다.〔蓋此篇大旨, 以知、仁、勇三達德爲入道之門. 故於篇首卽以大舜、顔淵、子路之事明之. 舜, 知也; 顔淵, 仁也; 子路, 勇也. 三者廢其一, 則無以造道而成德矣.〕"라고 하였다.

〔色〕·싸움〔鬪〕·얻음〔得〕 세 가지에 의해 사역을 당하는 것은 혈기이고, 때에 따라 경계할 줄 알아서 이(理)로써 혈기를 이기는 것은 지기입니다. 기(氣)라는 점은 똑같으나 뜻〔志〕이 세워져 정해지면 한 몸에 주재(主宰)하는 바가 있어서 형기(形氣)를 재제하니 이 때문에 지(志)가 기(氣)의 장수가 되는 것입니다. 만약 지(志)를 제대로 지키지 못하면 한 몸에 가득 찬 것이 정욕을 방종하는 기장(器仗)이 아님이 없을 것이니 이 때문에 뜻〔志〕을 세우는 것을 귀하게 여기는 것입니다. 그러나 또한 마땅히 그 지(志)를 굳게 지키면서도 그 기(氣)를 해치지 말아서 내(內)와 외(外), 본(本)과 말(末)을 함께 배양하기를 맹자(孟子)와 주자(朱子)의 가르침대로 해야 할 뿐입니다.[286] 도심(道心)이

285 혈기(血氣)와……없습니다 : 범씨(范氏)는 송(宋)나라 때의 학자 범조우(范祖禹)를 이른다. 《논어(論語)》 〈계씨(季氏)〉에 "군자에게 세 가지 경계함이 있으니, 젊을 때엔 혈기가 정해지지 않았으므로 경계함이 여색에 있고, 장성해서는 혈기가 한창 강하므로 경계함이 싸움에 있고, 늙어서는 혈기가 쇠하므로 경계함이 얻음에 있다.〔君子有三戒, 少之時, 血氣未定, 戒之在色; 及其壯也, 血氣方剛, 戒之在鬪; 及其老也, 血氣旣衰, 戒之在得.〕"라고 하였는데, 《집주(集註)》에서 범조우의 말을 인용하여 다음과 같이 말하였다. "성인이 일반인과 같은 것은 혈기이며, 일반인과 다른 것은 지기이다. 혈기는 때에 따라 쇠함이 있으나, 지기는 때에 따라 쇠함이 없으니, 젊을 때 정해지지 않음과 장성해서 강함과 늙어서 쇠해짐은 혈기이며, 여색을 경계함과 싸움을 경계함과 얻음을 경계함은 지기이다. 군자는 그 지기를 기르므로 혈기에 동요되지 않는다. 이 때문에 나이가 많아질수록 덕이 높아지는 것이다.〔聖人同於人者, 血氣也; 異於人者, 志氣也. 血氣有時而衰, 志氣則無時而衰也. 少未定、壯而剛、老而衰者, 血氣也. 戒於色、戒於鬪、戒於得者, 志氣也. 君子養其志氣, 故不爲血氣所動. 是以年彌高而德彌邵也.〕"

286 그 지(志)를……뿐입니다 : 《맹자(孟子)》 〈공손추 상(公孫丑上)〉에 "지(志)는 기(氣)의 장수이고, 기(氣)는 몸에 가득차 있는 것이니, 지(志)가 으뜸이고 기(氣)는 그 다음이다. 그러므로 그 지(志)를 굳게 지키면서도 그 기(氣)를 해치지 말아야 한다고 하는 것이다.〔夫志, 氣之帥也; 氣, 體之充也. 夫志至焉, 氣次焉. 故曰: 持其志, 無暴其

주재가 되고 인심(人心)이 그 명령을 따른다면, 이것이 이른바 '이(理)로써 욕(欲)을 제재하고 지(志)로써 기(氣)를 통솔한다'는 것입니다.

氣.〕"라고 하였고, 이에 대한 주희(朱熹)의 《집주(集註)》의 해설에 "지(志)는 진실로 마음이 가는 바로서 기(氣)의 장수가 되지만, 기(氣) 또한 사람의 몸에 가득찬 것으로서 지(志)의 졸도(卒徒)가 된다. 그러므로 지(志)는 진실로 지극함이 되고 기(氣)는 곧 그 다음이 되니, 사람이 진실로 그 지(志)를 공경히 지켜야 하나 또한 그 기(氣)를 기르지 않아서는 안 된다. 이는 내(內)와 외(外), 본(本)과 말(末)이 함께 배양되는 것이다.〔志固心之所之而爲氣之將帥, 然氣亦人之所以充滿於身而爲志之卒徒者也. 故志固爲至極而氣卽次之. 人固當敬守其志, 然亦不可不致養其氣. 蓋其內外本末, 交相培養.〕"라고 하였다.

심문택에게 답함 신해년(1851, 철종2) 4월
答沈雯澤 辛亥四月

《의례(儀禮)》〈사상례(士喪禮)〉에 부고를 내도록 명하는 것이 돌아가신 처음에 시신을 옮기는 절차 뒤에 있으니 사당에 고유하는 것도 마땅히 이때에 행해야 합니다. 사당에 고유하지 않았는데 갑자기 조조(朝祖)[287]를 행하는 것은 도리에 크게 위배될 듯하고, 또 아버지의 사당이 종가에 있으면 또한 혼백(魂帛)을 받들고 가서 조조할 수가 없으니 복인(服人)에게 대신 고유하게 하는 것이 마땅할 듯합니다. 고유하는 글은 아래에 있습니다.

> 유세차(維歲次) 운운(云云) 모친(某親) 모(某)가 모친 부군과 모친 유인(孺人)께 감히 밝게 고합니다. 모월(某月) 모일(某日)에 별세한 것을 예에 있어 마땅히 사당에 고유해야 했으나 슬프고 갑작스러워 경황이 없었습니다. 오늘 계빈(啓殯)할 때에도 마땅히 조조를 행해야 하지만 상(喪)이 다른 집에 있어서 예를 행할 수 없습니다. 이에 삼가 고합니다.

287 조조(朝祖) : 발인(發靷)하기 하루 전에 영구(靈柩)를 모시고 사당으로 가서 조상을 뵙게 하는 의식을 말한다. 후대에는 민가의 사당이 대부분 협소하여 영구를 들일 수가 없으므로 조조의 의식을 행할 때에 영구를 옮기지 않고 혼백(魂帛)을 가져가 뵙게 하는 것으로 대체하는 일이 많았다.

사당이 다른 집에 있어서 조조(朝祖)를 행할 수 없으면 궤연(几筵)에도 마땅히 고유해야 합니다. 고유하는 글은 아래에 있습니다.

오늘 마땅히 조조를 행해야 하는데 사당이 다른 집에 있어서 예를 이룰 수가 없습니다. 이에 삼가 고합니다.

박종호[288] 대보 에게 보냄 을사년(1845, 헌종11)
與朴鍾浩 大甫○乙巳

된서리가 내리는 매서운 추위 속에 고아한 풍도가 정(貞)하고 길(吉)함을 알게 되었습니다. 편지에서 말씀하신 내용이 재미가 있어서 계속하여 읽게 만드니 독실하게 학문을 좋아함과 부지런하게 도(道)를 향해 나아감을 알 수 있습니다. 진실로 일점(一點)의 의기(意氣)가 아닌 이상 어찌 얼마 동안이나 지속되겠는가를 근심할 것이 있겠습니까.[289] 사람은 몸이 있으면 그 병이(秉彝)의 법칙이 애초에 밖에 있지 않습니다. 남에게 향하여 가기보다는 자신에게 돌이켜 구하는 것이 나으며, 말재주를 발휘하여 세상에 행해지기를 바라기보다는 자기 몸에 체득하여 쓰이고 버려짐을 온전히 하늘의 뜻에 따르는 것이 낫습니다. 이는 바로 위기(爲己)와 위인(爲人)[290]의 구별이 됩니다. 그러므로 주

288 박종호(朴鍾浩) : 1812~1872. 자는 대보(大甫), 호는 북산(北山), 본관은 무안(務安)이다.

289 진실로……있겠습니까 : 정이(程頤)가 말하기를, "사람들이 역행(力行)을 해야 한다고 말하는데, 이는 또한 천근한 말일 뿐이다. 사람이 이미 일체의 일이 모두 마땅히 해야 하는 것임을 안다면 굳이 의기(意氣)를 붙일 필요가 없으니, 조금이라도 의기를 붙인다면 이는 사심이 있는 것이다. 이러한 일점의 의기가 얼마 동안이나 지속될 수 있겠는가.〔人謂要力行, 亦只是淺近語. 人旣能知見一切事皆所當爲, 不必待著意, 纔著意, 便是有箇私心. 這一點意氣, 能得幾時了?〕"라고 하였다. 《近思錄 卷2 爲學》

290 위기(爲己)와 위인(爲人) : '위기'는 오직 자신의 덕성을 닦기 위해 공부하는 것이고 '위인'은 남이 알아주는 것을 목적으로 공부하는 것이다. 《논어(論語)》 〈헌문(憲問)〉에 "옛날의 학자들은 자신을 위한 공부를 하였는데, 지금의 학자들은 남을 위한

선생(朱先生 주희(朱熹))이 매번 배우는 자들을 위해 이 뜻을 말씀해 주기를 쉬지 않고 부지런히 하신 것이니 오당(吾黨)의 선비들이 마땅히 제일의(第一義)로 삼아야 할 것입니다.

먼저 자신의 기질의 병통을 살펴서 사욕을 이겨 다스려서 넘치는 부분은 덜어내고 부족한 부분은 보충하되, 반드시 효제(孝悌)와 충신(忠信)을 근본으로 삼고 겸신(謙愼)과 졸약(拙約)을 바탕으로 삼고 침잠(沈潛)과 독실(篤實)을 공부로 삼아서 독서하고 연구하여 견고히 지키고 단단히 잡아 단속해야 합니다.[291] 이는 실로 배우는 자의 덕(德)에 들어가는 기초이자 공부하는 본령으로, 우계(牛溪 성혼(成渾)) 선생이 은봉(隱峯) 안 문강공(安文康公 안방준(安邦俊))을 권면하여 경계한 바가 바로 이와 같습니다. 제가 일찍이 이 내용을 읽어 보고 참된 정성 가운데에서 나온 것임에 탄복하였으므로 다시 현자(賢者)를 위하여 말씀드리는 것입니다. 진덕수업(進德修業)[292]하는 절도를 다른 데에서 구해서는 안 될 듯합니다. 부디 힘쓰시기를 바랍니다.

공부만 한다.〔古之學者爲己, 今之學者爲人.〕"라고 하였다.

291 먼저……합니다 : 이 내용은 신묘년(1591, 선조24) 6월에 성혼(成渾)이 안방준(安邦俊)에게 답한 편지에 보인다. 《牛溪集 卷5 答安士彦書》

292 진덕수업(進德修業) : 덕을 향상시키고 학업을 닦는다는 뜻으로, 《주역(周易)》 〈건괘(乾卦) 문언(文言)〉에 이르기를, "군자는 덕을 향상시키고 학업을 닦나니, 충신은 덕을 향상시키는 방법이고 말을 함에 성실함을 세움은 학업을 닦는 방법이다.〔君子進德修業. 忠信, 所以進德也; 修辭立其誠, 所以居業也.〕"라고 하였다.

최의발 대위 ·최경발 선여 에게 보냄 경술년(1850, 철종1)
與崔義發 大爲 慶發 善汝○庚戌

요사이 상제(喪制)들께서는 기력을 잘 지탱하고 계시며 궤전(饋奠)[293]을 받드는 여가에 학업에 힘쓰는 일을 폐하지 않고 계십니까? 거상하는 자는 예서(禮書)만 읽을 뿐 아니라 또한 학문을 익혀야 하니 학문이라는 것은 예를 다하기 위한 것입니다.

상(喪)을 지키는 자는 마땅히 내외간의 분별을 엄격히 해야 하는데, 상례가 크게 무너져서 중문(中門)에 들어가지 않는 의리[294]를 아는 자가 드물어 종을 친다는 비난을 받고도 뻔뻔하게 부끄러움을 모르는 자가 많습니다. 이와 같은 자는 비록 허벅지에서 피를 내어 올리고 시묘를 산다고 하더라도 모두 거짓된 행동입니다. 대령(大嶺 조령(鳥嶺)) 이남은 오현(五賢)[295]의 가르침을 잘 익혀서, 어둠 속에서 일을 행하지 않음[296]이 거상의 기본이 됨을 잘 알 것이니, 굳이 이를 권면할

293 궤전(饋奠) : 상중(喪中)에 제사 형식을 갖추지 않고 음식을 올리는 예이다.

294 중문(中門)에……의리 : 중문은 집의 안채와 바깥채 사이를 통하는 문으로, 거상 중에 남자가 부인이 기거하는 안채에 출입하지 않는 것을 이른다.

295 오현(五賢) : 문묘(文廟)에 종사(從祀)된 다섯 명의 유현으로, 한훤당(寒暄堂) 김굉필(金宏弼), 일두(一蠹) 정여창(鄭汝昌), 정암(靜菴) 조광조(趙光祖), 회재(晦齋) 이언적(李彦迪), 퇴계(退溪) 이황(李滉)을 가리킨다.

296 어둠……않음 : 이는 《예기(禮記)》 〈곡례 상(曲禮上)〉에 보이는 말로, "효자가 어둠 속에서 일을 행하지 않으며 위태로운 곳에 오르지 않음은 어버이를 욕되게 할까 두려워해서이다.〔孝子不服闇不登危, 懼辱親也.〕"라고 하였다.

필요가 없을 것입니다. 그런데도 다시 이렇게 말씀을 드리는 것은 대방(大防 예법)에 있어 조심하고 또 조심하기를 바라서이니, 상(喪)은 예로써 이루어지기 때문입니다.

책상을 나란히 하여 함께 공부하시는 것이 현재 무슨 책입니까? 형제가 박문약례(博文約禮)하면서 재미를 느끼기를 회옹(晦翁)의 말씀처럼 하실 수 있겠습니까?[297] 선철(先哲)이 말씀하기를, "세상 사람들은 기이한 것을 좋아하는데 주자(朱子)는 평이함으로써 하였으니 평이하면 일호라도 희롱할 수가 없고, 세상 사람들은 원만한 것을 좋아하는데 주자는 방정함으로써 하였으니 방정하면 일호라도 용서할 수가 없다."라고 하였습니다.[298] 공자(孔子)는 중용(中庸)을 따라 행해서 세상에 은둔하여 인정을 받지 못해도 후회하지 않았으니[299] 이는 평이함이 지극한 것이고, 열다섯 살에 학문에 뜻을 두고 일흔 살에 법도를 넘지 않았으니[300] 이는 방정함이 지극한 것입니다. 공자와 주자 두 성인

297 형제가……있겠습니까 : 회옹(晦翁)은 주희(朱熹)를 가리킨다. '형제가 박문약례(博文約禮)하면서 재미를 느낀다'는 것은 주희가 장흡(張洽)에게 답한 편지에 보이는 말로, 이 편지에 이르기를, "감군(甘君)의 거처에서 감군을 전송할 때에 써주었던 글을 보았는데, 영형의 뜻이 또한 매우 아름다웠습니다. 형제가 각자 박문약례하니, 재미를 느끼실 것이라고 생각됩니다.〔甘君處見送行語, 令兄意亦甚佳. 兄弟自爲博約, 想有味也.〕"라고 하였다. 《晦菴集 卷62 答張元德》

298 선철(先哲)이……하였습니다 : 선철은 명(明)나라 때의 학자 고헌성(顧憲成)을 이른다. 이 말은 고반룡(高攀龍)이 찬(撰)한 《주자절요(朱子節要)》에 대하여 고헌성이 쓴 서문(序文)에 보인다. 《涇臯藏稿 卷6 朱子節要序》

299 공자(孔子)는……않았으니 : 《중용장구(中庸章句)》 제11장에 "군자는 중용을 따라 행해서 세상에 은둔하여 인정을 받지 못해도 후회하지 않나니, 오직 성자만이 이에 능하다.〔君子依乎中庸, 遯世不見知而不悔, 唯聖者能之.〕"라는 말이 보인다.

은 기맥(氣脈)이 서로 이어져 있으니 우리들이 배우기를 원하는 바가 어찌 이분들에게 있지 않겠습니까.

'이치가 이르다〔理到〕'라는 것과 '마음이 이르다〔心到〕'라는 것[301]은 각각 경계의 구분이 있습니다. 도암(陶菴 이재(李縡))의 설(說)에, 만약 마음이 물리(物理)의 극처에 이르는 것으로 본다면 '지지(知至)'와 '물격(物格)'이 뒤섞여 구분이 없게 되니 이 구(句)[302]는 마땅히 물리가 극처에 이르는 것으로 보아야 한다고 하였습니다. 어찌 '물(物)이 이르는 것이 아니고 마음이 이르는 것이 아니면 이르는 것이 무엇이겠는가.'라고 할 수 있겠습니까. 만약 혹자의 설처럼 이 '도(到)' 자를 '진(盡)' 자의 뜻으로 본다면, 극진한〔盡〕 것이 이치이겠습니까, 마음이

300 열다섯……않았으니 : 《논어(論語)》 〈위정(爲政)〉에 "나는 열다섯 살에 학문에 뜻을 두었고, 서른 살에 자립하였고, 마흔 살에 사리에 의혹하지 않았고, 쉰 살에 천명을 알았고, 예순 살에 귀로 들으면 그대로 이해되었고, 일흔 살에 마음에 하고자 하는 바를 좇아도 법도를 넘지 않았다.〔吾十有五而志于學, 三十而立, 四十而不惑, 五十而知天命, 六十而耳順, 七十而從心所欲不踰矩.〕"라는 공자(孔子)의 말이 보인다.

301 이치가……것 : 《대학장구(大學章句)》 경(經) 1장에 "사물의 이치가 이른 뒤에 지식이 지극해지고, 지식이 지극해진 뒤에 뜻이 성실해진다.〔物格而后知至, 知至而后意誠.〕"라고 하였는데, 주희(朱熹)의 주(註)에서 '물격(物格)'과 '지지(知至)'를 해석하여 "물격이란 물리의 극처가 이르지 않음이 없는 것이고, 지지란 내 마음의 아는 바가 극진하지 않음이 없는 것이다.〔物格者, 物理之極處無不到也; 知至者, 吾心之所知無不盡也.〕"라고 하였다. 이 주(註)에서 '물격'을 해석하며 말한 '도(到)' 자의 해석을 두고, '이치가 이르는 것〔理到〕'이라고 보는 견해와 '마음이 이르는 것〔心到〕'이라고 보는 견해가 있었다.

302 이 구(句) : 《대학장구(大學章句)》 경(經) 1장의 주(註)에 "물격이란 물리의 극처가 이르지 않음이 없는 것이다.〔物格者, 物理之極處無不到也.〕"라고 한 것을 가리킨다. 자세한 내용은 위의 주301 참조.

겠습니까? 또한 마땅히 '이치가 극진하다'고 해야 할 것입니다. '이치가 극진하다'는 것과 '이치가 이르다'라는 것은 그 뜻에 차이가 없으니, 다만 도암의 설(說)을 옳은 것으로 보아야 할 것입니다.

《대학(大學)》의 삼강령(三綱領)과 팔조목(八條目)은 모두 동용(動用)의 측면에서 말한 것이니, '정심(正心)' 장(章)[303]도 또한 용(用)을 말했을 뿐입니다. 마음이 발하는 바는 '유소(有所)'의 병통으로 인하여 '부정(不正)'의 폐해를 이룹니다.[304] 그러므로 그 바로잡는 공부는 이러한 '부정'한 곳에 나아가 힘을 써서 바르게 하는 것입니다. 그렇다면 바로잡는 공부는 바로 그 바름을 잃은 용(用)에 있는 것이니, 본래 바른 마음의 체(體)에 있어서는 안 될 것입니다. 그러므로 《대학장구(大學章句)》에서 특별히 두 개의 '용(用)' 자를 쓴 것이니,[305] 그 뜻을

303 정심(正心) 장(章) : 《대학장구(大學章句)》 전 7장을 이른다.

304 마음이……이룹니다 : 《대학장구(大學章句)》 전 7장에 "이른바 몸을 닦음이 그 마음을 바르게 함에 있다는 것은, 마음에 성내는 바가 있으면 그 바름을 얻지 못하며, 두려워하는 바가 있으면 그 바름을 얻지 못하며, 좋아하는 바가 있으면 그 바름을 얻지 못하며, 근심하는 바가 있으면 그 바름을 얻지 못한다.〔所謂修身在正其心者, 心有所忿懥則不得其正, 有所恐懼則不得其正, 有所好樂則不得其正, 有所憂患則不得其正.〕"라고 하였는데, '유소(有所)'는 여기에서 '유소분치(有所忿懥)'·'유소공구(有所恐懼)'·'유소호요(有所好樂)'·'유소우환(有所憂患)'이라고 한 것을 말하고 '부정(不正)'은 '부득기정(不得其正)'이라고 한 것을 말한다.

305 대학장구(大學章句)에서……것이니 : 《대학장구》 전 7장에 "마음에 성내는 바가 있으면 그 바름을 얻지 못하며, 두려워하는 바가 있으면 그 바름을 얻지 못하며, 좋아하는 바가 있으면 그 바름을 얻지 못하며, 근심하는 바가 있으면 그 바름을 얻지 못한다.〔心有所忿懥則不得其正, 有所恐懼則不得其正, 有所好樂則不得其正, 有所憂患則不得其正.〕"라고 한 것에 대하여 주희(朱熹)의 주(註)에 "이 네 가지는 모두 마음의 용(用)

알 수 있습니다. 아래 구절의 세 가지 '부재(不在)'[306]도 또한 용처(用處)에 나아가 병통을 말한 것이니 《대학장구》의 '경하여 안을 곧게 한다.〔敬以直內〕'라는 네 글자[307]는 바로 용시(用時)의 병통을 바로잡는 것입니다. 정자(程子)가 말씀하기를, "정(情)이 왕성하여 더욱 방탕해지면 성(性)이 손상된다."라고 하였습니다.[308] 마음의 용(用)이 그 바름을 얻지 못하면 마음의 체(體)도 그 본연의 바름을 보전하기가 어려우니, 그 용(用)을 바로잡는 것이 바로 체(體)를 바로잡는 것입니다. 그러나 이는 미루어서 말한 것이지 본문의 바른 뜻은 아닙니다.

으로서 사람에게 없을 수 없는 것이다. 그러나 이것이 한번 있게 되었을 때에 잘 살피지 못하면 욕(欲)이 동(動)하고 정(情)이 승(勝)하여, 그 용(用)의 행하는 바가 혹 바름을 잃지 않을 수 없을 것이다.〔蓋是四者, 皆心之用而人所不能無者. 然一有之而不能察, 則欲動情勝, 而其用之所行, 或不能不失其正矣.〕"라고 하였는데, 여기에서 두 개의 '용(用)' 자를 쓴 것을 말한다.

306 아래……부재(不在) : 《대학장구(大學章句)》 전 7장 뒷부분에 "마음이 있지 않으면 보아도 보이지 않으며, 들어도 들리지 않으며, 먹어도 그 맛을 알지 못한다.〔心不在焉, 視而不見, 聽而不聞, 食而不知其味.〕"라고 한 것을 이른다.

307 대학장구의……글자 : 《대학장구(大學章句)》 전 7장에 "마음이 있지 않으면 보아도 보이지 않으며, 들어도 들리지 않으며, 먹어도 그 맛을 알지 못한다.〔心不在焉, 視而不見, 聽而不聞, 食而不知其味.〕"라고 한 것에 대하여 주희(朱熹)의 주(註)에 "마음이 보존하지 못함이 있으면 그 몸을 검속할 수 없다. 이 때문에 군자는 반드시 이를 살펴서 경(敬)하여 마음을 곧게 하니, 그러한 뒤에야 이 마음이 항상 보존되어서 몸이 닦이지 않음이 없는 것이다.〔心有不存, 則無以檢其身. 是以君子必察乎此, 而敬以直之, 然後此心常存, 而身無不修也.〕"라고 하였는데, 여기에서 '경하여 마음을 곧게 한다〔敬以直之〕'라고 한 네 글자를 가리킨다.

308 정자(程子)가……하였습니다 : 정자는 정이(程頤)로, 이 말은 정이가 지은 〈안자소호하학론(顏子所好何學論)〉에 보인다. 《二程文集 卷9 顏子所好何學論》

매산집

제25권

書서

소휘면[1] 순여 에게 답하다 을미년(1835, 헌종1) 7월
答蘇輝冕 純汝○乙未七月

근래 찌는 듯한 무더위에 부모님 모시는 체도(體度)가 바르고 길하며 옛날 앓던 질병이 지금 나았으니, 독서에 전심할 것이라고 생각합니다만, 과거 공부 때문에 공부에 방해받고 뜻을 빼앗기지는 않습니까? 괴망(槐忙)이 가까워 옴[2]에 온 세상이 분주히 나아가서 맹렬히 하고 급급히 하여 빼앗지 않고는 만족하지 않으니,[3] 나로 하여금 귀를 막고

1 소휘면(蘇輝冕) : 1814~1889. 자는 순여(純汝), 호는 인산(仁山), 본관은 진주(晉州)이다. 조부 소수구(蘇洙榘)에게 수업하였으며, 20세 이전에 문명을 떨쳤다. 뒤에 홍직필(洪直弼)을 사사하여, 전병순(田秉淳)·조병덕(趙秉悳)·한운성(韓運聖)·임헌회(任憲晦)와 함께 매문오현(梅門五賢)으로 일컬어졌다. 1865년(고종2) 조정에서 만동묘(萬東廟)를 철폐하자 강력한 반대 상소를 올렸으며, 1876년 일본과 강화도조약(江華島條約)이 체결되자 이를 통탄하여 향리에서 은거하며 후진 교육에 전념하였다. 그 후 선공감 감역(繕工監監役)·전라 도사(全羅都事)·사헌부 지평 등에 제수되었으나 취임하지 않았다. 화산서원(華山書院)에 제향 되었으며, 시호는 문량(文良)이다. 문집으로 《인산집(仁山集)》이 있다.

2 괴망(槐忙)이 가까워 옴 : 과거의 날짜가 임박했음을 말한다. '괴망'은 '괴화황 거자망(槐花黃擧子忙)'의 준말로, 홰나무 꽃이 누렇게 될 때면 과거 응시생들이 바쁘다는 뜻이다. 당(唐)나라 때 장안(長安)의 응시생들 중에 낙제한 자들은 6월 이후로 고향에 돌아가지 않고 장안에 머물면서 작문을 연습하여 바로 그해 7월에 새로 지은 문장을 재차 헌상(獻上)하였는데, 이를 과하(過夏)라고 하는바, 이때 홰나무 꽃이 한창 누렇게 되는 무렵이므로 이런 말이 있게 된 것이다. 《南部新書 卷乙》

3 빼앗지……않으니 : 《맹자》 〈양혜왕 상(梁惠王上)〉에 "만승(萬乘)의 나라에 그 군주를 시해하는 자는 반드시 천승(千乘)을 가진 공경(公卿)의 집안이요, 천승의 나라에 그 군주를 시해하는 자는 반드시 백승(百乘)을 가진 대부의 집안이다. 만승 중에 천승을

싶게 만듭니다. 그대는 내·외와 주·객을 잘 구분하니 필시 마음이 편안하고 여유로워서 과거급제에 마음이 유혹되거나 압박되는 일이 진실로 없을 줄이야 내 잘 알고 있습니다만, 마음에 득실을 잊기 어려울까 염려됩니다. 뜻이 기운을 이긴다면 응당 의리로 운명에 대처하여 과거에 얽매이지 않게 될 것입니다.

풍소허(馮少墟)[4]가 말하기를, "사람들이 모두 거인(擧人)과 진사(進士)라는 이름을 사모하는데, 이는 '이름을 돌아보고 뜻을 생각해야 함'을 모르기 때문이니, 사람〔人〕과 선비〔士〕는 그 품격이 자신에게 있고 거(擧)와 진(進)은 그 권력이 남에게 있음을 알아야 한다. 그러므로 사람은 단지 독실하게 뜻을 세워서 사람이 되고 선비가 됨에 굽어보고 우러러보아 부끄러움이 없는 경지[5]에 이르려 해야 하니, 그렇게 된다면

취하며 천승 중에 백승을 취함이 많지 않은 것은 아니지만 만일 의리를 뒤에 하고 이익를 먼저 한다면 빼앗지 않으면 만족하지 않습니다.〔萬乘之國, 弑其君者, 必千乘之家. 千乘之國, 弑其君者, 必百乘之家. 萬取千焉, 千取百焉, 不爲不多矣, 苟爲後義而先利, 不奪不饜.〕"라고 한 것을 원용한 것이다.

4 풍소허(馮少墟) : 명(明)나라 학자 풍종오(馮從吾)로, 자는 중호(仲好), 호는 소허이다. 시호는 공정(恭定)이다. 정주학(程朱學)에 뜻을 두고 허부원(許孚遠)에게 수학했으며, 추원표(鄒元標)와 함께 수선서원(首善書院)을 창건하고 정학(正學)을 창도했다. 저서로는 《원유고략(元儒考略)》, 《풍소허집(馮少墟集)》, 《고문집선(古文輯選)》 등이 있다.

5 굽어보고……경지 : 맹자(孟子)가 말한 군자의 삼락(三樂) 중 한 가지이다. 《맹자》 〈진심 상(盡心上)〉에 "군자에게는 세 가지 즐거움이 있는데, 천하에 왕 노릇 함은 여기에 들어있지 않다. 부모가 모두 생존해 계시고 형제가 무사한 것이 첫 번째 즐거움이요, 우러러보아 하늘에 부끄럽지 않고 굽어보아 인간에 부끄럽지 않은 것이 두 번째 즐거움이요, 천하의 영재를 얻어 교육하는 것이 세 번째 즐거움이다.〔君子有三樂, 而王天下不與存焉. 父母俱存, 兄弟無故, 一樂也. 仰不愧於天, 俯不怍於人, 二樂也. 得天下英才而

비록 거(擧)하지 못하더라도 사람〔人〕이 됨에 무엇이 부끄러우며, 비록 진(進)하지 못하더라도 선비〔士〕가 됨에 무엇을 저버린 것이겠는가."라고 하였으니, 참으로 훌륭한 말입니다. 뜻을 세움이 이와 같다면 비록 종일토록 과거 공부를 하더라도 뜻을 빼앗기지 않을 것입니다. 이러한 뜻을 체득하여 행하는 일에 의해 잘못되지 않을 수 있겠습니까?

이른바 과거라는 것은 바로 자신의 재주를 자랑하는 것이니, 얼굴에 분칠하고 시장 문에 기대어 있는 여인과 다를 것이 거의 없습니다. 이는 자기 몸을 소중히 하는 선비가 할 일이 아니니, 풍소허의 의논은 부득이해서 한 것입니다. 천만 번 노력해서 제때에 진덕수업(進德修業)[6]하여 사문(斯文) 한 맥이 남기(南紀)[7]에서 끊어지지 않게 하는 것, 이것이 내가 그대에게 바라는 바입니다. 밖에서 이르는 영욕(榮辱)과 같은 것은 어찌 말할 것이 있겠습니까. "득실을 만나면 반드시 동요하고 이익을 보면 반드시 나아간다면 어찌 군자가 될 수 있겠는가."[8] 이는 바로 정 선생(程先生)이 심부(心府)를 드러내서 경계를 남기신 것이니, 현자와 함께 여기에 힘쓰기를 원합니다.

教育之, 三樂也.〕"라고 보인다.

6 진덕수업(進德修業) : 자신의 덕(德)을 진취시키고 공업(功業)을 세운다는 뜻으로, 《주역》 〈건괘(乾卦) 문언(文言)〉에 보이는바, 건괘 구삼효(九三爻)에 대한 공자의 설명이다.

7 남기(南紀) : 남국(南國)의 강기(綱紀)라는 뜻으로 남쪽 지방을 이르는바, 《시경》 〈소아(小雅) 사월(四月)〉의 "넘실넘실한 강한은 남국의 벼리다.〔滔滔江漢, 南國之紀.〕"에서 온 말이다.

8 득실을……있겠는가 : 정이(程頤)의 말로, 《이정유서(二程遺書)》 권18 〈유원승수편(劉元承手編)〉에 보이며, 《근사록(近思錄)》에 채록되었다.

나는 이미 천중절(天中節 단오)에 현석강(玄石江)가로 이사를 하였으니,[9] 도성문과의 거리가 10리쯤 떨어져 있습니다. 물 좋고 산 좋은 곳의 누대가 깨끗하고 아름답지 않은 것은 아니요, 해 긴 여름날 그윽한 일[10] 역시 마음에 기쁠만한 것이 많으나, 병 때문에 자리에 누워 있어서 감흥과 생각이 아주 쓸쓸합니다. 밝은 달과 맑은 바람, 높이 나는 솔개와 깊이 잠겨 노는 물고기에 있어 그 상(象)을 이해하지 못할 듯하니, 이와 같은 자가 촛불을 잡고 늘그막에 하는 공부를 어찌 성취할 수 있겠습니까. 또 대비과(大比科)[11]가 얼마 남지 않아 학도들이 흩어져 가서 외로이 앉아 있으니, 더욱 재미가 없습니다.

9 나는……하였으니 : 홍직필은 이 해 5월에 현석강 소동루(小東樓)로 이사하였다. 《梅山集 卷53 年譜》 현석강가는 현재 마포구 현석동 지역을 가리킨다.

10 긴……일 : 두보(杜甫)의 시에 "맑은 강물 한 굽이 마을을 보듬고 흐르는 곳, 해 긴 여름날 강촌에는 일마다 그윽해라.〔清江一曲抱村流, 長夏江村事事幽.〕"라는 말이 나온다. 《杜少陵詩集 卷9 江村》

11 대비과(大比科) : 3년마다 한 번씩 보이는 식년시(式年試)를 말하는데, 간지(干支)에 자(子)·오(午)·묘(卯)·유(酉)가 들어간 해에 실시하였다. 《大典會通 禮典 諸科》

소휘면에게 답하다 병신년(1836, 헌종2) 5월

答蘇輝冕○丙申五月

봄과 여름이래로 현재 어떤 책을 공부하고 있습니까? 집안일을 주간(主幹)하느라 뜻을 빼앗기지는 않습니까? 또 대비과(大比科)[12] 때문에 공부가 분산되지는 않습니까? 뜻을 씀에 분산됨이 없어야 비로소 신명을 응집시킬 수 있는데,[13] 마음을 잡은 것이 안정되지 못하면 진덕수업(進德修業)[14]에 매우 해가 되니, 이와 같은 데에 이르지는 않습니까? 독서는 진실로 마음을 수습하는 절도(節度)입니다. 그러나 독서할 때에만 마음을 수습하고 독서하지 않을 때에는 곧 사물에게 부림을 당한다면, 이 마음은 보존될 때가 항상 적고 방실(放失)될 때가 항상 많을 것입니다. 부디 이 독서하는 공부를 옮겨 독서하지 않는 때에 힘을 써서 동(動 독서하지 않을 때)과 정(靜 독서할 때) 두 가지 모두 잘하도록 해서 이 마음이 어느 때건 보존되지 않음이 없게 하는 것이 어떻겠습니까?

"이른바 함양공부라는 것은 다만 사물을 응접할 때에 거기에 대처하면서 이 마음을 잃지 않음으로써 각각 그 이치에 맞게 함을 요하는 것일 뿐이다."[15] 이것은 존양(存養)에 대한 주 선생(朱先生)의 매우 중

12 대비과(大比科) : 344쪽 주11 참조.

13 뜻을……있는데 : 이 말은 《장자》 〈달생(達生)〉편에 보인다.

14 진덕수업(進德修業) : 343쪽 주6 참조.

15 이른바……뿐이다 : 《주자대전(朱子大全)》 권49 〈답진부중(答陳膚仲)〉에, "이른

요한 가르침이니, 항상 내 몸에 간절하게 체험하고 싶었으나 괴롭게도 공효를 거두지 못했습니다. 그러므로 현자를 위해서 이를 말하는 것이니, 속히 이 뜻을 살펴서 마음을 잡아 보존하기를 더욱 견고히 하고 마음과 뜻을 더욱 안정되게 해서 기습(氣習)에 휩쓸리지 않기를 거듭 바라고 거듭 바랍니다.

성인(聖人)은 오직 허다한 도리를 잡아 지켜서 도리로 하여금 항상 세상 사이에 확립되게 하여 하늘과 땅을 버티고 있게 하고자 했는데, 아무도 이 도리를 붙들어 주는 이가 없어서 기울고 엎어지게 되었고 지금은 이 기울고 엎어짐이 지극하게 되었습니다. 몸과 마음을 수습하여 의리를 강명(講明)해서 끝내 사문(斯文)의 한 맥을 끊어지지 않게 하는 것, 이것을 동지의 선비들에게 참으로 바라노니, 부디 현자는 힘쓰시길 바랍니다.

바 함양공부라는 것은 토우처럼 눈을 감고 있은 뒤에야 함양이라고 할 수 있는 것이 아니니, 다만 사물을 응접할 때에 거기에 대처하며 이 마음을 잃지 않음으로써 각각 그 이치에 맞게 함을 요하는 것일 뿐이다.〔所謂涵養功夫, 亦非是閉眉合眼如土偶人然後謂之涵養也, 只要應事接物, 處之不失此心, 各得其理而已.〕"라고 보인다.

소휘면에게 답하다 정유년(1837, 헌종3) 12월

答蘇輝冕 丁酉十二月

현재 공부하시는 《논어》는 거의 절반을 지나갔고, 상신(翔矧)을 아직 처음처럼 하지 못하나[16] 공부에 그 노력을 태만히 하지 않으니, 따라가지 못할 것처럼 하고도 오히려 잃을까 두려워하는 마음[17]을 징험할 수 있습니다. 찬탄해마지 않습니다. 이 《논어》 책은 바로 만리(萬理)의 근원이요, 육경(六經)의 관건이니, 이 책에서 공력을 얻는다면 여러 경서는 배우지 않더라도 괜찮습니다. 이 《논어》가 배우는 자들의 심신과 일상생활에 매우 긴밀하게 연관되어 있는 점은 여러 경전이 견줄 수 있는 바가 아닙니다. 진실로 깊이 연구하고 완미(玩味)해서 자신에게 간절하게 체인(體認)해낸다면, 가슴 속에 자연히 장척(丈尺)과 권형(權衡)[18]이 있게 될 것입니다. 이 장척과 권형을 가지고

16 상신(翔矧)을……못하나 : 부모의 병환이 회복되지 못함을 이른다. 《예기(禮記)》 〈곡례(曲禮)〉에, "부모가 병환이 있으면 관(冠)을 쓴 자는 빗질을 하지 않으며, 다닐 적에는 활개를 치지〔翔〕 않으며, 말할 적에는 한만하게 하지 않으며, 거문고와 비파를 타지 않으며, 고기를 먹을 적에는 물릴 때까지 먹지 않으며, 술을 마실 적에는 얼굴색이 변할 때까지 마시지 않으며, 웃을 적에는 잇몸이 드러남〔矧〕에 이르지 않으며, 성을 내되 꾸짖음에 이르지 않아야 하니, 부모의 병환이 나으면 예전으로 돌아간다.〔父母有疾, 冠者不櫛, 行不翔, 言不惰, 琴瑟不御, 食肉不至變味, 飮酒不至變貌, 笑不至矧, 怒不至詈. 疾止, 復故.〕"라고 한 데서 온 것으로, 이 내용은 《소학》 〈명륜(明倫)〉에도 채록되었다.

17 따라가지……마음 : 《논어》 〈태백(泰伯)〉에 보이는 내용으로, 공자(孔子)가 말하기를, "배움은 따라가지 못할 듯이 하고도 오히려 잃을까 두려워해야 한다.〔學如不及, 猶恐失之.〕"라고 하였다.

사리를 미루어 헤아린다면 절로 어긋나지 않을 것이요, 자신 또한 마음을 잘 함양하여 일생토록 쓰더라도 다하지 않을 것입니다. 빨리 이 뜻을 체득해서 자신의 몸을《논어》책 안으로 들어가게 해서 '인(仁)을 구하는 것은 자신에게 달려있다'[19]는 하나의 공안(公案)을 끝마치는 것이 어떻겠습니까?

온 세속 사람들이 모두 과거를 통해 벼슬하는 것을 몸을 영화롭게 하고 집안을 풍요롭게 하는 계책으로 삼으나, 나는 이것이 치욕이 되는 것만 보았고 영화가 되는 것은 보지 못하였습니다. 이는 밭을 갈며 농사에 힘쓰고 지조를 지키며 책을 열심히 읽음으로써 문호를 유지하는 것만 못합니다. 돌아보건대, 지금 세속 학문의 가장 큰 병폐는 글을 지어 봉록을 구하는 것을 먼저 배워서 마음을 편안하고 고요하게 하지 못하여 의리를 깊이 연구할 겨를이 없는 것입니다. 비록 읽은 횟수가 많고 문장을 잘 짓더라도 이것은 다만 이 마음의 해로움이 될 뿐이니, 요컨대 이것을 뒤집어서 반대로 한 뒤에야 학문하는 방법을 의논할 수 있습니다.[20] 이것은 주 선생(朱先生)께서 아주 간절하게 말씀해 주

18 장척(丈尺)과 권형(權衡) : 장척은 물건의 길이를, 권형은 물건의 무게를 재는 도구로, 사물에 대한 판단 능력을 비유한 것이다.

19 인(仁)을……달려있다 :《논어》〈안연(顔淵)〉에 "안연이 인에 대해서 묻자, 공자가 답하였다. '사욕을 이겨 예로 돌아가는 것이 인을 행하는 것이니, 하루라도 사욕을 이기고 예로 돌아가면 천하가 그 인을 허여할 것이다. 인을 행하는 것은 자기에게 달려있으니, 어찌 남에게 달려있겠는가.〔克己復禮爲仁, 一日克己復禮, 天下歸仁焉, 爲仁由己, 而由人乎哉?〕"라고 한 것을 원용한 말이다.

20 지금……있습니다 :《주자대전(朱子大全)》권58〈답송택지(答宋澤之)〉에, "지금 배우는 자들의 가장 큰 병폐는 글을 지어 봉록을 구하는 것을 먼저 배워서 마음을 편안하고 고요하게 하지 못하여 의리를 깊이 연구할 겨를이 없는 것이다. 그러므로 고금의

신 것이므로 순여(純汝)를 위하여 말해주는 것이니, 순여가 이렇다고 말하는 것은 아니고 미연(未然)의 경계로 삼게 하고자 하는 것입니다.

소상(小祥)을 '연(練)'이라고 칭하는 것은 그 최복과 상(裳)을 마전〔練〕하기 때문입니다. 이른바 연(練)이라는 것은 그 중함이 실로 정복(正服)에 있으니, 만약 단지 관(冠)과 중의(中衣)만 마전하고 정복은 마전하지 않는다면 마전한다는 뜻이 어디에 있겠습니까. 또 관만 마전하고 정복을 마전하지 않는다면 관과 옷이 서로 걸맞지 못하니, 이것이 옳겠습니까. 소가(疏家)에서 "정복은 바꿀 수 없다"라고 한 말[21]은 믿을 것이 못됩니다. 내 일찍이 거상할 적에 노주(老洲) 오장(吳丈 오희상(吳熙常))과 편지를 왕복하고서 최복과 상을 모두 마전하였습니다.

학문과 의리(義利)의 구분에 있어 그 한계와 구별을 다시 살피지 못해서 경중(輕重)과 취사(取舍)의 마땅함을 알지 못하는 것이다. 이 때문에 읽은 횟수가 많고 글을 잘 짓더라도 다만 거듭 이 마음의 해로움이 될 뿐이다. 요컨대 이것을 뒤집어서 반대로 한 뒤에야 학문하는 방법을 의논할 수 있다.〔大抵今之學者之病, 最是先學作文干祿, 使心不寧靜, 不暇深究義理. 故于古今之學、義利之間, 不復能察其界限分別之際, 而無以知其輕重取舍之所宜. 所以誦數雖博, 文詞雖工, 而只以重爲此心之害. 要須反此, 然後可以議爲學之方耳.〕"라고 보인다.

21 소가(疏家)에서……말 : 《예기(禮記)》 〈단궁(檀弓)〉에 "연제(練祭)에는 연의(練衣)를 입되, 황색으로 안을 대고 옅은 붉은 색으로 선을 두른다.〔練, 練衣, 黃裏, 縓緣.〕"라고 하였는데, 공영달(孔穎達)의 소(疏)에 "연(練)은 소상이니, 소상에 마전한 관과 마전한 중의를 입으므로 '연'이라 한 것이다. 연의(練衣)는 마전한 베로 중의를 만든 것이고, 황리(黃裏)는 황색으로 중의의 속을 만든 것이다. 정복은 바꿀 수가 없으니, 중의는 정복이 아니고 다만 최복을 받쳤을 뿐이므로 소상에 황색 안감의 겹옷을 만드는 것이다.〔練, 小祥也. 小祥而著練冠練中衣, 故曰練也. 練衣者, 練爲中衣. 黃裏者, 黃爲中衣裏也. 正服不可變, 中衣非正服, 但承衰而已, 故小祥而爲之黃袷裏也.〕"라고 하였다. 《禮記注疏 檀弓》

소휘면에게 주다 임인년(1842, 헌종8) 10월

與蘇輝冕 壬寅十月

현재 어떤 책을 공부하고 있습니까? 집안일로 인해 공부에 방해받고 뜻을 빼앗기진 않습니까? 학문을 하며 독서함은 본래 이치를 밝게 앎으로써 일에 응하려고 하는 것입니다. 그러므로 집안일이 한 몸에 모여드는 것은 바로 공부할 수 있는 실제 자리이니, 진실로 일상생활을 하면서 이치를 따라 행할 수 있다면 집안의 도(道)가 바루어질 것입니다. 만약 집안일을 벗어버리려는 마음과 물리쳐 버리려는 생각을 일으킨다면 일과 이치가 각각 두 가지가 되어서 독서하는 것도 쓸 데가 없게 될 것입니다.[22] 이는 주 선생(朱先生)께서 평소 말씀하신 것이니, 부디 빨리 이 뜻을 체득하고 연구해서 참되고 간절하게 따르시기를 거듭 바라고 거듭 바랍니다.

이목산(李木山)[23]과 양백수(楊白水)[24] 두 현자는 바로 한천(寒泉 이재

22 집안일이……것입니다 : 《주자대전(朱子大全)》 권49 〈답진부중(答陳膚仲)〉에, "보내온 편지에서 집안일이 한 몸으로 모여들어 학문에 방해가 된다고 걱정하였는데, 이는 진실로 어쩔 수 없는 것이다. 그러나 이것이 공부할 수 있는 실제 자리이다. 다만 매사에 도리를 살펴 쉽게 지나치지 않아서 다시 그 사이에서 평소의 병통을 보아 통렬히 잘라버린다면, 학문하는 도가 무엇이 이보다 훌륭하겠는가. 만약 조금이라도 집안일을 벗어버리려는 마음을 일으키고 물리쳐 버리려는 생각을 낸다면 일과 이치가 두 가지가 되어서 독서하는 것도 쓸 데가 없게 될 것이다.〔承以家務叢委妨於學問爲憂, 此固無可奈何者. 然亦只此便是用功實地. 但每事看得道理, 不令容易放過, 更於其間見得平日病痛, 痛加翦除, 則爲學之道, 何以加此? 若起一脫去之心, 生一排遣之念, 則理事却成兩裁, 讀書亦無用處矣.〕"라고 보인다.

(李縡)) 문하의 고제로, 순수한 덕과 깊은 학문이 한 도에 으뜸이었습니다. 그런데 후손들이 가난하여 문헌을 잘 보존해 지키지 못해서 이름이 매몰되어 알려지지 못하니, 내가 마음에 항상 측은하게 여기는 바입니다. 일찍이 돌아가신 왕고장(王考丈)[25]께 재력을 베풀어서 이 문집을 가져다가 유고를 살펴보고서 이 분들을 표장(表章)할 방법을 도모하길 요구했었습니다. 그런데 사람의 일이 갑자기 변하여 이것을 이루지 못하였으니, 바라건대 애시는 반드시 선조의 뜻을 우러러 체득하십시오. 이 문집을 두 집안의 자손들에게 가서 찾으면 응당 기꺼이 부응할 것입니다. 항상 초야 사이에 혹시 한 명의 선한 사람이라도 빠뜨렸을까 염려하여 이 뜻을 잊지 못해서 죽음에 이르도록 거두지 못하고 있으니, 내 어리석고 망령됨이 참으로 우습습니다.

23 이목산(李木山) : 이기경(李基慶, 1713~1787)으로, 자는 백심(伯心), 호는 목산, 본관은 전의(全義)이다. 이상진(李尙眞)의 방손으로 대대로 호남의 전주에 살았고, 이재(李縡)를 스승으로 섬겼다.

24 양백수(楊白水) : 양응수(楊應秀, 1700~1767)로, 자는 계달(季達), 호는 백수, 본관은 남원(南原)이다. 젊어서는 권집(權緝)에게 배웠고, 중년에는 이재(李縡)의 문하에서 수학하였다. 문집으로는 《백수문집(白水文集)》이 있다.

25 돌아가신 왕고장(王考丈) : 소휘면의 조부인 소수구(蘇洙榘)를 가리킨다. 소수구는 자가 백연(伯淵), 호가 담락헌(湛樂軒)이다. 《매산집》 권46에 그의 행장이 실려 있는데, 이에 따르면 소수구의 부친 소시운(蘇始運)이 이기경을 종학(從學)하였다고 한다. 소수구는 한 해 전인 1841년에 별세하였다.

소휘면에게 답하다 계묘년(1843, 헌종9) 4월
答蘇輝冕 癸卯四月

집을 담당한 자[26]는 본래 날로 사용하는 공부가 있어서 단지 평상의 일일 뿐이니, 비록 전심치지(專心致志)하여 독서하지 못하더라도 마땅히 '벼슬하면서 여가가 있으면 배우고, 배우고서 여가가 있으면 벼슬함'[27]과 같이 해서 분수에 따라 힘을 써야할 뿐입니다. 무릇 한 집안의 주인은 한 집안의 귀신이 소속된 바이니, 조고(祖考)와 자손은 똑같은 하나의 기운이므로 그 조상의 영혼을 감동시켜 이르게 할 수 있는 것입니다. 하늘과 땅도 사람과 똑같은 하나의 기운이니, 어찌 하늘과 땅의 신령을 감동시켜 이르게 하지 못하겠습니까. 사람의 정성과 공경이 지극한가 지극하지 않은가에 달려 있을 뿐입니다. 만약 사람이 지극히 정성스럽고 지극히 공경한다면 작게는 조고의 영혼을 이르게 할 수 있고, 크게는 천지의 신령을 이르게 할 수 있습니다. 그러므로 군자가 종일토록 부지런히 하고 부지런히 해서 하늘에 있는 상제를 대하여[28] 감히 한순간도 간단(間斷)함이 없게 하는 것입니다. 부디 이 뜻을 체

26 집을 담당한 자 : 원문은 '당실자(堂室者)'이다. '당실'은 아버지의 대를 이어 집안일을 맡아 집안의 주인이 된 자를 말한다.《儀禮注疏 卷11 喪服》소휘면은 9세에 아버지를 여의었으며 1841년에는 조부 역시 여의었다.

27 벼슬하면서……벼슬함 : 자하(子夏)의 말로,《논어》〈자장(子張)〉에 보인다.

28 하늘에…대하여 :《시경(詩經)》〈주송(周頌) 청묘(淸廟)〉의 말로, 이 시에 "하늘에 계신 상제를 대하고 사당에 계신 신주를 매우 분주히 받든다.〔對越在天, 駿奔走在廟.〕"라고 하였다.

득해서 더욱 더 정성과 공경에 힘써서, 근본을 돈독히 하고 실제에 힘쓸 방법을 도모하여 남모르게 수행해서 참된 학문을 성취하십시오. 이렇게 하시기를 깊이 바라 마지않습니다.

《가례(家禮)》의 대상장(大祥章)에는 대상복을 진열하지 않고 곧바로 담복(禫服)을 진열하였는데,[29] 이것은 《가례》를 재차 편수하지 못한 소치인 듯합니다. 《상례비요(喪禮備要)》에 이것을 그대로 인습하였으니, 이 또한 대조하여 검토함이 부족했던 것입니다. 《사례편람(四禮便覽)》에서는 치밀하게 분별하여 의복을 진열하는 절차를 대상과 담제 두 장에 각각 둠으로써 《상례비요》의 부족한 점을 보완하였으니, 이것은 바꿀 수 없는 것입니다.

대상 후 신주를 사당〔廟〕으로 들일 적에 다만 동쪽 벽에 부(祔)하고 감히 곧바로 정감(正龕)으로 받들지 못하다가 길제(吉祭)를 지내고 나서 비로소 정감으로 나아갑니다. 그러므로 축문에 "올려서 사당으로 들입니다.〔隮入于廟〕"라고 하는 것이니, 사당〔廟〕과 사당〔祠〕이 어찌 다르겠습니까. 대상이 지난 뒤의 축문에 "사당에 드시기를 청합니다.〔請入于祠堂〕"고 말하는 것은 범연히 한 말이고, 여기서 "올려서 사당에 들입니다.〔隮廟〕"라고 하는 것의 '사당〔廟〕'은 바로 정감을 가리킨 것입니다.

29 가례(家禮)의……진열하였는데 : 《가례》 권4 〈상례(喪禮)〉 대상(大祥) 조에 "상차를 설치하고 담복을 진열한다.〔設次, 陳禫服.〕"라고 하였다.

내상(內喪)이 앞에 있을 경우, 임금이 공제(公除)한 뒤에는 왕조에 있어서는 비록 대사(大祀)·중사(中祀)·소사(小祀)를 행하나 신하의 입장에 있어서는 어찌 감히 대상(大喪)과 차별하여 대번에 사사로운 제사를 행할 수 있겠습니까.[30] 이는 영묘조(英廟朝)에 수교한 것과 우옹(尤翁)의 완성된 가르침[31]이 있으니, 이것을 따를 뿐입니다. 어찌

30 내상(內喪)이……있겠습니까 : 내상은 대비나 왕비의 상을 말하고, 대상은 국왕의 상을 말한다. 공제는 국상(國喪)에 입었던 상복을 공식적으로 벗는 일을 말한다. 대사는 사직(社稷)이나 종묘(宗廟) 등의 제사이고, 중사는 풍(風)·운(雲)·뇌(雷)·우(雨)·오악(五嶽)·사해(四海)·사독(四瀆)·선농(先農)·선잠(先蠶)·선성(先聖)에 대한 석전(釋奠)과 역대 왕조의 시조(始祖)에 대한 제사이고, 소사는 명산(名山)과 대천(大川)에 대한 제사이다. 사사로운 제사는 사가(私家)의 대상제·소상제와 같은 제사를 말한다. 《국조상례보편(國朝喪禮補編)》에 따르면, 국상이 있을 때에는 초상부터 졸곡까지 대사(大祀)·중사(中祀)·소사(小祀)를 모두 정지하는데, 이는 내상의 경우에도 동일하다. 또 내상이 앞에 있을 경우〔內喪在先〕 임금이 공제하고 난 뒤에는 모든 제사를 평상시처럼 지낸다고 하였다. 그러나 홍직필은 이는 왕조에 속한 제사를 두고 한 말이므로 사가의 제사는 그렇게 할 수 없다고 여겨 이렇게 말한 것이다.

31 우옹(尤翁)의 완성된 가르침 : 우옹은 우암(尤庵) 송시열(宋時烈, 1607~1689)을 말한다. 1680년(숙종6)에 숙종의 비 인경왕후(仁敬王后, 1661~1680)가 승하하여 '내상재선(內喪在先)'의 상황이 발생하자, 숙종이 공제한 후에 사가의 제사를 어떻게 해야 할지에 대해 논란이 있었는데, 송시열은 이에 대하여 '사가의 제사는 평소처럼 지낼 수 없다'고 주장하였다. 당시 박세채(朴世采)에게 답한 편지에, "금일은 주상이 비록 내상이라는 이유로 국가의 대사(大祀)·중사(中祀)·소사(小祀)를 일제히 모두 거행하지만 신하된 자의 입장으로 말하면 지금 자최복을 입고 있다 하더라도 재궁이 빈전에 있으면 왕조와 똑같이 평소에 제사하는 예를 사용하는 것은 온당치 못할 듯하다.〔大抵今日主上雖以內喪之故, 國家大中小祀一皆擧行, 而自爲臣子者言之, 方持齊衰之服, 而梓宮在殯, 一用常時祭祀之禮, 竊恐有所未安也.〕"라고 하였으며, 이세구(李世龜)에게 답한 편지에, "국상의 장례를 지내기 전에는 사가의 제사를 정지해야 한다는 것은 진실로 선현의 정론(定論)이 있으니, 지금 다시 의론할 수 없다. 그런데 금일은 내상이기

그 사이에 이론(異論)을 용납하겠습니까. 수교한 것은 또한 정성성모(貞聖聖母)[32]의 상(喪)때에 있었으니, 왕조를 기준으로 삼아 제사를 행해서는 안 됨을 알 수 있습니다.

시제(時祭)에는 삼헌(三獻)을 하되 헌관은 모두 동향하여 서고 집사자가 술을 따르니, 이는 바로 신에게 명령을 듣는 뜻으로, 이것이 우제(虞祭)와 똑같지 않은 이유입니다. 우제는 제사의 주인이 주전자가 있는 탁자 앞으로 나아가기 전에, 삭망(朔望)의 참례(參禮)와 시제와 마찬가지로, 집사자가 술병을 열고서 수건을 가져다가 병 주둥이를 씻고 술을 주전자에 채우는 하나의 예절이 있어야 하는데, 지금 글이 갖추어져 있지 않아서 없는 것입니다.[33] "모두 영좌 앞에 나아가서 북

때문에 논의가 다양한 것이다. 그러나 내 생각엔 재궁이 빈전에 있을 때에는 기년의 상제가 몸에 있는 것이므로 신민은 감히 대번에 국가와 똑같이 할 수 없다.〔大抵國喪未葬前, 私家祭祀, 自有先賢定論, 今不容更議, 而惟是今日則以內喪之故, 論議多岐. 然鄙意則梓宮在殯, 期制在身, 臣民自不敢遽同於國家.〕"라고 하였다. 《宋子大全 卷67 答朴和叔, 卷114 答李壽翁》

32 정성성모(貞聖聖母) : 1697~1757. 영조의 원비로, 본관은 달성(達城)이고 달성부원군(達城府院君) 서종제(徐宗悌)의 딸이다. 1704년(숙종30) 연잉군(延仍君)과 혼인하여 달성군부인(達城郡夫人)으로 책봉되었고, 1721년(경종1) 연잉군이 왕세제(王世弟)로 책봉됨에 따라 세제빈(世弟嬪)이 되었다. 1724년 왕세제 연잉군이 경종의 뒤를 이어 왕위에 오르자 왕비가 되었다. 존호는 혜경장신강선공익인휘소헌(惠敬莊愼康宣恭翼仁徽昭獻), 휘호(徽號)는 단목장화(端穆章和)이며, 능은 홍릉(弘陵)이다.

33 우제는……것입니다 : 《가례(家禮)》 권4 〈상례(喪禮)〉 우제(虞祭) 조의 '초헌(初軒)'의 본주(本註)에, "주인이 주전자가 있는 탁자 앞으로 나아가서 북향하여 선다. 집사자 한 사람이 영좌 앞의 잔 받침과 잔을 가지고 주인의 왼쪽에 선다.〔主人進詣注子卓前, 執注北向立. 執事者一人取靈座前盤盞, 立於主人之左.〕"라고 하여, 집사자가 술

향함"[34]을 가지고 미루어 보면, 집사자가 술병을 여는 것과 잔을 가지고 주인의 왼쪽에 서는 것도 북면하는 것임을 알 수 있습니다.

협제(祫祭)하기 전에는 신주를 정감(正龕)에 들이지 않습니다. 그러므로 대상 후 신주를 사당으로 들일 적에 동쪽 벽에 받들어 부(祔)해서 서향을 해야 하는 것입니다. 배위(配位)가 먼저 이미 사당에 들어가 있으면 마땅히 새 신위를 그 위에 받들어 모시되 탁자를 각각 사용해야 하고, 삭망(朔望)의 참례(參禮)에도 제수를 각각 진설하여야 합니다. 합독(合櫝)하기 전에는 "자리를 펴고서 같은 궤연에 진설하는 뜻"[35]을 사용해서는 안 되고, 협제를 마치고 처음 합독을 한 뒤에 합하여 제향해야 합니다.

《예기(禮記)》〈상복소기(喪服小記)〉에 "적부(嫡婦)로 그 남편이 시아버지의 후계가 되지 못한 자-폐질(廢疾)이 있는 자의 부인이다.-는 시어머니

병을 열고 술을 주전자에 채운다는 내용이 빠져 있는 것을 말한 것이다.

34 모두……북향함 : 《가례(家禮)》 권4 〈상례(喪禮)〉 우제(虞祭) 조의 '초헌(初獻)' 본주에 "주인이 술을 따르고 주전자를 탁자 위에 올려놓은 후 집사자와 함께 모두 영좌 앞으로 나아가서 북향한다.〔主人斟酒, 反注於卓子上, 與執事者俱詣靈座前, 北向立.〕" 라고 하였다.

35 자리를……뜻 : 《예기(禮記)》 〈제통(祭統)〉에, "자리를 펴고서 같은 궤연에 진설함은 신을 의지하게 하기 위한 것이다.〔鋪筵, 設同几, 爲依神也.〕"라고 하였는데, 공영달(孔穎達)의 소(疏)에 "사람이 살아 있을 때에는 형체가 다르므로 부부가 궤연을 달리하지만, 죽어서는 혼기(魂氣)가 여기에 함께 돌아가므로 부부가 궤연을 함께 함을 말한 것이다.〔言人生時, 形體異, 故夫婦別几, 死則魂氣同歸於此, 故夫婦共几.〕"라고 하였다.《禮記注疏 祭統》

가 그 며느리를 위하여 소공복을 입는다."라고 하였습니다.[36] 그러므로 《가례(家禮)》와 《상례비요(喪禮備要)》에서 이것을 소공조(小功條)에 기재한 것입니다. 그러나 나중엔 이미 올려서 대공이 되었으니,[37] 그렇다면 마땅히 대공조(大功條)로 옮겨 기재해야 함을 의심할 것이 없습니다.

기년복은 장례지낸 다음엔 기제(忌祭)와 묘제(墓祭)를 지낼 적에 마땅히 예를 갖추어 삼헌을 행해야 합니다. 그러나 아내의 상은 장기(杖期)[38]이지만 실제로는 삼년상의 체(體)가 갖추어져 있고, 또 죽은 처가

36 예기(禮記)……하였습니다 : 《예기》 〈상복소기〉에 "적부로 그 남편이 시부모의 후계가 되지 못한 자는 시어머니가 그 며느리를 위하여 소공복을 입는다.〔適婦不爲舅姑後者, 則姑爲之小功.〕"라고 하였는데, 정현(鄭玄)의 주(注)에 "남편이 폐질이나 다른 연고가 있거나 죽어서 아들이 없어 중함을 받지 못한 자를 말한다. 소공복은 서부(庶婦)에 대한 복이다. 무릇 부모가 아들에 대하여, 시부모가 며느리에 대하여, 적자·적부에게 중함을 전하지 못하는 경우와 중함을 전해 받은 자가 적자·적부가 아닌 경우에는, 복제를 모두 서자·서부와 같이 한다.〔謂夫有廢疾他故, 若死而無子, 不受重者. 小功, 庶婦之服也. 凡父母於子, 舅姑於婦, 將不傳重於適及將所傳重者非適, 服之皆如庶子庶婦也.〕"라고 하였다. 《禮記注疏 喪服小記》

37 나중엔……되었으니 : 김장생(金長生)의 《의례문해(疑禮問解)》에, " 당(唐)나라 태종조(太宗朝)에 위징(魏徵)이 중자(衆子)의 부인을 대공복으로 올려 형제 아들의 부인과 똑같이 하였고, 또 적부를 기년복으로 올렸으니, 이제 적부에 대해서는 그가 비록 제사를 주관하지 못했다고 하더라도 마땅히 중자의 부인과 똑같이 대공복을 입는 것이 옳을 듯하다.〔唐太宗朝, 魏徵升衆子婦大功, 同於兄弟子之婦, 又升嫡婦期, 則今嫡婦雖不得主祀, 當與衆子婦同爲大功, 似可也.〕"라고 하였다. 위징의 일은 당나라 정관(貞觀) 14년(640)에 있었던 일로, 《구당서(舊唐書)》 권27에 보인다.

38 장기(杖期) : 상장(喪杖)을 짚고 자최(齊衰)를 1년 동안 입는 상이다.

종부라면 종부의 상중에는 예(禮)를 기준하여 제사를 지내서는 안 될 듯합니다. 주자(朱子)가 일찍이 말씀하기를 "기제는 혐의할 만한 것이 없을 듯하나 정침(正寢)에 이미 궤연이 진설되어 있다면 제사지낼 곳이 없으니, 기제를 잠시 정지해야 할 듯하다."라고 하였는데,[39] 선유들이 이 의론을 원용하여 "제사를 평상시처럼 지내는 것은 온당치 못할 듯하다."라고 하였습니다. 그러니 처상(妻喪)의 담제 이전에는 마땅히 단헌(單獻)만 하고 축문이 없어야 할 듯합니다.

39 주자(朱子)가……하였는데 : 《주자대전(朱子大全)》 권59 〈답두문경(答竇文卿)〉에 보이는 말이다. 두문경이 "아직 장례를 지내기 전이어서 제사를 지내서는 안 될 때에 혹 선고의 기일을 만나면, 마땅히 제사를 지내야 합니까?〔未葬不當祭時, 或遇先忌, 又不知當祭否?〕"라고 묻자, 주희(朱熹)가 "기제는 상례에 있어 여사(餘事)이니, 제사 지내도 혐의할 만한 것이 없을 듯하다. 그러나 정침에 이미 궤연이 진설되어 있다면 제사를 지낼 곳이 없으니, 기제를 잠시 정지해야 할 듯하다.〔忌者, 喪之餘, 祭似無嫌. 然正寢已設几筵, 卽無祭處, 恐亦可暫停也.〕"라고 대답하였다.

소휘면에게 답하다 무신년(1848, 헌종14) 8월

答蘇輝冕 戊申八月

영윤(令胤)의 가례(嘉禮)의 일은 모두 통고하였으니, 이로 인하여 찬탄하고 기뻐합니다. 관례(冠禮)라는 것은 사례(四禮, 관례・혼례・상례・제례)의 시작이니, 삼가(三加)의 의식[40]을 갖추는 것은 그만둘 수 없는 일인데, 온 세상이 버려두고 시행하지 않은 지가 오래 되었습니다. 그런데 현자만이 홀로 남들이 하지 않는 것을 하니, 이는 손창윤(孫昌胤)이 분발하여 행함[41]과 같지 않겠습니까.

40 삼가(三加)의 의식 : 관례를 할 적에 세 차례 관을 바꾸어 쓰는 의식을 말한다. 이를 초가(初加)・재가(再加)・삼가(三加)라 한다.

41 손창윤(孫昌胤)이 분발하여 행함 : 손창윤은 당(唐)나라 때의 사람으로, 당시 없어진 관례를 홀로 행하였다. 유종원(柳宗元)의 〈답위중립서(答韋中立書)〉에, "내 들으니, 옛날에 관례를 소중히 여긴 것은 장차 성인(成人)의 도(道)를 요구하고자 해서이니, 이는 성인(聖人)이 더더욱 마음을 쓰신 것이었다. 그러나 수백 년 이래에 사람들은 다시 관례를 행하지 않았다. 그런데 근래에 손창윤이라는 자가 홀로 분발하여 행하고는, 관례를 마친 다음날 조정에 나아가 외정(外庭)에 이르러 홀을 들고 경사(卿士)들에게 말하기를 '아무개가 관례를 마쳤다.'라고 하였다. 그러자 이를 들은 자들은 멍청히 있었고, 경조 윤(京兆尹) 정숙칙(鄭叔則)은 발끈 화를 내고는 홀을 끌고 물러서며 말하기를 '나와 무슨 관계가 있는가.'라고 하니, 조정 안에 있는 사람들이 모두 크게 웃었다. 천하 사람들이 정숙칙을 그르다 하지 않고 손창윤를 괴이하게 여김은 어째서인가? 이는 홀로 남이 하지 않는 바를 하였기 때문이다.〔抑又聞之, 古者重冠禮, 將以責成人之道, 是聖人所尤用心者也. 數百年來, 人不復行. 近者, 孫昌胤者獨發憤行之, 旣成禮, 明日造朝, 至外庭, 薦笏, 言於卿士曰: 某子冠畢. 應之者咸憮然. 京兆尹鄭叔則怫然曳笏却立曰: 何預我邪? 廷中皆大笑. 天下不以非鄭尹而怪孫子, 何哉? 獨爲所不爲也.〕"라고 하였다.

만일 어질고 예를 좋아하는 자를 선택하여 주례(主禮)로 삼는다면, 조유문(趙孺文)[42]보다 나은 사람이 없으니, 현자가 삼계(三溪)[43]에 계빈(戒賓)[44]하는 것은 바꿀 수 없는 일일 듯합니다. 내가 삼계에게 편지를 써서 이러한 뜻을 말해주었으니, 부디 이 편지까지 전해주길 바랍니다.

예는 번거로우면 혼란스럽습니다. 그래서 되도록 간략하고 쉬운 것을 따라야 하니, 이것이 바로 알기 쉽고 행하기 쉬운 것입니다. 《사례편람(四禮便覽)》은 《가례(家禮)》에 비해 더욱 간략하니, 마땅히 따라야 할 듯합니다. 이 《사례편람》이 현재 삼계에 있으니, 조유문과 그 의절(儀節)을 상의하는 것이 어떻겠습니까?

삼가(三加)의 의복 색깔은 반드시 국한하여 정할 것은 없으니, 모름지기 정자(程子)가 "만약 고례(古禮)의 의복을 만들어 관례를 했다가 관례를 마치고서 항상 착용하지 않으면 이것은 거짓이다. 모름지기 지금 시대의 의복을 써야 한다."[45]라고 말씀한 것을 기준으로 삼는 것이 마땅할 듯합니다. 삼가에는 마땅히 푸른 도포에 초립을 써야 하는데, 이것은 지금 시대의 의복이 되나 예복은 아닙니다. 그래서 초가(初加)

42 조유문(趙孺文) : 조병덕(趙秉悳, 1800~1870)으로, 자는 유문, 호는 숙재(肅齋), 본관은 양주(楊州)이다. 홍직필과 오희상(吳熙常)의 문하에서 수업하였다. 문집으로 《숙재집(肅齋集)》이 있다.

43 삼계(三溪) : 조병덕이 거주하던 삼계리를 가리킨 것이다. 조병덕(趙秉悳)은 서울 황화방(皇華坊) 취현동(聚賢洞)에서 태어나 14세가 되던 해인 1813년(순조13)에 충청도 남포현(藍浦縣) 삼계리의 본가로 돌아왔고 이후 주로 이곳에 거주하면서 강학(講學)에 힘썼다.

44 계빈(戒賓) : 관례를 행할 때에 예를 주관하는 빈(賓)이 되어 줄 것을 통고하는 것이다.

45 만약……한다 : 이 말은 《이정유서(二程遺書)》 권17에 보인다.

할 때에는 심의(深衣)와 복건(幅巾)을 쓰고, 재가(再加)할 때에는 난삼(襴衫)과 복두(幞頭)를 쓰고, 삼가(三加)할 때에는 더욱 더 높아지므로 서울 지방에서는 조복(朝服)을 사용하지만, 궁벽한 시골에는 조복이 있지 않으니, 공복(公服)에 사모(紗帽)를 쓰는 것이 예에 맞을 듯합니다.

빈(賓)에게 예를 표하는 폐백은 그 양을 상황에 맞게 조절해야 하는데, 궁핍한 자는 재력을 만들기가 매우 어려우니, 한 묶음의 종이면 충분합니다. 어찌 굳이 삼베와 명주 베를 쓸 것이 있겠습니까.

고조를 이은 종자(宗子)가 마땅히 관례를 주관해야 하나, 《가례》에도 "종자가 연고가 있으면 차종자나 그 아버지에게 명하여 주관하게 한다."라고 하였습니다.[46] 현자가 바로 이러한 경우이니, 다시 상의할 것이 없을 듯합니다. 현자는 조유문과 연치(年齒)가 그리 차이나지 않으니, 그와 대등한 예를 행하면 될 것입니다. 어찌 혐의할 것이 있겠습니까.

46 가례에도……하였습니다 : 《가례》 권2 〈관례(冠禮)〉 관(冠) 조의 "3일 전에 주인이 사당에 고한다.〔前期三日, 主人告於祠堂.〕"의 본주(本註)에 "주인은 관례를 하는 사람의 할아버지나 아버지로 고조를 계승하여 종자가 된 자를 말한다. 만약 종자가 아니라면 반드시 고조를 계승한 종자가 이를 주관해야 하고, 연고가 있으면 차종자(次宗子)나 그 아버지에게 명하여 주관하게 한다.〔主人謂冠者之祖父, 自爲繼高祖之宗子者. 若非宗子, 則必繼高祖之宗子主之. 有故則命其次宗子若其父自主之.〕"라고 하였다.

소휘면에게 답하다 경술년(1850, 철종1) 12월

答蘇輝冕 庚戌十二月

보내온 편지에서, 오랫동안 독서를 하지 못해 십한(十寒)과 중초(衆楚)[47]가 될 것이라고 근심하였으니, 그 뜻이 참되고 간절합니다. 깊이 감탄합니다. 보고 듣고 생각하고 동작하는 것이 모두 천리(天理)이니, 사람이 다만 이 가운데에서 무엇이 진(眞)이고 무엇이 망(妄)인지 알아야 할 뿐입니다.[48] 동하기를 천리로써 하는 것은 진이 되고 인욕으로써 하는 것은 망이 됩니다.[49] 하늘과 사람은 본래 둘이 아닌데 사람은

47 십한(十寒)과 중초(衆楚) : 모두 《맹자》에 보이는 말로, 주변 상황의 뒷받침과 꾸준한 노력이 없으면 효과를 보기 어려움을 나타내는 비유이다. 십한은 '일폭십한(一曝十寒)'의 준말로, 《맹자》 〈고자 상(告子上)〉에, "천하에 빨리 자라나는 식물이 있더라도 하루 동안 햇볕을 쪼이고 열흘 동안 춥게 한다면 잘 자랄 수 있는 것이 없을 것이다.〔雖有天下易生之物也, 一日曝之, 十日寒之, 未有能生者也.〕"라고 한 데서 온 말이고, 중초는 《맹자》 〈등문공 하(滕文公下)〉에, "제(齊)나라 사람 한 명이 가르치는데 여러 초나라 사람이 떠들어 댄다면 비록 날마다 종아리를 치면서 제나라 말을 하기를 요구하더라도 될 수 없을 것이다.〔一齊人傅之, 衆楚人咻之, 雖日撻而求其齊也, 不可得矣.〕"라고 한 데서 온 말이다.

48 보고……뿐입니다 : 이 말은 《이정유서(二程遺書)》 권11에 보이는 정호(程顥)의 말로, 《근사록(近思錄)》 권2 〈위학(爲學)〉에도 채록되었다. 이 말에 대하여 주희(朱熹)는 "'개천야(皆天也)'라는 것은 보고 듣고 생각하고 동작하는 것이 모두 천리임을 말한 것이니, 순히 발하여 나와서 당연한 이치 아님이 없는 것이 이른바 참〔眞〕이고, 망(妄)이라는 것은 천리에 위반되는 것이다.〔皆天也, 言視聽思慮動作皆是天理. 其順發出來, 無非當然之理, 卽所謂眞. 其妄者, 却是反乎天理者也.〕"라고 부연하였다. 《朱子語類 卷95 程子之書一》

다만 이 형체가 있음으로 인하여 하늘과 한 칸이 막혀 있는 것이니, 형체를 제거하면 온전히 천리입니다. 그러나 형체를 어찌 제거할 수 있겠습니까. 유아(有我)의 사(私)를 이겨 제거하는 것이 바로 제거한다는 것입니다. 부디 이 뜻을 체득해서 선과 이(利)를 분별[50]하는 데에 더욱 힘을 써서 예(禮)를 회복하여 인(仁)을 행하는 데[51]에 점차 이르기를 바랍니다. 이것이 바로 구경(究竟)의 경지이니, 힘쓰고 힘쓰십시오.

49 동하기를……됩니다 : 이 말은 《이천역전(伊川易傳)》 권2에 보이는 말로, 무망괘(无妄卦)에 대해 총론하면서 "이 괘는 건(乾)이 위에 있고 진(震)이 아래에 있다. 진(震)은 동함이니, 동하기를 천리로써 하면 무망이 되고, 동하기를 인욕으로써 하면 망이 되니, 무망의 뜻이 크다.〔爲卦, 乾上震下. 震, 動也, 動以天, 爲无妄, 動以人欲則妄矣, 无妄之義大矣哉!〕"라고 하였다.

50 선과 이(利)를 분별 : 이 말은 《맹자》 〈진심 상(盡心上)〉에, "닭이 울면 일어나서 부지런히 선행을 하는 자는 순임금의 무리이고, 닭이 울면 일어나서 부지런히 이익을 위하는 자는 도척의 무리이니, 순임금과 도척의 구분을 알고자 한다면 다른 것이 없다. 이(利)와 선의 사이인 것이다.〔雞鳴而起, 孶孶爲善者, 舜之徒也. 雞鳴而起, 孶孶爲利者, 跖之徒也. 欲知舜與跖之分, 無他, 利與善之間也.〕"라고 한 데에서 온 말이다.

51 예(禮)를……데 : 이 말은 《논어》 〈안연(顔淵)〉에서 안연(顔淵)이 인(仁)을 묻자 공자가 "사욕(私慾)을 이겨 예(禮)에 돌아감이 인(仁)을 하는 것이다.〔克己復禮爲仁.〕"라고 한 데에서 온 말이다.

소휘면에게 답하다 신해년(1851, 철종2) 선달

答蘇輝冕 辛亥臘月

장자를 위해서 3년복을 입는 자는 아버지 상(喪)과 똑같이 참최복이지만, 자식은 비유(卑幼 항렬이 낮거나 나이가 어린 사람)의 상이 되기 때문에 거상할 때와 출입할 때의 의복이 대고(大故 부모의 상)와는 똑같지 않고, 국법에도 관직을 해임하는 것을 허락하지 않습니다. 상복을 입고서 벼슬에 종사할 수가 없으므로 관은 거친 흑칠을 한 칠립(漆笠)을 쓰고 포는 생포로 만든 도포를 쓰고 띠는 마교대(麻絞帶)를 씁니다. 평상시에는 삼베로 만든 중의(中衣)를 입는데 망건은 삼베를 사용할 수가 없으므로 삼베를 사용하여 둘레를 꾸밀 뿐입니다. 비록 벼슬에 종사하는 자가 아니라도 마땅히 이와 같이 해야 하니, 방립과 패랭이는 모두 착용해서는 안 됩니다. 과거에 응시하는 것은 영화를 구하는 일에 관계되니, 인정과 예법상 할 바가 아닙니다.

이도용 사인 에게 답하다 경술년(1850, 철종1) 정월

答李道用 士仁○庚戌正月

돌아보건대, 지금 사람의 마음이 좀먹고 파괴된 것이 다시 여지가 없어서 마치 8, 90년 된 고질병이 한두 첩의 평위산(平胃散)으로 치료할 수 있는 바가 아닌 것과 같습니다. 또 과거 공부가 선비들의 고황(膏肓)[52]이 되어서 다만 의리가 전혀 명백하지 못할 뿐만이 아니라 글을 쓰는 것도 전혀 기강이 없어서 기우고 꿰맨 것처럼 쇠약하고 마치 취한 사람의 말처럼 차서(次序)를 잃었으니, 세상의 글이 모두 이와 같습니다. 이것이 우리가 기억하고 경계해야 할 바입니다. 현자의 선을 즐거워하고 학문을 좋아함은 참된 천성에서 나왔으니, 진실로 함께 도에 들어갈 만한 자입니다. 도에 나아가는 요점은 진실로 여러 가지이나, 세상의 허다한 이욕(利欲)과 외모(外慕 외물에 대한 사모)를 떨쳐버리고 영(榮)과 욕(辱), 시와 비, 득과 실, 이(利)와 해(害)가 모두 말할 것이 못 된다는 것을 알고서 다만 이 마음을 곧게 하여 부끄러움도 없고 두려움도 없게 해야 합니다. 그래야 비로소 말과 침묵, 동(動)과

52 고황(膏肓) : 사람의 몸 속 깊은 곳에 있는 장기를 말하는데, 일반적으로 난치병을 가리키는 말로 쓰인다. 《춘추좌씨전(春秋左氏傳)》 성공(成公) 10년 조에 "진(晉)나라 경공(景公)이 병이 심하여 진(秦)나라의 명의(名醫)를 청하였는데, 그가 오기 전에 경공의 꿈에 두 수상한 남자〔二竪〕가 서로 말하기를, '내일 명의가 오면 우리를 처치할 것이다. 그러니 우리가 고(膏)의 밑과 황(肓)의 위로 들어가면 명의도 어찌 하지 못할 것이다.'라고 하였다. 다음날 명의가 와서 진찰하고는, '병이 고황의 사이에 들어갔으니 치료할 수 없습니다.' 하였다."라고 보인다.

정(靜)에 나타나는 것이 다 도리일 것이니, 이렇게 하지 않으면 부침하고 출입해서 뒤섞이고 소요할 것입니다.[53] 이것이 우리들 공통의 근심이기 때문에 이 말을 들어 외워서 삼원(三元)[54]의 송축으로 대비합니다.

내 가만히 보건대, 존명(尊名)을 성(姓)과 아울러서 쓰면 순묘조(純廟朝)[55]의 성과 휘(諱)를 범하게 될 듯합니다. 당시 좌하의 성명과 같은 자들이 모두 그 이름의 글자를 바꿨으니, 좌하께서는 이것을 미처 들어 알지 못하셨습니까? 부디 빨리 고쳐서 후회를 하지 않게 하는 것이 어떻겠습니까? 이것은 '환관과 궁첩들이 감히 유(諭)와 기(機)를 말하지 못해서 그 글자를 말하는 것을 임금의 휘를 범함에 저촉됨으로 여기는 것'[56]과는 차이가 있으니, 다시 생각할 것이 없을 듯합니다.

시제(時祭)는 정침(正寢)에서 행하는 것이 예(禮)이나 집이 좁으면 선현들 중에 혹 사당(祠堂)에서 행한 사람이 있습니다. 그대 집이 가난하여 집이 좁으니, 그렇다면 우선 사당에서 행하되 제사를 지내기를

53 도에……것입니다 : 이 내용은 《면재집(勉齋集)》 권8 〈복호숙기서(復胡叔器書)〉에 보인다.

54 삼원(三元) : 연(年)·월(月)·일(日)이 모두 원(元)인 날로, 정월 초하루를 말한다.

55 순묘조(純廟朝) : 순조를 말하는바, 순조의 이름은 공(玜)이다.

56 환관과……것 : 이 말은 한유(韓愈)의 〈휘변(諱辨)〉에 나오는 말로, 상장(上章)이나 조서 등에서는 임금의 휘를 범할 수 있지만 환관과 궁첩들은 임금의 휘를 감히 범하지 못한다는 말이다. 유(諭)는 당(唐) 대종(代宗)의 이름인 예(豫)와 가깝다 하여 휘하였고, 기(機)는 당 현종(玄宗)의 이름인 융기(隆基)의 기(基)와 가깝다 하여 휘하였다.

신독재(愼獨齋 김집(金集))가 책을 펴놓고 조밥을 올린 것과 중봉(重峯 조헌(趙憲))이 산에서 나물을 뜯고 물에서 물고기를 잡아서 한 것과 같이 해야 합니다. 이것이 그만두는 것보다 낫지 않겠습니까.

부모의 상중에 남의 위로편지에 답하는 글은 반드시 졸곡 뒤에 있어야 하지만, 만약 초상과 장례에 관계된 일이라면 구애할 것이 없으니, 이는 선철(先哲)들이 허여한 바입니다. 더구나 기년복으로 강등한 자에 있어서이겠습니까. 기년의 상중에 남의 위로편지에 답하는 것은 졸곡이 끝나기를 기다리지 않는 것이 예(禮)입니다.

이른바 합장(合葬)이란 것은 부인을 남편에게 부(祔)하는 것입니다. 그러므로 "백년 뒤에나 그 무덤으로 돌아간다.〔百歲之後 歸于其室〕"[57] 라고 한 것입니다. 그런데 지금 사람들은 남편이 생존해 있는데 전처와 후처를 합장하니, 장례를 함에 누구에게 부(祔)한단 말입니까. 그 가운데를 비워놓고 두 배위(配位)를 쌍분으로 하는 것은 가할 것입니다. 전배(前配)의 사당(祠堂)과 묘소에 고유하는 글은 남편이 주관하되 개장(改葬)하는 예(禮)를 써야 하고 "합장"이라고 말해서는 안 되며, 새로 장례하는 후배(後配)의 신위에도 전배(前配)에 대해서 조금도 언급해서는 안 됩니다. 이는 남편이 살아 있을 때에는 두 배위를

57 백년……돌아간다 : 이 말은 《시경(詩經)》 〈국풍(國風) 갈생(葛生)〉에 보이는 바, 원문은 "百歲之後 歸于其居"이다. 이 시는 부인이 정역(征役)가서 돌아오지 않는 남편을 그리는 내용으로, 이 부분 역시 남편이 돌아올 기약이 없으므로 "죽어서라도 그를 따라 그의 무덤으로 돌아가겠다."라는 의미로 말한 것이다.

합장하는 의리가 없기 때문입니다.

두 배위(配位)를 하관하는 일이 한 때에 있습니까? 원배(元配)를 먼저 장례했다면, 장례가 끝나고 묘소에 전(奠)을 올리는 것을 조금도 늦춰서는 안 될 것이요, 계배(繼配)를 반우(返虞)[58]하는 것을 반드시 이날에 해야 할 것입니다. 중한 상(喪)을 먼저 하고 가벼운 상을 뒤에 한다는 의리를 사용하여 먼저 원배의 묘에 전을 올리는 것이 마땅할 듯합니다.

아내가 주부(主婦)가 되었다면 주부의 상(喪)에는 주부가 없고, 아버지가 살아 계셔서 아버지가 상을 주관한다면 며느리는 주부의 예(禮)를 행할 수가 없습니다. 그러니 아헌과 종헌은 주인의 아들 또는 손자가 하는 것이 마땅할 듯합니다.

전모(前母)와 후모(後母)의 상이, 하나는 개장(改葬)이고 하나는 새로 장례하는 것인데 동시에 발인(發靷)한다면, 후상(後喪)을 따르는 자는 마땅히 자최복을 입어야 하고, 개장하는 전모에 궤전(饋奠)을 올리고 하관할 때에는 마땅히 개장의 상복을 입어야 하며, 일이 끝나면 다시 새로 장례한 상의 자최복을 입어야 합니다. 이것이 상마다에 그 상복을 각각 입는 것이 됩니다.

58 반우(返虞) : 장례를 마친 뒤에 신주(神主)를 모시고 집으로 돌아와서 우제(虞祭)를 지내는 것을 말한다.

이도용에게 답하다 신해년(1851, 철종2) 10월
答李道用 辛亥十月

보내온 편지에서, 한 책도 읽지 못하고 한 이치도 연구하지 못해서 최종의 성취가 비루한 사람이 됨을 면치 못할 것임을 진실하고 간절히 부끄러워하고 한스러워하였으니, 몸에 돌이켜 반성해서 통렬히 스스로 경계하고 자책하기를 애시(哀侍)와 같이 하는 자가 또 몇 명이나 되겠습니까. 《주역(周易)》〈계사전(繫辭傳)〉에 이르기를, "무구(无咎)라는 것은 허물을 잘 보전(補塡)한 것이다."라고 하였으니,[59] 빨리 이 뜻을 체득하여 존양(存養)하고 극치(克治)하는 공부에 더욱 돈독히 힘써서 천기(天機)가 깊어져 기욕(嗜欲)이 얕아진 경지[60]에 서서히 이르길 바랍니다. 지극한 덕(德)과 응집된 도(道)[61]는 이로부터 도달하게 되는 것이니, 오직 힘쓰기를 어떻게 하느냐에 달려 있을 뿐입니다. 선철(先哲)이 말하기를, "일이 한번 잘못되면 마음이 곧 부끄러워

59 주역……하였으니 : 《주역》〈계사전 상(繫辭傳上)〉 3장의 말로, 거기에, "길과 흉은 득과 실을 말한 것이고, 회(悔)와 인(吝)은 약간의 하자를 말한 것이고, 무구는 허물을 잘 보전한 것이다.〔吉凶者, 言乎其失得也. 悔吝者, 言乎其小疵也. 无咎者, 善補過也.〕"라고 하였다.

60 천기(天機)가……경지 : 천기는 하늘로부터 부여받은 본성을 말한다. 이 말은 《장자(莊子)》〈대종사(大宗師)〉에 "기욕이 깊은 사람은 천기가 얕다.〔其耆欲深者, 其天機淺.〕"라고 한 것을 원용한 것이다.

61 지극한……도 : 《중용(中庸)》에 "만일 지극한 덕이 아니면 지극한 도가 응집되지 않는다.〔苟不至德, 至道不凝焉.〕"라고 한 데서 온 말이다.

지고, 마음이 한번 부끄러우면 기가 곧 굶주리고, 기가 한번 굶주리면 도의(道義)가 곧 이지러지니, 이것은 일관된 일이다. 다만 의(義)를 축적하면 이러한 병통이 없게 되니, '반드시 종사함이 있음'은 간단(間斷)함이 없고자 하는 것이다."라고 하였습니다.[62] 지극히 총명함으로써 그 기미를 살피고 지극히 굳셈으로써 그 결단을 이루어야 하니,[63] 기미는 마음에서 나오는데 즉시 그 허물을 깨닫고, 말은 입에서 나오는데 이미 그 잘못을 깨달아서, 몸에 행하고 일에 나타나기 전에 선(善)으로 돌아간다면 무슨 후회할 것이 있겠습니까. 그러므로 공자(孔

62 선철(先哲)이……하였습니다 : 선철은 명(明)나라 학자 호거인(胡居仁)을 가리킨다. 인용된 말은 호거인의 《거업록(居業錄)》 권8에 보이는바, 《맹자》 〈공손추 상(公孫丑上)〉의 호연지기장(浩然之氣章)에 대한 논술이다. "일이 한번 잘못되면 마음이 곧 부끄러워짐"은 호연지기장에 "마음에서 생겨나 정사에 해를 끼치며 정사에 발로되어 일에 해를 끼친다.〔生於其心, 害於其政, 發於其政, 害於其事.〕"라고 한 것을 거꾸로 쓴 것이고, "기가 한번 굶주리면 도의가 곧 이지러짐"은 호연지기장에 "그 기가 의(義)와 도(道)에 배합되니, 이것이 없으면 굶주리게 된다.〔其爲氣也, 配義與道, 無是, 餒也.〕"라고 한 것을 거꾸로 쓴 것이다. 여기의 '무시뇌야(無是餒也)'를 여조겸(呂祖儉)은 "도의가 없으면 호연지기가 굶주린다"로 해석하였는데, 주희(朱熹)는 이를 따르지 않고 "호연지기가 없으면 몸이 굶주린다"의 의미로 해석하였는바, 이는 유무가 중시되는 대상을 호연지기로 본 것이다.《朱子大全 卷48 答呂子約》 호거인은 여조겸과 같은 해석을 취한 것으로 보인다. "의를 축적함"은 호연지기장에 "이 호연지기는 의를 많이 축적하여 생겨나는 것이다.〔是集義所生者.〕"라고 한 것을 원용한 말이고, "반드시 종사함이 있음" 역시 호연지기장에 보이는 말로, '반드시 호연지기를 기름에 종사함'의 뜻이다.

63 지극히……하니 : 《논어집주(論語集註)》 안연문인장(顏淵問仁章) 장하주에, "지극히 총명한 사람이 아니면 그 기미를 살필 수 없고, 지극히 굳센 사람이 아니면 그 결단을 이룰 수 없다.〔非至明, 不能察其幾; 非至健, 不能致其決.〕"라고 한 것을 원용한 것으로, 이는 주희(朱熹)가 안연이 공자로부터 그와 같은 답을 들을 수 있었던 까닭을 설명한 말이다.

子)가 오직 안자(顔子)만이 이에 능하다고 허여하셨으니,[64] 우리들이 힘쓰지 않으면 안 됩니다.

부묘(祔廟)할 때 고하는 말은, 예(禮)에 따르면 현증조비(顯曾祖妣) 아래에다가 어머니를 부묘해야 하므로, 마땅히 "선비(先妣)가 대상(大祥)을 마치기 전에 선고(先考) 모관께서 하세하여 불초가 어머니 상을 주관하여 예를 행하므로 삼가…….”라고 해야 합니다.

본생부모(本生父母)의 상(喪)이 비록 다른 기년복보다는 중하나 기년복이라는 것은 똑같습니다. 그러니 성복(成服) 후에는 마땅히 양자간 집의 기제(忌祭)와 묘제(墓祭)를 행하되 술은 한잔만 올리고 축문은 없이 하고 자제(子弟)로 대행해야 하며, 장례 지낸 뒤에는 예를 갖추어 행하는 것이 마땅할 듯합니다. 시제(時祭)는 일반적으로 기년

64 공자(孔子)가……허여하셨으니 : 《주역(周易)》 〈계사전 하(繫辭傳下)〉에, "공자께서 말씀하였다. '안씨의 아들은 거의 도(道)에 가까울 것이다. 불선(不善)이 있으면 모른 적이 없고, 알면 다시 행한 적이 없다. 역(易)에 이르기를 「멀리 가지 않고 돌아와 뉘우침에 이르지 않으니, 크게 선하고 길하다.」라고 하였다.'〔子曰: 顔氏之子, 其殆庶幾乎! 有不善, 未嘗不知, 知之, 未嘗復行也. 易曰: 不遠復, 无祇悔, 元吉.〕"라고 보인다. 인용된 역(易)의 말은 복괘(復卦䷗) 초구(初九)의 효사(爻辭)로, 복괘는 양(陽)이 모두 사라져 순음(純陰)의 곤괘(坤卦)가 되었다가 다시 하나의 양(陽)이 회복된 것을 상징하는바, 초구가 바로 '처음 회복된 양'에 해당하며, 역(易)에서 양은 선(善)을 상징하므로 초구에 '허물이 있은 초기에 빨리 선으로 돌아옴'의 의미가 있게 된 것이다. 공자는 이러한 법도를 안연이 소유했다고 칭찬하였는데, 이는 《논어》 《옹야(雍也)》에 공자가 안연의 호학(好學)을 논하면서 "허물을 거듭하지 않았다.〔不貳過.〕"라고 한 것과 의미가 상통한다.

복의 장례 뒤에는 폐하지 않으나 다만 수조(受胙)하지 않을 뿐입니다. 그러나 본생부모의 기년복을 몸에 지니고 있으면서 성제(盛祭 시제를 가리킴)를 행하는 것은 끝내 편안하지 못한 바가 있으니, 상복을 벗기를 기다리는 것이 인정(人情)과 예법(禮法)에 부합할 듯합니다. 심상(心喪) 중에는 제사를 예에 맞게 지내야 하지만 또한 수조를 해서는 안 됩니다.

삼년상 중에는 비록 가묘(家廟)에 신알(晨謁)하는 것을 폐하나 본생부모의 상에 장례 지낸 뒤에는 양자 간 집의 기제와 묘제를 예(禮)대로 행하니, 그렇다면 어찌 신알하는 것을 폐하겠습니까. 그러나 장례 지내기 전에는 양자 간 집의 가묘에 들어가서는 안 됩니다.

김기헌 장숙 에게 답하다
答金基憲 章叔

편지가 옴에 마치 새로 얼굴을 보는 듯하였고, 임장(臨漳)으로 이사하여 기거가 매우 온화하다는 것도 알게 되었으니, 감사하고 위로됨을 무어라 형용하기 어렵습니다. 임장서원(臨漳書院)[65]의 위치는 시내가 맑고 산이 빼어난 자리에 있으니, 내 일찍이 그 곳에 잠시 거처하길 원했으나 그리 하지 못했습니다. 이노초(李老樵)[66]의 시에 "빈 동산의 고묘는 대낮에도 잠겨 있고, 주문공의 화상(畫像)은 의관이 엄숙하네. 문공의 유서를 다 읽고서 달려가 화상을 뵈오니, 이 몸이 마치 채황[67]

65 임장서원(臨漳書院) : 경기도 연천군 연천읍 동막리(東幕里)에 있던 서원으로, 1700년(숙종26)에 지방유림의 공의로 주희(朱熹)의 학문과 덕행을 추모하기 위하여 주자서원을 창건하여 위패를 모셨는데, 1713년에 '임장(臨漳)'이라 사액되었으며, 1801년(순조1)에 송시열(宋時烈)을 추가 배향하였다. 원내에는 정조가 편찬한《양현전심록(兩賢傳心錄)》의 각판을 소장하고 있었다.

66 이노초(李老樵) : 이송(李淞)으로, 자는 무백(茂伯)·고청(孤靑), 호는 노초(老樵)·서림(西林), 본관은 전주(全州)이다. 세자시강원 보덕 이민곤(李敏坤)의 아들이며, 박필주(朴弼周)의 문하에서 수학하였다. 일찍이 사마시에 합격하여 문명을 떨쳤다. 1756년(영조32) 부친이 육진(六鎭)으로 귀양 가던 도중에 금성(金城) 창도역(昌道驛) 숙소의 화재로 불타 죽는 것을 목격하고는 이후 벼슬에의 뜻을 단념하고 서산(西山)에 은거하여 오로지 학문에 전념하였으며, 평생 벼슬길에 나아가지 않았다. 문집으로는 〈노초집〉이 있다. 김기현은 처음 숙부 김연묵(金淵默)을 따라 이송에게 수학하여 박필주의 학문을 전수받았고, 학문이 조금 진전된 뒤에 홍직필의 문하에서 수학하였다. 《重菴集 卷39 雜著 京畿儒生以金基憲行義呈繡衣狀》

67 채황 : 주희(朱熹)의 문인인 채원정(蔡元定, 1135~1198)과 황간(黃榦, 1152~

의 사이에 있는 듯하네.〔古廟空園鎖白晝 文公圖像儼衣冠 讀罷遺書仍走謁 怳疑身在蔡黃間〕"라고 한 부분을 세 번 반복해 읊으니, 감회가 일어남을 감당치 못하겠습니다. 현자도 응당 나의 심정과 똑같을 것입니다. 강취암(姜翠巖)[68]과 이노초 두 현자는 마땅히 '별묘(別廟)에다가 향사하자'는 의논이 있어야 하는데 아직까지도 조용하니, 아마 이 일이 현자에게서 이루어지려는가봅니다. 재력이 부족하고 일이 커서 실행하기가 매우 어려우니, 굳이 마음과 생각을 허비하여 도리어 두 현자에게 누를 끼치게 만들 필요는 없을 듯합니다.

임장은 고요한 곳에 처해 있으니, 일원(一原) 공부에 공효를 거두어서[69] 대본(大本)을 세울 수 있었을 것이라 생각합니다. "희로애락이 미발(未發)할 때에는 곧바로 천지 만물과 동체이니, 사단(四端)이 때에 따라 일상생활에서 발현되나 존양(存養) 공부가 소홀하기 때문에

1221)을 가리킨다. 채원정은 자가 계통(季通), 호가 서산(西山)으로, 역학에 능통하였다. 부친 채발(蔡發)에게 수학하다가 나중에 주희에게 수학하였는데, 주희는 그를 벗으로 대했으나 채원정은 주희를 철저히 스승으로 대하였다. 황간은 자가 직경(直卿), 호가 면재(勉齋)로, 주희의 여서이다. 주희가 위독하였을 때, 자신의 심의(深衣)와 저서를 모두 황간에게 넘겨주었으므로 주희의 도통을 전수받은 이로 일컬어진다.《宋史 卷430 列傳第189 道統4 黃榦》

68 강취암(姜翠巖) : 강석붕(姜錫朋)으로, 자가 숙중(叔重), 호가 취암(翠巖), 본관은 진주이며, 박세채(朴世采)의 문인이다.

69 일원(一原)……거두어서 : 본원을 한결같이 탐구하여 공효를 거둔다는 것으로, 이 말은 주희(朱熹)의 〈재거감흥시(齋居感興詩)〉 제20수에 "일원의 기이한 공을 거둘 수 있으리.〔奇功收一原.〕"라고 한 데에서 온 것이다. 주희의 이 말은 《음부경(陰符經)》에, "이로움을 끊고 일원을 지키면 군사를 부림에 10배의 공이 있을 것이다.〔絶利一原, 用師十倍.〕"라고 한 것을 원용한 말이다.

확충할 힘이 없는 것이다.[70] 낙건(洛建)[71] 이래로 본래 단전밀부(單傳密符)가 있었는데, 후세의 학자들이 혹 본원에서 투철하지 못하고 존양 공부에서 효력을 얻지 못해서 선철들이 이루어 놓은 가르침을 모두 그림자와 메아리로 여겨 지나쳐 버리니, 어떻게 융회관통(融會貫通)할 수 있겠는가. 근세에 이르러서는 명예와 이익을 추구하는 것이 만연하게 퍼져서 사람의 마음을 빠져들게 만든다. 그리하여 하늘이 나에게 준 것이 어디에 있는지는 알지 못하고서 성현의 모습만을 갑자기 취하여 함부로 구역을 나누니, 말하는 바가 자신의 견해가 아니고 또 자신의 견해가 자신이 실천한 바가 아니다." 이 말은 옛사람이 병폐에 대하여 말했던 것이니,[72] 우리들이 마땅히 경계해야 할 바입니다.

70 사단(四端)이……것이다 : 《맹자》 〈공손추 상(公孫丑上)〉에, "나에게 있는 사단을 모두 확대해 나가서 채울 줄 알면 마치 불이 처음 타오르고 물이 처음 흐르는 것과 같다.〔凡有四端於我者, 知皆擴而充之矣, 若火之始然, 泉之始達.〕"라고 하였다.

71 낙건(洛建) : 정호(程顥)·정이(程頤)와 주희(朱子)를 말한 것으로, 이정(二程)은 낙양(洛陽) 사람이고, 주희는 복건(福建) 사람이므로 이렇게 부른 것이다.

72 이 말은……것이니 : 앞의 인용문은 청(淸)나라 학자 탕빈(湯斌, 1627~1687)의 《탕자유서(湯子遺書)》 권5 〈답우논학서(答友論學書)〉에 보인다.

이응 여직 에게 답하다 기유년(1849, 헌종15)

答李應 汝直○己酉

양(陽)의 덕이 장차 밝아짐에 고아한 체후가 천시(天時)에 성대하게 합하여 강양(剛陽)이 자라나는 길함에 더욱 응하십니까? 천하의 일은 이(利)와 해(害)가 서로 섞여 있는데, 오직 독서만은 온전한 이로움만 있고 해로움이 없습니다. 그러니 늙은이와 젊은이, 가난한 사람과 부유한 사람을 막론하고 한 권의 책을 읽으면 곧 한 권의 쓰임이 있고 하루 동안 책을 읽으면 곧 하루 동안의 유익함이 있는 것입니다. 그런데 보내온 편지에서, 처자에게 얽매이고 집안에 우환이 있어 거의 학업을 폐함에 이르게 되었다고 고민하였으니, 만일 한 가지 일도 없기를 기다린 뒤에 공부를 하려고 한다면 힘쓰기가 어려울 듯합니다. 그러니 분수에 따라 공부해서 한 권과 하루의 공효를 거두는 것이 어떻겠습니까?

옛날 영월(甯越)이라는 사람이 젊었을 때에 아주 괴롭게 농사를 짓고 살았습니다. 어떤 사람이 묻기를, "그대가 20년만 배우면 빈천(貧賤)을 면할 수 있다."라고 하였는데, 영월이 "다른 사람이 밥 먹을 때 나는 밥 먹지 않고 다른 사람이 잘 때 나는 자지 않을 것이니, 이와 같이 15년을 하면 성공할 수 있을 것이다."라고 하였습니다.[73] 부지런

73 옛날……하였습니다 : 이 고사는 《여씨춘추(呂氏春秋)》 권24 〈불구론(不苟論) 박지(博志)〉에 보이는바, 원래의 글은 다음과 같다. "영월은 중모의 비부이다. 농사를 짓는 노고를 괴롭게 여겨 그 친구에게 '어떻게 하면 이 고통을 면할 수 있겠는가?'라고

한 자가 효험을 얻고 효험을 나타냄은 영원하니, 부디 이 뜻을 체득하여 항상 참됨을 쌓고 힘쓰기를 오래 하는 것을 법도로 삼는 것이 어떻겠습니까? 배우는 자들의 공통된 병폐는 '뜻이 낮고 기운이 약해서 기량이 얕고 좁으며 규모가 좁고 누추함'에 있으니, 이렇게 되면 끝내 무거운 책임을 맡고서 먼 곳에 이를 수가 없습니다. 모름지기 큰 규모와 세밀한 공부가 있게 하여야 비로소 성취할 수 있으니, 이것이 현자에게 원하는 바입니다.

자질(資質) 두 글자를 선유(先儒)들이 대부분 기질(氣質)에 소속시켜 보았으니, 기질이 변화될 때에는 자질도 저절로 변화되므로 두 가지가 있는 것이 아닙니다. 기(氣)가 양(陽)이어서 하늘에 속하고 질(質)이 음(陰)이어서 땅에 속하는 것으로 말하면, 진실로 선유들의 정론(定論)이 있습니다. 그러나 양(陽)에도 질(質)이 없다고 말할 수 없고 음(陰)에도 기(氣)가 없다고 말할 수 없습니다. 유행(流行)은 바로 기(氣)이지만 유행에도 응정(凝定)이 있으니, 그렇다면 이것은 바로 기(氣) 중의 질(質)이며, 양(陽) 중의 음(陰)인 것입니다. 또 응정은 바로 질(質)이지만 응정에도 유행이 있으니, 그렇다면 이것은 바로 질(質) 중의 기(氣)이며, 음(陰) 중의 양(陽)인 것입니다. 그렇고 보

물었는데, 그 친구가 '배움만 한 것이 없다. 30년을 공부하면 통달할 수 있다.'라고 하였다. 그러자 영월이 '10년으로 해보겠다. 남들이 쉴 때 나는 감히 쉬지 않고, 남들이 누울 때 나는 감히 눕지 않겠다.'라고 하였다. 15년이 지나자 주 위공(周威公)이 그를 스승으로 삼았다.〔甯越, 中牟之鄙人也. 苦耕稼之勞, 謂其友曰: 何爲而可以免此苦也? 其友曰: 莫如學. 學三十歲則可以達矣. 甯越曰: 請以十歲. 人將休, 吾將不敢休. 人將臥, 吾將不敢臥. 十五歲而周威公師之.〕"

면 기(氣)와 질(質)을 양(陽)과 음(陰)에 나누어 소속시키는 것은, 크게 나누면 그러하나 또한 국한해서 말할 수가 없으니, 이른바 음(陰)과 양(陽)이 일정한 자리가 없다는 것은 바로 이것을 말한 것입니다. 농암(農巖)이 기(氣)와 질(質)을 양(陽)과 음(陰)에 나누어 소속시킨 것은 크게 나눌 때의 관점에서 말씀한 것입니다.[74] 만약 합하여 말한다면 또한 다만 하나의 기질일 뿐이니, 어찌 변화시키는 공부를 할 수 없겠습니까. 그렇다면 자질을 단지 질(質)자에만 소속시키는 것은 치우친 견해에 해당할 듯합니다.

74 농암(農巖)이……것입니다 : 농암은 김창협(金昌協, 1651~1708)을 말한다. 《농암집(農巖集)》 권13 〈답이동보(答李同甫)〉 제4서에, "천지는 본디 하나의 기인데 그중 가볍고 맑은 것은 하늘이 되고 무겁고 탁한 것은 땅이 되었으니, 이는 음양이 나누어진 것이다. 사람은 천지의 음양이 합해진 것이니, 그러므로 한 몸의 기 중에 운동하고 발용하는 것은 기(氣)가 되고 응정(應定)하는 것은 질(質)이 되는 것이다. 기는 하늘에 근본하여 양에 속하고 질은 땅에 근본하여 음에 속하니, 이러한 이치가 실로 분명하다. 〔天地, 本一氣也. 而其輕淸者爲天, 重濁者爲地, 此陰陽之分也. 而人則天地陰陽之會, 故一身之氣, 其運動發用者爲氣, 而其凝定者爲質. 氣則本天而屬陽, 質則本地而屬陰, 其理固明矣.〕"라고 하여, 기(氣)를 양(陽)에, 질(質)을 음(陰)에 소속시켜 설명하였다. 그러나 그 아래에 바로, "그러나 또 음양 두 기 중 어느 한쪽도 없어서는 안 된다는 사실도 알아야 한다. 기에는 본디 음이 없던 적이 없고 질에도 양이 없던 적이 없으니, 각각 나뉘어 음과 양이 되는 것은 아니다.〔然又須知陰陽二者, 不能相無. 氣固未嘗無陰, 而質亦未嘗無陽, 非各自截然爲陰陽也.〕"라고 하여, 기와 질, 음과 양이 서로 맞물려 있으므로 철저하게 나눌 수 없다는 설명을 덧붙였다.

최경휴 직부 에게 답하다
答崔敬休 直夫

보내온 편지에서 "학문의 근본은 마음을 조존(操存)함[75]에 달려 있다." 라고 하였습니다. "'조존'이라는 한마디 요체가 그대에게 갖옷의 옷깃을 드는 것이 되네.〔操存一言要 爲爾挈裘領〕"[76] 라고 하였으니, 이것은 공자와 맹자가 평소 말씀하신 것인데, 어찌 전수하지 않은 특별한 묘결(妙訣)이 있겠습니까. 다만 마땅히 언제나 힘을 써서 정신을 맑게 하고 기운을 안정시켜 일원(一原)의 기이한 공을 거두어야 할 뿐입니다.[77]

"고요한 밤에 홀로 앉아 있으니 방안에 광채가 있었다."라고 한 것은 바로 풍성선(馮聖先)이 선학(禪學)에 물들어 한 말이었는데, 정자(程子)께서는 "나는 밥을 먹으니 배가 불렀다."라고 답하셨으니,[78] 이는

75 마음을 조존(操存)함 : '조존'은 《맹자(孟子)》 〈고자 상(告子上)〉에 맹자가 공자의 말을 인용하여 "잡으면 보존되고 놓으면 잃어서, 나가고 들어옴이 일정한 때가 없으며, 그 방향을 알 수 없는 것은 오직 사람의 마음을 두고 말한 것이다.〔操則存, 舍則亡, 出入無時, 莫知其鄕, 惟心之謂與.〕"라고 한 데에서 온 것이다.

76 조존이라는……되네 : 이 말은 주희(朱熹)의 〈재거감흥시(齋居感興詩)〉 20수 중 제13수에 보인다. "갖옷의 옷깃을 드는 것"은 요점을 알려준다는 의미로, 갖옷의 옷깃을 들면 옷 전체가 들려지기 때문에 이렇게 비유하는바, 이 말은 《순자(荀子)》 〈권학편(勸學篇)〉에 " 갖옷의 옷깃을 들어 올릴 적에 다섯 손가락을 구부려 당기면 따르는 것을 이루 다 셀 수 없다.〔若挈裘領, 詘五指而頓之, 順者不可勝數也.〕"라고 한 데에서 온 말이다.

77 일원(一原)에서……뿐입니다 : 374쪽 주69 참조.

78 고요한……답하셨으니 : 풍성선(馮聖先)은 정자(程子)의 문인인 풍리(馮理)로,

우리들에게 떳떳이 행하는 도를 보여주고 저 사람의 허황된 말을 물리치신 것입니다.

"마음을 비우고서 이치를 살펴보는 공정함은 사라지고 기운을 숭상하여 이기기를 힘쓰는 사사로움이 자라나니, 온 세상에 이러한 풍조가 만연하다."라고 한 것은 참으로 병폐를 잘 말씀한 것입니다. 현자가 이미 이와 같이 하는 것이 병통임을 알았으면, 이와 같이 하지 않는 것이 약이라는 것을 생각하여 스스로 자신을 법도로 삼아서 근본을 단정하게 하고 시작을 바로잡아서 세속을 바로 잡는 의체(義諦)로 삼아야 할 것이니, 어떻게 생각하십니까? 남을 책망함에는 날카롭고 자기를 용서함에는 흐리멍덩하며 병폐를 말하는 것은 쉽고 병폐를 바로 잡는 것은 어려우니, 이것이 옛날과 지금의 공통된 근심입니다. 정사(政事)에 있어 '안으로 국정을 정비하고 밖으로 적을 물리침〔內修外攘〕'은 공부에 있어 '경(敬)으로 안을 바루고 의(義)로 밖을 방정하게 함〔直內方外〕'과 같으니, 부디 이 뜻을 체득해서 몸에 돌이켜 성찰하는 데에 더욱 돈독히 힘써서, 현자가 남을 근심하는 것처럼 남에게 근심의 대상이 되지 마시기를 바랍니다. 어떻게 생각하십니까?

자가 성선(聖先), 자호가 동고거사(東皐居士)이다. 이 내용은 《이정외서(二程外書)》 권11 〈시씨본습유(時氏本拾遺)〉에 다음과 같이 보인다. "풍리가 '제가 선생님의 가르침을 들은 지 20년이 됨에 지금 기이한 일이 있었습니다.'라고 하자, 이천(伊川) 선생이 '무슨 일인가?'라고 물었고, 이에 풍리가 '밤중에 정좌를 하니, 방안에 광채가 있었습니다.'라고 답하였다. 그러자 선생이 '나 또한 기이한 일이 있다'라고 하니, 풍리가 듣기를 청하였고, 이에 선생이 '매번 밥을 먹으면 반드시 배부르다.'라고 답하였다.〔曰: 二十年聞先生教誨, 今有一奇特事. 先生曰: 何如? 理曰: 夜間宴坐, 室中有光. 先生曰: 頤亦有奇特事. 理請聞之. 先生曰: 每食必飽.〕"

전병순 이숙 과 시순 찬명 에게 답하다 병오년(1846, 헌종12) 11월

答田秉淳 彛叔 著淳 贊明○丙午復月

보내온 편지에서 "뜻을 세우는 것〔立志〕이 우선이니 대공(大公)과 지정(至正)을 입지(立志)의 근본으로 삼되, 뜻을 잡아 지킴〔持志〕이 견고하지 못해서 반쯤 올라갔다가 아래로 떨어지는 것을 두려워하고 두려워한다."라고 하였습니다. 몸에 돌이켜서 반성하기를 현자 형제분과 같이 하는 자가 또 몇 사람이나 되겠습니까. 존경하고 감탄합니다. 주 선생(朱先生)이 평소 말씀하시기를 "뜻을 잡아 지킴은 마음을 보존함에 비하여 더 긴요하니, 자기 뜻을 잡아 지키기만 하면 곧 안과 밖이 숙연해진다."라고 하셨습니다.[79] 뜻을 잡아 지켜 기르기를 오래하면 기운이 점점 온화해지고, 체회(體會)하고 성찰(省察)하기를 오래하면 이치가 점점 밝아지니, 다시 사물 상에서 학문한 공력을 징험하여야 거경궁리(居敬窮理) 공부의 엉성함과 치밀함을 볼 수 있습니다. 부디 이 뜻을 체득하여 병의 근원을 자세히 찾아서 제거하길 바라니,[80] 이렇

79 주 선생(朱先生)이……하셨습니다 : 주 선생은 주희(朱熹)를 말한다. 인용된 말은 《주자어류(朱子語類)》 권12 〈학6(學六) 지수(持守)〉에 보이는바, 원문은 다음과 같다. "마음을 보존함은 말은 비록 크나 도리어 여유롭고, 뜻을 잡아 지킴은 말은 비록 작으나 도리어 긴요하니, 자기 뜻을 잡아 지키기만 하면 곧 수렴되고, 자기 뜻을 잡아 지키기만 하면 곧 안과 밖이 숙연해진다.〔存其心, 語雖大, 却寬; 持其志, 語雖小, 却緊. 只持其志, 便收斂; 只持其志, 便內外肅然.〕"

80 뜻을 잡아 지켜 기르기를…바라니 : 이 내용은 여조겸(呂祖謙)의 《동래별집(東萊

게 한다면 감정을 따름이 병폐가 됨을 어찌 염려할 것이 있겠습니까.

진실로 마음을 잡아 보존하기를 진실하게 해낸다면, 의리가 밝게 드러나서 어두워지지 않을 것이고, 정신과 기운이 응집되고 안정되어서 들뜨지 않을 것이니, 덕을 기르고 몸을 기르는 것이 마음을 잡는 것보다 더한 것이 없습니다. 이를 평범한 이야기나 죽은 방법으로 보지 말고 천만번 노력하길 바랍니다. 반드시 책을 열심히 읽고 이치를 연구한 뒤에야 비로소 존심양성(存心養性)의 의체(義諦)를 알 수 있으니, 현재는 무슨 책에 종사하고 있습니까? "형제가 박문약례(博文約禮)에 재미를 느낀다."는 것은 회옹(晦翁)이 여동래(呂東萊)를 찬탄한 말입니다.[81] 부디 서로 더욱 노력해서 여씨(呂氏)로 하여금 아름다움을 독차지하게 하지 말기를 바랍니다.

別集)》 권10 〈여학자급제제(與學者及諸弟)〉에 다음과 같이 보인다. "뜻을 잡아 지켜 기르는 공부와 찰식(察識)하는 공부는 마땅히 함께 진전시켜야 하니, 다시 사물마다에서 학문한 공력을 시험해야 한다. 만약 막히고 어긋난 부분이 있으면 곧 병의 근원이 있는 곳을 깊이 찾아서 제거해야 한다.〔持養察識之功, 要當並進, 更當於事事物物試驗學力. 若有窒礙齟齬處, 卽深求病源所在而鋤去之.〕"

81 형제가……말입니다 : 회옹(晦翁)은 주희(朱熹)를 가리킨다. 여동래는 여조겸(呂祖謙)으로, 자가 백공(伯恭), 호가 동래이다. 여조겸의 동생은 여조검(呂祖儉)으로, 자가 자약(子約), 호가 대우(大愚)이다. 여조겸과 여조검 모두 학문이 뛰어났으며 주희와 함께 교류·강학하였는데, 특히 여조겸은 주희·장식(張栻)과 함께 동남삼현(東南三賢)으로 일컬어졌다. "형제가 박문약례에 재미를 느낀다."는 말은 《주자대전(朱子大全)》 권62 〈답장원덕(答張元德)〉에, "감군(甘君)의 거처에서 감군을 전송할 때에 써주었던 글을 보았는데, 영형의 뜻이 매우 아름다웠습니다. 형제가 각자 박문약례를 하니, 재미를 느끼실 것이라 생각됩니다.〔甘君處見送行語, 令兄意亦甚佳. 兄弟自爲博約, 想有味也.〕"라고 보이는바, 이 말은 여씨 형제를 두고 한 말이 아니고, 장원섬(張元贍)·장원덕 형제에게 해준 말이다.

권병충(權秉忠 권서경(權恕卿))군은 산양(山陽)의 호걸스러운 선비입니다. 구구한 내가 의지하고 믿는 것이 다른 사람의 예사로운 애정에 비할 바가 아니었는데, 하루아침에 부음(訃音)을 고하니, 슬프고 애석함을 말로 표현할 수가 없습니다. 그 전형(典型)을 이어갈 수 있는 아들이 있습니까?

전병순과 시순에게 답하다 정미년(1847, 헌종13) 10월 20일
答田秉淳蓍淳 丁未陽念

형제분의 두 편지를 큰 아우가 받아오니, 마음과 눈이 모두 깨어서 이난(二難)[82]이 나란히 있는 모습을 완연히 본 듯하여 천 리 멀리 떨어져 있는 줄도 모르겠습니다. 어느덧 그 사이에 박월(剝月 9월)이 곤월(坤月 10월)이 되었으니, 어버이 모시는 형제분의 정황이 정길(貞吉)하고 계씨(季氏)의 병환도 이미 완쾌하여 학업을 힘쓰는 데에 장애가 없게 되었는지요?

정자(程子)의 책을 하루 30줄을 보는 것으로 한도를 잡은 백씨(伯氏)의 공부는 짐작컨대 공효를 거두었을 것이니, 뜻의 극치를 발명하여 견해가 통두(通透)하고 마음이 쇄락(灑落)하며 일에 나아가 이치를 밝혀서 질박하고 순수하면서도 정밀하고 깊은, 두 부자(夫子, 정호(程顥)와 정이(程頤))의 의체(義諦)를 체득할 수 있겠습니까? 근세의 학자들은 주자(朱子 주희(朱熹))의 책만 읽고 정자의 책은 읽지 않으니, 이것은 자양(紫陽 주희(朱熹))의 명리(明理)가 하남(河南 정자)에서 나왔다는 것을 알지 못하기 때문입니다.

82 이난(二難) : 난형난제(難兄難弟)와 같은 말로, 덕행과 학문이 뛰어난 형제를 가리켜 이난이라고 한다. 후한(後漢) 때 진식(陳寔)의 여섯 아들 가운데 진기(陳紀)와 진심(陳諶)이 가장 덕행이 뛰어났는데, 하루는 진기의 아들 진군(陳群)과 진심의 아들 진충(陳忠)이 각기 자기 아버지가 낫다고 다투다가 조부에게 묻자, 진식이 "원방은 형 되기 어렵고 계방은 아우 되기 어렵다.〔元方難爲兄, 季方難爲弟.〕"라고 한 데에서 온 말이다. 원방은 진기의 자이고, 계방은 진심의 자이다. 《世說新語 德行第一》

주 선생(朱先生)이 일찍이 말씀하기를, "명도(明道)의 경지는 대현(大賢) 이상의 일이요, 이천(伊川)의 경지는 비록 높으나 보통 사람도 모두 발돋움하여 도달할 수 있는 것이니, 배우는 자가 이것을 법도로 삼으면 거의 허물이 적을 것이다."라고 하였습니다.[83] 덕성(德性)이 관대한 자는 또한 문리(文理)가 밀찰(密察)하기를 요하고 기질이 강직(剛直)하고 방정(方正)한 자는 또한 규모가 광활하기를 요하니, 이천을 배움은 바로 명도를 배우는 것입니다.[84] 다만 배우는 자들이 어려운 것을 두려워하고 편리한 데로 나아가서 평실(平實)함을 버리고 고원한 데로 달려갈까 염려되니, 이렇게 하면 허물이 적기가 어렵습니다. 부디 이 뜻을 체득하여 서로 닦고 서로 이루어서 도에 나아가고 덕을 이루기를 크게 바라 마지않습니다.

83 주 선생(朱先生)이……하였습니다 : 주 선생은 주희(朱熹)를 말한다. 인용된 말은 《주자대전(朱子大全)》 권35 〈답유자징(答劉子澄)〉에 보이는바, 원문은 다음과 같다. "명도의 경지는 대현 이상의 일이니, 배우는 자가 여기에 이르지 못한 채 쉽게 이에 대해 논한다면 아마도 자신이 지키는 바를 잃게 될 것이다. 이천의 경지는 비록 높으나 실로 보통 사람도 모두 발돋움하여 도달할 수 있는 것이니, 배우는 자는 단지 이것을 법도로 삼아야 할 것인바, 그렇게 한다면 거의 허물이 적을 것이다.〔明道所處是大賢以上事, 學者未至而輕議之, 恐失所守. 伊川所處雖高, 然實中人皆可跂及, 學者只當以此爲法, 則庶乎寡過矣.〕"

84 덕성(德性)이……것입니다 : 《주자대전(朱子大全)》 권35 〈답유자징(答劉子澄)〉, "명도는 덕성이 관대하여 규모가 광활하고, 이천은 기질이 강직하고 방정하여 문리가 밀찰하다.〔明道德性寬大, 規模廣闊; 伊川氣質剛方, 文理密察.〕"라고 하였으므로, 이렇게 말한 것이다. '문리가 밀찰함'은 《중용》에 "문리가 밀찰함이 족히 분별함이 있는 것이다.〔文理密察, 足以有別也.〕"라고 보이는데, 주희(朱熹)는 "문(文)은 문장(文章)이고, 리(理)는 조리이고, 밀(密)은 상세함이고, 찰(察)은 밝게 분변함이다."라고 해석하였다. 《中庸章句 第31章》

농암(農巖)이 독서를 전일하게 하지 못하였다고 매양 한탄하시면서도 정자의 책만은 처음부터 끝까지 다 보았다고 말씀하셨으니,[85] 현자를 위해서 이 말을 외워 드립니다. 《중용》과 《대학》을 이미 다 보셨으면, 이제 정자의 책에 공력을 쓸 수 있겠습니까? 숨 하나가 끊어지기 전엔 이 뜻이 조금도 게을러져서는 안 되니, 부디 '몸을 굽혀 수고로움을 다해서 죽은 뒤에야 그만둔다〔鞠躬盡瘁死而後已〕'[86]라는 8글자를 구경(究竟)의 법으로 삼는 것이 어떻겠습니까?

85 농암(農巖)이……말씀하셨으니 : 농암은 김창협(金昌協, 1651~1708)을 말한다. 이 내용은 《농암별집(農巖別集)》 권3 〈어록(語錄) 어유봉록(魚有鳳錄)〉에 보이는바, 원문은 다음과 같다. "선생이 일찍이 말씀하였다. '내 평생 책을 볼 적에 전일하게 마치지 못하였는데, 《한서(漢書)》와 《이정전서(二程全書)》만은 처음부터 끝까지 다 보았다.'〔先生嘗曰: 吾平生看書, 不能專一了當, 獨於漢書及二程全書, 從頭至尾看得到.〕"

86 몸을……그만둔다 : 원문의 '국궁진췌(鞠躬盡瘁)'는 '국궁진력(鞠躬盡力)'과 같은 말로, 공경하고 근면하여 힘과 수고를 다한다는 의미이다. 이 말은 제갈량(諸葛亮)의 〈후출사표(後出師表)〉에 "신은 몸을 굽혀 힘을 다하여 죽은 뒤에야 그만둘 것입니다.〔臣鞠躬盡力, 死而後已.〕"라고 한 데에서 온 말이다.

전병순과 시순에게 답하다 무신년(1848, 헌종14) 섣달 6일
答田秉淳蓍淳 戊申臘六

해가 저물어 감에 추위와 따뜻함이 일정함이 없는데, 어버이 모시는 형제분의 정황이 깨끗하고 건승함을 알았습니다. 책상을 붙이고서 학업에 힘쓰는 것이 현재 어느 책에 있습니까? 농사가 성공을 고하여 인간세상 쾌활한 해가 크게 좋으니,[87] 짐작컨대 응당 강구요(康衢謠)와 격양가(擊壤歌)의 즐거움[88]이 있을 것이요, 공부에도 전심치지(專心致志)할 수 있을 것입니다.

무릇 학문하는 도는 반드시 먼저 지극한 정성이 있어야 하니, 정성스럽지 않으면서 이를 수 있는 자는 있지 않습니다. 무엇으로 그 정성을

87 인간세상……좋으니 : 원문은 '대호쾌활(大好快活)'인데, 이 말은 주희(朱熹)의 시 〈석름봉(石廩峰)〉에 "집집마다 곳간에 양식이 이렇게 높이 쌓여 있으니, 인간세상 쾌활한 해가 크게 좋도다.〔家家有廩高如許, 大好人間快活年.〕"라고 한 데에서 온 것으로, 풍년의 기쁨을 표현한 것이다.

88 강구요(康衢謠)와 격양가(擊壤歌)의 즐거움 : 백성들이 태평성대를 기뻐함을 말한다. 강구(康衢)는 사통팔달(四通八達)의 큰 거리를 이르는바, 요 임금이 천하가 제대로 다스려지고 있는지를 살피기 위해 미복 차림으로 큰 거리로 나갔는데, 아이들이 "우리 백성들에게 곡식을 먹임이 그대의 지극한 덕(德) 아님이 없으니 나의 지식을 주장하여 아는 체하지 않고 오직 임금의 법칙을 따르네.〔立我蒸民, 莫非爾極, 不識不知, 順帝之則.〕"라고 노래하니, 요 임금이 듣고 기뻐하였다고 한다.《列子 仲尼》 격양가를 불렀던 것 역시 요 임금 때의 일로, 어떤 노인이 땅을 두드리면서 "해가 뜨면 나가서 일하고 해가 지면 들어가서 쉬도다. 우물 파서 물을 마시고 밭 갈아서 밥을 먹으니, 임금의 힘이 나에게 무슨 상관이 있으랴.〔日出而作, 日入而息. 鑿井而飮, 耕田而食, 帝力何有於我哉?〕"라고 노래하였다 한다.《論衡 藝增》

보겠습니까? 거처할 때에 공경하고 장엄하며 의지가 응집되고 안정되어 함부로 말하거나 웃지 않으며, 책을 펴서 글을 읽을 적에 성현을 대하듯이 하고 책을 덮고 사색하되 반드시 의리에 근본해서 사벽(邪辟)한 마음을 막아야 하니, 이것을 행한지 오래되어서 습관이 천성과 함께 이루어지면 곧 성현의 기상이 있게 됩니다. 주자(朱子)의 시에 또 이르기를 "일상에서 부지런히 반성하지 않고서 다시 어느 곳에서 참된 맛을 즐기겠는가.〔不向用時勤猛省 更於何處味眞腴〕"라고 하셨으니,[89] 다시 현자를 위해 이 말을 외워 드립니다.

89 주자(朱子)의……하셨으니 : 이 두 구는 주희(朱熹)의 시 〈일용자경시평보(日用自警示平父)〉의 함련(頷聯)으로, 《주자대전(朱子大全)》 권6에 수록되어 있다.

전병순과 시순에게 답하다 기유년(1849, 헌종15) 섣달 20일
答田秉淳蓍淳 己酉臘念

삼여(三餘)[90]에 손에 지니고 있는 것이 현재 주자(朱子 주희(朱熹))의 책입니까? 형제분이 전심치지(專心致志)하는 것이 이 한 질에 있으면 다른 책은 비록 공부하지 않더라도 괜찮습니다. 하늘과 땅 사이의 온갖 사물과 온갖 이치가 주자를 기다려서 정해졌는데, 주자의 유편(遺編)에 마음을 다하여 종사하는 자가 적습니다. 황면재(黃勉齋)가 항상 탄식하기를, "주자의 글을 읽는 자가 그 뜻을 반드시 통달하지는 못하고, 또 뜻을 통달한 자가 이것을 반드시 마음에 밝히지는 못하니, 은미한 말씀이 끊기고 대의가 어그러질까 두렵고 두렵다."라고 하였으니,[91] 당시에도 오히려 그러한데 하물며 후세에 있어서이겠습니까. 우리 동방에서 주자의 글을 전문(專門)한 자는 퇴계(退溪 이황(李滉))와 우암(尤庵 송시열(宋時烈))인데, 덕업(德業)과 사공(事功)이 또한 우리나라의 주자입니다. 그러나 반드시 준걸스럽고 우뚝하고 방엄(方嚴)하고 정직하여야 비로소 주자와 퇴계·우암 두 현자의 엄한 법도에 해당할 수 있습니다. 저 완악하고 미련하고 비루하고 연약한 자는 비록 선(善)

90 삼여(三餘) : 학문을 하기에 가장 좋은 세 가지 때의 여가(餘暇)로, 해의 나머지〔歲之餘〕인 겨울과, 날의 나머지〔日之餘〕인 밤과, 때의 나머지〔時之餘〕인 비 오는 때를 가리킨다.

91 황면재(黃勉齋)가……하였으니 : 황면재는 주희(朱熹)의 고제(高弟)이자 여서(女婿)인 황간(黃榦, 1152～1221)을 가리킨다. 인용된 말은 《면재집(勉齋集)》 권21 〈송방명보귀악양서(送方明父歸岳陽序)〉에 보인다.

을 듣고 사모할 줄 안다고 하나 끝내 스스로 자립하지 못하니, 이것이 우리 당이 마땅히 기억하고 경계해야 할 일입니다. 《주자서절요(朱子書節要)》[92]는 주자의 글에 있어서 산삭하여 요약한 것이니, 간략한 것을 먼저하고 넓은 것을 뒤에 하는 것이 힘쓰기엔 좋습니다. 그러나 만일 주자의 글을 전공하고자 한다면 반드시 《주자대전(朱子大全)》과 《주자어류(朱子語類)》 두 질을 가져다가 융회관통하려 해야 할 것이니, 어떻게 생각하십니까?

편지에서 말씀하신 의심스러운 뜻은 의리가 정밀하고 문장 또한 아름다우니, 이난(二難)[93]의 학문의 진전이 참되고 간절함을 징험할 수 있습니다. 찬탄해 마지않습니다. 나는 정신이 혼몽해서 대답해드릴 방법이 없으니, 내 몸이 조금 건강해진 뒤에 답변을 드릴까 합니다.

《삼은합고(三隱合稿)》[94]는 근간에 이미 판각을 하였습니까? 세상을 피해 은둔한 높은 자취와 새 왕조에서 신하 노릇하지 않은 높은 절개가 장차 매몰되어 알려지지 못하게 되었으니, 이 문집의 출판을 그만두어서는 안 됩니다.

92 주자서절요(朱子書節要) : 주희(朱熹)의 편지글 가운데 중요한 것을 뽑은 것으로, 이황(李滉)이 편찬한 것인데, 모두 20권 10책으로 되어 있다. 이 책은 1611년(광해군3)에 기대승(奇大升)이 전주에서 간행하였다. 권두에 이황의 서문이, 권말에 황준량(黃俊良)과 기대승의 발문이 있다.

93 이난(二難) : 384쪽 주82 참조.

94 삼은합고(三隱合稿) : 고려 후기의 문신 야은(埜隱) 전녹생(田祿生, 1318～1375)과 그의 두 아우 뇌은(耒隱) 전귀생(田貴生), 경은(耕隱) 전조생(田祖生)의 시문집으로, 여러 차례의 개편을 거쳐 1890년(고종27)에 전녹생의 16대손 간재(艮齋) 전우(田愚)에 의하여 합간되었다. 첫머리에 홍직필이 1850년(철종1)에 쓴 서문이 실려 있고, 말미에 전병순이 1890년에 쓴 발문이 실려 있다.

김옥중 여진 에게 답하다 경술년(1850, 철종1) 4월

答金玉重 汝振○庚戌四月

보내온 편지에서, 막《대학(大學)》을 읽고 있으나 그럭저럭 한가로이 시간을 보내어 대추를 통째로 삼키는 병[95]이 많다고 근심하셨습니다. 온 세속이 다 이와 같아서 모두 병을 보호하고 의원을 꺼리는데,[96] 현자는 그 병통을 알아서 제거하고자 하니, 이것이 병통을 제거할 수 있는 약이 됩니다. 천만번 경계하고 채찍질하여 그 노력을 게을리 하지 말아서 '나귀를 타고서 나귀를 찾는 격이라 다만 한바탕 쓸데없는 이야기가 되고 마는 것'[97]에는 이르지 말도록 함이 어떻겠습니까?

지식을 지극히 함〔致知〕은 바로 도에 들어가는 방법이니, 원래 쉬운

95 대추를……병 : 대추를 씹지 않고 그냥 삼키면 전혀 맛을 알 수 없듯이, 학문을 강론하면서 조리를 분석하지 않고 두루뭉술하게 넘겨 정확한 뜻을 모른다는 말이다.

96 병을……꺼리는데 : 이 말은 주돈이(周敦頤)의 《통서(通書)》에, "중유(仲由)는 자신의 과실을 듣기를 좋아하였으므로 훌륭한 명성이 무궁하였다. 그런데 지금 사람들은 과실이 있으면 남이 바로잡아줌을 좋아하지 않는다. 이는 마치 병을 보호하고 의원을 꺼려서 차라리 몸을 죽게 할지언정 깨달음이 없는 것과 같으니, 슬프다.〔仲由喜聞過, 令名無窮焉. 今人有過, 不喜人規. 如護疾而忌醫, 寧滅其身而無悟也. 噫!〕"라고 한 데에서 온 말이다.

97 나귀를……것 : 《주자대전(朱子大全)》 권64 〈답혹인(答或人)〉에, "이것이 병인 줄 알았다면 이렇게 하지 않는 것이 곧 약이니, 무슨 연유로 이렇게 되었는가 묻는다면 이는 나귀를 타고 나귀를 찾는 격이라 다만 한바탕 쓸데없는 이야기가 되고 만다.〔知得如此是病, 卽便不如此是藥. 若更問何由得如此, 則是騎驢覓驢, 只成一場閑說話矣.〕"라고 한 것을 원용한 것이다.

일이 아닙니다. 모름지기 묵묵히 알고 실제로 체험하여야 비로소 소견이 단명(端明)하고 적확(的確)하게 되니, 그렇지 않으면 다만 입과 귀에 올리는 것일 뿐입니다. 이 때문에 그 말이 잘못되기가 쉽고 그 견해가 진실하지 못하여 동(動)과 정(靜), 겉과 속이 하나로 합치되지 못해서 비록 선(善)을 행한다고 말하나 끝내 스스로 양심을 속이는 것을 면치 못하는 것이니, 이것이 우리가 서로 노력해야 할 바입니다.

권경숙(權敬叔 권익(權翌))은 몸을 빼내어 정도(正道)로 돌아왔으니, 만일 지혜와 용맹이 모두 지극한 자가 아니라면 어떻게 이렇게 할 수 있겠습니까. 그런데 애석하게도 단명(短命)의 액운을 만나 그 뜻과 사업을 다 이루지 못하였습니다. 현자가 도움 받을 분이었는데 하루아침에 잃었으니, 짐작컨대 소매를 들고 눈물을 훔치는 애통함을 견디지 못할 것입니다.

이공민 군명 에게 답함 무신년(1848, 헌종14) 8월

答李公旼 君明○戊申八月

보내온 편지에서, 가계가 매우 어렵고 궁색해서 자식의 직분을 다하지 못한다고 근심하였으니, 이로 인해 마음이 서글퍼집니다. 사람의 가난하고 부유함은 각각 한번 정해진 운명이 있으니, 다만 본분에 따라 농사짓고 물고기 잡고 나무하여 자기의 정성과 힘이 미치는 바를 다할 뿐입니다. 부유함과 현귀함과 이익과 영달은 천명에 달려 있어서 구할 수 있는 이치가 없고, 덕업과 학술은 사람에게 달려 있어서 구할 수 있는 방도가 있습니다. 그러니 어버이가 되고 자손이 된 자는 다만 구할 수 있는 것은 구하고, 구할 수 없는 것은 구하지 않아야 할 뿐입니다. 현자가 일찍이 이러한 뜻을 알았으니, 의리로 천명에 대처하는 것이 지극한 효(孝)가 됩니다. 공부에 있어 전심함과 돈독함이 부족한 것은 사세(事勢)가 그렇게 만든 것이니, 분수에 따라 힘을 써서 의리의 마음으로 하여금 잠시라도 끊어지지 않게 한다면, 집안의 우환에 의해 저상(沮喪)됨을 어찌 걱정할 것이 있겠습니까.

도는 사람을 멀리하지 않고 이치는 일을 벗어나지 않는데 자기 스스로 도를 멀리하고 스스로 이치에서 벗어나니, 이는 진실한 마음으로 학문을 하지 않기 때문입니다. 진실로 뜻을 세우기를 더욱 견고하게 하고 마음을 기르기를 더욱 청명하게 해서 '몸을 굽혀 수고로움을 다해서 죽은 뒤에야 그만 둔다〔鞠躬盡瘁 死而後已〕'[98]는 것을 구경(究竟)의

98 몸을……둔다 : 386쪽 주86 참조.

법으로 삼는다면, 하늘이 반드시 소원을 이루어 줄 것입니다. 노력하고 노력하길 바랍니다.

예(禮)에 따르면, 사(士)는 월반전(月半奠)이 없습니다.[99] 그러므로 《가례(家禮)》와 《상례비요(喪禮備要)》에 초하룻날 아침 전에 찬을 진설하는 것만 허락한 것입니다. 《의례(儀禮)》 〈사상례(士喪禮) 〉의 기(記)[100]의 소(疏)에 대부 이상이어야 비로소 월반전을 허락하였으니,[101] 사(士)가 대부의 예를 행하는 것은 너무 참람하지 않습니까. 《의례문해(疑禮問解)》에 망전(望奠)을 삭전(朔奠)보다 조금 줄인다고 말한 것[102]은 세속을 따라 정이 지나쳐서 이렇게 말한 듯하니, 따르

99 예(禮)에……없습니다 : 월반전은 월의 반, 즉 보름에 올리는 은전(殷奠)으로, '망전(望奠)'이라고도 한다. 《의례(儀禮)》 〈사상례(士喪禮)〉에, "월반에는 은전을 올리지 않는다.〔月半不殷奠.〕"라고 하였다.

100 의례(儀禮) 사상례(士喪禮)의 기(記) : 《의례》에는 기(記)와 전(傳)이 있는데, 기(記)는 후세 사람이 경문을 보충하여 지은 것으로, 〈사상견례(士相見禮)〉 등 4편을 제외하고는 모든 편에 있으며, 편말에 실려 있다. 〈사상례〉의 기(記)는 〈기석례(旣夕禮)〉 편말에 실려 있는데, 이는 〈기석례〉가 〈사상례〉의 하편이기 때문에 두 편을 총괄한 기(記)가 〈기석례〉 뒤에 실린 것이다. 다만, 여기에서 인용한 내용은 〈사상례〉의 기(記)가 아니라 〈사상례〉에 실려 있음을 밝혀둔다.

101 대부……허락하였으니 : 《의례(儀禮)》 〈사상례(士喪禮)〉에, "월반에는 은전을 올리지 않는다.〔月半不殷奠.〕"라고 하였는데, 정현(鄭玄)의 주(注)에 "은(殷)은 성대함이다. 사(士)는 월반에 다시 초하루와 같이 성대한 전을 올리지 않으니, 존자보다 낮추는 것이다.〔殷, 盛也. 士月半不復如朔盛奠, 下尊者.〕"라고 하였고, 가공언(賈公彦)의 소(疏)에, 주(注)의 '하존(下尊)'을 해석하면서 "'하존'이라 한 것은 월반전이 있는 대부 이상에게 낮추기 때문이다.〔云下尊者, 以下大夫以上有月半奠故也.〕"라고 하여, 대부 이상에게는 월반전이 있음을 언급하였다. 《儀禮注疏 士喪禮》

기 어려울 듯합니다.

시제(時祭)에는 고위(考位)의 잔과 잔 받침을 받들어 술을 따른 뒤에 비위(妣位)의 잔과 잔 받침을 받들어 술을 따릅니다. 그러므로 고위(考位)의 잔과 잔 받침을 우선 원래 자리에 놓았다가 비위의 잔과 잔 받침을 받들기를 기다려서 동시에 모사(茅沙)에 제(祭)하는 것입니다. 우제(虞祭)는 다만 해당 신위 한 분뿐이므로 술을 따라 잔을 받으면 즉시 모사에 제(祭)하는 것이니, 이 때문에 다른 것입니다.

102 의례문해(疑禮問解)에……것 : 김장생(金長生)의《의례문해》〈상례(喪禮) 전(奠)〉에 보이는바, "《의례》〈사상례〉에 '월반에는 은전을 올리지 않는다.'라고 하였으니, 월반전은 본디 대부의 예입니다. 그러나 평소에는 가묘(家廟)에서 항상 보름날 참알(參謁)하는 예를 행하다가, 지금 궤연에 대해서는 어찌 완전히 폐할 수 있겠습니까. 찬품을 삭전(朔奠)과 달리 하는 것이 어떻습니까?"라고 하는 송준길(宋浚吉)의 질문에, "망전(望奠)은 조금 줄여서 행하는 것이 옳다."라고 답하였다.

조성권 경여 에게 답하다 경술년(1850, 철종1) 욕불일
答趙聖權 經汝○庚戌浴佛日

맹하(孟夏)가 도도히 찾아옴에 멀리서 그리워함이 매우 간절하였는데, 이내 은혜로운 편지를 받으니, 편지를 펴봄에 정신이 깨어나서 빈 골짜기에서 발자국 소리를 듣는 것[103]보다 더 반갑습니다. 이어서 부모님 모시는 체도(體度)가 평안함을 알게 되니, 한편으로는 감사하고 한편으로는 고맙습니다. 공부하시는 《증전(曾傳)》[104]은 근간에 이미 다 마치셨습니까? 삼강령(三綱領)과 팔조목(八條目)[105]은 천성(千聖)의 책을 다 포괄하고 있으니, 이것을 집 짓는 것에 비유하면 《대학》은 바로 칸이요, 육경(六經)은 이것을 가지고 수리하고 단장하는 것입니다. 이 때문에 먼저 《대학》을 읽어서 규모를 정하는 것입니다. 팔조목 가운데 수신(修身)을 근본으로 삼는 것은, 한 가지 일이 다가올 때와 한 마디 말을 할 때에 반드시 소이연(所以然)과 소당연(所當然)

103 빈……것 : 《장자(莊子)》 〈서무귀(徐无鬼)〉에, "텅 빈 골짜기에 숨어 사는 사람은 잡초가 족제비들이 다니는 길마저 막고 있으니 빈 골짜기에서 오래도록 지내다가 사람의 발자국 소리만 들어도 기뻐한다.〔夫逃虛空者, 藜藋柱乎鼪鼬之逕, 踉位其空, 聞人足音跫然而喜矣.〕"라고 하였다.

104 증전(曾傳) : 《대학》을 가리키는바, 《대학》을 증자(曾子)의 전술(傳述)로 보기 때문에 이렇게 일컫는 것이다.

105 삼강령(三綱領)과 팔조목(八條目) : 《대학(大學)》의 기본이 되는 3가지 강령과 8가지 조목이다. 삼강령은 명명덕(明明德)·신민(新民)·지어지선(止於至善)이고, 팔조목은 격물(格物)·치지(致知)·성의(誠意)·정심(正心)·수신(修身)·제가(齊家)·치국(治國)·평천하(平天下)이다.

을 구하여 사랑에 끌리지 말고 미움에 가리지 말며 기쁨에 빠지지 말고 분노에 격발되지 말아서 마음을 비우고 뜻을 단정하게 해서 익숙히 생각하고 자세히 살펴 대처하면 '딱 맞추지 못하더라도 도에서 멀지 않음'[106]에 거의 이를 수 있을 것이기 때문입니다. 이 뜻을 이해할 수 있겠습니까?

보내온 편지에서, "심지(心地)가 그다지 안정되지 못하고 안목도 여전히 생소해서 눈앞에 있는 길을 찾아도 얻지 못하니, 어느 때에나 비로소 철관(鐵關)을 지나가고 옥 열쇠로 문을 열 수 있을지 모르겠다."고 하였으니, 말씀한 것이 진실하고 간절해서 찬탄하는 마음을 이길 수가 없습니다. 다시 명리(名理)를 연구하고 마음과 기운을 화평하게 해서 그치지 않고 함양(涵養)하여야 할 것이니, 그렇게 한다면 가슴 속이 더욱 트이고 화락해질 것이요, 얻는 바가 날로 새로워 질 것입니다. 부디 노력하길 바랍니다.

비루한 이 사람은 나이와 병이 모두 심해서 숨이 한 올 머리털처럼 위태로우니, 조화옹의 희롱에 맡겨둘 뿐입니다. 병을 무릅쓰고 어렵게 대필하게 하는 탓에 다 말씀드리지 못하니, 그저 학문에 힘쓰고 자중해서 멀리서 그리워하는 이내 정에 부응해주기를 바랍니다.

106 딱……않음 : 《대학》에 "〈강고(康誥)〉에 이르기를, '적자(赤子)를 보호하듯이 한다.'라고 하였으니, 마음에 진실로 구하면 딱 맞추지 못하더라도 도에서 멀지 않을 것이다.〔康誥曰: 如保赤子. 心誠求之, 雖不中, 不遠矣.〕"라고 한 말을 원용한 것이다.

이원장 치탁 에게 답하다 정미년(1847, 헌종13)
答李源長 穉倬○丁未

달례사(達禮祠)[107]의 일은 응당 준공이 되어서 이미 경건히 영령을 모셨을 것이라고 생각되니, 어떻습니까? 이 일은 천고(千古)의 드문 예전(禮典)인데 하루아침에 현자의 손에서 성취되었으니, 그 고심(苦心)과 지성(至誠)을 알 수 있습니다. 예교(禮敎)가 한 지방에 베풀어짐에 팔도가 크게 감동하여 무궁한 후세에 공을 거두는 것을 장차 보게 되리니, 찬탄해 마지않습니다.

본래의 휘(諱)를 곧바로 고유하는 축문에 쓰는 것은, 고례(古禮)의 축사에 "황조 백모(皇祖伯某)"라는 글[108]로 모의해보면 또한 불가할 것

107 달례사(達禮祠) : 황해도 해주(海州) 소재의 사당(祠堂)으로, 해주 사람이라고 전해지는 소련(小連)과 대련(大連)을 향사하기 위해 지어진 것이다. 소련과 대련은 부모상을 잘 치러 효행으로 이름난 형제로, 《예기(禮記)》 〈잡기(雜記)〉에, "소련과 대련이 거상을 잘하여 부모가 죽은 지 3일 동안 태만하지 않았으며, 3개월 동안 빈소에서 게을리 하지 않았으며, 1년 동안 슬퍼하고 3년 동안 근심하였으니, 동이족(東夷族)의 자식이었다.〔少連大連善居喪, 三日不怠, 三月不解, 期悲哀, 三年憂, 東夷之子也.〕"라고 보인다. '달례'는 천하의 공통된 예라는 의미인바, 《예기》 〈단궁 하(檀弓下)〉에, "북방에 장례를 하되 머리를 북쪽으로 두게 하는 것은 삼대의 공통된 예이다.〔葬於北方北首, 三代之達禮也.〕"라고 보인다. 《매산집》 권3에 '해주 달례사가 완성됨에 온 고장 유자들이 노포 조공의 시운에 함께 화운하고, 나에게도 한 마디 하라고 하기에 병을 무릅쓰고 차운하여 지어 올렸다〔海州達禮祠成 一鄕章甫共和老圃趙公韻 要不佞出一語力疾步呈〕'라는 제목의 시(詩)가 있다.

108 고례(古禮)의……글 : 《의례(儀禮)》 〈소뢰궤사례(少牢饋食禮)〉에, "주인은 '효손 모(某)는 오는 정해일(丁亥日)에 황조 백모께 세사(歲事)를 올리며 모비(某妃)와

이 없으나, 보내온 편지에서 말한 것처럼 실로 옛날과 지금은 마땅함이 달라서 온당치 못한 바가 있으니, 다만 대선생(大先生)·소선생(小先生)이라고 쓰는 것이 마땅할 듯합니다. 백이와 숙제는 시호가 있고 증직(贈職)이 있으므로 다만 청혜후(淸惠侯)·인혜후(仁惠侯)라고 쓰는 것이 예의 뜻에 당연합니다. 그러나 달례사의 경우로 말하면 다시 다른 칭호가 없고 다만 '대(大)'와 '소(小)' 두 글자를 사용하여 구별할 뿐이니, 만약 그 위에 '달례(達禮)' 두 글자를 더하면 시호 같기도 하고 호 같기도 해서 혐의스러운 글이 되므로 해서는 안 될 듯합니다. '백(伯)' 자와 '계(季)' 자를 쓰는 것도, '대' 자와 '소' 자를 쓴 본래의 글을 그대로 따름으로써 도리에 맞게 하는 것만 못하니, 어떨지 모르겠습니다.

봄과 가을의 향사(享祀)가 만약 다른 사당, 서원과 상치된다면, 굳이 정일(丁日)이나 해일(亥日)을 쓸 것이 없고 유일(柔日)[109]에 관계되는 모든 날에 다 제사할 수 있으니, 중월(仲月)을 넘겨 계월(季月)에 행해서는 안 될 것입니다. 계월에도 제사지내는 것이 예에 근거가 있으나, 중월을 사용하는 것이 바름이 되는 것만 못합니다. 봄과 가을 두

모씨(某氏)를 배향하니, 흠향하소서.'라고 한다.〔主人曰：孝孫某, 來日丁亥, 用薦歲事于皇祖伯某, 以某妃配某氏, 尙饗.〕" 하였는데, 정현(鄭玄)의 주(注)에 "백모(伯某)는 자(字)이다."라고 하였다.

109 유일(柔日) : 일진상(日辰上) 천간(天干)으로 보아 짝수에 해당하는 을(乙)·정(丁)·기(己)·신(辛)·계(癸)의 날을 이른다. 《예기(禮記)》 〈곡례 상(曲禮上)〉에 "외사는 강일에 하고, 내사는 유일에 한다.〔外事以剛日, 內事以柔日.〕"라고 하였는바, 외사는 치병(治兵)이나 순수(巡狩) 같은 일을 말하고, 내사는 종묘 제사나 관혼상제(冠婚喪祭)를 말한다.

정일(丁日)의 축문은 합설해서는 안 될 듯하니, 시제(時祭)의 축문에 각 신위마다 각각의 축판을 쓰는 예(例)로 미루어 보면 각각 진설해야 할 뿐입니다. 배위(配位)에는, 시제의 축문 끝의 "모친(某親)을 부식(祔食)합니다."는 글을 따른다면, 축문이 없어도 마땅할 것입니다. 내가 예전에 지은 것은 바로 유허기(遺墟記)이니,[110] 어찌 이것을 사당에 사용할 수 있겠습니까. 현판을 달지 않는 것이 사의(事宜)에 마땅할 듯합니다.

110 내가……유허기(遺墟記)이니 : 《매산집》 권29에 〈소련대련유허기(少連大連遺墟記)〉가 실려 있는데, 그 저술년도가 무술년(1838, 헌종4)으로 표기되어 있다.

이원장에게 답하다 신해년(1851, 철종2)
答李源長 辛亥

성대한 공부는 우환 때문에 해이해지거나 폐하지 않을 것이니, 경서를 읽고 예를 연구함에 힘을 다하십니까? 정(精)과 추(粗), 본(本)과 말(末)을 겸하여 극진히 함은 성현의 학문이 되는 까닭이니, 만약 추(粗)는 버리고 정(精)만 구하며 말(末)은 싫어하고 본(本)만 구한다면 이른바 "이치만 말하고 사물은 빠뜨리며 형이상(形而上)만 말하고 형이하(形而下)는 빠뜨린다."는 것이니, 다른 곳을 향하여 달려가지 않는 이가 적을 것입니다.[111] 부디 이 뜻을 체득해서 때에 따라 정신을 깨우고 곳에 따라 마음을 수습하며 사물마다 체행하여 연구하고 일마다 토론해서 날로 쌓고 달로 쌓아서 순수하고 익숙하여 광명해지길 바라니, 노력하고 노력하십시오.

보내온 편지에서 심의(深衣)에 대해 말한 것은 사색한 것이 정밀하고 극진함을 알 수 있으니, 찬탄해 마지않습니다. 성인(聖人)이 심의를 입고 노인을 봉양한 것은 규(規)·구(矩)·승(繩)·권(權)·형(衡)의 다섯 가지 법을 취한 것일 뿐입니다.[112] 고금에 심의를 말하는 자들

111 정(精)과……것입니다 : 이 내용은 명(明)나라 학자 설선(薛瑄)의 《독서록(讀書錄)》에 보인다. "이치만……빠뜨린다"는 말은 윤돈(尹焞)의 말로, 주희(朱熹)가 공자(孔子)의 "나는 양쪽을 들어서 다 말해준다.〔我叩其兩端而竭焉.〕"는 말을 해석하면서 이를 채록해 넣었다. 《論語集註 子罕》

112 성인(聖人)이……뿐입니다 : 《예기(禮記)》 〈왕제(王制)〉에, "유우씨(有虞氏)는 황관을 쓰고 제사하고 심의를 입고 노인을 봉양하였다.〔有虞氏皇而祭, 深衣而養

은 셀 수 없이 많은데, 모두 자신만이 진실을 얻었다고 말하니, 내 일찍이 무엇을 따라야 할지를 잘 알지 못하였습니다. 그러나 오직 《상례비요(喪禮備要)》의 제도를 따르는 것이 아마 허물이 적을 것입니다.

老.〕"라고 하였으며, 〈심의(深衣)〉에는, "옛날에 심의(深衣)는 제도가 있어서 규(規)·구(矩)·승(繩)·권(權)·형(衡)에 응하였으니, 짧아도 살이 드러나지 않고 길어도 땅을 덮지 않으며 치마폭을 잇고 깃단을 겹으로 접어 꿰매고 허리폭을 꿰맨 것이 아랫단의 절반이다.〔古者深衣, 蓋有制度, 以應規矩繩權衡, 短毋見膚, 長毋被土, 續衽鉤邊, 要縫半下.〕"라고 하였다.

김석관 중강 에게 답하다 병오년(1846, 헌종12)

答金錫觀 仲剛○丙午

별폭에 보여주신 내용은 글자마다 참되고 간절하니, 한때의 충동적인 의기(意氣)에서 나오지 않음이 분명합니다. 배우는 자는 다만 이 마음의 본체를 회복해서 천명(天命)과 더불어 유통(流通)하여야 하니, 조금이라도 혼잡하면 곧 막히게 되고, 조금이라도 부족함이 있으면 곧 충만해지지 못하게 됩니다. 그러니 어찌 상하와 고금을 한 기운으로 꿰뚫어 통할 수 있겠습니까. 이 때문에 예로부터 성철(聖哲)들이 이 이치를 잠시라도 소홀히 해서는 안 됨을 견득했던 것입니다. 공자(孔子)께서도 70세에 이르러 마음의 하고자 하는 바를 따라도 법도를 넘지 않으셨으니, 또한 일찍이 손을 멈춘 적이 없으셨던 것입니다. 만약 혹시라도 간단(間斷)한다면 이것은 '굳세어서 쉬지 않는 건(乾)의 체(體)'가 아닙니다. 배우는 자가 제1등을 양보하여 행하지 않고서 제2등을 행한다면 이것은 바로 자포자기(自暴自棄)하는 것입니다. 그러나 이러한 공부는 또한 쉽게 말할 수 있는 것은 아니니, 사람이 생겨난 이래로 속된 마음과 속된 견해가 점점 물들고 굳게 고착되므로 이것을 제거하여 깨끗이 없애는 것은 참으로 어렵고 어려운 것입니다. 하나의 일에 잘못이 있으면 종신토록 바로잡을 수가 없고, 한 생각을 삼가지 못하면 마침내 타락하게 되니, 《맹자(孟子)》의 우산장(牛山章)은 마치 차가운 물을 등에 끼얹는 것처럼 정신이 들게 합니다.[113] 주 선생(朱

113 배우는……합니다 : 이 내용은 청(淸)나라 학자 탕빈(湯斌, 1627~1687)의 《탕

先生)이 또 말씀하기를, "배우는 자는 모름지기 염우(廉隅)와 장벽(墻壁)이 있어야 비로소 큰일을 감당할 수 있다."라고 하셨으니,[114] 부디 이 뜻을 체득하여 더욱 더 노력해야 할 것이요, 장기나 바둑 한 판을 두고 그만두는 것처럼 해서는 안 될 것입니다. 반드시 책을 읽고 이치를 밝혀야 비로소 공과 사, 의(義)와 이(利)를 구분할 수 있으니, 다시 사서(四書)를 가져다가 멈추지 않고 연구하여 토대를 세우는 것이 어떻겠습니까?

자유서(湯子遺書)》 권5 〈우상징군선생서(又上徵君先生書)〉에 보인다. '굳세어서 쉬지 않는 건(乾)의 체(體)'는 《주역(周易) 건괘(乾卦) 상(象)》에 "하늘의 운행이 굳세니, 군자가 보고서 스스로 힘쓰고 쉬지 않는다.〔天行健, 君子以自彊不息.〕"라고 한 것을 원용한 것이다. 《맹자》 우산장은 《맹자》 〈고자 상(告子上)〉 8장을 말하는 것으로, 원문은 다음과 같다. "우산의 나무가 일찍이 아름다웠는데, 대국(大國)의 교외(郊外)이기 때문에 도끼와 자귀로 매일 나무를 베어 가니, 아름답게 될 수 있겠는가. 밤에 자라나는 바와 우로(雨露)가 적셔 주는 바에 싹이 나오는 것이 없지 않지만, 소와 양이 또 따라서 방목되므로 이 때문에 저와 같이 민둥하게 된 것이다. 사람들은 민둥한 것만을 보고는 훌륭한 재목이 있은 적이 없다고 여기니, 이것이 어찌 산의 본성이겠는가.〔牛山之木嘗美矣, 以其郊於大國也, 斧斤伐之, 可以爲美乎? 是其日夜之所息、雨露之所潤, 非無萌蘖之生焉, 牛羊又從而牧之, 是以若彼濯濯也. 人見其濯濯也, 以爲未嘗有材焉, 此豈山之性也哉?〕" 이는 사람은 누구나 인의예지(仁義禮智)의 본성을 지니고 있으나 다만 물욕(物慾)의 침해를 받아 이를 발현시키지 못할 뿐임을 비유한 것이다.

114 주 선생(朱先生)이……하셨으니 : 《주자어류(朱子語類)》 권13 〈학7(學七) 역행(力行)〉에 보인다.

김익수 대여 에게 답하다 무신년(1848, 헌종14)
答金益秀 大汝○戊申

보내온 편지에서, "분화(紛華)한 세상일을 떨쳐 버리고서 문을 닫고 칩거하여 고요히 익히는 방법을 찾고자 한다."고 하니, 이 주정(主靜)이 학문의 근본 터전이 됩니다. 염계(濂溪)가 주정(主靜)을 말씀하여[115] 사람들로 하여금 마음을 고요히 안정시켜 스스로 주재로 삼도록 하셨으니, 마음 안에 주장이 있으면 쓸데없는 생각과 잡스러운 생각이 제거하기를 기다리지 않아도 저절로 없어집니다. 중심에 주장이 있다는 것은 하나를 주장하는 것이니, '주(主)'는 바로 '오로지 주장한다〔專主〕'의 '주'이고, '일(一)'은 바로 '여기에 한결같이 해서〔一於此〕 다른 데로 가지 않아 순일(純一)하여 섞이지 않음'의 '일'인데, 초학자는 이와 같이 하기가 어렵습니다. 그래서 정자(程子)는 다만 "정제(整齊)하고 엄숙(嚴肅)하면 마음이 곧 한결같아져서 저절로 잘못과 간사함을 범하지 않게 된다."고 가르치셨으니,[116] 이것이 심학(心學)의 진결(眞

115 염계(濂溪)가 주정(主靜)을 말씀하여 : 염계는 북송(北宋)의 학자 주돈이(周敦頤)이다. 주돈이의 《태극도설(太極圖說)》에, "성인(聖人)은 중(中)·정(正)·인(仁)·의(義)로 정하되, 정(靜)을 주장하여 사람의 표준을 세우셨다."라고 하였다.

116 주(主)는……가르치셨으니 : 이 내용은 명(明)나라 학자 호거인(胡居仁)의 《거업록(居業錄)》 권2 〈학문(學問) 제이(第二)〉에 보인다. 인용된 정자(程子)의 말은 《이정유서(二程遺書)》 권15 〈입관어록(入關語錄)〉에 다음과 같이 보인다. "간사한 생각〔邪〕을 막으면 진실로 한결같아진다. 그러나 하나를 주장하면 간사함을 막음은 굳이 말할 필요가 없다. '한결같이 함은 보기가 어려워 공부에 착수할 수 없으니 어떻게 해야 하는가?'라고 묻는 이가 있는데, 한결같음은 다름이 아니라 다만 정제하고 엄숙하게

訣)입니다. 현자가 여기에서 공효를 거둔다면 향리 사람들이 괴이하게 여겨 비웃음을 어찌 근심할 것이 있겠습니까. 또 내 스스로 바름을 얻으면 어찌 남의 말을 근심할 것이 있겠습니까. 현자가 사는 지방은 평소 번화한 곳으로 알려져 있으니, 음악과 여색에 파괴당하지 않는 자가 별로 없습니다. 만약 몸가짐을 처자처럼 하지 않으면 무리를 따라 휩쓸리기 쉬우니, 만일 스스로 닦고자 한다면 더욱 몸을 수렴하여 감춰야 할 것입니다. 천리는 지극히 고요하기 때문에 희로애락이 미발(未發)한 상태가 온전히 천리인 것입니다. "정신이 짧고 부족해서 학문의 공력을 얻지 못하는 것이니 오직 고요하여야 정신을 수습해서 학문의 부족함을 보완할 수 있다."라고 하였으니,[117] 고량계(高梁溪 고반룡(高攀龍))가 이 뜻을 말한 것이 매우 진실하고 돈독하므로 현자를 위해서 외워 드립니다.

하는 것이니, 이렇게 하면 마음이 곧 한결같아지고 한결같으면 저절로 잘못과 간사함을 범하지 않게 된다.〔閑邪則固一矣, 然主一則不消言閑邪. 有以一爲難見, 不可下工夫, 如何? 一者, 無他, 只是整齊嚴肅, 則心便一, 一則自是無非僻之奸.〕"

117 정신이……하였으니 : 인용된 말은 명(明)나라 학자 고반룡(高攀龍)의 《고자유서(高子遺書)》 권8하 〈답왕취주(答王聚洲)〉에 보인다.

심낙원 순거 에게 답하다 기축년(1829, 순조29) 8월

答沈樂元 舜擧○己丑八月

신주를 다시 쓰는 것은 마땅히 아버지 상의 길제(吉祭) 하루 전에 해야 하는데, 이미 때를 지나 거행하지 못했으면 지금이라도 뒤늦게 행하는 것을 조금도 늦춰서는 안 되니, 날짜를 택하여 신주를 다시 쓰되 마땅히 술과 과일을 진설하고 고유해야 합니다. 고유하는 글은 다음과 같이 해야 합니다.

"유세차……. 이에 선고(先考) 모관(某官) 부군(府君)께서 상이 다하여 사당에 들어가게 되었으니, 진실로 여러 신주를 다시 써야 하나 가난하여 예를 행하지 못한 지가 이미 한 해가 되어, 소목(昭穆)이 차례로 펴지지 못해서 인정(人情)과 예문(禮文)이 모두 잘못되었습니다. 현증조고(顯曾祖考)……와 현증조비(顯曾祖妃)……의 신주를 이제 뒤늦게 다시 써야 하니, 감창(感愴)하는 마음을 이길 수가 없습니다. 삼가 술과 과일로 정성을 펴서 공경히 고하고 삼가 고합니다."

신주를 다시 써서 봉안한 뒤에 술과 과일을 철거해야 하니, 이것은 바로 음식으로 신을 의지하게 하는 것입니다. 신주를 다시 쓴 뒤에 여러 신위를 모아서 제향(祭享)하는 것을 때가 늦었다는 이유로 정지해서는 안 되니, 이제 중월(仲月)의 초하루를 만났다면 신주를 다시 쓴 다음 날에 빨리 시제(時祭)를 행하는 것이 마땅할 듯합니다.

예에 따르면, 시마복과 소공복은 성복한 뒤에 마땅히 평상시와 같이 제사를 지내니, 그렇다면 종숙모의 장례 전에 제사를 폐지할 의리가 없습니다. 장례가 똑같은 산에 있다는 이유로 세사(歲事 해마다 드리는 제사)를 정지해서는 안 됩니다. 비록 회장(會葬 장례에 참여함)을 했다 하더라도 하루 전에 재계하고 묘에 올라가서 예를 행해야 하니, 회장한 것은 구애할 바가 아닌 듯합니다.

심낙원에게 주다 기축년(1829, 순조29)
與沈樂元 己丑

《격몽요결(擊蒙要訣)》은 바로 율곡(栗谷)께서 후학들을 지시하고 인도한 진전(眞詮)이니,[118] 우리 동방의 《소학(小學)》입니다. 그러나 그 내용의 절실함이 도리어 《소학》보다도 더한 점이 있으니, 배우는 자가 공력을 쓰기를 《소학》보다 먼저 해야 합니다. 《격몽요결》은 《소학》의 계제(階梯)입니다. 이 때문에 우리 집에 보관하던 옛 책을 삼가 올려서 연찬(硏鑽)하는 자료로 대비하게 하오니, 부디 이 늙은이의 참된 사랑을 생각해서 '독은 사고 보배 구슬은 돌려주는 탄식'[119]을 이루지 말기를 바랍니다. 옛날 조중봉(趙重峯 조헌(趙憲)) 선생이 여관에서 나그네를 만났는데, 등잔불 밑에서 손수 이 책을 베껴 쓰시다가 닭이 울고서야 취침하고는 마침내 그 사람에게 이 책을 주었으니, 그 사람은 평소 모르던 사람이었습니다. 남이 선(善)을 행하도록 도와준 그 뜻이 아직

118 격몽요결(擊蒙要訣)은……진전(眞詮)이니 : 《격몽요결》은 이이(李珥)가 초학자들을 위해 지은 도학(道學) 입문서이다. 이이는 1577년(선조10)에 부제학을 사퇴하고 3월에 파주(坡州) 율곡(栗谷)에 돌아왔다가, 10월에 해주(海州) 석담(石潭)으로 가서 은병정사(隱屛精舍)를 짓고 제자를 가르쳤는데 그때 이 책을 지었으며, 입지(立志)·혁구습(革舊習)·지신(持身)·독서(讀書)·사친(事親)·상제(喪制)·제례(祭禮)·거가(居家)·접인(接人)·처세(處世)의 10장으로 구성되어 있다. '격몽'은 몽매한 것을 물리친다는 뜻이다.

119 독은……탄식 : '매독환주(買櫝還珠)' 혹은 '매궤환주(買櫃還珠)'라고도 하는바, 무엇이 귀하고 무엇이 귀하지 않은지 알지 못하여 취해야 할 내실은 취하지 않고 허울만 취한다는 의미이다. 춘추 시대 초(楚)나라 사람이 옥으로 꾸미고 향기를 쐰 목란(木蘭) 상자에 보배 구슬을 담아서 정(鄭)나라에 가서 팔자 어떤 정나라 사람이 상자만 사고 구슬을 돌려주었다는 고사에서 유래하였다. 《韓非子 外儲說》

도 나를 탄복하게 하니, 내 삼가 중봉의 옛 의리에 나의 뜻을 붙여서 도에 들어가는 지결(旨訣)에 보탬이 되고자 합니다. 《격몽요결》에서 말한 "'한 가지라도 불의를 행하고 한 사람이라도 죄 없는 사람을 죽이고서 천하를 얻더라도 그것은 하지 않겠다.'는 의사를 항상 가슴 속에 두어야 한다."[120]라는 이 한 구는 이것이 '먼저 큰 것을 세움'[121]이 됩니다. 이 뜻을 이해하고 천만번 노력해서 책임이 무겁고 갈 길이 멂을 생각하여 나아가기만 하고 후퇴하지 말아서 하늘이 내려준 충(衷)과 사람이 받은 중(中)[122]을 져버리지 말길 바랍니다.

120 격몽요결에서……한다 : 이 말은 《격몽요결》 제3장 〈지신(持身)〉에 보인다. '한 가지라도……않겠다.'는 《맹자》 〈공손추 상(公孫丑上)〉에, 공손추가 백이(伯夷)·이윤(伊尹)과 공자의 공통점을 묻자, 맹자가 "백 리 되는 땅을 얻어서 인군 노릇을 하면 모두 제후들에게 조회 받고 천하를 소유할 수 있거니와, 한 가지라도 불의를 행하고 한 사람이라도 죄 없는 사람을 죽이고서 천하를 얻음은 모두 하지 않을 것이니, 이것은 같다.〔得百里之地而君之, 皆能以朝諸侯有天下. 行一不義, 殺一不辜而得天下, 皆不爲也. 是則同.〕"라고 답한 데에 보인다.

121 먼저……세움 : 이 말은 맹자가 대인과 소인의 차이를 설명하면서, "먼저 그 큰 것을 세운다면 그 작은 것이 능히 빼앗지 못할 것이니, 이것이 대인이 되는 이유일 뿐이다〔先立乎其大者, 則其小者不能奪也, 此爲大人而已矣.〕"라고 한 데에 보인다. 여기에서 큰 것은 심지(心志)를 가리키고 작은 것은 이목(耳目)을 가리킨다. 《孟子 告子上》

122 하늘이……중(中) : '하늘이 내려준 충'은 《서경(書經)》 〈상서(商書) 탕고(湯誥)〉에 "위대한 상제께서 하민들에게 충을 내려주어, 타고난 성품을 따르게 하였다.〔惟皇上帝, 降衷于下民, 若有恒性.〕"라고 한 데에서 온 말로, 여기서 충(衷)이란 사람이 받은 인의예지(仁義禮智)의 선한 본성을 가리킨다. '사람이 받은 중'은 《중용》에 "희로애락이 미발한 것을 중이라 하고, 발하여 모두 절도에 맞는 것을 화(和)라 이르니, 중이란 천하의 큰 근본이고, 화란 천하의 공통된 도이다.〔喜怒哀樂之未發, 謂之中; 發而皆中節, 謂之和. 中也者, 天下之大本也; 和也者, 天下之達道也.〕"라고 한 데서 온 말로, 여기에서의 중 역시 사람이 품부 받은 성을 가리키는데, 편벽되거나 치우친 바가 없으므로 중이라고 한 것이다.

심낙원에게 답하다 계사년(1833, 순조33) 정월
答沈樂元 癸巳正月

보내온 편지에서, 광견(狂狷)[123]으로 자기를 비유하고자 하였으니, 주 선생(朱先生)께서도 일찍이 광견에 대해 논하기를, "이 도리는 모름지기 강하고 굳세어서 꼿꼿하게 서야 비로소 성취하는 바가 있다."라고 말씀하셨습니다.[124] 광견도 그러한데 하물며 성철(聖哲)이겠습니까. 예로부터 성현과 호걸들이 모두 과감하고 결연하고 열렬한 가운데서 학문을 해왔으니, 한가로운 생각과 대충대충 하는 공부로 다가갈 수 있는 경지가 아닙니다. 빨리 이 뜻을 체득하여 한번 분발해서 세속의 구덩이를 빠져 나와서 용맹스럽게 곧장 전진하여 참됨을 쌓고 오래도록 힘을 써서[125] 발원의 초심을 져버리지 말길 바랍니다.

좌하가 비록 공명선(公明宣)이 되기를 바라나 세상에 증자(曾子)가

123 광견(狂狷) : 광(狂)은 뜻은 지극히 높으나 행동이 말을 따라가지 못하는 것을 이르고, 견(狷)은 지식은 미치지 못하지만 절조를 잘 지키고 행실을 잘 단속하는 것을 이른다. 이는《논어》〈자로(子路)〉에, 공자가 "중도(中道)를 지닌 선비를 얻어 함께할 수 없다면 반드시 광자(狂者)나 견자(狷者)와 함께할 것이다. 광자는 진취적이고 견자는 하지 않는 바가 있다.〔不得中行而與之, 必也狂狷乎! 狂者進取, 狷者有所不爲也.〕"라고 한 데서 온 말이다.

124 주 선생(朱先生)께서도……말씀하셨습니다 : 주 선생은 주희(朱熹)를 가리킨다. 인용된 말은《주자어류(朱子語類)》권52〈맹자2(孟子二) 공손추 상(公孫丑上)〉에 보인다.

125 참됨을…써서 :《순자(荀子)》〈권학(勸學)〉의 "참됨을 쌓고 오래도록 힘을 써야만 학문의 경지에 들어갈 수 있으니, 학문은 죽음에 이른 뒤에야 그만두는 것이다.〔眞積力久則入, 學至乎沒而後止也.〕"라는 구절을 원용한 것이다.

없으니 어쩌겠습니까. 비록 증자(曾子)가 있다고 하더라도 3년 동안 배우지 않으면서 문하에 머무는 것은 결코 행할 수 없는 일이니,[126] 만일 시(詩)를 배우지 않고 예(禮)를 배우지 않는다면 마음을 열고 눈을 밝혀서 보고 감동함에 계합할 수 없을까 염려됩니다. 옛날 윤화정(尹和靖)이 이천(伊川)을 뵌 뒤 반년 만에 비로소 《대학》과 〈서명(西銘)〉을 보았으니,[127] 평소에 배우지 않다가 뒤에 비로소 이 두 책을 보았다고 말한 것은 아닙니다. 이것은 바로 차근차근 사람을 잘 인도해서[128] 가르침에 등급을 건너뛰지 않는다[129]는 뜻입니다.

126 공명선(公明宣)이……일이니 : 공명선(公明宣)은 증자(曾子)의 제자인데, 증자의 문하에 있으면서 3년 동안 책을 읽지 않자, 증자가 그 이유를 물었다. 이에 공명선이 대답하기를, "어찌 감히 배우지 않았겠습니까. 제가 선생님께서 집안에 계심을 보니, 부모가 계시면 꾸짖는 소리가 개와 말에 이른 적이 없으시므로 제가 이를 기뻐하며 배웠으나 아직 능하지 못합니다. 또 제가 선생님께서 빈객을 응접하심을 보니, 공검(恭儉)하여 태만하지 않으시므로 제가 이를 기뻐하며 배웠으나 아직 능하지 못합니다. 또 제가 선생님께서 조정에 계심을 보니, 아랫사람에게 엄격하게 임하면서도 훼상(毁傷)하지 않으시므로 제가 이를 기뻐하며 배웠으나 아직 능하지 못합니다. 제가 이 세 가지를 기뻐하며 배웠으나 아직 능하지 못하니, 제가 어찌 감히 배우지 않으면서 선생님의 문하에 있겠습니까."라고 하였다. 《小學 稽古》

127 윤화정(尹和靖)이……보았으니 : 윤화정은 윤돈(尹焞, 1071~1142)으로, 자는 언명(彦明)이며, 이천(伊川) 정이(程頤)의 제자이다. 《근사록(近思錄)》 권2 〈위학(爲學)〉에 "윤언명(尹彦明)이 이천을 뵌 지 반년이 지난 뒤에야 비로소 《대학(大學)》과 〈서명(西銘)〉을 보았다."라고 하였다.

128 차근차근……인도해서 : 《논어》 〈자한(子罕)〉에 안연(顏淵)이 크게 탄식하며, "부자(夫子)께서는 차근차근히 사람을 잘 이끄신다.〔夫子循循然善誘人.〕"라고 한 것을 원용한 것이다.

129 가르침에……않는다 : 《예기(禮記)》 〈학기(學記)〉에, "어린 자는 듣기만 하고 묻지 않음은 배움에 등급을 건너뛰지 않는 것이다.〔幼者聽而弗問, 學不躐等也.〕"라고 한 것을 원용한 것이다.

권병충 서경 에게 답하다 정미년(1847, 헌종13)

答權秉忠 恕卿○丁未

보내온 편지에서, 입지(立志)가 견고하지 못하다고 자책을 하였습니다. 뜻이 서지 못하면 전혀 손쓸 곳이 없으므로 성철(聖哲)이 학문을 논할 적에 입지를 근본의 터전으로 삼은 것입니다. 천 마디 말씀과 만 마디 말씀이 한 글자도 진실한 말이 아님이 없음을 알아야 비로소 이 뜻을 세울 수 있으니, 여기에 나아가서 공부를 쌓고 쌓아서 위를 향해 서서히 나아가면 크게 일이 있게 됩니다.[130] 하지만 후인들은 이런 명리(名理)를 아는 자가 아주 적습니다. 그런데 지금 현자에게서 이것을 보니, 찬탄해 마지않습니다.

정자(程子)께서 발명하신 "마음에 주재(主宰)가 있다."라는 한 구[131]

130 뜻이……됩니다 : 이 내용은 《주자대전(朱子大全)》 권57 〈우유학자(又諭學者)〉에 다음과 같이 보인다. "글을 기억하지 못하는 것은 익숙히 읽으면 기억할 수 있고, 의미를 정밀히 알지 못하는 것은 자세히 생각하면 정밀히 알 수 있다. 그러나 뜻이 서지 못하면 힘을 쓸 곳이 없게 된다.……한 번 분발해서 성현의 말씀한 바의 천 마디 말과 만 마디 말이 한 가지 일도 진실한 말이 아님이 없음을 견득하여야 비로소 이 뜻을 세울 수 있으니, 여기에 나아가서 공부를 쌓고 쌓아서 위를 향해 서서히 나아가면 크게 일이 있게 된다.〔書不記, 熟讀可記; 義不精, 細思可精. 唯有志不立, 直是無著力處……一躍躍出, 見得聖賢所說, 千言萬語都無一事不是實語, 方始立得此志, 就此積累功夫, 迤邐向上去, 大有事在.〕"

131 정자(程子)께서……구 : 정자는 정이(程頤)를 가리킨다. 《이정유서(二程遺書)》 권15 〈입관어록(入關語錄)〉에, "배우는 자들이 만일 마음에 분란함이 있게 되는 병통을 면하고자 한다면 오직 마음에 주재가 있어야 하니, 어떻게 하여야 주재함이 되는가? 경(敬)할 뿐이다.〔若欲免此, 惟是心有主, 如何爲主? 敬而已矣.〕"라고 보인다.

는 참으로 학문하는 요체이니, 다만 마음을 수렴하고 전일하게 하는 것이 바로 마음에 주재가 있게 하는 방도인바, 이것은 뜻을 세운 자만이 비로소 이렇게 할 수 있습니다. 천만번 더 노력해서 기질에게 지고 습속에게 빼앗김을 당하지 않게 하는 것이 어떻겠습니까? 뜻을 책망하면,[132] 맹렬히 살피고 분발해서 기질을 힘써 변화시키고 습속을 용감하게 고칠 것이니, 그렇게 되면 기질에게 지고 습속에게 빼앗김을 당하지 않게 될 것입니다.

132 기질에게……책망하면 : 이 말은 《이정유서(二程遺書)》 권15 〈입관어록(入關語錄)〉에, "배우는 자가 기질에게 지고 습속에게 빼앗김을 당한다면 다만 뜻을 책망하여야 한다.〔學者爲氣所勝、習所奪, 只可責志.〕"라고 보이는, 정이(程頤)의 말을 원용한 것이다. 뜻을 책망함은 뜻이 크지 못하고 강하지 못함을 책망한다는 의미이다.

심의간 성여 에게 주다 병신년(1836, 헌종2) 6월
與沈宜侃 聖汝○丙申六月

하룻밤 사이에 부모님을 모시는 체도(體度)가 바르고 건승합니까? 오늘은 바로 우암(尤菴) 노선생(老先生)이 순도(殉道)한 날입니다.[133] 나는 매년 집안에 보관해 있는 영정을 꺼내서 서실(書室)에 공경히 받들어 게시하고는 보고서 참배하여 갱장(羹墻)과 강한(江漢)의 사모[134]를 부치곤 하였습니다. 이번엔 현자와 함께 하고 싶으니, 찾아올 때 반드시 도포를 입고 오는 것이 마땅할 듯합니다. 우옹(尤翁)의 도는 병신년에 여러 번 펴졌는데,[135] 육십갑자가 다시 돌아왔습니다. 우리들이 진실로 우옹의 책을 읽고 우옹의 마음을 전한다면 우옹의 도가 우리

133 우암(尤菴)……날입니다 : 우암은 송시열(1607~1689)을 가리킨다. 송시열은 1689년(숙종15) 6월에 유배지인 제주도에서 서울로 압송되어 오던 중 정읍에서 사약을 받고 죽었다.

134 갱장(羹墻)과 강한(江漢)의 사모 : 돌아가신 스승을 우러러 사모하는 마음을 뜻한다. '강한'은, 공자가 죽은 뒤에 제자들이 유약(有若)의 모습이 공자와 비슷하다고 하여 공자를 섬기던 예로 그를 섬기려고 하자, 증자(曾子)가 그래서는 안 된다고 하면서, "공자께서는 강한(江漢)으로 씻는 것과 같으며, 가을볕으로 쪼이는 것과 같아서 깨끗하여 더할 수 없다."라고 한 데서 온 말이다.《孟子 滕文公上》'갱장'은 옛날 요(堯) 임금이 붕어한 후로 순(舜) 임금이 3년 동안 요 임금을 앙모한 나머지, 앉아 있으면 요 임금이 담장〔牆〕에서 보이고, 밥을 먹을 때면 요 임금이 국〔羹〕에서 보였다고 한 데서 온 말이다.《後漢書 卷63 李固列傳》

135 우옹(尤翁)의……펴졌는데 : 병신년은 1716년(숙종42)으로, 이 해에 소론을 내치고 노론의 손을 들어준 숙종의 병신처분이 있었다.

들로 말미암아 크게 펴질 수 있을 것이니, 우리 성여와 함께 서로 힘쓰기를 원합니다.

이응신[136] 공오 에게 답하다 을사년(1845, 헌종11) 2월

答李應辰 公五○乙巳二月

《대학》의 신민(新民)[137]은 천하 사람들로 하여금 모두 자신의 명덕(明德)을 밝히게 하는 것이니, 명덕을 밝히는 일 안에 어찌 격물치지(格物致知)가 포함되어 있지 않겠습니까. 다만 이른바 격물치지라는 것은 끝내 범민(凡民)들이 할 수 있는 것이 아닙니다. 그러므로《대학혹문(大學或問)》의 이 조항에서 명명덕(明明德)에 대하여 '백성들이 각각 그 뜻을 성실히 하는 것'으로만 말하고, 각각 격물치지하는 것으로는 말하지 않은 것인데,[138] 이를 진씨(陳氏)가 "백성들은 따르게 할 수는

136 이응신(李應辰) : 1817～?. 자는 공오(公五), 호는 소산(素山), 본관은 전주(全州), 시호는 문헌(文憲)이다. 1860년(철종11) 증광 문과에 급제하고 벼슬이 이조 판서에 이르렀다.

137 신민(新民) :《대학》의 삼강령(三綱領)의 하나로, 삼강령은 명명덕(明明德), 신민(新民), 지어지선(止於至善)이다.

138 대학혹문(大學或問)의……것인데 :《대학혹문》〈경1장(經一章)〉에, "격물·치지·성의·정심·수신은 명명덕의 일이고, 제가·치국·평천하는 신민의 일이다.〔格物致知誠意正心脩身者, 明明德之事也; 齊家治國平天下者, 新民之事也.〕"라고 한 뒤에, "이른바 천하에 명덕을 밝힌다는 것은 자신의 명덕을 스스로 밝혀서 미루어 백성을 새롭게 하는 것이니, 천하의 사람으로 하여금 모두 자신의 명덕을 밝히게 하는 것이다. 사람이 모두 자신의 명덕을 밝히면, 각각 그 뜻을 성실히 하고, 각각 그 마음을 바르게 하고, 각각 그 몸을 닦고, 각각 그 어버이를 친히 하고, 각각 그 어른으로 섬겨서 천하가 평하지 못함이 없을 것이다.〔所謂明明德於天下者, 自明其明德而推以新民, 使天下之人皆有以明其明德也. 人皆有以明其明德, 則各誠其意, 各正其心, 各修其身, 各親其親, 各長其長, 而天下無不平矣.〕"라고 하여, 명명덕을 말하면서 '각각 그 앎을 지극히 함〔各致

있어도 알게 할 수는 없다."는 것으로 해당시켰습니다.[139] 그렇다면 이런 설을 말한 사람은 반씨(潘氏)뿐만이 아닌 것이고, 그 견해도 크게 어긋나지는 않은 것입니다. 그래서 주 선생(朱先生)이 "전혀 어긋남이 없다."라는 말로 허여했던 것입니다.[140] 그러나 '알게 할 수 없다'고 말한 것은 백성들을 어리석게 만들려는 것이 아니고 바로 형세상 할 수 없는 바가 있는 것이니, 왕자(王者)가 나와서 한 세대가 지나 백성들이 인(仁)해진 뒤에[141] 교화가 오래되고 개도(開導)가 익숙하게 되면, 천성의 당연함에 있어서 어찌 차례로 알아지는 이치가 없겠습니까. 오직 이른바 '소이연(所以然)'이라는 것은 근원을 끝까지 궁구한

其知〕'과 '각각 그 사물을 궁격함〔各格其物〕'은 언급하지 않았다.

139 이를……해당시켰습니다 : 진씨는 신안 진씨(新安陳氏) 진력(陳櫟)을 가리킨다. 《대학혹문대전(大學或問大全)》 소주(小註)에, "신안 진씨가 말하였다. '각각 격물하고 치지한다고 말하지 않은 것은 「백성은 따르게 할 수는 있어도 알게 할 수는 없다」는 뜻이다.'"라고 하였다. '백성은……없다'는 것은 《논어》 〈태백(泰伯)〉에 보이는 공자의 말로, 백성은 도리를 따르게 할 수는 있어도 그 원리를 알게 할 수는 없다는 의미이다.

140 주 선생(朱先生)이……것입니다 : 주 선생은 주희(朱熹)를 가리킨다. 인용된 말은 《주자어류(朱子語類)》 권35 〈논어17(論語十七) 태백편(泰伯篇)〉에 다음과 같이 보인다. "진식(陳植)이 말하였다. '백성은 윗사람을 섬기고 아랫사람을 기르게 할 수는 있어도 부자(父子)의 도가 천성(天性)임을 알게 할 수는 없고, 분주히 달려가 복역하게 할 수는 있어도 군신(君臣)의 의가 당연(當然)임을 알 게 할 수는 없다.' 여러 학우가 말을 마치자 선생이 말하였다. '오늘 저녁 다섯 사람의 견해는 전혀 어떤 어긋남도 없다.'〔植云: 民可使之仰事俯育, 而不可使之知其父子之道爲天性; 可使之奔走服役, 而不可使之知其君臣之義爲當然. 及諸友擧畢, 先生云: 今晩五人看得都無甚走作.〕"

141 왕자(王者)가……뒤에 : 공자가 "왕자가 있다 하더라도 한 세대가 지난 뒤에야 백성이 인(仁)해질 것이다.〔如有王者, 必世而後仁.〕"라고 한 말을 원용한 것이다. 《論語 子路》

내력의 묘언(妙言)이므로, 날마다 쓰면서도 알지 못하는 소인[142]들이 미칠 수 있는 바가 끝내 아닙니다. 그러므로 《집주(集註)》에서는 소이연으로 말한 것이니,[143] 그 뜻을 알 수 있습니다.

극기복례(克己復禮)의 뜻은 주자(朱子)에게 세 가지 설이 있으니, 사욕을 이기면 예가 저절로 회복된다는 것이 하나이고, 사욕을 이기고 또 예로 돌아가야 한다는 것이 하나이고, "한 가지 일 같기도 하고 두 가지 일 같기도 하다."는 것이 또 하나입니다.[144] 이것을 《어록》에서

142 날마다……소인 : 《주역(周易)》 〈계사전 상(繫辭傳上)〉에, "계속하여 함은 선(善)이고, 갖추어 있음은 성(性)이다. 인자(仁者)는 이를 보고 인이라고 이르고, 지자(智者)는 이를 보고 지라고 이르며, 백성은 날마다 쓰면서도 알지 못한다.〔繼之者, 善也; 成之者, 性也. 仁者見之, 謂之仁; 智者見之, 謂之智, 百姓日用而不知.〕"라고 하였다.

143 집주(集註)에서는……것이니 : 《논어》의 이 경문에 대한 주희(朱熹)의 해석은 다음과 같다. "백성은 당연한 도리를 따르게 할 수는 있어도 그 소이연을 알게 할 수는 없다.〔民可使之由於是理之當然, 而不能使之知其所以然也.〕" 《論語集註 泰伯》

144 극기복례(克己復禮)의……하나입니다 : 극기복례는 《논어》 〈안연(顔淵)〉에, 안연이 인(仁)에 대하여 묻자, 공자가 "사욕을 이겨 예로 돌아감이 인을 하는 것이다.〔克己復禮爲仁.〕"라고 답한 데에 보인다. 주자는 주희(朱熹)를 가리키는바, 이 세 가지 설은 모두 《주자어류(朱子語類)》 권41 〈논어23(論語二十三) 안연편 상(顔淵篇上)〉에 보인다. 이 세 가지 설은 극기와 복례를 하나의 일로 볼 것이냐 별개의 일로 볼 것이냐의 문제와 연관되는데, 주희는 "극기하면 곧 복례가 되니, 극기가 끝난 뒤에 비로소 복례를 기다리는 것이 아닌바, 두 가지 공부가 아니다.〔是克己便是復禮, 不是克己了, 方待復禮, 不是做兩截工夫.〕"라 하고, "극기 공부 외에 따로 복례 공부가 있는 것이 아니다.〔非是克己之外, 別有復禮工夫也.〕"라고 하여 하나의 일로 보기도 하고, "극기한 사람은 반드시 다시 이 몸을 규구준승(規矩準繩)의 안으로 돌아가게 해야 하니, 이것이 바록 인을 행하는 것이다.〔故克己者必須復此身於規矩準繩之中, 乃所以爲仁也.〕"라고 하여

상고해보면 차이가 이와 같습니다. 그러나 《집주(集註)》를 가지고 따져보면 마땅히 첫 번째 설을 정론으로 삼아야 할 것입니다. 또 본문에서 말한 사물비례(四勿非禮)[145]라는 것은 바로 극기 공부입니다. 그런데 다만 "예가 아닌 것을 하지 말라"고만 말하고 "반드시 예를 따라 행하라"고 다시 말하지 않았는데도 그 뜻이 이미 충족되었으니, 그렇다면 극기가 바로 복례하는 방법인 것인바, 극기 공부 외에 다시 복례 공부가 있지 않은 것이 분명합니다.

상산(象山)이 말한 "극기는 사려가 싹트지 않아야 한다."라는 설과 같은 것은 여전히 석씨(釋氏)의 법문이니,[146] 굳이 변론할 것이 없습니다. "석씨가 능히 극기는 하지만 복례는 못한다."라는 설에 있어서는

두 가지 일로 보기도 하였다. 또 "극기복례는 한편으로는 물을 가져다가 불을 끄는 것과 서로 유사하니, 하나의 일 같기도 하고 두 가지 일 같기도 하다.〔克己復禮, 一如將水去救火相似, 又似一件事, 又似兩件事.〕"라고 하여 두 설을 절충하기도 하였다.

145 사물비례(四勿非禮) : 안연이 '극기복례위인(克己復禮爲仁)'의 답을 들은 뒤에 그 실천 조목을 묻자, 공자가 "예가 아니면 보지 말며, 예가 아니면 듣지 말며, 예가 아니면 말하지 말며, 예가 아니면 동하지 말아야 한다.〔非禮勿視, 非禮勿聽, 非禮勿言, 非禮勿動.〕"라고 답한 것을 가리킨다.

146 상산(象山)이……법문이니 : 상산은 송(宋)나라 학자 육구연(陸九淵)을 가리킨다. 이 내용은 《주자어류(朱子語類)》 권41 〈논어23(論語二十三) 안연편 상(顔淵篇上)〉에 다음과 같이 보인다. "상산 선생이 '안자(顔子)는 다른 사람처럼 편벽된 부분이 없었으니, 극기하려 한 것은 다만 마음에 생각이 있었던 것이다.'라고 하였으니, 옳지 않다. 일찍이 그가 어떤 사람에게 편지를 보내 말하기를 '조금이라도 극기하려고 하는 때가 있으면 곧 옳지 않다.'라고 하는 것을 보았으니, 이는 바로 선가(禪家)의 학설로, 대혜종고(大慧宗杲)가 말하는 '말해서도 안 되고 생각해서도 안 된다'는 설과 같은 부류이다.〔顔子不似他人處, 要克, 只是心有所思. 便不是了. 嘗見他與某人一書說道: 才是要克己時, 便不是了. 這正是禪家之說, 如杲老說不可說不可思之類.〕"

주자가 이러한 말씀을 하시긴 했습니다.[147] 그러나 이는 마땅히 활간(活看)을 해야 하고 집착해서는 안 되니, 그 뜻은 저들이 사물을 단절하는 지점을 가지고 그것이 극기와 서로 유사하다는 것을 인정함에 불과하고, 또 창광자자(猖狂自恣)한 측면에서는 전혀 이치를 따르지 않는다고 곧바로 배척했을 뿐입니다. 그 실제로 말하면, 삶을 아끼고 죽음을 두려워한 초기의 불가와 천리를 없애고 인륜을 혼란시킨 말류의 불가가 모두 스스로 사사롭게 하는 뜻이요 스스로 이롭게 하는 병폐가 아님이 없는데, 그 이치를 따르지 않은 까닭은 바로 극기하는 일이 없기 때문입니다. 어찌 참으로 능히 극기하고서 예가 없는 자가 있겠습니까.

섭공(葉公)이 물은 것은 정사(政事)였는데 부자(夫子)가 답하신 것은 효험이었으니, 주자(朱子)도 "섭공은 노성한 사람이라서 진실로 이해할 수 있었을 것이다."라고 말씀하였습니다.[148] 그러나 부자가 당시

147 석씨가……했습니다 : 《주자어류(朱子語類)》 권41 〈논어(論語)23 안연편 상(顔淵篇上)〉에, "석씨의 학문은 다만 극기하기만 하고 다시 복례 공부가 없다.〔釋氏之學, 只是克己, 更無復禮工夫.〕"라고 하였다.

148 섭공(葉公)……말씀하였습니다 : 섭공이 정사를 물은 것은 《논어》 〈자로(子路)〉에 보이는바, 섭공의 질문에 공자는 "가까이 있는 자들을 기뻐하게 하며, 멀리 있는 자들을 오게 하는 것이다.〔近者說, 遠者來.〕"라고 답하였다. 《주자어류(朱子語類)》 권43 〈논어25(論語二十五) 자로편(子路篇)〉에는, "부자가 섭공이 정사를 물은 것에 답한 것은 그 효험만을 말한 것이어서 계강자(季康子)와 자하(子夏) 등에게 답한 것과 같지 않으니, 어째서인가?"라는 제자의 질문에, 주희가 "이는 가르침을 베푸는 데에 차제가 있게 한 것이다. 섭공은 노성한 사람이라 반드시 이해할 수 있었을 것이다.〔此須有施爲之次第, 葉公老成, 必能曉解也.〕"라고 답한 내용이 기재되어 있다.

집정대신들의 질문에 대체로 이처럼 간략하게 말씀해준 경우가 많으니, 예를 들면 계강자(季康子)가 도둑을 근심하여 대책을 물은 데에 답한 것[149]이 이것입니다. 그 이유는, 혹 사귐에 얕고 깊음의 차이가 있고, 물음에 참과 거짓의 구별이 있어서이며, 또 혹 그가 이미 정사에 종사해서 스스로 이루어놓은 규칙이 있으므로 문인에게 말씀해 준 것을 그 사람에게 곧바로 말해줄 수가 없어서가 아니겠습니까. 여러 제자들에게 고하고 가르쳐준 것으로 말하면, 혹은 그 사람의 결함에 의거하고 혹은 그 사람의 재주와 그릇에 의거해서 잘 유도하고 바로잡아서 그들로 하여금 성취하게 하셨으니, 지금 이 정사하는 것에 대한 답도 마땅히 이와 같이 보아야 할 것입니다. 처음 출사하여 시험해본 적이 없는 사람을 위함에 그치지는 않을 것입니다.

상상(殤喪)에 대한 제사는 형제의 자식의 몸에서 마치고, 중상(中傷)은 형제의 몸에서 마치는 것이니,[150] 여기에 어찌 아우와 누이의 차별

149 계강자(季康子)가……것 : 《논어》 〈안연(顔淵)〉에, 계강자가 도둑을 근심하여 대책을 묻자, 공자가 "만일 그대가 탐욕을 부리지 않는다면 상을 주면서 도둑질하게 하더라도 도둑질을 하지 않을 것이다.〔苟子之不欲, 雖賞之, 不竊.〕"라고 답하였다.

150 상상(殤喪)에……것이니 : 20세가 되기 전에 죽은 것을 '상(殤)'이라고 하는데, 8세에서 11세 사이에 죽은 것을 하상(下殤)이라고 하고, 12세에서 15세 사이에 죽은 것을 중상(中傷)이라고 하고, 16세에서 19세 사이에 죽은 것을 상상(殤喪) 혹은 장상(長殤)이라고 한다. 《儀禮 喪服》 《이정유서(二程遺書)》 권18에 "복(服)이 없는 상은 제사를 지내지 않고, 하상의 제사는 부모가 주관하여 부모의 몸에서 마치고, 중상의 제사는 형제가 주관하여 형제의 몸에서 마치고, 상상의 제사는 형제의 자식이 주관하여 형제의 자식의 몸에서 마친다.〔無服之殤更不祭, 下殤之祭, 父母主之, 終父母之身; 中殤之祭, 兄弟主之, 終兄弟之身; 上殤之祭, 兄弟之子主之, 終兄弟之子之身.〕"라고 하였

이 있겠습니까. 제사 지내는 법식도 삼상(三殤)의 구별이 없습니다. 축문은 형이 아우에게 고유하는 축사를 사용하여, "형이 상제(殤弟) 또는 상매(殤妹)에게 고한다."라고 하고, 우제(虞祭)에는 "비통함이 갑자기 이르니 슬픈 정을 어떻게 감당하겠는가."라고 해야 하고, 기제(忌祭)에는 "망일(亡日)이 다시 이르러 감창하는 마음을 이기지 못한다."라고 해야 할 것입니다. 만약 《개원례(開元禮)》를 따라서 처음에 신주를 만들지 않았다면[151] 기일에 지방을 설치해야 하니, 지방으로 제사 지내는 자가 어찌 예를 다 구비할 수 있겠습니까. 단헌하고 축문이 없는 것이 마땅할 듯합니다. 《가례(家禮)》를 따라 신주를 세우는 것이 바른 예에 맞으나, 처음 장례를 지낼 때에 신주를 세우지 않았으면 또한 굳이 추후에 신주를 세울 필요가 없으니, 삼상의 예는 성인(成人)의 예와 똑같지 않기 때문입니다.

다. 복(服)이 없는 상(殤)은 7세 이전에 죽은 경우를 말한다.

151 만약……않았다면 : 《대당개원례(大唐開元禮)》 권150 〈삼상(三殤)〉에, "신주를 세우지 않고, 우제를 지내고 나서 영좌를 철거한다.〔不立神主, 旣虞而除靈座.〕"라고 하였다.

이응신에게 답하다 병오년(1846, 헌종12) 정월

答李應辰 丙午元月

사단(四端)은 맹자의 말씀에서 나왔고, 칠정(七情)은 《예기(禮記)》〈예운(禮運)〉의 책에 보입니다.[152] 맹자는 성선론(性善論)을 주장하셨기 때문에 사단을 말씀할 적에 선한 한쪽만을 도려내어서 사람들로 하여금 확충하게 하였을 뿐이고, 〈예운〉은 정(情)과 의(義), 이(利)와 환(患)을 열거하였으므로[153] 칠정 안에 선과 악을 겸하여 말해서 사람들로 하여금 그 정을 단속하게 하였을 뿐입니다. 그러므로 마땅히 각각 본문에 따라서 그 취지를 이해해야 하는 것입니다. 그런데 정추만(鄭秋巒)은 〈천명도설(天命圖說)〉에서 사단과 칠정을 한 그림 안에 뒤섞어 나열해서 이(理)와 기(氣)가 호발(互發)하는 증거로 삼았고, 퇴계(退溪)의 독실한 믿음을 받아 이를 매우 강력히 주장하여 끝내

152 사단(四端)은……보입니다 : 사단은 인의예지(仁義禮智)의 단서인 측은지심(惻隱之心)・수오지심(羞惡之心)・사양지심(辭讓之心)・시비지심(是非之心)이고, 칠정(七情)은 희(喜)・노(怒)・애(愛)・구(懼)・애(哀)・오(惡)・욕(慾)이다.

153 예운은……열거하였으므로 : 《예기》〈예운〉에, "성인(聖人)이 천하를 한 집안으로 만들고 나라를 한 사람으로 만든 것은 뜻으로 억측해서 한 것이 아니고, 반드시 그 정을 알아서 그 의(義)를 열어주고, 그 이(利)를 밝혀주며 그 환(患)을 통달해서이다.〔聖人耐能以天下爲一家, 以中國爲一人者, 非意之也, 必知其情, 辟於其義, 明於其利, 達於其患.〕"라고 하고서, 칠정(七情)과 십의(十義)의 조목을 나열한 뒤에, "신의를 강론하고 화목을 닦는 것을 사람의 이(利)라 하고, 쟁탈하여 서로 죽임을 사람의 환(患)이라 한다.〔講信修睦, 謂之人利; 爭奪相殺, 謂之人患.〕"라고 하여, 정・의・이・환을 차례로 거론하였다.

정견(正見)의 누가 됨을 면치 못하였습니다.[154]

사단과 칠정은 똑같은 정입니다. 막 발할 때에 나아가서 그 정상(情狀)을 말한다면 사단과 칠정은 모두 기가 발함에 이치가 탄 것〔氣發而理乘〕이니, 석담(石潭)이 "발하는 것은 기(氣)요, 발하게 하는 소이(所以)는 이(理)이니, 기가 아니면 능히 발할 수 없고 이가 아니면 발하게 할 수 없다."라고 말씀한 것[155]이 바로 의심할 바가 없어서 의혹할 것이 없는 것입니다. 《주자어류(朱子語類)》에서 "사단은 이의 발이요, 칠정은 기의 발이다."라고 말한 것[156]은 따로 한 뜻이 될 뿐이고 이기호발(理氣互發)을 말한 것이 아닌데, 다만 퇴계께서 너무 지나치게 확대하신 것입니다. 추만은 《중용》 서문에서 "인심(人心)은 형기(形氣)의 사사로움에서 생기고 도심(道心)은 성명(性命)의 바름에 근원한다."라고 두 갈래로 상대해 말한 것을 보고는 《어류》의 글이 이것과 유사함이

154 정추만(鄭秋巒)은……못하였습니다 : 정추만은 정지운(鄭之雲)을 가리킨다. 1553년, 정지운은 〈천명도〉를 그리면서 거기에 사단과 칠정을 병렬하고 "사단은 이에서 발하고 칠정은 기에서 발한다.〔四端發於理, 七情發於氣.〕"는 설명을 덧붙여, 이를 퇴계 이황(李滉)에게 가져가 질정하였는데, 이황은 이를 "사단은 이의 발이요, 칠정은 기의 발이다.〔四端理之發 七情氣之發〕"로 고쳐주었다. 정지운은 이를 받아들여 도설을 개정하였고, 이황은 이를 다시 교정 정리하고서 〈천명도설후서(天命圖說後敍)〉을 써주었다. 1558년에 정지운이 이 〈천명도설〉을 고봉(高峯) 기대승(奇大升)에게 가지고 가서 토론하였는데, 기대승이 이황의 설에 이견을 제시함으로써 이황과 기대승의 사단칠정 논쟁이 시작되었다.

155 석담(石潭)이……것 : 석담은 이이(李珥)를 가리키는바, 인용된 말은 《율곡전서(栗谷全書)》 권10 〈답성호원(答成浩原)〉에 보인다.

156 주자어류(朱子語類)에서……것 : 인용된 말은 《주자어류》 권53 〈맹자3(孟子三) 공손추 중(公孫丑中)〉에 보이는데, 이 말이 이기호발설의 중요한 근거가 되었다.

있다고 생각해서 그 설을 주장했습니다. 그러나 인심과 도심은 이미 순 임금과 우 임금 때부터 상대하여 말씀하였으니,[157] 어찌 각각의 뜻이 있는 사단칠정과 나란히 놓고서 두 가지로 말할 수 있겠습니까.

우계(牛溪 성혼(成渾))의 견해는 퇴계와 같았고, 고봉(高峯 기대승(奇大升))의 의견은 석담과 같았는데, 우계는 말년에 자기 견해를 바꾸어서 석담을 신임하였으나 퇴계와 고봉 두 현자는 끝내 하나로 귀결되지 못했으니, 애석해 할 일입니다. 고봉은 하서(河西 김인후(金麟厚))에게 수정을 받았으므로 명리(名理)가 어긋나지 않은 것입니다. 밝은 지혜를 지닌 하서가 의논하고 저술한 것에는 필시 도의 오묘함을 발휘하고 성경(聖經)을 보좌한 것이 많을 텐데, 용사(龍蛇)의 변고[158]에 산일되어서 전하지 못하니, 이것은 바로 사문(斯文)의 기수(氣數)에 관련되는 것입니다.

나는 평소 석담을 좋아하고 흠복하여 '이 분은 우리 동방의 부자(夫子 공자(孔子))이니, 이기설(理氣說)은 비록 공자와 주자(朱子)가 다시 태어나더라도 더 보탤 수가 없을 것이다.'라고 생각했습니다. 보내온 편지에서 말한 것도 나와 차이가 없는 듯합니다.

미발(未發)에 대한 논의로 말하면, 그 경지가 매우 높아서 더욱 말하

157 인심과……말씀하였으니 : 순 임금이 우 임금에게 선위할 때에 "인심은 위태롭고 도심은 은미하니, 오직 정밀히 살피고 전일하게 하여야 진실로 그 중을 잡을 것이다.〔人心惟危, 道心惟微, 惟精惟一, 允執厥中.〕"라고 한 것을 가리켜 말한 것이다.《書經 大禹謨》

158 용사(龍蛇)의 변고 : 임진왜란을 말한다. 간지(干支)로 용을 의미하는 진(辰)과 뱀을 의미하는 사(巳)가 든 해를 용사(龍蛇)라고 하는데, 임진년과 그 이듬해인 계사년의 합칭이다.

기가 어렵습니다. 주자가 말씀하기를, "희로애락미발의 중(中)은 성인(聖人)의 경지를 논한 것이 아니요, 보통사람들도 이 미발의 중이 있어서 성인과 모두 같음을 범론한 것일 뿐이다."라고 하였고, 혹자가 "보통사람의 미발이 성인과 차이가 있습니까?"라고 묻자 주자가 "미발은 다만 미발이라고 해야 하니, 그렇지 않다면 전혀 대본(大本)이 없어서 도리가 끊어진다."라고 답하셨습니다. 또 혹자가 "중인들은 미발 때에도 어둡습니까?"라고 묻자 주자가 "이 미발 때에는 어두움과 밝음이 있지 않으니, 모름지기 저 미발로 돌아가서 보아야 한다. 만약 원두(源頭)의 미발을 논한다면 성인과 범인이 모두 같다."라고 답하셨으니,[159] 이른바 '원두의 미발'은 성인과 범인의 차이가 없으니, 바로 "일꾼들도 모두 갖고 있다"[160]는 것입니다.

그러나 이른바 '미발이 있다'는 것은 바로 전광석화와 같이 짧은 때일 뿐이니, 어찌 능히 비어있는 거울과 같고 평평한 저울대와 같은 심체(心體)를 온전히 할 수 있겠습니까. 이 때문에 자사자(子思子)가 중(中)과 화(和)를 계신공구(戒愼恐懼)와 신독(愼獨)의 아래에 말씀하

159 주자가 말씀하기를……답하셨으니 : '희로애락미발'은 《중용》에 "희로애락이 미발한 것을 중이라 하고, 발하여 모두 절도에 맞는 것을 화(和)라 이르니, 중이란 천하의 큰 근본이고, 화란 천하의 공통된 도이다.〔喜怒哀樂之未發, 謂之中; 發而皆中節, 謂之和. 中也者, 天下之大本也; 和也者, 天下之達道也.〕"라고 한 데에서 온 개념이다. 여기에 인용된 주희(朱熹)의 말은 모두 《주자어류(朱子語類)》 권62 〈중용1(中庸一)〉에 보인다.

160 일꾼들도……있다 : 《주자대전(朱子大全)》 권54 〈답서언장(答徐彦章)〉에, "미발은 외물에 아직 응접하지 않은 때이니, 시장바닥의 장사꾼이나 일꾼이나 노예라고 하더라도 이러한 때가 없지 않다.〔未發只是未應物時, 雖市井販夫、厮役、賤隷, 亦不無此等時節.〕"라고 하였다.

신 것이니, 요컨대 공력을 쓴 이후에 대본(大本)과 달도(達道)가 될 수 있다는 것입니다. 보통사람은 이미 존양(存養)과 거경(居敬)에 공력을 쓴 바가 없으니, 그러면 마음이 주재(主宰)가 없어서 혼매하지 않으면 산란합니다. 이것이 바로 율곡(栗谷)께서 말씀한 "중이라고 이를 수 없다."는 것입니다.[161] 그렇지만 이는 공력을 쓰지 않은 뒤의 미발을 가지고 이렇게 말한 것이지, 원두의 미발도 없다고 말한 것은 아닙니다.

《대학》의 지선(至善)은 바로 《중용》의 중이니, 이 둘은 똑같이 천명(天命)의 실체(實體)로서 뜻이 실로 서로 겸하였는바, 모두 《주역(周易)》 〈문언전(文言傳)〉의 "강건중정순수정(剛健中正純粹靜)"[162]에서 나왔으니, 지선은 바로 순수이고 중은 바로 정(靜)입니다. 지선은 동(動)과 정(靜)을 통합하여 말한 것이므로 율곡이 지선의 체(體)와 용(用)을 가지고 《중용》의 명(命)·성(性)·도(道)·교(敎)에 나누어 소속시켰으니,[163] 그 말씀이 정밀하고 간절해서 바꿀 수 없을 듯합니다.

161 이것이……것입니다 : 《율곡전서(栗谷全書)》 권9 〈답성호원(答成浩原)〉에, "보통사람의 마음은 혼매하지 않으면 반드시 산란하여 대본이 서지 않는다. 그러므로 중이라고 이를 수 없다.〔衆人之心, 不昏昧則必散亂, 大本不立, 故不可謂之中也.〕"라고 보인다.

162 주역(周易) 문언전(文言傳)의 강건중정순수정(剛健中正純粹靜) : 이 말은 〈건괘(乾卦) 문언(文言)〉에 보이는데, 주희(朱熹)의 《주역본의(周易本義)》에 따르면, 강건중정은 건(乾)의 덕(德)이고, 순수는 이 네 가지 덕이 지극한 것이며, 정(靜)은 또 순수함이 지극한 것이다.

163 율곡이……소속시켰으니 : 《율곡전서(栗谷全書)》 권9 〈답성호원(答成浩原)〉에, "지선의 체는 바로 미발의 중으로서 하늘이 명한 성(性)이고, 지선의 용은 사물상에 본디 있는 중으로서 성을 따르는 도(道)이고, 지선에 그침은 시중(時中)의 중으로서 도를 닦는 교(敎)이다. 지선에서 성(性)과 도(道)를 분속하되 '교(敎)' 자를 쓸 수 없는

명명덕(明明德)과 신민(新民)이 지어지선(止於至善)을 요함은 바로 시중(時中)의 중[164]인데, 시중의 중은 미발의 중에 근원하였으니, 지선을 가지고 오로지 용(用)에만 소속시켜서는 안 될 듯합니다. 그렇다면 율곡의 말씀에서는 큰 차이를 볼 수 없습니다.

나는 정신이 없어져서 끝까지 다 말할 수가 없으므로 감히 다시 삼연(三淵 김창흡(金昌翕)) 선생이 정암(正菴 이현익(李顯益))에게 말씀했던 것을 가지고 현자를 위해서 외워 드립니다. "형체와 그림자가 없는 상면(上面)에 마음과 눈이 혹 이르지 못하면 괴롭게 서로 논변하고 힐난함에 그 참을 잃을까 두려우니, 우선 잠시 말을 잊고서 함양 공부를 쌓고 마음을 깨끗이 하여 깨닫기를 서서히 기다리더라도 늦지 않을 것이다."[165]

것은 지선은 다만 바른 이치만을 가리킨 것이어서 인사를 겸하여 말한 것이 아니기 때문이다. '중' 자에서 성·도·교를 함께 말한 것은 '중' 자는 성정(性情)과 덕행(德行)을 겸하여 말한 것이기 때문이다.〔蓋至善之體, 卽未發之中而天命之性也; 至善之用, 卽事物上自有之中而率性之道也; 止於至善者, 卽時中之中而修道之敎也. 至善上分性道, 而著敎字不得者, 至善是專指正理, 不兼人事而言故也. 中字上通性道敎而言者, 中字兼性情德行而言故也.〕"라고 하였다.

164 시중(時中)의 중 : 《중용》의 '중'에는 크게 불편불의(不偏不倚)와 무과불급(無過不及)의 두 가지 뜻이 있는데, 전자는 본체의 중으로서 미발의 중을 가리키고, 후자는 사물상의 중으로서 이발의 중을 가리키는바, 시중은 '때에 맞게 함'의 뜻으로 이발의 중에 해당한다. 《中庸章句》

165 형체와……것이다 : 이 말은 《삼연집(三淵集)》 권21 〈답이현익(答李顯益)〉에 보인다. '형체와 그림자가 없는 상면'은 원두의 미발을 가리킨다.

이봉섭 익여 에게 답하다 갑진년(1844, 헌종10)

答李鳳燮 翼汝○甲辰

〈태극도설(太極圖說)〉의 "군자는 이것을 닦기 때문에 길하다.〔君子修之吉〕"의 주에 "정(靜)할 때는 마음이 텅 비고 동(動)할 때는 마음이 곧다.〔靜虛動直〕"라고 한 것은 윗글의 '주정(主靜)'[166]과 연결하여 그 효과를 말씀한 것입니다. "주정(主靜)"의 주에 이미 "욕심이 없기 때문에 정(靜)한 것이다."라고 말하였고, 《통서(通書)》의 성학장(聖學章)에도 "욕심이 없으면 정할 때는 마음이 텅 비고 동할 때에는 마음이 곧다."라고 하였으니, 〈태극도〉와 《통서》가 이미 표리가 되고, 정허동직(靜虛動直)이 또 주정(主靜)과 똑같습니다. 그러므로 주자(朱子)가 〈태극도설〉 본주에서 이 '정허동직'이란 말을 사용한 것이니, 주정(主靜)과 정허동직이 똑같은 경지가 됨을 밝히려고 한 것입니다.

중정인의(中正仁義)로 말하면, 이것은 바로 본문의 골자이니, 본주 중에 이리저리 말한 것이 어느 것인들 저 중정인의에 의거하여 말한 것이 아니겠습니까. 그런데 보내온 편지에서는 도리어 중정인의를 말하지 않았다고 하였으니, 어째서입니까? 본주에 "미지(未至)"라고 말한 것은 바로 중정인의의 경지에 이르지 못한 것이요, "부지(不知)"라고 말한 것 역시 중정인의를 알지 못한 것입니다.[167] 위에서 이미 중정

166 윗글의 주정(主靜) : 주돈이(周敦頤)의 〈태극도설(太極圖說)〉에, "성인(聖人)이 중정인의(中正仁義)로써 정하되 정(靜)을 주장하여 사람의 법도를 세웠다.〔聖人定之以中正仁義而主靜, 立人極焉.〕"라고 한 것을 가리킨다.

인의를 가지고 자세히 말했으면 아래 글에서는 주정을 겸하여 말하는 것이니, 이는 문자를 훈석할 적에 크고 작은 것을 합치는 글쓰기의 방법입니다. 다시 착안해서 보기를 바랍니다.

"허정(虛靜)이라는 말은 석씨(釋氏)와 노장(老莊)을 위한 듯하다.〔虛靜之謂 恐爲釋老〕"라고 한 것[168]은 공적(空寂) 한 쪽의 병폐를 바로잡기 위해서 한 말씀일 뿐입니다. 그러나 '공(恐)' 한 글자를 보면 이미 허정의 한 쪽이 우리 유가의 쓰임이 됨을 볼 수 있습니다. 다만 우리 유가의 허(虛)는 허이면서 주재(主宰)가 있고 석노(釋老)의 허는 허이면서 무이며, 우리 유가의 정(靜)은 정이면서 사물이 있고 석노의 정은 정 또한 무입니다. 이것이 이른바 한 글자를 두 가지로 사용한다는 것이니, 후세에 이것을 강론하는 자는 마땅히 사용처에 나아가 분별해서 보아야 할 것입니다. 그러므로 주재가 있고 사물이 있다는 입장에서 말하면, 비단 주렴계(周濂溪 주돈이(周敦頤))만 정허설(靜虛說)이 있는 것이 아니고, 주자(朱子) 또한 "공경하면 저절로 마음이 허정해진다."

167 본주에……것입니다 : 〈태극도설(太極圖說)〉의 "군자수지길(君子修之吉) 소인패지흉(小人悖之凶)"의 본주에, "여기에 이르지 못하여 닦는 것은 군자가 길한 까닭이고, 이것을 알지 못하여 어기는 것은 소인이 흉한 까닭이다.〔未至此而修之, 君子之所以吉也; 不知此而悖之, 小人之所以凶也.〕"라고 하였다.

168 허정(虛靜)이라는……것 : 인용된 말은 《주자어류(朱子語類)》 권94 〈주자지서(周子之書) 태극도(太極圖)〉에 다음과 같이 보인다. "주렴계(周濂溪)가 '주정(主靜)'이라 하였으니, '정' 자는 다만 '경(敬)' 자로 보는 것이 좋다. 그러므로 또 '욕심이 없기 때문에 정(靜)하다.'라고 한 것이다. 만약 이를 허정(虛靜)이라고 여기면, 석씨와 노장에 빠져들 듯하다.〔濂溪言主靜, 靜字只好作敬字看, 故又言無欲故靜. 若以爲虛靜, 則恐入釋老去.〕"

라고 말씀하신 것이 있으니,[169] 허정을 석노라고 단정할 수 없음은 보내준 편지에서 말한 것이 참으로 옳습니다. 그러나 혹 이처럼 보지 않고 다만 허(虛)를 지극히 하고 정(靜)을 지키는, 현허(玄虛)와 유정(幽靜)의 뜻으로만 볼 뿐이라면 이것이 어찌 서로 이끌고서 무로 돌아가는 이가(二家 석씨와 노장)의 가르침이 아니겠습니까. 이 때문에 주자가 이렇게 말씀하신 것이니, 굳이 거기에 빠져서 볼 필요는 없을 듯합니다.

169 주자(朱子)……있으니 : 인용된 말은 본래 정이(程頤)의 말인데, 주희(朱熹)가 주돈이(周敦頤)의 주정(主靜)을 설명하면서 이 말을 인용한 바 있다. 그 내용은 다음과 같다. "'성인이 중정인의로써 정하되 정(靜)을 주장하였다.'는 것은 바로 사람들로 하여금 그 마음을 고요히 안정시켜서 스스로 주재가 되게 하고자 한 것이다. 정자는 또 정(靜)하려고만 해서 마침내 사물과 교섭하지 않게 될까 염려하였으므로 이 경(敬)을 말하여 '공경하면 저절로 마음이 허정해진다.'라고 말한 것이다.〔聖人定之以中正仁義而主靜, 正是要人靜定其心, 自作主宰. 程子又恐只管靜去, 遂與事物不相交涉, 却說箇敬, 云: 敬則自虛靜.〕"《朱子語類 卷94 周子之書 太極圖》

임종순 윤화 에게 주다 경술년(1850, 철종1)

與任宗舜 允華○庚戌

한 겨울에 기거가 평안하고 강(講)하는 일도 다 끝마쳐서 우뚝하게 거자(擧子)의 머리가 되셨으리라 생각되니, 어떻습니까? 속유(俗儒)들의 기송(記誦)과 사장(詞章)은 소학(小學)보다 공부는 배나 되나 쓸모가 없다는 것을 주 선생(朱先生) 또한 일찍이 이렇게 말씀하였습니다.[170] 그런데 현자가 외고 있는 사서(四書)는 몸과 마음의 성명(性命)에 간절하고 세교(世教)와 민이(民彝 인륜(人倫))에 관계가 되니, 여러 책을 널리 보아서 자기 몸에 간절한 것을 힘쓰지 아니하여 '돌아오지 못하는 유격대'[171]처럼 되는 것과는 다릅니다. 그러니 부디 더욱 더 전심치지(專心致志)해서, 그윽하고 한가하고 고요하고 한결같은 가운데에서 묵묵히 이해하고, 글과 말과 뜻과 상(象)의 밖에서 초연히

170 속유(俗儒)들의……말씀하였습니다 : 기송은 기억하고 외우는 것이고, 사장은 문장을 짓는 것이고, 주 선생은 주희(朱熹)를 가리킨다. 인용된 말은 〈대학장구서(大學章句序)〉에 보인다.

171 돌아오지 못하는 유격대 : 이는 본래 정이(程頤)의 말인데 주희(朱熹)가 이를 인용하여 학문을 함에 자기에게 절실한 것에 힘써야 하고 넓고 소략하게 해서는 안 된다는 경계로 삼았는바, 《대학혹문(大學或問)》에 "치지의 요체는 마땅히 지선(至善)의 소재를 알아야 하니, 아버지는 인자한 데에 그치고, 아들은 효도에 그쳐야 하는 따위이다. 만일 이것을 힘쓰지 않고 한낱 범범하게 만물의 이치를 살피고자 한다면, 나는 대군의 유격대가 너무 멀리 나가서 돌아오지 못하는 것처럼 될까 두렵다.〔致知之要, 當知至善之所在, 如父止於慈、子止於孝之類, 若不務此, 而徒欲汎然以觀萬物之理, 則吾恐其如大軍之遊騎出太遠而無所歸也.〕"라고 하였다.

터득하여 일원(一原)의 기이한 공을 거두시는 것[172]이 어떻겠습니까? 학문은 사색에 근원하니,[173] 그러므로 책을 읽을 적에는 모름지기 의심을 해야 합니다. 크게 의심하면 크게 깨닫고 작게 의심하면 작게 깨닫고 의심하지 않으면 깨닫지 못합니다. 과거 공부를 하는 자들은 한갓 외우기만 하고 사색하지 않으니, 사색하고 이해한 뒤에야 몸과 마음에 체험할 수 있습니다. 부디 이것을 힘쓰길 바랍니다.

172 일원(一原)의……것 : 374쪽 주69 참조.

173 학문은 사색에 근원하니 : 이는 정이(程頤)의 말로, 《이정유서(二程遺書)》 권6에 보인다.

강진규 문일 에게 답하다 임자년(1852, 철종3)

答姜進奎 文一○壬子

굶주림을 참고 학업을 힘쓰는 것은 바로 현자가 평소에 행하던 일이니, 현재 높이 모셔놓고 보는 것은 무슨 책입니까? 내 위숙자(魏叔子)[174]의 말을 사랑하노니, 그의 말에, "참된 도학(道學)을 공경하기를 충신과 효자보다 더 공경하고 가짜 도학을 미워하기를 난신(亂臣)과 적자(賊子)보다 더 미워한다."라고 하였습니다. 이른바 도학이라는 것은 그 실제를 미루면 자기 몸에 근본한 것이고, 그 극치를 요약하면 하늘의 법칙을 보는 것입니다. 만약 사욕이 없고 명리(名利 명예와 이익을 추구함)가 없다면 이것도 충효라고 할 수 있지만, 가짜 도학으로 말하면 몸이 사욕과 명리에 매몰되어 있는 것으로, 바로 도학을 갉아먹는 한 마리 좀인데, 다만 세상에 참된 도학이 없기 때문에 그들에게 속임을 당하는 것입니다. 내 명(名)과 실(實), 참과 거짓의 분별에 조심하고 조심하였으나 공효를 거두기가 어려웠습니다. 그러므로 현자를 위해서 이 글을 외워 드리니, 서로 힘쓰는 의체(義諦)로 삼으려는 것입니다.

174 위숙자(魏叔子) : 명말 청초(明末淸初)의 문인(文人)인 위희(魏禧, 1624~1681)로, 자는 숙자(叔子), 호는 유재(裕齋)이다. 명이 망하자 청에 출사하지 않고 취미봉(翠微峯)에 은거하였다. 저서에 《위숙자문집(魏叔子文集)》, 《위숙자일록(魏叔子日錄)》, 《좌전경세초(左傳經世鈔)》 등이 있다.

최일휴 경보 에게 주다 병오년(1846, 헌종12) 9월

與崔日休 敬甫○丙午九月

일에 임해서는 모름지기 침착하게 자세히 살피고 신중히 해야 하니, 만일 혹시라도 급하게 하면 비단 평소에 강구(講究)하지 못했던 것이 반드시 잘못되게 될 뿐만이 아니고, 이미 강구했던 것도 실수가 없지 못합니다. 이 때문에 성인(聖人)이 태묘(太廟)에 들어가서 매사를 물으셨던 것이고,[175] 《대학》에 그칠 데를 안 이후에 또 '능히 생각함'을 귀하게 여긴 것입니다.[176] 그러나 사람들 중에는 '침착하게 자세히 살피고 신중히 함'이 좋은 줄은 알면서도 일에 임해서는 자기도 모르게 급해지는 자가 있으니, 이는 주경(主敬) 공부가 없기 때문입니다. 평소에 주경 공부가 없으면 능히 알지 못하고, 일에 임해서 주경 공부가 없으면 능히 생각하지 못합니다. 그러므로 군자가 잠시도 떠날 수 없는 것은 경(敬)입니다. 반드시 책을 열심히 읽고 이치를 연구한 이후에 '경을 주장하여 근본을 세움'[177]의 뜻을 알 수 있으니, 천만번 노력

175 성인(聖人)이……것이고 : 성인은 공자를 가리킨다. 《논어》 〈팔일(八佾)〉에, "공자가 태묘에 들어가서 매사를 물으니, 어떤 사람이 '누가 추(鄹)땅 사람의 아들을 일러 예(禮)를 안다고 하는가? 태묘에 들어서 매사를 묻는구나.'라고 하였다. 공자가 이 말을 듣고 '이것이 바로 예이다.'라고 말씀했다.〔子入太廟, 每事問. 或曰: 孰謂鄹人之子知禮乎? 入大廟, 每事問. 子聞之, 曰: 是禮也.〕"라고 보인다.

176 대학에……것입니다 : 《대학》에, "그칠 데를 안 뒤에 정함이 있으니, 정한 뒤에 능히 고요하고 고요한 뒤에 능히 편안하고 편안한 뒤에 능히 생각하고 생각한 뒤에 능히 얻는다.〔知止而后有定, 定而后能靜, 靜而后能安, 安而后能慮, 慮而后能得.〕"라고 한 것을 가리킨다.

하길 바랍니다.

177 경을……세움 : 이 말은 주희(朱熹)의 〈정씨유서후서(程氏遺書後序)〉에 보이는데, 거기에 "경을 주장하여 근본을 세우고 이치를 궁구하여 앎을 진전한다.〔主敬以立其本, 窮理以進其知.〕"고 하였다. 이이(李珥)는 여기에 "힘써 행하여 그 실제를 실천함〔力行以踐其實.〕"을 추가하여, 본원을 함양하는 근본 공부인 주경(主敬)과, 지(知)공부인 궁리(窮理)와, 행(行)공부인 역행(力行), 이 세 가지로 공부의 체계를 정리하였다. 《擊蒙要訣 持身章第三》

최일휴에게 답하다 정미년(1847, 헌종13)

答崔日休 丁未

듣건대 장차 함평(咸平)으로 이사를 하려 한다 하니, 어찌하여 본래의 자리를 편안히 여겨 인(仁)을 돈독히 하지 않고[178] 이처럼 떠도는 일을 하십니까? 아니면 크게 도움이 되는 친구를 의지하고 가까이 하려 하시는 것입니까? 여럿이 거처하면서 강학하여 관선(觀善)[179]의 유익함을 거두는 것이 어찌 기쁜 마음과 좋은 일이 아니겠습니까. 그러나 유속(流俗)에게 '표방한다'는 지목을 당하여 많은 구설을 야기하기가 쉬우니, 천만번 신중히 하여 뒤늦었다는 후회를 하지 말기를 바랍니다. 향리의 쓸데없는 시비는 회옹(晦翁 주희(朱熹))이 경계하신 바이니, 옛날에도 오히려 그랬는데 하물며 말세인 지금은 어떻겠습니까. 남의 잘잘못과 남의 집안의 장단점을 말해서는 안 되고, 와서 고하는 자가 있더라도 상대하지 말고서 한결같이 회옹이 이루어 놓은 가르침[180]을 따른다면 몸을 편안히 하고 천명을 세울 수 있을 것입니다. 힘쓰고

178 본래의……않고 : 이 말은《주역》〈계사전 상(繫辭傳上)〉에, "본래의 자리를 편안히 여겨 인을 돈독히 한다.〔安土, 敦乎仁.〕"라고 한 것을 원용한 것이다.

179 관선(觀善) : 서로 좋은 점을 보고 배우는 것을 말한다.《예기(禮記)》〈학기(學記)〉에 "서로 좋은 점을 보고 배우도록 하는 것을 마(摩)라고 한다.〔相觀而善之謂磨.〕"라고 한 데서 온 말이다.

180 회옹이……가르침 : 회옹은 주희(朱熹)를 가리킨다.《주자대전(朱子大全)》속집(續集) 권4〈여장자수지(與長子受之)〉에, "남의 허물과 나쁜 점을 말해서는 안 되고, 남의 집의 장단점과 시비를 말해서도 안 되고, 와서 고하는 자가 있더라도 대꾸하지 말아라.〔不可言人過惡, 及說人家長短是非, 有來告者, 亦勿酬答.〕"라고 하였다.

힘쓰시기 바랍니다.

공자는 사람들에게 충신(忠信)과 독경(篤敬)을 가르치셨고[181] 정자(程子)는 사람들에게 정제(整齊)하고 엄숙할 것을 가르치셨으니,[182] 만약 진실하게 이것을 행한다면 자연히 마음이 편안해지고 몸이 펴져서 도리가 밝아질 것입니다. 그런데 지금 사람들은 이 기본 공부가 없으니, 어찌 두뇌가 없는 학문이 되지 않겠습니까. 부디 더욱 경계하고 채찍질해서 스스로 근본을 세우도록 하는 것이 어떻겠습니까?

소강절(邵康節 소옹(邵雍))이 형서(邢恕)와 장돈(章惇)[183]에게 상수

181 공자는……가르치셨고 : 《논어》 〈위령공(衛靈公)〉에, 자장(子張)이 행해짐〔行〕에 대하여 묻자, 공자가 "말이 충신하고 행실이 독경하면 비록 오랑캐의 나라라도 행해질 수 있지만, 말이 충신하지 못하고 행실이 독경하지 못하면 자신이 사는 주리라도 행해질 수 있겠는가.〔言忠信, 行篤敬, 雖蠻貊之邦, 行矣; 言不忠信, 行不篤敬, 雖州里, 行乎哉?〕"라고 답한 내용이 보인다.

182 정자(程子)는……가르치셨으니 : 정자는 정이(程頤)를 가리킨다. 이 말은 《이정유서(二程遺書)》 권15 〈입관어록(入關語錄)〉에, "간사한 생각〔邪〕을 막으면 진실로 한결같아진다. 그러나 하나를 주장하면 간사함을 막음은 굳이 말할 필요가 없다. '한결같이 함은 보기가 어려워 공부에 착수할 수 없으니 어떻게 해야 하는가?'라고 묻는 이가 있는데, 한결같음은 다름이 아니라 다만 정제하고 엄숙하게 하는 것이니, 이렇게 하면 마음이 곧 한결같아지고 한결같으면 저절로 잘못과 간사함을 범하지 않게 된다.〔閑邪則固一矣, 然主一則不消言閑邪. 有以一爲難見, 不可下工夫, 如何? 一者, 無他, 只是整齊嚴肅, 則心便一, 一則自是無非僻之奸.〕"라고 보이는바, 이는 '주일무적(主一無適)'의 경(敬)을 실천하는 구체적 공부로 정제엄숙의 방법을 제시한 것이다.

183 형서(邢恕)와 장돈(章惇) : 형서는 본래 정호(程顥)를 사사(師事)하였고, 뒤에는 사마광(司馬光)의 문객이 되었으나, 나중에 장돈(章惇) 등의 소인과 손잡고 사마광, 여공저(呂公著) 등 원우(元祐) 구신(舊臣)들을 모함하여 궁지에 빠뜨렸는데, 뒤에는 장돈마저 배반하였다. 정이(程頤)는 그의 모함으로 부주(涪州)로 귀양 가게 되었는바, 이러한 배반의 행적으로 인해 후세에 배사(背師)의 대표적 인물로 지목되었다. 《宋史

학(象數學)을 가르치지 않은 것은 이미 그들의 간사한 심정을 간파하여 특별히 일찍 분별하였기 때문입니다. 또 이정(二程 정호(程顥)와 정이(程頤))이 형서에 대하여 그를 대우함에 방도가 있었으니, 지식과 도량의 큼을 볼 수 있습니다. 율곡(栗谷)은 정인홍(鄭仁弘)에 대하여 일찍이 군자라고 허여한 적이 없고, "장수가 되면 돌격장이 될 것이다."라고 말씀하여,[184] 다만 한 때의 풍절(風節)을 취했을 뿐입니다. 군자가 사람을 논할 때에 이미 지나간 잘못을 추궁하지 않고 장래의 과오를 미리 짐작하지 않고서[185] 곧바로 현재 상황에 나아가 그 옳고 그름을 판별할 뿐입니다. 두 현자가 형서와 정인홍에 대해서 애초에 친근하고 가깝게

卷471 邢恕列傳》 장돈은 채경(蔡京)과 함께 북송 시대의 대표적 간신으로 지목받는 인물로, 왕안석(王安石)의 신법을 부활시키면서 이에 반대하는 사마광(司馬光)·문언박(文彦博)·여공저(呂公著)·범순인(范純仁)·소식(蘇軾)·정이 등 원우 제현(元祐諸賢)이라 불리는 사람들을 조정에서 축출하였다. 《宋史 卷471 姦臣列傳 章惇》

184 율곡(栗谷)은……말씀하여 : 정인홍(鄭仁弘, 1535~1623)은 자가 덕원(德遠), 호가 내암(萊庵), 본관이 서산(瑞山)이다. 조식의 수제자로서, 최영경(崔永慶)·오건(吳健)·김우옹(金宇顒)·곽재우(郭再祐) 등과 함께 경상우도의 남명학파(南冥學派)를 대표하였다. 광해군이 즉위하자 정권의 실세로 등장하였고, 인목대비(仁穆大妃)를 폐비시켜 서궁(西宮)에 유폐시켰다. 영의정에 올랐으나 인조반정 후 참형을 당하였다. 율곡 이이(李珥)의 이 말은 《석담일기(石潭日記)》 하권 〈만력(萬曆) 9년 신사(辛巳)〉에, "이이는 말하기를, '덕원은 강직하나 사려가 두루 소상치 못하고, 학식이 밝지 못하니, 용병(用兵)에 비하면 돌격장(突擊將)은 될 것이다.'라고 하였다.〔李珥曰：德遠剛直, 而計慮不周, 學識不明. 譬之用兵, 可用以爲突擊將矣.〕"라고 보인다.

185 이미……않고서 : 이 말은, 《논어》 〈술이(述而)〉에, 공자가 "사람이 자기 몸을 깨끗이 하고서 찾아오면, 몸을 깨끗이 함을 허여할 뿐이지 지난날의 잘못을 보장할 수는 없으며, 찾아옴을 허여할 뿐이지 물러간 뒤에 잘못을 함을 허여하는 것은 아니다.〔潔己以進, 與其潔也, 不保其往也；與其進也, 不與其退也.〕"라고 한 데에 대한 주희(朱熹)의 주석에 보인다. 《論語集註 述而》

대한 것은 아니었고, 다만 소리와 기운이 서로 감화되어서 함께 대도(大道)에 이르기를 바란 것일 뿐입니다. 남이 자기를 믿어주지 않을 것을 억측하지 않음[186]은 바로 군자의 심법의 바름이 됩니다. 삼연(三淵) 선생의 시에, "율곡 노인의 통명함이 어찌 특별하지 않았겠냐마는 매번 남에게 진심을 다하여 남에게 속임을 당했네. 숙부(肅夫)와 이현(而見)은 자주색이 주색(朱色)의 자리를 빼앗는 것과 같았고, 두 정씨(鄭氏)의 흉악한 마음도 알지 못하였네.〔栗老通明豈不奇 每於傾倒受人欺 肅夫而見猶朱紫 二鄭凶情亦莫知〕"라고 하였으니,[187] 이 말씀이 옳을 듯하나 율곡 같은 밝은 지혜를 가진 분이 어찌 도가 아닌 것에 속임〔罔〕을 당하겠습니까.[188] 뱃속에 가득한 공정한 마음이 하늘과 똑같이 커서 소인을 대처하는 것이 때에 따라 중도를 얻은 것입니다.

186 남이……않음 : 《논어》〈헌문(憲問)〉에, "남이 나를 속일까 미리 짐작하지 않고, 남이 나를 믿어주지 않을까 억측하지 않는다.〔不逆詐, 不億不信.〕"라고 보인다.

187 삼연(三淵)……하였으니 : 숙부는 김우옹(金宇顒, 1540~1603)의 자(字)이고, 이현은 유성룡(柳成龍, 1542~1607)의 자이다. '자주색이 붉은색을 빼앗음'은 《논어》〈양화(陽貨)〉에, 공자가 "나는 자주색이 주색(朱色)을 빼앗는 것을 미워한다.〔惡紫之奪朱也.〕"라고 한 데에서 온 말로, 불초(不肖)가 현자(賢者)의 자리를 빼앗음을 간색(間色)인 자주색이 정색(正色)인 붉은색의 자리를 빼앗는 것에 비유한 것이다. '두 정씨'는 정인홍(鄭仁弘, 1535~1623)과 정여립(鄭汝立, 1546~1589)을 가리킨다. 이 시는 삼연 김창흡(金昌翕)의 〈갈역잡영(葛驛雜詠)〉 79수이다. 《三淵集 卷14 葛驛雜詠》

188 도가……당하겠습니까 : '기(欺)'는 이치가 있는 것으로 속이는 것이고, '망(罔)'은 이치가 없는 것으로 속이는 것으로, 《논어》〈옹야(雍也)〉에, "재아(宰我)가 공자에게 '어진 사람은 우물에 사람이 빠졌다는 말을 들으면 그를 건지려고 우물로 들어갑니까?'라고 묻자, 공자가 '어찌 그렇겠는가. 군자는 우물까지 가게 할 수는 있으나 빠지게 할 수는 없으며, 이치 있는 말로 속일 수는 있으나 터무니없는 말로는 속일 수 없다.'고 하였다.〔宰我問曰: 仁者雖告之曰井有人焉, 其從之也? 子曰: 何爲其然也? 君子可逝也, 不可陷也; 可欺也, 不可罔也.〕"라고 보인다.

정규원 국교 에게 답하다
答鄭奎元 國喬

만약 "동(動)한 이후에 양(陽)이 되고 정(靜)한 이후에 음(陰)이 된다."라고 말하면 동과 정, 음과 양이 나뉘어 두 가지가 되고, 만약 "동함이 바로 양이요 정함이 바로 음이다."라고 말하면 혼연히 뒤섞여서 한 물건이 됩니다. 선유들 중에는 '생(生)' 자[189]를 온당치 못하다고 여긴 사람이 있는데, 내가 보기에 이 '생' 자는 "태극(太極)이 양의(兩儀)를 낳고 양의가 사상(四象)을 낳는다."[190]고 할 때의 '생' 자와 그 뜻이 똑같습니다.

지(知)는 지각(知覺)의 지가 있고 또한 지식(知識)의 지가 있습니다. 불가(佛家)는 다만 지각의 지만 알고 격물치지(格物致知)의 지[191]가 있음을 알지 못하니 이 때문에 공적(空寂)에 빠져서 돈오와 영각(靈覺)의 설이 있는 것입니다. 그러나 우리 유가는 이미 지각의 지를 알고 또 반드시 치지를 공부로 삼습니다. 그러므로 온갖 사물을 두루 알아

189 생(生) 자 : 주돈이(周敦頤)의 〈태극도설(太極圖說)〉에, "태극이 동하여 양을 낳아 동이 극에 달하면 정하고, 정하여 음을 낳아 정이 극에 달하면 다시 동한다.〔太極動而生陽, 動極而靜, 靜而生陰, 靜極復動.〕"라고 한 것의 '생' 자를 가리켜 말한 것이다.

190 태극(太極)이……낳는다 : 이 말은 《주역(周易)》〈계사전 상(繫辭傳上)〉에 보인다.

191 격물치지(格物致知)의 지 : 격물치지는 사물의 이치를 궁격하여 앎을 극진히 한다는 의미이므로, 이때의 지(知)는 지식의 의미가 된다.

이것을 일상의 윤리에 베풀고 또 정사(政事)의 치국평천하(治國平天下)의 도에까지 두어서 처하는 곳마다 마땅하지 않음이 없는 것입니다. 이 때문에 주자(朱子)는 《대학장구(大學章句)》에서 특별히 "지(知)는 식(識)과 같다."라고 말씀한 것이니,[192] 이는 사물의 이치를 알고자 함을 말한 것이요, 다만 석씨(釋氏)가 지각만을 말한 것과는 같지 않으니, 농암(農巖)의 말씀은 옳지 않은 듯합니다.[193]

'물리(物理)가 내 마음에 이른다〔物到〕'는 것과 '마음이 물리에 이른다〔心到〕'라는 이 두 설은 모두 잘못되었습니다.[194] 만약 이와 같이 말한

192 주자(朱子)는……것이니 : 인용된 말은 주희(朱熹)가 《대학》의 "그 뜻을 성실하게 하고자 하는 자는 먼저 그 앎을 지극하게 한다.〔欲誠其意者, 先致其知.〕"라는 말을 해석하면서 한 말이다. 《大學章句》

193 농암(農巖)의……듯합니다 : 농암은 김창협(金昌協)의 호이다. 《농암집》〈잡지(雜識) 내편2(內篇二)〉에 다음과 같은 기록이 보인다. "《대학》의 '치지'의 '지'는 그 뜻을 이해하기가 어렵지 않다. 그런데 《대학장구》에서 이를 특별히 풀이하여 "식(識)과 같다."고 하였으니, 예전부터 이 말을 자못 의심하였었다. 근래에 생각해보니, 이는 아마도 '인지(仁智)'의 지(智)와 구분하기 위하여 한 말인 듯하다. 일반적으로 경서의 '지(知)' 자는 '지(智)'의 뜻일 때가 많으니, 《논어》와 《중용》과 《역전(易傳)》이 대체로 모두 그렇고, 오직 《맹자》에만 여러 곳에 곧장 '지(智)' 자로 썼을 뿐이다. 주자는 사람들이 이 '지(知)' 자를 '지(智)' 자로 볼까 염려하였기 때문에 이처럼 특별히 풀이한 것이다."

194 사물의……잘못되었습니다 : 이 두 설은 《대학장구(大學章句)》의 "물격(物格)이란 물리의 극처(極處)가 이르지 않음이 없는 것이고, 지지(知至)란 내 마음의 아는 바가 다하지 않음이 없는 것이다.〔物格者, 物理之極處, 無不到也. 知至者, 吾心之所知, 無不盡也.〕"라는 주희(朱熹)의 말을 해석하는 데에서 나온 것이다. 자세한 내용은 《신상후, 四書의 經文과 註文 해석에서 懸吐 논란 사례에 관한 고찰, 漢文古典研究, 30집, 한국한문고전학회, 2015, 39~63쪽》 참조.

다면 물리가 본래 저쪽에 있어서 사람이 거기에 이르기를 기다린 뒤에 내 마음에 와서 이르는 것이 되니, 어찌 잘못이 아니겠습니까. 물격(物格)이라는 것은 물리가 다 밝아져서 미진함이 없는 것이니, 이것은 바로 물리가 지극한 곳에 이른 것으로, 이는 사물을 위주로 말한 것입니다. 또 지지(知至)라는 것은 물리가 모두 밝아져서 미진함이 없게 된 뒤에 나의 지식 또한 따라서 지극한 곳에 이른 것이니, 이것은 나의 지식을 위주로 말한 것입니다. 이 때문에 《대학》의 보망장(補亡章)에 "모든 사물의 표리(表裏)와 정추(精粗)가 이르지 않음이 없다."라고 한 것이니, 이것이 물격(物格)을 말한 것이 아니겠습니까. 또 "내 마음의 전체(全體)와 대용(大用)이 밝지 않음이 없다."라고 하였으니, 이것이 지지(知至)를 말한 것이 아니겠습니까. 우옹(尤翁)이 "물격이라는 말은 사물이 스스로 이르는 것이 아니요. 내가 이미 그것을 연구해서〔格〕 사물에 남은 이치가 없는 것이다."라고 하였으니,[195] 이 말씀이 가장 명백하고 정밀해서 때려 부셔도 깨지지 않습니다.

치지(致知)에서 치국(治國)에 이르기까지는 모두 공부의 차례가 있습니다. 그러므로 각각 맺는말이 있지만, 평천하장(平天下章)에 이르러서는 혈구(絜矩)의 도를 미루어 넓혀서 군자의 훌륭한 일이 다 끝났으

195 우옹(尤翁)이……하였으니 : 인용된 말은 우암(尤庵) 송시열(宋時烈)이 이이(李珥)의 학문을 묘사하며 쓴 말이다. 《宋子大全 卷171 紫雲書院廟庭碑銘》이이와 송시열은 '물리지극처 무부도야(物理之極處無不到也)'를, 마치 사람이 책을 보기 시작하여 끝에 이르렀을 때 책을 위주로 말하면 '책이 끝났다'라고 할 수 있는 것처럼, 사람이 물리를 모두 연구하여 그 연구가 극진해진 것을 물리를 위주로 말하여 이렇게 말한 것이라고 보았다. 이는 이황(李滉)의 '이도설(理到說)'을 비판한 것이기도 하다.

니,[196] 다시 어찌 맺는말을 필요로 하겠습니까.

중정(中正)의 중은 동(動)에 속하여 예(禮)가 마땅함에 합한 것이 되고,[197] 중용(中庸)의 중은 동과 정을 겸하고 체와 용을 합한 것으로 보아야 합니다.[198]

귀신이 비록 이(理)와 묘하게 합해서 간격이 없는 것이나 이미 "천지의 공용"이라 하였고 또 "음양 두 기운의 양능"이라 하였으니,[199] 그렇다면 이것은 끝내 형이하인 것입니다. 어찌 이(理)라고 간주할 수 있겠습니

196 각각……있지만 : 《대학》은 주희(朱熹)의 《대학장구(大學章句)》 분장(分章)에 따르면, 치지(致知)를 말한 전5장부터는 장말(章末)에 "이것을 일러……라고 한다."라는 맺는말이 있는데, 평천하를 말한 마지막 장에는 맺는말이 없다. '혈구의 도'는 평천하장 첫 번째 절에 나오는 말로, 자신의 마음을 타인을 헤아리는 척도로 삼는 것을 말한다.

197 중정(中正)의……되고 : 주돈이(周敦頤)의 〈태극도설(太極圖說)〉에, "성인(聖人)이 중정인의(中正仁義)로써 정하되 정(靜)을 주장하여 사람의 법도를 세웠다.〔聖人定之以中正仁義而主靜, 立人極焉.〕"라고 하여, '인의예지'라고 하지 않고 '중정인의'라고 한 것에 대하여, 주희(朱熹)는 "중정이 더욱 절실하다. 중은 바로 예가 마땅함을 얻은 것이고, 정은 바로 지(智)가 정당(正堂)한 것이다.〔中正尤親切, 中是禮之得宜處, 正是智之正當處.〕"라고 설명하였다. 《朱子語類 卷94 周子之書 太極圖》

198 중용(中庸)의……합니다 : 중용의 '중'에는 크게 불편불의(不偏不倚)와 무과불급(無過不及)의 두 가지 뜻이 있는데, 전자는 본체의 중으로서 미발의 중을 가리키는바 이것이 정(靜)과 체(體)에 해당하고, 후자는 사물상의 중으로서 이발의 중을 가리키는 바 이것이 동(動)과 용(用)에 해당한다. 《中庸章句》

199 이미……하였으니 : 앞의 말은 정이(程頤)의 말이고, 뒤의 말은 장재(張載)의 말인데, 《중용》에 "귀신의 덕됨이 성대하다.〔鬼神之爲德, 其盛矣乎!〕"라고 한 데에 대한 주석으로 주희(朱熹)가 이 두 말을 《중용장구(中庸章句)》에 채록해 넣었다.

까. 만약 이(理)라고 한다면 이것은 이(理)가 스스로 작용하는 것이니, 어찌 옳겠습니까. 성정(性情)과 공효 상에서 실리(實理)를 인식하고자 하였기 때문에 미(微)와 현(顯)을 합해서 '덕이 된다〔爲德〕'고 해석한 것이니, 위덕(爲德)이란 말은 "귀신의 귀신 됨"이라는 말과 같습니다. 이 말은 귀신이 기(氣)이고 위덕(爲德)이 이(理)라고 한 것은 아니니, 또한 이와 기를 합하여 보아서는 안 됩니다. 처음에는 귀신의 덕이 성대함을 찬미하고 끝에는 "성실함을 가릴 수 없다."[200]고 맺은 것은 바로 실리(實理)에 중점을 둔 것입니다.

지성(至聖)과 지성(至誠)[201]은 실로 두 가지가 아닌데, "성(聖)으로 말미암아 성(誠)으로 들어가니 성(誠)을 했으면 곧 성(聖)이 된 것이다."라고 한다면 이것은 둘을 다르게 보는 것입니다. 소덕(小德)과 대덕(大德)은 지성(至聖)의 덕을 작다고 하는 것이 아니고 발용처에 나타난 것은 소덕에 속한다는 것이며, 또한 지성(至誠)의 도를 크다고 한 것이 아니고 본체의 순수한 것은 마땅히 대덕에 속한다는 것입니다.[202]

200 성실함을……없다 : "귀신의 덕됨이 성대하다."라고 한 《중용》 16장의 마지막 절에 "은미한 것이 드러나니, 성실함의 가릴 수 없음이 이와 같다.〔夫微之顯, 誠之不可揜, 如此夫!〕"라고 하였다.

201 지성(至聖)과 지성(至誠) : 《중용》 31장에서는 "오직 천하의 지극한 성(聖)이어야"라고 하고, 32장에서는 "오직 천하의 지극한 성(誠)이어야"라고 한 것을 두고 말한 것이다.

202 소덕(小德)과……것입니다 : 《중용》 30장에, "소덕은 냇물의 흐름이고, 대덕은 조화를 도타이 하는 것이다.〔小德, 川流; 大德, 敦化.〕"라고 하였는데, 31장의 지성(至

주자(朱子)가 말씀하기를, "몸을 성실히 하는 입장에서 말하면 공손함〔恭〕이 비교적 긴요하고, 일을 행하는 입장에서 말하면 공경함〔敬〕이 간절하다."라고 하였고,[203] 또 말씀하기를, "처음 배우는 자에게는 공경의 간절함만 한 것이 없고, 덕을 완성한 사람에게는 공손의 편안함만 한 것이 없다."라고 하셨습니다.[204] 그렇다면 지극한 덕의 깊고 은미한 묘함을 찬미할 적에 독경(篤敬)이라고 말하지 않고 독공(篤恭)이라고 말한 이유를 알 수 있습니다.[205]

친정부모의 복(服)이 이미 기년(期年)이 되었으므로 소상제(小祥祭)를 지내고 돌아온 뒤에는 또한 내침(內寢)으로 나아가는 것입니다. 다만 근세의 오영재(吳寧齋)[206] 어른은 장인의 소상이 지나 부인을 내

聖)에 대하여 주희(朱熹)는 "윗장을 이어 소덕(小德)의 천류(川流)를 말하였으니, 이 또한 천도(天道)이다."라고 하였고, 32장의 지성(至誠)에 대하여는 "윗장을 이어 대덕(大德)의 돈화(敦化)를 말하였으니, 이 또한 천도이다."라고 하였다. 주희(朱熹)에 따르면, 소덕은 전체(全體)가 나누어진 것이고〔一本萬殊〕, 대덕은 만수(萬殊)의 근본인 바〔萬殊一本〕, 모두 같은 천도인데, 발용처에서 말하느냐 본원처에서 말하느냐의 차이가 있을 뿐이다. 《中庸章句》

203 주자(朱子)가……하였고 : 주자는 주희(朱熹)를 가리킨다. 인용된 말은 《주자어류(朱子語類)》 권6 〈성리3(性理三) 인의례지등명의(仁義禮智等名義)〉에 보인다.

204 또……하셨습니다 : 이 말 역시 《주자어류(朱子語類)》 권6 〈성리3(性理三) 인의례지등명의(仁義禮智等名義)〉에 보인다.

205 지극한……있습니다 : 《중용》 33장에, "《시경》에, '드러나지 않는 덕을 여러 제후들이 본받는다.'라고 하였으니, 이 때문에 군자는 공손함을 돈독히 함에 천하가 평해지는 것이다.〔詩曰: 不顯惟德, 百辟其刑之. 是故君子篤恭而天下平.〕"라고 하였는데, 주희(朱熹)의 주(註)에, "성인(聖人)의 지극한 덕이 깊고 은미하여 자연히 나타나는 효용이니, 중용의 지극한 공효이다."라고 하였다. 《中庸章句》

침으로 나오게 하였는데, 부인이 말하기를, "비록 강등하여 기년복으로 하였으나 심상(心喪)의 의리로는 3년을 마쳐야하니, 원컨대 부자(夫子)는 도모해주십시오."라고 하니, 이에 영재장이 크게 칭찬하고 허락하였습니다. 영재공이 별세하자 부인은 음식을 끊고 순절하여 정조를 지켰으니, 의리를 봄이 분명한 자는 큰 의리를 편안하게 행할 수 있는 것입니다.

시부모가 살아계시면 압존(壓尊)이 되어서 정침(正寢)에서 곡할 수가 없으니, 별채에 나아가서 곡하는 것이 마땅할 듯합니다. 그러나 이미 친정부모의 부고를 들었다면 어찌 곡할 장소를 먼저 가릴 수가 있겠습니까. 한번 곡한 후에 다시 별채에 나아가서 위(位)를 진설하여 곡하는 것이 마땅할 듯합니다. 조부모의 상은 친정부모의 상과는 차이가 있으니, 부고를 받은 처음에 즉시 별채로 나아가서 곡하는 것이 옳을 것입니다.

부인이 친정 조부모의 대상(大祥) 날에 바라보고서 곡하는 것〔望哭〕은 정리(情理)가 옳을 듯하나 기제(忌祭)에 망곡(望哭)하는 것은 온당치 못할 듯합니다. 그러나 친정부모를 위해서 곡하는 것은 천리와 인정의 그만둘 수 없는 데에서 나온 것이니, 이 뜻은 매우 좋습니다.

206 오영재(吳寗齋) : 오윤상(吳允祥, 1746~1783)으로, 자는 사집(士執), 호는 영재, 본관은 해주(海州)이다. 김원행(金元行)의 문하에서 수학하였다. 38세로 요절하였는데, 부인(婦人)은 성복(成服)을 마친 뒤에 물 한 모금 미음 한술도 먹지 않다가 죽었다.

연침(燕寢)과 노침(路寢)[207]은 지금 그 제도가 없으니, 다만 자기가 거처하는 외실(外室)에서 곡을 해야 합니다. 그런데 복(服)이 있는 자는 성복하는 날에 또다시 위(位)를 진설하여 곡을 하되 곡할 때에는 다만 죽은 분이 살던 방위에 나아가서 곡을 해야 하니, 동쪽과 서쪽, 남쪽과 북쪽은 사자(死者)가 살던 곳을 따르는 것이 옳습니다.

옹철(雍徹)[208]의 죄가 팔일무(八佾舞)[209]를 춘 것 보다 심하니, 팔일무에도 오히려 주벌한다면 하물며 옹철에 있어서이겠습니까. 그런데 팔일무에 대해서는 심하게 주벌하였으니,[210] 이는 그 죄를 결단한 것으로, 성인의 의(義)입니다. 옹철에 대해서는 기롱하였으니,[211] 이는 무

207 연침(燕寢)과 노침(路寢) : 이 명칭은 본래 임금의 거처인 육침(六寢)을 가리키던 것으로, 임금의 정침(正寢)을 노침이라 하고, 편전(便殿)을 소침(小寢) 혹은 연침이라 하였다. 《周禮》《禮記 昏義》

208 옹철(雍徹) : 옹(雍)장을 노래하면서 제기를 거두는 예(禮)로, 천자만이 사용할 수 있는 것인데, 노(魯)나라 대부인 맹손(孟孫)·숙손(叔孫)·계손(季孫)의 세 집안에서 참용하자, 공자가 "'제후들이 제사를 돕거늘 천자는 엄숙하게 계시다.'라는 가사를 어찌해서 삼가(三家)의 당(堂)에서 취해다 쓰는가?〔相維辟公, 天子穆穆, 奚取於三家之堂?〕"라고 비판하였다. 《論語 八佾》

209 팔일무(八佾舞) : 악사 8명이 8줄로 늘어서서 총 64명이 춤을 추는 것으로, 천자만 사용할 수 있는 것인데, 노(魯)나라 대부인 계씨(季氏)가 참용하자, 공자가 "천자의 팔일무를 뜰에서 추니, 이 일을 차마 한다면 무엇을 차마 하지 못하겠는가.〔八佾舞於庭, 是可忍也, 孰不可忍也?〕"라고 평하였다. 《論語 八佾》

210 팔일무에……주벌하였으니 : 계씨(季氏)의 팔일무(八佾舞)에 대한 공자의 평을 해석하면서 주희(朱熹)는, "공자가 정사를 할 적에 먼저 예악을 바로잡으셨으니, 그렇다면 계씨의 죄는 주벌을 당하여도 용서받지 못할 것이다."라는 범조우(范祖禹)의 말을 채록해 넣었다. 《論語集註 八佾》

211 옹철에 대해서는 기롱하였으니 : 옹철에 대한 공자의 평을 해석하면서 주희는 "이는 삼가(三家)가 무지해서 함부로 행동하여 참람히 도용(盜用)하는 죄를 취함을

지함을 불쌍히 여긴 것으로, 성인의 인(仁)입니다. 그러니 진실로 두 절을 합하여 함께 보아야 합니다.

기롱하신 것이다."라고 하였다. 《論語集註 八佾》

정규원에게 답하다
答鄭奎元

천리(天理)와 인욕(人欲)의 분별은 바로 선과 악의 기미〔幾〕입니다.[212] 마음이 동하려 하나 아직 동하지 않은 때에 곧 선악의 기미가 있으니, 여기가 바로 배우는 자가 마음을 써서 이해해야 하는 곳입니다.[213] 일상에서의 일이 비록 모두 천리가 있는 곳이라고는 하나, 만일 성찰을 잘하지 못하면 자기도 모르게 사욕에 빠지니, 비록 잘못을 후회하더라도 이미 미칠 수가 없습니다. 반드시 사물을 응접하고 난 여가에 삼가 살피고 정밀하게 분별해서 선과 악, 시와 비, 공과 사, 의(義)와 이(利)를 눈앞에서 분명하게 구별한 뒤에 선을 따르고 악을 제거해야 합니다. 이와 같이 하기를 오래하고 나면 의리가 더욱 정밀해져서 자연스레 과불급의 잘못이 없게 될 것입니다.[214] 이것은 옛 성

212 천리(天理)와……기미〔幾〕입니다 : 마음이 처음 동할 때가 선과 악이 나뉘는 지점이자 천리를 따르느냐 인욕을 따르느냐가 구분되는 지점이라는 의미이다. '선과 악의 기미'는 주돈이(周敦頤)가 《통서(通書)》에서 "성(誠)의 상태일 때에는 작위가 없다가, 기(幾)에서 선과 악이 나누어진다.〔誠無爲, 幾善惡.〕"라고 한 데서 온 말로, 이에 대해 주희(朱熹)는 "기(幾)라는 것은 처음 동(動)할 때의 미세한 움직임이니, 선과 악이 이를 말미암아 나누어지게 된다.〔幾者, 動之微, 善惡之所由分也.〕"라고 하였다. 《近思錄 卷1 道體類》

213 마음이……곳입니다 : 이 말은 주희(朱熹)의 말로, 《주자어류(朱子語類)》 권76 〈주역12(周易十二) 하계(下繫)〉에, "'기(幾)란 처음 동할 때의 미세함'이라는 것은 마음이 동하려 하나 아직 동하지 않은 때에 곧 선악의 기미가 있으니 모름지기 여기에 나아가 이해해야 한다.幾者動之微, 是欲動未動之間, 便有善惡, 便須就這處理會.〕"라고 보인다.

철(聖哲)이 이루어 놓은 가르침이니, 현자와 서로 힘쓰기를 원합니다.

214 일상에서의……것입니다 : 이 말은 명(明)나라 학자 호거인(胡居仁)의 말로, 《호문경집(胡文敬集)》 권2 〈속백록동학규(續白鹿洞學規)〉에 보인다.

김평묵[215] 치장 에게 답하다 병오년(1846, 헌종12)

答金平默 穉章○丙午

옛날에는 궁궐과 사당에 모두 비(碑)를 세워서 해 그림자를 표시하여 조만(早晩)을 구별하였고, 종묘에서는 그 비에다가 희생을 매어놓았으니, 바로 《예기(禮記)》〈제의(祭義)〉에서 말한 "희생을 들여와서 비에 매어놓는다."는 것입니다.[216] 진(秦)나라와 한(漢)나라 이래로 돌에 새겨서 공덕을 기록하고는 이것을 "비"라고 하였으니, 이는 이사(李斯)의 역산(嶧山)의 송덕문[217]에서 시작된 것입니다. 후세의 묘도

215 김평묵(金平默) : 1819(순조19)~1891(고종28). 자가 치장(穉章), 호가 중암(重菴), 본관이 청풍(淸風), 시호가 문의(文懿)이다. 화서(華西) 이항로(李恒老)의 문인으로 홍직필에게서도 수학하였다. 홍직필이 별세한 후에는 다시 이항로의 학설을 따라 심즉리(心卽理)설에 기울어졌고, 같은 문하의 유중교(柳重敎)와는 대학의 명덕(明德)을 이(理)로 보느냐, 기(氣)로 보느냐의 견해 차이로 당시에 큰 논쟁을 일으키기도 하였다. 1880년(고종17)에 선공감 감역(繕工監監役)에 제수되었으나 나가지 않았으며, 1881년 위정척사(衛正斥邪)를 주장한 일로, 섬에 유배되기도 하였다. 규장각제학(奎章閣提學)에 추증되었으며, 미원서원(迷源書院) 및 보산서원(寶山書院)에 배향되었다. 문집으로 《중암집(重菴集)》이 있다.

216 예기(禮記)……것입니다 : 《예기》〈제의〉에, "제사하는 날에 군주가 희생을 끌고 가면 자손들이 군주와 마주하여 함께 끌고 경대부가 차례로 따라가 사당(祠堂) 문에 들어가서 희생을 비석에 매어놓는다.〔祭之日, 君牽牲, 穆答君, 卿大夫序從, 旣入廟門, 麗于碑.〕"라고 하였다.

217 이사(李斯)의 역산(嶧山)의 송덕문 : 역산은 추현(鄒縣) 동남쪽에 있는 산 이름으로, 추역산(鄒嶧山), 추산(鄒山) 혹은 주역산(邾嶧山)이라고도 한다. 진 시황(秦始皇) 28년에 동쪽으로 군현을 순시하다가 역산에 올라가 비석을 세워 진나라의 공덕을 칭송한 글을 새겼는데, 이사가 소전(小篆)의 필체로 썼다고 한다. 《史記 卷6 秦始皇本紀》

(墓道)의 비(碑)와 갈(碣)은 높은 분과 낮은 분의 구별이 없고 큰 것을 '비'라 하고 작은 것을 '갈'이라 한 것인데, 그 체제는 똑같습니다. 우리 나라의 법전에는 다만 2품 이상에게만 신도비(神道碑) 세우는 것을 허락하였는데 지위상 마땅히 대비(大碑)를 세워야 할 사람도 갈을 사용하였으니, 이것은 겸손하고 검약함에서 나온 것이어서 따를 만합니다. 2품의 관직에 추증된 자에게는 신도비 세움을 허락하지 않는 것은 이미 국법에 관계되고 또 우암(尤庵)과 미호(渼湖) 두 현자의 가르침이 있으니,[218] 어찌 감히 이것을 넘을 수 있겠습니까. 존문(尊門)의 추증이 아경(亞卿)이라면 비를 버리고 갈을 취하는 것이 예에 맞을 듯합니다. 박송애(朴松厓)는 정경(正卿)에 추증되었으니,[219] 대비를 사용하는 것이 당연합니다. 그러니 대비를 사용하느냐 사용하지 않느냐는 오직 추증한 벼슬이 정2품인지 종2품인지의 구분에 관련될 뿐입

218 우암(尤庵)과……있으니 : 우암은 송시열(宋時烈)을 가리키고, 미호는 김원행(金元行)을 가리킨다. 《미호집》 권7 〈답채노경(答蔡老汝)〉에, "추증으로 인하여 비를 세우는 것을 우옹이 진실로 이미 수옹(睡翁)에 대하여 그렇게 하셨지만, 뒤에 조정에서 금령이 내려온 것으로 인하여 어떤 이가 우옹에게 '이것은 윤휴(尹鑴)과 허목(許穆)의 무리들이 건의한 일인데도 따라야 합니까?'라고 묻자, 우옹이 '비록 이러한 무리들이 한 일이나 이미 임금이 명이 있으니, 감히 따르지 않을 수 없다.'고 하였다. 이것으로 볼 때, 묘표와 묘갈을 함께 세우는 것은 문제가 없겠으나 묘비를 세워서는 안 될 것이다.〔且因追贈而立碑者, 尤翁固已於睡翁爲之, 而後因朝禁, 又有問於尤翁曰: 此雖鑴穆輩所建白, 亦可從乎? 尤翁以爲雖此輩所爲, 旣有君命, 則不敢不從云矣. 以此則雖無與碣幷竪之礙, 自不當有碑.〕"라고 하였다. 수옹은 송시열의 부친인 송갑조(宋甲祚, 1574～1628)이다.

219 박송애(朴松厓)는 정경(正卿)에 추증되었으니 : 박송애는 박여룡(朴汝龍, 1541～1611)으로, 자가 순경(舜卿), 호가 송애, 본관이 면천(沔川), 시호가 문온(文溫)이다. 여러 차례 추증되어 추증직이 이조판서에 이르렀다.

니다. 만약 한성부 판윤(漢城府判尹)을 지냈다면 비록 정경에는 오르지 않았더라도 대비를 사용해야 하니, 한성부 판윤이 정2품이 되기 때문입니다.

김평묵에게 답하다 정미년(1847, 헌종13) 섣달
答金平默 丁未臘月

주자(朱子)의 격물치지론(格物致知論)은 정자(程子)로부터 나왔습니다. 그러므로 《대학혹문(大學或問)》에서 정자의 설 아홉 조항을 싣고서 "이는 모두 격물치지에 있어 마땅히 힘써야 할 자리와 차례의 공정을 말한 것이다."라고 한 것입니다. 주자가 또한 일찍이 정자가 "금일에 한 가지 사물을 궁구하고 다음날 또 한 가지 사물을 궁구한다."라고 한 말씀을 해석하여 "그 순서를 따르지 않고 갑자기 온전히 알기를 바란다면 스스로 속이는 것이 되고, 다만 대강 알려고만 하고 관통(貫通)하기를 구하지 않는다면 스스로 한계 짓는 것이 된다."라고 하였고,[220] 또 "모름지기 오래 쌓아가야 하니, 학문에는 점진함이 있고 급박하게 되는 이치는 없다."[221]라고 하여, 보망장(補亡章)과 서로 발명이

220 주자가……하였고 : 인용된 말은 《주자대전(朱子大全)》 권46 〈답황상백(答黃商伯)〉에 보이는데, 《대학혹문대전(大學或問大全)》의 소주(小註)에도 채록되었다.

221 모름지기……없다 : 이 말은 《주자어류(朱子語類)》 권18 〈대학5(大學五) 독기소위격물치지자일단(獨其所謂格物致知者一段)〉에 다음과 같이 보인다. "'한 이치를 통달하면 온갖 이치를 통달한다고 하니, 이 설이 어떻습니까?'라고 묻자, 주자가 답하였다. '이천(伊川)이 일찍이 「비록 안자(顔子)라도 여기에 이르지 못할 것이다.」라고 하였으니, 천하에 어찌 한 이치를 통달하면 곧 온갖 이치를 이해하여 모두 통달하게 됨이 있겠는가. 모름지기 오래 쌓아가야 한다. 비록 안자와 같은 고명함으로도 하나를 들으면 열을 아는 데에 불과하였으니, 이 역시 대단히 총명한 것이다. 학문은 점진함이 있고 급박하게 되는 이치는 없다.'〔問: 一理通則萬理通, 其說如何? 曰: 伊川嘗云雖顔子亦未到此, 天下豈有一理通便解萬理皆通? 也須積累將去. 如顔子高明, 不過聞一知十,

되니, 규모와 범위에 있어 차이를 발견할 수 없습니다. "정자의 뜻을 절취했다"고 말씀한 것은 뜻만 취하고 글은 완전히 사용하지 않음을 가지고 말한 것이니, 같지 않은 것은 글이고 같은 것은 뜻입니다.

서양 오랑캐의 부정한 학설이 여우처럼 사람을 미혹하고 귀역(鬼蜮)[222]과 같아서 그 폐해가 끝이 없고, 남녀의 분별이 없어서 한 마리 암사슴에 여러 마리 수사슴이 모이는 것처럼 문란한 것으로 말하면, 이는 바로 금수일 뿐입니다. 우리가 금수를 보고서 사람이라고 해서야 되겠습니까. 그들이 말한 칠극(七克)과 삼서(三誓)[223]는 다만 사람들을 유혹하고 유인하는 자료일 뿐이니, 근리(近理)하여 진리를 어지럽히는 노불(老佛)과는 비교할 수 없습니다. 그런데 그 부정한 학설에 물든 자들은 창광하고 날뛰면서 바다를 건너 도둑을 불러 오니, 반드시 문을 열어 나라를 바친 뒤에야 그만둘 것입니다. 이는 아주 나쁜

亦是大段聰明了. 學問卻有漸, 無急迫之理.〕"

222 귀역(鬼蜮) : 귀신과 물여우를 가리키는바, 사람에게 해를 끼치는 것들을 비유하는 말이다. 물여우는 물속에서 모래를 머금고 있다가 물에 사람 그림자가 비치면 그림자를 향해 모래를 쏘는데, 그것을 맞은 사람은 병이 든다고 한다. 《시경(詩經)》〈소아(小雅) 하인사(何人斯)〉에 "귀신이나 물여우가 된다면 형체를 볼 수나 없거니와, 너는 사람이라 버젓이 얼굴이 있어서 사람과 서로 마주 봄에 끝이 없구나.〔爲鬼爲蜮, 則不可得, 有靦面目, 視人罔極.〕"라고 하였다.

223 칠극(七克)과 삼서(三誓) : 칠극은 천주교의 7가지 죄악을 극복하는 7가지 덕행으로, 즉 복오(伏傲)·평투(平妬)·해탐(解貪)·식분(熄忿)·색도(塞饕)·방음(坊淫)·책태(策怠)를 말하는바, 방적아〔龐迪我;Diego de Pantoja〕의 《칠극대전(七克大全)》에 나온다. 삼서는 '무망념(毋妄念)·무망언(毋妄言)·무망행(毋妄行)'의 세 가지로, 이마두(利瑪竇;Matteo Ricci)의 《기인십편(畸人十篇)》에 나온다.

적이니, 어찌 논할 만한 천리와 인욕이 있겠습니까.[224] 정도(正道)를 막고 하늘까지 번지는 그들의 기세가 천하를 변역시킬 것을 생각하고 있으니, 앞으로의 우려가 산과 같고 바다와 같습니다. 어찌 다함이 있겠습니까. 이익(李瀷)은 돌연 그 책을 보고는 이마두(利瑪竇)를 칭찬하여 성인(聖人)이라고 하였으니,[225] 이것은 바로 새로운 것에 힘쓰

224 어찌……있겠습니까 : 김평묵이 홍직필에게 올린 편지에, "칠극(七克)과 극기(克己), 삼서(三誓)와 무망(無妄)은 그 명색이 서로 유사한 것은 진실로 있습니다. 그러나 우리가 말하는 극기와 무망이란 것은 반드시 격물치지를 공부하는 절도로 삼습니다. 그러므로 무엇이 자기의 사욕이 되고 무엇이 예(禮)가 되며, 무엇이 참이 되고 무엇이 망(妄)이 되는지를 모두 마음속에 분명히 아는 것입니다. 그래서 마음을 보존하고 몸을 닦아서 천하와 국가에 미치는 것이 모두 순수하게 천리의 공정함에서만 나오고 인욕의 사사로움은 조금도 없는 것입니다.〔大抵七克之於克己、三誓之於無妄, 其名色之相近者則果有之矣. 但吾所謂克己無妄者, 必以格物致知爲用功之節度. 故何者是己而何者是禮, 何者是眞而何者是妄, 皆洞然於方寸之中. 故其存諸心修諸身, 達之天下國家者, 粹然一出於天理之公而無一毫人欲之私矣.〕"라고 하였기 때문에 이렇게 말한 것이다.《重菴集 卷5 上梅山洪先生2》

225 이익(李瀷)은……하였으니 : 이익(李瀷, 1681~1763)은 자가 자신(子新), 호가 성호(星湖), 본관이 여주(驪州)이다. 실학의 대가로, 부친이 연경에서 사온 수천 권의 서적을 접하여 천문・역법・지리 등 여러 방면에 연구 업적을 남겼으며, 서학(西學)에도 학문적인 관심을 기울였는바, 이마두(利瑪竇;Matteo Ricci)의《천주실의(天主實義)》에 대한 발문을 쓰기도 하였다. 이익이 이마두를 성인(聖人)이라고 칭하였다는 비판이 일자, 그의 문인인 순암(順菴) 안정복(安鼎福)은 〈천학문답(天學問答)〉에서, "성인에도 여러 유형이 있으니, 부자(夫子)와 같은 성인도 있고, 삼성(三聖)과 같은 성인도 있으므로 일률적으로 말할 수 없다. 옛 사람이 '성' 자를 해석하여 '통명(通明)함을 일러 성이라고 한다.'라 하였으니,《맹자》의 '대인이면서 저절로 화함'의 성과는 같지 않은 것이다. 선생이 이 말씀을 하셨는지 내 아는 바가 없으니, 혹 이런 말씀을 하셨는데 내가 잊어버린 것일지도 모르겠다. 가령 이런 말씀을 하셨더라도 그 말은 '서양의 선비로서 재주와 지식이 통명하다고 이를 만하다'는 뜻에 불과할 것이다. 어찌 우리 요・순

고 기이한 것을 숭상하는 뜻에서 나온 것이나, 말류의 병폐가 이처럼 지극함에 이를 줄은 헤아리지 못한 것입니다. 기미를 분별하고 그림자를 살핀 것이 순암(順菴) 안정복(安鼎福)에게 크게 뒤집니다.[226]

편지에서 하신 훌륭한 말씀은 진실로 발본색원(拔本塞源)하려는 고심에서 나온 것이어서 말씀이 엄격하고 의리가 엄중하니, 찬탄해 마지않습니다. 정학(正學)을 높임은 이단을 물리치는 근본이 되니, 비유하면 사람이 원기(元氣)가 충만하고 굳세면 바깥의 간사한 기운이 침범하지 못하는 것과 같습니다. 그러니 우리들이 서로 힘써야 할 바는 오직 정학을 높이는 의리일 뿐입니다. 학자의 '내면을 곧게 하고 외면을 방정하게 함〔直內方外〕'은 정치의 '안으로 국정을 정비하고 밖으로 외세의 침략을 물리침〔內修外攘〕'과 같으니, 다시 현자를 위하여 이것을 외워 드립니다.

국가의 위급한 존망에 관계되면, 비록 벼슬하지 않은 천한 사람이라도 마땅히 자기 신분을 벗어나서 일을 논해야 한다는 것은, 주 선생(朱先生 주희(朱熹))이 이 의리를 위원리(魏元履 위섬지(魏掞之))에게 말씀하셨

·주공·공자의 성인을 그에게 허여한 것이겠는가.〔聖有多般, 有夫子之聖, 有三聖之聖, 不可以一槩言也. 古人釋聖字曰通明之謂聖, 與大而化之之聖不同矣. 先生此言, 余未有知, 或有之而余或忘之耶? 假有是言, 其言不過西士才識, 可謂通明矣, 豈以吾堯舜周孔之聖, 許之者乎?〕"라고 해명하였다.

226 기미를……뒤집니다 : 안정복(安鼎福, 1712~1791)은 자가 백순(百順), 호가 순암, 본관이 광주(廣州), 시호가 문숙(文肅)이다. 이익의 문인이었으나 정주학(程朱學) 이외의 학술을 이단으로 단정하였고 특히 서학(西學)을 철저히 배척하여, 〈천학고(天學考)〉·〈천학문답(天學問答)〉을 지어 천주교의 교리를 비판하였다.

습니다만, 끝내 분수 밖의 일입니다. 잠룡(潛龍)[227]은 나타나지 않음으로써 덕을 이룹니다. 그러므로 지킴은 몸을 지키는 것보다 더 큰 것이 없으니, 대궐에서 고함치고 글을 올림은 용이 못에서 잠겨 있으면서 스스로 진중히 하는 방법이 아닐 듯합니다. 아직 시집으로 가지 않은 여인은 남편 집안의 잘잘못을 의논해서는 안 된다는 것을 화양노자(華陽老子 송시열(宋時烈)) 또한 일찍이 말씀하셨으니, 이것을 마땅히 따라야 합니다. 퇴계(退溪 이황(李滉))께서는 세상의 화를 혹독히 겪어서 항상 두려워하고 조심하는 마음을 품으셨습니다. 그러므로 세도(世道)의 중함을 자임한 적이 없으셨던 것이니, 이 또한 시중(時中)의 의리입니다. 간혹 주자(朱子)의 행적과 같지 않음이 있는 것은 시세가 그렇기 때문입니다.

227 잠룡(潛龍) : 물에 잠겨 있는 용이란 뜻으로, 훌륭한 덕을 지니고서 은둔하여 자신의 도를 즐기는 사람을 가리킨다. 《주역(周易)》 〈건괘(乾卦) 초구(初九)〉에 "못에 잠겨 있는 용이니 쓰지 말아야 한다.〔潛龍, 勿用.〕"이라 하였는데, 공자(孔子)가 이에 대해서 "용의 덕을 가지고 은둔한 자이니, 세상에 따라 변치 않고 명성을 이루려 하지 않아, 세상에서 은둔하되 근심하지 않으며, 남에게 인정받지 못하여도 고민하지 않아, 즐거운 세상이면 도를 행하고 걱정스러운 세상이면 떠나가서, 뜻이 확고하여 뽑을 수 없는 것이 잠룡이다.〔龍德而隱者也. 不易乎世, 不成乎名, 遯世无悶, 不見是而无悶, 樂則行之, 憂則違之, 確乎不可拔, 潛龍也.〕"라고 하였다. 《周易 乾卦 文言傳》

김평묵에게 답하다 무신년(1848, 헌종14) 7월
答金平默 戊申梧秋

행차가 아직 회암(檜巖)에 머물고 계십니까? 어진 주인과 아름다운 손님이 서로 뜻이 맞음이 더욱 밝게 드러나서 응당 형용하기 어려운 참된 즐거움이 있을 것이니, 나도 함께 참여하여 훌륭한 의논을 듣지 못하는 것이 한스럽습니다. 책상을 나란히 하고서 공옥(攻玉)하는 공부[228]는 현재 어느 책에 있습니까? 또 따르며 글자를 묻는 향촌의 수재들이 있습니까? 좌하는 이미 공령(功令 과거 공부)을 사절하여 마치 삼고(三古)의 선비처럼 초연하고, 학문하는 공부도 이미 정밀하고 돈독하니, 내가 굳이 권면할 필요가 없을 듯합니다만, 후생을 지도하는 한 가지 일을 반드시 여생의 구경법(究竟法)으로 삼아야 할 것이니, 어떻게 생각하십니까?

천하의 영재는 절반은 하늘이 낸 것이고 절반은 가르쳐서 이루어진 것이니, 진실로 한 세상에 있는 영특하고 지혜로운 인재를 모두 얻어서 자신이 즐거워하는 것을 가지고 그를 가르쳐서 기를 수 있다면, 이 도의 전함을 얻은 자가 많아져서 장차 그 혜택을 입지 못하는 자가 없을 것이니,[229] 어찌 다만 한 때의 공리(功利)가 백성들에게 미치는

228 책상을……공부 : 함께 공부하면서 서로의 잘못을 말해주는 것을 가리킨다. '공옥'은 《시경》 〈소아(小雅) 학명(鶴鳴)〉에 "다른 산의 돌이 옥을 갈 수 있다.〔他山之石, 可以攻玉.〕"라고 한 데서 온 말이다.

229 한 세상에……것이니 : 맹자가 군자의 세 가지 즐거움, 즉 군자삼락(君子三樂)을 나열하면서, "천하의 영재를 얻어 교육하는 것이 세 번째 즐거움이다.〔得天下英才而教

것에 견줄 수 있겠습니까. 속히 이 뜻을 체득하여 곽림종(郭林宗)과 범희문(范希文)이 인물을 키웠던 것[230]을 사양하지 말아서 후세에 무량한 공덕을 남겨야 할 것이니, 어떻게 생각하십니까?

育之, 三樂也.]"라 하고, "한 세상의 밝고 지혜로운 인재를 모두 얻어서 자신이 즐거워하는 것을 가지고 그를 가르쳐 기른다면 이 도의 전함을 얻은 자가 많아져서 천하와 후세가 장차 그 혜택을 입지 못하는 이가 없을 것이다."라고 하였다. 《孟子 盡心上》

230 곽림종(郭林宗)과……것 : 곽림종은 후한(後漢)의 선비 곽태(郭泰, 128~169)를 말한다. 학문과 덕망이 뛰어나 당대의 존경을 받았는데, 특히 향리에 은거하여 많은 제자를 가르쳤다. 범희문은 북송(北宋)의 학자 범중엄(范仲淹, 989~1052)을 말한다. 송 인종(宋仁宗) 때의 명재상으로 명망이 높았는데, 특히 교육을 중시하여 학교진흥정책을 세우고 인재를 육성하였다.

이휴[231] 현수 에게 답하다 정미년(1874, 헌종13) 8월
答李烋 玄秀○丁未棗秋

여러 현자들이 이웃이 되어서 기이한 문장을 감상하고 의심나는 뜻을 분석하는 것이 도연명(陶淵明)의 '남촌(南村)의 아침저녁'에 뒤지지 않을 것이니,[232] 이로 인해 찬탄하고 기뻐합니다. 《예기(禮記)》에 이르기를, "서로 보고서 선해지는 것을 마(摩)라 한다.〔相觀而善之謂摩〕"라고 하였으니,[233] 붕우 간에 간절하고 자세히 권면해서[234] 훈도하고 점점 물들게 되면, 자기도 알지 못하고 깨닫지 못하는 사이에 허다

231 이휴(李烋) : 홍직필의 문인으로, 자가 현수(玄秀)이다. 문집으로 《낭해집(浪海集)》이 있는데, 그 부록에 8인의 동료들과 함께 홍직필에게 수학하며 유람한 일을 기록한 기행문인 〈서행일록(西行日錄)〉이 수록되어 있다.

232 기이한……것이니 : 도연명의 시 〈이거(移居)〉에, "예전부터 남촌에 살고 싶었으니 좋은 집터 찾으려 해서가 아니었네. 들으니 마음씨 착한 사람들 많다기에 아침저녁으로 자주 만나 즐기고 싶어서였지.……기이한 문장을 함께 감상하고 의심스러운 뜻을 함께 분석하네.〔昔欲居南村, 非爲卜其宅. 聞多素心人, 樂與數晨夕……奇文共欣賞, 疑義相與析.〕"라고 하였다.

233 예기(禮記)에……하였으니 : 인용된 말은 《예기》 〈학기(學記)〉에 보이는데, 진호(陳浩)가 이에 대하여, "'상관이선(相觀而善)'은 예컨대 갑의 선을 칭찬하면 을이 보고서 그것을 본받고, 을에게 칭찬할 만한 선이 있으면 갑이 또한 이처럼 하는 것이다.〔相觀而善, 如稱甲之善, 則乙者觀而效之, 乙有善可稱, 甲亦如之.〕"라고 해석하였다. 《禮記集說 學記》

234 붕우……권면해서 : 《논어》 〈자로(子路)〉에, 자로가 선비에 대하여 묻자, 공자가 "간절하고 자상하게 권면하며 화락하면 선비라 이를 만하다. 붕우 간에는 간절하고 자상하게 권면하고, 형제간에는 화락하여야 한다.〔切切偲偲, 怡怡如也, 可謂士矣. 朋友切切偲偲, 兄弟怡怡.〕"라고 한 것을 원용한 말이다.

한 진전과 보탬이 있을 것입니다. 그러므로 "보고 감동함에서 얻어서 선해진 자가 많다."라고 한 것입니다.

그대들이 오늘날 모인 것은 진실로 덕 있는 사람과 이웃이 되어[235] 인(仁)을 도우려 함[236]에서 나온 것이니, 부디 단점과 장점을 서로 보완함과 강학과 수업이 함께 진전함에 부지런히 힘써서 가구가대(可久可大)의 경지[237]에 서서히 이르기를 바랍니다. 재주는 교우가 아니면 쓰이지 못하고, 명예는 교우가 아니면 확립되지 못하고, 의리는 교우가 아니면 발명되지 못하니, 이는 고금에 통하는 의리입니다. 그런데 여럿이 모여 공부하는 자들은 사람들의 지목을 받기가 쉬우니, 천만번 경계하고 조심해서 예전 일을 징계하여 뒷일을 삼가는 것[238]이 어떻겠습니까?

마을 백성들이 사대부의 의관(衣冠)을 처음 보고서 우롱하고 능멸해

235 덕……되어 : 《논어》 〈이인(里仁)〉에, "덕이 있는 사람은 외롭지 않아 반드시 이웃이 있다.〔德不孤, 必有鄰.〕"라고 한 것을 원용하였다.

236 인(仁)을 도우려 함 : 《논어》 〈안연(顔淵)〉에, "군자는 학문을 통해서 벗을 모으고, 벗을 통해서 자신의 인을 돕는다.〔君子以文會友, 以友輔仁.〕"라고 하였다.

237 가구가대(可久可大)의 경지 : 현인의 덕과 업을 소유한 경지를 말한다. 《주역(周易)》 〈계사전 상(繫辭傳上)〉에, "쉬우면 알기 쉽고 간략하면 따르기 쉬우며, 알기 쉬우면 친함이 있고 따르기 쉬우면 공(功)이 있으며, 친함이 있으면 오래할 수 있고 공(功)이 있으면 크게 할 수 있으며, 오래할 수 있으면 현인(賢人)의 덕(德)이요, 크게 할 수 있으면 현인(賢人)의 업(業)이다.〔易則易知, 簡則易從, 易知則有親, 易從則有功, 有親則可久, 有功則可大, 可久則賢人之德, 可大則賢人之業.〕"라고 한 데서 온 말이다.

238 예전……것 : 이전에 있었던 과오를 통해 교훈을 얻어서 앞으로는 그런 일이 없도록 조심하는 것이다. 이 말은 《시경(詩經)》 〈주송(周頌) 소비(小毖)〉에, "내가 무엇을 징계하여 후환을 삼갔는가.〔予其懲而毖後患.〕"라고 한 데에서 온 말이다.

서 무시하듯이 하는 경우에 있어서는 진실로 매우 미워할 만하나 어찌 굳이 책망할 것이 있겠습니까. 진실로 말이 충신(忠信)하고 행실이 독경(篤敬)할 수 있다면 오랑캐 나라에서도 행해질 수 있는데,[239] 더구나 같은 마을의 백성은 어떻겠습니까. 석담노자(石潭老子)가 평소 말씀하기를, "한 집안 사람이 교화되지 못함은 다만 가장의 성의(誠意)가 부족해서이다."라고 하셨으니,[240] 나는 향당 사람들에 대해서도 이렇게 말합니다. 항상 '남이 잘못을 범하여도 따지지 않음'[241]을 법도로 삼는다면, 종국에는 잘못을 범하지 않는 경지에 이를 것이니, 오직 스스로 반성하기를 어떻게 하느냐에 달려 있을 뿐입니다. "안으로 반성하여 조그마한 하자도 없으니 무엇을 근심하고 무엇을 두려워하겠는가."[242] 라는 한 구의 말을 다시 현자를 위하여 원합니다.

239 말이……있는데 : 《논어》〈위령공(衛靈公)〉에, 자장(子張)이 '행해짐〔行〕'에 대하여 묻자, 공자가 "말이 충신하고 행실이 독경하면 비록 오랑캐의 나라라 하더라도 행해질 수 있지만, 말이 충신하지 못하고 행실이 독경하지 못하면 자신이 사는 주리라 하더라도 행해질 수 있겠는가.〔言忠信, 行篤敬, 雖蠻貊之邦, 行矣. 言不忠信, 行不篤敬, 雖州里, 行乎哉?〕"라고 하였다.

240 석담노자(石潭老子)가……하셨으니 : 석담노자는 율곡(栗谷) 이이(李珥)를 가리킨다. 이이의 〈자경문(自警文)〉에, "한 집안이 교화되지 못하는 것은 다만 가장의 성의가 극진하지 못하기 때문이다.〔一家之人不化, 只是誠意未盡.〕"라고 하였다.

241 남이……않음 : 《논어》〈태백(泰伯)〉에, 증자(曾子)가 안연(顔淵)에 대하여 논하면서, "능하면서 능하지 못한 이에게 물으며, 많으면서 적은 이에게 물으며, 있어도 없는 것처럼 여기며, 가득해도 빈 것처럼 여기며, 잘못을 범해도 따지지 않는 것을, 옛날에 내 벗이 일찍이 이 일에 종사했었다.〔以能問於不能, 以多問於寡, 有若無, 實若虛, 犯而不校, 昔者, 吾友嘗從事於斯矣.〕"라고 한 데서 온 말이다.

242 안으로……두려워하겠는가 : 이 말은 《논어》〈안연(顔淵)〉에 보이는 공자의 말이다.

이휴에게 주다 기유년(1849, 헌종15) 섣달

與李烋 己酉臘月

청양(靑陽 봄)이 가까워지는 제석(除夕 섣달 그믐날 밤)에 부모님 모시는 정황이 정길(貞吉)하고 건승함을 알았으니, 집에 무사히 잘 도착해서 옛 책을 연구하여 삼여(三餘)의 공부[243]를 잘 거두고 있습니까? 오전(五典)을 돈독히 하고 오례(五禮)를 떳떳하게 함[244]에 질서정연하여 폐할 수 없는 것은 바로 인륜(人倫)이요, 지식을 지극히 하고 사물의 이치를 연구함에 분명하여 가릴 수 없는 것은 바로 요점이니, 인륜(人倫)과 요점을 알지 못하고서 먼저 본원(本原)에 나아가는 자는 있지 않습니다. 본원에 이미 나아갔으면, 작은 것으로 큰 것을 다 들 수가 있으므로 너무 크고 넓어서 부합함이 없는 말이 유혹하지 못할 것이요, 가까운 것으로부터 먼 데까지 나아갈 수 있으므로 황당하여 바르지 못한 말이 미혹하지 못할 것이요, 한 가지로 만 가지를 알 수가 있으므

243 삼여(三餘)의 공부 : 삼여에 하는 공부로, 삼여는 학문을 하기에 가장 좋은 세 가지 때의 여가(餘暇)인바, 해의 나머지〔歲之餘〕인 겨울과 날의 나머지〔日之餘〕인 밤과 때의 나머지〔時之餘〕인 비 오는 때를 가리킨다.

244 오전(五典)을……함 : 오전은 부자유친(父子有親)·군신유의(君臣有義)·부부유별(夫婦有別)·장유유서(長幼有序)·붕우유신(朋友有信)의 오륜(五倫)의 법을 이르고, 오례는 존비(尊卑)와 귀천(貴賤)의 등급에 따른 예를 이른다. 이 말은《서경(書經)》〈고요모(皐陶謨)〉에, "하늘이 차례로 펴서 법을 두시니 우리 오전을 바로잡아 다섯 가지를 후하게 하시며, 하늘이 차례 하여 예를 두시니 우리 오례로부터 시작하여 다섯 가지를 떳떳하게 한다.〔天敍有典, 勅我五典, 五惇哉. 天秩有禮, 自我五禮, 五庸哉.〕"라고 한 것을 원용한 것이다.

로 근본을 둘로 하는 겸애(兼愛)의 학문[245]이 들어오지 못할 것입니다. 현수(玄秀)는 이에 대해서 내가 굳이 권면하지 않더라도 힘쓸 방법을 알 것입니다.

245 근본을……학문 : 묵자(墨子)의 사상을 말한다. '근본을 둘로 함'은, 맹자가 묵자의 도를 배운 이지(夷之)란 사람에 대하여 평가하기를, "하늘이 만물을 냄에 만물로 하여금 근본이 하나이게 하였는데, 이자(夷子)는 근본이 둘이기 때문이다.〔天之生物也, 使之一本, 而夷子二本故也.〕"라고 한 데에서 온 말로, 만물은 자신을 나아준 어버이가 있어 그것을 하나의 근본으로 삼으므로 사랑에 차등을 두는 것인데, 묵자의 겸애설은 부모에 대한 사랑과 타인에 대한 사랑에 차등을 두지 않는바, 이를 근본을 둘로 만드는 것이라고 비판한 것이다. 《孟子 滕文公上》

김정고 순서 에게 답하다 기유년(1849, 헌종15) 섣달
答金楨皐 舜瑞○己酉臘月

편지에 가득한 뜻을 다 읽어 보았습니다. 그동안의 횡역(橫逆)이 끝내 순하고 무사하게 된 것은 바로 현자의 효성에 감동하여 이렇게 된 것이니, 내가 무슨 도움이 되었겠습니까. 말세의 세상이 험난하여 가는 곳마다 구당협(瞿塘峽)의 염여퇴(灩澦堆)[246]가 아닌 곳이 없으니, 이미 지나간 일이라는 이유로 혹시라도 환란을 염려하는 것을 소홀히 하지 말고, 항상 보고 듣는 밖에서 경외(敬畏)하는 마음을 보존하는 것이 어떻겠습니까? "환란을 방비함은 겁먹는 것을 귀하게 여긴다."는 것을 회옹(晦翁)께서도 일찍이 이렇게 말씀하셨으니,[247] 호랑이 꼬리와 봄 얼음에 이 인생을 부친다는 것[248]은 비단 여색에 대한 경계만

246 구당협(瞿塘峽)의 염여퇴(灩澦堆) : 매우 험한 물길을 말하는바, 구당협은 중국 사천성(四川省) 봉절현(奉節縣) 동남쪽 양자강(揚子江)의 상류의 3협(峽) 중 하나인데, 양쪽의 높은 언덕이 절벽으로 되어 있고 강 중심에 암석인 염예퇴(灔澦堆)가 우뚝하게 서 있다. 배가 이곳을 지날 때 석벽에 대어 가면 물을 따라 곁으로 흐르게 되어 돌을 피할 수 있으나, 만일 석벽을 피해서 가면 와중(渦中)에 휘말리게 되어 돌에 부딪혀 파선된다고 한다.

247 환란을……말씀하셨으니 : 회옹은 주희(朱熹)를 말한다. 인용된 말은 《주자대전(朱子大全)》 권44 〈답채계통(答蔡季通)〉에, "허물을 고침은 용기를 귀하게 여기고 환란을 방비함은 겁먹는 것을 귀하게 여긴다.〔改過貴勇而防患貴怯.〕"라고 보인다.

248 호랑이……것 : 항상 조심하고 염려하는 마음가짐을 가지고 살아간다는 말이다. 《서경(書經)》 〈주서(周書) 군아(君牙)〉에 "마음에 근심하고 위태롭게 여김이 호랑이의 꼬리를 밟는 듯하며 봄의 살얼음을 건너는 듯하다.〔心之憂危, 若蹈虎尾, 涉于春氷.〕"

그런 것이 아닙니다. 인지상정은 왕왕 작은 것을 소홀히 하여 큰일에 어둡고, 처음에는 아주 예리하다가 끝에는 태만해지고, 드러난 것만 보고 은미한 것에 근원하지는 못합니다. 그래서 남을 따르는 것은 항상 깊고 자기를 단속하는 것은 항상 미진하니, 이는 현자에게 있어 일에 앞선 경계가 됩니다.

권경숙(權敬叔 권익(權翌))은 기개가 높아서 우리들이 기대하고 바라는 것이 매우 원대하였는데, 오늘 이처럼 세상을 버리는 지경에 이를 줄을 어찌 생각이나 했겠습니까. 내 가슴이 약하여 쉽게 상심(傷心)하므로 스스로 안정하지 못하고 있습니다.

라고 하였는데, 주희(朱熹)가 〈임택지가 화답한 '생' 자 운의 시 내용이 몹시도 경책이 되기에 차운하여 사례하고, 아울러 백숭에게도 올린다.〔擇之所和生字韻 語極警切 次韻謝之 兼呈伯崇〕〉라는 시에 이를 원용하여 "호랑이 꼬리와 봄 얼음에 이 인생을 부친다.〔虎尾春冰寄此生.〕"라고 하였다.

김석필 양여 에게 답하다 기유년(1849, 헌종15)

答金錫弼 良汝○己酉

학문하는 것은 모름지기 자기 마음에 증험하고 자기 몸에 체행해서 천리가 점점 회복되고 인욕이 점점 사라짐을 발견하여야 비로소 얻음이 있는 것이니, 만약 다만 언어를 가지고 말해간다면 전혀 일을 이루지 못합니다. 만약 행함에 있어서 해내지 못하는 부분이 있다면[249] 설령 금가루가 펄펄 날리고 하늘꽃이 분분히 날린다고 하더라도 다만 쓸데없는 이야기뿐입니다. 이목구비의 욕망과 희로애락의 사사로움이 모두 내 마음의 누가 되니, 이 마음이 물욕에 얽매이면 그 쪽으로 달려가 방탕해져서 바른 이치를 잃어 못하는 바가 없게 됩니다. 이 때문에 성철(聖哲)들이 전전긍긍하고 동동촉촉하면서 깊은 못에 임하고 엷은 얼음을 밟는 듯이 하고 물이 든 쟁반을 받든 듯이 하여[250] 이 마음을

249 만약……있다면 : 《주자대전(朱子大全)》 권32 〈답장흠부(答張敬夫)〉에, "오래도록 힘쓰면 하루아침에 탁 트여 인(仁)을 알 수 있을 것이다. 그러나 비록 안다고 하더라도 어찌 곧바로 해내지 못하는 부분이 없게 되겠는가.〔用力之久, 庶乎一旦廓然而有以知仁矣. 雖曰知之, 然亦豈能便無打不過處.〕"라고 한 말을 원용한 것이다.

250 성철(聖哲)들이……하여 : 전전긍긍과 동동촉촉은 모두 조심하고 삼가는 모양을 형용한 말이다. '깊은 못에 임하고 엷은 얼음을 밟는 듯함'은 《시경(詩經)》 〈소아(小雅) 소민(小旻)〉의 "전전긍긍하여 깊은 못에 임하듯 엷은 얼음을 밟듯 한다.〔戰戰兢兢, 如臨深淵, 如履薄氷.〕"라는 말에서 온 것이고, '물이 든 쟁반을 받듦'은 《예기(禮記)》 〈제의(祭義)〉의 "효자는 마치 옥기를 손에 쥔 것처럼, 물이 가득 찬 그릇을 받든 것처럼 해야 한다. 그리하여 동동촉촉하여 감당할 수 없는 것처럼 하고 장차 잘못될 것처럼 해야 한다.〔孝子如執玉如奉盈, 洞洞屬屬然如弗勝, 如將失之.〕"라는 말에서 온 것이다.

조금이라도 방일하지 않게 했던 것이니, 이렇게 하면 이루어진 성(性)에 보존하고 보존해서 도의(道義)가 행해지게 됩니다.[251] 부디 이 뜻을 체득해서 정(靜)할 때에는 보존하고 동(動)할 때에는 성찰하는 공부에 더욱 부지런히 힘써서 '지극한 덕이어서 지극한 도가 응집함'[252]에 이르기를 크게 바라 마지않습니다.

251 이루어진……됩니다 : 《주역(周易)》〈계사전 상(繫辭傳上)〉에 "천지가 자리를 베풀면 역이 그 가운데에서 행해지니, 이루어진 성에 잘 보존하는 것이 도의의 문이다.〔天地設位, 而易行乎其中矣, 成性存存, 道義之門.〕"라고 한 데서 온 말인데, 주희(朱熹)가 이 말을 해석하여, "천지가 자리를 베풀면 변화가 행해짐은 지(智)와 예(禮)가 성(性)에 보존되어 도의가 나오는 것과 같다. '성성(成性)'은 본래 이루어진 성이고, '존존(存存)'은 보존하고 또 보존함을 이르니, 그치지 않는 뜻이다.〔天地設位而變化行, 猶知禮存性而道義出也. 成性, 本成之性也. 存存, 謂存而又存, 不已之意也.〕"라고 하였다.《周易本義》지와 예는, 이 말 앞에 "역은 지극하다 할 것이다. 역은 성인이 덕을 높이고 업을 넓힌 것이다. 지는 높고 예는 낮으니, 높음은 하늘을 본받고 낮음은 땅을 본받는 것이다.〔易其至矣乎! 夫易, 聖人所以崇德而廣業也. 知崇, 禮卑. 崇效天, 卑法地.〕"라고 하였기 때문에 거론한 것이다.

252 지극한……응집함 : 이 말은《중용》에 "지극한 덕이 있는 사람이 아니면 지극한 도가 응집되지 않는다.〔苟不至德, 至道不凝焉.〕"라고 한 것을 원용한 것이다.

김정수 성원 에게 답하다 기유년(1849, 헌종15) 정월
答金正洙 聖源○己酉元月

예(禮)를 배울 때에는 먼저 《의례(儀禮)》를 보아야 하니, 《의례》는 바로 경(經)이고 《예기(禮記)》는 해설서입니다. 《의례》는 일을 기재하였고, 《예기》는 원리를 밝혔으나, 《의례》가 가장 읽기 어려우니, 먼저 《예기》를 공부하는 것도 '지류를 따라 근원으로 거슬러 올라감'이 됨에 무방합니다. 삼례(三禮)[253]는 모두 천리(天理)로부터 만들어 낸 것이니, 성인(聖人)의 마음은 이치는 하나이나 쓰임은 다르고, 천하의 일은 만 가지로 다르나 근본은 하나입니다. 그러므로 허다한 제도와 절문(節文)이 모두 성인의 가슴속에서 흘러나옴에 천하와 후세가 이것을 취하여 법으로 삼은 것입니다. 부디 이 뜻을 체득해서 공손하고 검소하고 장엄하고 공경함의 예교(禮敎)[254]를 다할 것을 도모하시기

253 삼례(三禮) : 《의례(儀禮)》, 《예기(禮記)》, 《주례(周禮)》를 이른다. 《주례》는 원래의 이름은 《주관(周官)》인데, 전한(前漢) 말에 예경(禮經)에 포함되면서 《주례》라는 이름을 얻게 되었다.

254 공손하고……예교(禮敎) : 예교는 예의 가르침이다. 《예기(禮記)》 〈경해(經解)〉에 "그 나라의 국도(國都)에 들어가 보면 그 나라의 가르침을 알 수 있으니, 그 사람됨이 온유돈후(溫柔敦厚)함은 시교(詩敎)이고, 소통지원(疏通知遠)함은 서교(書敎)이고, 광박이량(廣博易良)함은 악교(樂敎)이고, 결정정미(絜靜精微)함은 역교(易敎)이고, 공검장경(恭儉莊敬)함은 예교(禮敎)이며, 촉사비사(屬辭比事)함는 춘추교(春秋敎)이다.〔入其國, 其敎可知也. 其爲人也, 溫柔敦厚, 詩敎也; 疏通知遠, 書敎也; 廣博易良, 樂敎也; 絜靜精微, 易敎也; 恭儉莊敬, 禮敎也; 屬辭比事, 春秋敎也.〕"라는 공자의 말이 보인다.

바랍니다.

주자(朱子)가 이미 전배(前配)와 후배(後配)를 모두 부(祔)하여 합제(合祭)한다는 의론을 두었으니,[255] 비록 서너 번 장가들었더라도 마땅히 합독(合櫝)하여 배식(配食)을 해야 합니다. 그러니 퇴계(退溪)의 '계실(繼室)은 별도의 독에 모신다'는 말씀[256]은 따라서는 안 될 듯합니다. 독의 몸체가 무겁고 커서 밥과 국을 상에 놓기가 어렵다는 것은

255 주자(朱子)가……있었으니 : 주자는 주희(朱熹)를 말한다. 이 내용은 《주자어류(朱子語類)》 권97 〈예7(禮七) 제(祭)〉에 다음과 같이 보인다. "옛날에는 잉첩(媵妾)을 계실(繼室)로 삼았기 때문에 적부와 나란히 배향할 수 없었다. 후세의 계실은 바로 예로 초빙하여 장가를 든 것이므로 절로 정적(正嫡)이 된다. 그래서 《당회요(唐會要)》에 '안노공(顔魯公)의 집안의 제사에 나란히 배향하는 의식이 있었다'는 내용이 기재되어 있는 것이다.〔蓋古者只是以媵妾繼室, 故不容與嫡並配. 後世繼室, 乃是以禮聘娶, 自得爲正. 故唐會要中載顔魯公家祭, 有並配之儀.〕" "옛 사람들은 재취하는 예(禮)가 없었으므로 장가를 들 때 한 사람의 해당되는 사람이 있어서 적서(嫡庶)의 구분이 정해졌다. 그러므로 계실을 정실에 나란히 배향할 수 없었던 것이다. 요즘 사람은 비록 재취라도 모두 예로 초빙하니, 모두 정실(正室)이다. 그러니 별실에 제사하는 것은 온당치 못할 듯하다. 예컨대 정이천(程伊川)은 '제사를 받드는 사람이 재취의 소생이면 자기를 나아준 어머니를 배향한다.'고 하였는데, 이렇게 하면 적모(嫡母)를 제사할 수 없는바, 이는 더욱 온당치 못할 듯하다.〔古人無再娶之禮, 娶時便有一副當人了, 嫡庶之分定矣, 故繼室於正室不可並配. 今人雖再娶, 然皆以禮聘, 皆正室也. 祭於別室, 恐未安. 如伊川云: 奉祀之人是再娶所生, 則以所生母配. 如此, 則是嫡母不得祭矣, 此尤恐未安.〕"

256 퇴계(退溪)의……말씀 : 퇴계는 이황(李滉)을 말한다. 이 내용은 《퇴계집(退溪集)》 권37 〈답유희범(答柳希范)〉에, "사당의 신주는 두 비(妣)를 한 감실에 모시되, 선비(先妣)는 선고(先考)와 같은 독에 모시고 후비(後妣)는 별도의 독에 모셔서 다른 상에 봉안한다.〔祠堂神主, 則兩妣同入一龕, 而先妣共一櫝, 後妣別櫝, 安別牀.〕"라고 보인다.

모두 세속의 의론이니, 어찌 작은 것에 구애되어 큰 것을 잃을 수 있겠습니까.

땅의 도는 오른쪽을 숭상하므로 합장하는 자들은 마땅히 남편이 오른쪽에 있고 부인이 왼쪽에 있어야 합니다. 그런데 혹 지형가(地形家)의 의론에 구애되어서 부좌(祔左)와 부우(祔右)를 바꾼 자가 많습니다. 묘제(墓祭)의 제찬(祭饌)을 진설함은 마땅히 오른쪽을 높은 자리로 해야 하니,[257] 오른쪽을 높은 자리로 하는 것은 바로 부좌(祔左)한 잘못을 바로 잡는 것입니다.

257 묘제(墓祭)의……하니 : 묘제 때에 아버지의 술잔을 오른쪽에 두어야 한다는 말이다.

김정수에게 주다 경술년(1850, 철종1) 10월

與金正洙 庚戌復月

해의 운행이 장차 다하려 함에 비바람이 차가우니, 종이로 창을 바른 초가집에서 등잔불을 밝히며 독서하는 취미를 잘 얻고 계십니까? 현재 무슨 책을 가지고서 삼여(三餘)[258]를 마치십니까? 옛날 유준(劉峻)은 집이 가난하여 남의 집에서 기식(寄食)을 했는데, 스스로 독서를 열심히 하여 삼으로 만든 횃불을 태우며 밤을 새워 아침에 이르되, 혹 졸다가 머리를 태우기도 하고 잠이 깨면 다시 책을 읽어, 그렇게 밤새도록 자지 않았으니,[259] 옛날 사람들이 학업에 부지런히 힘씀이 이와 같았습니다. 현자가 기준으로 삼는 것이 다만 유준에 그치지 않음에 있어서이겠습니까. 근래 〈주자행장(朱子行狀)〉의 총론을 보니, "밝음이 기미를 살필 수 있고, 강(剛)함이 중임(重任)을 맡을 수 있고, 넓은 도량이 넓음을 다할 수 있고, 굳셈이 떳떳함을 다 할 수 있다."라고 하였는바,[260] 바로 이 네 가지는 내가 배우기를 원하는 바이나 힘이 부족해 할 수 없는 것입니다. 그래서 현자를 위하여 원하니, 힘쓰고 힘쓰길 바랍니다.

258 삼여(三餘) : 389쪽 주90 참조.

259 옛날……않았으니 : 유준(劉峻, 458~521)은 남조(南朝) 양(梁)나라 평원(平原) 사람으로, 자가 효표(孝標), 본명이 법무(法武)이며, 현정선생(玄靖先生)으로 불린다. 이 내용은《양서(梁書)》 권50 〈열전(列傳) 유준(劉峻)〉에 보인다.

260 주자행장(朱子行狀)의……하였는바 : 이 말은 황간(黃幹)의 〈주자행장〉에 보인다.《勉齋集 卷36 朝奉大夫文華閣侍制贈寶謨閣直學士通議大夫謚文朱先生行狀》

서찬규[261] 경양 에게 답하다 경술년(1850, 철종1)

答徐贊奎 景襄○庚戌

하고 계신 공부는 《대학》을 근간에 이미 끝마치고 뒤이어 《논어》를 보십니까? 정백자(程伯子)가 "천리(天理)를 자세히 체회(體會)한다."라고 하셨으니[262] 나는 사서(四書)를 자세히 체회하기를 구할 뿐이요, 정숙자(程叔子)가 "마음이 도를 통달해야한다."라고 하셨으니[263] 나는 사서를 통달하기를 구할 뿐입니다. 이것을 사용하여 육경(六經)을 꿰뚫는다면 사서는 그 구멍을 꿰뚫는 침이요, 이것을 사용하여 제자백가를 종합·정리한다면 사서는 장척(丈尺)이자 권형(權衡)이요, 이것

261 서찬규(徐贊奎) : 1824~1905. 자는 경양(景襄), 호는 임재(臨齋), 본관은 달성(達城)이다. 홍직필의 문인이다. 1846년(헌종12) 생원시에 합격, 도천(道薦)에 다섯 번 오르고 암행어사의 추천도 받았으며, 1883년(고종20) 의금부도사(義禁府都事)에 제수되었으나 모두 나아가지 않았다. 수동재(守東齋)를 지어놓고 후진교육에 심혈을 경주하였으며, 조병덕(趙秉德)·최익현(崔益鉉)을 종유하여 경전에 대한 질의와 사회·정치적 사변으로 인한 문제를 토론하기도 하였다. 문집으로 《임재집》이 있다.

262 정백자(程伯子)가……하셨으니 : 정백자는 정호(程顥)를 말한다. 인용된 말은 《이정외서(二程外書)》 권12에, "명도가 일찍이 말씀하길, '나의 학문은 비록 전수받은 「천리」 두 글자가 있지만 도리어 스스로 세세히 체회해낸 것이다.'〔明道嘗曰: 吾學雖有所受天理二字, 却是自家體貼出來.〕"라고 보인다. 명도는 정호의 호이다.

263 정숙자(程叔子)가……하셨으니 : 정숙자는 정이(程頤)를 말한다. 인용된 말은 《이정문집(二程文集)》 권10 〈답주장문서(答朱長文書)〉에, "마음이 도를 통달한 뒤에야 시비를 분별하기를 저울을 잡고서 경중을 비교하듯 할 수 있으니, 《맹자》의 이른바 '지언(知言)'이 이것이다.〔心通乎道, 然後能辨是非, 如持權衡以較輕重, 孟子所謂知言是也.〕"라고 보인다.

을 사용하여 《통감강목(通鑑綱目)》을 참고한다면 사서는 부계(符契)이자 좌험(左驗)이니, 이는 진실로 종신토록 써도 다하지 않고 만세토록 써도 어긋나지 않는 것입니다. 부디 이 뜻을 체득하여 사서를 돌아가며 보아서 끊임없이 외고 본받는다면 성인(聖人)이 되고 현인(賢人)이 되는 것이 진실로 이 가운데 있을 것이니, 천만번 노력하길 바랍니다.

"배우는 자들이 박학(博學)을 좋아하여 정밀하지 못함이 항상 문제가 되니, 여러 책을 범람하는 것이 한 책에만 전심하여 정밀히 읽는 것만 못하다. 여력이 있은 뒤에 다른 책을 섭렵한다면 그렇게 하더라도 정밀함을 얻을 수 있을 것이다. 나를 중심으로 책을 보면 곳곳마다 유익함을 얻게 되고, 책을 가지고 나를 넓히면 책을 놓은 뒤에는 아득히 잊어버리게 된다."라고 하였으니, 이것은 황산곡(黃山谷)의 말씀인데,[264] 참으로 독서의 삼매(三昧)입니다. 그러므로 현자를 위하여 외워 드리는 것입니다.

1년에 한번 묘소에 제사지내는 일[265]을 만약 국상(國喪)과 겹쳐 10월에 지내지 못했으면, 마땅히 11월에 행해야 하고 11월에 연고가 있으면 12월에도 행할 수 있습니다. 《예기(禮記)》의 주(註)에 "춘제(春祭)는

264 이것은 황산곡(黃山谷)의 말씀인데 : 황산곡은 송(宋)나라 때의 문인인 황정견(黃庭堅)을 가리킨다. 앞서 인용된 말은 《주자어류(朱子語類)》 권10 〈학4(學四) 독서법 상(讀書法上)〉에, '황산곡이 이기중(李幾仲)에게 보낸 편지의 말'로 소개되어 있는데, 이에 대하여 주희(朱熹)가 "학자에게 보탬이 되는 내용이다."라고 하였다.

265 1년에……일 : 한식 또는 10월에 5대조 이상의 묘소에서 지내는 제사이다. 1년에 한번 제사로, 세일제(歲一祭) 혹은 세일사(歲一事)라고 한다.

봄이 지나면 제사를 지내지 않는다."라는 말을 근거해보면, 중월(仲月)에 연고가 있거든 계월(季月)에 지내도 괜찮은 것입니다.[266] 《춘추곡량전(春秋穀梁傳)》에, "정월부터 3월까지가 교제(郊祭)를 지내는 때이다."[267]라고 하였으니, 이것이 계월에도 제사를 지낸다는 것의 증거입니다.

266 예기(禮記)의……것입니다 : 《예기》〈증자문(曾子問)〉에, "선왕이 예를 만들 때에 때가 지나면 거행하지 않는 것이 예이다.〔先王制禮, 過時弗擧, 禮也.〕"라고 하였는데, 진호(陳浩)의 주에, "사시(四時)의 제사에 있어서는, 춘제를 지내야 할 때에 연고로 제사를 중지하게 되면 여름에 이르러서는 오직 여름철의 제사만 행하고 다시 춘제를 뒤늦게 행하지 않는다.〔四時之祭, 當春祭時, 或以事故阻廢, 至夏則惟行夏時之祭, 不復追補春祭矣.〕"라고 하였다. 이에 대하여 송준길(宋浚吉, 1606~1672)은 "진씨의 주를 잘 살펴보면, 또 '춘제는 봄이 지났으면 제사를 지내지 않고 하제(夏祭)는 여름이 지났으면 제사지내지 않는다.'는 의미인 듯하니, 그렇다면 비록 계월(季月)이라도 거행할 수 있는 것이다.〔詳陳註, 則又似謂春祭過春則不祭, 夏祭過夏則不祭. 然則雖季月, 亦可行之也.〕"라고 논하였다. 《同春堂集 別集 卷3 上愚伏先生》

267 정월부터……때이다 : 이 말은 《춘추곡량전(春秋穀梁傳)》 애공(哀公) 원년 조에 보인다.

서찬규에게 답하다 신해년(1851, 철종2)

答徐贊奎 辛亥

수십일 동안 서로 함께 있으면서 머리와 발을 서로 맞대고서 누가 주인이고 누가 손님인지를 몰랐는데, 이내 헤어져서 그 사이에 해가 어느덧 신년이 되니, 날짜를 생각함에 감회가 일어서 슬픈 마음을 견디기 어려웠습니다. 그런데 지금 당신이 손수 쓴 편지가 바람에 날려 떨어져서, 집에 잘 도착하여 부모님 모시는 체도(體度)가 온화함을 알게 되었으니, 위로되어 기쁨이 간절하고 간절합니다.

보내온 편지에서, 인순(因循)하고 태만한 모습으로 구차하고 미봉하는 행위를 해서 자신을 속이고 남을 속인다고 근심하셨으니, 만약 몸에 돌이켜 반성해서 참되고 간절하게 경계하는 사람이 아니라면 어찌 이와 같이 말할 수 있겠습니까. 찬탄해 마지않습니다. 궁리(窮理)가 이미 밝아지고 함양(涵養) 공부가 이미 두터워지면, 이것을 몸가짐을 바루는 데에 적용시켜서 극치(克治)의 힘을 다해야 할 것입니다. 이는 성철(聖哲)들이 사람을 가르침에 있어, 분명히 정해져 바꿀 수 없는 차례로서, 사람들로 하여금 충신(忠信)하고 독경(篤敬)하는 데에 종사하게 하여 공허한 앎에 힘쓰지 않도록 한 것입니다. 반드시 의리로 그 기질을 변화시켜야 할 것이요, '내 우선 변론한다', '내 우선 기른다'고 말함으로써 한갓 남의 귀와 눈을 기쁘게 하기만 해서는 안 됩니다. 한 순간도 감히 해이해서는 안 되고, 한 마디 말과 하나의 행동도 감히 구차히 해서는 안 되니, 이와 같이 한다면 자기의 사욕을 이겨 제거하고 천리로 다시 돌아가서 '성인(聖人)을 바라 그 경지에 이름'[268] 또한 기대할 수 있을 것입니다.

호경재(胡敬齋)의 가르침에, "사람이 영기(英氣)가 있어야 비로소 진취하려 한다. 용맹하여 분발한 뒤에 모름지기 항상 하고 오래하는 공부를 찾아 얻어서 간단(間斷)함이 없게 하여야 하니, 그래야 비로소 실제로 자기 몸에 소유할 수 있다. 그렇지 않으면 한 때의 의기(意氣)이니 여기에는 의지할 수 없다."라고 하였으니,[269] 참으로 훌륭합니다. 이것이 내가 맹세하고 원하는 바이나 힘이 부족해 행하지 못하는 것이니, 힘쓰고 힘쓰길 바랍니다.

268 성인(聖人)을……이름 : 북송(北宋)의 주돈이(周敦頤)는《통서(通書)》〈지학(志學)〉에서 "선비는 현인이 되기를 원하고, 현인은 성인이 되기를 원하고, 성인은 하늘처럼 되기를 원한다.〔士希賢, 賢希聖, 聖希天.〕"라고 하였다.

269 호경재(胡敬齋)의……하였으니 : 호경재는 명(明)나라 학자 호거인(胡居仁)을 말한다. 인용된 말은 호거인의《거업록(居業錄)》권2에 보인다.

이원장 선일 에게 답하다
答李源長 善一

보내온 편지에서, 사물이 뜻을 빼앗아서 마음이 번뇌하여 안정되지 못하여 능히 유지하지 못한다는 것을 한탄하였으니, 마음을 비워 함영(涵泳)하고 몸에 간절히 체험한다는 것을 알 수 있었습니다. 그런데 정(靜)함을 좋아하고 동(動)함을 싫어함은 고금의 학자들의 공통된 병폐입니다. 격물치지(格物致知) 공부를 하는 학자들은 천하의 일이 모두 내 직분상 해야 할 바라고 생각해야 하니, 비록 필부의 천한 신분에 있더라도 군주를 요순(堯舜)으로 만들고 백성들에게 은택을 내리는 일이 모두 나의 분수 안에 있는 일인 것입니다. 그러므로 "비유하면 한 집안의 일과 같아서 내가 하지 않으면 저 사람이 해야 하고 갑이 하지 않으면 을이 해야 한다."[270]라고 한 것이니, 천하의 일도 오히려 그러한데 더구나 한 집안의 일이겠습니까. 자잘한 집안일에 있어서 어찌 번거롭고 분요(紛擾)함이 싫다고 하여 끊어 버리려 할 수 있겠습니까. 사람의 일이 비록 많으나 모두 사람이 마땅히 해야 할 일이니, 다만 이치에 합당한가 이치에 합당하지 않은가를 자세히 살펴야 할 뿐입니다. 만약 일이 없어지기를 기다린 뒤에 책을 보려고

270 천하의……한다 : 이 말은 정이(程頤)의 말로, 《이정유서(二程遺書)》 권22하 〈부잡록후(附雜錄後)〉에, "배우는 자는 세상일에 통달하지 않으면 안 되니, 천하의 일은 비유하면 한 집안의 일과 같아서 내가 하지 않으면 저 사람이 해야 하고 갑이 하지 않으면 을이 해야 한다.〔學者不可不通世務, 天下事譬如一家, 非我爲則彼爲, 非甲爲則乙爲.〕"라고 보인다.

한다면, 해가 다 가고 몇 년이 지나도 힘을 쓰기가 쉽지 않을 것입니다. 그러니 분수에 따라 공력을 베풀어서 항상 의리의 마음으로 하여금 잠시라도 간단(間斷)하지 않게 하는 것이 어떻겠습니까? 좌하는 타고난 자품이 진실로 이미 도에 가깝고 조예 또한 이미 깊고 원대하며 여기에다가 연원이 바른 가학까지 겸하고 있으니, 다른 사람에 비하면 본래 더 무거운 책임감을 지니고 있는 것입니다. 무거운 책임을 맡고서 먼 데 이르기를 도모해야 할 것이니, 이렇게 하시기를 크게 바라 마지않습니다.

이원장에게 답하다

答李源長

공부하시는 《인경(麟經)》은 사전(四傳)도 함께 공부하고 계십니까?[271] 아니면 《좌씨전(左氏傳)》만 읽으십니까? 사전 각각의 장점은 진실로 서로 겹치지 않습니다. 그러나 어떤 것은 거짓말로 인해 잘못되고 어떤 것은 천착함으로 인해 잘못되어서 전부 근거로 삼기는 어렵습니다. 반드시 마음을 화평하게 하고 기운을 평탄하게 해서 반복하고 잠심하여 완미하여야 할 것이니, 그렇게 함으로써 여러 설에 저애되지 않으면 저절로 알게 될 것입니다. 이 《춘추》 책은 인사(人事)를 가지고 천리(天理)를 밝히고 천리를 가지고 인사에 대처했으니, 참으로 이른바 "의리의 권형(權衡)이니 바로 《중용》의 시중(時中)이다."[272]이

271 공부하시는……계십니까 : 인경은 《춘추(春秋)》를 가리킨다. 노(魯)나라 애공(哀公) 때 서쪽 땅으로 사냥을 나갔다가 이상한 짐승을 잡았는데, 공자(孔子)가 이것을 보고 "이는 기린(麒麟)인데 좋은 세상에 태어나지 못하여 이렇게 잡혔다." 하고 눈물을 흘린 다음 《춘추》를 지었다 하여 이렇게 이름한 것이다. 사전은 《춘추》 해설서 4종을 가리키는데, 《좌씨전(左氏傳)》·《공양전(公羊傳)》·《곡량전(穀梁傳)》의 이른바 '춘추 삼전(春秋三傳)'에 송(宋)나라 호안국(胡安國)이 지은 《춘추호씨전(春秋胡氏傳)》을 추가하여 사전이라고 한다.

272 의리의……시중(時中)이다 : 《이정유서(二程遺書)》 권15 〈입관어록(入關語錄)〉에, "《춘추》를 배우는 것도 좋다.……《춘추》는 무엇을 표준으로 삼아야 하는가? 《중용》만한 것이 없고, 《중용》을 알고자 한다면 권(權)만한 것이 없으니, 모름지기 때에 알맞아야 중이 된다.……'권'이라는 말은 저울과 저울추라는 뜻이니, 무슨 물건으로 저울질하는가? 의(義)와 때이다.〔學春秋亦善……春秋以何爲準? 無如中庸. 欲知中庸, 無如權, 須是時而爲中……權之爲言, 秤錘之義也, 何物爲權? 義也、時也.〕"라고

라는 것입니다. 정자(程子)가 말씀하기를, "궁리(窮理)하는 요점은 이 《춘추》보다 더 간절한 것이 없다."라고 하셨으니,[273] 읽는 자가 푹 젖어 들어 연구하여 묵묵히 알고 마음에 통달함으로써 미묘한 경지에 나아가지 않으면 안 되니, 힘쓰고 힘쓰시길 바랍니다.

문정 선생(文正先生 이재(李縡))의 유필인 "경의해립 명성양진(敬義偕立明誠兩進)"[274] 여덟 자는 글자 획이 바르고 커서 거의 화양(華陽

하였는데, 주희(朱熹)가 이를 《근사록(近思錄)》에 채록해 넣고, "《춘추》의 권형은 곧 《중용》의 시중이다.〔春秋之權衡, 卽中庸之時中也.〕"라고 주(註)를 내었다. 권형이란 구체적인 일을 대처할 적에 그 상황에 합당하게 함을 의미하는바, 《중용》의 시중도 '때에 따라 중도에 처함'의 의미이기 때문에 이렇게 말한 것이다. 시중은 《중용장구(中庸章句)》 2장에, "군자가 중용을 함은 군자이면서 시중하기 때문이고, 소인이 중용에 반대로 함은 소인이면서 기탄이 없기 때문이다.〔君子之中庸也, 君子而時中; 小人之反中庸也, 小人而無忌憚也.〕"라고 한 데에 보이는데, 주희(朱熹)는 시중을 "때에 따라 중도에 처함〔隨時以處中〕"이라고 해석하였다.

273 정자(程子)가……하셨으니 : 정자는 정이(程頤)를 가리킨다. 《이정유서(二程遺書)》 권15 〈입관어록(入關語錄)〉에, "《춘추》를 배우는 것도 좋다. 《춘추》의 한 구(句)가 바로 한 가지 일이니, 시비가 여기에서 나타나는바, 이 또한 궁리하는 요점이다. 그러나 다른 경서라고 해서 어찌 궁리할 수 없겠냐마는 다만 다른 경서는 그 의리를 논하였고 《춘추》는 행사(行事)를 통하여 시비가 분명히 드러난다. 그러므로 궁리함에 요점이 되는 것이다.〔學春秋亦善. 一句是一事, 是非便見於此, 此亦窮理之要. 然他經豈不可以窮? 但他經論其義, 春秋因其行事, 是非較著, 故窮理爲要.〕"라고 보인다.

274 경의해립 명성양진(敬義偕立明誠兩進) : '경의해립'은 '경과 의가 함께 확립됨'의 의미로, 《주역(周易)》 〈곤괘(坤卦) 문언전(文言傳)〉에, "경으로 안을 곧게 하고 의로 밖을 방정하게 한다.〔敬以直內, 義以方外.〕"라고 한 데에서 온 말이고, '명성양진'은 '명선(明善)과 성신(誠身) 두 가지를 진전시킴'의 의미로, 《중용》과 《맹자》 〈이루 상(離婁上)〉에 보이는, "선을 밝게 알지 못하면 몸을 성실하게 하지 못한다.〔不明乎善, 不誠其身矣.〕"는 말에서 온 것이다.

송시열(宋時烈)) 글씨의 아름다움에 필적할 만하고, 또 이 말씀은 단전밀부(單傳密符)로 진수(進修)[275]하는 진결(眞訣)이 되니, 어진 손자와 함께 힘쓰기를 원합니다.

275 진수(進修) : '진덕수업(進德修業)'의 줄임말로, 덕을 진전시키고 업(業)을 닦는다는 뜻인바, 《주역(周易)》 〈건괘(乾卦) 문언전(文言傳)〉에 보인다.

민영목[276] 원경 에게 답하다 경술년(1850, 철종1)

答閔泳穆 遠卿○庚戌

《맹자》에 "우환에서 살고〔生〕 안락에서 죽는다."[277]라고 하였으니, 선비가 우환에 처했을 적에 조심하고 조심해서 어려움을 밟는 듯 위태로움을 밟는 듯이 해서 참는 바가 있어야 하고 감히 함부로 해서는 안 됩니다. 여기서 말한 '생(生)'이란 것은 양심이 발현됨을 말한 것이니, 이것이 진실로 사는 방도입니다. 만약 안락함을 좇아서 성찰할 줄을 알지 못하면, 편안함에 익숙하여 나태해지고 즐거움으로 흘러가 방사해지니, 나태하고 방사해지면 방벽(放辟)하고 사치(邪侈)한 마음이 이로 말미암아 일어나게 되어서 본심을 상실하게 됩니다. 현자는 여러 어려움을 골고루 겪어서 마음을 조심하고 우환을 염려함이 또한 이미 많습니다. 괴롭고 수고롭고 굶주리고 궁핍함은 하늘이 큰 임무를 내리는 기초가 되고,[278] 빈천(貧賤)과 우척(憂戚)은 그대를 옥으로 완성시

276 민영목(閔泳穆) : 1826~1884. 자는 원경(遠卿), 호는 천식(泉食), 본관은 여흥(驪興), 시호는 문충(文忠)이다. 1871년(고종8) 문과에 급제하여, 1881년 이조 판서에 이어 한성부 판윤을 지냈으며, 평안도 관찰사를 역임하였다. 1883년 독판교섭통상사무(督辦交涉通商事務)가 되어 전권대사로서 조영(朝英) 및 조독수호조약(朝獨修好條約)과 인천일본조계조약(仁川日本租界條約) 등을 체결하였다. 1883년 박문국당상(博文局堂上)으로 우리나라 최초의 신문인 《한성순보(漢城旬報)》를 발간하였다. 갑신정변 때 개화당 인사들에 의해 참살 당하였다. 영의정에 추증되었다.

277 우환에서……죽는다 : 《맹자》 〈고자 하(告子下)〉에 보인다.

278 괴롭고……되고 : 《맹자》 〈고자 하(告子下)〉에, "하늘이 장차 큰 임무를 이 사람에게 내리려 할 적에는 반드시 먼저 그 심지를 괴롭게 하며 그 근골을 수고롭게 하며

키는 자리가 됨[279]을, 현자를 위하여 원합니다.

그 체부(體膚)를 굶주리게 하며 그 몸을 빈궁하게 한다.〔天將降大任於是人也, 必先苦其心志, 勞其筋骨, 餓其體膚, 空乏其身.〕"라고 한 것을 원용한 말이다.

279 빈천(貧賤)과……됨 : 송(宋)나라 장재(張載)의 〈서명(西銘)〉에 "빈천과 우척은 너를 옥처럼 다듬어 완성시키려는 것이다.〔貧賤憂戚, 庸玉汝於成也.〕"라고 한 것을 원용한 말이다.

민영목에게 답하다 경술년(1850, 철종1) 섣달 그믐날
答閔泳穆 庚戌除日

하고 계신 공부는 현재 어느 책을 보고 있습니까? 만사는 모두 쉽게 만족할 수 있지만 오직 독서는 종신토록 하여도 다함이 없습니다. 그러므로 옛사람이 말하기를 "사람들이 어찌하여 '만족함을 알지 못한다'는 한 생각을 책에 적용하지 않는가."라고 하였으니, 이것은 참으로 훌륭한 의론입니다. "사람의 불행은 독서할 적에 스스로 만족하는 것보다 더한 것이 없으니, 항상 부족하게 여기기 때문에 만족해지는 것이고 스스로 만족하게 여기기 때문에 부족해지는 것이다. 옹기와 병이 쉽게 차는 것은 좁아서 다른 것이 들어오는 것을 막기 때문이요, 강과 바다가 깊어지는 것은 비어 있어서 여러 물을 다 받아들이기 때문이니, 자기 몸을 비우는 것은 덕을 진전하는 기반이다."[280]라고 하였으니, 방손지(方遜志 방효유(方孝孺))가 이 뜻을 말한 것이 참되고 간절하므로 현자와 더불어 힘쓰고자 하는 것입니다.

280 사람의……기반이다 : 명(明)나라 학자인 방효유(方孝孺)의 말로, 《명유학안(明儒學案)》 권43 〈제유학안상(諸儒學案上) 문정방정학선생효유(文正方正學先生孝孺)〉에 보인다.

권최만 문오 에게 답하다 신해년(1851, 철종2)

答權最萬 文吾○辛亥

하고 계신 공부는 이미 《대학》과 주자서(朱子書)를 끝마치고 뒤이어 《논어》를 배운다 하니, 이와 같이 연속하고 그치지 않으면 그 효험이 자기도 알지 못하는 가운데에 있을 것입니다. 천만번 노력하길 바랍니다. 지금의 처지에 의거하여 곧바로 다리를 꼿꼿이 세우고 해나가야 하고 '때가 지나서 배우기 어렵다'고 말하지 말아야 합니다. 가령 나이가 3, 4십 또는 5, 6, 7십 세가 지났더라도 만약 성현(聖賢)이 배워서 이를 수 있는 경지임을 알았으면 곧 분발하여 다리를 꼿꼿이 세우고 해나가서 후일의 근본을 심어놓고 전일의 흠궐(欠闕)을 보전(補塡)하여야 합니다. 그렇게 함으로써 주 선생(朱先生)이 진심을 열어 말씀해 주신 지극한 뜻[281]에 부응하시기를 크게 바라 마지않습니다.

281 주 선생(朱先生)이……뜻 : 주 선생은 주희(朱熹)를 말한다. 《주자어류(朱子語類)》 권7 〈학1(學一) 소학(小學)〉에, "옛 사람들은 먹을 수 있고 말할 수 있을 때부터 이미 교육을 시켜서 한 살 때에는 한 살의 공부가 있어, 20세 때에는 성인(聖人)의 자질을 이미 스스로 삼분(三分) 갖추고 있었으니, 대학은 다만 광채만 내는 것일 뿐이었다. 그런데 지금은 모두 소학의 공부를 놓치고 지나쳐 버려 다시 돌아가 공부를 할 수 없으니, 다만 지금의 처지에 의거하여 다리를 꼿꼿이 세우고 힘써 공부해가서 전일의 흠궐(欠闕)을 보전하여 후일의 근본을 심어놓아야 한다. 예컨대 20세에 깨달았으면 곧 20세부터 다리를 꼿꼿이 세우고 힘써 공부해가고, 30세에 깨달았으면 곧 30세부터 다리를 꼿꼿이 세우고 공부해나가야 하며, 설령 8, 9십 세에 깨달았더라도 마땅히 현재에 의거하여 머물러 꼿꼿하게 공부해나가야 한다.〔古人自能食能言, 便已教了, 一歲有一歲工夫, 至二十時, 聖人資質已自有三分, 大學只出治光彩. 今都蹉過, 不能轉去做, 只

존선조(尊先祖) 충장공(忠莊公)의 실기(實記)의 서문[282]을 외람되이 부탁받았으니, 감히 명령을 따르지 않을 수 없습니다. 그러나 형체와 정신이 분리되려 하여 정혼(精魂)을 잃었으므로 내 마음을 다 쏟아 발휘해서 영원한 후세에 전해짐을 도모할 수가 없으니, 이것이 제가 두려워하는 것입니다.

據而今當地頭立定脚做去, 補塡前日欠闕, 栽種後來合做根株. 如二十歲覺悟, 便從二十歲立定脚力做去; 三十歲覺悟, 便從三十歲立定脚力做去. 縱待八九十歲覺悟, 也當據見定箚住硬寨做去.〕"라고 한 것을 가리킨다.

282 존선조(尊先祖)……서문 : 존선조 충정공은 권최만의 선조인 권율(權慄, 1537~1599)을 말하니, 권율은 자가 언신(彦愼), 호가 만취당(晩翠堂), 본관이 안동(安東), 시호가 충장(忠莊)이다. 실기는 권율의 사적(事蹟)을 기록한 《권충장공실기》로, 묘지명·제문·사행 등을 모아 편집한 것인바, 《권원수실적(權元帥實蹟)》이라고도 한다. 《매산집》 권27에 〈권충장공실기서(權忠壯公實記序)〉가 실려 있다.

남우일 사응 에게 답하다 신해년(1851, 철종2)
答南宇一 士膺○辛亥

보내온 편지에서, 정(靜)할 때에는 함양(涵養) 공부가 없고 동(動)할 때에는 사색함이 없어서 일상생활을 할 적에 옛날 하던 버릇을 그대로 하여 본원(本原)이 무슨 일인지를 알지 못한다고 걱정하셨으니, 마음을 잡아 보존하고 살펴서 사색하는 것이 이처럼 진실하고 간절하다면 선(禪)에 빠지고 세속에 물드는 것을 어찌 근심할 것이 있겠습니까. 혹시라도 선과 세속 두 가지에 귀착하게 될까 두려워하고 두려워하는 것은 바로 견해를 투철하게 하고 사욕을 이겨 없애는 방법입니다. 주자(朱子)가 평소 말씀하기를, "오로지 정좌(靜坐)만을 힘쓰면 또 한쪽으로 떨어질까 염려되니, 다만 이 마음을 비워서 동(動)하든 정(靜)하든 모든 때와 모든 곳에서 계신공구(戒愼恐懼)하는 힘을 다해야 한다. 그렇게 하면 자연히 주재(主宰)가 분명해지고 의리가 밝게 드러날 것이다. 그러나 '계신공구'라는 글자를 놓는 것도 이미 너무 무겁게 누르는 것이니, 다만 대강 정신을 깨워서 정신으로 하여금 살피고 깨닫게 해야 하니, 이것이 바로 공부이다."라고 하셨으니,[283] 이것이 잊지 말고 조장하지 말라[284]는 의체(義諦)가 됩니다. 또 경(敬)은 활법(活法)

283 주자(朱子)가……하셨으니 : 주자는 주희(朱熹)를 말한다. 인용된 말은 《주자대전(朱子大全)》 권60 〈답반자선(答潘子善)〉에 보인다.

284 잊지……말라 : 《맹자(孟子)》 〈공손추 상(公孫丑上)〉에 "반드시 호연지기를 기르는 일에 종사하되 결과를 기필하지 말고 마음에 잊지도 말고 조장하지도 말라.〔必有事焉而勿正, 心勿忘勿助長也.〕"라고 한 것을 원용한 것이다.

이니, 이로써 정(靜)의 편벽됨을 바로 잡는 것입니다. 진실로 능히 마음을 경에 두고서 간략함을 행하면 어찌 선(禪)・세속과 구분하지 못할까 근심할 것이 있겠습니까.

《대학》의 격물치지(格物致知)는 바로 이른바 "사물에 나아가서 그 이치를 궁구한다."[285]는 것이니, '여러 사물의 표리(表裏)와 정추(精粗)가 이르지 않음이 없고, 내 마음의 전체(全體)와 대용(大用)이 밝아지지 않음이 없음'[286]에까지 서서히 이르는 것입니다. 그러니 어찌 공부의 한계와 절도를 쓸 것이 없다고 말할 수 있겠습니까. 유자(儒者)의 학문은 마땅히 궁리(窮理)를 우선으로 해야 하고, 궁리는 마음을 비우고 조용히 생각하는 것을 근본으로 삼아야 하니, 덕에 들어가는 것은 온전히 격물치지에 달려있습니다. 이것이 정주(程朱)의 참된 가르침이 되니, 힘쓰고 힘쓰길 바랍니다.

285 사물에……궁구한다 : 이 말은 주희(朱熹)의 《대학장구(大學章句)》 보망장(補亡章)에 보이는바, "이른바 '지식을 지극히 함이 사물의 이치를 궁구함에 있다'는 것은 나의 지식을 지극히 하고자 한다면 사물에 나아가 그 이치를 궁구함에 있다고 말한 것이다.〔所謂致知在格物者, 言欲致吾之知, 在卽物而窮其理也.〕"라고 하였다.

286 여러……없음 : 이 말 역시 주희(朱熹)의 《대학장구(大學章句)》 보망장(補亡章)에 보이는바, 격물 공부를 오래 하여 하루아침에 활연관통(豁然貫通)하게 되면 이처럼 된다고 하였다. '여러 사물의 표리와 정추가 모두 이름'은 물격(物格)에 대한 해설이고, '내 마음의 전체와 대용이 모두 밝음'은 지지(知至)에 대한 해설이다.

박제겸에게 답하다 기유년(1849, 헌종15)

答朴齊謙 □□○己酉

속백(束帛)[287]은《예기(禮記)》〈잡기(雜記)〉와《의례(儀禮)》〈빙례(聘禮)〉에 처음 보이는데,《가례(家禮)》의 '명주를 묶는 것〔結絹〕'[288]은 옛날의 묶는 방법이 아니고, 여기서 말한 속백은 다만 결속(結束)을 가지고 말한 것입니다. 백색을 사용하는 것은 우제(虞祭)의 신주를 뽕나무로 만드는 뜻과 같은 것인 듯합니다. 이것을 만드는 모양은 구준(丘濬)의《가례의절(家禮儀節)》의 동심결(同心結)로 사람의 모습을 본뜨는 것[289]과 우리나라 풍속의 삼베를 사용하여 신주 모양을 만드는 것은 모두 다 바르지 못합니다.《국조오례의(國朝五禮儀)》에 "국상

287 속백(束帛) : 비단 5필을 각각 양쪽 끝에서 마주 말아 한 묶음으로 만든 것으로, 옛날에는 존자(尊者)를 초빙할 적에 이것을 예물(禮物)로 바쳤다.

288 가례(家禮)……것 :《가례》에 "흰 명주를 묶어 혼백(魂帛)을 만든다."라고 한 것을 가리켜 말한 것이다.《家禮 卷4 喪禮 靈座魂帛銘旌》혼백은 귀신이 와서 거기에 의지하도록 하기 위해 만든 포백으로, 신주를 만들기 이전에 신주를 대신하기 위해 만드는 것이다.

289 구준(丘濬)의……것 :《가례의절》권4〈상례(喪禮) 영좌(靈座)·혼백(魂帛)·명정(銘旌)〉에, "상고해보건대, 옛날 속백의 제도는 명주 1필을 사용하여 양쪽 끝을 서로 향하게 말아 묶으니, 묶는 제도는 상고할 수 없다. 근세의 예를 행하는 집안에서는 비단을 접어 긴 가닥을 만들고 서로 꿰어 묶어서 세속에서 말하는 동심결과 같이 하는 경우가 있는데, 위로 머리를 나오게 하고 옆으로 귀를 내고 나머지를 드리워 양발을 만들어 사람의 형상을 본떠서 이것을 가지고 신을 의지하게 하니, 취할 만하다.〔考古束帛之制, 用絹一匹, 卷兩端, 相向而束之. 結之制, 無可考. 近世行禮之家, 有摺帛爲長條而交互穿結, 如世俗所謂同心結者, 上出其首, 旁出兩耳, 垂其餘爲兩足, 有肖人形, 以此依神, 似亦可取.〕"라고 한 것을 가리킨다. 동심결은 두 고를 내고 맞죄어 매는 매듭이다.

에 흰 명주 1필을 사용해서 유의(遺衣) 위에 가하고 함을 받들어 교의(交椅)에 안치한다."라고 하였는데,[290] 비단의 양에 대해서는 이미 정해진 수가 없으니, 우선 〈빙례〉의 1장 8척을 따라야 할 것입니다. 묶는 방법은 채침(蔡沈)의 《서경집전(書經集傳)》 권수(卷首)의 〈삼백도(三帛圖)〉[291]를 따르되, 이것을 묶는 실은 백색을 사용하는 것이 마땅할 듯합니다.

290 국조오례의(國朝五禮儀)에……하였는데 : 《국조오례의》 권5 〈흉례의식(凶禮儀式) 영좌(靈座)〉에, "내시가 유의를 포개어 작은 함에 담고, 흰 생초 1필을 묶어서 혼백을 만들어 유의 위에 가하고 함을 받들어 교의에 안치한다.〔內侍疊遺衣盛於小函, 束白綃一疋爲魂帛, 加遺衣上奉函, 安於交椅.〕"라고 하였다.

291 채침(蔡沈)의……삼백도(三帛圖) : 《서경집전대전(書經集傳大全)》 권수(卷首)의 〈서전도(書傳圖)〉에 여러 그림이 실려 있는데, 그 중 〈제후옥백도(諸侯玉帛圖)〉라는 것이 있는바, 이를 가리켜 말한 것이다. 여기에 훈(纁)과 현(玄)과 황(黃) 세 가지 백(帛)이 그려져 있다.

김만수 체일 에게 답함 정미년(1847, 헌종13)

答金萬壽 體一○丁未

유명약(劉明若)이 찾아와 소매 속에서 그대가 직접 쓴 편지를 꺼내주니, 이에 무사히 집에 도착하여 부모님 모시는 체도(體度)가 정길(貞吉)함을 자세히 알았습니다. 멀리서 바라보는 정을 진실로 흡족하게 합니다. 마치 천공(天公)이 묵묵히 알아줌이 있는 것처럼 등에 지고 있던 주서(朱書)와 몸이 모두 편안해서 종신(終身)의 계책으로 삼게 되었으니, 이 책을 읽고 외워서 융회관통(融會貫通)한다면 이것이 바로 '주자(朱子)의 허다한 공부를 쓰면 주자를 보아 낼 수 있다'[292]는 것입니다. 주자는 주자(周子 주돈이(周敦頤))・정자(程子 정호(程顥)・정이(程頤))・장자(張子 장재(張載))・소자(邵子 소옹(邵雍))를 합하여 한 몸이 되어서 여러 현자들을 집대성하였으니, 유몽길(劉夢吉)이 말한 "그 큼을 지극히 하고 그 정미함을 다하되 바름으로써 꿰뚫었다."는 것[293]이 참으로 이치를 아는 말입니다. 반드시 주자처럼 마음을 활짝

292 주자(朱子)의……있다 : 인용된 말은 주희(朱熹)의 〈대학독법(大學讀法)〉에, "나의 허다한 공부를 쓰지 않으면 나도 보지 못할 것이고, 성현의 허다한 공부를 쓰지 않으면 성현도 보지 못할 것이다.〔不用某許多工夫, 亦看某底不出, 不用聖賢許多工夫, 亦看聖賢底不出.〕"라고 한 것을 반대로 쓴 것이다.

293 유몽길(劉夢吉)이……것 : 유몽길은 원(元)나라 학자 유인(劉因)을 가리킨다. 유인이 송(宋)나라 이학자(理學者)의 학문을 평가하기를, "소강절(邵康節)은 지극히 크고, 주렴계(周濂溪)는 지극히 정밀하고, 정자(程子)는 지극히 바르고, 주자는 그 큼을 지극히 하고 그 정미함을 다 하되 바름으로써 꿰뚫었다.〔邵至大也, 周至精也, 程至正也, 朱子極其大盡其精而貫之以正也.〕"라고 하였다. 《元儒考略 卷2》

열어서 온갖 이치에 통철해야 하니, 그렇게 한 뒤에 이러한 경지에 이를 수 있습니다. 후학들이 원하는 바가 어찌 여기에 있지 않겠습니까. 천만번 노력해서 그저 남들 보기에 아름답게 하기 위한 자료로 삼지 말도록 하는 것이 어떻겠습니까? 반드시 진실한 마음과 진실한 행실과 진실한 공부와 진실한 덕이 있어야 조예가 바름을 얻고 실천이 참됨을 얻을 수 있으니, 이는 명도(明道)가 말씀한 "'충신(忠信)이 덕을 진전시킨다'는 것이 실제 공부하는 곳이 되고, '수사(修辭)에 성실함을 세운다'는 것이 실제로 업을 닦는 곳이 된다."[294]는 것입니다.

《시경(詩經)》은 근간에 이미 다 외고 연구하셨습니까? 시인의 성정(性情)이 너그럽고 후하고 화평하기 때문에 시를 읽는 자는 거기에 푹 젖어들어 독자 자신의 뜻을 가지고 저자의 뜻에 맞춰 보는 것[295]을 귀하게 여기는 것이니, 간험(艱險)하고 급박한 마음을 가지고 시를 보아서는 안 됩니다. 정백자(程伯子)가 시를 잘 말씀하였는데, 다만 푹 젖어들어 완미하였고 시를 읊고 오르내려서 사람들로 하여금 터득함이 있게 하였으니,[296] 바로 "풍월(風月)을 읊조리니 '나는 증점(曾點)

294 명도(明道)가……된다 : 명도는 정호(程顥)를 말한다. 인용된 말은 《이정유서(二程遺書)》 권1 〈단백전사설(端伯傳師說)〉에 보인다. '충신이 덕을 진전시킴'과 '수사가 성실함을 세움'은 모두 《주역》 〈건괘(乾卦) 문언(文言)〉에 나오는 말이다.

295 독자……것 : 시를 읽으면서 저자의 본의가 무엇일지 스스로 생각해본다는 말이다. 《맹자》 〈만장 상(萬章上)〉에, "시를 해설하는 자는 글자를 가지고 말을 해치지 말고, 말을 가지고 본래 뜻을 해치지 말고, 독자의 뜻을 저자의 뜻에 맞추어야 시를 알 수 있는 것이다.〔說詩者, 不以文害辭, 不以辭害志, 以意逆志, 是爲得之.〕"라고 하였다.

296 정백자(程伯子)가……하였으니 : 정백자는 정호(程顥)를 가리킨다. 이는 《이정유서(二程遺書)》 권12 〈전문잡기(傳聞雜記)〉에, "명도 선생이 시를 잘 말씀했는데, 또 전혀 장구를 해석한 적이 없었고, 다만 푹 젖어들어 완미하였고 시를 읊고 오르내려

을 허여한다'는 뜻이 있었다."[297]는 것입니다. 주 선생(朱先生)이 사람들에게 "익숙히 읽고 푹 젖어들면 자연히 화기(和氣)가 가슴속에서 나와서 그 묘함을 이루 다 말할 수 없다."라고 가르치셨으니,[298] 부디 이 뜻을 체득해서 마음을 비우고 읊조려서 몸에 간절하게 체인하여 '뜻을 흥기하고, 정치의 득실을 관찰하고, 무리를 짓고, 원망할 수 있다'[299]는 뜻과 돈후온유(敦厚溫柔)의 가르침[300]을 묵묵히 아시기를 크게 바라 마지않습니다.

사람들로 하여금 터득함이 있게 하였다.〔明道先生善言詩, 他又渾不曾章解句釋, 但優游玩味, 吟哦上下, 便使人有得處.〕"라고 한 것을 원용한 것이다.

297 풍월(風月)을……있었다 : 《이정유서(二程外書)》 권3 〈사현도기억평일어(謝顯道記憶平日語)〉에, "시에서 흥기할 수 있으니, 내가 주무숙을 두 번 본 뒤에 풍월을 읊조리며 돌아오니, '나는 증점을 허여한다'는 뜻이 있었다.〔詩可以興. 某自再見茂叔後, 吟風弄月以歸, 有吾與點也之意.〕"라고 하였다. 주무숙은 주돈이(周敦頤)를 말한다. '나는 증점을 허여한다'는 것은 공자가 제자들에게 각자의 포부를 말하게 하자, 증점이 "늦봄에 봄옷이 만들어지면 관자(冠者) 5, 6인과 동자(童子) 6, 7인과 함께 기수(沂水)에서 목욕하고 무우(舞雩)에서 바람 쐬고 노래하며 돌아오겠습니다."라고 하였는데, 공자가 "나는 증점을 허여한다."라고 말한 것을 가리키는바, 이는 그 뜻의 여유롭고 쇄락함을 허여한 것이다. 《論語 先進》

298 주 선생(朱先生)이……가르치셨으니 : 주 선생은 주희(朱熹)를 말한다. 《주자어류(朱子語類)》 권80 〈시(詩)1 강령(綱領)〉에, "시를 읽는 방법은, 다만 익숙히 읽고 푹 젖어들어 완미하는 것이니, 이렇게 하면 자연히 화기가 가슴속에서 나와서 그 묘처(妙處)를 이루 다 말할 수 없다.〔讀詩之法, 只是熟讀涵味, 自然和氣從胸中流出, 其妙處不可得而言.〕"라고 보인다.

299 뜻을……있다 : 공자가 말한 시(詩)의 공효로, 《논어》 〈양화(陽貨)〉에 보인다.

300 돈후온유(敦厚溫柔)의 가르침 : 《예기(禮記)》 〈경해(經解)〉에 육경(六經)의 교화적 성격을 각각 4글자로 함축한 공자의 말이 있는데, 《시경》에 대해서는 "온유돈후함이 시교이다.〔溫柔敦厚, 詩教也.〕"라고 하였다.

정봉원 순문 에게 답하다

答鄭鳳元 舜聞

오행(五行)의 성(性)은 사람과 물건이 똑같이 받은 것인데, 그 중에서 바르고 통(通)한 것을 얻은 것이 사람이 되고 편벽되고 막힌 것을 얻은 것이 물건이 됩니다. 오행의 이(理)는 바로 오상(五常)이고, 오상의 기(氣)는 바로 오행이니, 저 호론(湖論)들이 말하는 "물건은 오상을 갖추지 못했다."는 것은 오상이 바로 오행의 이(理)임을 전혀 알지 못한 것입니다. 또 보건대, 호랑이의 인(仁)과 벌과 개미의 의(義)와 저구(雎鳩)의 예(禮)와 철따라 우는 벌레의 지(智)는 각각 오상 중의 하나를 갖추고 있는 것인데, 그 실제로 말하면, 인에도 의·예·지의 이치가 갖추어져 있고, 의에도 인·예·지의 이치가 갖추어져 있고, 예와 지도 마찬가지입니다.

성은 다른 것이 아니라 마음에 붙어있는 이(理)이고, 이(理)는 다른 것이 아니라 기(氣)의 소이연(所以然)입니다. 정체(靜體)의 자리에 기가 없던 적이 없으나 기(氣)가 용사(用事)하지 않기 때문에 이(理)가 주장이 되는 것이고, 동용(動用)의 자리에 이(理)가 없던 적이 없으나 이(理)가 기(氣)에 가려지기 때문에 기(氣)가 주장이 되는 것입니다. "성은 같으나 기는 다르다〔性同氣異〕"는 네 글자는 회옹(晦翁 주희(朱熹))의 진전(眞詮)이요, "이는 통하나 기는 국한된다.〔理通氣局〕"는 한 구는 율곡(栗谷 이이(李珥))의 요결(要訣)입니다. 이는 진실로 우리들이 지켜야 할 훌륭한 말씀으로, 아무리 때려도 깨뜨릴 수 없는 정론입니다. 사람이 하나의 왜소한 몸으로 삼재(三才 천지인(天地人))에 참여하여 만사에 응해서, 펼치면 천지가 자리를 편히 하고 만물이 길러지며 거두면 자기 한 몸을 스스로 선하게 할 수 있으니, 이는 이 하나의 마음이 있기 때문입니다.

호연지기(浩然之氣)도 마음을 위주해서 보아야 한다는 말씀이 참으로 옳고 참으로 옳습니다. 대저 심(心)은 기(氣)이고 성(性)은 이(理)이니, 기는 이가 아니면 근원할 곳이 없고 이는 기가 아니면 의지할 곳이 없습니다. 기(氣)는 이(理)의 그릇〔器〕이요, 이는 기의 소이연(所以然)입니다. 심(心)이 주(主)가 되고 성(性)이 빈(賓)이 되는 경우가 있고, 성이 주가 되고 심이 빈이 되는 경우가 있으니, 논하는 지점에 따라 그 명목을 달리 한 것입니다. 심(心)은 다른 것이 아니라 이(理)의 기(氣)이고, 성(性)은 다른 것이 아니라 기의 이입니다. 그런데 지금 사람들은 말할 때에 심(心)만 말하여 성(性)을 빼버리고 이(理)만 말하여 기(氣)를 빼버리니, 이 사람들과 어찌 심성이기(心性理氣)의 묘한 이치를 논할 수 있겠습니까.

한달유 성여 에게 답함 경술년(1850, 철종1) 4월

答韓達裕 聖汝○庚戌四月

보내온 편지에서 하신 여러 말씀을 보니, 형체와 정신이 초월한 듯하고 문장이 풍부하고 화려하였습니다. 이에 행실이 과단성 있으면서 지킴이 견고하고, 거함이 편안하면서 이용함이 깊음[301]을 우러러 알 수 있었으니, 매우 간절히 찬탄합니다. 나는 어려서는 학문을 잃고 장성해서는 도를 듣지 못하였는데, 이미 노쇠한 나이가 되어서는 하나의 '죽지 않는 적(賊)'[302]이요, 식지 않은 시신이 되었습니다. 그러니 어찌 살아있는 동안의 생각이 아침에 도를 듣는 한 가지 일[303]에 미칠 수 있겠습니까. 바라건대 성여(聖汝)는 반드시 성인(聖人)이 되는 데

301 거함이……깊음 : 배운 것을 충분히 체득하였기 때문에 거기에 편안히 처하고 이를 깊게 이용할 수 있다는 말로, 《맹자》 〈이루 하(離婁下)〉에, "군자가 깊이 나아가기를 올바른 방도로써 하는 것은 자득하고자 해서이니, 자득하면 거함이 편안하고, 거함이 편안하면 이용함이 깊고, 이용함이 깊으면 좌우에서 취하여 씀에 그 근원을 만나게 된다. 그러므로 군자는 자득하고자 하는 것이다.〔君子深造之以道, 欲其自得之也. 自得之, 則居之安; 居之安, 則資之深; 資之深, 則取之左右, 逢其原. 故君子欲其自得之也.〕"라고 한 데서 온 말이다.

302 죽지 않는 적(賊) : 《논어》 〈헌문(憲問)〉에, "원양(原壤)이 걸터앉아 공자를 기다리니, 공자가 '어려서는 공손하지 못하고, 장성해서는 칭찬할 만한 일이 없고, 늙었는데도 죽지 않는 것이 바로 적이다.'라고 하면서 지팡이로 그의 정강이를 두드렸다.〔原壤夷俟. 子曰: 幼而不孫弟, 長而無述焉, 老而不死, 是爲賊. 以杖叩其脛.〕"라고 한 데서 온 말이다.

303 아침에……일 : 《논어》 〈이인(里仁)〉에 "아침에 도를 들으면 저녁에 죽어도 괜찮다.〔朝聞道, 夕死可也.〕"라고 한 데서 온 말이다.

에 뜻을 두되 비근한 것에도 그 행실을 소홀히 하지 말아서 한 걸음 한 걸음 실지(實地)를 밟아가야 할 것이니, 그래야 비로소 장족의 발전이 있을 것입니다. 그렇지 않고 고원한 것을 탐하고 사모한다면 끝내 유익함이 없을 듯합니다. 행실을 힘쓰면 앎이 더욱 진전되고 앎이 깊어지면 행실이 더욱 능숙해지니, 바로 앎이 항상 먼저 있되 행실이 뒤따르지 않은 적이 없는 것입니다. 앎에는 정밀한 것과 거친 것이 있으니, 반드시 거친 것으로부터 정밀한 것에 미쳐야 하고, 행실에는 시작과 끝이 있으니, 반드시 시작으로부터 끝에 미쳐야 합니다. 성철(聖哲)들의 정밀한 것과 거친 것, 근본과 지엽에는 두 가지 이치가 없으나 배움에는 처음이 있고 끝마침이 있음을 혹 알지 못하니, 이것이 초학자들이 경계하고 책려해야 할 바입니다.

유자(儒者)의 학문은 선(善)과 이(利)를 분별[304]하는 것이 첫 번째 의리입니다. 선은 천하의 바른 길이요, 이(利)는 산굽이의 구부러진 길인데, 온 세상이 모두 이 바른 길을 버려두고 따르지 않고서 스스로 험난한 가시나무의 사이로 달려가고 있습니다. 부디 이 폐단을 징계해서 입지(立志)를 더욱 견고히 하고 치지(致知)를 더욱 밝게 하기를 바라니, 그렇게 한다면 '털끝만한 차이로 인해 천리가 어긋남'을 분변하는 데에 저절로 통철하게 될 것입니다. 이는 마치 수레에 멍에하고

304 선(善)과 이(利)를 분별 : 이 말은 《맹자》 〈진심 상(盡心上)〉에, "닭이 울면 일어나서 부지런히 선행을 하는 자는 순임금의 무리이고, 닭이 울면 일어나서 부지런히 이익을 위하는 자는 도척의 무리이니, 순임금과 도척의 구분을 알고자 한다면 다른 것이 없다. 이(利)와 선의 사이인 것이다.〔雞鳴而起, 孶孶爲善者, 舜之徒也. 雞鳴而起, 孶孶爲利者, 蹠之徒也. 欲知舜與蹠之分, 無他, 利與善之間也.〕"라고 한 데에서 온 말이다.

사마(駟馬)를 매고서 평탄한 길을 서서히 가면, 시야가 더욱 넓어지고 전진함이 더욱 원대해져서 비록 작은 길로 말을 몰아 수레를 들이고자 하더라도 그렇게 될 수 없는 것과 같으니, 힘쓰고 힘쓰길 바랍니다.

한도유 순여 에게 답하다
答韓道裕 循汝

이른바 학문을 한다는 것은 다만 천리(天理)를 보존하고 인욕(人欲)을 제거하는 것입니다. 천리는 바로 사람과 물건이 생겨난 도리로, 처음 태어날 때에 이미 얻은 것이고, 인욕은 바로 태어난 뒤에 기질의 편벽됨과 정욕의 사사로움과 눈앞의 사물의 교차함으로 인해서 이(利)와 해(害)가 서로 나타나 생긴 것입니다. 그러므로 천리는 바로 본연의 선(善)으로, 하늘이 인간에게 부여해준 것이요, 인욕은 바로 그 이치를 잃고서 외물(外物)에게 동요되고 정(情)을 방종하게 한 것이니, 이것은 바로 인위(人爲)의 거짓이지 사람에게 고유(固有)한 것이 아닙니다. 사(邪)를 막고 성(誠)을 보존함은 천리를 보양하고 인욕을 막는 방법이니 본원상의 공부이고, 사욕을 이겨 다스리고 성찰함은 천리를 분변하여 밝히고 인욕을 제거하는 것이니 발용상의 공부입니다. 그러므로 조존(操存)하고 함양(涵養)하는 것과 사욕을 이겨 다스리고 성찰하는 공부가 더욱 정밀하고 치밀해져서 간단(間斷)함이 없으면 의리의 마음이 항상 보존되고 물욕이 다 제거될 것입니다.[305] 그

305 이른바……것입니다 : '사를 막고 성을 보존함'은 《주역(周易)》〈건괘(乾卦) 문언(文言)〉에 나오는 말로, 경(敬)으로 사특함을 막음으로써 진실무망(眞實無妄)한 본연의 마음을 보존하고 본연의 성을 함양한다는 것인바, 이는 미발 공부 즉 본원상의 공부이다. '사욕을 이겨 다스리고 성찰함'은 이미 드러난 감정을 살피고 이미 일어난 사욕을 제거하는 것이므로 이발 공부 즉 발용상의 공부이다. 이 전체 내용은 명(明)나라 학자 호거인(胡居仁)의 《거업록(居業錄)》 권2에 보인다.

요점은 책을 열심히 읽고 이치를 연구하는 데에 있으니, 천만번 더욱 더 노력해서 처음 발원했던 그 마음에 부응하길 바랍니다.

이진옥 사온 에게 답하다 신해년(1851, 철종2) 윤월

答李鎭玉 士蘊○辛亥閏月

보내온 편지에서, 마음이 형체의 사역이 되어서 지기(志氣)가 강하지 못하다는 것을 가지고 스스로 실망한다고 하였으니, 만일 통렬히 스스로 반성해서 참되고 간절하게 경책(警策)하지 않는다면 어찌 이와 같을 수 있겠습니까. 찬탄합니다. 사람은 몸과 마음이 자유롭지 못한 곳에서 끝내 한번 잘 안착을 해야 하니, 이것이 이른바 "마음에 곤고하고 생각에 걸린다"는 것입니다. 만약 여기에서 잘못되면 바로 "통하지 않는 바가 있는데도 배우지 않는다.〔困而不學〕"는 것입니다.[306] 현자가 어찌 이것을 하겠습니까. 내 항상 생각하건대, 사람이 사는 세월은 1년이 지나면 1년이 줄어들고, 세상의 나쁜 습관은 1년이 지나면 1년이 불어납니다. 공자 같은 대성인(大聖人)의 자품(資稟)으로도 15세에 학문에 뜻을 두어 70세가 되어서야 비로소 마음에 하고 싶은 것을

306 사람들은……것입니다 : '마음에 곤고하고 생각에 걸림'은 일이 잘못되어 마음이 괴롭고 가슴에 우려하는 생각이 가득해 짐을 말하니, 이 말은《맹자》〈고자 하(告子下)〉에, "사람은 항상 과실이 있은 뒤에 고치니, 마음에 곤고하고 가슴에 걸린 뒤에 분발한다.〔人恒過然後能改. 困於心, 橫於慮, 而後作.〕"라고 한 데서 온 말이다. '통하지 않는 바가 있는데도 배우지 않음'은《논어》〈계씨(季氏)〉에, "태어나면서 아는 자는 상등이고, 배워서 아는 자는 다음이고, 통하지 못하는 바가 있어서 배우는 자는 또 그 다음이니, 통하지 못하는 바가 있는데도 배우지 않으면 백성으로서 하등이 된다.〔生而知之者, 上也; 學而知之者, 次也; 困而學之, 又其次也. 困而不學, 民斯爲下矣.〕"라고 한 공자의 말에서 온 것이다. 이 전체 내용은 명(明)나라 학자 고반룡(高攀龍)의 말로,《고자유서(高子遺書)》권5〈회어(會語)〉에 보인다.

따랐습니다.[307] 그런데 지금은 보통 사람 자품으로 성인보다 1년 뒤늦게 학문에 뜻을 두고 거기다가 세상에 나쁜 습관은 더 많아졌으니, 어찌 그럭저럭 시간을 보내면서 성공할 수 있겠습니까. 천만번 더 노력해서 분음(分陰)을 아까워하여 이로써 가구가대(可久可大)의 사업[308]을 성취하기를 크게 바라 마지않습니다.

307 공자……따랐습니다 : 이 말은 《논어》 〈위정(爲政)〉에 보이는 공자의 자술을 원용한 것으로, 거기에 "나는 15세에 학문에 뜻을 두었고……70세에 마음이 하고자 하는 바를 따라도 법도를 넘지 않았다.〔吾十有五而志于學……七十而從心所欲不踰矩.〕"라고 하였다.

308 가구가대(可久可大)의 사업 : 464쪽 주237 참조.

이진옥에게 답하다 임자년(1852, 철종3) 4월
答李鎭玉 壬子四月

부제(祔祭)을 반드시 졸곡 다음날에 하는 것은 소목(昭穆)의 차례에 제사하여 거기에 연결시키기 때문이니, 단 하루도 지체할 수가 없습니다. 혹 사세(事勢)에 구애되어서 졸곡 다음날에 미처 행하지 못한 경우에는, 추후에 행하는 예를 사용하되 혹 정일(丁日)이나 혹 해일(亥日)을 정하여 행하는 것이 마땅할 듯합니다. 그렇지 않으면 공성(孔聖)께서 은(殷)나라를 좋게 여긴 가르침을 따라 소상제(小祥祭)를 지내고서 부제를 하는 것[309]이 실례(失禮)가 되지 않을 것입니다. 그때의 부제는 마땅히 소상제를 지낸 다음날에 있어야 할 것이고, 그렇지 않으면 대상(大祥) 전에 추행(追行)하는 것도 마땅할 것입니다. 부제를 지내지 않고 대번에 사당에 들이는 것은 예법과 거리가 너무 멀 듯하니, 반드시 사당에 들이기 전에 행해야 합니다.

부제를 행하는 예는 매우 중요해서 주인이 종자(宗子)가 아니면 종자가 주관해야 하니, 대행할 수 있는 것이 아닙니다. 그러나 할아버지 사당이 멀리 있으면, 상가(喪家)에서 부(祔)하는 대상 신위〔所祔位〕에

309 공성(孔聖)께서……것 : 공성은 공자를 말한다. 이는《예기(禮記)》〈단궁 하(檀弓下)〉에 "은(殷)나라는 소상제를 지내고 나서 부제(祔祭)를 지냈고, 주(周)나라는 졸곡(卒哭)을 지내고 나서 부제를 지냈는데, 공자가 은나라의 예를 좋게 여겼다.〔殷, 練而祔; 周, 卒哭而祔. 孔子善殷.〕"라고 한 것을 가리켜 말한 것으로, 공자가 은나라의 예를 좋게 여긴 이유에 대하여, 정현(鄭玄)은 "1년이 지나고 나서 귀신으로 여김은 인정이다.〔期而神之, 人情.〕"라고 하였다.《禮記注疏》

지방(紙榜)을 진설하고 주인이 종자의 예를 대행해야 합니다. 또 주인이 만약 병들어서 제사를 받들 수가 없으면, 지자(支子)가 이 준례를 원용하여 대행해야 하니, 이것이 예에 맞을 듯합니다. 축문은 부(祔)하는 대상 신위에게는 "효증손(孝曾孫) 아무개가 병으로 제사를 받들지 못하므로 아우 아무개로 하여금 삼가……"라고 해야 하고, 부위(祔位)에도 "효자 아무개가 병으로 제사를 받들지 못하므로 아우 아무개로 하여금 삼가……"라고 해야 할 것입니다.

정영달 순경 에게 답하다
答鄭瑩達 舜卿

여관에서 선친의 기일을 만나면 마땅히 신위를 진설하고 슬픈 정을 펴야 하지만, 서울의 임시 처소에서는 슬픈 정을 펴기가 어려울 듯합니다. 그런데 만일 지친(至親)의 소상과 대상이어서 차마 아무 일도 없는 것처럼 지나갈 수가 없다면, 이른 새벽에 산등성이에 올라가서 사당이 있는 곳을 바라보고 곡하는 것을 하지 않아서는 안 될 듯합니다. 신위를 진설하고 분향하는 것은 굳이 의논할 것이 아니니, 오직 그 방향을 향해 곡하여 슬픔을 다할 뿐입니다.

심원택 경익 에게 답하다
答沈瑗澤 景翼

옛사람은 이름은 휘(諱)하고 자(字)는 휘하지 않았습니다. 그러므로 자사(子思)가 중니(仲尼)라고 칭하였고,[310] 공자 문하의 여러 제자들이 다 중니라고 칭하였고, 명도(明道 정호(程顥))는 주무숙(周茂叔 주돈이(周敦頤)의 자)이라고 칭하였고, 이천(伊川 정이(程頤)) 또한 명도의 표덕(表德)[311]을 불렀던 것입니다. 근세에 상국 김희(金憙)는 자가 선지(善之)였는데 그 아들의 이름을 재선(在善)이라 하였고, 오 찬선(吳贊善 오희상(吳熙常))은 자가 사경(士敬)이었는데 그 손자의 이름을 경선(敬善)이라 하였으니, 이는 자를 휘하지 않는 증거가 됩니다. 아명(兒名)은 소자(小字)입니다. 그러므로 아버지나 할아버지의 소자의 글자를 사용해서 자손의 이름을 지어준 경우가 있는 것입니다. 그러니 아버지의 소자를 휘해서 항렬자(行列字)를 바꾸는 것은 너무 지나치게 휘하는 것이 아니겠습니까. 이는 '수(秀)' 자를 '무(茂)' 자로 바꾸고,[312] '연(淵)' 자를 '해(海)' 자로 바꾸고,[313] '종(鍾)' 자를 '장

310 자사(子思)가 중니(仲尼)라고 칭하였고 : 《중용》에, "중니가 말씀하였다.〔仲尼曰.〕"라 하고, "중니는 요임금과 순임금을 조술하고 문왕과 무왕을 본받으셨다.〔仲尼祖述堯舜, 憲章文武.〕"라 하였는데, 《중용》의 저자를 자사로 보기 때문에 이렇게 말한 것이다. 중니는 공자의 자이다.

311 표덕(表德) : 덕을 드러낸다는 뜻으로, 아호(雅號)나 별호(別號) 또는 자(字)를 이르는데, 여기서는 자를 가리켜 말한 것이다.

312 수(秀)……바꾸고 : 후한(後漢) 광무제(光武帝)의 이름이 수(秀)이기 때문에

(莊)' 자로 바꾸고,[314] '호(虎)' 자를 '용(龍)' 자로 바꾸는 것[315]과는 그 뜻이 똑같지 않습니다. 옛사람은 이름을 휘하였기 때문에 자는 휘하지 않았던 것이니, 자도 오히려 휘하지 않는데 하물며 소자(小字)를 휘하겠습니까. 비록 소자라도 진실로 두 글자 이름을 모두 써서는 안 되니, 다만 한 글자만 사용하여 자손의 이름으로 삼는 것은 휘를 범하는 것에 저촉된다는 혐의가 없을 듯합니다.

'수' 자를 휘한 것이다.

313 연(淵)……바꾸고 : 당(唐)나라 고조의 이름이 연(淵)이기 때문에 '연' 자를 휘한 것이다.

314 종(鍾)……바꾸고 : 오(吳)나라 대제(大帝) 손권(孫權)의 조부의 이름이 종(鍾)이기 때문에 '종' 자를 휘한 것이다. 《자치통감(資治通鑑)》〈진기(晉紀)16〉에 종산(鍾山)을 장산(莊山)으로 고쳐 부르게 된 이유로 이것을 언급하였다.

315 호(虎)……것 : 당(唐)나라 고조 이연(李淵)의 조부의 이름이 호(虎)이기 때문에 '호' 자를 휘한 것이다.

허식[316] 청여 에게 주다 을유년(1825, 순조25) 10월

與許湜 淸汝○乙酉復月

시험에서 이미 강경(講經)과 제술(製述)를 치렀을 것이니, 득실이 어떻게 되었습니까? 과거는 모두 사람의 마음을 파괴하는 것이니, 이른바 승상(升庠)과 복시(覆試)[317]는 바로 요행의 문을 열어 놓는 것입니다. 고질적인 병폐가 이미 지극하여 혹시라도 고칠 수가 없어서 사람으로 하여금 파괴된 데를 더욱 파괴되게 하니, 그 병통을 한 마디로 다 말할 수가 없습니다. 현자처럼 아름다운 자질과 높은 재주를 지닌 사람도 오히려 천리를 따르고 천명을 편안히 여기면서 세속의 애호(愛好)를 따르지 않는 것을 하지 못하니, 하물며 다른 사람이겠습니까. 주 선생(朱先生)이 일찍이 말씀하기를 "과거는 또한 학문하는 데에 방해되지 않는다. 다만 지금 사람들이 마음을 잡는 것이 안정되지 못해서 이 때문에 해로움이 되는 것이니, 조금이라도 득실을 마음에 둔

316 허식(許湜) : 1797~?. 자는 청여(淸汝), 본관은 하양(河陽)이고, 개성(開城)에 거주하였다. 1831(순조31)에 생원시에 합격하였다.

317 승상(升庠)과 복시(覆試) : 승상은 승학(陞學)이라고도 하는바, 승보시(陞補試)와 학제(學製) 즉 사학 시제(四學試製)를 합쳐서 부르는 말이다. 승보시는 매년 대사성(大司成)이 사학(四學) 유생들을 시험 보여 식년의 생원·진사과에 응시할 자격을 인정하던 것이고, 학제는 매년 사학(四學)의 교수(敎授)가 사학 유생에게 시험을 보여 우수한 자를 뽑던 것을 가리키는바, 연말에 대사성이 이들을 모아 시취(試取)하여 이에 합격한 자를 식년의 회시(會試)에 직부(直赴)할 자격을 주었다. 복시는 회시라고도 하는바, 초시(初試)에 합격한 사람들이 다시 서울에 모여서 보는 2차 시험으로, 여기에서 급제하면 전시(殿試)에 응할 자격이 주어진다.

다면 문자를 이해할 때에 생각이 전혀 달라진다."라고 하셨고,[318] 또 말씀하기를 "과거는 다만 한 가지 일일 뿐이니, 자신의 공부가 지극하면 저쪽은 저절로 가벼워진다."[319]라고 하셨으니, 이것은 아주 긴요하게 말씀해주신 것입니다. 현자처럼 과거 공부가 마치 태어날 때부터 주어져 있었던 것처럼 쫓기고 쫓기며 과거 공부를 하는 사람이 이 가르침을 읽는다면, 땀으로 등을 적시지 않을 수 있겠습니까.

318 주 선생(朱先生)이……하셨고 : 주 선생은 주희(朱熹)를 말한다. 인용된 말은 《주자어류(朱子語類)》 권13 〈학7(學七) 역행(力行)〉에, "과거 공부는 또한 학문을 하는 데에 방해되지 않는다. 전배들이 어찌 일찍이 과거에 응시하지 않은 적이 있겠는가. 다만 지금 사람들은 마음을 잡는 것이 안정되지 못한 연유로 이 때문에 해로움이 있는 것이다. 조금이라도 득실을 마음에 둔다면 문자를 이해할 때에 생각이 전혀 달라진다. 〔擧業亦不害爲學, 前輩何嘗不應擧? 只緣今人把心不定, 所以有害, 才以得失爲心, 理會文字, 意思都別了.〕"라고 보인다.

319 과거는……가벼워진다 : 이 말은 《주자어류(朱子語類)》 권13 〈학7(學七) 역행(力行)〉에 다음과 같이 보인다. "어떤 이가 '과거가 사람을 해친다'라고 하자, 선생이 말씀하였다. '이것은 다만 하나의 일일 뿐이니, 만약 자기의 공부가 지극해진 뒤라면 저쪽은 저절로 가벼워진다.'〔或謂科擧害人. 曰: 此特一事耳, 若自家工夫到後, 那邊自輕.〕"

허식에게 답하다 무자년(1828, 순조28) 1월7일
答許湜 戊子人日

보내온 편지의 말씀이 유수(流水)와 같이 이어져 실정(實情)을 하나하나 말씀하였으니, 스스로 아는 것이 분명하다고 이를 만합니다. 분발하여 뜻을 세움은 자신에게 달려 있고 남에게 달려 있지 않습니다. 그럭저럭 세월을 보내고 일을 미루면서 용맹하게 전진하지 못함을 옛사람이 '관청에서 간리(奸吏 간사한 아전)을 포용해주고 집에 강도(强盜)를 머물게 하여 날로 근심과 두려움이 쌓여가나 한번 상쾌하게 제거할 것을 결단하지 못하고, 혹은 그것이 간리이고 강도임을 알아서 근심하고 괴로워하지만 그를 보호하고 애석히 여기면서 오래도록 세월을 보내어 점점 익숙해지면 도리어 그를 충신이고 양인(良人)이라고 할 수도 있을 것임'에 비유하였습니다.[320] 지금에 종신토록 과거에 응시하면서 돌아올 줄을 모르는 자는 여기에 가깝지 않겠습니까.

보내온 편지에서, "외물의 유혹을 끊는 것은 책을 대하는 것보다 나은 것이 없으나 이로 인해서 강적(强敵)을 가슴 속에 숨겨두게 되니, 그렇고 보면 도리어 저쪽에 마음을 빼기는 것만 못하다."라고 하였으니, '저쪽'이라는 것은 과거 공부를 말하는 것입니까? 이것은 이른바 "어찌 다만 이것을 이룰 뿐이겠는가. 또 따라서 변명한다."[321]는 것이

320 그러저럭……비유하였습니다 : 옛사람은 육구연(陸九淵)을 말한다. 이 비유는 육구연의 《상산집(象山集)》 권10 〈여이성지(與李成之)〉에 보인다.

321 어찌……변명한다 : 이 말은 《맹자》 〈공손추 하(公孫丑下)〉에 보이는바, 자신의

아니겠습니까. 책이란 이 마음을 이어주고 집중하게 해주는 것인데, 성현의 책을 읽으면서 강적을 마음에 감춰둔다면 어찌 독서할 필요가 있겠습니까. 이와 같은 자는 '시(詩)와 예(禮)를 가지고 무덤을 파헤침'[322]과 다른 것이 별로 없을 것입니다. 현자는 진취(進取)를 마음에서 잊지 못했기 때문에 말이 이와 같은 것입니다. 내 두려워하노니, 이 뜻이 지나치게 중하면 어찌 도둑을 자식으로 인정하게 되지 않겠습니까. 배우는 자는 마땅히 인(仁)과 예(禮)를 마음에 보존하고 효도와 우애로 정사를 해서[323] 밭일에 종사하고 농사에 힘쓰며 산에서 나무하고 물가에서 고기 잡아서 이를 생계의 대책으로 삼아야 하니, 어찌 굳이 과거에 급급하여 요행으로 반드시 합격하는 것을 도모하십니까.

허물을 고치지 않고 그 허물을 이룰 뿐만 아니라 그에 대한 변명까지 한다는 말이다.

322 시(詩)와……파헤침 : 유가의 경전 및 성인의 말을 가지고 자신의 간교함을 꾸밈을 말한다. 이 말은 본래 유자(儒者)의 위선을 지적한 말로, 《장자(莊子)》 〈외물(外物)〉에, "유자들은 시와 예를 가지고 무덤을 파헤친다.〔儒以詩禮發冢.〕"라고 보인다.

323 효도와……해서 : 벼슬하지 않고 다만 집안에서 효도하고 우애하면서 집안의 정사를 잘 하는 것을 말한다. 이 말은 《논어》 〈위정(爲政)〉에 혹자가 공자에게 왜 정사를 하지 않느냐고 묻자, 공자가, "《서경(書經)》에 말하지 않았는가. '효도하도다. 효도하고 형제간에 우애하여 정사에 베푼다.'라고 하였으니, 이 또한 정사를 하는 것이다. 어찌 벼슬을 해야만 정사를 하는 것이 되겠는가.〔書云: 孝乎! 惟孝, 友于兄弟, 施於有政. 是亦爲政, 奚其爲爲政?〕"라고 대답한 데서 온 말이다.

배정수 정수 에게 답하다
答裵鼎洙 淨叟

향교(鄕校)와 사원(祠院)에 관계되는 모든 일은 몸을 숨겨 지조를 지키면서 스스로 닦는 자가 관여해야 할 바가 아닙니다. 그러므로 지난번 정통사(正統祠)[324]를 중건하는 일에 윤치유(尹稚維) 군으로 하여금 간섭하지 못하게 한 것입니다. 그런데 지금 개천(价川)의 선비들이 간청함이 있었고, 또 이어서 우암(尤菴 송시열(宋時烈))과 수암(遂菴 권상하(權尙夏)) 두 문하 후손들의 훌륭한 말씀을 들어 보니, 고사하기가 어려웠습니다. 그래서 이에 축문을 짓고 사원의 기문까지 허락한 것입니다. 원컨대 현자들은 서로 모여 강학을 해서 우암과 수암 두 현자의 도를 서쪽 지방[325]에 펼치십시오. 이렇게 하시기를 지극히 바라고 지극히 바랍니다.

324 정통사(正統祠) : 평안도 개천군(价川郡)에 있는 정통산(正統山) 소재의 사원으로, 우암(尤菴) 송시열(宋時烈)과 수암(遂菴) 권상하(權尙夏)를 제향하였다.

325 서쪽 지방 : 평안도를 가리킨다.

김석문 도경 에게 답하다 임자년(1852, 철종3)

答金錫文 道卿○壬子

현자의 훌륭한 공부가 《주역(周易)》을 연구하고 있다 하니, 이 말을 들음에 정신이 번쩍 깨입니다. 괘(卦)와 효(爻)는 모두 사(辭 괘사(卦辭)와 효사(爻辭))·점(占)·상(象)·변(變)에서 벗어나지 않으니, 성인(聖人)이 괘와 효의 상을 보고서 가차(假借)하여 허설(虛設)하는 글〔辭〕을 세워서 천하와 후세에 이것을 가지고 점치는 자들로 하여금 모두 괘의 변(變)이 만난 바를 인하여 이로써 일에 통하게 한 것입니다. 그러므로 《주역》의 이치는 광대하여 모두 구비해서 사람마다 응용할 수가 있고 일마다 응용할 수가 있어서 혼융하게 모두 포괄하여 천하의 도를 다 포함할 수가 있습니다. 그런데 후세에 《주역》을 말하는 자들은 상수(象數)에 밝지 못하고 헛되이 명리(名理)만을 말해서 실제 일상에서 볼 수 있는 것을 도리어 허원(虛遠)한 데에서 구하여 그 쓰임을 얻지 못하고 있습니다. 저들은 혹 한 가지 일만 주장하여 말해서 거기에 얽매이고 견강부회(牽强附會)해서 고집하고 소통하지 못합니다.[326] 그래서 마침내 성인이 실(實)을 상고하여 허(虛)에 대비하고

326 저들은……못합니다 : 이 말은 《주자대전(朱子大全)》 권33 〈답여백공(答呂伯恭)〉에, "후세의 사람들은 다만 공자가 말한 의리만 보고 다시는 문왕과 주공의 본의를 미루지 않고서 이를 인하여 복서(卜筮)를 비루하게 여겨 말할 것이 못된다고 한다. 그래서 말하는 것이 마침내 일용의 실제와 거리가 멀어 대체로 모두 견강부회하고 왜곡하여 한 가지 일만 주장하여 말하고 다시는 '모두 포괄하고 두루 통달하는 묘함'이 없다.〔後人但見孔子所說義理, 而不復推本文王周公之本意, 因鄙卜筮, 爲不足言, 而其所以言

체(體)를 보존하여 용(用)에 응하였던 뜻[327]을 다시는 볼 수 없게 하니, 어찌 고민스럽지 않겠습니까. 한결같이 주자(朱子)의 《본의(本義)》를 종주로 삼는다면, 후세의 학자들이 분분하게 모여서 송사하는 것이 어찌 감히 그 범위를 넘어서 한계를 터놓을 수 있겠습니까. 짐작컨대 응당 견해가 여기에 미쳤을 것이니, 내 굳이 권면할 필요가 없을 것입니다. 이(理)와 수(數)를 함께 포함하고 상(象)과 점(占)을 모두 드러내면, 괘의 체·용과 길흉회린(吉凶悔吝)의 추피(趨避)[328]와 네 성인[329]이 세상을 걱정하고 백성을 깨우치려 했던 뜻이 마음과 눈에 분명하게 될 것입니다.

者, 遂遠於日用之實, 類皆牽合委曲, 偏主一事而言, 無復包含該貫曲暢旁通之妙.]"라고 한 것을 원용한 것이다. 주희는 《주역》의 본래 성격을 점서로 규정하였는데, 후대에 《주역》을 연구하는 사람들은 오히려 의리역(義理易)에 치중하는 경우가 많았으므로 이렇게 말한 것이다. 주희는 괘사(卦辭)·효사(爻辭)를 지은 문왕·주공의 뜻과 십익(十翼)을 지은 공자의 뜻을 분명히 구분해야 한다고 보았다.

327 성인이……뜻 : 이 말은 주희(朱熹)의 《주역본의(周易本義)》 〈주역오찬(周易五贊) 경학(警學)〉에, "이(理)는 정해져서 이미 실(實)하나 일이 옴은 오히려 허(虛)하며, 용(用)은 응함에 따라 비로소 있으나 체(體)는 모두 포함하되 본래 없는 것이다. 실을 상고하여 허에 대비하고 체를 보존하여 용에 응하며, 옛것을 가지고 지금을 다스리며, 정(靜)함을 말미암아 동(動)함을 다스린다.[理定既實, 事來尙虛; 用應始有, 體該本無. 稽實待虛, 存體應用, 執古御今, 由靜制動.]"라고 한 데에서 온 말이다.

328 길흉회린(吉凶悔吝)의 추피(趨避) : 추(趨)는 나아감이고 피(避)는 피함인바, 길에는 나아가고, 흉·회·린은 피함을 이른다.

329 네 성인 : 괘를 그은 복희씨(伏羲氏)와, 괘사(卦辭)를 단 문왕(文王)과, 효사(爻辭)를 단 주공(周公)과, 십익(十翼)을 지은 공자(孔子)를 말한다.

전상복 문규 에게 답하다 을유년(1825, 순조25)

答全尙復 文圭○乙酉

개명하는 한 가지 일은 지난번에 우연히 내 말을 제공했었는데, 마침내 서로 믿어줌이 여기에 이르니, 이 뜻이 참으로 고마워서 말한 자도 함께 영광스럽습니다. 복(復)에서 뜻을 취한 것은 '복이 형통함은 강(剛)이 자라기 때문임'[330]이라는 것에서 나왔으니, "멀리 가지 않고 돌아오므로 후회에 이르지 않음"[331]이 바로 공부하는 절도가 됩니다. 군자의 학문은 마땅히 본성을 회복하는 것을 근본으로 삼아야 합니다. 그러므로 주 선생(朱先生 주희(朱熹))이 〈소학제사(小學題辭)〉에서는 "덕(德)이 높아지고 업(業)이 넓어져야 비로소 그 처음을 회복한다."라고 하였고, 〈대학서문(大學序文)〉에서는 "백성을 다스리고 가르쳐서 그 본성을 회복하게 한다."라고 하였고, 명덕(明德)을 해석하면서는 "마침내 명덕을 밝혀서 그 처음을 회복한다."라고 하였고,[332] 시습

330 복이……때문임 : 이 말은 《주역(周易)》 〈복괘(復卦) 단(彖)〉에, "복이 형통함은 강이 돌아오기 때문이다.〔復亨, 剛反.〕"라고 보인다. 복괘는 전체가 음효(陰爻)인 곤괘(坤卦)에서 아래 한 효가 양(陽)으로 변하여 이루어 진 것인데, 이 양으로 변함을 '강이 자람' 혹은 '강이 돌아옴'이라고 말하는 것이다.

331 멀리……않음 : 이 말은 《주역(周易)》 〈복괘(復卦) 초구(初九)〉에, "초구는 멀리 가지 않고 돌아오므로 후회에 이름이 없으니, 크게 선하여 길하다.〔初九, 不遠復, 无祗悔, 元吉.〕"라고 보인다.

332 명덕(明德)을……하였고 : 《대학장구(大學章句)》 1장의 "대학의 도는 명덕을 밝힘에 있다."고 한 데에 대하여, "명덕은 사람이 하늘에서 얻은 것으로서 허령하고 어둡지 않아서 중리(衆理)를 갖추고 만사에 응하는 것이다. 다만 기품에 구애되거나

(時習)을 해석하면서는 "선을 밝게 알아서 그 처음을 회복할 수 있다." 라고 하신 것입니다.[333] 학문하는 것은 바로 본성을 회복하기 위한 것이니, 본성을 회복하지 않는다면 올바른 학문이 아닙니다. 이 때문에 주 선생이 여러 번 말씀하고 한번만 말씀하지 않은 것이니, 어찌 공연히 그랬겠습니까. 이것이 바로 현자를 위해서 아름다운 이름을 지어준 뜻이 되니, 종신토록 이름을 돌아보고 뜻을 생각해서 가슴속에 늘 두고 잊지 않는다면 성인(聖人)을 배워서 이를 수가 있을 것입니다. 부디 늙은 유생의 진부한 말이라고 여기지 말고 참되고 간절하게 체인하시기를 거듭 바라고 거듭 바랍니다.

이미 이름을 고쳤으면 표덕(表德)[334] 또한 마땅히 따라서 고쳐야 하는데, 이전의 글자를 그대로 따라서 음은 같게 하고 글자만 다르게 하는 것도 무방합니다. 문규(文逵)를 문규(文圭)로 바꾸는 것은 바로 남용(南容)이 백규(白圭)를 세 번 반복해서 외운 뜻[335]을 취한 것이니,

인욕에 가려지면 어둡게 될 때가 있다. 그러나 그 본체의 밝음은 쉰 적이 없다. 그러므로 배우는 자가 마땅히 발하는 바를 인하여 마침내 밝혀서 그 처음을 회복하는 것이다.〔明德者, 人之所得乎天而虛靈不昧, 以具衆理而應萬事者也. 但爲氣稟所拘、人欲所蔽, 則有時而昏. 然其本體之明則有未嘗息者. 故學者當因其所發而遂明之, 以復其初也.〕"라고 하였다.

333 시습(時習)을……것입니다 : 《논어집주(論語集註)》〈학이(學而)〉 1장에, "배우고서 때때로 그것을 익히면 기쁘지 않겠는가."라고 한 데에 대하여, 주희(朱熹)가 주(註)를 달기를, "사람의 본성은 모두 선하나 이것을 아는 데에는 선후가 있으니, 뒤에 깨닫는 자는 반드시 먼저 깨달은 자의 행위를 본받아야 선을 밝게 알아서 그 처음을 회복할 수 있다.〔人性皆善, 而覺有先後, 後覺者必效先覺之所爲, 乃可以明善而復其初也.〕"라고 하였다.

334 표덕(表德) : 510쪽 주311 참조.

나라에 도가 있을 때 버려지지 않고 나라에 도가 없을 때 형벌을 면한 것[336]은 모두 말을 삼갔기 때문입니다. 덕을 숭상하는 군자라고 칭찬한 것[337]은 아마도 이 때문일 것이니, 현자가 남용을 배우기를 원합니다.

335 남용(南容)이……뜻 : 《시경(詩經)》 〈대아(大雅) 억(抑)〉에 "백옥으로 만든 규의 흠집은 갈아서 없앨 수 있지만, 이 말의 흠은 다스릴 수 없다.〔白圭之玷, 尙可磨也. 斯言之玷, 不可爲也.〕"고 하였는데, 공자의 제자인 남용(南容)이 이 내용을 하루에 세 번 반복해서 외우자 공자가 그 형의 딸을 그에게 시집보냈다. 《論語 先進》

336 나라에……것 : 《논어》 〈공야장(公冶長)〉에 "공자가 남용(南容)을 두고 평하기를 '나라에 도가 있을 때에는 버려지지 않을 것이요, 나라에 도가 없을 때에는 형벌을 면할 것이다.'라 하시고, 형의 딸을 그에게 시집보내셨다.〔子謂南容: 邦有道, 不廢; 邦無道, 免於刑戮. 以其兄之子妻之.〕"라고 하였다.

337 덕을……것 : 남용(南容)이 공자에게 "예(羿)는 활을 잘 쏘았고 오(奡)는 육지에서 배를 끌고 다닐 정도로 힘이 셌지만 모두 제대로 죽지 못했습니다. 그러나 우왕과 후직(后稷)은 몸소 농사를 지었는데도 천하를 소유하셨습니다.〔羿善射, 奡盪舟, 俱不得其死. 然禹稷躬稼而有天下.〕"라고 하였는데, 공자가 아무 대답을 하지 않다가 남용이 밖으로 나가자 "군자로구나, 이 사람이여! 덕을 숭상하는구나, 이 사람이여!〔君子哉, 若人! 尙德哉, 若人!〕"라고 칭찬하였다. 《論語 憲問》

김복형 자성 에게 답하다 기축년(1829, 순조29)
答金復亨 子性○己丑

도(道)와 의(義)는 동일할 뿐인데, 곤궁할 때에는 지조를 지키는 것을 위주로 하기 때문에 '의'라고 하였고, 영달했을 때에는 도를 행하는 것을 위주로 하기 때문에 '도'라고 한 것입니다.[338] 곤궁하면 역경(逆境)에 처하기 때문에 난(亂)을 일으켜 의를 잃게 되기가 쉽고, 영달하면 순경(順境)에 처하기 때문에 방탕함으로 흘러서 도를 떠나게 되기가 쉽습니다. 오직 덕을 높이고 의를 즐거워하는 선비[339]라야 곤궁함과 영달함에 의해 변하게 되는 일이 없으니, 바로 이른바 "나라에 도가 있을 때에는 곤궁했을 때의 뜻을 변하지 않고, 나라에 도가 없을 때에는 죽음에 이르러도 지조를 변하지 않는다."[340]는 것이니, 만일 군자의

338 곤궁할……것입니다 : 《맹자》 〈진심 상(盡心上)〉에, "선비는 곤궁하여도 의를 잃지 않고, 영달하여도 도를 떠나지 않는다.〔士窮不失義, 達不離道.〕"라고 한 것을 가리켜 말한 것이다.

339 덕을……선비 : 《맹자》 〈진심 상(盡心上)〉에, 송구천(宋句踐)이 맹자에게 "어떻게 하여야 자득하여 만족스러워할 수 있습니까?〔何如斯可以囂囂矣?〕"라고 묻자, 맹자가 "덕을 높이고 의를 즐거워하면 자득하여 만족스러워할 수 있다.〔尊德樂義, 則可以囂囂矣.〕"라고 답하고는, "그러므로 선비는 곤궁하여도 의를 잃지 않고, 영달하여도 도를 떠나지 않는다."라고 하였다.

340 나라에……않는다 : 《중용》에 보이는 공자의 말로, 자로(子路)가 강(强)함에 대하여 묻자, 공자가 북방의 강함과 남방의 강함을 언급한 다음, 군자의 강함을 네 가지로 제시하였는데, 그 중의 두 가지이다. 나머지는 '조화를 이루면서도 휩쓸리지 않음〔和而不流〕', '가운데에 서서 치우치지 않음〔中立而不倚〕'이다.

강(强)함이 아니면 이렇게 하지 못합니다. 이와 같은 자라야 비로소 자기 지조를 지키고 백성을 실망시키지 않을 것이니,[341] 실망시키지 않음은 다만 자기 지조를 지키는 것 안의 작용이니, 있는 곳에 따라 그 명칭을 다르게 한 것일 뿐입니다. 현자가 이 가르침에 깊이 부합하여 한 때의 의기(意氣)가 아닐 듯하니, 위하여 찬탄합니다. 부디 이치를 밝게 알고 말의 의미를 아는 데에 더욱 힘써서 내면이 중하고 외물이 가볍다는 실리(實理)[342]를 견득하기를 바라니, 그렇게 된다면 처하는 곳마다 자득하지 않음이 없을 것입니다. 그리고 반드시 맹자가 경춘(景春)에게 답한 장[343]과 통하여 보아야 하니, 그러면 사람이 더욱

341 자기……것이니 :《맹자》〈진심 상(盡心上)〉에, "궁하여도 의를 잃지 않기 때문에 선비가 자신의 지조를 지키고, 영달하여도 도를 떠나지 않기 때문에 백성들이 실망하지 않는 것이다.〔窮不失義, 故士得己焉; 達不離道, 故民不失望焉.〕"라고 한 것을 원용한 것이다.

342 내면이……실리(實理) :《맹자》〈진심 상(盡心上)〉의 "선비는 곤궁하여도 의를 잃지 않고, 영달하여도 도를 떠나지 않는다.〔士窮不失義, 達不離道.〕"라고 한 장(章) 말미에, 주희(朱熹)가 "이 장은 내면이 중하고 외물이 가벼우면 가는 곳마다 선하지 않음이 없음을 말한 것이다.〔此章, 言內重而外輕, 則無往而不善.〕"라고 하였는바, 내면은 덕과 의를 가리키고 외물은 곤궁함과 영달함을 가리킨다.《孟子集註 盡心上》

343 맹자가……장 :《맹자》〈공손추 하(公孫丑下)〉 2장을 가리킨다. 경춘이 "제후들을 두렵게 만들었던 공손연(公孫延)과 장의(張儀)는 대장부일 것이다."라고 하자, 맹자가 "천하의 넓은 집에 거하고, 천하의 바른 자리에 서고, 천하의 대도를 행하여, 뜻을 얻으면 백성과 함께 도를 행하고, 뜻을 얻지 못하면 홀로 그 도를 행하여, 부귀가 마음을 방탕하게 하지 못하고, 빈천이 절개를 바꾸지 못하고, 위무(威武)가 지조를 굽히지 못하는 것, 이것을 대장부라 이른다.〔居天下之廣居, 立天下之正位, 行天下之大道, 得志, 與民由之, 不得志, 獨行其道, 富貴不能淫, 貧賤不能移, 威武不能屈, 此之謂大丈夫.〕"라고 답하였다. 천하의 넓은 집은 인(仁)을, 바른 자리는 예(禮)를, 대도는 의(義)를 가리킨다.《孟子集註 公孫丑下》

크게 쾌활하게 되어 자질구레한 세상 온갖 일을 말할 것이 없게 될 것입니다.

〈원도(原道)〉에서 말한 인의도덕(仁義道德) 네 가지[344]는 각각의 일이 아니고 인의를 따라 행하면 도에 나아가고 덕을 이룰 수 있다고 한 것입니다. 한퇴지(韓退之 한유(韓愈))가 사랑을 인이라고 한 것은 비록 용(用)만 거론하고 체(體)는 빠뜨린 것이나, 〈원도〉의 의체(義諦)는 오로지 동용(動用)만을 위주로 한 것이기 때문에 이와 같은 것입니다. 융통성 있게 보신다면 병폐가 되지 않을 듯합니다.

국전(國典)에 따르면, 자궁(資窮)인 자는 남에게 대가(代加)하고[345] 대가한 자도 낭계(郎階)의 고신을 받으니, 살아 있을 때 이미 고신을 받았으면 죽었을 때에 써야 하고, 살아서 받지 못했으면 죽었을 때에 써서는 안 됩니다. 마땅히 받아야 하는데 받지 못했다 하여 고신이 없으면서도 신주에게다가 직함을 써서는 안 되니, 직함을 쓰지 않는 것은 신을 섬기기를 성실(誠實)로 하는 방도가 됩니다.

《의례(儀禮)》〈사우례(士虞禮)〉에 따르면, 졸곡 때의 제수를 올리는

344 원도(原道)에서……가지 : 한유(韓愈)의 〈원도(原道)〉에, "널리 사랑함을 인이라 하고, 인을 행하여 마땅하게 함을 의라 하고, 이것을 말미암아 가는 것을 도라 하고, 자신에게 충족하여 밖에 기대함이 없음을 덕이라 한다.〔博愛之謂仁, 行而宜之之謂義, 由是而之焉之謂道, 足乎己無待於外之謂德.〕"고 한 것을 가리킨다.

345 자궁(資窮)인……대가(代加)하고 : 자궁은 당하관(堂下官)으로서 다시 더 올라갈 품계가 없는 것으로, 당하관의 가장 높은 등급인 정3품 통훈대부(通訓大夫)를 이른다. 대가는 임금의 은전(恩典)으로 가자할 때 자궁에 해당하는 사람의 경우에는 그의 아들·조카·사위·손자 등에게 대신 가자함을 이른다.

일을 찬자(贊者 빈객으로 와서 제사를 돕는 집사자)가 진설하게 하여 한결같이 우제(虞祭)와 똑같이 하고, 부제(祔祭)에 이르러서야 비로소 "〈궤사례〉와 똑같이 한다."라고 말하였는데,[346] 소(疏)에 "부제는 주부가 올린다."라고 했습니다. 《가례(家禮)》에서는 졸곡의 진찬(進饌)을 "주인과 주부가 한다."라고 말하였으니, 이는 아마도 《예기(禮記)》〈단궁(檀弓)〉의 "길제(吉祭)로 상제(喪祭)를 바꾼다."는 글을 따라서 너무 지나치게 미룬 것인 듯합니다.[347] 우제는 상제이므로 축관(祝官)이 진찬을 하고, 졸곡은 길제이므로 주인과 주부가 진찬을 합니다. 이것이 《가례》의 뜻인데, 부제는 졸곡에 비해서 더 길한데도 진찬을 우제처럼 축관이 하게 하는 것은 아마도 흉한 상복을 입은 채로 조고(祖考)를 직접 받들고 싶지 않아서 그런 것인 듯합니다. 만약 주인이 종자가 아니어서 종자가 주관하게 된다면, 시제(時祭)의 의식처럼 종자 부부가 진찬을 해야 하는데, 이것은 상가(喪家)를 위해서 지내는 제사이기 때문에 여전히 상제를 쓰는 것인가 봅니다. 혹자는 "3년 이내

346 부제(祔祭)에……말하였는데 : 《의례(儀禮)》〈사우례(士虞禮)〉 기(記)에, "졸곡제를 지낸 다음날 소목의 항렬에 따라 부제를 지낸다. 주인이 머리를 감고 몸을 씻고 빗질하고 손톱과 발톱을 깎는다. 전부(專膚)로 절조(折俎)의 제(祭)할 음식을 삼는데, 시(豕)의 목살에서 취해 만든다. 나머지 의절은 〈궤사례〉와 같다.〔明日以其班祔. 沐浴, 櫛, 搔翦. 用專膚爲折俎, 取諸脰膉. 其他如饋食.〕"라고 하였는데, 정현(鄭玄)의 주에, "〈특생궤사례(特牲饋食禮)〉의 일과 같은 것이다.〔如特牲饋食之事.〕"라고 하였다.

347 가례(家禮)에서는……듯합니다 : 《가례》 권4 〈상례(喪禮)〉 졸곡 조에, "주인과 주부가 진찬을 한다.〔主人主婦進饌.〕"라고 하였는데, 그 본주(本註)에, "〈단궁(檀弓)〉에, '졸곡제에는 축문에 성사(成事)라고 하니, 이 날에 길제로 상제를 바꾼다.'라고 하였다. 그러므로 이 졸곡제부터는 점점 길례(吉禮)를 쓰는 것이다.〔檀弓曰: 卒哭曰成事, 是日也, 以吉祭易喪祭. 故此祭漸用吉禮.〕"라고 하였다.

의 상제는 고례(古禮)로 단정하면 주인과 주부가 진찬을 하는 의절(儀節)이 없다."라고 하는데, 이 말이 맞을 듯하니, 주인과 주부는 슬프고 경황이 없어서 집사를 할 수 없기 때문입니다.

"상주가 곡하면서 먼저 간다."라고 한 것[348]은 사당(祠堂)에서 제사하는 경우를 가지고 말한 것입니다. 종자가 옛 신주[349]를 감실 안에 넣으려 하면 상주는 종자가 일을 끝마치기를 기다리지 않고 즉시 새 신주[350]를 영좌에 모셔야 합니다. 그러므로 먼저 가지 않을 수가 없는 것입니다.

고례(古禮)에는 삼헌(三獻) 외에 장형제(長兄弟)와 여러 손님이 가작(加爵)할 때에 모두 제사고기 남은 것을 줌이 있어서, 방안에 있는 제관으로부터 뜰에 있는 사람에 이르기까지 똑같이 신의 은혜를 받았습니다. 또 《개원례(開元禮)》에는 매번 술잔을 올릴 때마다 음복이 있습니다. 그러므로 축관(祝官)이 재위자(在位者 제사지내는 자리에 있는 사람)들과 함께 모두 재배를 해서 은혜를 똑같이 받는 뜻을 보존한 것입니다. 그런데 유독 주인만 절하지 않는 것은 주인은 이미 홀을 꺼내어 엎드렸다가 일어나서 재배하였으므로 계단에 서 있는 것이니,

348 상주가……것 : 《가례(家禮)》《가례》 권4 〈상례(喪禮)〉 부제(祔祭) 조에, " 축관이 신주를 받들고 각각 이전에 있었던 곳으로 돌아간다.〔祝奉主各還故處.〕"라고 하였는데, 그 본주(本註)에, "상주가 종자가 아니면 곡하면서 먼저 간다.〔若喪主非宗子, 則哭而先行.〕"라고 한 것을 가리켜 말한 것이다.

349 옛 신주 : 망자의 조고(祖考)의 신주를 말한다.

350 새 신주 : 망자의 신주를 말한다.

이 때문에 재위자들과 그 예를 함께 하지 않는 것입니다.

납주(納主) 조에 "신주를 받들어 사당에 돌아가되 신주를 받들어 올 때의 의식과 같이 한다."라고 하였으니,[351] 그렇다면 홀을 꺼내어 들고 앞에서 인도하기를 신주를 내어 올 때와 같이 해야 하는 것인데, 여기서 다만 주인이 독(櫝)을 거둔다고만 말하고[352] 집사를 거론하지 않은 것은 글을 생략한 것입니다. 길일을 점칠 때의 고유(告由)와 초헌 때의 독축(讀祝)엔 모두 축관을 이용하는데, 유독 신주를 내어 올 때만큼은 주인이 직접 고유하니, 이는 신주를 내어 가기를 청하는 것은 매우 중요한 예이기 때문입니다. 초조제(初祖祭)를 지낼 때, 강림하여 신위에 거하기를 청하는 것도 주인이 직접 고하니, 자손으로서 선조에게 청하는 일은 남을 시켜서 할 수 있는 것이 아니기 때문입니다.

옛날에는 묘소에 제사함이 없었으므로 묘소에 제사하는 사람은 단을 만들었으니,[353] 이는 신도(神道)가 그윽함을 숭상하므로 묘소의 영역

351 납주(納主)……하였으니 : 《가례(家禮)》 권5 〈제례(祭禮)〉 사시제(四時祭) 조의 '납주(納主)'의 본주(本註)에 보이는 말이다.

352 다만……말하고 : 《가례(家禮)》 권5 〈제례(祭禮)〉 사시제(四時祭) 조의 '납주(納主)'의 본주(本註)에, "주인과 주부가 모두 올라가 각각 신주를 받들어 독에 들여놓는다. 주인이 상자에 독을 거두고서 받들어 사당으로 돌아가되 올 때의 의식과 같이 한다.〔主人主婦皆升, 各奉主, 納于櫝. 主人以笥斂櫝, 奉歸祠堂, 如來儀.〕"라고 한 것을 가리킨다.

353 옛날에는……만들었으니 : 이 내용은 《예기(禮記)》 〈증자문(曾子問)〉에 다음과 같이 보인다. "증자가 묻기를, '종자가 죄를 지어 다른 나라에 가 있으면 관작이 없으면서 국내에 머무는 서자(庶子)가 제사를 지낼 수 있습니까?'라고 하니, 공자가 '제사를

을 핍박하고 번거롭게 해서는 안 되기 때문입니다. 그래서《통전(通典)》에도 "마땅히 묘소 남쪽 산문의 밖에 설치해야 한다."라고 한 것입니다.[354] 그러나 지금은 이미 풍속이 이루어져서 고례(古禮)를 따르기가 어렵습니다. 그러나 원조고비(遠祖考妣)로서 묘소가 혹 전하기도 하고 혹 전하지 않는 경우로 말하면, 전해오는 땅에 나아가서 묘소를 바라보고 단을 만들어 제사를 지내는 예를 따르기를 김 태사(金太師)의 묘단(墓壇)[355]의 준례와 같이 할 것이요, 고비를 함께 제사하되 오른쪽을 높은 곳으로 삼아야 하니, 이것이 변고에 처하여 바름을 잃지 않음이 될 듯합니다.

지낼 수 있다.'고 답하였다. '그 제사를 어떻게 합니까?'라고 묻자, 공자가 '묘소를 바라보고 단을 만들어서 철따라 제사를 올리니, 만약 종자가 죽으면 묘소에 고유한 뒤에 집에서 제사를 지낸다.'라고 답하였다.〔曾子問曰: 宗子去在他國, 庶子無爵而居者, 可以祭乎? 孔子曰: 祭哉. 請問其祭如之何? 孔子曰: 望墓而爲壇, 以時祭, 若宗子死, 告於墓而後祭於家.〕"

354 통전(通典)에도……것입니다 :《통전》은 당(唐)나라 두우(杜佑)가 편찬한 책으로, 200권으로 되어 있는데, 식화(食貨)·선거(選擧)·직관(職官)·예(禮)·악(樂)·병(兵)·형(刑)·변방(邊防)의 8문(門)으로 나누어 황우(黃虞) 시대에서 당나라 천보(天寶) 연간에 이르기까지 정전(政典)을 기록하였다. 인용된 글은 권121〈예81(禮八十一) 개원례찬류16(開元禮纂類十六) 길13(吉十三) 왕공이하배소(王公以下拜掃)〉의 주석에 보인다.

355 김 태사(金太師)의 묘단(墓壇) : 김 태사는 안동 김씨(安東金氏)의 시조 김선평(金宣平)을 가리킨다. 김선평은 고창군(古昌郡)의 성주(城主)로서 930년(고려 태조 13)에 권행(權幸), 장길(張吉) 등과 함께 태조를 도와 후백제의 견훤(甄萱)을 고창군에서 대파하는 공을 세우고 대광(大匡)이 되었으며, 이로 인해 고창군은 안동부(安東府)로 승격되었다. 묘단은 후손들이 김선평의 묘소를 찾지 못해 안동 서북쪽에 조성해 놓은 것으로, 안동시 서후면 태장리에 위치해 있다.

홍이우[356] 문표 에게 주다 기유년(1849, 헌종15)

與洪理禹 文杓○己酉

보내온 편지의 뜻이 매우 간곡해서 '미치지 못할 듯이 하고도 오히려 잃을까 두려워하는 뜻'[357]을 다 알았으니, 찬탄해 마지않습니다. 안연(顔淵)이 "순임금은 어떠한 분이며, 나는 어떠한 사람인가? 훌륭한 일을 하는 자는 또한 이 순임금과 같게 된다."라고 하였으니,[358] 이는 순임금이 될 것을 스스로 기약한 것입니다. 순임금은 마른 밥을 먹고 나물반찬을 먹으면서는 장차 그대로 일생을 마칠 것처럼 하였고,[359] 안자(顔子)는 한 그릇 밥과 한 표주박의 물로 그 즐거움을 변치 않았으니,[360] 본원의 자리는 동일하게 조금의 얽매임도 없었습니다. 이와 같

356 홍이우 : 1815~1879. 자는 문표(文杓), 호는 만백당(晩柏堂), 본관은 남양이다. 문집으로 《만백집》이 있다.

357 미치지……뜻 : 이는 《논어(論語)》 〈태백(泰伯)〉에 보이는 내용으로, 공자(孔子)가 말하기를, "배움은 따라가지 못할 듯이 하고도 오히려 잃을까 두려워해야 한다.〔學如不及, 猶恐失之〕"라고 하였다.

358 안연(顔淵)이……하였으니 : 이 내용은 《맹자》 〈등문공 상(滕文公上)〉에 보인다.

359 순임금은……하였고 : 이 내용은 《맹자》 〈진심 하(盡心下)〉에, "순임금이 마른 밥을 먹고 나물반찬을 먹으면서는 장차 그대로 일생을 마칠 것처럼 하였는데, 천자가 되어서는 진의(袗衣)를 입고 거문고를 타며 두 여자가 모시는 것을 마치 본래부터 소유했던 것처럼 하였다.〔舜之飯糗茹草也, 若將終身焉. 及其爲天子也, 被袗衣鼓琴, 二女果, 若固有之.〕"라고 보인다.

360 안자(顔子)는……않았으니 : 이 내용은 《논어》 〈옹야(雍也)〉에, 공자가 안연을 칭찬하기를, "한 그릇 밥과 한 표주박의 물로 궁벽한 시골에서 사는 것을 다른 사람들은 견디지 못하는데, 안회는 그 즐거움을 고치지 않으니, 어질다, 안회여.〔一簞食一瓢飮,

다면 안자가 순임금의 경지로 나아감을 누가 막을 수 있겠습니까. 맹자가 "사람이 기갈(饑渴)의 해로움을 마음의 해로움으로 삼지 않는다면 남에게 미치지 못함을 걱정하지 않아도 된다."라고 말씀하셨으니,[361] 이것이 성인(聖人)이 되기를 바라고 현인(賢人)이 되기를 바라는 제일의(第一義)입니다. 부디 이 뜻을 체득해서 인을 구하고 자기를 위하는〔求仁爲己〕 실제에 더욱 부지런히 힘쓰기를 크게 바라 마지않습니다.

존선조(尊先祖) 참의공(參議公)[362]의 셋째 아들의 셋째 아들에게 첨정(僉正)인 아드님이 있었는데, 이 분이 홍원(洪原)으로 귀향 가서[363] 자손들이 대대로 거주하였으므로 서울에 있는 여러 집안과 서로 연락을 하지 않았던 것입니다. 그래서 세보(世譜)에서 누락되었으나 그

在陋巷, 人不敢其憂, 回也不改其樂, 賢哉, 回也!〕"라고 한 데에 보인다.

361 맹자가……말씀하셨으니 : 인용된 말은 《맹자》〈진심 상(盡心上)〉에 보이는데, 주희(朱熹)가 이를 해석하여, "사람이 빈천의 이유 때문에 그 마음을 동요하지 않는다면 남보다 크게 뛰어난 것이다.〔人能不以貧賤之故而動其心, 則過人遠矣/〕"라고 하였다. 《孟子集註 盡心上》

362 존선조(尊先祖) 참의공(參議公) : 홍한(洪瀚, 1451～1498)을 가리킨다. 홍한은 자가 온진(蘊珍)이고 본관이 남양(南陽)이다. 1485(성종16)에 문과에 급제하여 1498년(연산군4)에 이조 참의가 되었는데, 이 해에 무오사화가 일어나자 김종직(金宗直)의 문인이라는 이유로 장형(杖刑)을 받은 뒤 경흥으로 유배 가다가 도중에 죽었다. 중종 때 신원되어 이조 참판에 추증되었다.

363 첨정(僉正)인……가서 : 첨정인 아드님은 홍근신(洪謹臣)을 가리킨다. 군기사 첨정(軍器寺僉正)을 지냈는데, 홍원으로 유배를 갔다. 홍이우의 9대조가 된다. 《艮齋集 前編續 卷6 晩柏堂洪公行狀》

이름이 모두 양대(兩代)의 비문에 실려 있으니, 그렇다면 어찌 징험이 없어 믿을 수 없다고 할 수 있겠습니까. 후세에는 적청(狄青)에게 적량공(狄梁公)을 선조로 삼을 것을 권하고 곽숭도(郭崇韜)로 하여금 곽분양(郭汾陽)을 선조로 삼게 한 자[364]가 진실로 많았는데, 지금 이 일은 비문에 드러내어 새긴 것이 없어지지 않았으니, 어찌 '공중을 날아가는 새와 들판을 달려가는 짐승이 무상하게 취산하여 무리를 따라 멈추는 것'에 비교할 수 있겠습니까. 다만 네 번째 방계의 후손들이 종(宗)을 빼앗는다고 인식하는 것은 사리에 맞지 않을 듯합니다. 종이 허물어진 지가 이미 오래되었으니, 무슨 종통을 빼앗음이 있겠습니까. 비문에 기재된 것을 그대로 따라서 족보 책에 편집해 넣는 것이 근거가 없지 않을 듯합니다. 이미 자문을 받았으므로 병을 무릅쓰고 대답하니, 황송한 마음을 이길 수 없습니다.

364 적청(狄青)에게……자 : 적청은 북송(北宋)의 무장으로, 관직이 추밀사(樞密使)에 올랐다. 적량공(狄梁公)은 당(唐)나라 명신인 적인걸(狄仁傑)로, 후에 양국공에 추봉되었다. 적청이 추밀사로 있을 때, 적량공의 후손이 양공의 화상과 고신 10여 통을 가지고 와서 적청에게 바치고는 양공이 적청의 원조(遠祖)가 된다고 하자, 적청이 "내가 어찌 한때 영달했다하여 감히 스스로 양공의 후손이라고 할 수 있겠는가."라 하고는 그를 후하게 대접해서 보냈다. 《夢溪筆談 卷9 人事1》 곽숭도는 오대(五代) 때의 사람으로 이존욱(李存勖)을 섬겨 중문부사(中門副使)가 되고, 이존욱이 후당(後唐)을 건국하자 추밀사(樞密使)까지 올랐다. 곽분양은 당(唐)나라 무장인 곽자의(郭子儀)로, 뒤에 분양왕에 봉해졌다. 곽숭도가 추밀사가 되어 용사할 적에 재상 두노혁(豆盧革)·위열(韋悅) 등이 모두 그에게 아부하여, 곽숭도의 아버지의 이름인 '홍'을 휘하여 주문(奏文)에 홍문관을 숭문관(崇文館)으로 바꿔 쓰기도 하고, 곽숭도의 성이 '곽'이라는 이유로 그를 곽자의의 후손이라고 하였는데, 곽숭도가 마침내 옳다고 하였다. 후에 촉(蜀)을 정벌하러 가면서 곽자의의 묘소를 지나게 되었는데 곽숭도가 말에서 내려 곡을 하고서 떠나가니, 이를 들은 사람들이 비웃었다. 《新五代史 卷24 唐臣傳第十二》

백규열 무홍 에게 답하다
答白奎烈 武洪

보내온 편지의 뜻이 매우 간곡해서 '미치지 못할 듯이 하고도 오히려 잃을까 두려워하는 뜻'[365]을 다 알았습니다. 온 세상 어떤 사람이 마음을 쓰기를 마침내 이와 같이 할 수 있겠습니까. 이것은 뜻을 세워서 나아갈 바를 아는 것이 되니, 어찌 자식 기르는 것을 배운 뒤에 시집가는 경우가 있겠습니까.[366] 부디 인을 구하고 자기를 위하는〔求仁爲己〕 공부에 더욱 부지런히 힘써서, 말을 할 때에는 신중하고 진실하게 하고, 일을 집행할 때에는 전일하고 정성스럽게 하고, 사람을 대할 때에는 공손하고 정성스럽게 하고, 사물에 대처할 때에는 자세히 살피고 합당하게 해서, 경도(經道)를 지킴에 확고하여 흔들리지 않고, 변고(變故)에 응함에 묘하여 일정한 방소가 없게 하여, 삼감에 세밀함을 다하고, 확충함에 고명(高明)을 다하길 바랍니다. 이것은 바로 걸음마다 성찰하고 일마다 잡아 지키는 것이니, 여기에서 효험을 거둔다면 어찌 하루만 햇볕을 쪼이고 한 잔의 물을 더함[367]을 걱정할 것이 있겠습

365 미치지……뜻 : 이는《논어(論語)》〈태백(泰伯)〉에 보이는 내용으로, 공자(孔子)가 말하기를, "배움은 따라가지 못할 듯이 하고도 오히려 잃을까 두려워해야 한다.〔學如不及, 猶恐失之〕"라고 하였다.

366 어찌……있겠습니까 : 이 말은《대학》에 보이는데, 주희(朱熹)가 이를 해석하여, "가르침을 세우는 근본이 억지로 함을 빌리지 않고, 단서를 알아서 미루어 넓힘에 있을 뿐임을 밝힌 것이다.〔明立教之本, 不假强爲, 在識其端而推廣之耳.〕"라고 하였다.《大學章句》

니까. 설문청(薛文淸)의 말에, "학문의 힘이 옛 습관을 이기지 못하는 것은 바로 약의 효력이 옛 병을 제거하지 못하는 것과 같다. 경각이라도 학문의 힘이 지극하지 못하면 옛 습관은 그대로 남아 있게 되고, 하루라도 약을 복용하지 않으면 옛 병이 다시 도지니, 학문의 힘이 이기면 이러한 병통이 없다."라고 하였으니,[368] 참으로 훌륭합니다. 부디 힘쓰시길 바랍니다.

367 하루만……더함 : 모두 《맹자》 〈고자 상(告子上)〉에 보이는 말로, 주변 상황의 뒷받침과 꾸준한 노력이 없으면 효과를 보기 어려움을 나타내는 비유이다. '하루만 햇빛을 쪼임'은 "천하에 빨리 자라나는 식물이 있더라도 하루 동안 햇볕을 쪼이고 열흘 동안 춥게 한다면 잘 자랄 수 있는 것이 없을 것이다.〔雖有天下易生之物也, 一日曝之, 十日寒之, 未有能生者也.〕"라고 보이고, '한 잔의 물을 더함'은 "인이 불인을 이김은 물이 불을 이기는 것과 같으니, 지금 인을 행하는 자들은 한 잔의 물로 한 수레 가득 실은 섶의 불을 끄는 것과 같다. 그래서 불이 꺼지지 않으면 물이 불을 이기지 못한다고 말하니, 이는 또 불인을 돕기를 심하게 하는 것이다.〔仁之勝不仁也, 猶水勝火. 今之爲仁者, 猶以一杯水救一車薪之火也. 不熄則謂之水不勝火, 此又與於不仁之甚者也.〕"라고 보인다.

368 설문청(薛文淸)의……하였으니 : 설문청은 명(明)나라 학자 설선(薛瑄, 1392~1464)을 말한다. 인용된 말은 설선의 《독서록(讀書錄)》 권2에 보인다.

백규열에게 답하다
答白奎烈

보내온 편지에서 말씀한 방심(放心)을 찾는 공부는, 학문하는 요령을 얻었음을 더욱 볼 수 있습니다. 성현의 천 마디 만 마디 말씀은 단지 사람들로 하여금 이미 잃어버린 마음을 수렴하여 이를 다시 자기 몸에 들어오게 하고자 한 것일 뿐이니, 이렇게 하면 절로 위를 향해 나아가서 아래로 인사(人事)를 배우면서 위로 천리(天理)를 통달하게 되니,[369] 이것이 심학(心學)의 진전(眞詮)이 됩니다. 여기에 힘을 쓰면 뜻과 기운이 청명하지 못함과 이학(理學)이 밝게 드러나지 못함을 어찌 걱정할 것이 있겠습니까. 잃어버리고서 보존하지 않음은 물욕에 이끌리고 옛 습관에 얽매여서 잠시도 마음이 몸속에 있는 때가 없기 때문입니다. 오직 성(誠)과 경(敬)을 주장하고 지킬 수 있다면 본심의 전체(全體)가 바로 여기에 보존되어서 간사한 생각과 쓸데없는 생각이 들어올 길이 없게 됩니다. 성과 경 두 가지가 이미 확립되면 천리가 어찌 밝지 않음이 있겠으며 인욕이 어디서 생겨나겠습니까. 이 공부의 효험은 두루 미치고 정밀하고 간절해서 언어로 형용할 수 있는 것이 아니니, 오직 힘쓰기를 어떻게 하느냐에 달려 있을 뿐입니다.

369 성현의……되니 : 이 말은 《이정유서(二程遺書)》 권1 〈단백전사설(端伯傳師說)〉에 보이는 정호(程顥)의 말로, 《맹자집주(孟子集註)》에도 채록되었다.

이지용에게 답하다
答李之容

잘잘못을 알지 못한 자는 잘잘못이 과연 어떠한가를 연구해야 하고, 깊은 의미를 살피지 못한 자는 깊은 의미가 과연 어떠한가를 연구해야 하니, 강론하고 묻고 분별하고 심사숙고해서 반드시 옳고 그름과 얕고 깊음이 가슴 속에 분명해지도록 해야 합니다. 이것이 바로 치지(致知)의 요체이고 입덕(入德)의 방법이니, 공력을 베풀기를 이와 같이 할 수 있겠습니까? 낮에는 처자식에게 징험해서 자기 행실이 돈독한가를 관찰하고, 밤에는 꿈에서 상고해서 자기 뜻이 안정되었는가를 점쳐야 하니,[370] 선철(先哲)이 몸에 돌이켜 반성했던 것이 이와 같이 참되고 간절하였습니다. 부디 이 뜻을 이해해서 항상 체찰(體察)해서 굽어보고 우러러봄에 부끄럽지 않은 경지[371]에 서서히 이르기를 크게 바라 마지않습니다. 천덕(天德)과 왕도(王道)는 그 요점이 오직 신독(愼獨)에 있으니,[372] 신독하지 않으면 기름에다가 조각을 하고 얼음에다

370 낮에는……하니 : 이 내용은 송(宋)나라 학자 육구연(陸九淵)의 《상산집(象山集)》 권30〈유집중묘지명(游執中墓誌銘)〉에 보인다.

371 굽어보고……경지 : 맹자(孟子)가 말한 군자의 삼락(三樂) 중 한 가지이다. 《맹자》〈진심 상(盡心上)〉에 "군자에게는 세 가지 즐거움이 있는데, 천하에 왕 노릇 함은 여기에 들어있지 않다. 부모가 모두 생존해 계시고 형제가 무사한 것이 첫 번째 즐거움이요, 우러러 보아 하늘에 부끄럽지 않고 굽어보아 인간에 부끄럽지 않은 것이 두 번째 즐거움이요, 천하의 영재를 얻어 교육하는 것이 세 번째 즐거움이다.〔君子有三樂, 而王天下不與存焉. 父母俱存, 兄弟無故, 一樂也. 仰不愧於天, 俯不怍於人, 二樂也. 得天下英才而敎育之, 三樂也.〕"라고 보인다.

가 그림을 그리는 것과 같습니다. 노력하고 노력하시길 바랍니다.

372 천덕(天德)과……있으니 : 이 말은 정민정(程敏政)의 〈심경부주서(心經附註序)〉에 보이는데, 이는 정호(程顥)가 "'순수하여 그치지 않음'은 바로 천덕이니, 천덕을 소유한 자라야 왕도를 말할 수 있는바, 그 요체는 다만 신독에 있다.〔純亦不已, 此乃天德也. 有天德, 便可語王道. 其要只在愼獨.〕"라고 한 것을 인용한 것이다.《二程遺書 卷14 亥九月過汝所聞》

윤치유 예강 에게 답하다 을사년(1845, 헌종11)
答尹穉維 禮綱○乙巳

대신 제사하는 자가 '효자모봉사(孝子某奉祀)'라고 신주에 쓴 것은 이미 종(宗)을 빼앗은 죄를 범한 것이니,[373] 다만 실례(失禮)라고만 말할 수가 없습니다. 예는 혐의를 분별하는 것을 귀하게 여기니,[374] 어찌 잠시인들 구차히 지체할 수 있겠습니까. 신의 이치와 사람의 정은 편안할 수 없는 바에 단 하루도 편안히 있을 수가 없으니, 그렇다면 비록 내일 양자를 세우고 오늘 방제(旁題)를 고치더라도 어찌 자주 고유한다고 혐의할 수가 있겠습니까. 고유하는 글은 아래에 있습니다.

"……처음 초상(初喪)의 신주를 쓸 적에 경황이 없어서 예를 잃어 '효자모봉사'라고 방제해서 이미 종통을 간범하는 죄를 범하였으니, 선형(先兄)의 후사를 세우기를 기다릴 수가 없어서 이제 '개자섭사(介子攝祀)'라고 개제(改題)하려 합니다. 이에 삼가 술과 과실을 가지고 정성을 펴서 공경히 고하고 삼가 고합니다."

373 대신……것이니 : 신주를 만들 때 신주 하단의 왼쪽에 봉사자의 이름을 쓰는 것을 방제(旁題)라고 하는데, 예컨대 부친의 신주에는 '효자 아무개'라고 쓰고 조부의 신주에는 '효손 아무개'라고 적는바, 이 '효' 자는 큰아들이라는 의미이기도 하므로 예법상 반드시 종자(宗子)의 이름을 써야 한다. 그런데 지금 이 경우는 섭사(攝祀)하는 동생이 형의 신주에 자신의 이름을 썼기 때문에 이렇게 말한 것이다.

374 예는……여기니 : 이 말은 《예기(禮記)》 〈예운(禮運)〉에 "예는 임금이 나라를 다스리는 큰 수단이다. 그것은 혐의를 분별하고 미세한 일을 밝혀 주기 때문이다.〔禮者, 君之大柄也, 所以別嫌明微.〕"라고 한 것을 원용한 것이다.

지은이 **홍직필(洪直弼)**

1776년(영조52) 6월 13일 신시(申時)에 한성의 주자동(鑄字洞)에서 태어나 1852년(철종3) 7월 17일 유시(酉時)에 노호(鷺湖)의 노의정사(蘆漪精舍)에서 향년 77세로 세상을 떠났다. 초명은 긍필(兢弼), 자는 백응(伯應)·백림(伯臨), 호는 매산(梅山), 본관은 남양(南陽)이며, 시호는 문경(文敬)이다. 평생 출사하지 않고 학문 강학에 힘써 근재(近齋) 박윤원(朴胤源) 문하에서 그 학맥을 계승하고 이를 후대에 전한 노론(老論) 낙론(洛論)의 핵심 사상가이자 문인 교육자이다. 학문은 박윤원 외에도 노주(老洲) 오희상(吳熙常)의 영향을 많이 받았으며 문하의 제자로 전재(全齋) 임헌회(任憲晦), 중암(重菴) 김평묵(金平默) 등이 있다.

옮긴이

김성은(金成恩)

1986년 서울에서 태어났다. 연세대학교 국어국문학과를 졸업하고 동 대학원 국어국문학과에서 석사학위를 취득하고 박사과정을 수료하였다. 한국고전번역원 부설 고전번역교육원의 연수과정과 전문과정을 마쳤다. 현재 성신여자대학교 고전연구소 연구원으로 재직하고 있다.

이정은(李貞恩)

1983년 경기도 포천에서 태어났다. 성신여자대학교 한문교육과를 졸업하고 동 대학원 한문학과 석사학위를 취득하였다. 한국고전번역원 부설 고전번역교육원의 연수과정과 전문과정을 마쳤다. 현재 성신여자대학교 고전연구소 선임연구원으로 재직하고 있다. 번역서로는 《도곡집》(공역)이 있다.

신상후(申相厚)

1981년 서울에서 태어났다. 이화여자대학교 철학과를 졸업하고 동 대학원 철학과에서 석사학위와 박사학위를 취득하였다. 한국고전번역원 부설 고전번역교육원의 연수과정과 전문과정을 마쳤다. 성신여자대학교 고전연구소 연구원을 지냈고, 현재 이화여자대학교 철학과 강사로 재직하고 있다. 번역서로는 《주역정의》(공역), 《도곡집》(공역)이 있으며, 논문으로는 〈주희의 미발 지각론 연구〉, 〈조선조 낙학의 미발심론 연구〉, 〈왕필 『주역』 해석의 특징에 관한 연구〉, 〈강정일당의 공부론과 그 철학적 토대〉 등이 있다.

※ 각 권별 옮긴이는 권23 김성은, 권24 이정은, 권25 신상후이다.

권역별거점연구소협동번역사업 연구진

연구책임자 신영주(성신여자대학교 한문교육과 교수)
공동연구원 김여주(성신여자대학교 한문교육과 교수)
김용재(성신여자대학교 한문교육과 교수)
류준경(성신여자대학교 한문교육과 교수)
이종덕(한국고전번역원 부설 고전번역교육원 강사)
책임연구원 성백효
연 구 원 김창효 김형석
연석환 사경화
신상후 이영준
이정은 김성은
박희정
윤 문 윤은숙

매산집 9

홍직필 지음 | 김성은·이정은·신상후 옮김

2019년 12월 31일 초판 1쇄 발행

편집·발행 학자원

등록 2011.4.6 제2011-14호

주소 (05355) 서울시 강동구 천호대로 1121

전화 02-6403-1000 | 팩스 02-6338-1001 | 이메일 hakjaone@daum.net

ⓒ한국고전번역원·성신여자대학교 고전연구소·(사)해동경사연구소, 2019

Institute for the Translation of Korean Classics·Classics Research Institute·Haedong-Gyeongsa Research Institute

값 40,000원

ISBN 979-11-6247-152-4 94810
979-11-87806-00-4 (세트)